Peter Porzig
Die Lade Jahwes im Alten Testament
und in den Texten vom Toten Meer

Beihefte zur Zeitschrift für die alttestamentliche Wissenschaft

Herausgegeben von
John Barton · Reinhard G. Kratz
Choon-Leong Seow · Markus Witte

Band 397

Walter de Gruyter · Berlin · New York

Peter Porzig

Die Lade Jahwes im Alten Testament und in den Texten vom Toten Meer

Walter de Gruyter · Berlin · New York

∞ Gedruckt auf säurefreiem Papier,
das die US-ANSI-Norm über Haltbarkeit erfüllt.

ISBN 978-3-11-021292-1

ISSN 0934-2575

Bibliografische Information der Deutschen Nationalbibliothek

Die Deutsche Nationalbibliothek verzeichnet diese Publikation in der Deutschen
Nationalbibliografie; detaillierte bibliografische Daten sind im Internet
über http://dnb.d-nb.de abrufbar.

Printed in Germany

Einbandgestaltung: Christopher Schneider, Laufen

Vorwort

> *„Nicht das System, sondern der Kommentar ist die legitime Form, unter der die Wahrheit entwickelt werden kann."*
> *(Gershom Scholem)*

Jede Auslegung bedarf eines Objektes, das sie auslegen kann. Für den Exegeten ist dies der auszulegende biblische Text. Was wie eine Binsenweisheit klingt, hat es in sich: Denn schon dieser Text hat eine Geschichte, und seine Bezeugung ist daher vielfältig. Welcher ist der auszulegende Text? Der hebräische des Codex Leningradensis / Petropolitanus? Der Text der (Göttinger) Septuaginta? Ein daraus herzustellender „ursprünglicher" Text? – Das, was gerne als „Endtext" bezeichnet wird, ist letztlich nur eine Chimäre. So kann eine „Endtextlesung" im Grunde nur versuchen, die verschiedenen Formen dieses Endtextes in ihrem Entstehen zu begreifen. Dies ist, geht man von der Bedeutung des griechischen ἐξήγησις (ἐξήγηομαι) aus, die Aufgabe des Exegeten: das Darstellen und Beschreiben des auszulegenden Textes einerseits, das Erklären, Auslegen und Deuten dieses Textes andererseits.[1] Deshalb beginnt die Auslegung – auch in der vorliegenden Arbeit – in aller Regel mit Beobachtungen am Text. Schon insofern ist ihr eine *synchrone* Betrachtungsweise vorgegeben, auf die sich alle weiteren Schlußfolgerungen beziehen und von der sie abhängig sind. Diese Darstellung führt jedoch an vielen Stellen unweigerlich darauf, daß die Geschichte des Textes eine noch längere ist als die, die sich in den verschiedenen Versionen, die in den Manuskripten überliefert sind, widerspiegelt. Die Analyse nötigt den Ausleger also auch hier, sich vorsichtig tastend der Literargeschichte zu nähern, also zur *diachronen* Analyse. Daß deren Ergebnis immer nur hypothetisch sein kann, liegt auf der Hand – entbindet hingegen nicht davon, wenigstens den Versuch dazu zu unternehmen. Erst wenn das getan ist, kann in der Zusammenschau der verschiedenen Stadien des Textwachstums, anhand der beteiligten Redaktionen und ihres je eigenen theologischen Profils,

---

1 BAUER, Wörterbuch 557f., vgl. LSJ 593. Vgl. zum folgenden KRATZ, Art. Redaktionsgeschichte.

das Ziel erreicht werden: den Text in seinen Formen verständlich zu
machen – ihn zu beschreiben, darzustellen, ihn zu erklären, auszulegen
und zu deuten.

Gershom Scholem zitiert[2] im Zusammenhang mit dem obigen
Wort die folgende Begebenheit:

> „Von R. Meïr heißt es im Traktat Erubin 13b: ‚Er erklärte das Unreine als rein
> und begründete es, und ebenso das Reine als unrein und begründete es' (näm-
> lich um die Schriftgelehrten zu zwingen, die Probleme vor der Entscheidung
> auf das genaueste zu durchdenken).“[3]

Nicht jeder wird mit den Ergebnissen dieser Arbeit in gleichem Maße
zufrieden sein, und mancher wird hier oder da das Reine für unrein erklärt finden. Wenn dies aber dazu führen würde, daß auch die je eigene
Entscheidung „auf das genaueste“ durchdacht würde, wäre das Ziel der
Arbeit bereits erreicht.

Der Kommentar als „legitime Form, unter der die Wahrheit entwickelt werden kann“, von dem SCHOLEM spricht, findet natürlich
stets im Dialog statt – im Judentum, und dort im Talmud, unter den
Rabbinen, in der Wissenschaft unter den verschiedenen Forschungsmeinungen. Das Thema der Arbeit, „Die Überlieferungen von der Lade Jahwes im Alten Testament“, umfaßt dabei Texte aus den Kanonbe-
reichen *tôrāh*, *nᵉbî'îm* (insb. den *nᵉbî'îm ri'šônîm*) und *kᵉtûbîm*. Eine
vollständige oder auch erschöpfende Auseinandersetzung mit allen
Forschungsmodellen und -meinungen ist deshalb *de facto* kaum möglich. Wo es um die Lade im engeren Sinne geht, ist eine Vollständigkeit
zumindest angestrebt; wo die Literatur umfassender oder übergreifen-
der ist, wurde sie in einer – natürlich subjektiven, aber hoffentlich
dennoch repräsentativen – Auswahl herangezogen.

Bei der vorliegenden Arbeit handelt es sich um meine Dissertation, die
unter dem Titel „Die Lade Jahwes im Alten Testament und in den
Texten aus Qumran“ (Erstreferent: Prof. Dr. Reinhard Gregor Kratz;
Zweitreferent: Prof. Dr. Dr. h. c. Hermann Spieckermann) im Sommer-
semester 2008 von der Theologischen Fakultät der Georg-August-
Universität Göttingen angenommen wurde (Rigorosum: 18. Juni
2008). Für den Druck wurde sie teilweise überarbeitet.

Vielen habe ich zu danken, die zur Entstehung dieser Arbeit beigetragen haben. Zuerst natürlich meinem Doktorvater, Herrn Prof.
Dr. Reinhard Gregor Kratz, der mein Interesse am Alten Testament
auf so vielfältige Weise unterstützt und gefördert hat. Von ihm stammt

---

2   SCHOLEM, Offenbarung 203.
3   SCHOLEM, Offenbarung 204 Anm. 8.

die Anregung zu dieser Arbeit, und ohne seine jederzeit freundliche fachliche und persönliche Betreuung hätte sie nicht zustande kommen können. Er hat seinem Doktoranden alle nötige Freiheit gewährt und ihn, wann immer nötig, zum „Fortschreiben" ermuntert.

Zu danken habe ich außerdem Herrn Professor Dr. Dr. h. c. Hermann Spieckermann, der das Zweitgutachten ohne Zögern übernommen und das Werden der Arbeit stets wohlwollend begleitet hat.

Herr Professor Dr. Rudolf Smend D. D., hat in meinen ersten Studiensemestern mein Interesse am Alten Testament geweckt. An ihm konnte ich mir fachlich wie auch menschlich stets ein Beispiel nehmen. Für all seine Förderung und Begleitung danke ich ihm von Herzen. Frau Privatdozentin Dr. Annette Steudel war in Sachen Qumran für mich in vielerlei Hinsicht das, was der Doktorvater im Alten Testament war. Daß die Arbeit als Hilfskraft manchmal hinter der Dissertation zurückstehen durfte und genügend Zeit für die Fertigstellung da war, habe ich ihr zu verdanken. Dem guten Freund Herrn Dr. Roman Vielhauer sei an dieser Stelle für alle fachlichen und nicht-fachlichen Gespräche und Ratschläge Dank gesagt, die sich an vielen Stellen dieser Arbeit widerspiegeln. Ferner waren die Teilnehmer des Göttinger Doktorandenkolloquiums und des nordisch-deutschen Netzwerks „Old Testament Studies: Epistemologies and Methods" (OTSEM) immer angenehme Diskussionspartner. Beim Korrekturlesen waren die Herren Dr. Hannes Bezzel, Dr. Roman Vielhauer und René Enzenauer eine große Hilfe. Auf seiten des Verlags halfen Herr Dr. Albrecht Döhnert, Frau Dr. Sabine Krämer, Frau Sabina Dabrowski und Frau Barbara Becker.

Den deutschsprachigen Herausgebern Prof. Reinhard Gregor Kratz und Prof. Markus Witte danke ich für die Aufnahme der Arbeit in die Reihe der „Beihefte zur Zeitschrift für die alttestamentliche Wissenschaft".

Schließlich danke ich meinen Eltern, Frau Heidi und Herrn Gotthard Porzig, die mir nicht nur das Studium ermöglicht haben, sondern auch sonst für mich da waren, wo sie nur konnten. Vor allen anderen gebührt jedoch meiner lieben Frau Juliane Dank dafür, daß sie ihren Mann in der langen Zeit mit der Lade so geduldig ertragen hat.

Göttingen, im August 2008   Peter Porzig

Inhaltsverzeichnis

1. Prolog: Die Gebeine Josefs (Genesis 50,26)

1.1. Beobachtungen zu Genesis 50,26

Es mag ein guter Anfang sein, die Untersuchung zu beginnen, indem man das Alte Testament einmal vorn aufschlägt. Man stößt dann das erste Mal auf die „Lade", oder doch zumindest auf den Begriff *ʾrôn* (ארון), in Gen 50,26:

Gen 50,26 [26] וַיָּמָת יוֹסֵף בֶּן־מֵאָה וָעֶשֶׂר שָׁנִים וַיַּחַנְטוּ אֹתוֹ וַיִּישֶׂם בָּאָרוֹן בְּמִצְרָיִם:

Gen 50,26: „[26]Und Josef starb, 110 Jahre alt. Und man balsamierte ihn ein[1]; und man legte ihn in einen/den Kasten o. einen/den Sarg o. eine/die Lade in Ägypten."

Die Josefsgeschichte und damit auch das Buch Genesis endet also mit dem ארון in Ägypten (במצרים) – eine unmißverständliche Überleitung zur Exoduserzählung, die bekanntlich dort ihren Ausgang nimmt (Ex 1,1.5[2].8 und *passim*).

Sogleich erhebt sich die Frage, nicht zuletzt anhand der verschiedenen möglichen Übersetzungen dieser Stelle: Welcher „Kasten" ist hier eigentlich gemeint? Wirklich (irgend-) „ein Kasten"[3]? Ein „Sarg"[4] – so die konventionelle Übersetzung der Stelle? Oder „die Lade"[5]? Zumindest eine Gruppe der an der heutigen Textgestalt des Codex L Beteiligten hat offenbar eine eindeutige Meinung dazu: die Masoreten

---

1 So nur Gen 50,2.26 und, in anderer Bedeutung, Hhld 2,13.

2 Vgl. nicht zuletzt Ex 3,7 und vor allem die Vorlage für Gen 50,24f., Ex 3,16f. (dort auch die *figura etymologica* פָּקֹד יִפְקֹד).

3 Zur „Verwendung des Artikels, um eine bestimmte, zunächst noch unbekannte und daher nicht näher zu bestimmende Person oder Sache als eine solche zu bezeichnen, welche unter den gegebenen Umständen als vorhanden und in Betracht kommend zu denken sei", vgl. GK § 126 *q–r* (Zitat GK § 126 *q*). Für diese Stelle handelt es sich eher um eine Verlegenheitslösung, um den Artikel zu erklären, oder eher: „wegzuerklären".

4 Die Übersetzung legt sich von der Etymologie her nahe, vgl. GESENIUS *s. v.* sowie z. B. die phönizischen Inschriften aus Byblos und Sidon KAI I[5] 1,1.2; 9 A 2; 9 B 4; 11,1; 13,2 (בארן).3.5 (בארון) sowie Beth Schearim 17 (Plur.) und 22 (ארונן; für drei Personen; AHL 428f.) und die weiteren bei WITTE, Gebeine 149 Anm. 42 und bei JANOWSKI, Sühne 274f. gesammelten Belege. Auch 𝔊 übersetzt (allerdings auch nur) hier das ארון mit σορός, „Sarg".

5 Das wäre die übliche Verwendung des Artikels bei der traditionellen Übersetzung von ארון.

– vokalisieren sie doch das בּ vor dem ארון mit einem *Qāmæṣ*, d.h.: für sie ist der bestimmte Artikel in der Formulierung בארון enthalten. Im unvokalisierten Text ist das noch nicht eindeutig; בָּאָרוֹן zu lesen ist ebenso möglich wie בָּאָרוֹן. Was ist nun ursprünglich gemeint?

Folgt man Gerhard v. RAD in seinem Genesiskommentar, so ist an die Bundeslade „gewiß nicht zu denken"[6]. Aber warum eigentlich nicht? Könnte es nicht vielleicht doch nützlich sein, die Spur des Kastens mit den Gebeinen Josefs noch ein wenig weiter zu verfolgen? Schnell stößt man auf die Stellen Ex 13,19 und Jos 24,32.[7] Dort heißt es:

Ex 13,19 ¹⁹ וַיִּקַּח מֹשֶׁה אֶת־עַצְמוֹת יוֹסֵף עִמּוֹ כִּי הַשְׁבֵּעַ הִשְׁבִּיעַ אֶת־בְּנֵי יִשְׂרָאֵל לֵאמֹר
פָּקֹד יִפְקֹד אֱלֹהִים אֶתְכֶם וְהַעֲלִיתֶם אֶת־עַצְמֹתַי מִזֶּה אִתְּכֶם:

Ex 13,19: „¹⁹Mose aber nahm die Gebeine Josefs mit sich, denn dieser hatte die Söhne Israel wahrlich schwören lassen: Gott wird euch gewiß heimsuchen. Und dann führt meine Gebeine hinauf von hier mit euch!"

Und in Jos 24,32:

Jos 24,32 ³² וְאֶת־עַצְמוֹת יוֹסֵף אֲשֶׁר־הֶעֱלוּ בְנֵי־יִשְׂרָאֵל מִמִּצְרַיִם קָבְרוּ בִשְׁכֶם בְּחֶלְקַת
הַשָּׂדֶה אֲשֶׁר קָנָה יַעֲקֹב מֵאֵת בְּנֵי־חֲמוֹר אֲבִי־שְׁכֶם בְּמֵאָה קְשִׂיטָה וַיִּהְיוּ לִבְנֵי־יוֹסֵף
לְנַחֲלָה:

Jos 24,32: „³²Und die Gebeine Josefs, die die Söhne Israel aus Ägypten heraufgebracht hatten, begruben sie in Sichem auf dem Teil des Feldes, das Jakob von den Söhnen Chamors, des Vaters von Sichem, für hundert *Qᵉśîṭāh* gekauft hatte; und es wurde den Söhnen Josef zum Erbteil."

Es ergibt sich, wie schon öfter beobachtet,[8] ein kleiner hexateuchischer Erzählbogen: Die Gebeine des Erzvaters Josef werden in einer Lade deponiert, auf Geheiß des Mose hin auf die Wüstenwanderung mitgenommen und schließlich nach der Einnahme des Landes beim Tode

---

6   v. RAD, Genesis 379, und *passim* so oder ähnlich in der neueren Literatur.

7   Der Zusammenhang ist oft gesehen worden, vgl. zuletzt WITTE, Gebeine. Prominenter geworden ist die Zusammenschau dieser und einiger weiterer Texte zu einer „Josua-24-Bearbeitung" durch Erhard BLUM (nach Verbindung 149ff. „*wenigstens*" Gen [31,21aβ;] 33,19; 35,1–7*; 48,21f.; 50,24–26; Ex 1,5b.6.8; 13,19; Jos 24,1–32; vgl. DERS., Pentateuch 103 Anm. 7 und 363–365) bzw. einer nachpriesterlichen und nachdeuteronomistischen hexateuchübergreifenden Redaktion (SCHMID, Josephsgeschichte 105 u.ö.); bereits Martin NOTH hatte Jos 24,32 als späten Zusatz ausgemacht (Josua ¹110; vgl. ²141). Anders z.B. VAN SETERS, Life 16ff. (vorpriesterschriftlich-jahwistisch) und AUSLOOS, Deuteronomist 381ff. sowie RÖMER in seinem Überblick in Recherches 209, die jedoch m.E. beide den Zusammenhang mit Jos 24,32 unterbewerten. AUSLOOS kommt gar zu dem Ergebnis, daß „no grounded arguments consider a (late) appendix to the Joseph narrative" (395). Vgl. andererseits auch OTTO, Deuteronomium im Pentateuch 218–221. Eine eingehende Analyse des Buchübergangs hat auch GERTZ, Tradition 357ff. vorgelegt. Vgl. außerdem u. Kap. 3.5.5.

8   Vgl. SCHMID, Erzväter 209ff., dort auch weitere Lit.

Josuas in Sichem beerdigt, wie es Josef ja geboten hatte (Gen 50,25 par.
Ex 13,19):

פָּקֹד יִפְקֹד אֱלֹהִים אֶתְכֶם וְהַעֲלִ(י)תֶם אֶת־עַצְמֹתַי מִזֶּה (אִתְּכֶם) Gen 50,25b/Ex 13,19b
Gen 50,25b/Ex 13,19b: „Gott wird euch gewiß heimsuchen. Und dann führt
meine Gebeine hinauf von hier (mit euch⁹)!"¹⁰

Sicherlich ist es kein Zufall, daß beide, Josef und Josua, 110 Jahre alt
werden,¹¹ und ganz sicher wollen die beiden Buchübergänge Gen/Ex
und Jos/Ri aufeinander bezogen und gelesen werden.¹² Doch einen
Schönheitsfehler hat dieser Bogen leider: Wie deutlich zu erkennen ist,
beziehen sich sowohl Ex 13,19 (und zwar mit nicht weniger als jedem
Wort, vgl. insb. עלה *Hif.*, פקד, עצם, שבע)¹³ als auch Jos 24,32 (עלה *Hif.*,
עצם) auf Gen 50,25 zurück, also auf den Vers, in dem von einer „Lade"
oder einem „Kasten" gerade *nicht* die Rede ist!¹⁴ Dieser Schönheitsfehler läßt sich aber entstehungsgeschichtlich erklären, wenn der Schluß
des Josuabuchs entsprechend untersucht wurde.¹⁵

1.2. Die literarische Einordnung des Genesisschlusses

Der „Epilog"¹⁶ des Genesisbuches Gen 50,24–26 wird von seinen meisten Kommentatoren zu den letzten redaktionellen Erweiterungen gerechnet. „In V. 24–26 trifft man fast Satz für Satz auf vorher Gesagtes,

---

9 ᴍ gleicht Gen 50,25 hier sekundär an Ex 13,19 an, ebenso wohl 𝔊.
10 Die eingeklammerten Teile fehlen in Ex 13,19b (noch?).
11 Gen 50,22.26; Jos 24,29.
12 Vgl. neben anderem natürlich auch die Formel des Nicht-Kennens Ex 1,8 par. Ri
   2,10. In Ri 2,10 ist sie ins Theologische gewendet (וַיָּקָם דּוֹר אַחֵר אַחֲרֵיהֶם אֲשֶׁר
   לֹא־יָדְעוּ אֶת־יְהוָה וְגַם אֶת־הַמַּעֲשֶׂה אֲשֶׁר עָשָׂה לְיִשְׂרָאֵל), während sie in Ex 1,8 (noch)
   ganz im Dienst des Erzählten steht (וַיָּקָם מֶלֶךְ־חָדָשׁ עַל־מִצְרָיִם אֲשֶׁר לֹא־יָדַע אֶת־יוֹסֵף).
13 Dies wird von CHILDS, Exodus leider nicht einmal erwähnt. Nach SMEND, Entste-
   hung 84 hat man es mit einem der „E-Fragmente" zu tun, aber vgl. zum Elohisten
   (trotz GRAUPNER, Elohist, hier 374–377) die bahnbrechenden Studien von VOLZ/
   RUDOLPH (Elohist als Erzähler; „Elohist"). GRAUPNER ordnet entsprechend auch
   Gen 50,24f. zu E; vgl. dagegen EBACH, Genesis 667. Zu Gen 50,26 äußert sich
   EBACH leider nur sehr knapp; selbst die letzte Überschrift in seinem Kommentar
   reicht nur bis V. 25.
14 Dieser Sachverhalt führt CARR, Reading 167 Anm. 44 dazu, V. 26b im Gegensatz
   zu Ex 13,19 etc. Rᴾ zuzuordnen. Allein das Argument, hier sei der אֲרוֹן genannt,
   reicht für eine Scheidung der Verse jedoch kaum aus. Vgl. aber 𝔊 zu diesem Punkt!
   (S. u. Kap. 3.5.5.)
15 S. dazu unten Kap. 3.5.5.
16 Dieser Begriff z. B. bei WESTERMANN, Genesis 37–50, 234. Zum Aufbau der Josefsgeschichte insgesamt vgl. SCHMITT, Wende 112–117.118f.

es sind weitgehend Nachbildungen."[17] Nicht zuletzt dieser Umstand
bereitet freilich dem Literarkritiker Schwierigkeiten. Für Gen 50,24,
vor allem aber für Gen 50,25 standen Ex 3,16f. Pate,[18] für Gen 50,26
entsprechend Gen 50,22[19], Ex 1,6 und Gen 50,2[20]. V. 24 fällt, wie K.
Schmid zurecht bemerkt,[21] vom Konzept der Verweise (Landverheißung an die Patriarchen Ex 32,13; 33,1 – Num 32,11 – Dtn 34,4, also
quasi innerpentateuchischer „formelhafter Redaktionszusatz"[22]) und
der Aussagerichtung (Josef redet zu seinen Brüdern) deutlich aus dem
Zusammenhang heraus und wird von V. 25 in anderer Weise wiederaufgenommen[23].

Daß V. 26b schließlich die Gebeine Josefs im ארון lokalisiert, ist
wohl letztlich das Ergebnis schriftgelehrter innerbiblischer Auslegung:
Wie Jakob wird auch Josef nicht in Ägypten begraben (Gen 49,29ff.),
wie Jakobs Leichnam wird auch der von Josef präpariert (Gen 50,2)[24] –
Nun aber liegt, wie Levin zu Recht feststellt, inzwischen „der heilsge-
schichtliche Ablauf [...] fest"[25] – wie hatten also die Israeliten Josefs
Gebeine mit sich geführt? Die Antwort lautet: In einem Kasten, ja
möglicherweise sogar in der heiligen Lade[26]. Die Schriftgelehrten, die

---

17   Westermann, Genesis 37–50, 235, vgl. 242 („späteste Schichten"). Vgl. auch ebd.
      18 für den Nachweis einer postpriesterschriftlichen Autorschaft der Verse.

18   Ex 3,16 פקד in *figura etymologica*; Ex 3,17: עלה *Hif.*

19   V. 22b ist wohl weniger „voreilige Voraufnahme" (Volz/Rudolph, Elohist als
      Erzähler 175) als vielmehr sekundäre Wiederaufnahme.

20   Gen 50,22: Altersangabe „110 Jahre" (V. 22b); Ex 1,6: Todesnotiz „Und Josef
      starb" (V. 6aα); Gen 50,2: Vorbereitung des Leichnams „und die Ärzte balsamier-
      ten ihn [Jakob] ein" (V. 2b).

21   S. hier und für das folgende Erzväter 231.

22   Volz/Rudolph, Elohist als Erzähler 175.

23   Gen 50,24bβ entspricht dabei zweifellos Gen 50,25b. Des Weiteren wendet sich
      dort Josef an *seine Brüder*, hier an *Israel*. Dort weist das Konzept auf die Erzväter-
      verheißung, hier hat es, wie oben gesehen, einen hexateuchischen Horizont.

24   In Gen 50,2 übersetzt 𝕲 das חנט mit ἐνταφιάζω, hier mit θάπτω (sonst eigentlich für
      קבר), was dafür sprechen könnte, daß hier noch in sehr später Zeit angeglichen
      wurde. Zum Charakter der Übersetzung der Genesis in 𝕲 vgl. auch Schmitt, He-
      nochüberlieferung 17; außerdem ders., Interpretation 76.80 (Gen 50,26) und *pas-
      sim.*

25   Levin, Jahwist 316.

26   Daß in einer solch späten Zeit das Wort ארון noch völlig losgelöst von einer ande-
      ren Bedeutung als „Lade" verstanden werden konnte, ist schwer vorstellbar,
      wenngleich die Etymologie dies durchaus nahelegt. Von den 202 Vorkommen des
      Begriffs ist im Alten Testament nur an zwei Stellen (2Kön 12 par. 2Chr 24, d. h. ins-
      gesamt fünf Belege) ein einfacher Kasten, ein Sarg oder dergleichen sonst
      nirgends. Es sollte eigentlich klar sein, daß in solch einem späten Nachtrag die
      (Bundes-)Lade immer mitgedacht wurde, vgl. auch Jacob, Genesis 945 („auch
      schon die Tora muß die Parallele gewollt haben") oder Delitzsch, Genesis 537

eine solche Antwort geben können, haben dabei bereits vieles im Auge: Ex 13,19 (nach-P[27]), Jos 24,32 (nach-P[28]; Jos 24,33 𝕲?) und damit wohl auch Gen 33,19 (Jakob kauft ein Stück Land von den Söhnen Chamors, nach-P[29]). Die Verse 24 und 25f. dürften sukzessive dem Kapitel zugewachsen sein:[30] Gen 50,24 verankert den Buchschluß im Pentateuchzusammenhang, Gen 50,25f. dient seinerseits als „Brücke"[31] zum Exodusbuch und zum Hexateuch[32].

Eine Frage für sich ist der Übergang von der Erzväter- zur Exodusgeschichte in vorpriesterschriftlicher Zeit; ob – und wenn ja: wo – es ihn gegeben hat. Daß P diesen Übergang macht, ist unumstritten, jedenfalls in Gen 49,33aαb (; 50,12f.); Ex 1,13 dürfte P[33] sprechen; eine Notiz wie Gen 50,22, Gen 50,26a(α) oder die Parallele Ex 1,6aα (וימת יוסף) wäre wünschenswert. Letztere ist sprachlich zu unspezifisch, Gen 50,26 nimmt, wie gesehen, in jüngerem Kontext Gen 50,22 wieder auf, womit die Wahrscheinlichkeit, zu P zu gehören, für Gen 50,22 am größten ist. Auf sicherem Boden ist man dann wieder in Ex 1,13 (f.), so daß der P-Faden in Gen 49,33 (50,22)–Ex 1,13f. zu finden sein dürfte.

Ex 1,1–7 hat man gern insgesamt zu P gerechnet. Das gilt jedoch kaum für Ex 1,1–4, die im Rahmen der Büchertrennung Gen 35,22–26 zwar P zitieren, genau deswegen aber nachpriesterschriftlich sein dürften[34]. Für Ex 1,5 verweist

---

sowie MekhJ Ex 13,19 und bSota 13a. Nicht zuletzt weist wieder der 𝕲-Josuaschluß in diese Richtung.

27 In der Terminologie Levins nach R[S] (= „nachendredaktioneller Zusatz"; Levin, Jahwist 340).

28 Dieser Vers spiegelt das „Interesse des nachpriesterschriftlichen Redaktors" RedP wider (Fritz, Josua 251).

29 Levin, Jahwist 264.

30 Mit Blum, Studien 363 sowie Weimar, Meerwundererzählung 116 Anm. 18. Anders Levin, Jahwist 315, vgl. auch die Argumente von Gertz, Tradition 361f. gegen eine Trennung von V. 24 und V. 25.

31 Fretheim, NIB 1, 674 („serves as a bridge").

32 Entsprechend „binds" der Vers Ex 13,19, wie Brueggemann richtig bemerkt, "the exodus community to the old promises of Genesis" (NIB 1, 789).

33 Smend, Entstehung, 47 (Gen 49,33; 50,12f.; Ex 1,1–5.7aαb.13f.); vgl. Noth, ÜP 18, der Ex 1,1–7 in toto zu P rechnet; Levin, Jahwist 309f.315 (Gen 50,12f.22b; Ex 1,13 P; Ex 1,14 P[S]); gegen die Ausscheidung von Ex 1,7 s. Blum, Studien 10.239 und Anm. 40; vgl. Schmid, Erzväter 72, der selbst jedenfalls bei Ex 1,7 an P denkt (a.a.O. 69–73). Doch vgl. gegen den Versuch des Nachweises bei Gertz, Tradition 352–357 v.a. Kratz, Komposition 243.287. Gen 50,12f. gehören ebenfalls nicht zu P[G], sondern beziehen sich schon auf Gen 23 P[S] zurück (vgl. Levin, Jahwist 309f.; Kratz, Komposition 241; zu Gen 49,33a.b vgl. außerdem Kratz, Komposition 243, etwas anders Levin, Jahwist 310 [P[G]: Gen 49,33aα.b]).

34 Vgl. den Hinweis von Levin, Jahwist 314 auf das schöne Zitat von Beer, Exodus 14: „Nun ist kaum anzunehmen, dass P sich selbst ausschrieb." Anders Schmidt:

RUDOLPH zurecht auf Gen 46,27b (R[P] bzw. P[S35]) als Vorlage. Und „v. 6 in diesen P-Rückblick einzubeziehen, empfiehlt sich nicht"[36]. „V. 6 mit der Führerstelle Joseph's hängt dagegen eng mit v. 8 zusammen"[37], so daß man hier nach einem Übergang suchen mag.[38] Jedenfalls muß ein vorpriesterschriftlicher Übergang Gen – Ex m.E. nicht so (vor-?) schnell verabschiedet werden[39] wie ein von dort nach hier durchlaufender „Jahwist" im Titel des Sammelbandes zum Thema.[40]

1.3. Resümee: Die „Lade" im Buch Genesis

Die Überschrift mag verwundern, kommt die Lade doch im Buch Genesis gar nicht vor, sondern lediglich der „Sarg" für die Gebeine Josefs, der freilich mit dem gleichen hebräischen Wort *ᵓrôn* (ארון) bezeichnet wird. Doch in der späten, nachpriesterschriftlichen Zeit der Büchertrennung, in der die Notiz Gen 50,26 entstanden ist, kann der Begriff kaum noch ohne die Assoziation der heiligen Lade verwendet worden sein. Späte, schriftgelehrte Theologen fühlten sich berufen, Josefs Bestattung nach der Eroberung des gelobten Landes im Buch Josua (Jos 24,32) auch einzulösen. Josef aber war im Lande Ägypten gestorben. Deshalb bedurfte es eines Sarges für seine Gebeine (Gen 50,26), der dann natürlich auch bei der Wüstenwanderung mitgeführt werden mußte (Ex 13,19).

Die hebräische Vorlage der Septuaginta hat das Oszillieren des Begriffes *ᵓrôn* zwischen „Lade" und „Sarg" offenbar gespürt und sich auf ihre Weise inspirieren lassen: Sie erwähnt die Lade am Ende des Jo-

---

      V. 1a.2–4.5b.7* sind P[G] (V. 7 von R[P] überarbeitet), V. 1b.5a gehören zu P[S], V. 6.8 zum Jahwisten (vgl. DERS., Exodus 21).

35   Für RUDOLPHS R[P] s. die folgende Anm.; P[S] nach SMEND, Entstehung 47 und NOTH, ÜP 18. Vgl. bereits NÖLDEKE zu 46,8–27: „Die Liste ist [...] vom Redactor ein wenig aus andern Quellen interpoliert worden." (Untersuchungen 33).

36   RUDOLPH, „Elohist" 1. Er rechnet Ex 1,1–4 = Gen 35,23–26 zu P, Ex 1,5 = Gen 46,27b zu R[P] und Ex 1,7* = 47,27b zu P (ebd.)

37   NÖLDEKE, Untersuchungen 35.

38   Die Grundzüge dieses Vorschlags stammen von Herrn Dr. Christoph BERNER, Göttingen, und werden in seiner Habilitationsschrift ausgeführt werden. An dieser Stelle sei ihm herzlich für die Mitteilung des Sachverhalts gedankt.

39   Vgl. auch KRATZ, Komposition 287f.

40   DOZEMAN/SCHMID, Farewell, vgl. darin gegen die vorgebrachten Thesen von SCHMID, GERTZ und BLUM nicht zuletzt den Beitrag von LEVIN (Link) sowie die Betrachtungen von CARR (Connections). Zur Annahme eines älteren Übergangs vgl. auch VAN SETERS, Patriarchs, der darüber hinaus Abschied vom einem „independent P document" (a.a.O. 7) nehmen möchte. Leider finden sich hingegen weder bei GERTZ noch bei SCHMID eingehendere Analysen von Gen (46–) 50.

suabuches (Jos 24,33ᵃ 𝕲) explizit in einem im Vergleich zu 𝔐 sekundären Text und ermöglicht dadurch geradezu eine Identifikation der beiden Gegenstände. In gewisser Weise kommt es damit zur Kontinuität der Vorstellung von der Anwesenheit der Lade in Israel von den Tagen der Genesis (Gen 50,26) über Wüstenwanderung (Ex 13,19) und Einnahme des Verheißungslandes (Jos 24,33ᵃ 𝕲) bis zu ihrem Einstellen in den Tempel in Jerusalem (1 Kön 8).

Auch die Masoreten mögen etwas derartiges im Hinterkopf gehabt haben, als sie in Gen 50,26 den „Sarg" als *status determinatus* punktierten und auf diese Weise das Mißverständnis beseitigten, es könne sich hier um irgendeinen „Kasten" gehandelt haben, ja vielleicht sogar, es könnten womöglich mehrere solcher Kästen (oder Laden) existiert haben.

Daß all diese gelehrten Theorien historisch kaum auswertbar sind, dürfte bereits durch ihre Entstehungszeit deutlich sein. Bei dem Sarg Josefs handelt es sich um eine literarische Fiktion, hinter der höchstens die in Jos 24 möglicherweise verarbeitete Tradition eines Josefsgrabs durchschimmern könnte. Aussagen über die historische Lade erlaubt sie nicht.[41]

---

41 Vgl. auch SCHMITT, Zelt und Lade 106f., dort die Abweisung der entsprechenden Positionen von HARTMANN, Zelt und Lade, und vielen Nachfolgern. Wenigstens PROCKSCH (Elohimquelle 374) hält die Identifikation für möglich.

2. Vom Sinai bis in die Wüste: Die Lade Jahwes in den Büchern Exodus bis Numeri

In der Exoduserzählung kommt die Lade 33 × vor, davon allein 26 × im priesterschriftlichen Bericht vom Bau des Heiligtums (Ex 25–40), einmal im Buch Levitikus (Lev 16,2 im Rahmen des Rituals zum Versöhnungsfest, *yôm hakkippurîm*) und sechsmal im Numeribuch, darunter am prominentesten in den sog. „Ladesprüchen" in Num 10.

2.1. Die Lade in der priesterschriftlichen Sinaierzählung (Exodus 25ff.)

Zunächst sollen die Erwähnungen der Lade untersucht werden, die in der Wissenschaft mehr oder weniger einhellig zur Priesterschrift oder noch späteren Ergänzungen gerechnet werden. Das sind Ex 25,10.14f. 16.21f.; 26,33f.; 30,6.26; 31,7; 35,12; 37,1.5; 39,35; 40,3.5.20f.; Lev 16,2; Num 3,31; 4,5; 7,89[1] – also alle Belege in Ex–Num bis auf die Ladesprüche und Num 14,44. Die Anordnung zum Bau der Lade an Mose befindet sich bekanntlich in Ex 25, die Ausführung dazu durch Bezalel in Ex 37 und die Vollendung des Heiligtums mit der Deponierung des „Zeugnisses", oder wie immer das hebräische *'edût* genauer zu bestimmen und zu übersetzen ist, in der Lade in Ex 40.

Alle drei Kapitel befinden sich inmitten der priesterschriftlichen Sinaigesetzgebung im Exodusbuch, Ex 25–40. Im weiteren Verlauf der klassisch zur Priesterschrift gerechneten Texte taucht die Lade, wie angedeutet, dann erstaunlicherweise nur noch sehr selten und eher am Rande auf. Im Zentrum der folgenden Ausführungen steht deswegen zunächst der erste der genannten Bereiche. Man hat die Gesetzgebung der Priesterschrift am Sinai in der Geschichte der Auslegung des Alten Testaments mit wenig schmeichelhaften Formulierungen wie „unbeschreibliche Pedanterie", „Das Interessante wird übergangen, das Gleichgültige genau beschrieben"[2] (J. WELLHAUSEN), „Breite und Weit-

---

1 P bzw. Pˢ, vgl. schon NÖLDEKE, Untersuchungen 55.61.72, daneben SMEND, Entstehung 48 und NOTH, ÜP 19 mit Anm. 67.
2 WELLHAUSEN, Prolegomena 349.

schweifigkeit unermüdlicher Wiederholungen"[3], „übereifrige Bereicherung des Kultusapparates"[4] (H. Holzinger), „monoton, umständlich, formelhaft"[5] (R. Smend) belegt.
Neutraler beschreibt H.-C. Schmitt jüngst die Eigenheiten folgendermaßen: „Exaktheit und Formelhaftigkeit der Ausdrucksweise von P führen zu einem äußerst nüchternen Berichtstil, den sich die atl. Forschung am ehesten von Priestern geschaffen vorstellen kann."[6] Sei dem, wie ihm wolle – im folgenden sollen die Anweisungen für die Einrichtung des Kultus (Ex 25 – 31) mitsamt ihrer Ausführung (Ex 35 – 39) zumindest kurz unter die Lupe genommen werden. Besonderes Augenmerk soll natürlich auf die Erwähnungen der Lade in dieser Passage gewendet werden. Die Frage, die im Mittelpunkt steht, ist die, wie die Lade zum Sinai kam. Sie ist zunächst näherhin so zu umschreiben, in welches Stadium der Entstehung des in Frage kommenden Komplexes sie gehört. Ist sie bereits Teil einer priesterlichen Grundschrift P^G oder zählt sie erst zu deren sekundären Erweiterungen; ergänzt sie dabei ein noch unabhängiges Werk (P^S) oder ist sie gar erst nach der Vereinigung mit nichtpriesterschriftlichem Material in die Texte gelangt (klassisch R^P)?

Dazu zunächst einige grundlegende Erwägungen zur Gestalt und – wie immer nur sehr hypothetisch zu rekonstruierenden – Vorgeschichte der priesterschriftlichen Sinaigesetzgebung.

Vielleicht am unumstrittensten in der alttestamentlichen Wissenschaft ist der Anfang der Priesterschrift, nämlich Gen 1.[7] Ganz anders sieht es hingegen mit ihrem Ende aus. Dem einen Anfang korrespondiert leider in der Forschung kein einhelliges Ende – oder besser: fast so viele Enden wie Forschungsmeinungen. In der Diskussion stehen

---

3 Holzinger, Exodus X.
4 Holzinger, Exodus XI (über P^S).
5 Vgl. den Hinweis bei Smend, Entstehung 49.
6 Schmitt, Arbeitsbuch 190. Vgl. Weimar, Art. Priesterschrift, nach dem der Priesterschrift zwar ein „höchst reflektierter Sprachgebrauch wie Erzählstil" (a.a.O. 169) eigen ist, der ihr aber gleichwohl eine „ästhetisch häufig als wenig befriedigend empfundene Erzählweise" (ebd.) attestieren muß.
7 Die Frage, ob P eine eigenständiges Werk, eine Quellenschrift war oder ob die P-Texte redaktionell sind, ist m.E. für die Grundschrift von P und erste Wachstumsstufen im ersteren Sinne zu beantworten (vgl. Koch, P). Aber P kannte seinerseits die klassisch J und E genannten Überlieferungen und nimmt darauf Bezug (vgl. Kratz, Komposition 247 u.ö.); insofern ist die Alternative wohl nicht so scharf zu stellen, wie es häufig getan wird (vgl. auch Köckert, Land 148f.). Die Lösung Blums (weder Quelle noch Redaktion, vgl. ders., Studien 222ff. u.ö.) scheint mir hingegen die Probleme auch nicht wirklich lösen zu können, wenngleich sie den komplizierten Textbefund sehr ernstnimmt. Vgl. dazu Otto, Kritik.

Josuabuch (T. Nöldeke; G. v. Rad, N. Lohfink, u. a.)[8], Deuteronomium 34 (M. Noth, K. Elliger, C. Frevel u. v. m.)[9], Levitikus 9 (E. Zenger, für P[S] auch E. Otto[10]), Exodus 40 (T. Pola, R. G. Kratz) und Exodus 29 (E. Otto).

Der Hypothese eines Fortlaufens der Priesterschrift ins Josuabuch hat spätestens Martin Noth ein Ende bereitet, indem er schlagende Beweise dafür lieferte, daß die dafür in Anschlag gebrachten Texte zwar theologisch der Priesterschrift nahestehen, nicht aber mit ihr in direktem Zusammenhang stehen, d. h. Texte nur „im Stile und im Sinne von P"[11] seien, aber keinesfalls eine „selbständige P-Schicht vorliegt"[12]. Der lange vorherrschenden, wiederum auf Noth zurückgehenden Meinung, das Ende von P[G] sei in Dtn 34 zu finden, hat Lothar Perlitt in einem Aufsatz von 1988 mit seinen differenzierten Beobachtungen den Todesstoß versetzt, indem er die Frage nach „Priesterschrift im Deuteronomium?" klar und völlig überzeugend verneinte.[13]

Es bleibt also übrig, was wiederum Noth seinerzeit der Sache nach schon angenommen hatte. Hielt er faktisch noch an Dtn 34 als Ende von P[G] fest, sah er ihr eigentliches Ende doch in der Sinaierzählung, in der P „ihr eigentliches Ziel"[14] erreicht. „Was in P hinter der Sinaierzählung noch kommt, [...] bedeutet für die Theologie von P kaum noch

---

8 Vgl. dazu Frevel, Blick 34–40.187–210.

9 Vgl. die Diskussion bei Frevel, Blick 15f.19–25.27–29 sowie 42–46.

10 Bis Lev 9 läuft E. Ottos P[S]; dazu und zu Zenger vgl. Frevel, Blick 150ff.180f. Zu Ottos Ende von P[G] s. u. Anm. 22 und wiederum Frevel, Blick 116–147, insb. 134ff.

11 Noth, Josua[2] 11. Vorgänger für Jos 1–12 waren bereits Smend (Erzählung 289.290.304f.) und Eissfeldt (Hexateuch-Synopse 69f.73f.). Der Haupt-„Gegner" Noths war Gerhard v. Rad, Priesterschrift, dessen Zuweisungen zu P häufig jedoch kaum auf festem Boden standen.

12 Noth, Josua[2] 11, vgl. ders., ÜSt 182–190. Zu den entsprechenden Äußerungen Lohfinks (Priesterschrift und Geschichte 217ff.) vgl. Zenger, Bogen 38–40 sowie neuerdings Frevel, Blick 187–210, insb. 208f.

13 Perlitt, Priesterschrift; vgl. Pola, Priesterschrift 299f. Anders Frevel, Blick *passim*, der P[G] in Ex 34,1*.5*.[6.]7a.8 enden läßt. Daß P[G] hier „in bewußter Offenheit beendet" wird (a.a.O. 341), ist wohl doch zu modern gedacht. Ebenso erscheint es methodisch schwierig, wie Frevel selbst zu Recht zu seiner eigenen Lösung anmerkt, etwa aus Dtn 34,5, der aus priester(grund)schriftlicher und deuteronomistischer Sprache „gemischt" sein soll, die jeweiligen Todesnotizen zu rekonstruieren, die jedoch beide nicht mehr erhalten sein sollen (a.a.O. 338). So gibt es „keine Garantie für die Abkunft aus P[G]" (a.a.O. 340) – gerade diese Garantie wäre jedoch für die These notwendig, insbesondere, wenn Frevel auf der anderen Seite anerkennt, daß Ex 40,34(f.) „unzweifelhaft" „Abschlußcharakter" hat und „den Abschluß der P[g] bilden" könnte (a.a.O. 184).

14 Noth, ÜP 8, vgl. zum Abschnitt Zenger, Einleitung 162.

etwas Wesentliches"[15]. Legt man seine Kommentare zu den Büchern Exodus, Levitikus und Numeri zugrunde[16], bleibt auch der Sache bzw. dem Textbestand nach nicht mehr viel für P^G übrig.[17]

Bereits in den Kapiteln 25–40 des Exodusbuches gehört, wie allein schon die Auffüllung mit gesetzlichen Passagen anzeigt, längst nicht alles zur priesterlichen Grundschrift. „Der sekundäre Charakter eines Großteils der gesetzl. Partien im Zusammenhang von P läßt sich ziemlich leicht erkennen"[18], und daß die Tendenz in der weiteren Geschichte von P zu einer „Verlagerung [...] zugunsten des gesetzl. Elements"[19] geführt habe, gehört zu den fast unumstrittenen Erkenntnissen der Pentateuchkritik. Geradezu zum Einleitungswissen kann auch die Erkenntnis gezählt werden, daß in Ex 25–31 „jedenfalls die beiden Schlußkapitel spätere Hinzufügung"[20] sind. Ebenfalls seit langem feststehend ist die Einsicht, die vielleicht am prägnantesten Rudolf SMEND formuliert hat: „Sekundär ist sodann der lange Abschnitt Ex 35–39, der mit seinem minuziösen Bericht über die Ausführung der Anweisungen aus Ex 25–31 die Geduld des Lesers auf harte Proben stellt; durch die Einarbeitung des Räucheraltars an der richtigen Stelle (37,25–38) und anderes verrät er, daß er 25–31 bereits mit den Erweiterungen voraussetzt. Ex 40 ist größtenteils sekundär (vgl. Räucheraltar v.5.26)."[21] Ver-

---

15 NOTH, ÜP 262 mit Anm. 634.

16 NOTH, Exodus; DERS., Levitikus; DERS., Numeri.

17 Vgl. die ausführlichen und instruktiven Aufbauanalysen von JANOWSKI, Tempel, die jedoch für ihre Plausibilität einer Weiterführung von P^G über Ex 40 hinaus nicht bedürfen. Alle Fluchtlinien laufen, wie JANOWSKI letztlich selber aufzeigt, in Ex 40 zusammen, die Inklusionen schlagen den kompositionellen Bogen zur Schöpfungsgeschichte. Lev 9 hingegen fällt aus diesem Bogen heraus und ist, auch kompositionell, aufgesetzt (so letztlich auch bei ZENGER, Bogen). Wandernotizen und Zeitangaben sind darüber hinaus als Argument für eine Zugehörigkeit von Lev 9* zu P^G bzw. zur Sinaiperikope von P^G kaum eine ausreichende Begründung, und die Parallelen zu Ex 16 sind dünn. Dementsprechend muß JANOWSKI denn auch von einer „eigentliche[n] Sinaiperikope" von P^G sprechen, die er in Ex 19,1–40,35* findet (a.a.O. 226). Daß die Weiterführung von P^G bis Dtn 34 nicht möglich ist, sieht JANOWSKI im Anschluß an PERLITT, Priesterschrift offenbar, möchte das Thema „Landgabe" (a.a.O. 224 u.ö.) aber dennoch nicht als ein letztlich abgeleitetes (vgl. dazu SMEND, Entstehung 58 und LEVIN, Verheißung 233f.) betrachten – und damit P^G „schon" mit der „eigentliche[n] Sinaiperikope" in Ex 40* enden lassen.

18 SMEND, Entstehung 51.

19 Ebd.

20 Ebd.

21 SMEND, Entstehung 52. Die Erkenntnis findet sich begründet bei WELLHAUSEN (Composition 137–141 zu Ex 30f.; a.a.O. 141f. zu Ex 35–39; a.a.O. 142f. zu Ex 40), auf anderem Wege war auch POPPER, Bericht zu einem ähnlichen Ergebnis gelangt.

bleiben für eine priesterschriftliche Grundschrift P[G] also, zieht man auch den nichtpriesterschriftlichen Bereich Ex 32-34 ab, lediglich Ex 25-29[22] und ein Grundbestand aus Kap. 40.[23]

Welches Licht fällt auf die genannten Probleme der Priesterschrift aber nun von der Lade her? Dazu ist ein genaues Lesen der betreffenden Texte, in diesem Falle also vor allem Ex 25 und Ex 40, notwendig. Zunächst zu Ex 25.

2.2. Exodus 25: Der Auftrag

Das Kapitel gliedert sich zunächst grob in vier Teile (s. Übersicht 1): V. 1–9 Erhebung einer Abgabe (תרומה), V. 10–22 Anweisungen zum Bau der Lade (ארון) mit der Deckplatte (כפרת),[24] V. 23–30 zur Herstellung des Schaubrottisches (שלחן) und V. 31–40 zur Herstellung des siebenarmigen Leuchters (מנורה).

Bereits der Eingangsvers 1 weist die Passage übrigens als priesterschriftlich aus: „Und Jahwe redete zu Mose folgendermaßen"[25] kommt so nur in P vor. V. 2a bestimmt Jahwe den Empfänger der Anordnungen: Mose soll es den Israeliten weitergeben: Sie sollen ein Hebopfer nehmen. Bereits V. 2b fällt aus der Gottesrede an Mose heraus, ist hier

---

22 Daß das Ende, wie Otto, Forschungen meint, in Ex 29 zu finden sei, darf m. E. bezweifelt werden. Denn daß P[G] mit einer unerfüllten Verheißung (Ex 29,45 drängt geradezu zu seiner Erfüllung in Ex 40,33b.34f.) und ohne Ausführung der Bauaufträge geendet haben sollte, ist in höchstem Maße unwahrscheinlich – insbesondere wenn man auf der anderen Seite bedenkt, welches Material Otto in Ex 25–29 zur Grundschrift von P zählt.

23 Damit dürften zugleich die Erwähnungen der Lade in P-Material Ex 30f.; 35–39; Lev 16–Num 7 (im einzelnen Ex 30,6.26; 31,7; 35,12; 37,1.52; 39,35, Lev 16,2, Num 3,31; 4:5; 7,89) sekundär priesterschriftlichem Material zugehören. Vgl. dazu und zum Ende von P vor Num, Dtn und Jos Pola, Priesterschrift 300–305; s. außerdem die Arbeit von Frevel (Blick) sowie besonders Kratz, Komposition 105ff.113ff.

24 Nach Lind wird durch die Voranstellung von Ex 25,10–22 die „preeminence of prophecy in Israelite worship" betont (Emphasis 145). Doch er sieht gleichzeitig, daß „prophecy was not received within Israel's tabernacle worship institution" (ebd.). – Im eigentlichen Sinne Prophetisches liegt dem Bericht wohl eher fern.

25 So vor allem in P und noch später, zu vergleichen sind Ex 6,10.29; 13,1; 14,1; 16,11; 30,11.17.22; 31,1; 40,1; Lev 4,1; 5,14.20; 6,1.12.17; 7,22.28; 8,1; 12,1; 14,1; 17,1; 18,1; 19,1; 20,1; 21,16; 22,1.17.26; 23,1.9.23.26.33; 24,1.13; 27,1; Num 1,48; 3,5.11.44; 4,21; 5,1.5.11; 6,1.22; 8,1.5.23; 9,9; 10,1; 13,1; 15,1.17; 16,23; 17,1.9.16; 18,25; 20,7; 25,10.16; 26,52; 28,1; 31,1; 34,1.16; 35,9; mit folgendem „und rede zu den Söhnen Israels" in Ex 14,2; 25,2; Lev 4,2; 7,23.29; 12,2; 18,2; 23,2.10.24.34; 27,2; Num 5,6.12; 6,2; 9,10; 15,2.18; 17,17; 35,10.

doch eine 2. *Plur.* angeredet. Die Formulierung כל־איש אשר ידבנו לבו ist nur noch im sekundär priesterschriftlichen Vers Ex 35,29[26] belegt, und die *terûmāh* hat in dieser Zeile ungewöhnlicherweise ein Suffix der 1. *Sing.*[27] Überdies nimmt V. 2b Ende ganz offensichtlich V. 2a Ende auf und trägt so die Freiwilligkeit der Abgabe ein („jedermann, den sein Herz antreibt"). Man kann sogar fragen, ob die ganze Thematik der *terûmāh* hier überhaupt am Platze ist,[28] sollen in Ex 25ff. doch zuallererst die Bauanweisungen für das Heiligtum und seine Ausstattung gegeben werden. Doch andererseits soll die Abgabe ja offenbar dafür gedacht sein. Ob sie erst nachträglich hier eingetragen wurde oder zum Grundbestand des Kapitels gehört, kann hier offen bleiben, unmöglich ist beides nicht.[29]

Weiter fällt hingegen die längliche und die Anweisungen unangenehm störende Beschreibung der *terûmāh* in V. 3–7 auf, ganz unerwartet mit „Und dieses ist die Abgabe..." (וזאת התרומה) eingeleitet, V. 3b–7 alles Zugehörige länglich, nein lang, aufzählend. „Die 13 aufgezählten Dinge, die in dem Abschnitt erwähnt sind, waren alle zum Bau des Heiligtums, oder für die Kleider der Priester nötig, wenn du genau darauf achtest", kommentiert Raschi z. St.[30] Erst in V. 8, wieder an die Israeliten in 3. *Plur.* gerichtet, wird der Faden von V. 1f. wieder aufgenommen.[31]

---

26 Vgl. auch Ex 35,21, ferner liegen Ri 5,9 sowie 1 Chr 29,9.

27 So nur noch Num 18,8, vgl. außerdem Ex 29,28; Num 18,27; Ez 20,40; 44,30; Neh 10,38. In P^G ist das „Hebopfer" jedenfalls kein Hauptthema, vgl. hingegen die engste Parallele Ex 35,21!

28 So Fritz, Tempel 117.122.157ff. Daß der Abschnitt Ex 25–27 stilistisch einheitlich ist, hat Koch, Priesterschrift gezeigt. Quellen wurden dabei vom Verfasser jedoch nicht benutzt, vgl. zur Kritik Fritz, Tempel 115f.; ebenso Schmitt, Zelt und Lade 251f. Elliger merkt lediglich an: „Der vorliegende Kommentar bestätigt diese Ansicht nicht." (Leviticus 8). Gleiches gilt für die These von zwei parallelen P-Fäden, wie sie G. v. Rad (Priesterschrift) und K. Galling (in Beer, Exodus) vertreten haben. Sie wurde zunächst von Humbert, Zweiheit widerlegt (für die Genesis) und hat inzwischen in erster Linie forschungsgeschichtliche Bedeutung; dagegen vgl. nicht zuletzt die Analyse von Fritz, Tempel.

29 Für sekundär hält sie u. a. Pola, Priesterschrift 258.260f.

30 Zitiert nach der Übersetzung von Bamberger 254 (י"ג דברים האמורים בענין כולם קטרת המסים (הוצרכו למלאכת המשכן או לבגדי כהונה כשתדקדק בהם. Spätestens mit ist man im Bereich von P^S (nur noch Ex 31,11; 35,8.15.28; 37,29; 39,38; Lev 4,7; Num 4,16). Popper schließt daraus, daß die Liste ab V. 6 nachträglich gewachsen sei (Bericht 214); ebenso Galling bei Beer, Exodus; Fritz, Tempel 117; Noth, Exodus 164.

31 Von Fritz, Tempel 117 für sekundär erklärt „wegen der sprachlichen Beziehungen zu den sekundären Erweiterungen". Das gilt für V. 2–5, für V. 8f. hingegen kann Fritz keinen Beleg beibringen.

Es folgen die Verse 8 und 9, die die eigentliche Anweisung zum Bau eines Heiligtums geben:[32] „[8] Und sie sollen mir ein Heiligtum machen", – in singulärer Formulierung (עשה מקדש), „und ich werde in ihrer Mitte wohnen (ושכנתי בתוכם).[33] Nach allem, was ich dir zeige,[34] nämlich dem Urbild (תבנית)[35] der Wohnung (משכן) und dem Urbild all ihrer Geräte (כלים)[36], danach sollt ihr es machen." Bei V. 9aβ mag man nach der Ursprünglichkeit fragen, ist darin doch offenbar schon eine genauere Konzeption des Heiligtums mit Ausstattung enthalten. V. 9 wird aber in V. 40 am Ende des Kapitels wieder aufgenommen, mit dem bezeichnenden Unterschied, daß letztgenannter Vers davon ausgeht, daß Mose *allein* die Geräte und das Heiligtum erstellt, während jene Verse 8f. offenbar von den Israeliten als Gruppe ausgehen. Vielleicht ist das Problem mit WEIMAR[37] zu lösen, der damit rechnet, daß V. 9aβ aus der Feder des gleichen Verfassers geflossen ist wie der sekundäre V. 40. Der Grundbestand ist demnach in den Versen 1–2a.8.9(aα.b) zu finden.

Nicht zuletzt wegen des Personenwechsels sind darüberhinaus die Stücke, die von Schaubrottisch und Leuchter reden, leicht als Zusätze zu erkennen. Ein wenig schwieriger wird es ausgerechnet bei V. 10ff., der Lade. 𝔐 bietet: „Und *ihr* sollt (ועשו) eine Lade aus Akazienholz machen", 𝔴 und 𝔊 haben „Und *du* sollst (ועשית) eine Lade aus Akazienholz machen". Da dieselbe Formel V. 23 für den Schaubrottisch und V. 31 für den goldenen Leuchter wiederholt wird und andererseits die pluralische Form hier offenbar im Anschluß an die pluralischen Verse 8.9b vermitteln will, ist an dieser Stelle die Lesart der 𝔊 „Und du sollst..." als die ursprünglichere vorzuziehen – umgekehrt läßt sich keine plausible Erklärung dafür bieten, warum 𝔊 hier einen Numeruswechsel einfügen sollte und wieso in diesem Falle die weiteren Anweisungsabschnitte den Plural nicht auch zur Einleitung übernehmen sollten.

---

32 Von GALLING (in BEER, Exodus) ebenfalls mit V. 1 zusammen zu einem der Parallelfäden („Pᴬ") gerechnet. V. 2–5 sind „Pᴮ", V. 6–7 stammen vom Redaktor, „R".

33 So noch in Ex 29,45; 1Kön 6,13; Ez 43,9; Sach 2,14.15; 8,3.8.

34 Die Formel כל אשר־אני מראה אותך nur noch Ez 40,4!

35 Ex 25,9.40; Dtn 4,16.17.18; Jos 22,28; 2Kön 16,10; Jes 44,13; Ez 8,3.10; 10,8; Ps 106,20; 144,12; 1Chr 28,11.12.18.19.

36 Die Kombination noch Ex 27,19; 39,33.40; 40,9; Num 1,50; 3,8.36; 4,16.26; 5,17; 7,1; 1Chr 23,26.

37 WEIMAR, Sinai und Schöpfung 344f.

Zur Komposition von Exodus 25

וַיְדַבֵּר יְהוָה אֶל־מֹשֶׁה לֵּאמֹר׃ ¹
דַּבֵּר אֶל־בְּנֵי יִשְׂרָאֵל ²
וְיִקְחוּ־לִי תְּרוּמָה (?)
מֵאֵת כָּל־אִישׁ אֲשֶׁר יִדְּבֶנּוּ לִבּוֹ תִּקְחוּ אֶת־תְּרוּמָתִי׃
וְזֹאת הַתְּרוּמָה אֲשֶׁר תִּקְחוּ מֵאִתָּם זָהָב וָכֶסֶף וּנְחֹשֶׁת׃ ³
וּתְכֵלֶת וְאַרְגָּמָן וְתוֹלַעַת שָׁנִי וְשֵׁשׁ וְעִזִּים׃ ⁴
וְעֹרֹת אֵילִם מְאָדָּמִים וְעֹרֹת תְּחָשִׁים וַעֲצֵי שִׁטִּים׃ ⁵
שֶׁמֶן לַמָּאֹר בְּשָׂמִים לְשֶׁמֶן הַמִּשְׁחָה וְלִקְטֹרֶת הַסַּמִּים׃ ⁶
אַבְנֵי־שֹׁהַם וְאַבְנֵי מִלֻּאִים לָאֵפֹד וְלַחֹשֶׁן׃ ⁷
וְעָשׂוּ לִי מִקְדָּשׁ וְשָׁכַנְתִּי בְּתוֹכָם׃ ⁸
כְּכֹל אֲשֶׁר אֲנִי מַרְאֶה אוֹתְךָ (אֵת תַּבְנִית הַמִּשְׁכָּן וְאֵת תַּבְנִית כָּל־כֵּלָיו) (?) ⁹
וְכֵן תַּעֲשׂוּ׃

וְעָשׂוּ (m) / וְעָשִׂיתָ (m) (ß, w...) אֲרוֹן עֲצֵי שִׁטִּים ¹⁰
אַמָּתַיִם וָחֵצִי אָרְכּוֹ וְאַמָּה וָחֵצִי רָחְבּוֹ וְאַמָּה וָחֵצִי קֹמָתוֹ׃
וְצִפִּיתָ אֹתוֹ זָהָב טָהוֹר מִבַּיִת וּמִחוּץ תְּצַפֶּנּוּ וְעָשִׂיתָ עָלָיו זֵר זָהָב סָבִיב׃ ¹¹
וְיָצַקְתָּ לּוֹ אַרְבַּע טַבְּעֹת זָהָב וְנָתַתָּה עַל אַרְבַּע פַּעֲמֹתָיו ¹²
וּשְׁתֵּי טַבָּעֹת עַל־צַלְעוֹ הָאֶחָת וּשְׁתֵּי טַבָּעֹת עַל־צַלְעוֹ הַשֵּׁנִית׃
וְעָשִׂיתָ בַדֵּי עֲצֵי שִׁטִּים וְצִפִּיתָ אֹתָם זָהָב׃ ¹³
וְהֵבֵאתָ אֶת־הַבַּדִּים בַּטַּבָּעֹת עַל צַלְעֹת הָאָרֹן לָשֵׂאת אֶת־הָאָרֹן בָּהֶם׃ ¹⁴
בְּטַבְּעֹת הָאָרֹן יִהְיוּ הַבַּדִּים לֹא יָסֻרוּ מִמֶּנּוּ׃ ¹⁵
וְנָתַתָּ אֶל־הָאָרֹן אֵת הָעֵדֻת אֲשֶׁר אֶתֵּן אֵלֶיךָ׃ ¹⁶
וְעָשִׂיתָ כַפֹּרֶת זָהָב טָהוֹר אַמָּתַיִם וָחֵצִי אָרְכָּהּ וְאַמָּה וָחֵצִי רָחְבָּהּ׃ ¹⁷
וְעָשִׂיתָ שְׁנַיִם כְּרֻבִים זָהָב מִקְשָׁה תַּעֲשֶׂה אֹתָם מִשְּׁנֵי קְצוֹת הַכַּפֹּרֶת׃ ¹⁸
וַעֲשֵׂה כְּרוּב אֶחָד מִקָּצָה מִזֶּה וּכְרוּב־אֶחָד מִקָּצָה מִזֶּה ¹⁹
מִן־הַכַּפֹּרֶת תַּעֲשׂוּ אֶת־הַכְּרֻבִים עַל־שְׁנֵי קְצוֹתָיו׃
וְהָיוּ הַכְּרֻבִים פֹּרְשֵׂי כְנָפַיִם לְמַעְלָה ²⁰
סֹכְכִים בְּכַנְפֵיהֶם עַל־הַכַּפֹּרֶת וּפְנֵיהֶם אִישׁ אֶל־אָחִיו
אֶל־הַכַּפֹּרֶת יִהְיוּ פְּנֵי הַכְּרֻבִים׃
וְנָתַתָּ אֶת־הַכַּפֹּרֶת עַל־הָאָרֹן מִלְמָעְלָה ²¹
וְאֶל־הָאָרֹן תִּתֵּן אֶת־הָעֵדֻת אֲשֶׁר אֶתֵּן אֵלֶיךָ׃
וְנוֹעַדְתִּי לְךָ שָׁם וְדִבַּרְתִּי אִתְּךָ (מֵעַל הַכַּפֹּרֶת מִבֵּין שְׁנֵי הַכְּרֻבִים אֲשֶׁר עַל־אֲרֹן הָעֵדֻת) ²²
אֵת כָּל־אֲשֶׁר אֲצַוֶּה אוֹתְךָ אֶל־בְּנֵי יִשְׂרָאֵל׃

וְעָשִׂיתָ שֻׁלְחָן עֲצֵי שִׁטִּים [...] ²³
...

וְעָשִׂיתָ מְנֹרַת זָהָב טָהוֹר [...] ³¹
...

וּרְאֵה וַעֲשֵׂה בְּתַבְנִיתָם אֲשֶׁר־אַתָּה מָרְאֶה בָּהָר׃ ⁴⁰

Übersicht 1 *(zu Exodus 25)*

Überhaupt kommen die Anweisungen zum Bau der Lade und der weiteren Geräte zu früh, spricht doch V. 9, so er denn zum ursprünglichen Bestand gehört, *zuerst* vom Heiligtum und erst *danach* von dessen Ausstattung, sprich: zuerst von Ex 26,1ff., erst dann von der Ausstattung gemäß z. B. Kap. 26 oder Kap. 27.[38] Ebenso liefern die singularische Anrede und die Wiederaufnahme von V. 9 in V. 40 deutliche Hinweise auf einen sekundären Charakter der ganzen Passage Ex 25,10–40. *Die Anweisungen zum Bau der Lade gehören demnach nicht zur ursprünglichen Priesterschrift, sondern sind erst von einem späteren priesterlichen Theologen eingetragen worden.* P[G] konnte ganz ohne sie auskommen.

Das klingt vielleicht ungewohnt. Fragt man aber nach, welche Rolle die Lade innerhalb des Textbestandes von P selbst inklusive aller späteren Zusätze spielt, wird der Tatbestand leichter verständlich. Die Lade ist ausschließlich Ausstattungsmerkmal des Sinaiheiligtums. Lediglich am großen Versöhnungstag wird sie noch am Rande erwähnt, doch gehört nun dieses Kapitel in seiner heutigen Gestalt vielleicht zu einem der spätesten des Pentateuch überhaupt.

Man mag einwenden, daß die Lade doch „Begegnungsort" (יעד *Nif*[39].) zwischen Mose und Jahwe war. Doch ist das keineswegs eindeutig immer so gewesen, und das mag ein letzter Blick in den Abschnitt über die Lade Ex 25,10–22[40] zeigen. In ihm taucht auffälligerweise zweimal der Befehl an Mose auf, das „Zeugnis", bzw. die *edût* in die Lade zu legen: V. 16 und V. 21b.[41] Schon RASCHI ist ratlos: לא ידעתי ?למה נכפל שהרי כבר נאמר ונתת אל הארן את העדות) („Ich weiss nicht,

---

38 Vgl. dazu auch die Unklarheiten im Ausführungsbericht Ex 35–39 und die Umstellungen von NOTH, ÜP 18 Anm. 56.

39 Vgl. aber 𝔊, die in ihrer Vorlage wohl נודעתי las.

40 V. 15 mag darin sekundär sein, vgl. FRITZ, Tempel 117 („Die Bemerkung über den Verbleib der Stangen entspricht stilistisch nicht den übrigen Anweisungen und ist sachlich überflüssig."); Gleiches gilt für die Dublette zu V. 18 in V. 19; vgl. NOTH, Exodus 165 und zustimmend FRITZ, Tempel 117.

41 Vgl. dazu die Deutung von DOHMEN, Exodus 211ff. Hier geht es darum, „Gottes Gegenwart im Wort der Schrift" (a.a.O. 214) zu erfassen – im Gegensatz zum Bild. Interessant ist, daß das „Zeugnis" von Anfang an mit Artikel verwendet wird. Das heißt, daß der Gegenstand, um den es hier geht, schon als bekannt vorausgesetzt ist (Ex 31,18?) – was auch immer inhaltlich darunter zu verstehen ist. – UTZSCHNEIDER folgert daraus, hier sei die Differenzierung zwischen Tora und Tafeln aus Dtn 31 bereits aufgehoben (Heiligtum 115), meint aber gleich darauf, der Begriff sei „zu unbestimmt, als daß man genau sagen könnte, welche Norm oder welche Gesetzeskorpora die sinaitischen Heiligtumstexte darunter begreifen" (a.a.O. 116). Letztere sollte vor der ersteren Schlußfolgerung warnen. Außerdem ist Dtn 31 recht eindeutig formuliert (מצד / ב; vgl. u. Kap. 3.3.).

warum es doppelt steht, weil schon gesagt worden ist: Lege in die Lade das Gesetz. [V. 16]")[42]. Exakt diese beiden Verse rahmen jedoch die Anweisungen über die Deck- oder Sühneplatte (כפרת)! *So ist nicht auszuschließen, daß die Sühneplatte zunächst auch im erweiterten Text noch nicht vorhanden war, sondern erst von einer weiteren Hand in das Kapitel eingefügt wurde.*[43] So hat man ja auch „den Eindruck, daß die Platte ein von der Lade selbst zu unterscheidender Gegenstand ist, wie denn nicht der Lade, sondern ihr die eigentliche Kultfunktion zukommt."[44] V. 22, der von der Begegnung Moses mit Jahwe redet, setzt diese Platte heute hingegen schon voraus.[45] Ebenso mag man fragen, wozu denn die *ʿedût* überhaupt in die Lade muß, wenn sich letztlich Begegnung wie auch Sühneritual offenbar vor allem der *kapporæt* verdanken.[46] Dazu später mehr (vgl. u. Kap. 2.4.).

Neuerdings hat J.J. JACKSON vorgeschlagen, in Ex 25 noch weitere Vorstufen zu rekonstruieren, indem er vom Ausführungsbericht in Ex 37 ausgeht.[47] Er findet eine Reihe kurzer Anweisungen in Ex 25,10a.11aα(.β).b.12aα(β).13a(.b). 14aα(.β).17a.18a, die dann durch das priesterliche Interesse an den Maßen erweitert wurden. JACKSON geht von der Tatsache aus, daß die Passagen Ex 25,15f. und Ex 25,21f. keine Parallele im Ausführungsbericht Ex 37,1ff. haben, sondern erst in Ex 40,20 aufgegriffen werden. Außerdem erwiesen sich V. 15.19f. (par. Ex 37,8f.) aufgrund der abweichenden Verbformen (sonst 2.*masc. Sing.*) als „insertions which interrupt the series of commands, and vs. 22 as

---

42 Zu V. 21; die Übersetzung nach BAMBERGER 256.

43 „Dass auf dem Deckel der Lade ein heiliger Gegenstand angebracht war, ist ganz unwahrscheinlich; dann brauchte man eine L a d e nicht." (HOLZINGER, Exodus 123). Daß beide Verse V. 16 und 21b (wohl unabhängig voneinander?) von einer Redaktion stammen, wie OWCZAREK, Vorstellung 160 meint, scheint mir ausgeschlossen. Ihre Interpretation hingegen sieht viel Richtiges; vgl. a.a.O. 160–171. Anders FRITZ, Tempel z.St., der die *kapporæt* für ursprünglich hält, die Anweisungen für die Keruben in V. 19f. jedoch für nachgetragen. Zur Stellung der Keruben hat das Nötige JANOWSKI, Sühne 342f. gesagt. Sie ist letztlich „nicht *sachlich*, sondern *theologisch* motiviert" (POLA, Priesterschrift 62). Janowski hält V. 19.21b und den Objektsatz in V. 22 für sekundär (a.a.O. 343).

44 Zobel, Art. אֲרוֹן 394, vgl. HERRMANN, Art. ἱλαστήριον 319; SCHMIDT, Kerubenthron 137–144; und vor allem DE VAUX, Lebensordnungen II, 121f., der die Meinung vertritt, daß „die *kapporet* im nachexilischen Tempel der Ersatz für die nicht wieder angefertigte Lade war" (ebd. 121).

45 Und weist über כל אשר אצוה אותך auf V. 9 zurück.

46 V. 22 scheint den Numeruswechsel vorliegen zu haben, und der Vers harmonisiert ihn kongenial mit Hilfe von V. 2. Auch der göttliche Befehl (צוה) scheint interessanterweise in P^G noch keine Rolle zu spielen, einzige Belege sind vielleicht Ex 29,35 (P^S?) und Ex 40,16.

47 JACKSON, Ark.

concluding explanation."[48] Als Vorlage für Ex 37 bleiben demnach nur Ex 25,10–14.17–18.

JACKSONS formale Anforderungen an die sich sonst eher durch Redundanzen auszeichnende Priesterschrift sind dabei aber vielleicht zu streng. Der Vergleich zu Ex 37 ist auf den ersten Blick überzeugend, aber letztlich m. E. zu mechanisch durchgeführt. Für die Doppelung von V. 16 und 21b liefert er keine Erklärung; ebenso ist fraglich, ob ein spätpriesterlicher Redaktor dem, wenn man so will, „Handwerker" Bezalel in Ex 37 die so bedeutsame 'edût wirklich anvertraut hätte. (Nicht einmal von Mose selbst wird berichtet, daß sie ihm übergeben worden wäre.) Gleichwohl könnte die Beobachtung, daß das Hineinlegen der 'edût in die Lade Ex 25 später zugewachsen ist, Richtiges treffen. Möglicherweise kennt Ex 37,1–9 schon den Ausführungsbericht aus Ex 40,20 und kann die entsprechenden Passagen deshalb im Baubericht übergehen. Eine spätere Eintragung von Ex 25,16/40,20 schließt das jedenfalls keineswegs aus.

2.3. Exodus 40: Die Ausführung

Etwas schwieriger liegen die Dinge beim 40. Kapitel des Exodusbuches (s. Übersicht 2). Nachdem in Ex 29,43–46* infolge der Bundesformel ein Höhepunkt erreicht war, findet sich erst in Ex 40 ein Bericht über die Ausführung all der vorangegangenen Anweisungen: V. 16–17 heißt es: „Und Mose tat gemäß allem, was Jahwe ihm befohlen hatte, so tat er. Und es geschah im ersten Monat im zweiten Jahr, am ersten des Monats, da wurde die Wohnung aufgerichtet." Zumindest einer der beiden Verse ist als Abschluß des Bauberichts zu werten, sei es V. 17, der sich mit der „Wohnung" (מִשְׁכָּן) genau auf Ex 25,9 zurückbeziehen würde[49], sei es der nüchterne, aber aufgrund der Formulierung[50] verdächtigere V. 16. Vielleicht darf man sogar beide Verse zusammen an einem solchen Erzählschluß erwarten.

Eine grobe Gliederung des Kapitels zeigt auf den ersten Blick vier Abschnitte: Der erste, V. 1–15, enthält die Anweisung zum Aufrichten des Heiligtums, zu seiner Salbung und Heiligung, und ab V. 12ff. auch zu der der aaronidischen Priester.

---

48 JACKSON, Ark 119.

49 Aber auch auf den sekundären V. 2 – dieses (Miß-)Verständnis ist bei V. 16 nicht möglich.

50 Vgl. die Wurzel צוה, die sich überwiegend in Ex 35–39 findet, s. o. Anm. 46. Aber zwingend ist das Argument natürlich nicht.

Ein zweiter Abschnitt findet sich in V. 16 und 17[51], in denen die Beendigung der Arbeit berichtet wird, wie eben bereits angedeutet. Der dritte Abschnitt V. 18–33a zeigt detailliert die Ausführung des ersten Teils auf, durch den „Kehrvers" כאשר צוה יהוה את־משה („wie Jahwe Mose geboten hatte") an den ersten Teil des Kapitels rückgebunden und mit V. 33b zum Abschluß gebracht (s. Übersicht 2). Letzterer weist seinerseits auf V. 16f. zurück.[52]

Der vierte Abschnitt handelt von der Einwohnung Jahwes im Heiligtum (V. 34f.), V. 36–38 sind hier „[f]remd"[53], sie blicken schon auf kommende Wanderungen und damit nicht zuletzt recht verfrüht auf das Numeribuch voraus.[54]

Der erste Teil, die V. 1–15, ist seit langem als sekundär erkannt worden, hier mag es genügen, auf den goldenen Räucheraltar (מזבח הזהב [לקטרת]) in V. 5 (und dann V. 26f.) zu verweisen, der bekanntermaßen erst in Ex 30f.35 auftaucht.[55]

Von der Beendigung des Baus des Heiligtums wurde gerade gehandelt, der dritte Abschnitt mit seinen Verweisen auf den ersten mag, das folgt schon aus den bisherigen Beobachtungen, frühestens gleichzeitig mit diesem ersten, wahrscheinlich sogar später, entstanden sein.

Der eigentliche Abschluß der Anweisungen vom Sinai, durch Ex 29,43–46* und irgendwann auch durch Ex 39,32.42f.* angekündigt, findet sich dann also in V. 34 – die Einwohnung der Herrlichkeit Jahwes im Heiligtum: „Und die Wolke bedeckte das Zelt der Begegnung, und die Herrlichkeit Jahwes erfüllte die Wohnung." Hier wird der Kreis der Sinaioffenbarung geschlossen, den Ex 24,15b.16–18aα[56] eröffnet hatte: Wolke und Herrlichkeit wandern vom Berg auf das Heiligtum und lassen sich darauf nieder.

---

51 Dort ist nach בשנה השנית möglicherweise mit ɯ und 𝕲 zusätzlich לצאתם ממצרים zu lesen. GALLING (bei BEER, Exodus) verteilt V. 16 auf P^S und V. 17 auf P^B. P^A hat offenbar keine entsprechende Notiz.

52 Und auf Ex 39,42!

53 HOLZINGER, Exodus 150. Vgl. die wörtliche Parallele in Num 9,15ff., die möglicherweise hier vorweggenommen wird (so NOTH, Exodus 228).

54 Insb. Num 1ff. / 9,15ff. Zu den drei Versen vgl. KRATZ, Komposition 106f. Sie unterbrechen den Zusammenhang Ex 40,35–Lev 1,1.

55 Klassisch bei WELLHAUSEN, Composition 142f., allerdings weitergehend. Vgl. Ex 30,1.27; 31,8; 35,15²; 37,25; 39,38; 40,5; Lev 4,7²; 16,12; Num 17,11; 1Sam 2,28; 1Chr 6,34²; 28,18; 2Chr 26,16.19.

56 Sicher P^G wohl nur Ex 24,16aα.17.18aα.

Zur Komposition von Exodus 40

¹ וַיְדַבֵּ֥ר יְהוָ֖ה אֶל־מֹשֶׁ֥ה לֵּאמֹֽר׃

² בְּיוֹם־הַחֹ֥דֶשׁ הָרִאשׁ֖וֹן בְּאֶחָ֣ד לַחֹ֑דֶשׁ תָּקִ֕ים אֶת־מִשְׁכַּ֖ן אֹ֥הֶל מוֹעֵֽד׃

³ וְשַׂמְתָּ֣ שָׁ֔ם אֵ֖ת אֲר֣וֹן הָעֵד֑וּת וְסַכֹּתָ֥ עַל־הָאָרֹ֖ן אֶת־הַפָּרֹֽכֶת׃

⁴ וְהֵבֵאתָ֙ אֶת־הַשֻּׁלְחָ֔ן וְעָרַכְתָּ֖ אֶת־עֶרְכּ֑וֹ

וְהֵבֵאתָ֙ אֶת־הַמְּנֹרָ֔ה וְהַעֲלֵיתָ֖ אֶת־נֵרֹתֶֽיהָ׃

⁵ וְנָתַתָּ֞ה אֶת־מִזְבַּ֤ח הַזָּהָב֙ לִקְטֹ֔רֶת לִפְנֵ֖י אֲר֣וֹן הָעֵדֻ֑ת

וְשַׂמְתָּ֛ אֶת־מָסַ֥ךְ הַפֶּ֖תַח לַמִּשְׁכָּֽן׃

⁶ וְנָ֣תַתָּ֔ה אֵ֖ת מִזְבַּ֣ח הָעֹלָ֑ה לִפְנֵ֕י פֶּ֖תַח מִשְׁכַּ֥ן אֹֽהֶל־מוֹעֵֽד׃

⁷ וְנָֽתַתָּ֙ אֶת־הַכִּיֹּ֔ר בֵּֽין־אֹ֥הֶל מוֹעֵ֖ד וּבֵ֣ין הַמִּזְבֵּ֑חַ וְנָתַתָּ֥ שָׁ֖ם מָֽיִם׃

⁸ וְשַׂמְתָּ֥ אֶת־הֶחָצֵ֖ר סָבִ֑יב וְנָ֣תַתָּ֔ אֶת־מָסַ֖ךְ שַׁ֥עַר הֶחָצֵֽר׃

⁹ וְלָקַחְתָּ֙ אֶת־שֶׁ֣מֶן הַמִּשְׁחָ֔ה וּמָשַׁחְתָּ֥ אֶת־הַמִּשְׁכָּ֖ן וְאֶת־כָּל־אֲשֶׁר־בּ֑וֹ

וְקִדַּשְׁתָּ֥ אֹת֛וֹ וְאֶת־כָּל־כֵּלָ֖יו וְהָ֥יָה קֹֽדֶשׁ׃

¹⁰ וּמָשַׁחְתָּ֛ אֶת־מִזְבַּ֥ח הָעֹלָ֖ה וְאֶת־כָּל־כֵּלָ֑יו וְקִדַּשְׁתָּ֙ אֶת־הַמִּזְבֵּ֔חַ וְהָיָ֥ה הַמִּזְבֵּ֖חַ קֹ֥דֶשׁ קָֽדָשִֽׁים׃

¹¹ וּמָשַׁחְתָּ֥ אֶת־הַכִּיֹּ֖ר וְאֶת־כַּנּ֑וֹ וְקִדַּשְׁתָּ֖ אֹתֽוֹ׃

¹² וְהִקְרַבְתָּ֤ אֶֽת־אַהֲרֹן֙ וְאֶת־בָּנָ֔יו אֶל־פֶּ֖תַח אֹ֣הֶל מוֹעֵ֑ד וְרָחַצְתָּ֥ אֹתָ֖ם בַּמָּֽיִם׃

¹³ וְהִלְבַּשְׁתָּ֙ אֶֽת־אַהֲרֹ֔ן אֵ֖ת בִּגְדֵ֣י הַקֹּ֑דֶשׁ וּמָשַׁחְתָּ֥ אֹת֛וֹ וְקִדַּשְׁתָּ֥ אֹת֖וֹ וְכִהֵ֥ן לִֽי׃

¹⁴ וְאֶת־בָּנָ֖יו תַּקְרִ֑יב וְהִלְבַּשְׁתָּ֥ אֹתָ֖ם כֻּתֳּנֹֽת׃

¹⁵ וּמָשַׁחְתָּ֣ אֹתָ֗ם כַּאֲשֶׁ֤ר מָשַׁ֙חְתָּ֙ אֶת־אֲבִיהֶ֔ם וְכִהֲנ֖וּ לִ֑י

וְ֠הָיְתָה לִהְיֹ֨ת לָהֶ֧ם מָשְׁחָתָ֛ם לִכְהֻנַּ֥ת עוֹלָ֖ם לְדֹרֹתָֽם׃

¹⁶ וַיַּ֖עַשׂ מֹשֶׁ֑ה כְּ֠כֹל אֲשֶׁ֨ר צִוָּ֧ה יְהוָ֛ה אֹת֖וֹ כֵּ֥ן עָשָֽׂה׃

¹⁷ וַיְהִ֞י בַּחֹ֧דֶשׁ הָרִאשׁ֛וֹן בַּשָּׁנָ֥ה הַשֵּׁנִ֖ית בְּאֶחָ֣ד לַחֹ֑דֶשׁ הוּקַ֖ם הַמִּשְׁכָּֽן׃

¹⁸ וַיָּ֨קֶם מֹשֶׁ֜ה אֶת־הַמִּשְׁכָּ֗ן וַיִּתֵּן֙ אֶת־אֲדָנָ֔יו וַיָּ֙שֶׂם֙ אֶת־קְרָשָׁ֔יו וַיִּתֵּ֖ן אֶת־בְּרִיחָ֑יו וַיָּ֖קֶם אֶת־עַמּוּדָֽיו׃

¹⁹ וַיִּפְרֹ֤שׂ אֶת־הָאֹ֙הֶל֙ עַל־הַמִּשְׁכָּ֔ן וַיָּ֜שֶׂם אֶת־מִכְסֵ֥ה הָאֹ֛הֶל עָלָ֖יו מִלְמָ֑עְלָה כַּאֲשֶׁ֛ר צִוָּ֥ה יְהוָ֖ה אֶת־מֹשֶֽׁה׃

²⁰ וַיִּקַּ֞ח וַיִּתֵּ֤ן אֶת־הָעֵדֻת֙ אֶל־הָ֣אָרֹ֔ן וַיָּ֥שֶׂם אֶת־הַבַּדִּ֖ים עַל־הָאָרֹ֑ן וַיִּתֵּ֧ן אֶת־הַכַּפֹּ֛רֶת עַל־הָאָרֹ֖ן מִלְמָֽעְלָה׃

²¹ וַיָּבֵ֣א אֶת־הָאָרֹן֮ אֶל־הַמִּשְׁכָּן֒ וַיָּ֗שֶׂם אֵ֚ת פָּרֹ֣כֶת הַמָּסָ֔ךְ וַיָּ֕סֶךְ עַ֖ל אֲר֣וֹן הָעֵד֑וּת כַּאֲשֶׁ֛ר צִוָּ֥ה יְהוָ֖ה אֶת־מֹשֶֽׁה׃

²² וַיִּתֵּ֤ן אֶת־הַשֻּׁלְחָן֙ בְּאֹ֣הֶל מוֹעֵ֔ד עַ֛ל יֶ֥רֶךְ הַמִּשְׁכָּ֖ן צָפֹ֑נָה מִח֖וּץ לַפָּרֹֽכֶת׃

²³ וַיַּעֲרֹ֥ךְ עָלָ֛יו עֵ֥רֶךְ לֶ֖חֶם לִפְנֵ֣י יְהוָ֑ה כַּאֲשֶׁ֛ר צִוָּ֥ה יְהוָ֖ה אֶת־מֹשֶֽׁה׃

²⁴ וַיָּ֤שֶׂם אֶת־הַמְּנֹרָה֙ בְּאֹ֣הֶל מוֹעֵ֔ד נֹ֖כַח הַשֻּׁלְחָ֑ן עַ֛ל יֶ֥רֶךְ הַמִּשְׁכָּ֖ן נֶֽגְבָּה׃

²⁵ וַיַּ֥עַל הַנֵּרֹ֖ת לִפְנֵ֣י יְהוָ֑ה כַּאֲשֶׁ֛ר צִוָּ֥ה יְהוָ֖ה אֶת־מֹשֶֽׁה׃

²⁶ וַיָּ֛שֶׂם אֶת־מִזְבַּ֥ח הַזָּהָ֖ב בְּאֹ֣הֶל מוֹעֵ֑ד לִפְנֵ֖י הַפָּרֹֽכֶת׃

²⁷ וַיַּקְטֵ֥ר עָלָ֖יו קְטֹ֣רֶת סַמִּ֑ים כַּאֲשֶׁ֛ר צִוָּ֥ה יְהוָ֖ה אֶת־מֹשֶֽׁה׃

²⁸ וַיָּ֛שֶׂם אֶת־מָסַ֥ךְ הַפֶּ֖תַח לַמִּשְׁכָּֽן׃

²⁹ וְאֵת֙ מִזְבַּ֣ח הָעֹלָ֔ה שָׂ֕ם פֶּ֖תַח מִשְׁכַּ֣ן אֹֽהֶל־מוֹעֵ֑ד

וַיַּ֣עַל עָלָ֗יו אֶת־הָעֹלָה֙ וְאֶת־הַמִּנְחָ֔ה כַּאֲשֶׁ֛ר צִוָּ֥ה יְהוָ֖ה אֶת־מֹשֶֽׁה׃

³⁰ וַיָּ֙שֶׂם֙ אֶת־הַכִּיֹּ֔ר בֵּֽין־אֹ֥הֶל מוֹעֵ֖ד וּבֵ֣ין הַמִּזְבֵּ֑חַ וַיִּתֵּ֥ן שָׁ֛מָּה מַ֖יִם לְרָחְצָֽה׃

³¹ וְרָחֲצ֣וּ מִמֶּ֔נּוּ מֹשֶׁ֖ה וְאַהֲרֹ֣ן וּבָנָ֑יו אֶת־יְדֵיהֶ֖ם וְאֶת־רַגְלֵיהֶֽם׃

³² בְּבֹאָ֞ם אֶל־אֹ֣הֶל מוֹעֵ֗ד וּבְקָרְבָתָ֛ם אֶל־הַמִּזְבֵּ֖חַ יִרְחָ֑צוּ כַּאֲשֶׁ֛ר צִוָּ֥ה יְהוָ֖ה אֶת־מֹשֶֽׁה׃

³³ וַיָּ֣קֶם אֶת־הֶחָצֵ֗ר סָבִיב֙ לַמִּשְׁכָּ֣ן וְלַמִּזְבֵּ֔חַ וַיִּתֵּ֕ן אֶת־מָסַ֖ךְ שַׁ֣עַר הֶחָצֵ֑ר

וַיְכַ֥ל מֹשֶׁ֖ה אֶת־הַמְּלָאכָֽה׃

³⁴ וַיְכַ֥ס הֶעָנָ֖ן אֶת־אֹ֣הֶל מוֹעֵ֑ד

וּכְב֣וֹד יְהוָ֔ה מָלֵ֖א אֶת־הַמִּשְׁכָּֽן׃

³⁵ וְלֹא־יָכֹ֣ל מֹשֶׁ֗ה לָבוֹא֙ אֶל־אֹ֣הֶל מוֹעֵ֔ד כִּֽי־שָׁכַ֥ן עָלָ֖יו הֶעָנָ֑ן

וּכְב֣וֹד יְהוָ֔ה מָלֵ֖א אֶת־הַמִּשְׁכָּֽן׃

³⁶ וּבְהֵעָל֤וֹת הֶֽעָנָן֙ מֵעַ֣ל הַמִּשְׁכָּ֔ן יִסְע֖וּ בְּנֵ֣י יִשְׂרָאֵ֑ל בְּכֹ֖ל מַסְעֵיהֶֽם׃

³⁷ וְאִם־לֹ֥א יֵעָלֶ֖ה הֶעָנָ֑ן וְלֹ֣א יִסְע֔וּ עַד־י֖וֹם הֵעָלֹתֽוֹ׃

³⁸ כִּי֩ עֲנַ֨ן יְהוָ֤ה עַֽל־הַמִּשְׁכָּן֙ יוֹמָ֔ם וְאֵ֕שׁ תִּהְיֶ֥ה לַ֖יְלָה בּ֑וֹ לְעֵינֵ֥י כָל־בֵּֽית־יִשְׂרָאֵ֖ל בְּכָל־מַסְעֵיהֶֽם׃

Übersicht 2 *(zu Exodus 40)*

V. 33b, den neuerdings v. a. Thomas POLA für das Ende der P^G in Anspruch nehmen möchte („So vollendete Mose das Werk", ויכל משה (את־המלאכה), vermag hingegen die alleinige Last kaum zu tragen.[57] Das „Werk" (מלאכה) spielt in Ex 25–40 sonst keine Rolle, sondern erst in den sekundären Bereichen Ex 31.35ff.[58] – es ist jedoch in Gen 2 zum Abschluß des ersten Schöpfungsberichts prominent vertreten (Gen 2,2a).

Da auf der anderen Seite V. 35b und V. 34b identisch sind und die Notiz, Mose habe nicht in die Wohnung hineingekonnt (V. 35a), zum Berichts- und Buchabschluß wenig passen will – dafür aber um so mehr zu Lev 1,1ff.! – gehört möglicherweise auch dieser Vers 35 keiner priesterschriftlichen Grundschrift an, sondern hier könnte sich ein Ergänzer zu Wort melden, der den Blick schon in Richtung Levitikusbuch bzw. Heiligkeitsgesetz Lev 17–26[59] lenken kann und will.[60]

Der Grundbestand des Kapitels Ex 40 besteht also aus V. 16 und/oder 17[61] und V. 33b–34, und mit diesem feierlichen Einzug in das Heiligtum durch Jahwe in Wolke und *kābôd* dürfte die Grundschrift der Priesterschrift auch einmal geschlossen haben.[62]

Zum weiteren Werdegang der Grundschrift kann jedenfalls für die Lade gesagt werden, daß sie recht bald in den Text gelangt sein dürfte. Dafür spricht, daß die Verse 17–20(כפרת).21(עדות) schon sachlich, aber auch literarisch die Anweisungen V. 10–16 voraussetzen, jedenfalls die Befehle V. 10.13. Ebenso ist die Aufnahme der Geräte aus Ex 25 in Ex 40 auffällig: Wie in Ex 25 kommt die Lade auch hier in Ex 40 nur in einer Ergänzungsschicht vor, die sich in ihrem Aufbau eng an Ex 25 orientiert: Die Reihenfolge: משכן „Wohnung" – ארון „Lade" – שלכן

---

57 Vgl. FREVEL, Blick 93–96, der gegen POLA überzeugend nachweist, daß V. 34 (–35) zu P^G hinzunehmen sind. V. 35 ist allerdings eine Fortschreibung (s. dazu im folgenden). Die Argumente, die FREVEL anführt, gelten allesamt nur für V. 34.

58 In Ex 25–29.40 nur hier. Sonst P^S, vgl. Ex 31,3.5.14.15²; 35,2².21.24.29.31.33. 35²; 36,1.2.3.4².5.6.7².8; 38,24²; 39,43.

59 Vgl. KRATZ, Komposition 106f.108f.

60 So GALLING bei BEER, Exodus z. St.: Ex 40,34 ist P^A, V. 35 P^B.

61 V. 16 ist aufgrund seiner Terminologie (כבל אשר צוה יהוה) verdächtig, sekundär zu sein und mit V. 19ff. und Ex 35–39 (כאשר צוה יהוה): Ex 35,1.4.10.29; 36,1.5; 38,22; 39,1.5.7.21.26.29.31f.42f.; 40,19.21.23.25.27.29.32 zusammenzugehören. Zwingend ist das aber nicht. GALLING (bei BEER, Exodus z. St.) rechnet den Vers zu P^S; so auch NOTH, Exodus 220f. (anders noch in ÜP 18f.); ELLIGER, Sinn 175, BAENTSCH, Exodus 286f.; V. 16f. dagegen HOLZINGER, Exodus XIX (P in Ex 40,1.2.16.17.33b.34). FRITZ denkt an P „zumindest in 40,17a.33b" (Tempel 113), die „Bemerkung 40,16" hänge aber damit zusammen (ebd.).

62 Vgl. die überzeugende Argumentation bei KRATZ, Komposition 107. Zur Bedeutung des *kābôd* für P vgl. JANOWSKI, Sühne 303ff.

„Tisch" – מנורה „Leuchter" der Verse 2–4, die sich entsprechend in V. 18–25 wiederfindet (s. Übersicht 2), entspricht genau dem Aufbau von Ex 25. Die beiden Abschnitte V. 1–15 und V. 18–33a, die in sich freilich nicht einheitlich sind, wie schon die Aufbauskizze andeuten mag, sind in ihrem Grundbestand deshalb vielleicht auf einer Ebene mit Ex 25,10ff. und recht wahrscheinlich vor den Ausführungsberichten Ex 35–39, die eine andere Reihenfolge bieten[63], entstanden. So entsteht eine Ringstruktur, in der noch heute die Bestimmungen über die Lade (zuerst nach dem Auftrag in Ex 25,1–2a.8f.* und zuletzt dann vor der Beendigung Ex 40,33b–34) den Baubericht des Wüstenheiligtums umrahmen. Solche Ringstrukturen zeigen sich auch noch in anderen Details.

Hier ist besonders auf die Beobachtungen WEIMARS hinzuweisen, der „Sinai und Schöpfung" durch derartige Bezüge eng miteinander verbunden wissen möchte.[64] Daß sie sekundär vermehrt und damit verstärkt wurden, scheint mir außer Frage zu stehen (sicher z.B. für die Sabbatgesetzgebung Ex 31,12ff./35,1ff.), daß sie hingegen alle sekundär sind, ist literarisch kaum mit letzter Sicherheit zu zeigen.[65] Die Inklusionen Ex 40,33b – Gen 2,2a (und V. 2b–3[66]; Höhepunkt und Abschluß von Schöpfung und Sinaigeschehen) und Ex 40,34 – Ex 24,15b.16–18aα[67] (Offenbarung der Herrlichkeit auf dem Sinai, vgl. Ex 29,43; ähnlich, aber sekundär der Bezug von Gen 2,3a auf Ex 29,44a[68])

---

63 Vgl. auch die Version der 𝕲 und dazu die Anmerkungen von KUENEN, Einleitung §6, Anm. 15 und bei HOLZINGER, Exodus 148.

64 Vgl. hierzu vor allem die Aufbaubeobachtungen bei WEIMAR, Sinai und Schöpfung.

65 KRATZ, Komposition 117 und ebd. 105, dort auch der Hinweis: „Wem das zu radikal ist, der mag noch einiges aus Ex 25–29 zunehmen."

66 Zur Abgrenzung vgl. KRATZ, Komposition 328 Anm. 30.

67 S.o.Anm. 56. Vgl. zur 𝕲-Fassung von Ex 29,45f. auch AEJMELAEUS: „Beide Übersetzer – Dtn und Ex – vermeiden die Rede vom ‚Wohnen' Jahwes oder seines Namens im Tempel." (Übersetzungstechnik 13 Anm. 24)

68 V. 44b ist ganz offensichtlich ein Nachtrag (Aaron), vgl. exemplarisch LEVIN, Verheißung 230 Anm. 120. Man kann allerdings streiten, ob hier wirklich eine Parallele vorliegt – lediglich die Wurzel קדש legt dies nahe, ansonsten sind die Verse sehr unterschiedlich. S. auch LEVIN, Verheißung 230, vgl. DERS., Tatbericht 35, der zwar V. 44a zu P^G rechnet, allerdings Gen 2,2–3 als „literarische Zutat aus sehr später Zeit" beurteilt (DERS., Tatbericht 27). Anders BAUKS, Genesis 1, 333f. u.ö., die ihre Beobachtungen allerdings sehr stark auf Gen 2,1–3 (in toto) aufbaut; ähnlich JANOWSKI, Tempel, passim. Daß die „6+1"-Thematik nicht recht paßt, zeigt sich in JANOWSKIS Rekonstruktion dann auch: Wenn P^G in der „Hinwendung Gottes zur Welt/zum Menschen als Gemeinschaft des Schöpfers mit Israel ihr Ziel erreicht" (ebd. 244), ist der zweite Punkt, umgekehrt habe „sich Israel hier das schöpfungstheologische Geheimnis des ‚siebten Tages erschlossen, an dem JHWH den Mose

runden die Komposition von P^G ab und bilden den Höhepunkt des Berichts.

Theologisches Zentrum und Höhepunkt ist die Bundesformel (bzw. Verheißung des Wohnens Gottes inmitten seines Volkes) Ex 29,(44a.)45f.[69] Es mögen, je nachdem wie man die Ursprünglichkeit von Ex 25,9 beurteilt, noch Bestimmungen über den Bau von Wohnung und Geräten hinzukommen, etwa Ex 26* und Ex 27*.[70] Ex 28 und 29 (bis auf V. 43–46*) hat mit überzeugenden Gründen G. STEINS für P^G ausgeschlossen[71]: Ex 28 trennt die Aussagen über den Bau des Heiligtums von seiner Zweckbestimmung in Ex 29,42ff. ab, Ex 29 weist seinerseits „sachliche und stilistische Differenzen"[72] zu Ex 28 auf, die zur Scheidung bzw. zur Erkenntnis des Nachtragscharakters auch von Ex 29 führen.

Einen Hinweis zur Rekonstruktion des ursprünglichen Berichts von Ex 26f. könnte der andere in P überlieferte Baubericht liefern, der die Maßangaben und z.B. die Elle (אמה) kennt: Gen 6,14–16.22, der Baubericht der Arche[73]. So mag man etwa an Ex 26,7–11.15a.18b.20.22 („Zelt und Wohnung")[74]; 27,1–3.4f.6.8a[75] denken.

---

zur Beauftragung mit dem Heiligtumsbau in die Wolke hineinrief" (ebd.), nachgerade überflüssig und wie ein (auch theologisch weniger untergeordnetes) Anhängsel. Daß gerade die „programmatische Eingangsszene (Ex 24,15b–18aα) jenes Mittelteils mit ihrer den Text gliedernden Motivik ‚sechs Tage – siebter Tag' (V. 16aβ/V. 16b) auf die Schöpfungsgeschichte Gen 1,3–31*/2,2f P^g zurückverweist, besondere Beachtung" verdient (ebd. 232), aber nicht in die Komposition einbezogen werden kann, spricht für sich.

69 Nach WEIMAR, Untersuchungen 136 das „Zentrum der ganzen priesterschriftlichen Sinaigeschichte". Im Unterschied zur Deutung von JANOWSKI, Mitte 183ff.189 u. STRUPPE, Herrlichkeit 60 und mit RUDNIG ist dabei nicht an eine Umdeutung „Wohnen Jahwes auf dem Zion – Wohnen inmitten des Volkes" zu denken. „Denn in beiden Fällen [Ex 25,8 und Ex 29,44a.45.46a, Vf.] bezieht sich die Verheißung, inmitten des Volkes zu wohnen, auf die Gegenwart im *Heiligtum* [...]. Hier und nirgends sonst wird Jahwe als anwesend vorgestellt." (RUDNIG, Jahwe 278). Der aufschlußreiche Aufsatz von SCHREINER (Wohnen der Weisung) schlägt auch noch den Bogen zu Sir 24 (zur hebr. Vorlage שכן der leider nicht hebräisch überlieferten Passage vgl. SKEHAN, Structures 374), beginnt bezeichnenderweise mit der P-Vorstellung. um erst daran die Besonderheiten der deuteronomistischen Vorstellungen zu profilieren.

70 Vgl. WEIMAR, Sinai und Schöpfung 344f.; FRITZ, Tempel 122 und OWCZAREK, Vorstellung 64–73 (mit anderer Einschätzung von Ex 26,1ff.).

71 STEINS, Heiligtum 145–167.

72 A.a.O. 160.

73 Hier wie dort (Gen 6–9) finden sich wesentliche Elemente priesterschriftlicher Denkweise und Theologie, dem Anlaß und dem jeweiligen Gegenüber des Bundes natürlich unterschiedlich akzentuiert: Angefangen von den Bauanweisungen und einer knappen Ausführungsnotiz bis hin zu Bundeszusage (im Fall von Gen 9 so-

Kurzum verbleiben für eine priesterliche Grundschrift P^G in Ex 25–Dtn 34 nach diesen skizzenhaften Überlegungen Ex 25,1–2a.8f.; 26,7–11.15a.18b.20.22; 27,1–5a.6.8a; 29,45f.; 40,16f.33b–34.[76] Diese ursprüngliche Priesterschrift kennt noch keine wie auch immer geartete Lade.[77]

---

gar dem Bundesschluß) und (einer) Wolke(n), dort als Zeichen, hier als Erscheinungsform der Gottheit.

74 Ex 26,1–6 sind sekundäre Ausführung von V. 7–11 (vgl. Galling bei Beer, Exodus 135 und Görg, Zelt 8–34), V. 12–14 sichern wohl die Nichteinsehbarkeit der Wohnung von außen ab und sind terminologisch uneinheitlich (אהל / משכן; V. 14 מכסה statt יריעה), V. 15a wird in V. 18a wiederaufgenommen. V. 19 und 21 (die „Fußgestelle" [אדנים]) sind sekundäre Ausmalung von V. 18 und 20, ebenso das auf V. 22 folgende. Die Verse 31ff. sind offensichtlich sekundär angehängt (gegen Fritz, Tempel 119). Es ergibt sich genau das in 2Sam 7,2.6 (abweichend 2Chr 17,5) Vorausgesetzte. Zur Parallelität von אהל und משכן vgl. noch Jes 54,2; Jer 30,18; Ps 78,60; Hi 21,28.

75 Gegen Fritz, Tempel 122 und Noth, Exodus 176 ist V. 3 nicht auszuscheiden, auch wenn hier sekundär aufgefüllt worden sein mag. Die Geräte gehören zum Altar. Die Ausscheidung von V. 5b.7 mit Fritz, Tempel 122. V. 8b wechselt unschön den Numerus, vgl. auch Owczarek, Vorstellung 71. Die Ausscheidung von V. 9–18a („Ergänzungsschicht").18b.19–21 mit Fritz, Tempel 122, für V. 20f. vgl. auch Noth, Exodus 177.

76 Zur oft behandelten Frage nach der Bedeutung des Landes für P vgl. Bauks, Begriffe, 187: „Das ‚Im-Land-Sein' Israels ist keineswegs eine *conditio sine qua non* dafür, daß Gott inmitten seines Volkes weilt. Die Aussicht auf das Land ist hingegen das Bundeszeichen der Liebe Gottes, von seinem Volk nie vollends abweichen zu wollen." S. auch Crüsemann, Tora 354. Die Alternative: Land *oder* Kult trifft nicht, wie Levin gezeigt hat (Verheißung 233f.). Das Land spielt insofern eine untergeordnete Rolle: „Es ist der Kultort, um dessentwillen das Land zur Verheißungsgabe geworden ist." (Levin, Verheißung 233). Die Betonung des Landes für die „priesterliche Komposition des Pentateuch" (so im Titel seines Aufsatzes) hat zuletzt Köckert herausgearbeitet (Land). Jedoch gehören die von ihm verhandelten Texte überwiegend eben nicht zu P^G, sondern geben spätere Reflexionen über das Thema wieder. Selbst wenn am Ziel (und gewiß nicht im Zentrum, vgl. dazu auch Struppe, Herrlichkeit 237f.) eben „der natürliche Ort, ohne den die kultische Präsenz des Gottes Israels ein bloßes Phantom bleiben müßte" (Köckert, Land 153). Wenn man aber, in geradezu Barthscher Terminologie, vom Land als „äußerem Grund" des Bundes und umgekehrt vom Bund als innerem Grund für das Land redet (vgl. a.a.O. 152), mißt das dem Land doch wieder zuviel Eigenbedeutung zu, die es m.E. in P^G (noch?) nicht hat.

77 Die Bedenken Ziemers gegen eine Reduktion der Grundschrift können hier so nicht geteilt werden: Wenn er konstatiert: „In der von Pola rekonstruierten ‚Priesterschrift' gibt es keinen Priester!" (Ziemer, Abram 282 Anm. 23), so scheint das angesichts der bereits darin enthaltenen priesterlichen Vorstellungen nicht ganz sachgerecht. Mit seinem leidenschaftlichen Eintreten für eine bessere Scheidung zwischen P^S und Zusätzen zu P, die erst *nach* der Vereinigung mit dem JE-Faden gemacht wurden, ist – bei aller Berechtigung – für die Sache doch nicht viel ge-

Aber wie kamen dann Lade und *kapporæt* überhaupt in den Tempel und an den Sinai? Offenbar wurde für diesen im weiteren Verlauf der Heilsgeschichte so prominenten Gegenstand ein Baubericht vermißt, der dann im Rahmen der Auffüllung der Grundschrift (P^S) ergänzt wurde.[78] Für solcherlei P^S-Material stellt sich natürlich sofort die Frage nach dem literarischen Horizont: Handelt es sich um Ergänzungen des selbständigen Erzählwerkes oder um spätere Einfügungen?

M.E. gibt es in bezug auf die Lade nur eine mögliche Antwort. Die Einfügung hängt zusammen mit der Funktion der Lade in der Priesterschrift. Selbst wenn man einen Umfang der Priesterschrift und ihrer Ergänzungen bis in das Buch Deuteronomium hinein annimmt, hat die Lade über ihre Rolle als Repräsentanz Jahwes im Heiligtum der Sinaiperikope hinaus praktisch keine Funktion: Sie ist weder im Sühneritual (Lev 16, s.u. Kap. 2.4.) fest verankert, noch spielt sie eine sonstige wichtige Rolle im vorausgesetzten Kult, sie taucht selbst in einer um das Levitikus- und große Partien des Numeribuches ergänzten Werk kaum auf, – da es also, *cum grano salis*, ein regelrechtes „Ladeschweigen" der Priesterschrift ab Ex 40 gibt, dürfte die Einfügung der Lade mit dem Bericht über ihre Verbringung in den salomonischen Tempel korrespondieren (s. dazu gleich). Nur so ergibt ihre Erwähnung innerhalb der „gewaltige[n] Rückprojektion, in der der jetzige Zustand" der Verhältnisse des Zweiten Tempels „in das sinait. Gewand gehüllt wird"[79], einen Sinn. Eines Bauberichtes wie Dtn 10 bedurfte es dabei nicht. Für die Verfasser der priesterschriftlichen Passagen spielte sie genau in dem Moment eine Rolle, in dem sie mit dem Tempelkult nach 1 Kön 8 in Verbindung gebracht worden war.

---

wonnen, da auch er keine neuen und sicheren Kriterien dafür an die Hand geben kann. Deswegen darauf praktisch ganz zu verzichten und – *cum grano salis* – P zu einer Art Endredaktion zu erklären, ist demgegenüber im Kern letztlich eine Resignation vor den Schwierigkeiten, die dem Ausleger aber nun einmal von der Textgestalt aufgegeben sind.

78 Das Siglum P^S ist hier natürlich nicht als einzelne Hand verstanden, sondern als sukzessive Auffüllung von P^G.

79 SMEND, Entstehung 57f. Diese „Rückprojektion" ist hingegen nicht wörtlich zu verstehen, zumal sie auch Züge eines zukünftigen Programms trägt. Sie kann somit nicht einfach zur Rekonstruktion der Verhältnisse im Zweiten Tempel herangezogen werden. So dürfte zwar LEVINS Beobachtung, es sei „der Priesterschrift nicht um den Entwurf des künftigen, sondern um den Erweis der Legitimität des bestehenden Kultes zu tun" (Verheißung 233f.), im Kern durchaus Richtiges treffen, doch dürfte P andererseits zu diesem Zweck eine Art „idealen" Tempelkult in die Frühzeit projizieren. Im Zweiten Tempel gab es keine Lade; dennoch war sie, überspitzt gesagt, so etwas wie das „legitime" Götterbild des Ersten Tempels.

Exkurs: Zu den Wachstumsstufen in Exodus 25. Die Lade des „Zeugnisses" (ʾrôn hāʿedût, ארון העדות)

Wenn die Lade für P zunächst nicht an irgendwelchen Kulthandlungen beteiligt war – dafür war ja die sekundär eingefügte *kapporæt* zuständig (s. u. Kap. 2.4. zu Lev 16) – was bedeutete sie dann für die Priesterschrift?

Eine Möglichkeit bestünde darin, in der Lade die Begegnungsstätte zwischen Jahwe und Mose zu sehen, wie dies auch Ex 25,22 tut. Dieser Vers setzt aber in der jetzigen Fassung ebenfalls bereits die *kapporæt* voraus. Nun könnte es sich allerdings bei Ex 25,22a (ab מעל הכפרת) gut um einen „Zusatz im Zusatz" handeln, so daß ursprünglich nur dastand: „Und ich werde dir dort begegnen und alles zu dir sagen, was ich dir für die Söhne Israel auftragen werde." (Ex 22a [bis אתך].b), was aufgrund des ungewöhnlich großen Abstands des Objekts zu דברתי אתך sogar nicht einmal unwahrscheinlich ist. Die Lade wäre dann ursprünglich *Begegnungsort* mit Jahwe gewesen (יעד *Nif.*), was ja auch der Stellung der Lade im salomonischen Tempel entsprochen haben dürfte. Die Paronomasie עדות - יעד (z. B. Ex 30,6.36; Num 17,19 und Ex 25,16.21b.22 in der Endgestalt) spräche dann dafür, daß ʾrôn (hā-)ʿedût auch etymologisch ursprünglich so etwas wie die „Lade der Begegnung" bzw. der Selbstmitteilung Gottes bedeutet hätte.[80] Gewöhnlich leitet man ʿedût zwar von עוד her,[81] doch gehen wahrscheinlich beide Wurzeln, יעד und עוד, auf eine gemeinsame Basis ʿd, die offenbar so etwas wie „verabreden" bedeuten könnte, zurück.[82] Die spätere Bedeutung liegt von da aus nicht fern, vgl. auch akkad. *adû / adê* „Treueid" bzw. aram. ʿdj „Vertrag, Pakt"[83]. Die gern geführte Diskussion, ob und an welcher Stelle treffender mit „Bundesbestimmungen" oder mit „Zeugnis"[84] übersetzt werden solle, löst sich, im Kontext gelesen, m. E. ohnehin auf: „Die Bundesbestimmungen sind Zeugnis der Treue JHWHs zu seinem Bund und Zeugnis gegen eine mögliche Untreue von seiten Israels"[85].

Dafür, daß die Lade als ארון העדות in P zunächst als Begegnungsstätte gedeutet wurde, spricht auch, daß ihr Inhalt weder in P^s noch sonst irgendwo – außer in Ex 25,16.21a – erwähnt wird. Erst auf einer späteren Stufe, im Moment der Verschriftung des Mitgeteilten, wurde die Lade dann zum ארון העדות in dem Sinne,

---

80 Ggf. auch von Vorschriften, die aber dann noch gar nicht schriftlich niedergelegt sein mußten (vgl. ähnlich auch das „Begegnungszelt", den אהל מועד von עוד *Hif.*). Siehe zur Sache Görg, Art. יָעַד *jāʿad* 705f. („Das ‚Begegnen' erfolgt um des Redens mit dem Adressaten der ‚Begegnung' willen", ebd. 705) und DERS. Lade des Zeugnisses 14. Eine ursprüngliche Verbindung mit עוד II *Hif.*, die OWCZAREK, Vorstellung 170f. vornimmt (sie übersetzt mit „sich bezeugen"), hat demgegenüber leider keinen Anhalt im Text. Unmöglich ist sie freilich nicht.

81 Vgl. auch COUNTRYMAN, ʿÉDÛT.

82 Vgl. SIMIAN-YOFRE, Art. עוד ʿwd 1109.

83 SIMIAN-YOFRE, Art. עוד ʿwd 1109. Zum *Aram.* vgl. die Inschriften von Sefire KAI 222–224.

84 Vgl. dazu VOLKWEIN, ʿedût.

85 SIMIAN-YOFRE, Art. עוד ʿwd 1126. Zu den altorientalischen Parallelen für die Aufbewahrung der Bundesbestimmungen vgl. MILLARD, Tablets.

daß die Bestimmungen in sie *hineingelegt* werden konnten (Ex 25,16.21b; z.B. nach der Entstehung von Dtn 10,1–5 [dazu s.u. Kap. 3.1. und 3.2.]). Dafür, daß dieser Vorgang sekundär ist, spräche auch seine vergleichsweise späte Ausführung in Ex 40,20.[86] So konnte es schließlich auch zur spätesten Bildung in diesem Zusammenhang kommen, den „Tafeln des Zeugnisses" (לחת העדת [immer defektiv] Ex 31,18/32,15/34,29). Diese Stellen sind wohl als die jüngsten der betrachteten anzusehen.

All dies ist aber freilich in hohem Maße spekulativ, denn der priesterschriftliche Stil macht es leider nahezu unmöglich, mit wirklicher Sicherheit zu entscheiden, ob etwa erst *kapporæt* und dann schriftliche עדות in den Text kamen[87] oder umgekehrt (wie hier aufgrund der literarischen Verhältnisse in Ex 25,16–21 vorgeschlagen).

In jedem Falle aber wird deutlich, daß die Lade erst spät und darüber hinaus offenbar sekundär in den altorientalischen Vorstellungszusammenhang gelangt ist und somit die Vorstellung von der Lade als Behältnis für Bundesdokumente ein späterer Versuch ist, ihre Funktion zu erklären. Eine solche Funktion war der ursprünglichen Ladevorstellung noch fremd.

Daß die Verbindung mit 1Kön 8 möglicherweise nicht gänzlich in die Irre führt, sei noch kurz an einem Beispiel erläutert.

1Kön 8,10f. nehmen präzise und wörtlich auf Ex 40,34f. Bezug:[88] In dem Moment, in dem die Lade im Tempel steht, zieht Jahwe – in Form der Wolke – in sein Heiligtum ein. Die Lade symbolisiert die Gottheit, die in der Wolke anwesend vorgestellt ist: Im Grunde erfüllt hier wie dort die Lade die Funktion eines Götterbilds, das es für die exilisch-nachexilische Theologie verständlicherweise nicht gegeben haben darf.[89] Das gilt für den salomonischen Tempel 1Kön 8 wie auch für das mosaische Heiligtum Ex 25–40 – übrigens ein möglicher Hinweis darauf, daß in Ex 40,34 einmal ein Abschluß gegeben war, auf den man Bezug nehmen konnte. Heißt es doch in 1Kön 8,10f.:

10 וַיְהִי בְּצֵאת הַכֹּהֲנִים מִן־הַקֹּדֶשׁ וְהֶעָנָן מָלֵא אֶת־בֵּית יְהוָה: 1Kön 8,10f.
11 וְלֹא־יָכְלוּ הַכֹּהֲנִים לַעֲמֹד לְשָׁרֵת מִפְּנֵי הֶעָנָן כִּי־מָלֵא כְבוֹד־יְהוָה אֶת־בֵּית יְהוָה:

1Kön 8,10f.: „10 Und es geschah, als die Priester aus dem Heiligen hinauszogen, da erfüllte die Wolke das Haus Jahwes; 11 und die Priester konnten wegen

---

86 OWCZAREK, Vorstellung 171 ordnet die beiden Verse einer einzigen „R^dtr" zu, die „nach P^s" einzuordnen ist (ebd.). Doch ist es m.E. unwahrscheinlich, daß die beiden Verse gleichzeitig ergänzt wurden.

87 Diese Möglichkeit vertritt OWCZAREK, Vorstellung 170f.; der gesamte Exkurs ebd. 158–171. Die *kapporæt* scheint Dtn 10, von ihr mit Ex 25,16.21b auf eine Stufe gestellt, aber doch wohl noch nicht zu kennen.

88 S. auch den Vergleich bei GÖRG, Zelt 61–63.

89 Zur Frage nach einem Götterbild im Ersten Tempel vgl. u. Kap. 11.

der Wolke nicht hinzutreten, um den Dienst zu verrichten; denn die Herrlichkeit Jahwes erfüllte das Haus Jahwes."

Hier umrahmen V. 10b die Wolke und 11b der *kābôd* auf den ersten
Blick V. 11a. Dort ist am Ende aber bereits die Wolke genannt, so daß
vermutlich der כי-Satz 11b in einer V. 10b genau entsprechenden Formulierung später hinzugesetzt wurde, um den כבוד יהוה (nach Ex 40)
zu ergänzen. Zum Vergleich Ex 40,34f.:

Ex 40,34f. ⁴³ וַיְכַס הֶעָנָן אֶת־אֹהֶל מוֹעֵד וּכְבוֹד יְהֹוָה מָלֵא אֶת־הַמִּשְׁכָּן:
³⁵ וְלֹא־יָכֹל מֹשֶׁה לָבוֹא אֶל־אֹהֶל מוֹעֵד כִּי־שָׁכַן עָלָיו הֶעָנָן וּכְבוֹד יְהֹוָה מָלֵא אֶת־הַמִּשְׁכָּן:

Ex 40,34f.: „³⁴ Da bedeckte die Wolke das Zelt der Begegnung, und die Herrlichkeit Jahwes erfüllte die Wohnung. ³⁵ Und Mose konnte nicht in das Zelt der
Begegnung hineingehen; denn die Wolke hatte sich darauf niedergelassen, und
die Herrlichkeit Jahwes erfüllte die Wohnung."

Dieser Text ist kunstvoll komponiert und dabei zudem konsequent in
der Parallelität von „Wolke" (עָנָן) und „Herrlichkeit" (כבוד) in V. 34
und 35aßb, die die Aussage über Mose in V. 35aα rahmen (V. 34b = V.
35b!). Das hieße für die Abhängigkeiten: Zuerst stand 1Kön 8,10 da,
parallel zu Ex 40,34 P gebildet. Die Erweiterung 1Kön 8,11 zog dann
ihrerseits die Ergänzung Ex 40,35 nach sich. In Ex 24,15b beispielsweise ist die Wolke jedenfalls kein Problem, das zu weiterführenden theologischen Erwägungen Anlaß gibt – Ex 40,35 wie 1Kön 8,11 haben diese Probleme mit der direkten Gottesgegenwart indes massiv, die am
Versöhnungstag Lev 16 ihre volle Ausbildung erfahren – Aaron würde
sonst sterben![90] 1Kön 8,10 setzt also möglicherweise ein Entwicklungssta-
dium der Priesterschrift voraus, in dem Ex 40 das Ende bildet (P^G?).

In den Versen werden in jedem Falle der Abschluß des Tempelbaus
und der Errichtung des Zeltheiligtums der Priesterschrift auf engste
verknüpft und parallelisiert. So wie der Tempel durch die Einwohnung
Jahwes nicht nur quasi legitimiert, sondern nach Sicht der Verfasser
erst wirklich zum Wohnsitz der Gottheit wird und damit seine eigentlichen Bestimmung erfährt, gilt das *mutatis mutandis* auch für den an
den Sinai verlegten „transportablen Tempel" in der Form des Zeltheiligtums.[91] Zugleich ist damit ein erster Hinweis auf die literarische Einordnung des Kapitels 1Kön 8 gegeben, das offenbar auf das Ende von
P^G in Ex 40 bezugnehmen kann.[92] Da für die Ergänzung der Lade in P
(also in P^S) die Lade im Tempel die Voraussetzung sein dürfte, könnte
das Kapitel – möglicherweise! – zwischen P^G und P^S datiert werden.

---

90 Lev 16,2.13.

91 Vgl. Smend, Entstehung 55–59, der freilich vermutet, Ex 40,34f. seien P^S oder von
R verfaßt.

92 S. dazu auch u. Kap. 5.8.3.

2.4. Levitikus 16: *yôm hakkippurîm*

Im Levitikusbuch kommt die Lade einmal vor, nämlich in Lev 16,[93] dem Kapitel über den „mit düsterem Bußernst zu begehenden"[94] großen Versöhnungstag, genauer in V. 2; die *kapporæt* „Sühnplatte" hingegen gleich siebenmal, in V. 2(2×), 13, 14(2×) und 15(2×). Martin NOTH rechnet das Kapitel zutreffenderweise „nicht zum ursprünglichen P-Bestand"[95], wie ja überhaupt das Levitikusbuch *in toto* aus frühestens sekundär priesterschriftlichem Material bestehen dürfte (s. o. Kap. 2.1.). Die Lade, oder vielmehr: die Sühnplatte, *erlebt hier ihren einzigen kultischen Einsatz innerhalb des Pentateuch*! Jedoch ist die Verwendung nicht etwa die, die man nach Ex 25,22; 30,6 erwarten sollte, nämlich eine Begegnung Jahwes mit Mose, sondern es handelt sich dabei an dieser Stelle um ein regelrechtes kultisches Instrument.

Vers 2 setzt dabei nach der Überschrift neu ein.[96] Die Bezeichnung der Lade mit einfachem ארון ist für priesterlichen Kontext ungewöhnlich, erklärt sich möglicherweise aber auf der sonst nie belegten „lange[n] Kette von Lokalattributen"[97]. Der ganze Vers erweist sich durch seine Aussage als sekundär und zu V. 12f. gehörig.[98] „Lev 16,2 ist Teil der spätesten redaktionellen Überarbeitung des bereits in sich geschichteten Rituals zum großen Versöhnungstag. [...] V. 2bβγ [...] ist [...] vermutlich der jüngste Satz des Rituals."[99] Überhaupt ist der ganze Abschnitt V. 2aβb–4 unausgeglichen, so daß hier mit Ergänzungen zu rechnen ist, die sich im einzelnen nicht mehr genau ausmachen lassen.[100] „Die Erscheinung Jhwhs [in der Wolke, V. 2bβγ, Vf.] legitimiert den an Aaron und sein Amt gebundenen Opferkult"[101]: Nur ihm, nicht Mose, zeigt sich Jahwe über der *kapporæt*.[102]

---

93 Vgl. zum Kapitel KÖRTING, Gegenwart.
94 MEINHOLD, Joma 4.
95 NOTH, Leviticus 100f. (Zitat 100)
96 Vgl. KÖRTING, Gegenwart 222; WEFING, Untersuchungen 32f.35.
97 KÖRTING, Gegenwart 224; vgl. JANOWSKI, Sühne 293. Dafür steht in V. 13 dann absolutes עדות. NOTH, Leviticus 101 verweist auf Ex 26.33f.
98 ELLIGER, Leviticus 200.204; so auch GERSTENBERGER, Leviticus 198.
99 KÖRTING, Gegenwart 243. Die Begründung KÖRTINGS ist überzeugend: Die Wolke ist nicht die Rauchwolke aus V. 12f. (so etwa ELLIGER, Leviticus z.St.), sondern bezeichnet die Anwesenheit Jahwes (vgl. auch schon BERTHOLET, Leviticus 54).
100 Vgl. NOTH, Leviticus 102f. Ebd. auch der für eine spätere Hand sprechende Hinweis, daß „das Wort ‚Heiligtum' in einem bei P nicht üblichen Sinne vorkommt."
101 KÖRTING, Gegenwart 242.
102 Vgl. KÖRTING, Gegenwart 244.

In diesem Zusammenhang ist noch einmal kurz auf die Funktion der *kapporæt*
einzugehen: Eigentlich sollte man nach Ex 25,22 (dazu s. o. Kap. 2.2.–2.3.) eine Art Selbstkundgabe Jahwes (יעד *Nif.*) erwarten. Aber: „Die *Kapporæt* ist als
‚Sühnegelegenheit' [...] nur in Lev 16 eingesetzt. Alle anderen Belege, die mehr
als eine bloße Beschreibung ihrer Gestalt und ihrer Platzierung auf der Lade
wiedergeben, berichten von dem zu Mose redenden Jhwh von der *Kapporæt*
her (Ex 25,22; 30,6; Num 7,89)."[103] Die *kapporæt* gilt also, weil mit der Lade
verbunden, zunächst einmal als Ort der Gottesbegegnung mit Mose. Die Süh-
nebedeutung scheint ihr im Zusammenhang mit Lev 16 zugewachsen zu
sein.[104]

Auch dieser Beleg führt für die Lade also keinesfalls in literarhistorisch
frühe Zeit.[105] Sie ist nur erwähnt, um die genaue Lokalisation der für
den *yôm hakkippurîm* schließlich konstitutive *kapporæt* anzugeben.
Letztere ist freilich entscheidend für die Entsühnung des Volkes: „Der
Kult verbürgt aller Versündigung Israels zum Trotz Gottes gnädige
Zuwendung; seine Gesetze sind deshalb nicht schwere Forderung und
untragbare Last, sondern Gottes Gabe für Sünder, um in der Gegenwart Gottes leben zu können."[106]

2.5. Versprengte Belege: Numeri 3,31; 4,5; 7,89 und 14,44

Beim Durchgang durch die Erwähnungen der Lade im Numeribuch
müssen außer Num 10 noch kurz Num 3,31; 4,5; 7,89 und 14,44 betrachtet werden.

Der erste der beiden Belege in der Levitenordnung Num 3 gehört,
wie Martin Noth gezeigt hat, zum Grundstratum des Kapitels,[107] wo-
hingegen das ganze Kapitel Num 4, und damit auch die Erwähnung
der Lade in V. 5, „durchaus sekundäre Ausspinnung von Cap. 3" ist.[108]
Doch schon Num 3,31 hat den Boden der priesterlichen Grunderzäh-

---

103 Körting, Gegenwart 230, Anm. 55 (mit Bezug auf Willi-Plein, Opfer 109) und
    239–242. „Andere Sühnerituale [...] enden vor der פרכת (Lev 4,6.17) oder sogar vor
    dem Heiligtum am Brandopferaltar (Lev 4,25.30)." (a. a. O. 240f.)
104 Anders Janowski, Sühne 348 u. ö.; Willi-Plein, Opfer 107ff. Zur Diskussion vgl.
    Janowski, Sühne 271ff. und Schenker, Art. Sühne, zur Sache auch ders., Versöh-
    nungstag.
105 Zur Nachgeschichte des *kapporæt*-Rituals Lev 16,11–16 vgl. Gutmann, History,
    nicht zuletzt auch Hebr 9,7 (ebenso angeführt von Gerstenberger, Leviticus
    z. St.)
106 Köckert, Leben 106.
107 Noth, Numeri 39 (zu Num 4,1–33).
108 Holzinger, Numeri 10. Ebenso Noth, Numeri 39.

lung verlassen: Ganz abgesehen von der Frage nach dem Ende von P[G] findet sich die Aufzählung der Ausstattung des Heiligtums so oder ähnlich nur in Ex 30,26–28; 31,7–11; 40,3–5 – und damit nur in P[S]-Stücken.[109] Der Grund für die Erwähnung der Lade ist leicht zu erkennen, wenn man bedenkt, daß beide Kapitel sich vor allem um die Leviten kümmern. Diese sind laut Dtn 10,8 u. a.[110] für die Lade zuständig.

Bleiben zunächst noch Num 7,89 und Num 14,44, für die *mutatis mutandis* Gleiches gilt. „Der sehr umständlich und vielleicht absichtlich geheimnisvoll formulierte Schlußsatz V. 89" im Kapitel 7 des Numeribuchs dürfte aller Wahrscheinlichkeit nach ein „[s]ekundärer Zusatz"[111] sein (so M. NOTH). Das Geheimnisvolle zu entschlüsseln, hatte vor ihm u. a. H. HOLZINGER versucht. Für ihn bildet der Vers „ein Fragment, das als solches das Vorurteil für sich hat, Quellenmässiges zu enthalten. Der Vers knüpft [...] an einen jetzt verlorenen Zusammenhang an und verlangt [...] eine jetzt verlorene Fortsetzung. [...] Für den Zusammenhang nach hinten lässt sich nichts vermuten. Für den Inhalt der Eröffnung lässt der Zusammenhang daran denken, dass eine Instruktion über das Signal zum Aufbruch gegeben wurde: [...] 10 13 zitiert eine nicht vorhandene göttliche Instruktion darüber. Es ist sehr wahrscheinlich, dass v. 89 ein Rest dieses verlorenen Stücks von P[g] ist."[112] Doch ist der Sprachgebrauch mit dem äußerst seltenen דבר *Hitpa.*[113] dem nicht eben zuträglich.

Redaktionell betrachtet hat der Vers eine gewisse Brückenfunktion: RASCHI sieht ihn als Ausgleichsversuch zwischen Ex 25,22 und Lev 1,1.[114] Daran dürfte richtig sein, daß der Vers die beiden genannten Stellen voraussetzt und damit frühestens zu P[S] gerechnet werden kann. Aus dem Nachtragscharakter der vorangehenden Verse 84–88, die „ei-

---

109 Ex 31,7–11 wird bereits von NOTH, Exodus 196 für sogar noch jünger gehalten; Ähnliches gilt wohl auch für Ex 30,26–28.

110 Vgl. Dtn 31; Jos 3,3; 8,30–35; 1Sam 6,15; 2Sam 15; 1 Kön 8 par 2Chr 5; 1Chr 13,3; 15f.; 2Chr 35,3.

111 NOTH, Numeri 59; vgl. auch LIND: Num 7,89 ist „obviously a repetition of Exod 25:22, although with the *piel* of the verb *dābar* ('speak with') instead of *yāʿad.*" (Emphasis 143 Anm. 21).

112 HOLZINGER, Numeri 31.

113 Sonst nur noch Ez 2,2; 43,6. Auch die Eingangsformulierung בבא ist ungewöhnlich, vgl. nur noch Ex 34,34; Ez 46,8.9. קול ist kaum P, erst recht nicht die Phrase שמע בקול, die man eher dem deuteronomistischen Bereich zuschreiben möchte. Ex 25,22 wird in leicht veränderter Reihenfolge und teilweise zitiert; dazu ist neben Lev 1,1 auch Num 1,1 zu stellen.

114 BAMBERGER 427: „[W]enn zwei Verse sich scheinbar widersprechen, kommt der dritte und entscheidet zwischen ihnen" (שני כתובים המכחישים זה את זה שלישי בא ביניהם).

ne sehr überflüssige Summierung einer nacharbeitenden Hand"[115] darstellen, mag man ein Übriges schließen. Die Lade dient dem Interpolator jedenfalls nur zur genauen Bestimmung des Ortes des Offenba-
rungsvorgangs und hat offensichtlich keinerlei weitere eigenständige
Bedeutung.

Ähnliches haben MITTMANN[116] und FRITZ[117] für Num 14,44b gezeigt.[118] Der Halbvers unterbricht den Zusammenhang von V. 43b zu
45a.[119] An das „Doch sie [die Israeliten] waren so vermessen, auf die
Höhe des Gebirges hinaufzuziehen" schließt nahtlos das „Da kamen
die Amalekiter und die Kanaaniter, die auf jenem Gebirge wohnten"
an. Die Bemerkung „Die Lade des Bundes Jahwes und Mose wichen
nicht aus dem Lager" unterbricht deutlich. NOTH rechnet den Versteil
zwar zu J, jedoch nur um den Preis einer Streichung des בְּרִית ohne jede textliche Grundlage.[120] AURELIUS hat überdies nachgewiesen, daß
der ganze Passus von Dtn 1 abhängig ist und nicht umgekehrt. Wahrscheinlich ist mit LEVIN ein Grundbestand des Kapitels der Priesterschrift (in diesem Literaturbereich P[S]) zuzuschlagen und der Rest sekundäre Auffüllung, und zwar „so glatt eingebettet", daß er am
ehesten aus dem Grundbestand hervorgegangen ist und nicht aus altem
Material (etwa einem „J" oder dergleichen) besteht.[121] Zur komposito-
nellen Funktion der Lade ist auf die Beobachtungen von BLUM hinzuweisen – die Lade wird hier wie später in Jos 3f. (vor allem Jos 3,4)
„mit der helfenden Gegenwart in der Auseinandersetzung mit äußeren
Feinden verbunden"[122]. BLUM schreibt der Lade dadurch eine „Führungsrolle"[123] zu. Doch wird man eine solche im einen wie im anderen

---

115 HOLZINGER, Numeri 31.
116 MITTMANN, Deuteronomium 52ff.
117 FRITZ, Israel 23: „Mit Sicherheit ist 14,44b als sekundärer Einschub auszuscheiden"; vgl. auch MAIER, Ladeheiligtum 4 und GRESSMANN, Mose 296. Anders
SCHART, Mose 88.159ff., der V. 39–45 insgesamt als zu seiner „D-Schicht" gehörig
betrachtet. Seine Einordnung ergibt sich nicht zuletzt aus der Erwähnung der Lade.
118 Ebenso MAIER, Ladeheiligtum 54f. und COUARD, Bedeutung 63–65.
119 Ähnlich SCHMIDT, Numeri z. St., der Num 14,41aβ.42.44b R[P] zuschlägt.
120 So findet man es auch schon bei HOLZINGER, Numeri 54: „der Einsatz von בְּרִית ist
Sprachgebrauch von D und der in R[d] übergehenden Nacharbeit JE[s] zuzuweisen",
vgl. auch DERS., Exodus 123. SMEND, Erzählung 198 weist V. 39–45 seinem „J" zu.
121 LEVIN, Jahwist 376f., Zitat 376. Er findet den Grundbestand in Num 14,2.5.10b.37.
122 BLUM, Studien 137, vgl. 135–143.
123 BLUM, Studien 137; ähnlich MAIER, Ladeheiligtum 4, der allerdings richtigerweise
von einer „Mischung zwischen Kriegspalladium und legendarisch verklärtem Kultrequisit" (ebd.) spricht. Wie SEEBASS zeigt, setzt die Erwähnung der Lade in Num
14,44 außerdem die in Num 10 voraus (Numeri 126), gegen SCHMITT, Zelt und La-

Falle nicht gegen eine priesterlich- (auch priesterschriftlich-) kultische
Funktion der Lade im Sinne einer Konzeption des Heiligen Krieges
ausspielen können, wie er sich erst spät in der Literaturgeschichte des
alten Israel ausgebildet hat. Im Gegenteil: Mose muß hier gerade den
Kult an der Lade vollziehen können, damit ein Sieg gegen den Feind
überhaupt in den Bereich des Möglichen gelangen kann.

2.6. Die sogenannten „Ladesprüche" (Numeri 10)

Num 10,13–28, der Aufbruch vom Sinai, sind nach allgemeinem Da-
fürhalten frühestens der Priesterschrift zuzuordnen. Statt eines Bewei-
ses weise ich nur auf die mutmaßliche Vorlage des Abschnittes, nämlich Num 2[124], hin.

Der folgende Abschnitt, Num 10,29–36 berichtet, wie Mose Hobab zum Mitkommen ins gelobte Land bewegen möchte und anschließend vom Aufbruch der Israeliten, wobei die Lade voranziehen soll
und die Wolke Jahwes ebenfalls mit von der Partie ist. Der Abschnitt
ist von Martin Noth in seinem Kommentar traditionell dem Jahwisten
zugeordnet worden, „nur", so Noth, „ist damit zu rechnen, daß J hier
verschiedene Traditionsmaterialien mehr zusammengestellt als zu-
sammengearbeitet hat."[125] Daß J hier plötzlich so ganz anders arbeiten
soll als sonst, macht die Zuweisung bereits verdächtig, vor allem, da es
sich selbst für Noth um ein „überlieferungsgeschichtlich junges Verbindungsstück"[126] handelt.

Hobab, Aufbruch vom Sinai und Bundeslade stehen – hier ist
Noth in jedem Falle zuzustimmen – ziemlich unverbunden nebeneinander. Ich möchte mich allerdings der Diskussion um Schwiegerväter
des Mose und Aufbruchnotizen alter Pentateuchquellen entziehen, indem ich auf den lange bekannten Bruch zwischen V. 33a und b hinweise:

[33a] Num 10,33 וַיִּסְעוּ מֵהַר יְהוָה דֶּרֶךְ שְׁלֹשֶׁת יָמִים

[33b] וַאֲרוֹן בְּרִית־יְהוָה נֹסֵעַ לִפְנֵיהֶם דֶּרֶךְ שְׁלֹשֶׁת יָמִים לָתוּר לָהֶם מְנוּחָה:

---

de 58–60, der denn auch das ברית streichen muß. Schart, Mose 160 ordnet V. 33–
36 derselben Bearbeitung zu wie Num 14,39–45 („D-Schicht"). Vgl. die thematischen Bezüge zu Jos 3, die er dafür anführt (a.a.O. 159f.).

124 Vgl. statt vieler Levin, Jahwist z.St.
125 Numeri 69.
126 Noth, ÜP 201.

Num 10,33: „[33a] Und sie brachen auf vom Berge Jahwes, drei Tagereisen weit, [33b] und die Lade des Bundes Jahwes zog vor ihnen her drei Tagesreisen, um ihnen einen Ruheplatz auszusuchen."

„[W]äre 10,33b die natürliche Fortsetzung von v. 33a, so müsste hier שלשת ימים fehlen. Soll man nun annehmen, die beiden Worte seien in v. 33a durch ein Versehen aus 33b eingeschlichen? Eher verhält sich die Sache umgekehrt, denn wenn die Lade dem Heere drei Tagereisen voraus schwebte, so war sie als Wegweiserin unbrauchbar, da niemand sie sah. Wenn aber an dem Wortlaut von v. 33a nichts zu ändern ist, so kann der Sinn nur sein: n a c h d e m sie drei Tage gewandert waren — und dazu ist erst 11,1 oder 11,4 die tatsächliche Fortsetzung."[127] Gesteht man also V. 33a einem älteren Stratum, man mag es „J" nennen, zu, so handelt es sich bei der Erwähnung der Lade in V. 33b[128] mindestens um eine nachjahwistische Ergänzung. Ohne V. 33b ergeben jedoch auch die folgenden Verse keinen rechten Sinn, da sie in V. 35 die Lade erwähnen, V. 36 als zweiter Spruch ist natürlich damit aufs engste verbunden.[129] Daß der Sprachgebrauch hier keineswegs zu J paßt, hat V. FRITZ eindrücklich gezeigt[130]; hier ist sicherlich nachpriesterschriftliches Gut zu finden.[131]

Der Grund der Einfügung ist dann aber deutlich: Die Lade durfte beim Aufbruch vom Sinai nicht fehlen.[132] Dorthin war sie aber ja erst durch Ex 25–40, und damit also frühestens durch die Priesterschrift gelangt (s. o. Kap. 2.1.–2.3.)! Andernfalls müßte man unterstellen, daß sie an dieser Stelle – nicht nur „im Blick auf den Kontext" – „wie Ziethen aus dem Busch"[133] erscheint. Das ist schon deshalb ganz unwahrscheinlich, weil ihre Führungsrolle nicht nur mit der des Mose, son-

---

127 WELLHAUSEN, Composition 98f.

128 V. 34 ist Nachtrag, vgl. unter anderen MAIER, Ladeheiligtum 5; BLUM, Studien 136 Anm. 34; LEVIN, Jahwist 374 (R⁵). 𝔊 überliefert ihn nach V. 36; die ganze Stelle ist in 𝔐 aber möglicherweise wegen der exzeptionellen Nunation unübersichtlicher geworden. Zur Textkritik der Stelle vgl. auch TOV, Use 257f., der von einer, „late addition in different places" (Use 258) spricht: „a seperate unit belonging ‚elsewhere'–see the marking of the inverted nunim both before and after the song [gemeint ist damit V. 35f., der „Song of the ark", Vf.]" (Use 258).

129 Nach SCHMIDT, Numeri 16f. setzt der zweite Spruch V. 33b sogar voraus, dieser wird dann von ihm konsequenterweise R^P zugerechnet. Den ersten bestimmt er als Entlehnung aus Ps 68,2.

130 FRITZ, Israel 14–16.

131 Vgl. zur späten Entstehung der Verse KRATZ, Komposition 109.301.

132 Vgl. NOTH, ÜP 225. Auch SEEBASS sieht, daß erst „die späte Tradition literarisch vor Dtn 10,1–5 eine Erwähnung der Lade benötigte". (Numeri 9).

133 PERLITT, Bundestheologie 211 Anm. 2.

dern auch mit der der Wolke[134] konkurriert. Über das Alter der Ladesprüche[135] selbst ist damit noch nichts gesagt, ihre Einfügung aber geschah offenbar frühestens durch eine priesterschriftliche oder nachpriesterschriftliche Hand.[136] „Die oft monierte mangelhafte Einpassung in den Kontext - gern garniert mit dem Hinweis auf das (in seiner Bedeutung unklare) invertierte Nun in v. 34.36 - braucht man nicht zu überziehen: Ziel des Aufbruchs ist schließlich schon von v. 29a her [...] die Landnahme"[137], räsoniert BLUM, kann jedoch gegen die sorgfältige Analyse MAIERS, der die Verse mit sehr guten Gründen auf einen frühestens priesterschriftlichen Interpolator zurückführt, wenig ausrichten.[138] Ziel ist die Landnahme nur dann, wenn man die Sprüche innerhalb des Kontextes interpretiert, also dem, der sie einfügt, gewissermaßen „auf den Leim" geht.

Was die Zusammengehörigkeit von Lade und Sprüchen betrifft, so hat R. SMEND in „Jahwekrieg und Stämmebund" das Nötige und Mögliche gesagt: „Die Zweifel daran, daß die Sprüche überhaupt von Hause aus mit der Lade zusammengehören, sind wohl übertrieben, lassen sich aber nicht völlig zwingend zerstreuen."[139] Immerhin erwähnen die Sprüche selbst (Num 10,35b.36b) sie nicht einmal! Ist die Lade einmal ergänzt (V. 33b), wird ihr Nimbus mittels der späten liturgischen Sprachformeln (V. 35b.36b) um ihre „magisch-theologische"[140] Funktion bereichert. So sicher die Sprüche ursprünglich durchaus die Ladekonzeption der priesterschriftlichen Pentateuchschicht voraussetzen –

---

134 Vgl. den nochmals sekundären, auf Ausgleich bedachten Vers 34. Ähnlich die Glosse in Num 14,14 (SEEBASS, Numeri 9).

135 Für alt halten Sie u. a. BAENTSCH, Numeri 502; NOTH, Numeri 72; ZOBEL, Art. אֲרֹון 400; SEEBASS spricht von einem Konsens (Numeri 18: „Daß man im Laufe der Zeit derart wohlbedachte Sprüche gerade Mose zuschrieb – wen wunderts?" – Vielleicht gilt das auch für junge Sprüche). Gegen ein hohes Alter der Sprüche vgl. auch FRITZ, Israel 16 Anm. 14 und MAIER, Ladeheiligtum 7ff.

136 Ebenso SEEBASS, Numeri, 8f. (postdeuteronomistische und postpriesterliche Komposition), vgl. noch OTTO, Deuteronomium im Pentateuch, 7of.: V. 33 vom „Hexateuchredaktor" (wie „Num 14,4b", gemeint ist wohl: Num 14,44b). Anders BLUM, Studien 137ff.; dagegen SEEBASS, a. a. O. 8f.

137 BLUM, Studien 137 Anm. 151. Doch gilt: ein „unbedingt hieb- und stichfestes Argument für den Charakter der Lade als Kriegspalladium" kann man aus den Ladesprüchen nicht gewinnen (SMEND, Jahwekrieg 162).

138 MAIER, Ladeheiligtum 4.5–12, zu den einzelnen Sprüchen 8–10.10f. Spät datiert die Sprüche auch SCHMIDT, Numeri 16f.

139 SMEND, Jahwekrieg 162 mit Verweis auf ROST, Königsherrrschaft, 724 und vor allem MAIER, Ladeheiligtum 8ff.

140 MAIER, Ladeheiligtum 11.

gegen BLUM[141] –, so sicher verwendet sie der Ergänzer, um sekundär auf die Landnahme als Ziel des Aufbruchs vom Sinai – mit BLUM –[142] hinzuweisen.

Die Sprache der Sprüche weist sie m. E. keineswegs zweifelsfrei als alt aus. So dürfte Num 10,35b Zitat von Psalm 68,2 sein:

$$\text{קוּמָה׀ יְהוָה וְיָפֻצוּ אֹיְבֶיךָ וְיָנֻסוּ מְשַׂנְאֶיךָ מִפָּנֶיךָ׃}^{35\text{b}} \text{ Num 10,35b}$$

Num 10,35b: „[35b]Steh auf, Jahwe, auf daß deine Feinde sich zerstreuen und die, die dich hassen, vor deinem Angesicht fliehen!"

Vgl. dazu Ps 68,2:

$$\text{יָקוּם ‹יְהוָה› יָפוּצוּ אוֹיְבָיו וְיָנוּסוּ מְשַׂנְאָיו מִפָּנָיו׃}^2 \text{ Ps 68,2}$$

Ps 68,2: „[2]‹Jahwe›[143] wird aufstehen, seine Feinde werden sich zerstreuen[144] und die, die ihn hassen, vor seinem Angesicht fliehen."

Daß die Verse sich gegenseitig kennen, ist offensichtlich; in Frage steht natürlich die Richtung der Abhängigkeit. Gewöhnlich sieht man in Num 10,29ff. den gebenden, in Ps 68 den nehmenden Part[145]. Sicher ist das jedoch nicht: LEVIN hat gezeigt, daß Ps 68,3–4 den vorangehenden „Ladespruch" V. 2 voraussetzen und im Sinne des Gegensatzes von Gottlosen (V. 3) und Gerechten (V. 4) interpretieren[146]. V. 2 ist eine durchaus sachgemäße Überschrift für den Psalm (s. die Aufnahme des *Imp.* in V. 29; die איבים in V. 22.24). Darüber hinaus finden sich in Ps 68 auch viele Parallelen zu Num 10,36b, was wahrscheinlich macht, daß beide Sprüche von dort entnommen sind, wie es ja auch im Deborahlied der Fall ist.[147] Als weitere Parallelen fallen Ps 3,8; 9,20; 10,12; 17,13; 35,2; 74,22; 82,8 und 132,8 ins Auge – es handelt sich um einen „Ruf zur hilfreichen Gegenwart Jahwes aus dem Jerusalemer Tempel,

---

141 Gegen BLUM, Studien 137 mit Anm. 151, mit MAIER, Ladeheiligtum 11.

142 S. o. die Zitate und die dazugehörigen Anmerkungen 122 und 123.

143 Hier (d. h. ja: im elohistischen Psalter) wohl ursprünglich zu lesen.

144 Ohne *Kopula.* Viele hebr. Handschriften, 𝕲, 𝕾 und Hieronymus, *Psalterium iuxta Hebraeos* haben die *lectio facilior* וְיָפוּצוּ.

145 Daß in Ps 68,2.3f. Bearbeitungen des Psalms vorliegen (so LEVIN, Gebetbuch 298 und dann NÕMMIK, Gerechtigkeitsbearbeitungen, 485 u. ö.), ist für die Beantwortung der Frage jedoch nicht entscheidend.

146 LEVIN, Gebetbuch 298f.

147 Vgl. LEVIN, Alter. Der Weg der Abhängigkeit von Num 10 (Ladesprüche) über Ps 68 wieder in die Erzähltexte Ri 5 scheint mir eher unwahrscheinlich, eher ziehen beide Erzählungen aus dem Psalm, wie es die „Dichter und Beter. Theologen aus spätalttestamentlicher Zeit" (so der Titel der Arbeit von MATHYS) eben gerne zu tun pflegen. Zu denken wäre auch an die Aufnahme von Psalmen in der Chronik, nicht zuletzt Ps 132 in 2Chr 6.

in dem Jahwe auch sonst als Kriegsgott angesprochen wurde Ex 15,3; Ps 24,5.8; 68,2; 97,3"[148].

So fällt es auch für Num 10,36b, den zweiten Ladespruch, schwer ihn früh zu datieren, schon allein aufgrund sprachlicher Indizien:

[36b] שׁוּבָה יְהוָה רִבְבוֹת אַלְפֵי יִשְׂרָאֵל Num 10,36b

Num 10,36b: „[36b] Kehre zurück,[149] Jahwe, (zu den) Mengen der Tausendschaf-ten[150] Israels!"

Die „Tausendschaften Israels" (אלפי ישראל) gibt es noch in Num 1,16(P[S])[151]; 10,4(P[S]); 31,5(P[S])[152] und im nachpriesterschriftlichen Kapi-tel Jos 22 (V. 14.21.30)[153]. Zu den *rib⁽e⁾bôt* (רבבות), den „Mengen" ist vielleicht die nächste Parallele Ps 3,7 (רבבות עם, gemeint sind offenbar „Mengen von Kriegsvolk", wie der Kontext nahelegt). Sehr auffällig ist, daß V. 8 gleich mit קומה יהוה beginnt; vgl. auch die Feinde (איבים – Num 10,35b!) in V. 9. Doch auch die Parallelen zu Ps 68 sind eng: vgl. die Imperative an Gott Ps 68,29.31; die *ʾalāpîm* in V. 18, zu den *rib⁽e⁾bôt* das *ribbotayim*, ebenfalls V. 18). Dürfte man in V. 36a mit במנוחה ⸗ statt des eigentümlichen und vielleicht verderbten במחה lesen, berüh-ren sich die Ladesprüche auch mit dem einzigen Psalm, der die Lade erwähnt: Ps 132,8.14.[154] Als weitere Parallelen sind für den zweiten Spruch auch Ps 6,5; 90,13 und 126,4 zu erwähnen – sie „weisen darauf

---

148 FRITZ, Israel 16 Anm. 14.

149 Die oft vorgenommene Änderung von *šûbāh* in *š⁽e⁾bāh* ist reine Willkür, die ein Vorverständnis (nämlich das vom auf der Lade thronenden Jahwe) auch im Text wiederfinden muß.

150 Hier wird gern der Text emendiert, so auch MAIER, Ladeheiligtum 10, der den Ausfall eines *ʾæl* annimmt und dies zusammen mit *rib⁽e⁾bôt* als *š⁽e⁾bā'ôt* lesen möchte. Insbesondere letzteres ist freilich höchst hypothetisch.

151 NOTH, ÜP 19 und SMEND, Entstehung 48, rechnen den Vers zu P. Doch V. 16a lie-fert die „P-Formulierung", während „der Ausdruck ‚die Häupter der Tausend-schaften Israels' sehr vage klingt und auch sonst noch gelegentlich vorkommt" (NOTH, Numeri 20). Der zugehörige Vers 16b doppelt V. 16a und ist deshalb of-fenbar Zusatz. Noch HOLZINGER vermutet hier einen Zusatz, denn der Ausdruck „hebt sich aus dem Stil von P fremdartig ab" (Numeri 5).

152 Die Zuweisungen nach SMEND, Entstehung 48 und NOTH, ÜP 18.

153 Um einige Gewährsmänner zu benennen: FRITZ, Josua z.St.: RedP (nachpriester-schriftlich), STEUERNAGEL, Josua z.St.: P, RUDOLPH, „Elohist" z.St.: P[S], WELLHAU-SEN, Composition z.St.: P; KUENEN, Einleitung: P[S] (späte Diaskeuase).

154 Das könnte übrigens, wenngleich zunächst nur aus der Ferne, dafür sprechen, daß die Sprüche auch unter Rückgriff auf Ps 132 erst für den Kontext formuliert wur-den, als dieser bereits die Lade *enthielt* (bzw. zusammen mit ihrer Einfügung).

hin, daß dieser Ruf zur Gegenwart Jahwes im Jerusalemer Tempel er-
ging"[155].

Als Fazit ergibt sich, daß die Ladesprüche sich an den Stellen, an
denen man etwas über die Sprache sagen kann, als jung erweisen, und
da, wo man das nicht kann, doch immerhin dem Verdacht unterliegen,
ihre Vorstellungen aus den (späteren) Psalmen schöpfen bzw. diese zitieren. Ursprünglich scheinen sie ohnehin der Topik der Psalmen zu
entstammen[156] – eine enge Parallele findet sich unter anderem in dem
„Klagelied" (*šiggāyôn*, שִׁגָּיוֹן)[157] Ps 7,7a(bα).8b[158]. Die Ladesprüche
scheinen – mit aller Vorsicht – unter Zuhilfenahme der Topik der
Psalmen für den Kontext verfaßt worden zu sein. Zur Rekonstruktion
alter Vorstellungen über die Lade sind sie aufgrund dieser Zweifel
kaum geeignet.

2.7. Resümee: Die Lade Jahwes in den Büchern
Exodus bis Numeri

Die bisherige Analyse der Texte, die die Lade zum Thema haben, hat
ein eindeutiges Ergebnis erbracht. In Exodus 25–40, den ältesten der
Belege in diesem Textbereich, gehört die Lade nicht zum ursprünglichen Bestand der Priesterschrift (s. o. Kap. 2.2.), sondern erst zu ihren
sekundären und noch späteren Ergänzungen. Dafür, daß der Bauauf-

---

155 FRITZ, Israel 16 Anm. 14.
156 S. dazu auch AEJMELAEUS, Prayer 31ff. und zur Deutung nicht zuletzt JANOWSKI,
     JHWH 104–110.118–120. Dezidiert gegen KRAUS, Psalmen I, 195ff., der den Psalm
     in den Zusammenhang der Ladetheologie stellt und die Lade als „richterliche[n]
     Thronsitz Gottes" (a.a.O. 195) deutet, dafür Num 10 entsprechend, konjiziert
     (שׁוּבָה in שְׁבָה) und V. 7b zum „kultischen Weckruf" (a.a.O. 196) erklärt. Alles,
     was man zum Verstehen wissen muß, steht also gerade *nicht* da oder muß emen-
     diert werden. Vielmehr verkennt KRAUS dabei den Zusammenhang von persönli-
     cher Frömmigkeit und himmlischem Gericht Gottes, in dem Psalm 7 steht (s. dazu
     JANOWSKI, JHWH).
157 Vgl. *Akk. šigû* „Klage" und HAL *s. v.*
158 „Die Adhortative קוּמָה und שׁוּבָה in Num 10,35f und in Ps 7,7f sind m.E. als Ap-
     pelle an Jhwh zu verstehen, gegen seine Feinde bzw. die Feinde des Beters *in Akti-
     on zu treten* (‚[Steh] auf!') bzw. diese *Aktion* (durch ‚Rückkehr aus dem Jhwh-
     Krieg': Num 10,36) *zu beenden* (‚kehre zurück!')." (JANOWSKI, JHWH 106), vgl.
     AEJMELAEUS, Prayer 31ff.34ff., WILLIS, Qûmāh 208ff.216. So ist auch an eine Be-
     deutung wie „in seinen früheren Zustand zurückkehren (wie ass. *ana ašrišu târu*
     [...])" (GESENIUS *s. v.*) zu denken, wenngleich kein לְקִדְמָתוֹ steht. שׁוּב bezeichnet of-
     fenbar einfach die קוּם entsprechende, umgekehrte Aktion (vgl. שׁוּב mit מִן „ablas-
     sen von" oder „z. Staube zurückkehren beim Tode (wie ass. *ana ṭîṭi târu*)", ebd.).

trag in Exodus 25 (auch mitsamt der Ausführung) einen älteren Bericht verdrängt haben soll, findet sich kein Hinweis. Das ist auch keinesfalls notwendig, denn die folgenden Erwähnungen fallen sämtlich späteren Autoren zu. In etwaigen alten Pentateuchquellen, dem „Jahwisten" oder auch einer mutmaßlichen Grunderzählung in den Büchern Exodus bis Numeri, kommt sie nicht vor.

Die weiteren Erwähnungen der Lade in Levitikus 16 (s. o. Kap. 2.4.), Numeri 3f.7 sowie Numeri 14,44 (s. o. Kap. 2.5.) dürften alle zumindest die Bauanweisung der Lade voraussetzen. Sie gehören schon aufgrund ihrer Position nicht zur ursprünglichen Priesterschrift, sondern zu ihren sekundären Ergänzungen. In Lev 16 kommt der *kapporæt* auf der Lade eine entscheidende Bedeutung zu (s. o. Kap. 2.4.); die Lade ist hier jedoch einzig als Trägerin dieser *kapporæt* gebraucht. Doch spiegelt sich in dieser Begegnungsstätte auch eine Funktion der Lade wider, die ihr in der Bauanweisung zukommt. In Num 3 ist die Rolle der Leviten im Zusammenhang mit der Lade betont, ähnlich in Num 4 die der Aaroniden (s. o. Kap. 2.5.). Daß es die Aufgabe der Leviten ist, sich um die Lade zu kümmern, findet sich entsprechend in Dtn 10,8f. und in den Chronikbüchern (s. u. Kap. 8.), die ein besonderes Interesse daran zeigen. Dieser levitische Ladedienst wird hier bereits in der mosaischen Zeit verankert und ihre Einsetzung dazu an den Sinai verlegt. Die zeitliche Einordnung der Belege dürfte also zumindest ähnlich sein, es handelt sich um spätnachexilische Texte. Die Interessen der jeweiligen Priesterklassen, die sich auf die Passagen berufen, dürfte dabei eine größere Rolle gespielt haben, als der eigentliche Bezug zur Lade, die es wahrscheinlich nur noch als literarisches Produkt gegeben haben dürfte.[159]

Ein wenig anders stellt sich die Lade in den ebenfalls nachpriesterschriftlichen Stellen Num 14,44 und den Ladesprüchen in Num 10 dar. Auch in letzteren ließ sich kein altes Überlieferungsgut nachweisen (s. o. Kap. 2.6.); im Gegenteil hat sich vielmehr der Verdacht ergeben, daß hier mittels der Topik später Psalmen archaisierende Sprüche der Lade beigeordnet wurden, die entweder *ad hoc* und im Zusammenhang der späten Pentateuchschichten formuliert wurden, jedenfalls aber von Haus aus nichts mit der Lade zu tun hatten. Die Ladesprüche weisen hier auf einen Führungscharakter der Lade in der Zeit der Wüstenwanderung; sie konkurriert dabei in gewisser Weise mit anderen Führungsobjekten wie etwa der Wolke. Wie in Num 14,44 ist dabei auch mit einem quasi kriegerischen Aspekt der Lade zu rechnen, die beim

---

159 Zum Zweiten Tempel und seiner Ausstattung s. u. die Zusammenfassung (Kap. 11.).

Kampf gegen Feinde hilfreich zur Seite stehen kann, bzw. deren Anwesenheit und rechte kultische Verwendung den Sieg gegen die Feinde sichern kann. All diese Funktionen leiten sich natürlich ab aus der in Ex 25 u. ö. begegnenden Position der Lade im Wüstenheiligtum, wo sie im Zelt die sichtbare Entsprechung zur Anwesenheit Jahwes darstellt. In gewisser Weise repräsentiert die Lade im Wüstenheiligtum das Allerheiligste oder gar die Anwesenheit Jahwes. Ist sie anwesend, ist die Voraussetzung dafür gegeben, daß Jahwe in seiner Herrlichkeit anwesend sein kann. So mag man fragen, ob die Lade hier quasi den Ersatz für ein Kultbild der Gottheit darstellen könnte, das es möglicherweise im Salomonischen Tempel gegeben hat (s. auch u. Kap. 11.), nach Meinung späterer Theologen aber freilich nie gegeben haben durfte. Als *Symbol* für Gottes Gegenwart dürfte die Lade in jedem Falle gedacht gewesen sein.

Darüber, wie und warum die Lade zum Sinai kam, ist aus den Stellen noch kein sicheres Bild zu gewinnen. Offensichtlich war die Lade für die Verfasser der späteren Schichten der Priesterschrift ein Objekt, das aufgrund seiner Transportabilität (vgl. die Tragestangen in Ex 25,10ff.) und aufgrund seiner Repräsentation des Heiligen (vgl. die Aufstellung im Zeltheiligtum und die Parallelisierung zum Salomonischen Tempel mittels der Keruben auf der *kapporæt*) besonders geeignet war, dem Zion als einzigem Kultort den Sinai voranzustellen. Die ursprüngliche Priesterschrift, die vielleicht auch noch nach der Einfügung der Lade einmal in Ex 40 (s. o. Kap. 2.3.) endete, steht be–wußt parallel mit dem Bau des Tempels in 1Kön 8 (s. u. Kap. 5.8.3.). Hier wie dort ist das Heiligtum in dem Moment legitimiert und funktionsfähig, in dem die göttliche Herrlichkeit sich darauf niederläßt. Dies geschieht in Ex 40 zunächst ohne, dann aber mit der Aufstellung der Lade; in 1Kön 8 von Anfang an erst nach deren Einzug. Hier wie dort stellt sie die Voraussetzung für die Anwesenheit Jahwes dar.

Erst die späteren Schichten verlegen in die Lade das „Zeugnis", die עדות, deren Vorgeschichte sich kaum noch mit hinreichender Sicherheit ausmachen läßt. Es gibt jedoch Hinweise, daß die Lade für die Priesterschrift nicht von Anfang an ein Behälter für schriftliche Bestimmungen war (vgl. o. den Exkurs nach Kap. 2.3.), denn alle Belege, die darauf hinweisen, sind erst späteren Erweiterungsstufen der Texte zuzuweisen. Eine Rolle für die Erzählungen oder die Funktion der Lade in den priesterschriftlichen Texten geben sie – vielleicht deswegen – auch in keiner Weise. Mit den Tafeln des Zeugnisses gelangt vielmehr das Wort Gottes in das Heiligtum auf dem Sinai (entsprechend auch auf den Zion). Man mag sich fragen, ob hier nicht an eine Vorstellung angeknüpft wird, die Jahwe nicht im Kult, sondern vielmehr im Wort der *tôrāh* erkennbar weiß und die sich ausschließlich in späten Texten des Alten Testaments finden läßt. Nicht umsonst knüpft hier der jüdische Gottesdienst mit seinem Toraschrein an. Dies alles sind kontinuierliche Entwicklungen und nicht in sich abgeschlossene Phasen. Vielmehr wandelten sich das Verständnis und die Vorstellungen von der Lade bis in späteste Zeit.[160]

---

160 Mit LOHFINK, Israel 73 möchte man sagen: „Israels Gottesdienst blieb geschmeidig" – was jedenfalls treffend charakterisiert, daß keine eigentlichen Stufen oder Sprünge in der Entwicklung der literarischen Zeugnisse darüber zu beobachten sind.

3. Vom Horeb ins gelobte Land: Die Lade Jahwes in den Büchern Deuteronomium und Josua

3.1. Der Bericht über den Bau der Lade in Deuteronomium 10,1–5

Dtn 10,1 setzt ein mit der etwas vagen Bestimmung „in jener Zeit" (בעת ההוא)[1], die im Dtn nur in den ersten zehn Kapiteln, vor allem Dtn 1–3, und nur hier und in V. 8 am Versanfang zu finden ist.[2] Jahwe sprach zu „mir" (1.*Sing.*), also zu Mose, dieser solle sich zwei neue steinerne Tafeln[3] wie die ersten[4] zurechthauen[5] und auf den Berg kommen:[6] eine logische Folge des bereits bekannten Zerbrechens der Tafeln in Dtn 9,17.[7] Dann folgt das hier ganz Neue: Mose soll sich eine Lade machen – formuliert im *Perf. cons.* Nur hier im Alten Testament ist allein von einer „hölzernen Lade" (ארון עץ) die Rede.

Laut V. 2 kündigt Jahwe an, er werde auf die Tafeln die Worte schreiben, die auf den ersten Tafeln gewesen seien, welche Mose zerbrochen habe. Mose solle sie dann in die Lade legen. Auch hier ist die gesamte Thematik aus dem Vorhergehenden bekannt, nur die letzten

---

1 Gen 21,22; 38,1; Num 22,4; Dtn 1,9.16.18; 2,34; 3,4.8.12.18.21.23; 4,14; 5,5; 9,20; 10,1.8; Jos 5,2; 6,26; 11,10.21; Ri 3,29; 4,4; 11,26; 12,6; 14,4; 21,14.24; 1Kön 8,65; 11,29; 14,1; 2Kön 8,22; 16,6; 18,16; 20,12; 24,10; Jes 18,7; 20,2; 39,1; Jer 3,17; 4,11; 8,1; 31,1; 33,15; 50,4.20; Jo 4,1; Am 5,13; Mi 3,4; Zeph 1,12; 3,19.20; Est 8,9; Dan 12,1; Esr 8,34; Neh 4,16; 1Chr 21,28.29; 2Chr 7,8; 13,18; 16,7.10; 21,10; 28,16; 30,3; 35,17.

2 Wie Aurelius, Fürbitter 16.45 richtig bemerkt, wird mit der Formel fast immer Sekundäres angehängt, vgl. auch schon Hempel, Schichten 119.

3 Steinerne Tafeln: Ex 31,18; 34.1.4[2] (*Sing.*: אבן); Dtn 4,13; 5,22; 10,1.3; mit Artikel Ex 24,12, Dtn 9,9.10.11, 1Kön 8,9.

4 Vgl. Ex 34,1.4, Dtn 10,1–4.

5 Nur Ex 34,1.4, Dtn 10,1.3, פסל im *Imp.* im AT nur Ex 34,1, Dtn 10,1.

6 Wörtliche Parallele: Ex 24,12!

7 Die Fürbitte zwischen Dtn 9,17 und Dtn 10,1 besteht zum großen Teil, wenn nicht ganz, aus sekundärem Material. Vgl. Veijola, Deuteronomium z.St. – Der Sache wegen rechnet Veijola V. 21a*b noch zur Grundschicht (DtrN) des Abschnitts. Notwendig ist das nicht, ebensogut ist denkbar, daß Ex 32,20 von Dtn 9,21 beeinflußt wurde und nicht umgekehrt.

beiden Worte (V. 2b) bringen wieder das neue Thema der Lade (ושמתם
בארון). Ungewöhnlich ist vor allem, daß etwas in die Lade hineingelegt
werden soll, in diesem Fall die Tafeln. Dieser Vorgang ist sonst nur
noch aus der Priesterschrift bekannt, wenngleich mit leicht anderer
Formulierung (נתן אל־ statt שים ב־).

V. 3 nimmt den Befehl und die Ankündigung aus V. 2 chiastisch wieder auf: Mose macht eine Lade aus Holz – nun genauer spezifiziert als
Akazienholz (עצי שטים) –, haut die Tafeln zurecht und steigt auf den Berg,
die Tafeln in der Hand.

In V. 4 schreibt „er" – dem Zusammenhang nach eindeutig Jahwe –
auf die Tafeln (wie die erste Schrift[8]) die „zehn Worte" (עשרת הדברים),
also doch wohl die Zehn Gebote[9], durch den Relativsatz „die Jahwe
euch gesagt hat auf dem Berg mitten aus dem Feuer[10] am Tag der Versammlung"[11] nochmals deutlich an die Verkündigung des Dekalogs in Dtn
5 angeschlossen.

In V. 5 macht sich Mose wieder auf, steigt vom Berg[12] und legt die
Tafeln gemäß dem Befehl von V. 2b in die Lade. „Und sie blieben dort"
heißt es anschließend, „wie Jahwe mir befohlen hatte"[13].

In diesen Versen 1–5 läßt sich nach dem Beobachteten keinerlei
Bruch[14] oder literarkritisch auswertbare Spannung finden.[15] Daher sei
zunächst ein kurzer Blick auf den Kontext geworfen.

---

8 Ex 32,16; 39,30, Dtn 10,4, Jes 38,9, Esr 1,1, 2Chr 21,12; 35,4; 36,22,.

9 Ex 34,28 und Dtn 4,13.

10 Dtn 5,22; vgl. auch Dtn 5,4.

11 Vgl. Dtn 9,10; zum „Tag der Versammlung" s. Dtn 18,16, daneben auch den קהל
יהוה Num 16,3; 20,4, Dtn 23,2.3.4.9, Mi 2,5, 1Chr 28,8.

12 פנה+ירד: nur Ex 32,15, Dtn 9,15; 10,5.

13 Vgl. Ex 34,4; wörtlich Dtn 4,5, mit *Suff.* der 2. Person Dtn 5,12.16; 20,17, mit *Suff.*
der 3. Person 2Sam 5,25, 1Chr 24,19. Ohne *Suff.* ist die Formel fast nur priesterschriftlich und danach belegt: Ex 7,6.10.20; 12,28.50; 16,34; [34,4]; 39,1.5.7.21.26.29.
31.43; 40,19.21.23.25.27.29.32; Lev 8,4.9.13.17.21.29; 9,7.10; 10,15; 16,34; 24,23; Num
1,19; 2,33; 3,42.51; 8,3.22; 15,36; 17,26; 20,27; 26,4; 27,11.22; 31,7.31.41.47; 36,10;
Dtn 1,19; [5,32]; 34,9; Jos 10,40; 11,15.20; 14,2.5; 21,8; 2Sam 24,19; Jer 13,5.

14 Für die Abhängigkeit von Ex 34 spricht sich jüngst auch die neueste Arbeit zu Ex
32–34 von KONKEL aus (Sünde 124f.): „Was die Tafeln für Ex 34 sind, ist in gewisser Weise die Lade für Dtn 10: In V. 1c folgt die Aufforderung zur Herstellung der
Lade auf den Aufstiegsbefehl, obwohl Mose diese noch vor seinem Aufstieg her-
stellt (V. 3a). Zugleich aber wird am Lademotiv der Unterschied zu Ex 34 deutlich,
da die weiteren Erwähnungen der Lade in V. 3a und V. 5b nicht mit Kohärenzstörungen verbunden sind. Die logische Spannung zwischen V. 1c und V. 3a reicht
somit nicht für eine literarkritische Herauslösung des Lademotivs aus." (KONKEL,
Sünde 125 Anm. 94).

15 Anders OTTO, Deuteronomium im Pentateuch, 122 Anm. 18, der die Worte את
עשרת דברים dem Pentateuchredaktor zuweist (nach Ex 34,28). Doch auch der Rest

Es werden im folgenden einige elementare Beobachtungen innerhalb des Gesetzesrahmens in Dtn 6–11 notiert, die allemal ein erster
Anhaltspunkt für die Einordnung des Stückes sein können. „Man kann
unschwer sehen, daß alles, was in Dtn 6–11 an Paränese oder heilsge-
schichtlichem Rück- oder Vorausblick folgt, sich zum Sch^{e}ma verhält
wie Variationen zum Thema. Hier wird der Orgelpunkt angeschlagen,
über dem die folgende Melodie sich erhebt.“[16] Dabei geht es natürlich
insbesondere um die Kapitel 9 und 10. Ist es erlaubt, in den paränetischen Stücken zumindest im Groben singularische Partien für im wesentlichen älter zu halten und pluralische für tendenziell jünger – freilich ohne daraus eine mechanische Regel zu machen –, so zeichnet sich
das gesamte Stück Dtn 9,7b–10,5 schon durch die pluralische Anrede
als größerer pluralischer Zusatz in einem singularischen Zusammenhang aus. Was dann Dtn 9,7–10,5 berichten, läßt sich grob so zusammenfassen: Ganz gemäß Ex 32 sündigen die Israeliten (gegossenes Kalb
Dtn 9,16, abhängig von Ex 32,8, dort wiederum von Ex 32,4!), Mose
zerbricht daraufhin die ersten Tafeln (Dtn 9,17), legt Fürbitte ein (Dtn
9,18f.), bekommt den Befehl, auf den Berg zu steigen und sich neue
Tafeln dort abzuholen (Dtn 10,1–5). Das Ganze wird zusammengehal-
ten vom immer wieder neu ansetzenden „Fürbitter Israels“ Mose, dem
Erik AURELIUS seine gleichnamige konzinne Untersuchung gewidmet
hat. Neu – und für den betrachteten Sachverhalt natürlich von besonderer Bedeutung – ist daneben gegenüber Ex 32–34 vor allem das Eine: die
Lade. Hier, in Dtn 10,1–5, wird Mose im Gegensatz zu Ex 34 befohlen,
eine Lade anzufertigen und die steinernen Tafeln, die „wie die ersten“
sein sollen, in diese Lade hineinzulegen.

Die Perikope ist im heutigen Zusammenhang noch um zwei Notizen erweitert, V. 6f. und V. 8f., von denen sich immerhin die letztere
klar auf die Verse 1–5 bezieht. Bei genauerem Hinsehen lassen sich diese Verse 8f., der Dienst der Leviten an der Lade, als Nachtrag zur ursprünglichen Erzählung erkennen, und auch die Notiz V. 6f. erweist
sich nicht zuletzt dadurch, daß sie den dadurch neu gebildeten Zusammenhang unschön unterbricht (und durch ihr ganz anderes Thema – die
Erwähnung des Todes Aarons und Itinerare), als jüngster Zusatz in diesem Zusammenhang. Letzteres ist übrigens – erstaunlich genug und

---

in Dtn 10,1–5 hängt von Ex 34 ab und nicht umgekehrt, wie OTTO mit Verweis auf
ACHENBACH, Israel, meint (s. im folgenden). Der Abschnitt ist laut OTTO von
„DtrD“ formuliert (Deuteronomium im Pentateuch 146; vgl. auch 89.112.181f.192.
200.207.238.249; dazu MOENIKES, Tora 40ff. Er hält den Abschnitt Dtn 10,1–5 für
nachhiskianisch-deuteronomisch. Dem „nachhiskianisch“ ist nur zuzustimmen).
16 LEVIN, Verheißung 99; vgl. SPIECKERMANN, Liebe 193–197.197–200.

deshalb erwähnenswert – quasi Konsens in der Forschung am Deuteronomium – ich verweise als Grund lediglich auf Aarons Sohn Eleasar,
der sonst nur in späten priesterschriftlichen und postpriesterschriftli-
chen Texten erwähnt wird. Doch auch die Verse 8f. sind deutlich zugesetzt.[17] Sie zielen einerseits auf Dtn 31 hin, andererseits mag ihr Zusatzcharakter durch das folgende angedeutet werden: V. 8f. sind wie in
V. 1 eingeleitet durch das lose „In jener Zeit", im Unterschied zum
Umstehenden an eine 2.*Sing.* gerichtet, unterbrechen den Redecharak-
ter und lösen ein Problem, das erst an ganz anderer Stelle drängend
wird, nämlich die Dienste des anteil- und erbbesitzlosen Priesterstam-
mes der Leviten (vgl. Dtn 12,12ff.[18] und Jos 13,14.33[19]).

Hat dann eine Fortsetzung von Dtn 10,1–5 anderswo gestanden?
Dafür kommt zunächst V. 10f. in Frage. Ist Mose laut V. 5 aber vom
Berg hinabgestiegen, so steht er nach V. 10f. nun wieder oben, was V.
10 offenbar rekapitulierend aufnehmen muß (ואנכי עמדתי בהר כימים
הראשנים ארבעים יום וארבעים לילה). Dtn „10,10 spottet in seiner gegen-
wärtigen Umgebung der Erklärung, was wiederum auch die Ratlosig-
keit sämtlicher Ausleger verrät, die von einer Wiederaufnahme von
9 18 25 reden"[20], seufzt W. STAERK in seinem Kommentar. In V. 12 hingegen geht die Rede wieder an Israel in 2.*Sing.*[21] So hängt Dtn 10,1–5
gewissermaßen in der Luft, im heutigen Text unterbricht unsere Passage sogar den Zusammenhang von Fürbitte (Dtn 9,25[22]) und Antwort
(Dtn 10,10f.) – sowohl rein erzähl*strategisch* als auch erzähl*logisch*
durch das erneute Auf- und Wiederabsteigen vom Berg Horeb. Sollte
sich der letztgenannte Zusammenhang als der ursprüngliche erweisen
(so u. a. Erik AURELIUS), wäre der Abschnitt ein erheblicher Spätling in
der Literargeschichte des Deuteronomiums. Aber auch aus anderen
Gründen wird man ihn nicht zum ältesten Material rechnen, nicht zuletzt wegen des Bezugs auf die späten Entstehungsphasen des Kapitels

---

17 Daß mit der Wendung „vor Jahwe" hier und sonst gleich „evidence per se of a
    permanent shrine" vorliegt, wie FOWLER, Meaning 390 meint, d. h. „vor der Lade"
    (vgl. a. a. O. 389) heiße, ist naturgemäß nicht am Text zu belegen.
18 Im Dtn fernerhin Dtn 12,18.19; 14,27.29; 16,11.14; 17,9.18; 18,1[2] (V.2: יהוה הוא
    נחלתו!).6.7; 21,5 (ברך); 24,8; 26,11.12.13; 27,9.12.14; 31,9.25 (jeweils ארון!); 33,8.
    Vgl. auch Num 8 (בדל *Hif.*, P?).
19 Und 1Chr 23,14ff.
20 STAERK, Deuteronomium 34.
21 Erst die Mahnrede Dtn 11,2ff. ist wieder pluralisch formuliert, bedarf aber seiner-
    seits einer Redeeinleitung.
22 V. 26–29 sind Zusatz, der Ex 32,11–13 nachahmt, vgl. LEVIN, Verheißung 137 und
    Anm. 16.

Dtn 31 (V. 9.25f.)[23], des pluralischen Charakters und des sekundären Anschlusses an Dtn 5[24] und die gleiche Erzählebene wie Dtn 1–3. Denn mit Dtn 10,10f. ist der „geschichtliche Bericht" im Grunde da, wo Dtn 1,7 einsetzt.[25]

3.2. Die Parallelen zu Deuteronomium 10,1–5

Übersicht 3 enthält einige Beobachtungen zur Komposition von Dtn 10,1–5: Wie aus der Abbildung ersichtlich, weist die Perikope wörtliche Berührungen mit anderen Passagen des Alten Testaments auf. Als eine Hauptquelle wird sich Ex 34 erweisen, der üblicherweise sogenannte „Parallelbericht aus JE", der – und das sei hier ausdrücklich in Erinnerung gerufen, von einer „Lade" nichts weiß! Etwas genauer: Dtn 10,1aα kommt wörtlich aus Ex 34,1a (natürlich in 1.*Sing.* gesetzt), V. 1aβ, wenn überhaupt anders aussagbar, vielleicht aus Ex 24,12, V. 1b bietet indessen das Neue: den Befehl zum Anfertigen der Lade. Dtn 10,2a ist wörtlich gleich mit Ex 34,1b, V. 2b bietet wieder das Neue, nun den Befehl, die Tafeln in die Lade zu legen. Dtn 10,3aα ist die Ausführung des Befehls aus V. 1b, V. 3b setzt sich seinerseits wieder aus fremden Stücken, Ex 34,4aα und b zusammen (zu vergleichen sind auch Ex 32,15 und Ex 34,29). Dtn 10,4aαβ gehen dann wörtlich Ex 34,28b (vgl. auch Ex 32,15) parallel, V. 4aγ und b verlaufen genau wie Dtn 9,10aα.bβ.[26] Dtn 10,5aα schließlich ist identisch mit Dtn 9,15aα (vgl. Ex 32,15), V. 5aβ liefert wieder einmal das (nun gar nicht mehr so) Neue, in diesem Fall die Ausführung des Befehls von V. 2b. V. 5bα hat keine direkte Parallele[27] – außer ausgerechnet in 1Kön 8,8 (dort allerdings auf die Tragestangen bezogen)[28], für V. 5bβ mag man an Ex 34,4a, Dtn 4,5 oder auch die Ausführungsformeln der Priesterschrift denken.[29]

---

23 S. u. Kap. 3.3.

24 Vgl. Veijola, Deuteronomium z. St.

25 Dillmann, Deuteronomium 283. Zur späten, nachpriesterschriftlichen Entstehung von Dtn 1–3 vgl. Kratz, Komposition 132f. und ders., Ort.

26 Vgl. auch Dtn 4,12; 5,23–26.

27 Aber vgl. 1Kön 8,8! Und weiter Ex 24,12 und 34,28 (beide auf Mose bezogen).

28 In 𝕊 fehlend. Darf man mit BHS den Versteil hinter V. 9 stellen?

29 Die Belege konzentrieren sich in sekundären Stücken (P^S oder später), z.B. Ex 40,19–32 u. ö.

Deuteronomium 10,1–5 und seine Bezugstexte

Ex 25,10

Dtn 9,10–15

Ex 32,15f.

Dtn 10,1–5

Ex 24,12

Ex 34,1–4.28f.

Übersicht 3 (*zu Deuteronomium 10,1–5*)

Es braucht hier nicht jede einzelne Parallele *en detail* diskutiert zu
werden. Vielmehr kommt es darauf an, daß ganz offensichtlich *bis auf
die Lade* alles, aber auch wirklich alles in Dtn 10,1–5 eine genaue wörtliche Entsprechung im direkten Kontext des Deuteronomiums oder im
Parallelbericht aus dem Exodusbuch, Ex 19–24.32–34 hat. Daß dort
die Lade ausgefallen sei, wie spätestens seit S. R. Driver[30] und bis zu
R. Achenbach[31] immer wieder gern behauptet wurde, mag eine legitime Lösung für alle darstellen, die mit Abbrüchen und Auslassungen
rechnen. Doch sind solche Textauslassungen naturgemäß nicht nachweisbar und m. E., wie gesehen, in diesem Fall auch wenig wahrscheinlich.[32]

Sollte Dtn 9,10 Pate für unseren Abschnitt gestanden haben, der
deutlich eine Dublette zum folgenden Vers Dtn 9,11 darstellt, könnte
es möglich sein, daß Dtn 10,1–5 seine Entstehung erst einer der spätesten Phasen in Dtn 9f. verdankt.[33] In jedem Falle dürfte deutlich sein,
daß die Verse einer mehr oder weniger späten Phase innerhalb der Literargeschichte des Buches Deuteronomium angehören. Aurelius
weist den Abschnitt etwa einer dritten Hand in Dtn 9f.[34] zu, einem
Abschnitt, der laut Eissfeldt „an seiner jetzigen Stelle" ohnehin „ganz
unpassend"[35] wirkt.

Daß augenscheinlich keine literarischen Brüche nachweisbar sind
und sich bis auf die Lade *alles* in Dtn 10,1–5 aus anderen Quellen
speist, bzw. (für die Passagen aus dem Dtn) sich zumindest demselben
spätdeuteronomistischen Verfasser verdankt, spricht dafür, daß es sich
um eine Kompilation aus den genannten Paralleltexten handelt, mit
dem Ziel, die Lade am Sinai zu verorten – ganz so wie Ex 25.37. 40 dies

---

30 Driver, Deuteronomy z. St.
31 Achenbach, Israel 369 u. ö.; die instruktive Tabelle 370f. und 368–371 zu Dtn
    10,1–5. Er möchte aus der Dtn-Parallele in Dtn 9f. einen ursprünglichen Bericht in
    Ex 32.34 rekonstruieren, bei dessen Zusammenarbeitung mit P dann ein alter La-
    debaubericht verlorengegangen sei. Die These krankt jedoch, wie alle, die mit
    Textverlusten rechnen, an ihrer prinzipiellen Unbeweisbarkeit.
32 Dagegen spricht nicht zuletzt die Existenz des „kultischen Dekalogs" (V. 10–26),
    der das Problem des Inhalts der zweiten Tafeln bearbeitet und dabei offenbar gerade
    nicht mit Dtn 10 oder Ex 25 von einer Lade ausgeht.
33 Vgl. Aurelius, Fürbitter *passim*. Auch nach Veijola, Deuteronomium z. St., geht
    V. 10 auf Ex 31,18 zurück, der dann aber um seine priesterlichen Anteile gestutzt
    werden muß. Veijola muß V. 11 dann entsprechend als „retardierendes Moment"
    auffassen.
34 Die Grundschicht nach Aurelius: Dtn 9,1–7a.13f.26a*,27(f.); 10,11; Horeb:
    9,(8.)9.11f.15–17.21.26(mind. ab אל־חטאת).28. Weitere: 9,10.18f.25; 10,1–5.10; Spä-
    te Zusätze: 9,20; 10,8f.; 9,7b.(8.)22–24; 10,6f.
35 Eissfeldt, Einleitung 195.

tun. Ist dort aber ein mehrstufiges Entstehen sichtbar: Anweisung zum Bau an Mose bzw. die Israeliten Ex 25, Ausführung der Anweisung durch Bezalel Ex 37, späteres Deponieren der Tafeln in der Lade und Einstellen der Lade ins Wüstenheiligtum Ex 40, so ist hier einheitlich und ohne jede Spannung die Rede davon, daß Mose die Lade anfertigt, die Tafeln empfängt und schließlich in die Lade hineinlegt. Der Verdacht läßt sich nicht ausräumen, daß dem Verfasser der Verse die Sinaiszene schon *in ihrem priesterschriftlichen Gewand* vor Augen stand. Er wird noch erhärtet durch die Erwähnung des Baumaterials, Akazienholz (עצי שטים)[36]. Dieses Material kommt außer Dtn 10,3 ausschließlich in der Priesterschrift vor, und zwar dort 23 ×[37] gegen dieses eine Mal. In P wird es aber nicht nur für die Lade, sondern auch für andere Zwecke eingesetzt (Stangen, Tisch, Altar, Bretter, etc.) – ein Hinweis darauf, daß es sich nicht um eine gewöhnliche, weithin von alters her bekannte Holzart handelte, sondern vielmehr darauf, daß dieses Holz vor allem im kultisch-sakralen Bereich (des Zweiten Tempels?) Verwendung fand.

Oettlis Hinweis, „das Material stimmt mit P Ex 25 10 überein", kommentiert Bertholet mit einem nüchternen „Allerdings." – So weit, so gut. Aber dann fährt er sogleich fort: „Indessen ist die Möglichkeit nicht zu bestreiten, daß auch JE einst dasselbe Material nannte, ehe der Redaktor P das Wort ließ."[38] Das muß annehmen, wer hier älteres Gut vermutet.

So ist kaum auszuschließen, daß Dtn 10,1–5 die Priesterschrift in der bereits um die Lade erweiterten Fassung (s. o.) voraussetzt, mithin also nachpriesterschriftlich ist.[39] Vielleicht wird hier sogar erstmals etwas in die Lade gelegt.

---

36 Hierbei handelt es sich nicht – wie man zunächst vermuten möchte, um die aus Afrika und Europa bekannte Akazie oder gar den Kameldorn (*acacia erioloba*), sondern, wie M. Rose erläutert (Deuteronomium 512f.), um den sog. „ägypt. Schotendorn": „diese dornige Akazie ist der einzige Baum der Sinai-Halbinsel (und der Steppengebiete überhaupt), der für die Holzverarbeitung von Bedeutung sein kann." (Ebd.).

37 Ohne עץ sogar 26×, sonst noch Jes 41,19 (wohl der älteste Beleg).

38 Dieses und die vorigen Zitate vgl. Bertholet, Deuteronomium z. St.

39 So auch Schmid, Mose 85 (ohne weitere Begründung) und neuerdings Owczarek, Vorstellung 141f.171–173. Daß es spätdeuteronomistische und zugleich nachpriesterschriftliche Ergänzungen im deuteronomistisch bearbeiteten Geschichtswerk gab, steht m. E. außer Zweifel, es sei auf 1Kön 8,10f. verwiesen sowie auf die V. 8f.; vgl. den Exkurs nach 3.4. – Vgl. auch Owczarek, Vorstellung 175–183, בדל *Hif.* für das Aussondern nur bei P (Lev 20,24.26; Num 8,14; 16,9), das Interesse für die Leviten spricht auch für spätere Zeit.

Dtn 10,1–5 hat demnach vor allem zwei Aufgaben im Erzählablauf:
a) die Rekapitulation der Wiederherstellung der beiden zerbrochenen
Tafeln Ex 34, ähnlich wie auch Dtn 5 bekanntlich Ex 20 rekapituliert,
etc., und *b)* möglicherweise die Einführung der Theorie, daß die Gesetzestafeln sich in der Lade befunden hätten. Dtn 10 setzt offenbar eine bereits um sekundäre Bestandteile, jedenfalls um die Lade erweiterte Priesterschrift voraus (Ex 25); andererseits auch Bestandteile des
nichtpriesterschriftlichen Exoduserzählung (Ex 34 u.a.). Das Verfassen
eines Berichtes über die Anfertigung der Lade verlangt seinerseits, daß
die Lade nun auch eine Funktion in der weiteren Darstellung der
Heilsgeschichte besitzt, mithin mindestens die Ladeerzählungen in
1Sam 4–6*, wie sich unten (Kap. 5.2.2–5.2.3) zeigen wird. Da P^(S) ihrerseits wohl die Erzählung der Verbringung der Lade in den Jerusalemer Tempel unter Salomo voraussetzt (s.u. Kap. 5.8.3.), ist hier augenscheinlich ein enneateuchischer Zusammenhang im Blick.

3.3. Deuteronomium 31

Die nächste Erwähnung der Lade findet sich im Kapitel Dtn 31. Inhaltlich gliedert es sich in V. 1–8, die Einsetzung Josuas zum Nachfolger Moses, V. 9–13, die Vorschrift zur Gesetzeslesung alle sieben Jahre,
V. 14–23 Gottes Befehl zum Schreiben des Moselieds (darin V. 14f.23
nochmals die Einsetzung des Josua), V. 24–27 die Vorschriften zur
Aufbewahrung des Gesetzbuches und V. 28–30 die Aufforderung zum
Hören des Moselieds. Eng zusammen gehören dabei natürlich das
Aufschreiben des Gesetzes und seine Aufbewahrung, V. 9–13.24–27,
ebenso die Einleitung zum Moselied V. 16–22 mit der vorderen Rahmung des eigentlichen Liedes V. 28–30.

Es fällt auf, daß die Einsetzung Josuas doppelt berichtet wird: Neben V. 1–8 findet sie sich auch in den Versen V. 14f.23. Daß letztere
erneute Einsetzung literarisch sekundär ist, hat Martin NOTH einleuchtend gezeigt.[40] In V. 9 zeigt sich ebenfalls ein völlig anderes Interesse als in V. 7f., nämlich die Niederschrift des Gesetzbuches.[41] Für ei-

---

40 NOTH, ÜSt 39f. und DERS., ÜP 35 Anm. 126. Vgl. zur Sache auch GÖRG, Zelt, 149,
    der sogar eine Abhängigkeit dieser Verse von Num 11 und 12 erwägt. Zum Kapitel
    insgesamt vgl. a.a.O. 148–151. Auch FREVEL, Blick 289 (vgl. 283ff.) hält die Verse
    für „sicher nachpriesterschriftlich". Er sieht ebenso eine Grundschicht in Dtn
    31,1–8, die in V. 14f.23 und dann in V. 16–22 erweitert wurde (ebd.).
41 Vgl. Dtn 27,3.8, in gewisser Weise auch Dtn 17,18.

nen Grundbestand verbleiben lediglich noch die Verse 1–8.[42] Das hierzu Wesentliche hat bereits Carl STEUERNAGEL gesehen: „Als Bearbeiterzusätze sind v 3–6 auszuscheiden"[43]. Bleiben noch V. 1f.7f., in denen eigentlich nur V. 2b als gedoppelte Begründung der Führungsübergabe auffällt.[44] Hier mag offenbleiben, ob der Versteil ursprünglich ist oder nicht.

Diese Grundschicht, Dtn 31,1–2a.7f.,[45] schließt vermutlich an vorangehende Gesetzesverkündung an. Mose ist aufgrund seines Alters nicht mehr fähig, Krieg zu führen (בוא und יצא), weswegen Josua die Aufgabe der Hineinführung in das Land[46] und dessen Verteilung übernehmen soll. Die Grundschicht weist enge Berührungen zu Jos 1 auf, die bis in den Wortlaut hinein zu verfolgen sind, man vergleiche nur Dtn 31,7 und Jos 1,6. In V. 1–2a liegt zunächst ein Bezug zu Dtn 34 vor (120 Jahre, vgl. Dtn 34,7). In V. 7f. sind die Parallelen zu Jos 1 massiv: Dtn 31,7 entspricht Jos 1,6 und Dtn 31,8 ist in Jos 1,5b aufgenommen: Hier spricht Mose, dort Jahwe. Der Situation entsprechend ist die Hineinführung ins Land durch Josua in Dtn 31 extra erwähnt.

Die beiden Texte sind so eng aneinander formuliert, daß man nicht mit verschiedenen Verfassern rechnen muß. Gleichwohl fällt auf, daß gemäß dem Grundbestand von Dtn 31 *Mose* Josua zu seinem Nachfolger bestimmt, Jos 1 dies *Jahwe selbst* tut. Das muß nicht erstaunlich sein und ist wohl sogar wünschenswert. Gleichwohl sei die Frage gestellt: Ob derselbe Verfasser Jahwe und Mose bei dieser Stabübergabe die gleichen Worte in den Mund gelegt hätte? Schließlich ist die göttli-

---

42   KRATZ, Komposition 135. Vgl. zum Ganzen auch die Analyse bei KRATZ, Ort, 102f. sowie BUCHHOLZ, Älteste 17ff. Auch OTTO, Deuteronomium im Pentateuch 191 u. ö. ordnet Dtn 31,1–8 der Hexateuchredaktion zu, V. 9–15.23 dem Pentateuchredaktor; das Dazwischenstehende gehört, wie er richtig beobachtet, zum Einschub des Moseliedes. Doch muß man wohl in 9–15 nochmals differenzieren. Gelungen ist der Nachweis von OTTO, a.a.O. 182, daß Dtn 31,9 den Bericht Dtn 10,4 (und Dtn 5,22) voraussetzt.

43   „[I]n v 3 und 6b befremdet die singularische Anredeform, überdies ist v 3b offenbar nur eine durch 328 veranlaßte Variante zu v 3a und v 6b Vorausnahme von v 8a; nach Ausscheidung von v 3 aber verlieren auch v 4–6a ihren Anschluß, sie sind also nur Ergänzungen zu v 3a [...]." (Deuteronomium 161, vgl. NOTH, ÜSt 39 Anm. 4).

44   Die Führungsübergabe wird in V. 2a mit der nicht mehr vorhandenen Fähigkeit Moses zum Kriegführen begründet, in V. 2b mit einem apodiktischen Jahwewort an Mose.

45   Für ROSE gehört seine Grundschicht (V. 1*.2a*.3b*.7*.8a*) zu „Schicht III", der Rest zu den Redaktoren „Schicht IV" (DERS., Deuteronomium 559; vgl. insgesamt 557–563).

46   Es ist, wie sich an der Aufnahme in V. 23 zeigt, in V. 7 das *Hif.* von בוא zu lesen.

che Einsetzung in Dtn 31 dann ja auch (in V. 14f.23) nachgeholt worden. Das kann als Argument dafür gelten, daß Jos 1 später verfaßt wurde[47] als Dtn 31*. Wie unsicher das ist, braucht nicht ausgeführt zu werden. Im heutigen Zusammenhang liest sich Jos 1 jedenfalls als die göttliche *Bestätigung* in der Führungsposition des Mose, der ihn Dtn 31 zum Nachfolger bestimmt hatte.

Wie ist das Kapitel weiter gewachsen? Offenbar unterbrechen V. 16–22, die „sehr sekundäre"[48] Liedeinführung, „recht ungeschickt"[49] den Zusammenhang der Amtseinführung Josuas V. 14f.23. STAERK bezeichnet V. 16–30 gar als „Gipfel der Konfusion"[50]. Jene Verse stellen zusammen mit V. 28–30 die jüngste Linie in Dtn 31 dar. Doch auch diese Einführung hat nicht ursprünglich an V. 8f. angeschlossen, denn sie ist eine rekapitulierende Dublette zu diesen Versen: NOTHs ursprüngliche Annahme, die Verse gehörten einer älteren Quelle an[51], revidierte er später: „[E]in späterer Bearbeiter vermißte hinter dem Gespräch 31,7.8 noch eine Feierlichkeit im Sinne und in der Weise von P und setzte unter Verwendung von Elementen des Vorstellungsgutes von P [...] den Passus [...] hinzu."[52] M. a. W. die Verse 14f.23 sind nachpriesterschriftlicher Herkunft, sie wurden dem Kapitel andererseits vor V. 16–22 hinzugefügt.

V. 24–26a[53] wiederum setzen der Sache und literarisch V. 9–13 und nicht zuletzt Dtn 10,8f. voraus,[54] so daß mit folgender Entstehungsgeschichte gerechnet werden kann:

---

47 So auch die Vermutung NOTHs in Josua[1], 7: „Die Formulierungen in 5bβ.6 hingegen finden sich in Dt 31 6–8 wieder und stammen vielleicht von dort."

48 NOTH, ÜSt 40.

49 Ebd.

50 STAERK, Deuteronomium z. St.

51 ÜSt 40 Anm. 3.

52 ÜP 35 Anm. 126.

53 V. 26b–27 sind leicht als Zusatz innerhalb dieser Verse auszumachen (NOTH, ÜSt 40 Anm. 2 nimmt nur V. 26b–27a heraus, aber V. 27b gehört dazu und lenkt wieder zur pluralischen Anrede über), vgl. den Numeruswechsel in V. 26b und dann die Überleitung in V. 27 mit Rückbezug auf V. (16–)21 (עֵד!).29.

54 Hinter V. 10–13 und V. 24–26a scheinen noch einmal verschiedene Vorstellungen zu liegen: Das Gesetzbuch soll nach V. 9–13 ursprünglich wohl nur von den Ältesten (V. 9aαb.10–13) regelmäßig verlesen werden, ein Exemplar jedoch wird den Leviten übereignet und soll neben der Lade deponiert werden (V. 9aβ; 24b–26). Hier steht die Frage im Hintergrund, wer für das Bewahren des Gesetzes auserwählt ist: Älteste oder Priester-Leviten.

1. V. 1–2a.7f. (Einsetzung Josuas als Nachfolger Moses, mit späteren Zusätzen in V. 2b.3–6)

2. V. 9aαb.10–13* (Aufschreiben des Gesetzes durch Mose und Verlesung durch die Ältesten, mit kleineren Ergänzungen in V. 10–13[55])

3. V. 9aβ.24–26a (Verlesung und Verwahren des Gesetzes bei der Lade durch die Priester-Leviten).[56]

4. V. 14f.23 (nachpriesterschriftliche Wiederholung der Einführung Josuas): Das Wüstenheiligtum als Ort der Amtseinführung nach P.

5. V. 16–22.28–30 (und der spätere Zusatz V. 26b–27).

Damit dürfte die Erwähnung der Lade in Dtn 31 jünger als die von Dtn 10 sein, vgl. schon die Verbindung von Leviten und Lade (Dtn 10,1–5.8f.) und die Erwähnung des Zelts (sonst nie im Deuteronomium) im Zusammenhang mit der Lade (Dtn 31,14f.).[57] Da sofort im Anschluß das Zelt der Begegnung erwähnt wird, kann man hier von einer bereits gewachsenen Priesterschrift nicht weit entfernt sein. Nicht von ungefähr ist die Rolle der Leviten in der Chronik in viel ausgeprägterem Maße zu finden.[58] Dtn 31 versucht also, zwischen *tôrāh* und Bundestafeln in der Lade einen Ausgleich zu schaffen, man mag auch sagen: zwischen Buch und Tafeln, *sefær* und *luḥot habbᵉrît*. Wie das technisch zu bewerkstelligen ist, mag dahingestellt sein. Schließlich „streiten darüber die Weisen Jisraels in Baba batra (14a), einige sagen, ein Brett stand von aussen an der Lade hervor, und dort lag das Buch der Thora; und manche sagen, das Buch der Thora lag in der Lade neben den Tafeln." (נחלקו בו חכמי ישראל בבבא בתרא יש מהם אומרים דף היה בולט מן הארון מבחוץ ושם היה מונח ויש אומרים מצד הלוחות (היה מונח בתוך הארון)[59].

3.4. Resümee. Die Lade Jahwes im Buch Deuteronomium

Das Deuteronomium enthält in seinem Kern (Kap. 12–26) keine Erwähnung der Lade, so daß von einer deuteronomischen Ladevorstellung eigentlich nicht geredet werden kann. Wohl aber von einer deuteronomistischen: In Dtn 10,1–5 wird der Bau einer Lade berichtet –

---

55 V. 11aα.12a (Numeruswechsel, vgl. NOTH, ÜSt 39 Anm. 6. Zur Trennung innerhalb von V. 9 vgl. BUCHHOLZ, Älteste 17ff., gegen den die Argumente BULTMANNS (Fremder 154 Anm. 125) stehen. Die Doppelung von Ältesten und Leviten (siehe Dtn 21,5 und am nächsten liegend Lev 21,1; 2Chr 26,18; 35,14) bleibt eigentümlich.

56 V. 24 knüpft an V. 9aα an (NOTH, ÜSt 39 und 40 Anm.1).

57 Vgl. auch OWCZAREK, Vorstellung 155–157.

58 1Chr 15,2.12.14f.26f.; 16,4; 2Chr 5,4f.; 24,11; 35,3.

59 RASCHI zu Dtn 31,26; vgl. BERLINER 107, BAMBERGER 586.

wieder auf dem Sinai (hier natürlich: Horeb). Mose erhält wie in Exodus 25 den Auftrag zum Bau der Lade und dazu, die Tafeln des Bundes hineinzulegen. Der Bericht ist in den Teilen, die nicht von der Lade sprechen, aus anderen Formulierungen des Deuteronomiums und auch des Exodusbuches, vor allem Ex 34, zusammengesetzt und setzt diese und offenbar auch schon ein gehöriges Wachstum der deuteronomistischen Sinaiperikope Dtn 5–9 voraus. Auch Ex 34, die Wiederherstellung der Tafeln und der neue, „kultische Dekalog", schon seinerseits keine alte Überlieferung, ist vorausgesetzt. Was schwerer wiegt: Die Verbindung von Lade und Mose bzw. Sinai ist schon bekannt, ebenso das Baumaterial der Lade. Es ist möglich, daß hier erstmals die Lade als Behältnis für die Gesetzestafeln verstanden wird; möglich ist aber auch, daß bereits eine Abhängigkeit von den späten, sekundären Versen Ex 25,16.21b vorliegt. Dann hätte nicht die Priesterschrift die deuteronomistische Bezeichnung der Lade geändert, sondern umgekehrt. Da jedoch die Tafeln mit den Geboten sich ins Werk der Deuteronomisten und auch in die Entwicklung ihrer Theologie organisch einpassen, wird eher damit zu rechnen sein, daß hier in Dtn 10 die Lade erstmals einen Inhalt bekommt: die Tafeln des Sinai-/Horebbundes. Das erklärt auch, warum die ältere Forschung, die noch mit mehr oder weniger monolithischen Blöcken „Dtr" und „P" rechnete, das Abhängigkeitsverhältnis der beiden Berichte Dtn 10 und Ex 25.40 entsprechend einseitig sehen mußte. Hier ist also differenzierter vorzugehen. Die sekundär erweiterte Priesterschrift bringt die Lade an den Sinai, die späten Deuteronomisten in Dtn 10 legen die Tafeln des Bundes hinein; von da aus landen sie auch in der priesterschriftlichen Lade in Ex 25. Daß dies nur eine denkbare Lösungen und hypothetisch ist, dürfte in den Analysen deutlich geworden sein. Doch mit aller gebotenen Vorsicht wird man sich diese Abfolge vorstellen können.

Dtn 31 nimmt seinerseits in seinen späten Schichten Bezug auf die mosaische Lade. Daß hier auch die Leviten erwähnt werden, spricht dafür, daß den Autoren die Ladebauerzählung aus Dtn 10 schon vorlag, doch nicht nur das: Will man mit einem Großteil der Deuteronomiumsforschung annehmen, daß der Dienst der Leviten an der Lade in Dtn 10,8f. erst eine nachträgliche Erweiterung des Berichtes darstellt, so kannten die Verfasser von Dtn 31 in seinen späten Schichten auch schon diese erweiterte Fassung. Dort nun gelangt, und das ist das Neue, was dieses Kapitel der Sache nach hinzufügt, die *tôrāh* in unmittelbare Nähe zur Lade, jedoch seitlich von ihr und wohl nicht darin – was sachlich übrigens längst nicht für alle Ausleger der Passage einen Unterschied gemacht hat. Auch die *tôrāh*, das Gesetz des Mose, befindet sich nun in der Lade des Bundes. Gottes Gegenwart ist im Wort der *tôrāh* zu erfahren, die auf dem Sinai/Horeb offenbart wurde. In gewisser Weise verhalten sich hier Gesetzestafeln und Gesetzbuch wie Urschrift und Auslegung – indem Mose die Tafeln erhielt, erhielt er praktisch die gesamte *tôrāh*. Sie befindet sich nun in Israel und wird es bei der Landnahme und auf dem Weg zum Tempel in Jerusalem begleiten und dort im Allerheiligsten ihren Platz finden. Mose selbst plaziert sie für seinen Nachfolger Josua neben der Lade. Die Kontinuität ist damit gesichert, die Tradition in schriftlicher Form festgehalten. In seiner Weisung ist Jahwe selbst erkennbar und anwesend. Die *tôrāh* wird zum Zeugen (עד)[60] gegen Israel. Die Gesetze, die es einhalten mußte, waren Mose vom Horeb an, dem Volk Israel von der Moserede in Moab an bekannt.

Exkurs: Zum Begriff des „Deuteronomismus"

Hier sei noch kurz auf den Begriff des *Deuteronomismus* eingegangen, der in der Literatur nicht nur mitunter zum Etikett für fast alles herhalten muß, sondern auch durchaus unterschiedlich definiert wird. Erste Deuteronomisten werden sicherlich für eine Grundfassung eines Geschichtswerkes verantwortlich sein, dessen Endgestalt heute die Bücher Dtn–2Kön bilden. Daß es sich nicht um *eine* Redaktion handelt, haben bereits im Jahr 1953 Alfred JEPSEN[61] und später dann auf ihre Weise Block- und Schichtenmodell gezeigt. Auch die Einheit des Werkes wird heute – wohl zurecht – mehr und mehr angezweifelt; ein Konsens ist dabei noch nicht in Sicht, wenngleich sich manche Tendenz zu festigen scheint, so z.B. die enge und ursprüngliche Zusammengehörigkeit der Samuel- und Königebücher. Bereits SMEND hat in seinem Aufsatz zu den nomistischen Passagen im deuteronomistischen Werk[62] darauf hingewiesen, daß die Schicht, die er als DtrN bezeichnet, aus vielen, sukzessiv ergänzenden Händen besteht. Diese Redaktoren spielen mit dem sprachlichen Material ihrer Vorgänger (vgl. Jos 1,6.7.8f.) und stehen in der zeitlichen und theologischen Abfolge in einem immer weiter fortgeschrittenen Kontext. So arbeitet VEIJOLA in seinen Studien[63] eine Möglichkeit dieser Entwicklung heraus, die in gewisser Weise zum späteren Schriftgelehrtentum führt. Der Übergang ist nahtlos: „[T]he phenomenon of midrash is almost as old as Scripture itself. As soon as a text is fixed, it becomes hospitable to midrash of many sorts. In the Bible, therefore, one may find a text and its midrash side by side, the latter in its turn becoming Scipture and in itself the object of a new midrash. The gap be-

---

60 Vgl. das „Zeugnis" (עדות).

61 JEPSEN, Quellen.

62 SMEND, Gesetz.

63 VEIJOLA, Dynastie; DERS., Königtum.

tween the bible and the classical rabbinic midrash is then, to a large extent artificial
[...]"[64]

Allein das sollte zeigen, daß es etwa mit drei Redaktionen, etwa 560 v. Chr.,
580 v. Chr und kurz darauf, nicht getan ist, sondern daß die Autoren bis in späte
Zeit produktiv waren. Gleiches gilt *mutatis mutandis* natürlich auch von den Ver-
tretern der priesterlichen Theologie, die bekanntlich die zweite große Anwort auf
das Exilsgeschick bildete. So wird man aber, je später, desto mehr, mit gegenseiti-
gen Beeinflussungen rechnen müssen, und genauso natürlich im literarischen Kontext mit „deuteronomistischen" Einträgen in priesterliche, und mit „priesterschriftlichen" Einträgen in deuteronomistische Texte. Diese beiden theologischen
Denkmuster, wenn man denn sagen möchte: Schulen, bestanden nicht in starrem
Nebeneinander, sondern beeinflußten sich mehr und mehr – so wie im Grunde
heute noch „deuteronomistische" Ansichten zu finden sind oder so wie in der
Gemeinschaft von Qumran priesterliche und deuteronomistische Elemente geradezu miteinander verschmelzen können.[65] All dies sollte davor warnen, „Deuteronomismus", etwa mittels des Sprachbeweises, quasi als Datierungskriterium zu
verwenden – man denke nur an die Bußgebete Dan 9 oder Neh 9, die sich kaum in
solch ein enges Schema drängen lassen. Beide, die priesterliche wie die deutero-
mistische, sind zuvörderst *theologische* Richtungen, die nicht einfach aufgehört
haben zu existieren oder durch eine (oder mehrere) andere einfach abgelöst wurden.[66]

3.5. Über den Jordan: Josua 3–4. 6. 8

Haben sich die Erwähnungen der Lade an den bisherigen Stellen als
sekundäre Einschreibungen erwiesen, so stellt sich immer dringlicher
die Frage, wo sie denn nun ihren ursprünglichen Sitz in der Literatur
des alten Israel hatte. Als nächster möglicher Punkt kommt dabei das
Buch Josua in Betracht. Doch auch für dieses gilt:

> „Es ist gar nicht so leicht zu sagen, im Zusammenhang welches Themas oder
> welcher Einzelüberlieferung von der Lade habe die Rede sein müssen oder
> auch nur können."[67]

---

64 SHINAN / ZAKOVITCH, Midrash 277.
65 E. ULRICH hat jüngst nachweisen können, daß es selbst in offensichtlich späten
Phasen der Textentstehung noch zu „deuteronomistically inspired insertion[s]"
kommen kann, vgl. DERS., Insertions 490–494 (Ri 6 𝔐 gegen 4QJudgᵃ).494–
500 (Jer 7,30–8,3 𝔐 und die Wiedergabe in 4QJerᵃ). Er datiert die Zusätze in die
„late Second Temple period" (a. a. O. 506).
66 Vgl. etwa auch die Äußerung C. NEWSOMs, die vom „spread of several discourses"
(DIES., Self 9) in der *Second Temple period* spricht: „The language of the Deuteronomistic Movement becomes broadly influential" (ebd.).
67 NOTH, ÜP 224.

Dem Seufzer NOTHS kann sich wohl fast jeder Ausleger anschließen. Dementsprechend handelt es sich im folgenden auch nur um einige wenige Erwägungen über die Lade im Josuabuch.

Einen Mangel (nicht nur) der folgenden Analysen mag man darin sehen, daß sie über die genauen Bezeichnungen der Lade weitgehend hinwegsehen. Doch können sich diese fast beliebig ändern, wie nicht zuletzt die Textgeschichte zeigt. Für Jos 3–5,1 und Jos 6 hat das BIE-BERSTEIN ausführlich nachgewiesen.[68] „Offenbar waren nicht nur jene Ladebezeichnungen in Bewegung, die heute in M, S und G* [= 𝔐, 𝔖 und 𝔊*, Vf.] unterschiedlich lauten, sondern auch jene, die in M und G* [= 𝔐 und 𝔊*, Vf.] gleichlautend bezeugt sind, weshalb selbst diese nicht als Basis literarkritischer Rückfragen und formkritischer Unter-suchungen dienen können."[69] Grobe Linien lassen sich damit mögli-cherweise angeben, für die Einzelanalyse ist damit aber eine der Penta-teuchkritik analoge Gefahr gegeben, letztlich zu mechanisch zu verfahren. So bleibt zu hoffen, daß dieses Verfahren umgekehrt man-che Schwächen anderer Untersuchungen vermeiden kann.

3.5.1. Der Jordandurchzug (Josua 3 – 4)

In Jos 3–4 gehört die Lade nach NOTH zur Grunderzählung, und auch FRITZ mag sich nicht recht von ihr trennen. Selbst REUTER findet in Jos 3,15a; 4,11 noch die ältesten Reflexe auf die Lade.[70]

Nicht nur von forschungsgeschichtlichem, sondern auch sachli-chem Interesse ist es in diesem Zusammenhang, daß in der Abfolge der Auflagen von NOTHS Kommentar im „Handbuch zum Alten Testa-

---

68 BIEBERSTEIN, Josua 141–146.

69 BIEBERSTEIN, Josua 146, vgl. 169.170. Die konstantinopolitanische Textform G^c und die Vorlage der palästinischen Textform G^p haben bis auf Jos 3,13a.14b die äl-teste Form von 𝔊, G*, gut bewahrt (vgl. BIEBERSTEIN, Josua 141 Anm. 24, zu sei-nen Sigla vgl. DERS., Lukian, sowie Josua 78f.).

70 REUTER, Art. Lade 575. Zur Forschungsgeschichte s. NOORT, Josua 147–164 und *passim*. Kurios und eher von forschungsgeschichtlichem Interesse sind die Beiträge von DUS (DERS., Analyse; DERS., Brauch; DERS., Noch zum Brauch), die davon aus-gehen, daß der Standort der Lade als amphiktyonisches Zentralheiligtum wechsel-te: „In der der ,silonischen Richterzeit' vorausgehenden ,Richterzeit der wandern-den Lade' wusste man nicht, wohin am Erntefest des nächsten ,siebenten Jahres' die Orakelkühe die Lade bringen würden" (DUS, Noch zum Brauch 126). Dahinter steht für ihn 1Sam 6. „Wenn man nur etwas von Kühen weiß und dazu noch die Wegverhältnisse Palästinas bedenkt, kann man diese ,Ladewanderung' nur für ein Phantasieprodukt halten. Aus Jos 3f. ergibt sich für sie jedenfalls bestimmt kein Anhaltspunkt." (MAIER, Ladeheiligtum 22 Anm. 150).

ment" für ihn noch 1938 „nach 3 11.13 4 7.11 im Zentrum des Jordan-
wunders die Lade"[71] stand, während sie 1953 in der zweiten Auflage
„nach 3 11.13", also bereits an zwei Stellen weniger, lediglich noch „*eine
zentrale Rolle spielt*"[72].

Nach längerer Moserede (Dtn), seinem Tod (Dtn 34), der göttlichen Einsetzung Josuas und dessen Verpflichtung der ostjordanischen
Stämme (Jos 1) und schließlich nach der Auskundschaftung des Gebiets von Jericho (Jos 2) kann das Volk Israel in Jos 3 und 4, man
möchte fast sagen: endlich, den Jordan überqueren. Anschließend findet, nach einem kultisch-feierlichen Intermezzo (Jos 5), die Eroberung
des westjordanischen Gebiets (Jos 6–8. 9. 10f. 12) statt.

Im näheren Kontext erweisen sich die Kapitel als eindeutig vom
Umliegenden abgesetzt: Ankunft am Jordan (Jos 3,1) und das Nicht-
vorkommen der Kundschafter aus Kapitel 2 sowie derselbe Ausgangs-
ort wie Jos 2,1 (שטים) grenzen die Kapitel einerseits deutlich vom Vorhergehenden ab, die stereotype Einleitungsformel ויהי כשמע „Und es
geschah, als ... hörte..."[73] in Jos 5,1 schreitet andererseits deutlich zum
folgenden voran.

Die Grobgliederung des Abschnitts ist leicht vorzunehmen. Es
handelt sich um zwei unterschiedliche Erzählungen; eine vom wunderhaften Durchzug durch den Jordan (Jos 3,1–17; 4,10–19) und eine von
der Aufrichtung eines Steinmals (Jos 4,1–9.20–24).

Zahlreiche Wiederholungen, Spannungen und Widersprüche machen eine Gliederung im einzelnen hingegen nur schwer möglich.
Ähnlich wie am Sinai ist der Leser sich nie sicher, wo sich Hauptper-
sonen – dort Mose, hier die Priester – und Volk befinden: dort auf dem
Berg oder unten, hier diesseits oder jenseits des Jordan. Um ein Beispiel zu geben: Während Jos 3,16.17; 4,1 nicht weniger als dreimal den
vollständigen Durchzug betonen, muß das Volk in Jos 4,10 erneut über
den Jordan. Der Aussage Martin Noths, der Jordanübergang mache
„in seiner vorliegenden Gestalt einen ungewöhnlich ungeordneten und
komplizierten Eindruck"[74], kann jedenfalls nur zugestimmt werden.
Und von Martin Noth stammt auch die vielleicht entscheidendste
Einsicht in die literarischen Verhältnisse von Kapitel 3–4. In der ersten
Auflage des Kommentars von 1938 schreibt er: „Die [...] naheliegende
Vermutung, daß wir es mit einer Mehrheit durchlaufender Erzählungs-
fäden zu tun haben, hat nun freilich nicht zu einleuchtenden Ergebnis-

---

71 Noth, Josua[1] 11.
72 Noth, Josua[2] 31, Hervorhebung: Vf.
73 Vgl. Jos 9,1; 10,1; 11,1.
74 Noth, Josua[1] 11.

sen geführt, da vor allem der Mittelpunkt des Ganzen, das ‚Verschwinden‘ des Jordanwassers, deutlich genug nur einmal berichtet wird."[75] Dennoch hielt die nüchterne Einsicht Noths in den Charakter der Durchzugserzählung auch nach ihm nicht alle davon ab, etwa im Umkreis eines postulierten Mazzotfestes in Gilgal wieder unterschiedliche Quellen zu suchen und zu finden.[76] Wie so oft wird sich auch in diesem Abschnitt die Ergänzungshypothese zu bewähren wissen.

Jos 3,1 macht sich Josua früh auf, er und die Israeliten[77] brechen von Sittim auf und kommen an den Jordan, übernachten dort טרם יעברו, „bevor sie hinüberzogen". Hier begegnet das erste Mal der – zweifellos naheliegende – Leitbegriff des gesamten Abschnitts: עבר, „hinüberziehen". Er taucht in den beiden Kapiteln nicht weniger als 22× auf.[78]

Jos 3,2 beginnt nun aber mit ויהי מקצה שלשת ימים, „nach Ablauf von drei Tagen". Will man dem Volk nicht unterstellen, es habe mehrfach verschlafen, müssen dieser Vers und die dazugehörigen Verse 3f. einem anderen Stratum angehören. Dafür sprechen auch alle Beteiligten, an die der Befehl Josuas ergeht: Priester(-Leviten) und Lade waren bisher im Josuabuch gar nicht erwähnt worden, die שטרים nur in dem sekundären Stück Jos 1,10f.[79] Die genauen Aufstellungsvorschriften fördern überdies nicht eben den Handlungsfluß.

V. 5, in dem Josua dem Volk befiehlt, sich für Jahwes Wunder am nächsten Tag zu heiligen, kommt nach den Versen 2–4 der Vorstellung von Vers 1 wieder erheblich näher.[80] Dementsprechend wird er von einer Großzahl der Exegeten derselben Schicht wie V. 1 zugerechnet. Doch der Vers „erweckt den Eindruck einer nachträglichen Interpretation und ist nicht im Ablauf des Geschehens verankert"[81], wie V. Fritz

---

75 Ebd.

76 Nach vielen Vorgängern z. B. bei Otto, Mazzotfest. Vgl. dazu Rose, Deuteronomist 110–112.117–124 und Loretz, Gesetzestafeln.

77 Glosse, vgl. das Fehlen in 𝕲*.

78 Jos 3,2 nicht mit dem Jordandurchzug verbunden; Jos 4,3.8 im *Hif*.

79 Fritz, Josua 25–29. Noth, Josua[1] 7 (im Unterschied zu dem pauschalen Urteil eines „geschlossenen deuteronomistischen Abschnitt[s]" [Josua[2] 9], das sich bekanntlich der Gesamtthese eines deuteronomistischen Geschichtswerkes unterwerfen muß). Smend, Erzählung 279f. ordnet V. 10f. einer anderen Quelle (E) als V. 1f. (geradezu ein *mixtum compositum* aus J¹, J² und E) zu. S. auch Schwienhorst, Eroberung 55.

80 עשה נפלאות: Neben dem polemischen Gebrauch Dan 8,24; 11,36, vgl. Ex 3,20: Wunder in Ägypten, mit denen Ägypten geschlagen wird.

81 Fritz, Josua 44.

richtigerweise bemerkt. Des weiteren bringt er in die Erzählung einen deutlich kultischen Zug, bezeichnet doch קדש *Hitpa.* für den folgenden Tag (מחר, nur noch Num 11,18, Jos 7,13) zweifellos die kultische Reinheit.[82] Die Wunder „in der Mitte des Volkes" lehnen sich eng an den sicher späten Vers Ex 3,20 an[83] und setzen auf diese Weise Exodusgeschehen und Jordandurchzug in ein enges Verhältnis (wie dann ja auch z.B. Jos 5,13–15, die Erscheinung des Heeresobersten Jahwes, unmißverständlich auf die Moseberufung Ex 3f. anspielen).[84]

V. 6, Anweisung an die Priester und Ausführung, doppelt durch den erneuten Redeeinsatz unschön V. 5, er liefert die den Versen 2–4 bereits zugrundeliegende Vorstellung der Marschordnung nach: die Lade soll vor dem Volk durch den Jordan ziehen.[85]

Vor dem Durchzug wird aber noch ganze sieben Verse lang geredet: V. 7.8 Jahwe an Josua, V. 9 Josua an die Israeliten, V. 10–13, erstaunlicherweise mit erneuter Einleitung, weiter Josua an Israel. Die Redestücke stehen recht unvermittelt hintereinander und sind nicht durch Handlung verbunden, was den Anschein erweckt, auch sie könnten nachträglich in den Kontext eingefügt sein.

Vers 7, die Zusage Jahwes an Josua, verbindet die Erzählung offensichtlich mit Kapitel 4, wo in V. 14 die Erfüllungsnotiz steht: „An jenem Tag machte Jahwe den Josua groß in den Augen ganz Israels. Und sie fürchteten ihn, wie sie Mose gefürchtet hatten, alle Tage seines Lebens". Sachlich steht der Vers dem in Jos 1 sekundären Vers 5 nahe, wo es ja bekanntlich geheißen hatte: „Wie ich mit Mose gewesen bin, werde ich mit dir sein". Wie dort soll auch hier die Bedeutung Josuas im Vergleich mit Mose hervorgehoben werden: Durch den Jordanübergang ist Josua Mose im Ansehen gleich (Jos 4,14!).[86]

Vers 8, der Befehl an die Priester, im Jordan stehenzubleiben, zielt auf Jos 3,15a und begründet diesen Versteil nachträglich. Wieder spie-

---

82 Zur Trennung von kultischen und kriegerischen Zügen in Jos 3f. vgl. KELLER, Heiligtumslegenden und vor allem VOGT, Erzählung.

83 NOTH, Exodus z. St.; vgl. LEVIN, Jahwist 330 und überzeugend GERTZ, Tradition 300f. (endredaktionell; vgl. auch a.a.O. Anm. 313). Deuteronomistisch (so BLUM, Studien 33 mit Anm. 120) ist der Vers kaum.

84 Vgl. auch SCHMIDT, Exodus z. St. (nachdeuteronomistisch, die Sprache sei „für die jüngere Priesterschrift charakteristisch", ebd.).

85 Von PECKHAM, Composition 427 Anm. 23 zu Dtr[1] gerechnet.

86 Vgl. FRITZ, Josua 55. גדל *Pi.* von Personen: vgl. 1Chr 29,12.25 / 2 Chr 1,1 von Gott und Salomo; Est 3,1; 5,11 König/Haman; Est 10,2 König/Mordechai; Hi 7,17 Gott/Mensch; Ps 34,4/69,31 Beter/Gott; Dan 1,5 König/Daniel; anders Jes 1,2; 23,4; 44,14, 49,21; 51,18; Hos 9,12 Eltern/Söhne.

len Priester und Lade die Hauptrolle, anders als im ursprünglichen Bericht.

Ähnlich verhält es sich mit der folgenden Josuarede: Vers 9 ist in sich nicht lebensfähig und nachträgliche Einleitung zu V. 10f.[87]; die Aufforderung, auf Gottes Wort zu hören, verleiht Josua geradezu prophetische Züge[88], er ist „das Offenbarungsorgan Jahves dem Volke gegenüber"[89].

Vers 10 beginnt mit einer Erkenntnisformel[90] („Daran sollt ihr erkennen, daß der lebendige Gott[91] in eurer Mitte ist"), die – sei es ursprünglich oder nachträglich – mit der gewöhnlichen siebengliedrigen Völkerliste verbunden ist[92] und in diesem Fall in den Zug der Lade durch den Jordan mündet (V. 11).[93]

V. 12 verbindet, völlig jeglichen Zusammenhang unterbrechend,[94] den Jordandurchzug mit der Aufstellung der zwölf Steine (vgl. Jos 4,2.4). Der Vers ist als Scharnier zu Kapitel 4 aus diesen beiden Parallelversen kombiniert. Überhaupt ist die Vorstellung eines wie auch immer gearteten Stämmesystems der ursprünglichen Josuaerzählung fremd.[95]

Zu Vers 13 hat das Nötige wiederum Fritz gesagt: „Die Voraussage des Wunders nimmt der Erzählung die Spannung, alles läuft nach

---

87 Sie dürfte 𝕲 zur Streichung des einleitenden ויאמר יהושע in V. 10 bewogen haben.

88 Vgl. neben 1Kön 22,19 (par. 2Chr 18,18); 2Kön 7,1; 20,16 (par. Jes 39,5) vor allem Jes 1,10; 28,14; 66,5; Jer 2,4; 7,2; 17,20; 19,3; 21,11; 22,2.29; 29,20; 31,10; 34,4; 42,15; 44,24.26; Ez 13,2; 16,35; 21,3; 34,9; 36,1; 37,4; Hos 4,1; Am 7,16.

89 Steuernagel, Josua 218.

90 So nur noch Gen 42,33; Ex 7,17; Num 16,28 und Ps 41,12; vgl. auch Zimmerli, Erkenntnis.

91 Hos 2,1; Ps 42,3; 84,3, vgl. Ps 42,9 (אל חי) und Dtn 5,26; 1Sam 17,26.36; 2Kön 19,4.16 par Jes 37,4.17; Jer 10,10; 23,36 (אל חיים).

92 Was auch immer über diese nicht nur ins Josuabuch gern eingestreute Liste (Jos 3; 9; 11; 12; 24) zu denken ist: „Auf keinen Fall hat sich in den Listen eine historische Überlieferung erhalten." (Fritz, Josua 50; gegen Ishida, List). Nach Peckham, Composition 427 Anm. 23 gehört sie zu Dtr¹.

93 Die Bezeichnung der Lade ist syntaktisch unmöglich, doch ist die Streichung des אדון כל־הארץ kaum eine Lösung (gegen Fritz, Josua 43). Vgl. zu diesem Epitheton Jos 3,13; 4,7 𝕲; Mi 4,13; Sach 4,14; 6,5 und Ps 97,5. Vielleicht ist nach Jos 3,13 zu ארון יהוה אדון כל־הארץ zu korrigieren. Maier vermutet eine Einfügung von ארון und Ersetzung des ursprünglichen יהוה durch הברית (Ladeheiligtum 25). Das ist natürlich unbeweisbar.

94 „Vers 12 ist eine spätere Vorwegnahme, die den Zusammenhang zwischen Jordan- und Gilgalepisode verstärken sollte." (Maier, Ladeheiligtum 27 Anm. 187; vgl. 24 Anm. 157).

95 Das gilt aufgrund von V. 12b auch dann, wenn in V. 12a ursprünglich mit 𝕲* מבני ישראל statt משבטי ישראל zu lesen ist.

einem geordneten Plan. Die Aussagen sind sachlich Jos 3,16 entnommen"[96].

In V. 14a macht sich das Volk zum Durchzug fertig, in V. 16 bleibt das Wasser dann „wie ein Damm", נֵד־אֶחָד, stehen, und – mag die um Vollständigkeit bemühte Notiz über das bereits vorbeigeflossene Wasser in V. 16aβ ursprünglich sein oder nicht – das Volk zieht gegenüber von Jericho durch den Jordan.

Die dazwischenstehenden Verse 14b und 15 sind ganz offensichtlich sekundär, das Vorausziehen der Priester in V. 14b klappt deutlich nach, ebenso ist V. 15b mit der Beschreibung des Jordanwasserstandes ein „Nachtrag zur Steigerung des Wunders"[97]. Weil die Ladeträger in 𝔐 nicht explizit als „Priester" bezeichnet werden, kann V. 15a von FRITZ u. a. für den Grundtext gesichert werden.[98] Doch wird man aus dem geradezu formelhaften Gebrauch (Jos 3,8.13.14.15.17; 4,9.10.16. 18) und wohl auch aus 𝔊 (οἱ ἱερεῖς οἱ αἴροντες τὴν κιβωτὸν = הַכֹּהֲנִים נֹשְׂאֵי הָאָרוֹן) schließen dürfen, daß auch hier ursprünglich die Priester erwähnt waren – auch sonst hatte die einfache Bezeichnung der „Träger der Lade" niemanden als die Priester im Auge.[99]

Jos 4,1a, der ab תַמּוּ wörtlich Jos 3,17b gleicht, zeigt damit an, daß sich hier wieder eine Nahtstelle befindet:[100] Die Erzählung von der Aufstellung der Steine (Jos 4,1–10) ist sekundär in den Text gelangt. Die Fortsetzung der eigentlichen Durchzugserzählung findet sich in Jos 4,11–19.

Das zeigt auch die zweite Nahtstelle, Jos 4,10/11. Hier wird nach der Jahwerede Jos 4,1–8 und dem Steinaufstellen durch Josua der Beginn des Kapitels wiederaufgenommen, der Durchzug durch den Jordan (Jos 3,17/4,1a/4,11a: „bis der ganze *gôy* [4,11: *ʿām*] vollständig den Jordan überquert hatte"). Es zeigt sich also, daß die Passage Jos 4,1–10 *in toto* ein Nachtrag ist, innerhalb einer frühestens tertiären

---

96 FRITZ, Josua 51. 𝔐 ist, wie 𝔊* zur Stelle zeigt, in diesem Vers offensichtlich beschädigt; vgl. z. B. das Fehlen von נֵד אֶחָד aus V. 16a in V. 13b 𝔊*.

97 FRITZ, Josua 44.

98 So die Lösung von FRITZ, Josua z. St. Vgl. auch NELSON, Joshua 56, demzufolge der Deuteronomist Dtr dann nach Dtn 10,8 auffüllt.

99 Insofern trifft 𝔊 in jedem Falle den ursprünglichen Sinn, sogar wenn die Priester darin sekundär sein sollten. Erstaunlicherweise fehlt die Variante in BHS (Bearbeiter des Josuabuches: R. MEYER), vgl. aber BHK (Bearbeiter: M. NOTH). Wie in V. 14b hat auch die Ladebezeichnung in V. 17a offenbar eine Geschichte, vgl. 𝔐 gegen die *versiones*.

100 Vgl. FRITZ, Josua z. St. 𝔊 hat hier wohl aus Stilgefühl getilgt.

Schicht. Daß hier noch länger gearbeitet wurde, zeigt nicht zuletzt in
V. 10 das Fehlen des ‏כבל אשר‎-Satzes in 𝔊*.[101]

Haben sich die Erwähnungen der Lade und der Priester im bisherigen Text als sekundär erwiesen, dürfte auch Jos 4,11b für den
Grundbestand auszuscheiden sein. An 4,11a schließt sich vielmehr V.
18b an, der mit V. 19 zusammengehört, welcher den Durchzug der Israeliten konstatiert und abschließend berichtet: „Und das Volk stieg
aus dem Jordan herauf am Zehnten des ersten Monats; und sie lagerten
sich in Gilgal, an der Ostgrenze von Jericho."

Davor schieben sich Jahwebefehl V. 15f. (hier die Bezeichnung der
Lade mit dem priesterschriftlichen ‏ארון העדת‎), Josuabefehl V. 17 und
priesterliche Befehlsausführung V. 18a, der nicht einzuordnende V. 14
und der um die Zwölfzahl der Stämme bemühte Abschnitt über Ru-
ben, Gad und Halbmanasse in V. 12–13[102], der sich auf die sekundären
Verse Jos 1,12ff. zurückbezieht.

Ab V. 20 folgen Zusätze zum gesamten Komplex, die die Kinderfrage aus den Versen 6 und 7 (vgl. Dtn 6,20ff.) aufnehmen und abwan-
deln.[103]

Synthese

So ergibt sich als Grundlage der heutigen, zwei Kapitel umfassenden
Erzählung vom Jordandurchzug der Israeliten eine sehr knappe Erzählung, in der das Volk wunderhaft den Jordan durchquert und östlich
von Jericho im gelobten Land ankommt. Sie findet sich grob in den
Versen Jos 3,1.14a.16[104]; 4,1.11a.18b–19[105]. Dort kann dann ja auch die

---

101 S. BHS. Zum sekundären Charakter von z.B. Jos 4,6f. auch gegenüber der Vorlage
     6,20ff. vgl. u.a. VEIJOLA, Heilshandeln 72f. sowie PERLITT, Deuteronomium 6,20–
     25, 146; FABRY, Gott 758.
102 Vgl. die Erwähnung von ‏חלץ‎ Qal pass. in Jos 6,13, die mit Jos 4,13 zusammengehö-
     ren dürfte. Zur Anzahl der Kriegsleute vgl. Num 1,21.25(.35); 1Chr 5,18.
103 Vgl. schon KUENEN, Einleitung 129–135 (V. 21–24); WELLHAUSEN, Composition
     319; NOTH, Josua² z.St. (V. 21f.24), außerdem VEIJOLA, Heilshandeln 72f.; FABRY,
     Gott 758 und nicht zuletzt PERLITT, Deuteronomium 6,20–25, 146. Zur Formel
     ‏למען דעת כל־עמי הארץ‎ V. 24 vgl. 1Kön 8,43 par 2Chr 6,33 und 1Kön 8,60.
104 Vgl. auch KRATZ, Komposition 208f. (ohne Jos 4,1.11.18.19a). Möglicherweise ist
     V. 16b eine Ergänzung (s.o.), PECKHAM, Composition 427 Anm. 23 rechnet sie zu
     Dtr¹.
105 Vgl. die ähnlichen Ergebnisse von FRITZ (DtrH: 3,1*.15a*.16*; 4,11a.18*.19) und
     BIEBERSTEIN (Grundschicht A: Jos 3,1.5.[10aα₂β?.]13a[ab ‏מי‎].b[txt. em.].14a.16).
     Das absolute Minimum, Jos 3,14*.16*, bewahrt (ohne Begründung) SCHWIEN-
     HORST (Eroberung 55f.). GÖRG zählt V. 1.5.10f.13–16 zur Textgrundlage, mit Kern

nächste Episode, die Erzählung von der nicht minder wunderhaften Eroberung Jerichos, problemlos anschließen. Die Grunderzählung ist in mehreren Schritten um die Lade (Jos 3,3.6.8.11.13.14b.15.17 bzw. 4,5 [nur 𝔐].7.9.10.11b.16.18a), Aufstellung der Steine (Jos 4,1ff.20ff.; Voraussetzung: das Zwölfstämmesystem[106]) und verschiedene Einzelzüge ergänzt worden. Eindeutig deuteronomistisches Gut kann dabei neben der Verwendung des Begriffs „Bundeslade" und der Übernahme des Motivs der Kinderfrage in Jos 4,6f.21–24 nicht nachgewiesen werden. Hier zeigt sich über die Parallelisierung mit dem Exodusgeschehen freilich eine Hand, die offenbar bereits ein Geschichtswerk von Ex–Jos (mit dem Dtn verbunden) überblickt. Der Großteil der Zusätze scheint jedoch späterer Zeit zu entstammen, in der Zwölfstämmesystem und Lade fester Bestandteil der Erzählung werden mußten. Sicherlich spielte in diesem Zusammenhang auch Josua 6 eine nicht unwesentliche Rolle.

Entscheidend ist zunächst, daß demnach im ursprünglichen Bericht von der Jordanüberquerung der Israeliten die Lade noch keine Rolle gespielt hat, sondern sie vielmehr erst durch eine bzw. mehrere[107] spätere Redaktionen in diese Erzählung eingearbeitet wurde.

Es ist anzunehmen, daß die in 𝔊* noch fehlende Erwähnung Jos 4,5 die letzte in der Reihe ist. Sie setzt ihrerseits Jos 4,7 voraus. Dieser Vers ist nun wiederum eng mit Jos 4,9f.11b verbunden, so daß diese Verse 7.9f.11b, um V. 16–18 ergänzt, die letzte Lade-Erweiterung vor der jetzigen 𝔐-Fassung darstellen dürften. Durch die Erwähnung der Priester als Träger der Lade erweisen sich

---

in V. 14.16 (Josua 18). In Kap. 4 sieht er den (vordtr) Grundbestand in V. 1–5.8.19f. (a.a.O. 21).

106 Zum Zwölfstämmebund vgl. NOTH, System und dazu die berechtigte, weil literarisch begründete Kritik von LEVIN, System. Dessen zweifellos richtiges Ergebnis: „Das System der zwölf Stämme Israels ist Fiktion." (a.a.O. 122) Es „gehört ziemlich von Anfang an in die ‚genealogische Vorhalle' der Chronik." (a.a.O. 123). Und gerade für Jos 4 gilt auch: „Es sagt genug, daß an den wenigen Stellen, die den Zwölfer-Symbolismus in die Geschichtsdarstellung nachtragen, die Zahl erläutert werden muß: ‚nach der Zahl der Stämme Israels' (Ex 24,4b; Dtn 1,23; 1 Kön 18,31–32a; Jos 4 [nämlich V. 2.4.5.8.12, Vf.]; Esr 6,17)." (a.a.O. 122).

107 Vgl. MAIER, Ladeheiligtum 29–32: Sein fünftes und damit vorletztes, aber immer noch vordeuteronomistisches überlieferungsgeschichtliches Stadium findet sich in der von ihm so genannten „Laderezension", die Jos 3,11 (nur ארון).13 (ohne מי הירדן, מלמעלה und נד אחד).14b (ohne ברית).15a.17 (ohne ברית־יהוה und הכן).13 (ohne מי יהוה (nur לפני ארון יהוה).11.18 (ohne ברית־יהוה) umfaßt. Daran kann dann die deuteronomistische Bearbeitung anschließen (mit den Erwähnungen der Lade in Jos 3,3.6.8; 4,7.9.18). Zu nachdeuteronomistischen Glossen gehören für ihn die Erwähnungen der Lade in Jos 4,10.16.

außerdem Jos 3,3aβ.4.6a.8.13.14b.15aβ.17a als jünger[108] als Jos 3,2.3aαb.6b.
11.15aα. Es ist durchaus möglich, daß eine erste Ladeerweiterung nur letztere
Verse umfaßt hat und die Priester noch nicht als Hauptakteure erwähnte. Für
alle weiteren Erwähnungen dürfte das aber bereits nicht mehr der Fall sein, sie
setzen Priester und wohl auch Priesterschrift schon voraus. Zu allerletzt Jos
4,16–18 bringen die nur in Pˢ verwendete[109] Bezeichnung ארון העדות, die hier
einerseits völlig fehl am Platze, andererseits nach Meinung der Redaktoren natürlich gerade angemessen ist.

Sollte „die vorliegende Eintragung der Lade in Jos 3 und 6 die Rückübertragung der Lade vom Kulturland in die Wüstenzeit" voraussetzen, d. h. die
Berichte in Dtn 10 und 31 (oder Ex 25), wäre der *terminus post quem*, wie
Bieberstein richtig sieht, die Entstehung dieser Passagen, d. h. nach den Ergebnissen in Kap. 2.7. und 3.4. kommen erst nachpriesterschriftliche Verfasser
in Betracht. „Zwar könnte diese Rückübertragung auch in zwei Etappen, zunächst bis zur Grenzüberschreitung in Jos 3 und 6 und erst in einem zweiten
Schritt zurück zum Horeb [...] erfolgt sein, doch darf dies als wenig wahrscheinlich gelten."[110] Sollten die obigen Beobachtungen zutreffen, vermögen
sie aus diesem „wenig wahrscheinlich" vielleicht sogar ein weniger vorsichti-
ges „nicht allzu unwahrscheinlich" zu machen.

Solch ein mehrstufiges Wachstum, das in der Grundschicht noch keine
Lade kennt, verwundert angesichts des gezeigten Befundes im Josuabuch eigentlich nicht, ist jedoch nicht eben Konsens in der Forschung.
Zuletzt haben lediglich Kratz[111] und, leicht abweichend, Bieberstein
eine ähnliche Sicht der Dinge vertreten,[112] auch Volkmar Fritz liegt bei
genauerem Hinsehen nicht weit von dieser Position entfernt.

Doch erstaunlicherweise argumentiert er dann folgendermaßen: „Nun lassen
sich in der Tat die Aussagen über den Jordanübergang 3,14a.16; 4,19 leicht aus
dem Zusammenhang herauslösen und mit 3,1 zu einem einfachen Bericht zu-
sammenstellen, in dem die Lade gar nicht vorkommt." Das entspricht im

---

108 Jos 3,3aβ ist späte, deuteronomistisch klingende Glosse, wie Bieberstein, Josua
356 Anm. 17 richtig bemerkt. Sie macht alle folgenden Träger der Lade zu Priester-
Leviten, vgl. Jos 8,33 (abh. von Dtn 27,9, dort wiederum abh. von Dtn 18,1). Er
entscheidet sich dann aber ebd. doch gegen diese Annahme.

109 Außer hier noch Ex 25,22; 26,33.34; 30,6.26; 39,35; 40,3.5.21; Num 4,5; 7,89. Auch
𝔖 liest ܪ̈ܐܘܿܡܣܝ ܐܟܘܪܟܐ ܠܘܒܪܟܐ.ܝ, 𝔊* das längere τοῖς αἴρουσιν τὴν κιβωτὸν τῆς
διαθήκης τοῦ μαρτυρίου (in Biebersteins ägyptischer Textform Gᶜ, repräsentiert
durch 𝔊ᴬ, sogar nochmals um κυρίου erweitert!), so daß an der Ursprünglichkeit
jedenfalls des העדות nicht gezweifelt werden muß.

110 Beide Zitate: Bieberstein, Josua 354.

111 Vgl. Kratz, Komposition 208. Kratz kommt für die Grunderzählung ebenfalls
ohne die Lade aus.

112 Bieberstein, Josua *passim*.

Groben ja der vorgetragenen Analyse. „Diese Zusammenstellung", so FRITZ weiter, „ergibt aber insofern keinen Sinn, als diese Verse weder eine auch nur einigermaßen gehaltvolle Erzählung noch eine literarische Überleitung darstellen. Für eine Erzählung fehlt die Mitteilung der Begleitumstände; das Wunder des stillstehenden Jordanwassers ist aber zu gewaltig, als daß es in Form einer Notiz mitgeteilt werden könnte. Für eine literarische Brücke wäre dagegen die Nennung des Wunders entbehrlich gewesen. Als eine von Gott gewirkte Durchbrechung der Naturgesetze stellt der Durchzug durch den Jordan ein besonderes Ereignis dar, das einer angemessenen literarischen Form bedurfte." Soweit mag man über das Verhältnis von Exegese, Ästhetik und den „Gehalt" von Erzählungen streiten. Doch FRITZs Schlußfolgerung ist unableitbar: „Deshalb ist mit Noth [...] daran festzuhalten, daß die Lade von Anfang an in der Erzählung verwurzelt ist."[113] Ob und warum ausgerechnet die Lade „Begleitumstand" sein soll oder warum ganz andere Verse die Beweislast tragen als bei NOTH, erklärt FRITZ nicht. Man kann sich des Eindrukkes nicht ganz erwehren, daß FRITZ hier genau der Intention der Ergänzer der Lade erliegt: Die Lade muß *dabeisein*, weil die Lade eben dabeisein *muß*. Oder, anders gesagt, „weil nicht sein k a n n , was nicht sein d a r f ."[114]

---

113 Dieses und die vorigen Zitate: FRITZ, Josua 44.
114 MORGENSTERN, Tatsache 120. Ganz nachvollziehbar ist auch die mehrfache Streichung der Priester als Träger der Lade nicht. Nur 2Sam 6,13 werden sie nicht erwähnt, sonst sind die נשאים immer Priester bzw. Leviten. Das dürfte den Autoren so selbstverständlich gewesen sein, daß sie es nicht mehr explizit nennen mußten. – Ein Wort sei noch gesagt zu den Thesen E. OTTOs, der der Erzählung bekanntlich seine Dissertation über „Das Mazzotfest in Gilgal" (1975) gewidmet hatte. In seinen jüngsten Analysen über „Das Deuteronomium im Pentateuch und Hexateuch" (2001) beschreibt er die Entstehungsgeschichte des Josuabuches folgendermaßen: „*Es sind in Jos 1–11 drei Überlieferungsebenen zu differenzieren:* 1. *Die vordtr Einzelerzählungen.* Literarisch ist für den vordtr Überlieferungsbestand mit einer Fragmentenhypothese zu arbeiten. 2. *Die dtr Grundschicht (DtrL)*, die die Einzelerzählungen der ersten Überlieferungsebene verwendet hat. Auf dieser Ebene ist mit einer Quellenhypothese zu arbeiten. 3. *Die Überarbeitung durch die Hexateuchredaktion*, die die Einzelerzählungen der ersten Ebene inkorporiert. Auf dieser Ebene ist eine Ergänzungshypothese in Anschlag zu bringen." (OTTO, Deuteronomium im Pentateuch 80 Anm. 287; Hervorhebungen im Original). Die Hexateuchredaktion ist dabei zwischen der Mitte des 5.Jh.s v.Chr. und dem 4.Jh. v.Chr. zu datieren; die vordeuteronomischen Einzelerzählungen gehen auf das 8.–7.Jh. zurück (a.a.O. 260, vgl. 242 Anm. 28). Für die ausführliche Begründung verweist OTTO auf eine noch nicht erschienene, aber in Planung befindliche Monographie zum Josuabuch, die die Analyse von 1975 fortführen soll. (a.a.O. 102 Anm. 383) In meinen Augen führt in jedem Falle eine einfache Ergänzungshypothese zu erheblich plausibleren Ergebnissen der Textgenese.

Kurzes Zwischenergebnis

Sollte die eben vorgestellte Entstehungsgeschichte der Kapitel zutreffen, stellt sich insbesondere für die hier so prominent auftretende Lade
(und die damit verbundenen Priester) die Frage, *warum* sie hier eingefügt wurden, und ob sich daraus in redaktions- oder auch religionsgeschichtlicher Hinsicht Schlüsse ziehen lassen. Es folgt daher in einem
dritten, notwendigerweise eher spekulativ gehaltenen Teil, die Behandlung der Frage, wie und warum die Lade zum Jordan kam.

Auf die Frage, wann literargeschichtlich die Lade in die Erzählung
vom Jordanübergang eingearbeitet wurde, gibt es ganz generell drei
verschiedene Antworten:

> *i)* Als erstes besteht natürlich die Möglichkeit, daß in diesen Kapiteln des Jo-
> suabuches die Lade literarhistorisch erstmals auftaucht.
>
> *ii)* Zweitens ist denkbar, daß die Lade vor dem Durchzug bereits erwähnt
> worden war und deshalb nachträglich auch durch den Jordan ziehen mußte.
>
> *iii)* Die dritte Möglichkeit, die die zweite natürlich nicht ausschließt, ist die,
> daß die Lade im weiteren Verlauf der Geschichte Israels noch eine Rolle ge-
> spielt haben könnte, so daß man sie quasi nachträglich nach vorn projizieren
> wollte, dabei auch ins Josuabuch.

Möglichkeit *i)* scheidet dabei schnell aus, denn eine erstmalige Erwähnung wäre bei solch einem „Übergangsstück", wie es in Jos 3 – 4 vorliegt (im wahrsten Sinne des Wortes: עבר!), extrem unwahrscheinlich.

Die Ergebnisse der vorangegangenen Kapitel[115] haben ergeben, daß
sämtliche Erwähnungen der Lade in Ex – Dtn frühestens (sekundär)
priesterschriftlich sind. Somit wäre für Möglichkeit *ii)* für alle Eintragungen der Lade in den Kapiteln Jos 3 – 4 erst mit (post-)priester-
schriftlicher Herkunft zu rechnen.

Anders lägen die Probleme, wenn man von Möglichkeit *iii)* ausgehen könnte. Um die Frage zu beantworten, sind jedoch Analysen der
Ladeerwähnungen in den auf Jos 3f. folgenden Kapiteln (und Büchern)
notwendig. Die Frage nach dem literargeschichtlichen Ausgangspunkt
wird immer dringlicher. Zieht man die chronistischen Belege ab, bleiben als Schwerpunkte noch die Ladegeschichten in 1Sam 4 – 7 und
2Sam 6 – 7 sowie die Überführung in den Tempel durch Salomo 1Kön
8.

In den Ladegeschichten tritt die Lade als eine Art Kriegspalladium
in Erscheinung. Diese Erzählungen sind allerdings größtenteils nachträglich ins Samuelbuch eingefügt (s. u. Kap. 5.2.2. – 5.2.3.). Die Lade
findet von hier vielleicht ihren Platz im Anwesenheitsort Jahwes *par*

---

115 Vgl. oben Kap. 2., insb. das Resümee Kap. 2.7.

excellence, dem Tempel in Jerusalem. Möglicherweise von hier aus wird sie sukzessive weiter nach vorne verlegt, wenn man so will vom Zion an den Sinai. Die Projektion des Jerusalemer Tempels an den Sinai in der Priesterschrift dürfte dafür die Voraussetzung bilden. Im Schwange dieser (Rück-?)Projektion spielte das kultische Moment eine immer größere Rolle, die Lade wird mehr und mehr zur Vermittlerin der göttlichen Wundertaten, die nur vermöge der exakten Einhaltung priesterlich-levitischer Vorschriften ihre Wirkung entfalten können. Diese Vorschriften finden sich im Gesetz, das als Zeuge des Bundes vom Sinai sprichwörtlich in der Lade enthalten ist.

3.5.2. Die Eroberung Jerichos (Josua 6)

Die Erzählungen von der Eroberung der Städte Jericho und Ai sind vielfach Gegenstand der alttestamentlichen Wissenschaft gewesen.[116] Einigkeit über die literarischen Verhältnisse ist dabei bislang nicht erzielt worden. „So bleibt auch bei der bekanntesten Erzählung des Josuabuches noch einiges zu tun."[117] Dieses Resümee NOORTS zu Jos 6 gilt ebenso für die Ereignisse aus Jos 7f., die mit Jos 6 in mancherlei Beziehung stehen.

„Daß die Erzählung von Kap. 6 verworren ist, betrachte ich als zugestanden".[118] Das Kapitel nötigt zur literarkritischen Analyse.

Jos 6,1 leitet ein mit der Feststellung, daß Jericho „fest verrammelt"[119] (סגרת ומסגרת) vor den Israeliten ist, und niemand aus- noch eingeht[120]. V. 2 kündigt Jahwe dem Josua (d. h.: in *2. masc. Sing.*) an, daß er ihm die Stadt und ihren König in seine Hand gegeben habe, tüchtige Krieger (גבורי החיל). Auffallend ist, daß vom König Jerichos im weite-

---

116 Vgl. den umfassenden und gründlich aufgearbeiteten Forschungsüberblick von NOORT (DERS., Josua).

117 NOORT, Josua 172.

118 WELLHAUSEN, Composition, 121. SCHWIENHORST zählt in seiner detaillierten Auflistung nicht weniger als 57 logische, thematische, semantische, syntaktische und stilistische „Kohärenzstörungen" (Eroberung 30–38; vgl. zu den Begriffen ebd. 31 [Zit.] und Anm. 10).

119 Die genaue Übersetzung ist unklar, vgl. NOTH, Josua² 34. Die genannte Übersetzung von EISSFELDT, Hexateuchsynopse 211* (vgl. 281*) dürfte den Sinn einigermaßen treffend wiedergeben.

120 Die Kombination von יצא und בוא ist hier militärisch konnotiert (יצא z. B. etwa „ausrücken").

ren Verlauf von Jos 6 nichts berichtet wird.[121] V. 3 setzt mit einer Aufforderung an eine 2. *masc. Plur.* (וסבתם) ein, was schwierig mit dem
Subjekt, כל אנשי המלחמה, zusammengeht,[122] welches zudem nicht mehr
aufgenommen wird; vielmehr ergeht der Befehl zum Umzingeln der
Stadt in V. 7 an das Volk.[123] V. 3b dürfte mit 𝕲^{OL}, 𝖲, und 𝖁 *Plur.* (תעשו)
zu lesen sein. V. 4 führt Lade[124], Priester und שפרות היובלים ein.[125] V. 5
gibt die Anweisung, daß beim Blasen des קרן היובל,[126] die das wegen
der 2. *masc. Sing.*-Anrede besser passende „bei eurem Hören des
Schalls des שופר" (*Sing.*) eigenartig verdoppelt, das Volk ein großes
Kriegsgeschrei erheben solle. Die Mauern würden dann in sich zu-
sammenfallen, anschließend soll das Volk hinaufgehen, ein jeder an
seiner Stelle (איש נגדו). Die Ausführungsnotiz dazu findet sich allerdings erst in V. 20.

Jos 6,6 gibt Josua, als יהושע בן־נון erneut eingeführt, Anweisungen
an die Priester: Sie sollen die Lade des Bundes[127] tragen (*Imp. 2. masc.
Plur.*). V. 6b präzisiert, sieben Priester sollen zusätzlich sieben שופרות
יובלים vor der Lade Jahwes[128] hertragen (*Jussiv 3. Plur.*). V. 7a gibt Josua[129] dem Volk die Anweisung, sich aufzumachen (*Imp. 2. Plur.*) und
die Stadt zu umzingeln (*Jussiv 3. Sing.*), V. 7b sollen die „Gerüsteten"
(החלוץ) vor der Lade Jahwes hergehen (im Gegensatz zu V. 6b: sieben
Priester vor der Lade Jahwes; V. 9aα gehen schließlich die Gerüsteten
vor den Priestern!)[130]. In V. 8f. macht sich der Zug auf den Weg.

---

121 Jos 2,2f. ist von ihm im Rahmen der Kundschaftergeschichte die Rede, von der
   Analogie (mit xy wird ebenso verfahren wie mit dem König von Jericho) sprechen
   Jos 8,2; 10,1 (Jericho / Ai); 10,28 (Jericho / Makkeda) und 10,30 (Jericho / Libna); in
   Jos 12,9 taucht der König Jerichos am Beginn der Liste der besiegten Könige zusammen mit dem König von Ai auf.
122 Zu erwarten wäre *Jussiv 3. Plur.* wie in V. 4aα.5aβ; vgl. SCHWIENHORST, Eroberung
   32.
123 Die Objekte zu סבב und נקף wechseln, vgl. V. 11a. V. 14aα greift das נקף nicht
   mehr auf.
124 Zu den verschiedenen Bezeichnungen s. u.
125 Die Termini wechseln auch hier bunt: Singulär קרן היובל V. 5; außerdem השפרות
   V. 4.8.9 (2×).13.16.20, שפרות יובלים V. 6, שפרות היובלים V. 4.8.13; vgl. vor allem
   קול השופר V. 5.20.
126 Es liegt möglicherweise eine Reminiszenz an Ex 19,13 (במשך היבל המה יעלו בהר)
   vor.
127 ארון הברית in Jos 3,6.8.11.14; 4,9; 6,6.
128 Jos 3,13; 4,5.11; 6,6f.11–13; 7,6; 1Sam 4,6; 5,3f.; 6,1f.8.11.15.18f.21; 7,1; 2Sam 6,9–
   11.13.15-17; 1Kön 8,4; 1Chr 15,2f.12.14; 16,4; 2Chr 8,11.
129 Mit dem Q^erê ist *Sing.* zu lesen (ויאמר), vgl. viele Mss, 𝖲, 𝕮, 𝖁^{Edd} sowie 4QJos^a, dort
   sogar ויאמר יהושע.
130 Vgl. auch die unterschiedlichen Verbalwurzeln: V. 7b.8aα עבר, V. 8b.9 הלך.

In V. 10 spricht Josua nach dieser ungewöhnlichen[131] Beschreibung des Zuges erstaunlicherweise erneut zum Volk (vgl. V. 7): diesem wird zweifach[132] befohlen, Stille zu bewahren (2 × *Imp. 2. masc. Plur.*; vgl. V. 16b). V. 11 berichtet, wie Josua die Lade die Stadt umkreisen läßt,[133] anschließend kommen „sie" ins Lager[134] und übernachten darin. Unklar bleibt, wer mit der 3. *masc. Plur.* gemeint ist: das Volk, die Priester, oder der gesamte Zug. V. 12 macht sich Josua früh auf, die Priester tragen die Lade Jahwes. V. 13 fällt wegen der partizipialen Nominalsätze aus dem narrativen Kontext V. 12.14. Wer nach V. 13 die שופרות blasen soll, ist unklar: V. 13a die sieben Priester, V. 13bβγ die Nachhut (המאסף; vgl. das – allerdings nur beinahe – gleichlautende Ende von V. 13a und 13b!). V. 14 umziehen (einfaches סבב, im Unterschied zu V. 3a) „sie" die Stadt am zweiten Tag (aber in anderer Weise als V. 11a!), kehren ins Lager zurück und wiederholen dies 6 Tage lang. In V. 15a ist das כמשפט הזה mit SCHWIENHORST[135] auf V. 13 rückzubeziehen. Der Aufbruch am frühen Morgen wird beschrieben. V. 15b wirkt retardierend, denn er wiederholt (mit רק eingeleitet) das siebenmalige Umziehen der Stadt.

Jos 6,16 blasen die Priester ohne Anweisung aus V. 6 in die Hörner. „Eine hervorragende Ungeschicklichkeit ist die die Spannung der Situation ignorierende Einschiebung einer ausführlichen Instruktion über die Behandlung der Stadt zwischen das Lärmkommando [V. 16b] und dessen Ausführung [V. 20]"[136]; die ganze Rede Josuas stört den Ablauf.[137] V. 17b רק (attributiv), eine Bemerkung zum Vorgehen mit Rahab (Jos 2), doppelt sich unschön mit ורק (adverbial) in V. 18.[138] Der Vers 19b spricht vom Einbehalten der Edelmetalle für den Schatz Jahwes, V. 24b (… רק) seinerseits vom Schatz des Hauses Jahwes.

Jos 6,20 erhebt das Volk das Kriegsgeschrei (vgl. V. 5.10 [dort aber aufgrund des Befehls von Josua in V. 16]) gleich zweimal (V. 20aα *Sing.*/V. 20bα *Plur.*, *figura etymologica*). Ist V. 20aβ das Volk aus V. 20aα Subjekt, so schreit es zunächst, bläst dann in die Hörner, hört

---

131 Vgl. SCHWIENHORST, Eroberung 33: ויהי + temporale Umstandsbestimmung mit כ + Nominalsatz + inv. Verbalsatz im *Perf.* ist singulär.

132 Die dritte Wiederholung (*Jussiv 3. masc. Sing.*) ist aufgrund ihres Fehlens in 𝕲* wohl Glosse (oder gehört zur letzten Bearbeitung).

133 Es darf durchaus *Hif.* gelesen werden, vgl. 1Sam 5,8 (9f.).

134 Hier und V. 14 absolutes מחנה, V. 18.23 im *st. cs.*: מחנה ישראל.

135 Eroberung 34.

136 HOLZINGER, Josua 17.

137 V. 16b (… נתן ל) formuliert die Übergabe anders als V. 2 (נתן ביד).

138 In V. 18 ist mit 𝕲 תחמדו (ἐνθυμηθέντες) statt תחרימו זוּ, das eher ἀναθεματίζω entspräche (vgl. V. 21), zu lesen.

sich anschließend selbst und schreit schließlich wieder (V. 20aα–bα).
Das ist schwer vorstellbar. Nach V. 20b ist Jericho eingenommen.
V. 21 beschreibt den Bannvorgang.[139] Dabei führt V. 21b den doppelten zweigliedrigen Merismus als einfache Aufzählung weiter, die
„Schärfe des Schwertes" steht auffällig weit vom Verbum entfernt.[140] V.
22f. berichten von Befehl und Ausführung der Verschonung der Sippe
Rahabs, die außerhalb des Lagers wohnen muß[141]. Dabei ist das Verbum יצא (V. 23aα / V. 23aβ) gedoppelt; V. 23aβ fällt außerdem als inver-
tierter Verbalsatz aus den Narrativ-Verbalsätzen V. 23aαb heraus. V.
24a berichtet, wie die Stadt und alles darin angezündet wird, was laut
V. 21 gebannt wurde. V. 24b sichert den Reichtum der Stadt für das
Haus Jahwes. Die Hure Rahab wird von Josua (anders als V. 17b!) verschont, sie wohnt „in Israel"[142] bis zum heutigen Tag (עד היום הזה; V.
25). Das wäre ein schöner Abschluß, doch V. 26, der Fluch Josuas (vgl.
1Kön 16,34)[143], macht ihn zunichte.

Jos 6,27 rundet schließlich das Geschehen ab: Jahwe ist mit Josua,
seine Kunde verbreitet sich im ganzen Land.

Literarkritische Bemerkungen

Vers 1 ist die Exposition der Erzählung: das verschlossene Jericho.[144]
Vers 2 ist גברי החיל als Glosse auszuscheiden.[145] Weiter sind als nach-
klappende Präzisierung V. 3aα (כל־אנשי המלחמה) und aufgrund des
vom sonst gebrauchten סבב abweichenden נקף V. 3aβ als Nachtrag zu
bewerten. V. 4aβ ist die direkte Fortführung von V. 3b; die Priester

---

139 Vgl. dazu LOHFINK, Art. חָרַם und (kürzer) BREKELMANS, Art. חָרַם. Der Bannbe-
griff dürfte ursprünglich aus dem Vorstellungsbereich des heiligen Krieges stammen, vgl. die Meša-Stele (KAI 181,17) und s. u.

140 V. 21b mag deshalb sekundär aufgefüllt sein (so SCHWIENHORST, Eroberung 35.89),
zwingend ist das aber nicht, vgl. BIEBERSTEIN, Josua 286f.

141 Die Kundschafter sind unterschiedlich bezeichnet: המלאכים V. 17b.25b, האנשים
V. 23, הנערים המרגלים V. 22, המרגלים את־הארץ V. 23.

142 Außerhalb der konkreten Größe des Lagers, innerhalb der abstrakten Größe Israel.

143 Aufgefüllt durch לפני יהוה und את־יריחו.

144 Eine Streichung des בני ישראל ist (gegen SCHWIENHORST, Eroberung 40) m. E.
willkürlich, vgl. nur Jos 3,1; 12,1.

145 Die Wendung hinkt syntaktisch nach. Mit Artikel taucht sie noch Jos 1,14; 8,3;
10,7; Ri 6,12 (Sing.); 2Kön 15,20; 24,14; 1Chr 11,26; 12,9 auf, ohne Artikel scheint
der Chronist eine Vorliebe für den Ausdruck zu haben, von 32 Belegen entfallen
jedenfalls 26 auf das Chronistische Geschichtswerk. Für feindliche Krieger wird
die Bezeichnung nur noch 2Chr 32,21 verwendet.

stören den Zusammenhang (V. 4aαb). V. 5 gibt die Anweisungen für die Einnahme der Stadt (במשך קרן היובל ist dabei Glosse, es wird nicht mehr aufgenommen). Die Ausführung der Anweisungen von V. 3–4* wird in V. 14f.* (ביום השני stört den 6+1-Aufbau und setzt offenbar V. 11 voraus[146]; V. 15b doppelt V. 15aβ und fehlt überdies in 𝕲 [Glosse]; ebenso כמשפט הזה) berichtet, alles übrige dürfte Einschub sein.[147] Entsprechend folgt in V. 20b die Ausführung von V. 5*. Die Stadt ist eingenommen.

Die Josuarede V. 16–19 scheint später ergänzt zu sein, ebenso ihre Aufnahme in V. 21.24b.25[148]. Ist damit V. 18 ebenfalls spätere Zufügung, dann auch V. 22 und der diesen voraussetzende V. 23.

V. 24a kann aber aufgrund der stilistischen Härte nicht die Fortsetzung von V. 20b sein.[149] Er fällt also, wie V. 26, der V. 24a (oder V. 21) voraussetzt, ebenfalls für die Grundschicht aus.

Für die Ausscheidung von V. 27 schließlich gibt es kein literarkritisches Argument, tendenz- und redaktionskritisch ist der Vers aber vermutlich als jüngere Zäsur zu betrachten.[150]

Die Grundschicht ist nach alldem zu finden in Jos 6,1.2a.3aα₁.b.4aβ. 5(ohne במשך בקרן היובל).14(ohne ביום השני).15a(ohne כמשפט הזה).b. 20.[151]

Eine weitere Reduzierung der Grundschicht scheint mir mit FRITZ[152] gegen SCHWIENHORST[153] ausgeschlossen. Seine erste („jehowi-

---

146 Und damit die Lade!

147 V. 7a gehört gegen FRITZ, Josua 66 nicht zum Grundbestand. Im Zusammenhang der Grundschicht wäre es bei FRITZ im übrigen Jahwe, nicht Josua (so aber S. 68), der den Befehl gibt. Rätselhaft scheint, wieso in FRITZs Grundschicht der Ton des Widderhorns V. 5 angekündigt wird, in V. 20 dann aber als sekundär beurteilt wird (vgl. 66.71.75f.).

148 Zu V. 25 s.o.

149 Vgl. SCHWIENHORST, Eroberung 40 mit Verweis auf das direkt aufeinanderfolgende את־העיר/והעיר.

150 Aber nicht durch DtrH, wie SCHWIENHORST, Eroberung 40.89 meint. Dagegen ist einzuwenden, daß DtrH nie die Formulierung היה יהוה את XY verwendet. Wörtlich findet sie sich nur noch in Gen 39,2.21 (LEVIN: jahwistische Redaktion „Jᴿ" [Jahwist 274]); Ri 1,19 belegt, wobei Ri 1,19 mit BECKER, Richterzeit 45f. einer dritten Ebene in Ri 1, dessen Grundschicht bereits als spätdeuteronomistisch anzusprechen ist, gehört. SCHWIENHORST selbst muß eingestehen, daß die deuteronomistischen Parallelen immer mit עם formuliert sind. Der Vers Jos 6,27 mag zwar mit Jos 9,1; 10,1; 11,1 korrespondieren, doch besagt das, für sich allein genommen, noch nichts. Er könnte genau von diesen Stellen abhängig sein.

151 Etwas anders KRATZ, Komposition 208, der Jos 6,1–3aα₁.5.12a.14a(nur ויסבו את־העיר).20b zur Grundschicht zählt (ohne das „6+1"-Motiv); wiederum nur leicht abweichend GÖRG, Josua 27 (Grundschicht in V. 1–3.5.11f.14f.20, insbesondere V. 11f. haben dabei wenig Anhalt im Kontext).

stische") Ergänzung zeichnet sich s. E. vor allem durch eine Militarisie-
rung (Einfügen der Lade, Kriegslager) und durch die Hinzufügung des
Motivs „sechs Tage – am siebten Tag" (unter Bezugnahme auf Ex
34,21) aus. Dagegen ist einzuwenden: V. 11a widerspricht V. 3aβ, er
kann deswegen schwerlich zu derselben Schicht gerechnet werden. Die
Träger der Lade werden nicht genannt, woraus SCHWIENHORST unter
Verweis auf 2Sam 6,3f.13 vordeuteronomistische Herkunft ableitet.
2Sam 6,3f. ist aber die Lade als ארון האלהים bezeichnet, V. 13 sind die
נשאים zwar nicht näher gekennzeichnet, immerhin *gibt* es sie im Unterschied zu Jos 6,11a aber. Bei der eigentlichen Einnahme der Stadt (V.
15–20*) stünde die Erwähnung der Lade überdies ganz unmotiviert da,
was der Bezeichnung ihrer Funktion als „Kriegsheiligtum" anläßlich
der „militärischen Aktion"[154] nicht eben zuträglich ist. Nimmt man
SCHWIENHORSTs Tendenz ernst, einen hexateuchischen Zusammenhang[155] für Jos 1–12* anzunehmen, muß konstatiert werden, daß im
Hexateuch Jos 3,15a; 4,11; 6,11a die einzigen vordtr Belege für die Lade im ganzen Erzählwerk wären, also ausgerechnet dem Buch, das zugleich die Geschichtsdarstellung des deuteronomistischen Werkes –
oder vorsichtiger: der stark deuteronomistisch bearbeiteten Bücher
Dtn–2Kön – eröffnet.[156] Warum gerade und nur hier, vermag er nicht
zu erklären; Kriegserzählungen als Anlaß für einen Jehowisten, die Lade einzufügen, dürfte es ja auch im vorhergehenden Kontext gegeben
haben. V. 11 dürfte eher auf V. 6 oder 7 (Lade Jahwes) zurückweisen.
    Weiterhin ist der sog. „kultische Dekalog" Ex 34, auf den sich
SCHWIENHORST bezieht, kein altehrwürdiges Privilegrecht Jahwes,
sondern mit ALT „als ein sekundäres Mischgebilde"[157] zu beurteilen.[158]
Das Siebenermotiv ist vielmehr traditionell vorgegeben.[159]
    Eine Hervorhebung des Josua durch SCHWIENHORSTs erste Erwei-
terung erkenne ich nicht, es sei denn, *jeder* Vers markiert hier eine
„Tendenz". Daß Josua sich früh aufmacht, hängt doch eher mit der

---

152 FRITZ, Josua 68.
153 SCHWIENHORST, Eroberung 39–57.
154 SCHWIENHORST, Eroberung 76.
155 Vgl. z.B. Eroberung 143 Anm. 1 und die Bezeichnung der ersten Erweiterung als
    jehowistisch.
156 SCHWIENHORST, Eroberung 76, und, davon ausgehend (?), REUTER, Art. Lade 575.
157 Ursprünge 317 Anm. 1.
158 Zum Sabbat vgl. ebenso präzise wie richtig den Exkurs LEVINS; Sturz 39–42. War-
    um wird eigentlich ausgerechnet am siebten Tag eines „spezifisch israelitischen
    Ruhetaggebotes" (SCHWIENHORST, Eroberung 79) die Stadt am häufigsten umrun-
    det?
159 Vgl. FRITZ, Josua 70 und auch SCHWIENHORST, Eroberung 78f.

Übernachtung in V. 11b zusammen. In V. 3b ist *Plur.* zu lesen; „eine
dem Volk gegenüber etwas herausgehobene Position"[160] hatte Josua als
dessen Führungsperson und Empfänger der Jahwerede ohnehin.[161] Un-
geachtet solcher Anfragen zu Einzelzügen dürfte die Studie Schwienhorsts eine der weiterführendsten Untersuchungen des behandelten
Textbereichs darstellen.

Die Grundschicht

Jericho ist der Ort, an dem das Volk durch den Jordan gezogen war
(Jos 3,16), die Kundschafter-Episode nimmt darauf Bezug (vgl. סגר Jos
2,5.7 / 6,1)[162]. Man darf davon ausgehen, daß dort das Lager aufgeschla-
gen wurde.

In der Liste der besiegten Könige (Jos 12,9ff.) stehen Jericho und
Ai nicht von ungefähr am Anfang: Ob in Jos 6 und 8 aus den Angaben
der Liste exemplarisch die Erzählungen über die Eroberung des Landes gemacht wurden oder diese sekundär der Liste vorangestellt wurden, ist literarkritisch nicht zu entscheiden.[163] Ersteres wäre für eine
konstruierte Landnahmeerzählung mit einem möglichen literarhistorischen Ausgangs- und literarischen Zielpunkt Jos 12 denkbar. Charakteristische deuteronomistische Wendungen sind nicht erkennbar.[164]
Damit bleiben für die Problematik von Tetra-, Penta-, Hexateuch und

---

160 Schwienhorst, Eroberung 80.

161 Der Verweis auf Jos 5,13–15 hilft nicht weiter, denn dieser Abschnitt parallelisiert
   Josua mit Mose Ex 3 (bereits nachpriesterschriftlich? So Schmid, Erzväter 208f.,
   der allerdings Ex 3f. im wesentlichen als Einheit ansieht; vgl. 73.186–209 im Verhältnis zu Gen 15 u. a.).

162 Man muß allerdings sagen, daß der sprichwörtliche „rote Faden" aus Jos 2 (תקות
   השני Jos 2,18.21) in Jos 6 sonst nicht aufgenommen wird. Allerdings findet sich die
   für Jos 6 so unentbehrliche Mauer (חומה) wieder.

163 Die Liste Jos 12,9ff. weist keine erkennbare Ordnung auf, wenn man davon ab-
   sieht, daß sie im Süden (südl. von Sichem) beginnt und ab V. 19b Städte nördlich
   von Taanach nennt. Es handelt sich nicht um ein historisches Dokument, sondern
   offenbar um eine literarische Kompilation. Die Städte haben wahrscheinlich nie
   gemeinsam bestanden (vgl. Fritz, Josua 137).

164 Die Diskussion um eine „Übergabeformel" trägt hier nicht viel aus, diese ist auch
   in assyrischen und babylonischen Texten belegt (Weippert, Krieg 81–83) und deshalb nicht notwendigerweise deuteronomistisch. Der Bann gehört hingegen (gegen
   Fritz, Josua 69.72f.) erst zu den späteren Ergänzungen (s. u.). In Fritzs Übersetzung, in der die Schichten drucktechnisch differenziert sind, ist das erstaunlicherweise auch so, anders dann im Text des Kommentars. Vielleicht darf man vermuten, daß die Literarkritik hier dem Primat unterliegt, keinen älteren Grundbestand
   als den von DtrH verfaßten finden zu können.

Deuteronomistischem Geschichtswerk von hier aus alle Möglichkeiten offen.

Die Grundschicht von Jos 6 ist eine abgeschlossene Erzählung von einer wunderhaften Eroberung der Stadt. Sie enthält einige Elemente des Jahwekriegs: Die Ankündigung der Siegesgewißheit (durch Jahwe selbst!), Jahwe ist der Handelnde, das Kriegsgeschrei am Beginn.[165] Jedoch steht bei weitem nicht das ausgearbeitete Konzept des „Heiligen Krieges" mit seinem Themen-„Ensemble" im Hintergrund, das sich später ausbilden wird. Gegner tauchen nicht einmal auf. Der Schofar wie auch das Kriegsgeschrei als Signale im Kampfgeschehen sind in Israel bereits in älterer Zeit belegt (vgl. Hos 5,8[166]). Festzuhalten bleibt auch, daß Jos 6* kein eigentlich *orts*ätiologisches Interesse verrät, vielmehr handelt es sich um eine Ätiologie dafür, daß das Land, also auch Jericho, sich in den Händen Israels befindet; wenn man so will, also eine Ätiologie Israels im Land.[167]

Im Zusammenhang mit Jos 12 soll Kap. 6 möglicherweise *pars pro toto* für die Landnahme der Israeliten stehen. Die Vorstellung einer Landnahme ist also bereits vorausgesetzt, ebenso wie eine kollektive Größe „Israel". Und sie selbst setzt natürlich ihrerseits zumindest die Staatlichkeit voraus. In dem Moment, wo der Landbesitz durch solche Vorstellungen legitimiert werden muß, setzt sie m. E. auch schon den Verlust der Staatlichkeit, d. h. konkret die Katastrophe 720 v. Chr. (oder sogar 597/587 v. Chr.) voraus.[168] 720 v. Chr. bildet demnach den *terminus post quem* zur Datierung. Möglicherweise steht hinter dem Sechs/Sieben-Tage-Motiv (noch) nicht die Vorstellung des exilisch-nachexilischen Wochensabbats (vgl. das siebenmalige Umziehen der Stadt an einem dann ja vorauszusetzenden Ruhetag), so daß die Grundschicht[169] der Erzählung mit aller Vorsicht in spätvorexilische Zeit datiert werden darf. Mit KRATZ[170] ist dabei gut denkbar, daß es

---

165 Vgl. v. RAD, Krieg 6ff.

166 Vgl. dazu jetzt VIELHAUER, Werden 55–59 und vor allem 58 Anm. 29, außerdem JEREMIAS, Hosea z. St., die sicherlich einen militärischen Hintergrund hat.

167 Vgl. im folgenden.

168 „Darauf kommt es der Tradition offenbar an: der Landbesitz ist sicher und unverlierbar. Das zu sagen und zu begründen, hatte zweimal in der Geschichte des alten Israel Sinn: erstens als es noch nicht selbstverständlich war, zweitens als es nicht mehr selbstverständlich war." (SMEND, Elemente 179). Die erste Variante scheidet aufgrund der literarischen und historischen Verhältnisse, wie sie sich darstellen, aus.

169 Die Rückfrage nach mündlicher Tradition ist unergiebig, vgl. zutreffend SCHWIENHORST, Eroberung 65.

170 Vgl. KRATZ, Komposition 292.294f.

sich um einen hexateuchischen Zusammenhang (bzw. den der Exoduserzählung Ex 2 – Jos 12*) handelt.

Die Ergänzungen: Der Bann

Die Grunderzählung ist mehrfach erweitert worden. Die ersten Ergänzungen der Grundschicht betreffen das Banngebot, sie finden sich in
den Versen Jos 6,17a.21.24a. Gehört die Bannotiz V. 21 dazu, so auch
der entsprechende Befehl Josuas, der von seinem Befehl zum Erheben
des Kriegsgeschreis (V. 16aαb und Ausführung in V. 20aα) nicht zu
trennen ist. V. 24a beschließt den Bannvorgang.[171]

Jos 6,18, der bereits V. 17b[172] (ורק ... רק) ergänzt, blickt ganz offensichtlich auf die Achangeschichte Jos 7.[173] Im Anschluß daran wurden
die Bannotizen, ebenfalls schon im Blick auf die Achangeschichte[174],
noch ergänzt: In V. 19.24b hängen sich noch die speziellen Vorschriften für die Edelmetalle an die Bannotizen. Bereits die Reihe ist charakteristisch: Gold, Silber, Bronze, Eisen sind nur in Num 31,22; Jos
6,19.24; 22,8; Jes 60,17; 1Chr 22,14.16; 29,2.7; 2Chr 2,6.13 zusammen
erwähnt, der „Schatz (*Sing.*) des Hauses Jahwes" (אוצר בית־יהוה) spielt
ausschließlich noch in 1Chr 29,8 eine Rolle. Mithin sind V. 19.24b frühestens chronistisch.[175]

Mit der Zufügung der Bannotizen und der Verkündung der Siegesgewißheit durch Josua wird die Handlung zu einer Jahwekriegserzählung gemacht. Die auf göttliche Zusage (V. 2) gründende Siegesgewißheit ist „das Charakteristikum aller heiligen Kriege"[176], ihren „Höhepunkt und Abschluß bildete der Bann, die Übereignung der Beute an
Jahwe"[177]. Das Kriegsgeschrei (V. 5.20) mag den Anlaß gegeben haben,

---

171 Es gibt keine literarkritisch auszuwertende Spannung zwischen Bann und Ver-
     brennung der Stadt, vgl. BIEBERSTEIN, Josua 289. Die Verbrennung ist vielmehr
     Teil des Bannvollzugs. Zum Bann vgl. auch den Exkurs von NELSON, Joshua 19f.

172 Zu den Rahab-Ergänzungen s. u.

173 Vgl. עכר Jos 7,25; zur Folge חמד und לקח Jos 7,21 (und Dtn 7,25!); zu לקח
     מן־החרם Jos 7,1.11 (1Sam 15,21).

174 Ob V. 18f. auf eine Ebene gehören, ist ganz unsicher (vgl. auch STEUERNAGEL, Jo-
     sua 228). SCHWIENHORST nimmt für V. 18 „eine aus priesterlichen Kreisen stam-
     mende Interpretation des dtr Gebotes zum Banngut aus Dtn 13,18" (Eroberung
     115) an. Bei beiden Versen bewegt man sich in jedem Falle jenseits von Priester-
     schrift (vgl. SCHWIENHORST, Eroberung 113 Anm. 1) und Deuteronomismus.

175 Vgl. auch SCHWIENHORST, Eroberung 126f.

176 v. RAD, Krieg 9.

177 v. RAD, Krieg 13.

ebenso die Wunderhaftigkeit des Geschehens. Die Rolle Josuas wird betont; ganz unsicher ist aber, ob V. 27 (im Grunde die zum Heiligen Krieg gehörende Begabung Josuas[178]) ins Umfeld dieser als deuteronomistisch zu bezeichnenden Bearbeitung[179] gehört: Das entsprechende Gebot findet sich in Dtn 13,13–18[180]: Moses Nachfolger[181] Josua hält sich an das Gebot Jahwes, das im Deuteronomium zu finden ist.

Im Zuge der Ausgestaltung der Achangeschichte Jos 7 wird ein expliziter Warnhinweis (Jos 6,18) zum Umgang mit dem Gebannten gegeben, der in chronistischer oder späterer Zeit mit der Bewahrung des Banngutes für den Tempelschatz[182] begründet wird (V. 19.24b).

Rahab

Erweiterungen, die sich auf die Person der Rahab beziehen, finden sich in den Versen 17b.22f.25. Aufgrund ihrer unterschiedlichen Terminologie stammen sie schwerlich von einer Hand. V. 17b.25 gehören enger zusammen (כי החבאתה את־המלאכים), ebenso V. 22f. (המרגלים), was sich auch aus dem Rückbezug von V. 24a auf V. 21 ergibt; im jetzigen Zusammenhang verbrennen ja die Kundschafter die Stadt! V. 25 ist die Ausführung zu V. 17b[183]; V. 23 die zu V. 22. Die Terminolo-

---

178 Vgl. SOGGIN, Art. Krieg 21.

179 Die Bannterminologie ist dtr, vgl. neben Dtn 13 auch Kap. 7 und 20 sowie FRITZ, Josua 72 und LOHFINK, Art. חרם 209–211.

180 Vgl. insb. Dtn 13,16 und Jos 6,17a.21a; Dtn 13,17 und Jos 6,24a (sowie Dtn 13,13 und Jos 6,16b). Dtn 13 ist nicht zur Grundschicht des Deuteronomiums gehörig und auch nicht direkt von assyrischen Vertragstexten abhängig (gegen STEYMANS, Deuteronomium 28, 256ff. [für Dtn 28,20–44*], OTTO, Deuteronomium 34ff.57ff. [„Übersetzungen aus dem VTE", a.a.O. 68], u.a.). Im Gegenteil dürfte bereits die Grundschicht, die sich etwa in Dtn 13,2–3*.4–7.9.10aα.11b–14.16a.17aα₂.18b.19 findet (so VEIJOLA, Wahrheit 127, der u.a. auf die Parallele aus dem Vertrag des Hethiterkönigs Šuppiluliuma mit Šunaššura von Kizzuwatna § 19 [II,16–18] hinweist. Der Vertrag wird heute meist Tutḫalija [I./II., um 1400 v.Chr.] von Ḫatti, dem ebenfalls in Ḫattuša/Boğazköy residierenden Vorgänger des Vaters von Šuppiluliuma, zugeschrieben, vgl. SCHWEMER, TUAT.NF 2, 97–106), Dtn 12 in bereits mehrfach erweiterter Form voraussetzen (KÖCKERT, Leben 197f.). Sie ist anschließend (von demselben Verfasser wie Jos 6,17a.21.24a oder später?) in Dtn 13,15.16b.17aα₁.₃βb.18a erweitert worden. Zu Jos 7 s.u. Kap. 2.5.3. – Zur Diskussion um Dtn 13 vgl. jetzt vor allem PAKKALA, Ort, bes. 129–133; außerdem KÖKKERT, Leben 195–200, VEIJOLA, Deuteronomium z.St. u.v.a. Die „Geburtsstunde der Bundestheologie im Deuteronomium" (OTTO, Deuteronomium 74) ist jedenfalls an anderer Stelle zu suchen (vgl. etwa LEVIN, Verheißung 95–114).

181 Dazu vgl. NOTH, Josua¹ 7 und zur Sache vor allem die umfassende Monographie von C. SCHÄFER-LICHTENBERGER (Josua).

182 Auch אוצר יהוה kann wohl kaum anders gedeutet werden.

183 Und nicht zu V. 17c–18, wie BIEBERSTEIN, Josua 287f. irrtümlich annimmt.

gie von V. 22f. steht Jos 2 näher als die von 17b.25,[184] in ihnen sind Einzelheiten der (deuteronomistisch erweiterten[185]) Erzählung vorausgesetzt.[186] Man kann also davon ausgehen, daß Jos 6,22f. frühestens zusammen mit den deuteronomistischen Erweiterungen in Jos 2 in den Text gelangt sind. Möglicherweise ist auch die ganze Erzählung in Kap. 2 eine spätere Ergänzung im Josuabuch, wie später die Gibeoniten in Jos 9.[187]

Jos 6,17b.25 hingegen verraten ein anderes Interesse: Sie laufen auf die „ätiologische" Notiz V. 25 hinaus. Damit parallelisieren sie Jos 6, Jos 7 und Jos 8, die nun alle auf die Formel עד היום הזה enden (Jos 6,25; 7,26; 8,28f.; vgl. noch Jos 9,27, ferner Jos 4,9; 5,9 u. ö.; es folgen 6,26.27 noch spätere Nachträge). Vielleicht kann man aufgrund des Fehlens von V. 17b in 𝔊 darauf schließen, daß die Begründung der Abschlußnotiz V. 25a in V. 25b (...כ) sekundär durch den Befehl Josuas in V. 17b ergänzt wurde. Diese Verse sind jedenfalls jünger als V. 22f. einzustufen.[188]

---

184 Das ergibt sich auch ohne textkritische Operationen: המלאכים werden die Kundschafter in Jos 2 nie genannt, *Part. Pi.* von רגל taucht aber z. B. Jos 2,1 auf (bezogen auf das Land, nicht auf Jericho).

185 Zwei Männer (Jos 2,1.4.23 / 6,22), *Part. Pi.* von רגל (Jos 2,1 / 6,22f.), Land als Objekt (Jos 2,1 / 6,22), Schwur (Jos 2,12.17.20 [FRITZ: RedD!] / 6,22), Vater, Mutter, Brüder (Jos 2,12f.18 / 6,23).

186 Die Grundschicht etwa in Jos 2,1–7*.15f.22f. (vgl. FRITZ, Josua 31–41). V. 18f. interpretieren (gegen FRITZ, Josua 32.38) vielleicht das Seil, an dem sich die Männer herunterlassen, nachträglich als Zeichen zur Verschonung des Hauses (in Jos 2,21 wohl ebenso nachgetragen, vgl. die Wiederaufnahme des וילכו). Man fühlt sich ganz entfernt ans Passa Ex 12 erinnert.

187 Dafür spricht vor allem, daß die Verweise in Jos 6 deutlich Zusätze sind. Vgl. dazu neben anderen NELSON, Joshua, 41ff: Die Chronologie (Jos 1,11 / 2,16.21 / 3,2) ist unstimmig (a. a. O. 41), auch der Verweis auf die Parallele in Jos 9 (a. a. O. 44) dürfte in die Richtung einer späten Entstehung weisen. Daß Jos 9 seinerseits ein späterer Zusatz ist, hat überzeugend LATVUS, Army Campsite, nachgewiesen (Nachträge in Jos 10,1–10; 11,19; vgl. DERS., Jumalan Viha). Zur Sache vgl. außerdem den höchst anregenden Aufsatz von DEURLOO, Spiel sowie neuerdings DIETRICH, Kriminalgeschichte. Ins Josuabuch wurden die Erzählungen Jos 2.7.9 wohl erst sehr spät eingefügt – wie DEURLOO nicht ganz grundlos meint, als späte, narrative Ausführungen von *tôrāh*-Geboten. STRANGE, Joshua scheint von den letzten Ergänzungen auszugehen. Er datiert folglich das gesamte Josuabuch undifferenziert ins 2. Jahrhundert.

188 Die Argumentation, aufgrund derer SCHWIENHORST (Eroberung 105–107) zur Zuweisung an DtrN gelangt, macht stutzig. „Daß die Hure Rahab zwar Kanaaniterin ist, aber eine ganz andere Rolle spielt als die fremden, übriggebliebenen Völker in der dtr Sicht, wird von *Schwienhorst* nicht thematisiert." (NOORT, Josua 170). Gerade in der Passage Ri 1,1–2,5 (DtrN oder nicht eher noch später?), auf die SCHWIENHORST sich beruft, werden die Völker als מוקש für Israel bezeichnet (vgl. Jos 23,13 u. ö.); eine Funktion, die man Rahab nun beim besten Willen nicht zusprechen kann. Die von SCHWIENHORST aufgeführten Beispiele für die Formel עד היום הזה (Jos 13,13; 15,63; 16,10, Ri 1,21.29) enthalten alle das Element des Nicht-*Vertreibens* (ירש *Hif.*), was für den einzuordnenden Vers Jos 6,25 bedauerli-

Selbstverständlich beziehen sich alle diese Erweiterungen auf die Rahabepisode Jos 2 zurück und verknüpfen die Kapitel miteinander. Das merkwürdig offene Ende von Jos 2 und das Nebeneinander von Kap. 2 und 6 zeigen, daß hier unterschiedliche Überlieferungen vorliegen. Der Zusatzcharakter der Verweise von Jos 6 aus weist darauf hin, daß sie erst auf literarischer Ebene verknüpft wurden (V. 22f.); dann wäre eine der Erzählungen womöglich erst später ins Josuabuch gelangt. Gern wird das Abbrechen einer ursprünglichen Fortsetzung von Jos 2[189], die dann durch Jos 6 ersetzt worden wäre, postuliert.[190] Ob man dadurch die Unstimmigkeiten wirklich erklärt, darf bezweifelt werden. „Wie dem auch sei, das Verhältnis von Jos 2 und Jos 6 ist sehr komplex."[191]

V. 17b.25a variieren den Bezug und betonen, daß die Sippe Rahab „bis zum heutigen Tag" mitten in Israel lebt; sie stellt Jos 6 damit in die Reihe „ätiologischer" Erzählungen Jos 4.5.6.7.8.9. Rahab bekennt sich zu Jahwe (Jos 2,11), einem Leben inmitten Israels steht damit kein Hindernis mehr im Wege.

Die Lade

Die Lade wird in Jos 6,4.6–9.11–13 erwähnt. Die Bezeichnungen wechseln: הארון V. 4.9 (vgl. Jos 3,15; 4,10; 8,33), ארון הברית V. 6 (vgl. Jos 3,6.8.11[.14]; 4,9), ארון יהוה V. 6.7.11.12.13 (2×); sachlich auch in V. 8a gemeint[192]; vgl. Jos (3,13; 4,5;) 4,11; 7,6; ארון ברית יהוה V. 8 (vgl. 3,[3.] 17; 4,7.18; 8,33).

Von diesen Erwähnungen stehen Jos 6,4.6.8.9b.12b.13[193] eindeutig im Kontext der priesterlich-kultischen Zusätze (s. dazu im folgenden) und gehören damit zu den letzten Erweiterungen von Jos 6.

Älter sind offenbar V. 7.11, die sich auch aufgrund der Terminologie für das Umkreisen der Stadt von ihrer Umgebung abheben (עבר,[194]

---

cherweise nicht zutrifft. Es bleibt festzuhalten: Weder das Gesetz noch die Völker spielen in V. 17b.25 eine Rolle, damit ist das Siglum DtrN fehl am Platze.

189 Zu Jos 2 vgl. auch FLOSS, Kunden. Mit (notwendigerweise hypothetischen) vorliterarischen Größen (so z. B. Kunden, 217.235) operiert diese Arbeit jedoch nicht. Instruktiv sind allerdings die sich an Beobachtungen von FLOSS anschließenden, scharfsinnigen Überlegungen SCHWIENHORSTS (Eroberung 109–111).

190 Vgl. NOTH, Josua² 22.

191 SCHWIENHORST, Eroberung, 111.

192 Vielleicht darf man sogar mit einigen Handschriften und den *Vrs.* ארון יהוה lesen.

193 V. 12b.13 sind Ausführung der Anweisungen aus V. 6; wobei dieser Nachtrag mit der Durchquerung des Jordans Jos 3,6 korrespondiert (dort ebenfalls später ergänzt). Die Bezeichnung als „Bundeslade" wird erstaunlicherweise nicht mehr aufgenommen. – Möglicherweise gehört hierzu auch der nur mit großen Schwierigkeiten zuzuordnende Vers 12a, der dann 15a mittels einer geläufigen Formulierung vorwegnähme und auf V. 11 reagiert.

(נקף)[195]. Hier ist die Lade noch ohne Priester und das Blasen der Hörner erwähnt.

Für den literarischen Horizont der Jerichoüberlieferung sind natürlich Jos 3f. und daneben auch 1Sam 4–6/2Sam 6 wichtig. Laut 1Sam 4,5f. wird die Lade im Lager mit תרועה begrüßt (vgl. Jos 6,5.10.16.20), nach 2Sam 6,15 par. 1Chr 15,28 gehört zum Umzug mit der Lade auch noch קול שופר (vgl. Jos 6,3–6.8f.13.16.20). 1Sam 4*.5f. und 2Sam 6f. sind aber größtenteils Ergänzungen in den Samuelbüchern (s. u. Kap. 5.4.).

In Jos 3f. ist die Lade, wie gesehen, nur in Zusätzen zu greifen.[196] Auch hier kann die Lade also *frühestens* im Zuge einer spätdeuteronomistischen Erweiterung in den Text geraten sein (V. 7.11).

Die Lade, die für die wunderhafte Durchquerung des Jordans verantwortlich war (Jos 3f.), da sie die Anwesenheit Jahwes repräsentierte[197], ist nun auch beim Wunder der fallenden Mauern von Jericho zur Stelle. תרועה und שופר aus 2Sam 6,15 mögen dazu den Ausschlag gegeben haben.[198] Immerhin ist so zu erklären, warum die Lade in Jos 6 noch eine dermaßen große Rolle spielt und anschließend bis 1Sam 3.4–6 nur noch beiläufig erwähnt wird.[199]

Letzte Ergänzungen

Zu den letzten Erweiterungen des Textes gehören die Verse Jos 6,4aα.b.6a.b.8.9.10[200] sowie Jos 6,12b.13.15aβ (nur כמשפט הזה).b.16aβ.20aβ.[201] Sie machen aus der

---

194 *Terminus technicus* für das Durchqueren des Jordans: so in Jos 1,2 (*Imp.*).14; 2,23; 3,1.4.6 (*Imp.*).11.14.16f.; 4,1.5 (*Imp.*).7.10–12.22f.; 5,1.

195 Die Differenzierung Schwienhorsts (סבב „umzingeln", נקף „umkreisen") scheint mir zu spitzfindig; vgl. das Nebeneinander der Wurzeln in 1Kön 7,24 par. 2Chr 4,3; 2Kön 6,14f.; Ps 17,9.11; 22,17; 48,13; 88,18. Um das Umzingeln einer Stadt geht es dabei in 2Kön 6,14f. (nachdeuteronomistisch, vgl. Würthwein, Könige 304.306f.) und im mutmaßlich in vorexilische Zeit zurückreichenden Zionspsalm Ps 48, V. 13. Die in sich zusammenstürzenden Mauern Jerichos hier bilden das Gegenbild zur Feste Zion dort.

196 Vgl. auch Spieckermann, Heilsgegenwart 93 Anm. 12, gegen Noth, Josua² 26ff.

197 Vgl. statt vieler den Abschnitt bei Smend, Jahwekrieg 161–169.

198 Sollte die Lade erst im Zuge priesterlicher Erweiterungen hinzugekommen sein, vielleicht auch das Siebenermotiv.

199 Jos 7,6; 8,33; Ri 20,26 sind ganz offensichtlich Zusätze zum Grundbestand: s. u. Kap. 3.5.3., 3.5.4. und 4.

200 Es ist zu vermuten, daß die Stille in V. 10, der V. 16b im Voraus ankündigt, dem Blasen des Schofars durch die Priester korrespondiert (vgl. 1QM IX, 1f.).

wundersamen Einnahme der Stadt und ihrer Bannung eine regelrechte kultische Prozession. Jahwe gibt die Stadt in die Hand des Volkes, aber nur, indem dieses und vor allem seine Priester die kultischen Regeln einhalten. Die Priester haben als Träger der Lade und Kultpersonal die entscheidende leitende Funktion. Josua tritt dagegen in den Hintergrund. „Hier herrscht heilige Ordnung, und das Volk hat zu schweigen."[202] Woher aber gelangten diese Erweiterungen in den Text?

An den Stellen Neh 12,33–35.41[203] und 1Chr 15,24[204] werden sieben Priester namentlich genannt, die die חצצרות blasen. Die Zahl Sieben jedoch, die in Jos 6 eine so überragende Rolle spielt, wird dabei noch nicht genannt. Insofern ist anzunehmen, daß in Jos 6 die Tradition bereits weiter fortgeschritten ist, die Erweiterungen sind also nachchronistisch.

Möchte man nun WELLHAUSENS Urteil zu V. 8f.13, nach dem diese Zusätze „entweder aus naiver Freude am Fortissimo oder aus zufälligeren Anlässen"[205] entstanden sind, nicht vollauf zustimmen, finden sich heutzutage auf der weiteren Suche nach Parallelen die engsten Berührungen in der Kriegsregel von Qumran (1QM). Dort taucht שופר 1QM VII,14 (שופרות היובל!); VIII,9.11.14; XVI,8; XVII,13 auf, und die Zahl Sieben spielt eine überaus wichtige Rolle.[206] Die Priester blasen im Kampf die Trompeten (חצוצרות), das Volk muß schweigen (חשה, 1QM IX,1f.).[207] Literarische Abhängigkeit ist hier natürlich nicht nachzuweisen, dafür sind die Unterschiede im einzelnen zu groß. Nach 1QM I,1 geht es in der Kriegsrolle um den eschatologischen Kampf der בני אור gegen die בני חושך, was für Jos 6 natürlich so nicht ohne weiteres zutrifft. Auch die bis in Details ausgearbeiteten Kriegsvorschriften (vgl. z.B. 1QM VIII) sprechen vielmehr für ein fortgeschritteneres Traditionsstadium als Jos 6. Je nach Ansetzung der Kriegsrolle liegt der *terminus ante quem* für diese Erweiterungen in Jos 6 demnach um 180 v.Chr.[208] Sehr weit wird man davon nicht zurückgehen müssen.

---

201 Die Erweiterungen sind vermutlich noch in sich geschichtet, es gibt offenbar Ausgleichsversuche zwischen der Position von Vor- und Nachhut relativ zu den Priestern und der Lade, vgl. nur V. 7 und 9a; vgl. auch die Bezeichnungen der Lade. Eine weitere Differenzierung scheint mir aber nicht sinnvoll (SCHWIENHORST, Eroberung 115f. schichtet hier aufgrund von Num 32,20–32 weiter, diese Stelle wird aber einzig in Jos 4,13 aufgenommen. Für eine Zuordnung zu priesterlichen Ergänzungen im Unterschied zu den anderen Versen, die von der kampfgerüsteten Abteilung [החלוץ] sprechen, liefert er kein schlagendes Argument – m.a.W. Num 32 ist vorausgesetzt, aber nicht auf derselben Ebene.).

202 SCHWIENHORST, Eroberung 140.

203 Sekundär, s. RUDOLPH, Esra 198.

204 Laut RUDOLPH, Chronikbücher 124f. sekundär chronistisch.

205 WELLHAUSEN, Composition 122.

206 Vgl. SCHWIENHORST, Eroberung 140f. (חצוצרה 47×, die Zahl Sieben 20×).

207 Zu den genauen Ähnlichkeiten und Unterschieden vgl. SCHWIENHORST, Eroberung 140–142.

208 Die Datierung von 1QM ist umstritten, mit STEGEMANN ist die erste Fassung aber um 172 v.Chr. zu datieren (Qumran 145f.). Dem von OTTO, der hier „überlieferungsgeschichtliches Urgestein" findet, rekonstruierten Bundes-Mazzotfest in Gil-

Mit diesen Erweiterungen wird die ursprüngliche Erzählung von der wunderbaren Eroberung Jerichos endgültig zu einer rein kultischen Prozession, in der die Vorschriften über den Kriegszug die maßgebliche Rolle spielen. Deshalb finden sich die Zusätze auch nur in der ersten Hälfte des Kapitels: An den Vorgängen nach der Einnahme der Stadt (V. 20) haben die Verfasser keinerlei Interesse. Das Ziel ist durch das detailgenaue Einhalten der Schlachtordnung erreicht worden.

Einzelne Zusätze

Abgesehen von Glossen[209] ist hier vor allem noch Jos 6,26 zu erwähnen, der Fluch Josuas. Er korrespondiert mit 1Kön 16,34.[210] Beide Verse werden gewöhnlich im Anschluß an W. DIETRICH einem DtrP zugewiesen.[211] Zwingend ist das aber nicht. Das Verfassen beider Verse durch DtrP ist m. E. sogar eher unwahrscheinlich: 1Kön 16,34a.bα dürfte zur Zeit der Abfassung von Jos 6,26 schon vorgelegen haben – vielleicht darf man gar mit einer Annalennotiz[212] rechnen? –, der Verfasser von Jos 6,26 (schon wegen seines Horizonts bis 1Kön also frühestens ein Deuteronomist, aber auch sehr späte Hände kommen in Betracht) verarbeitet den Vers und ergänzt auch 1Kön 16,34b um die Erfüllungsangabe des Fluchs.[213] Bei Jericho dachte man wahrscheinlich schon an Jos 6; der Tod der Kinder wird im Nachhinein durch Josuas Fluch erklärt.

Kurze Zusammenfassung zu den Ergänzungen in Josua 6

Ein erstes Stadium der Ergänzungen der Grundschicht scheint in den deuteronomistischen Bann-Notizen gegeben zu sein, die zusammen

---

gal, bei dem (nach der Ladeprozession von Šittim nach Gilgal) „an jedem Tag ein Umzug um die Ruinen von Jericho" (Mazzotfest, hier 191) stattgefunden haben soll, sollte endgültig der Abschied gegeben werden. Es besitzt m. E. eher einen wissenschaftsgeschichtlichen Wert, als daß es einen historischen Sachverhalt beschreibt. („Wenn irgendwo Hypothese auf Hypothese gestapelt wurde, dann wohl im Bezug auf Gilgal." [NOORT, Josua 118]).

209 Zu nennen sind Jos 6,2b.3aα.5a (nur במשך בקרן היובל).14a (nur ביום השני).

210 Dtn 13,17 liegt auf einer ähnlichen Ebene oder speist sich von hier.

211 Prophetie 136, vgl. WÜRTHWEIN, Könige 203f. (allerdings spätdeuteronomistisch), SCHWIENHORST, Eroberung 100f.102f. u. a.

212 So noch JEPSEN, Quellen 32 (Teil der synchronistischen Chronik); NOTH, ÜSt 42 (Jos 6,26 ist von Dtr „im Hinblick auf eine später von ihm auf Grund amtlichen Materials zu machende Mitteilung" formuliert). Anders WÜRTHWEIN, Könige 203.

213 Gegen WÜRTHWEIN wäre immerhin anzumerken, daß auch sonst Baumaßnahmen in den Annalennotizen erwähnt werden: 1Kön 6,1; 7,1; 8,13; [11,27]; 12,25; 15,17.21–23; 22,39 (nach WÜRTHWEIN, Könige 505ff.). Spätere Verfasserschaft schließt das natürlich trotzdem nicht aus.

mit einigen anderen Ergänzungen die wunderhafte Eroberung Jerichos zu einem Musterbeispiel für eine Jahwekriegserzählung unter der Führung der Person Josuas machen. Die Bannotizen waren der Anlaß zu weiteren Ergänzungen, die zur Achangeschichte überleiten und die Kriegsbeute in chronistischer Manier für den Tempelschatz sichern. Das Schicksal Rahabs (vgl. Jos 2) wird, parallel zu den anderen ätiologischen Formeln im Josuabuch, abschließend erwähnt.

Kriegsgeschrei und Hornsignal boten zusammen mit der Tatsache, daß Jos 6 die erste Eroberung nach der Jordandurchquerung darstellt, den Anlaß, das wunderhafte Geschehen dort auch hier mit der Lade zu verbinden. Diese und das Siebenermotiv der ursprünglichen Erzählung mögen dann zusammen die massiven kultisch geprägten Ergänzungen aus priesterlichem Milieu nach sich gezogen haben, die in die Tradition der Kriegsregel von Qumran münden.

So steht eine kultische Prozession eingedenk des Jordanübergang und der Landnahme nicht am Anfang, sondern am Ende der Geschichte dieser Traditionen. Und auch G. v. RAD gesteht ein: „Hinter den Erzählungen von Jos. 3–6 steht jedenfalls nicht unmittelbar das geschichtliche Faktum sondern eine bestimmte schon sehr verfestigte Auffassung, nicht nur von der Lade, sondern von dem Vorgang der Landnahme selbst."[214]

An ein wirklich durchgeführtes Fest ist dabei kaum zu denken, sondern es wird die von priesterlicher Theologie durchzogene Idealform des Krieges dargestellt, in der der Kampf nurmehr eine kultische Prozession darstellt und auch nur deswegen siegreich sein kann. Hier münden, wenn man so will, der deuteronomistische und der priesterliche Traditionsstrom ineinander ein und vermengen sich miteinander. Verdeutlichen läßt sich dies auch anhand der Differenzierung der Landnahmevorstellungen in Jos 1, die R. SMEND so einschlägig vorgenommen hat:

חֲזַק וֶאֱמָץ כִּי אַתָּה תַּנְחִיל אֶת־הָעָם הַזֶּה אֶת־הָאָרֶץ אֲשֶׁר־נִשְׁבַּעְתִּי ⁶Jos 1,6–9⁶
לַאֲבוֹתָם לָתֵת לָהֶם: ⁷ רַק חֲזַק וֶאֱמָץ מְאֹד לִשְׁמֹר לַעֲשׂוֹת ‹כַּאֲשֶׁר› צִוְּךָ מֹשֶׁה עַבְדִּי
אַל־תָּסוּר מִמֶּנּוּ יָמִין וּשְׂמֹאול לְמַעַן תַּשְׂכִּיל בְּכֹל אֲשֶׁר תֵּלֵךְ: ⁸ לֹא־יָמוּשׁ סֵפֶר
הַתּוֹרָה הַזֶּה מִפִּיךָ וְהָגִיתָ בּוֹ יוֹמָם וָלַיְלָה לְמַעַן תִּשְׁמֹר לַעֲשׂוֹת כְּכָל־הַכָּתוּב בּוֹ
כִּי־אָז תַּצְלִיחַ אֶת־דְּרָכֶךָ וְאָז תַּשְׂכִּיל: ⁹ הֲלוֹא צִוִּיתִיךָ חֲזַק וֶאֱמָץ אַל־תַּעֲרֹץ
וְאַל־תֵּחָת כִּי עִמְּךָ יְהוָה אֱלֹהֶיךָ בְּכֹל אֲשֶׁר תֵּלֵךְ:

Jos 1,6–9: „⁶Zeige dich stark und fest; denn du selbst wirst diesem Volk das Land zum Erbbesitz geben, das ihnen zu geben ich ihren Vätern geschworen habe. ⁷Nur zeige dich sehr stark und fest darin, daß du darauf achtest, so zu handeln, ‹wie› mein Knecht Mose dir befohlen hat. Du sollst davon weder nach rechts noch nach links abweichen, damit du Er-

---

214 v. RAD, Krieg 28 Anm. 45.

folg hast, wohin du auch gehen magst. ⁸Dieses Gesetzbuch soll aus deinem Munde nicht weichen, und du sollst darüber Tag und Nacht nachdenken, damit du darauf achtest, zu handeln nach all dem, was darin geschrieben steht; denn dann wirst du deine Wege glücklich vollenden, und dann wirst du Erfolg haben. ⁹Habe ich dir nicht befohlen: Zeige dich stark und fest? Fürchte dich nicht und erschrick nicht! Denn mit dir ist Jahwe, dein Gott, wohin du auch gehen magst."²¹⁵

Jos 1,6 „gebietet dem Josua präzise den Mut in dem jetzt bevorstehenden Kampf um das verheißene Land [...]. V. 7 dagegen gibt die allgemeine Anweisung, gemäß den durch Mose ergangenen Befehlen zu handeln und von ihnen [...] nicht nach rechts und links abzuweichen [...]. Die Verallgemeinerung bedeutet [...] zugleich eine Einschränkung: der Erfolg wird daran gebunden, daß Josua sich strikt an die Befehle des Mose hält. [...] Mit V. 7 gehört V. 8 zusammen. Das Motiv des Gesetzesgehorsams ist hier noch stärker ausgeführt als in V. 7. [...] Nicht nur vom Gesetz (oder seinen Anordnungen) ist hier die Rede, sondern geradezu vom Buch des Gesetzes und dem, was darin geschrieben steht."²¹⁶ SMEND verweist auf EHRLICH: „Josua hatte während der Eroberung Kanaans die Hände voll zu tun und keine Zeit, sich Tag und Nacht mit dem Gesetzbuch abzugeben."²¹⁷ Das ist natürlich ein moderner Gedanke, der dem Ergänzer von V. 8f. ganz fern liegt. Denn er wußte: Nur das Halten des Gesetzes kann Erfolg bringen, auch in einer „kriegerischen" Landnahme. Wer sich an „dieses Gesetzbuch", diese *tôrāh*, hält, wird Erfolg haben, oder genauer: dem wird Jahwe den Erfolg geben. Die (mündliche) Anordnung Moses, des Knechtes Jahwes (V. 7), ist nun im Gesetzbuch festgehalten (Dtn 31,9.24!). Wer sich an *alles*, was darin geschrieben steht (ככל־הכתוב בו) hält, wird auch bei der Landnahme Erfolg haben.

Nicht weit von diesem Verständnis stehen die kultischen Erweiterungen in Jos (3f. und) 6. Ins Kultische gewendet, heißt das ja: wer den Kult *rite* vollzieht, der wird Erfolg haben. Wenn also alle kultischen Anweisungen befolgt werden, stellt sich der göttliche Erfolg quasi automatisch ein: Priester, präziser: Leviten, müssen mit der Lade genau gemäß allen Vorschriften (siebenmal, in der festgelegten Reihenfolge, etc.) den Jordan durchqueren bzw. die Stadt Jericho umrunden, dann vollzieht Gott das Wunder (Teilung der Wasser bzw. Einstürzen der Stadtmauern). Dem Urteil v. RADS: „Dieses Wunder ist absolut, ihm gegenüber hat keine menschliche Aktivität mehr Platz"²¹⁸, ist also zugleich zuzustimmen wie zu widersprechen. Denn so absolut das Wunder ist, so „abhängig" ist es doch von der menschlichen Einhaltung des Kultes. Abhängig natürlich nicht in dem Sinne, daß das Wunder aus göttlicher Sicht an-

215 Übersetzung nach SMEND, Gesetz 124. In V. 7 ist bekanntlich mit 𝔊 כאשר (καθότι) statt ככל־התורה אשר zu lesen (vgl. ממנו). Vgl. zur Sache auch schon NOTH, ÜSt 41 Anm. 4.
216 SMEND, Gesetz 124f.
217 EHRLICH, Randglossen z.St.
218 v. RAD, Krieg 43.

gewiesen wäre auf Mithilfe, aber doch so, daß es aus menschlicher Sicht überhaupt nur denkbar ist, wenn das kultische Handeln vollkommen ist. So zeigt es sich dann in vollendeter Form in der Kriegsrolle aus Qumran. Dort ist praktisch eine einzige Prozession beschrieben, die mit „Krieg" oder „Kampf" im herkömmlichen Sinne nichts mehr zu tun hat. Alles Handeln ist hier Ritual geworden, das den Gottessieg herbeiführt. Es handelt sich dabei um eine Linie, die sich in den verschiedenen Schichten und Motiven der Erzählung zeigt. So ist die Tradition vom Heiligen Krieg eben nicht, oder doch nur sehr bedingt, „nach vielen Wandlungen wieder in den Jahwekultus zurückgekehrt, von dem sie einstmals ausgegangen war"[219], sondern in sie münden die verschiedenen Kriegsvorstellungen und theologischen Konzepte der vorangehenden Zeiten.

An ein Fest braucht man bei alledem nicht zu denken. Es ist zuvörderst darauf hinzuweisen, daß es keinerlei Anhalt in den Texten gibt, daß hier irgendwelche Prozessionen regelmäßig, etwa jährlich, wiederholt werden sollten. „Alle diese festlichen Begehungen (wie überhaupt die ‚festliche' Verankerung alttestamentlicher Traditionen) haben an den Texten selbst keinen oder nur sehr geringen Anhalt, so daß hier größte Skepsis angebracht ist. Diese Zurückhaltung bezieht sich aber auch auf die Leistungsfähigkeit einer Methode, die der mündlichen Überlieferung sehr viel, wohl zu viel zutraute und sich dabei gelegentlich auch über den nüchternen Textbestand hinwegsetzen konnte."[220] Im Gegensatz zum assyrisch-babylonischen Raum sind aus Israel keinerlei liturgische Texte im engeren Sinne erhalten, wie etwa die vielfältigen Materialien zum babylonischen Neujahrs-(*akītu*-) Fest[221] o. ä. In Sachen Kultgeschichte, die mit dem Namen MOWINCKEL so eng verbunden ist, sollte man sich heutzutage also besser auf das wirklich Beweisbare beschränken – und das ist nicht viel. Sämtliche einmal rekonstruierten Feste sind letztlich nicht nur in höchstem Maße hypothetisch, sondern ihre Rekonstruktion ist auch wenig überzeugend gewesen. So überschreibt A. BERLEJUNG ihr Referat solcher The-

---

219 So freilich v. RAD, Krieg 83. Natürlich ist damit zu rechnen, daß auch die Kriege des alten Israel sakral geprägt waren, wie das in der Umwelt immer und selbstverständlich der Fall war. Insofern ist nicht *a priori* jedes Element des heiligen Krieges (s. die Zusammenstellung bei v. RAD, Krieg 6–14) gleich als Konstrukt einer späteren Zeit anzusehen oder auszuscheiden, sondern will im einzelnen genau überprüft werden. Andererseits ist jedoch auch der Befund ernst zu nehmen, daß solche geschichtlich verwertbaren Hinweise sich in den Erzählungen nurmehr äußerst selten finden lassen und eine einfache Gleichsetzung mit dem späteren Systems kaum zulässig sein dürfte. Ob der von v. RAD gebrauchte Begriff der „Spiritualisierung" (Krieg, 79 u. ö.) hier angebracht ist, mag man fragen – jedenfalls handelt es sich um eine Rückprojektion jüngerer theologischer Vorstellungen in die legendarische Vorzeit Israels.

220 BECKER, Exegese 69.

221 Vgl. die ausführliche Rekonstruktion von ZGOLL, Königslauf; dort auch ein Überblick über die Quellen.

sen bezeichnenderweise mit der Frage „Welche Feste gibt es nicht im Alten Testament?"[222]

3.5.3. Achans Diebstahl (Josua 7)

Hat sich im Abschnitt zu Jos 6 gezeigt, daß die Thematik des Banns dem Kapitel erst nachträglich zugewachsen ist, so bedeutet dies natürlich für die Ereignisse rund um Achans Diebstahl und Bestrafung, die eine Art Beispielerzählung für den Umgang mit Gebanntem – oder, wenn man so will, eine „Kriminalgeschichte aus frühpersischer Zeit"[223] – bilden (und den Bannvorgang selbstverständlich voraussetzen), daß sie ebenfalls sekundär dem älteren Gut zugewachsen sind. Darüber hinaus findet sich in Kap. 7 auch eine Erzählung von einem Mißerfolg bei der Eroberung der Stadt Ai. Wie sie sich zur Achangeschichte verhält, soll einer Prüfung unterzogen werden.[224]

Zweifel an der literarischen Integrität des Kapitels erheben sich zunächst am Übergang V. 1/V. 2. Das Gebannte und Achan, die in der Exposition V. 1[225] genannt werden, spielen in den Versen 2ff. gar keine Rolle. In V. 2–5a wird Ai ausgekundschaftet und der erfolglose Versuch einer Einnahme der Stadt geschildert. Die Kundschafter schätzen die Lage falsch ein (V. 3); daher erklärt sich die Niederlage: 36 Männer finden den Tod. V. 6, die Trauerreaktion Josuas kann nur von da her verstanden werden.

In V. 10–26 wird die Niederlage hingegen anders begründet, nämlich mit dem Vergehen Achans am Banngut. Dort spielen außerdem Stämmesystem und Losverfahren eine Rolle.[226] Die Verse 2–5 sind mit V. 10–26 nur indirekt verknüpft.

---

222 Berlejung, Zeiten 28–36.
223 So der Aufsatztitel von W. Dietrich, Diebstahl.
224 Zur Position von Jos 7f. im Rahmen des dtr Werkes vgl. die leider etwas zu flächig geratene Analyse von Begg, Function.
225 Die genaue Bezeichnung Achans stört den Lesefluß; der Versteil ist nachgetragen.
226 Die Stämme (שבטים) sind vorher Jos 1,12; 3,12 und Kap. 4, danach erst wieder Jos 11,23; 12,6f.; 13–21.22.23.24 erwähnt. Die Belege vor Jos 13 und nach Jos 22 sind offenkundig Zusätze von Kap. 13–21 (seit Noth, Josua¹ XIV als sekundär zu beurteilen) her. (Für Jos 1,12 vgl. Fritz, Josua z.St. Jos 4,1–10 erweist sich durch Wiederaufnahme [von Jos 3,16f. in Jos 4,11] mit der Glosse Jos 3,12 [vgl. Jos 4,2.4 und Wellhausen, Composition 118f.] als später Zusatz zu Kap. 3; die Stämme haben hier von Hause aus nichts zu suchen. Jos 11,23 ist überleitendes Versatzstück [vgl. Steuernagel, Josua 251]; Jos 12,6b setzt Kap. 13 voraus, zu V. 7b vgl. Jos 11,23.) V. 1.18 verwenden מטה, das im Josuabuch sonst nur noch in Kap. 13–22 vorkommt.

Die Frage, die sich stellt, ist die, ob man a) in Jos 7,2–9* eine Erzählung der Niederlage in Ai finden kann, die in V. 1.10–26 vorausgesetzt ist und interpretiert wird,[227] oder ob man b) mit „Jos 7,2ff. als sekundärer Wucherung"[228] rechnen muß,[229] die die allgemeinen
Formulierungen darüber, daß man vor den Feinden nicht bestehen
kann, dem „Schema vom ‚negativen' heiligen Krieg"[230] folgend, expliziert, oder ob c) die Episode für den Zusammenhang geschaffen wurde
und Jos 7 im wesentlichen „aus einem Guss"[231] ist. Die Frage kann, wie
die literarischen Verhältnisse liegen, nicht eindeutig entschieden werden; m. E. ist jedoch die erste Lösung am wahrscheinlichsten.

Zur Begründung kann gesagt werden, daß Ai hier mit Lagebezeichnung eingeführt wird; was in Jos 8 bereits als bekannt vorausgesetzt wird. Weiterhin wäre ein Übergang von Jos 6,20* auf Jos 8,1*
(oder, wenn man FRITZ folgen will, Jos 8,10) nur schwer vorstellbar.
Von Jos 7,5a auf Jos 8,1* ist das aber gut möglich.[232] Ein Ergänzer hat
über Jos 7,5b/8,1* den Bezug möglicherweise noch verstärkt[233], was
dafür sprechen könnte, daß der Rest der Achanerzählung nachdeuteronomistisch ist. Wie stellt sich die Achangeschichte selbst dann dar?

---

227 So NOTH, der Jos 8,1 für einen guten Anschluß an Jos 7,5a hält (Bethel 23 Anm. 2);
Jos 7,5b–9 seien sekundäre Überleitung. Ähnlich SCHWIENHORST, Eroberung 120f.
Anm. 31f., der die ursprüngliche Erzählung in Jos 7,2–7aα*.8 (ohne Begründung)
findet.

228 ALT, Institut 10 Anm. 2; leider ohne Begründung.

229 Literarisch könnte man diese Sicht folgendermaßen begründen: Jos 7,2–5a besteht
in wesentlichen Zügen aus einer Kombination von aus Jos 2 und Jos 8 Bekanntem:
Die Entsendung der Kundschafter (Jos 7,2a, vgl. Jos 2,1), das Auskundschaften
(רגל Pi.) des Landes (Jos 7,2b, vgl. Jos 2,1 u. 6,22[.23.25]); die Rückkehr und der
Bericht an Josua (Jos 2,3a, vgl. Jos 2,23f.: damit präzise Aufnahme von Anfang und
Ende der Kundschaftergeschichte in der Endgestalt!); das Hinaufziehen (עלה Qal)
nach Ai (Jos 7,2–4, vgl. Jos 8,1.3.10f.20f.), die Zahlenangaben, das Schlagen (נכה
Hif.) Ais (Jos 7,3, vgl. Jos 8,21.24), die Flucht vor den Männern von Ai (Jos 7,4,
vgl. Jos 8,15.20), das Verfolgen (רדף Qal; Jos 7,5, vgl. Jos 2,5.7.16.22 u. Jos
8,16f.20.24) und schließlich das Stadttor (Jos 7,5, vgl. Jos 2,5.7 u. Jos 8,29). Darüber
hinausgehend handelt es sich in den Versen lediglich um topographisches Material
(vgl. dazu auch RÖSEL, Studien; insb. die Skizze S. 163). Daß man sich bei so viel
Schall und Geschrei in Jos 6 an Hos 5,8 erinnert fühlte und die dortige Verballhornung Bethels [so schon ELLIGER, Josua 304 Anm. 3] dann hier eintrug, ist nur zu
gut verständlich. – Aber gerade die Wendungen aus Jos 2 sind doch unverzichtbar
für eine Kundschaftergeschichte, und die genaue Kenntnis der Lokalitäten könnte
umgekehrt gerade für die Ursprünglichkeit sprechen.

230 STOLZ, Kriege, 83; vgl. 81–84.

231 WELLHAUSEN, Composition 122.

232 Vgl. NOTH, Bethel 23 Anm. 2.

233 VEIJOLA, Klagegebet 188f.

Nach der Exposition in V. 1[234] entbrennt der Zorn Jahwes, worauf
die Niederlage vor Ai erfolgt. Josua reagiert darauf mit Buße/Trauer
(V. 6a[bis אַרְצָה][235]). Darauf antwortet Jahwe in V. 10–15*[236]. In V. 16–
20 wird dann der Schuldige ermittelt,[237] V. 24–26*[238] seine Verurteilung
geschildert.

Die Niederlage vor Ai und ihre Funktion im Kontext

Die Auskundschaftung Ais, die analog zu Jos 2 erfolgt – allerdings
keine eigene auch nur annähernd so farbenprächtige Lokaltradition
vorweisen kann –, und die darauf folgende Niederlage, die möglicherweise ein älteres Stratum in Jos 7 darstellen, sind in einer fiktiven
Landnahmeerzählung natürlich zu begründen: Warum sollte man von
einer Niederlage erzählen?
M.E. soll damit die Gefährdung der Gabe des Landes bei eigen-
mächtigem Vorgehen vor Augen gestellt werden. Die Gefahr lautet:
Die „Schlappe kann eine Katastrophe werden, denn der Nimbus der
Unbesiegbarkeit ist dahin."[239] Erst mit der Zusage Jahwes und dem
Vorgehen nach seinem Wort (Jos 8,2*) ist die Einnahme der Städte
möglich.

---

234 V. 1a könnte verallgemeinernde Überschrift sein (מעל findet sich ausschließlich in
    späten Texten mit Schwerpunkt in der chronistischen Literatur).
235 Der Rest des Verses führt Lade, Älteste und deren Reaktion, Asche aufs Haupt, ein
    und hängt mit V. 2–5a zusammen. Die Verse 7–9, das Klagegebet Josuas, sind spä-
    ter ergänzt.
236 Genauer: V. 10.11aα.bα.13a.14. V. 11 ist deutlich um das Bundesmotiv ergänzt, mit
    Sicherheit auch die וגם-Reihe der Vergehen; V. 12 variiert den Gottesspruch aus V.
    13b und ist in 12aβ noch glossiert worden (V. 12bα ist „eine der überflüssigen All-
    gemeinheiten, mit denen JE^s und R^d Gottesreden erweitern", Holzinger, Josua
    20); die Fortsetzung von 13a findet sich in V. 14; V. 15 ergänzt das Verbrennen und
    als Begründung das Übertreten (wortspielerisch mit עבר) nicht des Jordans, son-
    dern des Bundes.
237 V. 21–23 explizieren Achans Schuldbekenntnis in detaillierter (d.h. sekundär aus-
    malender) Form; das genannte Diebesgut ist in V. 24 (fehlendes Suffix) nachgetra-
    gen.
238 In V. 24a l. mit 𝔊 ויקח יהושע את־אכן בן־זרח ויעל אתו עמק עכור; V. 24b ist sekundär
    (Wiederaufnahme, in 𝔊* getilgt; vgl. Levin, Verheißung 45 Anm. 34). Es folgen V.
    25a.bα (bβγ doppeln Steinigung mit Verbrennung; letztere ist sekundär; der Bezug
    auf „sie" geht auf die Liste V. 24 zurück) und V. 26a (V. 26b ist nachgetragene Be-
    gründung), der sich möglicherweise aus Jos 8,29 speist.
239 Holzinger, Josua 22.

Die Achanerzählung

Die eigentliche Achanerzählung (Jos 7,1.10–26*) interpretiert die Niederlage, anknüpfend an deren ursprüngliche Intention, als Folge des Vergehens am Banngut, d. h. dem Nichtbeachten der Vorschriften des Gesetzes. Die Ausweitung der Folgen auf die Gemeinschaft erinnert an das priesterliche Konzept der „kontaminierenden Folgen von Tabu-Verletzungen"[240], wie sich aufgrund des Erwähnens von Stämmen und Losverfahren ebenfalls priesterliche Kreise für die Einfügung der Episode nahelegen. Daß sie nicht demselben Grundstratum angehört wie Jos 6 und 8, ist lange erkannt[241] und aufgrund des so ganz unterschiedlichen Charakters des Kapitels sehr wahrscheinlich.

Jos 7 ist demnach eine priesterlich gefärbte Lehrerzählung[242] zum Umgang mit dem Banngut und den negativen Folgen für die Gemeinschaft, die in Angleichung an den Kontext des Josuabuches in die Form einer Ätiologie gegossen wurde. Ihr Verfasser kennt die Verteilung des Landes an die Stämme (Jos 13ff.) und die Bannvorschriften des Deuteronomiums, wo er vielleicht auch Dtn 13 ergänzt.

Es ist nicht ohne Bedeutung, daß literarisch in Jos 6–8 vordeuteronomistisches Material zu greifen ist, weil sich deuteronomistische Redaktionsarbeit nachweisen läßt. Dieser Befund kann mehrfach gedeutet werden: Entweder gab es eine vordeuteronomistische Landnahmeerzählung,[243] die die deuteronomistischen Autoren in ihre Geschichtsdarstellung (Dtn–2Kön) integrierten. Diese hätte dann eine Landnahmeerzählung im Anschluß an das Numeribuch ersetzt (Martin Noth). Oder es handelt sich bei diesem vordeuteronomistischen Material um genau diese, den (vorpriesterlichen) Erzählzusammenhang Ex–Num fortführende Landnahmeerzählung (so die Forschung vor und neuerdings auch wieder nach Noth), die, möglicherweise im Anschluß an die Einfügung des Deuteronomiums, das sich heute ja als Moserede im Ostjordanland gibt, deuteronomistisch überarbeitet wurde.[244] Die Antwort auf diese Frage hängt stark von der Bewertung der Kapitel Dtn 1–3/4 ab: Entweder sollen sie an die vorhergehende Erzählung anknüpfen, oder sie haben die Aufgabe, „vielmehr sie ausführlich zu recapitulieren,

---

240 Schwienhorst, Eroberung 115. Lohfink, Art. Bann, bezeichnet das Phänomen als „Vorstellung materiell-kontaminöser negativer Sakralität" (238).

241 Vgl. beispielsweise Steuernagel, Josua 231–236.

242 Vgl. Mowinckel, Tetrateuch 38.

243 Auf einen vordeuteronomistischen Zusammenhang weisen vielerlei Indizien hin, vgl. Noth, ÜSt 40ff. mit der bekannten Hypothese eines vordeuteronomistischen „Sammlers".

244 Vgl. zur Sache statt vieler Kratz, Hexateuch.

d. h. zu ersetzen.“[245] Schaut man sich einmal nach einem Anschluß vor dem Deuteronomium um, so stößt man wegen des Ausschickens der Kundschafter aus Šittim (Jos 2,1) bzw. des dortigen Ausgangspunktes für den Jordanübergang (Jos 3,1), das nach Dtn 1–Jos 1 ganz unerklärlich ist, sofort auf Num 25,1[246]. Die Eroberung Jerichos wiederum setzt mutmaßlich den Jordanübergang Jos 3 (s. o. Kap. 3.5.1.) voraus. Der Zielpunkt der ursprünglichen Eroberungserzählung fände sich in Jos 12*, der Liste der eroberten Städte; möglicherweise zählen noch einige Episoden aus Kap. 9–11 dazu. Das kann (und braucht) im Rahmen dieser Arbeit nicht geklärt(zu) werden.[247] Der profilierteste Vorschlag in dieser Richtung stammt von Reinhard G. KRATZ[248]; für das Josuabuch deuten manches, wenn auch noch weitgehend dem klassischen „JE-Modell“ verpflichtet, die Arbeiten von SCHWIENHORST und BIEBERSTEIN[249] an.

Die Lade befindet sich in dem Zusatz Jos 7,6.7–9, die die Achangeschichte bereits voraussetzen: Josua trauert angesichts der Niederlage vor Ai und wirft sich nach 𝔐 bis zum Abend vor die Lade Jahwes:

Jos 7,6 ⁶וַיִּקְרַע יְהוֹשֻׁעַ שִׂמְלֹתָיו וַיִּפֹּל עַל־פָּנָיו אַרְצָה לִפְנֵי אֲרוֹן יְהוָה עַד־הָעֶרֶב הוּא וְזִקְנֵי יִשְׂרָאֵל וַיַּעֲלוּ עָפָר עַל־רֹאשָׁם:

Jos 7,6: „⁶Und Josua zerriß seine Kleider, und er fiel auf sein Angesicht zur Erde vor der Lade Jahwes bis zum Abend, er und die Ältesten Israels, und sie warfen Staub auf ihr Haupt.“

Kürzer ist der Text in 𝔊[BA]:

Jos 7,6: ⁶καὶ διέρρηξεν Ιησοῦς τὰ ἱμάτια αὐτοῦ καὶ ἔπεσεν Ιησοῦς ἐπὶ τὴν γῆν ἐπὶ πρόσωπον ἐναντίον κυρίου ἕως ἑσπέρας αὐτὸς καὶ οἱ πρεσβύτεροι Ισραηλ καὶ ἐπεβάλοντο χοῦν ἐπὶ τὰς κεφαλὰς αὐτῶν.

---

245 So vorsichtig WELLHAUSEN, Composition 193.

246 Vgl. besonders KRATZ, Ort und DERS., Komposition 115f. u. ö. Vieles hängt an Dtn 1–3; s. dazu jetzt auch GERTZ, Funktion. – Welche Gedankenakrobatik notwendig wird, wenn man diesen Vers nicht zum ursprünglichen Erzählfaden in Num zählt, ist bei FRITZ, Josua 35 zu sehen. Die von ihm in Anlehnung an NOTH geäußerte Vermutung, „Schittim“ könnte durch den Eintrag im Stationenverzeichnis Num 33 (V. 49 „Abel-Schittim“) bedingt sein, ist kaum haltbar, denn Num 33 ist längst als „zu den späten, sekundären Elementen im Pentateuch“ (NOTH, Numeri 210) gehörend erkannt. Es setzt bereits P voraus (vgl. SMEND, Entstehung 46). „Der Ortsname dient als eine literarische Brücke“ (FRITZ, Josua 35). Vielleicht ist er auch eine.

247 Hinzuzunehmen sind eventuell noch die Einsetzung Josuas als Nachfolger des Mose, ursprünglich vielleicht in Jos 1,1–9* (V. 7.8f. verschiedene deuteronomistische Ergänzungen, vgl. SMEND, Gesetz 124–126; V. 3f. sekundär wegen pluralischer Anrede und Zitat aus Dtn 11,24; vgl. HOLZINGER, Josua z. St.), dann aber auch der Tod des Mose, jetzt in Dtn 34,5f.; vgl. ausführlich KRATZ, Ort.

248 KRATZ, Komposition 208–210 und passim.

249 Vgl. SCHWIENHORST, Eroberung bzw. BIEBERSTEIN, Josua.

Jos 7,6: „⁶und Josua zerriß seine Kleider, und Josua fiel zur Erde auf das Angesicht vor dem Herrn bis zum Abend, er und die Ältesten Israels, und sie
warfen Staub auf ihre Häupter.

Die Lade wird also von 𝕲* gar nicht erwähnt. Damit dürfte sie an diesem Punkt ein früheres Stadium des Textwachstums bezeugen.²⁵⁰ Eine
Einfügung der Lade in 𝔐 hat jedenfalls sehr viel mehr Wahrscheinlichkeit für sich, entzieht sie doch Josua der Direktheit der Gottesbegegnung und vermittelt diese kultisch. Umgekehrt ergibt eine Streichung des ארון hier wenig Sinn. Hinzu kommt, daß 𝔐 im Vergleich zu
𝕲 auch an anderen Stellen die Lade nachträgt: so in Jos 4,5; 6,7 und
6,13.²⁵¹ Zum Urgestein dürfte also auch diese Erwähnung kaum gehören.

3.5.4. Josua 8,30–35

Nicht viel besser steht es – jedenfalls was das Alter betrifft – mit Jos
8,33. Dort heißt es nach dem Altarbau auf dem Ebal:

³³וְכָל־יִשְׂרָאֵל וּזְקֵנָיו וְשֹׁטְרִים וְשֹׁפְטָיו עֹמְדִים מִזֶּה וּמִזֶּה לָאָרוֹן נֶגֶד הַכֹּהֲנִים
הַלְוִיִּם נֹשְׂאֵי אֲרוֹן בְּרִית־יְהוָה כַּגֵּר כָּאֶזְרָח חֶצְיוֹ אֶל־מוּל הַר־גְּרִזִים וְהַחֶצְיוֹ אֶל־מוּל
הַר־עֵיבָל כַּאֲשֶׁר צִוָּה מֹשֶׁה עֶבֶד־יְהוָה לְבָרֵךְ אֶת־הָעָם יִשְׂרָאֵל בָּרִאשֹׁנָה:

Jos 8,33: „³³Und ganz Israel und seine Ältesten und die Schreiber²⁵² und seine
Richter standen diesseits und jenseits der Lade – den Priestern, den Leviten,
die die Lade des Bundes trugen, gegenüber; der Fremde wie der Einheimische,
die eine Hälfte gegen den Berg Garizim hin und die andere Hälfte gegen den
Berg Ebal hin, so wie Mose, der Knecht Jahwes, vormals befohlen hatte, das
Volk Israel zu segnen."

Nach der abschließenden Notiz Jos 8,29 (עד היום הזה ...) setzt 8,30 mit
אז neu ein. V. 30 berichtet von einem Altarbau durch Josua auf dem
Berg Ebal für „Jahwe, den Gott Israels"²⁵³. Durch den Berg Ebal ist die

---

250 Vgl. schon HOLZINGER, Josua 20. Durch die Einfügung Lade erklärt sich auch die
    Umstellung in der Handlung Josuas (fallen auf das Angesicht / auf die Erde). Die
    doppelte Namenserwähnung wird von 𝔐 geglättet. Zum Verhältnis zwischen 𝔐
    und 𝕲 im Josuabuch insgesamt s. die Erwägungen von AULD, Texts.
251 Vgl. auch TOV, Growth 335, der die Einfügungen ebenfalls als „theological correc-
    tions" bezeichnet.
252 Zur Bedeutung des *Part.* שוטר vgl. akk. *šaṭāru* „schreiben" (𝕲: γραμματεύς) und
    GERTZ, Gerichtsorganisation 82–84. Seine postulierte Grundbedeutung eines „un-
    tergeordneten Sekretärs in der Militär- und Justizverwaltung" (84) ist hier ver-
    mutlich schon verblaßt.
253 Diese Gottesbezeichnung außer Jos 7,13.19.20 zuletzt Ex 34,23 und danach im Jo-
    suabuch noch Jos 9,18f. (Zusatz, vgl. BLUM, Studien 225); 10,40.42 (Zusatz, vgl.

Szene deutlich rückgekoppelt an Dtn 11,29–31 und besonders an Dtn 27 (V. 1–8)[254], an sich schon „ein buntscheckiges und im Ganzen junges Stück"[255]. V. 31 begründet den Altarbau zweifach mit dem Befehl des Mose, Knecht Jahwes, an die Israeliten, und (gedoppelt) damit, daß es im Gesetzbuch des Mose so geschrieben sei. Anschließend folgt gemäß Dtn 27,5 die Bestimmung, daß der Altar aus unbehauenen Steinen sein soll, über denen man kein Eisen geschwungen haben soll. Nun opfern „sie" auf dem Altar für Jahwe Brandopfer (Dtn 27,6) und schlachten Heilsopfer (Dtn 27,7). V. 32 schreibt Josua dort auf die Steine eine Abschrift (משנה) des Gesetzes Moses, das dieser vor den Israeliten geschrieben habe.[256] V. 33 führt unvermittelt die Lade in die Szene ein, an deren Seiten sich ganz Israel, die Ältesten und die Schreiber und Richter versammeln und die von den Priestern, genauer: den Leviten, getragen wird; Fremde und Einheimische (כגר כאזרח)[257] stehen gegen den Garizim und den Ebal hin,[258] wie Mose, Knecht Jahwes, vormals befohlen habe, das Volk Israel[259] zu segnen. Anschließend (V. 34) verliest „er" alle Worte des Gesetzes, den Segen und den Fluch, gemäß allem, was im Buch des Gesetzes[260] geschrieben steht. Es gab kein Wort von allem, was Mose befohlen hatte, das er nicht vor der Versammlung Israels gelesen hätte, und den Frauen und den Kindern und dem Fremden, der in ihrer Mitte wandelte[261] (V. 35).

RUDOLPH, Elohist 208); 13,14.33; 14,14; 22,24; 24,2.23 (zu Jos 24 vgl. BLUM, Komposition 51f.60). Es sind dies nicht die ältesten Stücke.

254 הר עיבל: Dtn 11,29; 27,4.13; Jos 8,30.33. Zu Dtn 27 vgl. LEVIN, Verheißung 110–113; zum Verhältnis Dtn 27 / Jos 8,30–35 vgl. außerdem FABRY, Altarbau und, insbesondere zur Frage nach dem Verhältnis von samaritanischen und judäischen Traditionen und ihrer Bedeutung für die *tôrāh*, KRATZ, Temple 100f.

255 WELLHAUSEN, Composition 363.

256 Die Formulierung ist singulär (אשר כתב), ihr Fehlen in 𝕲 weist sie als späte Glosse aus. Angespielt wird wohl auf Dtn 31,24 (vgl. die Ergänzungen in V. 34f.), ggf. ist noch an Ex 24,4 / 34,27f. zu denken. Es dürfte im übrigen nicht unerhebliche technische Schwierigkeiten bereiten, auf unbehauenen Steinen eine Inschrift anzubringen.

257 Ex 12,19.48f.; Lev 16,29; 17,15; 18,26; 19,34; 24,16.22; Num 9,14; 15,29f., (allesamt P bzw. P[s], vgl. SMEND, Entstehung 48), Ez 47,22 (P jedenfalls nahestehend, wenn nicht voraussetzend), die genaue Formulierung nur noch Lev 24,16.22.

258 Statt וְהַחֲצִיוֹ lies וְהַחֲצִיוֹ; vgl. BHK.

259 העם ישראל nur noch 1Kön 16,31 (bei der Aufteilung des Volkes in die Anhänger Tibnis und Omris) und Esr 9,1.

260 Die zum Buch gewordene *tôrāh*, ספר התורה, sonst noch Dtn 28,61; 29,20; 30,10; 31,26; Jos 1,8; 2Kön 22,8 (par. 2Chr 34,15).11; Neh 8,3.

261 Zur Aufzählung vgl. Dtn 29,10; 31,12.

Literarkritische Bemerkungen

Die Unstimmigkeiten im Ablauf sind unter anderem folgende[262]:
Jos 8,31aα₂ (משה ... ככתוב) begründet V. 30 ein zweites Mal, er wird nachgetragen sein.

Die Verbform קרא (V. 34) bezieht sich dem Sinn nach offensichtlich zurück auf Josua, der V. 30–32 der Handelnde ist, ebenso kann auch nur die geschriebene *tôrāh* aus V. 32 verlesen werden. V. 33 stört also den Zusammenhang.[263] Seine Sprache weist ihn als frühestens priesterschriftlich aus.[264] Er trägt u. a. die Verteilung des Volkes auf Ebal und Garizim gemäß Dtn 27,11ff. nach.

Jos 8,34aα ergänzt die (Dtn 27 nicht vorgeschriebene!) Verlesung des Gesetzes. Jos 8,34b trägt „Segen und Fluch" aus Dtn 11,26–29 nach, er liegt frühestens auf spätdtr Ebene wie auch Jos 1,8[265] (dort ebenfalls כי בל־הכתוב; ספר התורה). Das zweifache Auftauchen des Begriffes *tôrāh* weist eventuell auf nachträgliche Ergänzung des Versteils aβ.b hin, wie ohnehin dessen Anschluß unglücklich ist.

Jos 8,35 macht die Verlesung des Gesetzes zur ersten nach der Vorschrift aus Dtn 31,9–13[266]. Er setzt V. 34 wahrscheinlich bereits voraus.

In Jos 8,30–35 lassen sich demnach im wesentlichen drei Schichten unterscheiden:
i) Ein spätdeuteronomistischer Verfasser erzählt in Jos 8,30–32 von der Ausführung des mosaischen Gebotes Dtn 27,1–8. Dieser Verfasser könnte aufgrund der Gesetzesthematik mit DtrN zu titulieren sein. Da das Gesetz hier aber nicht nur als Bezugsgröße auftritt (etwa in der Form: Rechtssätze, Weisungen, Ordnungen), sondern schon „verstei-

---

262 Sie sprechen dagegen, das Stück *in toto* einem Autoren zuzuweisen, wie es beispielsweise Nelson (Joshua z. St.: „constructed by DH") vorschlägt.

263 Das Ganze ist offensichtlich „in freiem Anschluß an Dt 319ff. berichtet (Noth, Josua¹ 29).

264 Zu כנר וכאזרח s. o. Der Vers kombiniert demnach priesterschriftliche und sehr späte bis nachdeuteronomistische (z. B. die aufgezählten Ämter, vgl. Jos 23,2 [DtrN], vgl. Smend, Gesetz 130–133]; 24,1 [s. o.]) Motive.

265 Schon Smend, Gesetz 125f. erwägt eine Verortung in die Nachgeschichte von DtrN.

266 Der Abschnitt Dtn 31,9–13 ist freilich auch überarbeitet (s. o. Kap. 3.3.), aber über Jos 8,33 in V. 35 wohl in der Endgestalt vorausgesetzt. Die Erwähnung Josuas ist sprechend (Dtn 31,3.7.14.23).

nert" ist, dürfte es sich bereits um eine spätere Hand innerhalb von DtrN handeln.[267]

ii) In V. 34aβb.35 wird diese Erzählung unter Verweis auf Dtn 11,26–29 ergänzt, die Segen und Fluch von Dtn 27f. ankündigen; ein glossierender Zusatz (V. 34aα) gehört auf dieselbe, spät- oder nachdtr Ebene.

iii) Nachpriesterschriftlich werden Leviten und Lade (vgl. Dtn 31,9–13) und die Verteilung auf Ebal und Garizim (V. 33; nach Dtn 27,11ff.) ergänzt. Wie in den vorausgesetzten Versen aus Dtn 31 muß die Lade bei einer solch wichtigen Aktion wie der Verlesung des Gesetzes (Dtn 31,11, davon abhängig Jos 8,34f.) am neu erbauten Altar anwesend sein. Das Problem des Ergänzers dürfte – jedenfalls in Sachen „Bundeslade" darüber hinaus das folgende sein: Josua befindet sich im Gelobten Land und verstößt mit dem Altarbau gegen das deuteronomische Kultzentralisationsgebot (Dtn 12)! Da es jedoch noch keinen Tempel gibt, kann die Lade die Stätte des steinernen Altars (Dtn 27,5f.[268]) und die dargebrachten Brand- und Heilsopfer (Dtn 27,5) nachträglich legitimieren. Von M. ANBAR stammt der anregende Gedanke, daß den Zusatz die Kultzentralisation schon gar nicht mehr wirklich interessiert, sondern der Abschnitt vielmehr auf das Ansinnen Späterer zurückzuführen sei, daß *sämtliche* Gebote der *tôrāh* auch ausgeführt werden müssen.[269]

Zur Stellung von Jos 8,30–35

Vielleicht darf man als Grund für die Stellung von Jos 8,30–35 hinter 8,1–29[270] mit RUDOLPH (unter Verweis auf DE GROOT) etwa folgende Vermutung äußern: So

---

267 Sollte LEVIN mit seinen Beobachtungen (Verheißung 110–113) Recht haben, setzen Dtn 27,2–3 bereits Jos 24,25f. und Ex 24,4–8 voraus; V. 4–8 ergänzen noch weiter. Der Erfüllungsbericht Jos 8,30–35 wäre dementsprechend jünger.

268 Vgl. Ex 20,24–26!

269 ANBAR, Story 309 Anm. 27.

270 Dies ist nicht der Ort, um die Varianten in 𝔔 und 𝔊 letztgültig zu klären; sie zeigen zunächst, daß die Stellung in 𝔐 einer Erklärung bedarf. Gegen die Ursprünglichkeit der Stellung von Jos 8,34b.35 in 4QJos^a (vor Jos 5,1) vgl. NOORT, Traditions gegen ULRICH, 4QJoshua^a und in DJD XIV (zu einer anderen Lösung vgl. auch ROFÉ, Editing 77f.), gegen die der Position von Jos 8,30–35 nach 9,2 in 𝔊 vgl. ebenfalls NOORT, Traditions: „The LXX is as helpless as the Masoretic Text" (165). Eine plausible Lösung hat jüngst VAN DER MEER (Formation 479–522) angeboten, der für 𝔔 in einer umfassenden Rekonstruktion nachweist, daß dort die Verse Jos 8,32.34f. zwar vor Jos 5,1 stehen, die gesamte Passage aber wahrscheinlich dennoch noch einmal nach Jos 8,29 steht! Seine Begründung, daß nämlich die

wie in Ex 17 Mose seinen ersten Schlachtsieg (durch Josua! Ex 17,9f.13f.!) dem hochgehaltenen Stab (מטה אלהים) verdankt (Ex 17,8ff.), einen Altar baut (Ex 17,15) und auf Jahwes Befehl etwas aufschreibt (Ex 17,14), hält es ganz analog auch Josua nach seinem Sieg mit dem hochgehaltenen Krummschwert. Sollten diese Beobachtungen zutreffen, wäre schon für die Grundschicht mit einem das Exodusbuch und das Deuteronomium in jeweils bereits erweiterter Form enthaltenden Geschichtswerk (demnach Ex – 2Kön!) zu rechnen. Die Erzählung Ex 17 ist darüber hinaus spät und nachpriesterschriftlich, wie NOORT überzeugend nachgewiesen hat. „Der Verfasser von Ex 17:8–16 hat das Josuabuch gelesen" – vielleicht noch ohne Jos 8,30–35. „Die Stoffe, die der Erzähler nutzt, sind von deuteronomistischem und priesterlichem Ursprung, ohne dass sie einem der beiden definitiv zuzurechnen sind."[271]

3.5.5. Josef und Josua – oder: „Jahwist" und „Hexateuch" (Josua 24 𝕲)

Interessant ist nun noch, wie 𝕲 am Ende des Josuabuches, und damit auch am Ende des eingangs (Kap. 1.) von Gen 50,24ff. aus gefundenen Erzählfadens lautet. Das Ende des Josuabuches ist dort bekanntlich so überliefert (Passagen mit Parallelen in 𝔐 in magerer, größere Zusätze in 𝕲 in *kursiver* Schrifttype wiedergegeben):

Jos 24,29–33 (𝕲): [29]καὶ ἐλάτρευσεν Ισραηλ τῷ κυρίῳ πάσας τὰς ἡμέρας Ιησοῦ καὶ πάσας τὰς ἡμέρας τῶν πρεσβυτέρων, ὅσοι ἐφείλκυσαν τὸν χρόνον μετὰ Ιησοῦ καὶ ὅσοι εἴδοσαν πάντα τὰ ἔργα κυρίου, ὅσα ἐποίησεν τῷ Ισραηλ.
[30]καὶ ἐγένετο μετ' ἐκεῖνα καὶ ἀπέθανεν Ιησοῦς υἱὸς Ναυη δοῦλος κυρίου ἑκατὸν δέκα ἐτῶν. [31]καὶ ἔθαψαν αὐτὸν πρὸς τοῖς ὁρίοις τοῦ κλήρου αὐτοῦ ἐν Θαμναθασαχαρα ἐν τῷ ὄρει τῷ Εφραιμ ἀπὸ βορρᾶ τοῦ ὄρους Γαας [31a]*ἐκεῖ ἔθηκαν μετ' αὐτοῦ εἰς τὸ μνῆμα, εἰς ὃ ἔθαψαν αὐτὸν ἐκεῖ, τὰς μαχαίρας τὰς πετρίνας, ἐν αἷς περιέτεμεν τοὺς υἱοὺς Ισραηλ ἐν Γαλγαλοις, ὅτε ἐξήγαγεν αὐτοὺς ἐξ Αἰγύπτου, καθὰ συνέταξεν αὐτοῖς κύριος, καὶ ἐκεῖ εἰσιν ἕως τῆς σήμερον ἡμέρας.* – [32]καὶ τὰ ὀστᾶ Ιωσηφ ἀνήγαγον οἱ υἱοὶ Ισραηλ ἐξ Αἰγύπτου καὶ κατώρυξαν ἐν Σικιμοις ἐν τῇ μερίδι τοῦ ἀγροῦ, οὗ ἐκτήσατο Ιακωβ παρὰ τῶν Αμορραίων τῶν κατοικούντων ἐν Σικιμοις ἀμνάδων ἑκατὸν καὶ ἔδωκεν αὐτὴν Ιωσηφ ἐν μερίδι.

Ausführung der Anordnungen aus Dtn 27 (nur in V. 32.34f.!), dort für die Zeit בעברכם את־הירדן vorgesehen sind, auch wirklich *sofort* nach dem Durchzug erfüllt werden mußten, leuchtet sofort ein (vgl. a.a.O. 513). Die Stellung in 𝕲 ist hingegen in gewisser Weise *lectio facilior* gegenüber 𝔐, da der Bezug von Jos 9,1f. („Als hörten...") unschön auf Jos 8,29 zurückweist. In Jos 9,3 beginnt hingegen die Gibeonitengeschichte. 8,30ff. „passen" nach Jos 9,2 also besser (vgl. a.a.O. 521).

271 Beide Zitate bei NOORT, Josua und Amalek 170. Zur Literarkritik von Ex 17 vgl. LEVIN, Jahwist 358; V. 12aβ.14.15–16 sind Ergänzungen. Das Stück ist „nicht quellenhaft" (ebd.).

³³ καὶ ἐγένετο μετὰ ταῦτα καὶ Ελεαζαρ υἱὸς Ααρων ὁ ἀρχιερεὺς ἐτελεύτησεν καὶ ἐτάφη ἐν Γαβααθ Φινεες τοῦ υἱοῦ αὐτοῦ, ἣν ἔδωκεν αὐτῷ ἐν τῷ ὄρει τῷ Εφραιμ. ³³ᵃ ἐν ἐκείνῃ τῇ ἡμέρᾳ λαβόντες οἱ υἱοὶ Ισραηλ τὴν κιβωτὸν τοῦ θεοῦ περιεφέροσαν ἐν ἑαυτοῖς, καὶ Φινεες ἱεράτευσεν ἀντὶ Ελεαζαρ τοῦ πατρὸς αὐτοῦ, ἕως ἀπέθανεν καὶ κατωρύγη ἐν Γαβααθ τῇ ἑαυτοῦ. ³³ᵇ οἱ δὲ υἱοὶ Ισραηλ ἀπήλθοσαν ἕκαστος εἰς τὸν τόπον αὐτῶν καὶ εἰς τὴν ἑαυτῶν πόλιν. καὶ ἐσέβοντο οἱ υἱοὶ Ισραηλ τὴν Ασταρτην καὶ Ασταρωθ καὶ τοὺς θεοὺς τῶν ἐθνῶν τῶν κύκλῳ αὐτῶν καὶ παρέδωκεν αὐτοὺς κύριος εἰς χεῖρας Εγλωμ τῷ βασιλεῖ Μωαβ, καὶ ἐκυρίευσεν αὐτῶν ἔτη δέκα ὀκτώ.

Tabellarisch:

	𝔐	𝔊	
Entlassung des Volkes	28 ⟵⟶	28	Entlassung des Volkes
		29	Jahwe-Dienst Israels
Tod Josuas	29	30	Tod Josuas
Begräbnis Josuas	30	31	Begräbnis Josuas
Jahwe-Dienst Israels	31		
–	–	31ᵃ	*Zusatz:* Beschneidungsmesser Jos 5
Begräbnis der Gebeine Josefs	32 ⟵⟶	32	Begräbnis der Gebeine Josefs
Tod und Begräbnis Eleasars	33 ⟵⟶ ≈33		Tod und Begräbnis Eleasars
–	–	33ᵃ	*Zusatz:* Lade und Ladepriester
–	–	33ᵇ	*Zusatz:* Fremdgötterdienst

Gemeinsamkeiten und Unterschiede brauchen hier nur so weit untersucht zu werden, wie sie zum Thema beitragen; der Übergang vom Josua- zum Richterbuch ist oft genug Gegenstand eingehender Untersuchungen gewesen.[272] 𝔊 weist eine gegenüber 𝔐 andere Versreihenfolge sowie einige Überschüsse (V. 31ᵃ 𝔊, 33ᵃ–33ᵇ 𝔊, Zusätze in V. 33) auf.

Die Frage, welche Fassung des Josuaschlusses die ursprüngliche ist, kann relativ schnell beantwortet werden: Für ein Streichen der Zusätze der (Vorlage von) 𝔊 durch 𝔐 lassen sich keine plausiblen Gründe finden, umgekehrt ergeben sich die Erweiterungen einer mit 𝔐 praktisch identischen Vorlage durch 𝔊 zwanglos, z.T. als innerbiblische Auslegung:

---

272 Vgl. Blum, Knoten; Kratz, Komposition 204–208; außerdem Becker, Richterzeit und vor allem ders., Kontextvernetzungen; ausführlich Rake, Juda, (leider ohne den Befund in 𝔊); mit Blick auf Qumran und 𝔊 dann vor allem Lucassen, Übergang. Am eingehendsten hat den Übergang vielleicht Rofé (End) bearbeitet, zu dessen originellem Vorschlag s.u. und vgl. die zugehörige Rückübersetzung bei Tov, Textual Criticism 331. Neben H.N. Rösel (Überleitungen; Josua bis Jojachin) hat sich auch M. Rösel dem Thema gewidmet, vgl. Septuagint-Version (= dt. Septuaginta-Version). Die Diskussion wird auch aufgenommen von Kratz, Hexateuch 304f.; Schmid, Erzväter 218ff.

Die Reihenfolge in 𝕲 ist offensichtlich logischer und deshalb sekundär; dafür spricht auch die Wiederaufnahme von Jos 24,28 am Anfang von V. 33ᵇ 𝕲. V. 31ᵃ 𝕲 bindet die Grabstätte Josuas an den Ort der Beschneidung (Jos 5) und hängt aufs engste zusammen mit Jos 21,42ᵇ⁻ᵈ 𝕲 (Levitenstädte[273]; vgl. par. die Landgabe in Jos 19,49–51 𝔐 und 𝕲), die ihrerseits Jos 24,31 vorziehen: Josua erhält die von ihm geforderte Stadt, Θαμνασαραχ, ἐν τῷ ὄρει Εφραιμ, denn dort wird er ja begraben werden.[274] Der Verbleib der steinernen Messer der zweiten Beschneidung aus Jos 5 wird in 21,42ᵈ 𝕲 geklärt. Im Hintergrund steht nicht zuletzt auch die Frage, wo „heilige" Geräte zu diesem Zeitpunkt geblieben sind.

Es dürfte kaum Zufall sein, daß genau nach der Erwähnung der Gebeine Josefs (Jos 24,32), die ja laut Gen 50,26 in einem ארון liegen, die Lade erwähnt wird (s. o. Kap. 1.). Auch Eleasar (Jos 24,33[275]!) ist im Zusammenhang mit der Lade kein unbekannter Name (vgl. Dtn 10,6; ferner 1Sam 7,1; sein Sohn ist nach Jos 24,33 Pinhas, und der wiederum mit der Lade befaßt nach Ri 20,27f.; 1Sam 1–3.4!). Hier ballen sich also gewissermaßen Anspielungen auf die Lade und die ihr zugeordneten Priester, die der Ergänzer in der Septuaginta-Vorlage explizit macht, indem er die Lade ins Spiel bringt. Er mag dabei an die Gebeine Josefs gedacht haben, will aber wohl vor allem auch die Kontinuität der Lademitführung von Ex 25 bis in die Samuelbücher gewahrt wissen, füllt also gewissermaßen die „Lücke" zwischen Jos 3f.6.8 und Ri 20 – denkt er an Pinhas, dann vielleicht gar bis 1Sam 1–4.[276]

---

273 Die Nähe Josuas zu den Leviten zeigt sich an Eleasar und natürlich der engen Verbundenheit mit der Lade.

274 Zur Betonung der Rolle Josuas in 𝕲 vgl. BECKER, Kontextverknüpfungen 153; ebenso zur Verortung von Jos 24 in Silo (ebd.)

275 Vgl. GÖRG, Josua z. St., der Jos 24,33 zu einer „priesterlichen Bearbeitung" zählt.

276 Daß danach der Text zu Ri 3,12 übergeht, hat ROFÉ zu der Annahme geführt, hier liege ein ursprünglicher Übergang von Jos nach Ri vor (vgl. auch Tov, Textual Criticism 329–330.331 mit Rückübersetzung; s. auch DERS., Use 245-49 zu Josua insgesamt. Der Übersetzer der Vorlage habe nur einen „limited degree of freedom" [a. a. O. 245] gehabt, was wohl zutreffen dürfte). Wegen des sekundären Charakters der zusätzlichen Passagen vorher ist eine solche Annahme aber eher unwahrscheinlich. Dagegen vgl. die Argumente von H. N. RÖSEL, Übergang 248–250, der richtig bemerkt, daß diese Verse „am Schreibtisch formuliert" sind (Überleitungen 349, vgl. 348f.). Daß der Schluß von der Damaskusschrift (CD V, 2ff., dazu s. u. Kap. 9.) aufgenommen wird, beweist dabei nur, daß es ihn gab, aber sagt nichts über seine Ursprünglichkeit; vgl. KRATZ, Hexateuch 304.

3.6. Resümee: Die Lade Jahwes im Buch Josua

Sollten die gemachten Beobachtungen zutreffen, wäre die Lade im Josuabuch ausschließlich in Zusätzen zur Grunderzählung in Jos 1–
12*(.24*) zu finden. Die Lade war also offensichtlich historisch weder
am Jordanübergang noch an der Eroberung des Landes beteiligt. Doch
auch ihr ursprünglicher überlieferungsgeschichtlicher Haftpunkt
scheint nicht im Josuabuch zu liegen. Das legt sich bei einem „Übergangsstück", wie es Jos 3f. darstellt, nahe, wird aber bis in die neueste
Zeit auch anders gesehen. Wenn die Lade beim Einzug in das Heilige
Land anwesend sein soll, dann muß sie sich mindestens nach diesem
Einzug auch im Land befinden – wenn sie das Volk nicht auch schon
davor auf seiner Wanderung begleitet haben muß. Sollte letzteres zutreffen, hieße das nach den Ergebnissen der vorigen Analysen, daß
auch im Josuabuch die Erwähnungen der Lade sich auf priesterschriftliche oder spätere Erwähnungen beziehen müßten. Auszuschließen ist
das nicht; jedenfalls haben sich genügend Hinweise finden lassen, daß
einige der Erwähnungen im Sinne und im Stile der Priesterschrift zu
erklären sind, so etwa in Jos 4,16 (𝔐). Daß das Josuabuch in diesem
Geiste überarbeitet wurde, dürfte spätestens seit M. Noth feststehen,
und nicht ohne Grund hat man hier ja auch immer wieder priesterschriftliche Textanteile finden wollen. Daß die Bezeichnungen der Lade keine große Hilfe bei der Bestimmung der Hände sind, die sie in
den Text eingefügt haben, erweist sich an den Unterschieden in der
griechischen und hebräischen Überlieferung des Textes. Die Rolle, die
die Lade im Josuabuch spielt, ist nicht nur die einer Führung durch das
Land, sondern sie trägt insbesondere in den Erzählungen vom Jordanübergang und von der Eroberung Jerichos starke numinöse Züge und
bewirkt sowohl das Wunder, daß die Israeliten den Jordan trockenen
Fußes überqueren können, als auch den sagenhaften Fall der Mauern
von Jericho. Ihr Einsatz findet nach Jos 6 wiederum in kriegerischen
Zusammenhängen statt, wie es in Num 10 den Anschein hatte und wie
es in 1Sam 4–6 wieder der Fall sein wird.[277] Das könnte dafür sprechen, daß die Lade in der Tat gewandert ist – und zwar zunächst vom
Philisterkrieg in Richtung Landnahme. Ihre Bedeutung potenziert sich
dabei immer mehr, je weiter die Überlieferung voranschreitet. Der
Kampf wird zum Heiligen Krieg, der Heilige Krieg zu einer einzigen
Prozession des Kultpersonals. Dieses Kultpersonal hat seine Heimat
jedoch am Tempel – und dort ist die Lade erst nach dem Bericht in

---

277 Zu Ri 20,27f. s. u. Kap. 4.

1 Kön 8, der hier damit indirekt das erste Mal am Horizont erscheint. Einen priesterlosen Jordanübergang mit der Lade hat es möglicherweise nie gegeben; möglicherweise auch keine Lade im Josuabuch vor der Priesterschrift. Die meisten Erwähnungen, auch die in Jos 8, die bereits die Leviten als Ladeträger kennt, wissen von ihr als numinosem Ort der Gottesgegenwart und wohl auch von ihrem Inhalt, den Tafeln vom Sinai. Daß es sich bei den Erzählungen des Josuabuches nicht um historisch verifizierbare Tatsachenberichte, sondern um die Geschichte als „Denkform des Glaubens" geht, braucht seit den Ausgrabungen von Jericho und Ai hier kaum noch Erwähnung zu finden. So weiß schließlich auch die Septuaginta, wann und wo die Lade dabei war und bringt sie in einen etwas schillernden Zusammenhang mit den Gebeinen Josefs, die seit Gen 50 in ihrem „Sarg" (ארון) liegen und den Exodus (Ex 13,19) hinter sich haben. Doch sind all das so späte Spekulationen, daß sie ihren Weg in den Masoretischen Text nicht mehr gefunden haben.

4. Intermezzo in Bethel (Richter 20,27)

Im Richterbuch kommt die Lade nur ein einziges Mal vor, nämlich in
Ri 20,27:

Ri 20,27f. ²⁷ וַיִּשְׁאֲלוּ בְנֵי־יִשְׂרָאֵל בַּיהוָה וְשָׁם אֲרוֹן בְּרִית הָאֱלֹהִים בַּיָּמִים הָהֵם: ²⁸ וּפִינְחָס
בֶּן־אֶלְעָזָר בֶּן־אַהֲרֹן עֹמֵד לְפָנָיו בַּיָּמִים הָהֵם לֵאמֹר הַאוֹסִף עוֹד לָצֵאת לַמִּלְחָמָה
עִם־בְּנֵי־בִנְיָמִן אָחִי אִם־אֶחְדָּל וַיֹּאמֶר יְהוָה עֲלוּ כִּי מָחָר אֶתְּנֶנּוּ בְיָדֶךָ:

Ri 20,27f.: „²⁷ Und die Israeliten befragten Jahwe – und dort war die Lade des
Bundes Gottes in jenen Tagen, ²⁸ und Pinhas, Sohn des Eleasar, Sohnes des
Aaron, stand vor ihm/ihr¹ in jenen Tagen – folgendermaßen: Soll ich wiederum zum Kampf mit den Söhnen meines Bruders Benjamin ausziehen, oder
soll ich aufhören? Und Jahwe sagte: Zieht hinauf, denn morgen werde ich ihn
in deine Hand geben!"

Es unterliegt keinem Zweifel², daß die Erwähnung der Lade in diesen
Versen literarisch sekundär ist: „In 20,27.28 ist die Parenthese zwischen ביהוה v. 27 und לאמר offenbares Glossem, denn sonst müsste sie
bei v. 18 stehn, auch kann לאמר nicht so von וישאלו getrennt werden.
Also fällt Phinehas der Hohepriester fort und damit der angebliche
Anhalt zur Zeitbestimmung."³ Das Problem der (wohl zweistufigen
Ergänzung) ist die Ladebezeichnung. 𝔐 liest, eher ungewöhnlich, ארון
ברית האלהים,⁴ zwei hebräische Handschriften und 𝔊ᴮᴿ haben ארון ברית
יהוה אלהים, zwei hebräische Handschriften sowie 𝔊* und 𝔖 lasen (in

---

1   Der Bezug ist nicht eindeutig, es könnte sowohl Jahwe als auch die Lade gemeint
     sein.
2   Köhlmoos erklärt freilich nur die Notiz über Pinhas für sekundär und die Er-
     wähnung der Lade für „konstitutiv" (Bet-El 284, Zitat ebd. Anm. 48). Der An-
     schluß des לאמר in V. 28 bleibt damit aber etwas unglücklich. In der Datierung
     und den weiteren Folgerungen (vgl. a.a.O. 284–286) ist ihr hingegen nur zuzu-
     stimmen.
3   Wellhausen, Composition 231 Anm. 1; schon 𝔊ᴮᴿ reagiert auf den „unge-
     schickt[en]" Einschub (Maier, Ladeheiligtum 41 Anm. 10) mit der Umstellung
     von V. 27a vor das לאמר in V. 28. Als Zusatz erkennen die Passage auch Moore,
     Judges 434; Budde, Richter 136; Noth, System 167; Smend, Jahwekrieg 173;
     Gunneweg, Leviten; Veijola, Königtum 22f. Darüber hinaus nehmen Moore
     und Budde eine zweistufige Entstehung an. Das doppelte בימים ההם spricht ent-
     schieden für die letztere Möglichkeit (aber anders Becker, Richterzeit 276).
4   Außerdem 1Sam 4,4 (!); 2Sam 15,24; 1Chr 16,6.

ihrer Vorlage) möglicherweise ארון ברית יהוה.[5] Es ist einigermaßen hoffnungslos, aus diesem Wirrwarr die ursprüngliche Lesart zu eruieren. Ausschließen läßt sich höchstens die Version in 𝔊[BR], die die beiden anderen harmonisieren dürfte und so sonst nirgends vorkommt.[6] Als *lectio difficilior* wäre 𝔐 zu lesen, es ergibt sich mit der einen wie der anderen Bezeichnung eine Beziehung zu 1Sam 4, dem ersten Kapitel der Ladeerzählung, in dem beide *Termini* vorkommen (V. 3.5 und V. 4). Daß die Lade aufgrund ihrer Bezeichnung hier bereits als Gesetzesbehälter verstanden wurde, läßt sich kaum ohne weiteres nachweisen.[7] Mit der Priesternotiz begibt man sich auf festeren Boden, denn Pinhas (Sohn Eleasars Sohn Aarons) wird ausschließlich in (nach-) priesterschriftlichen und chronistischen Texten genannt.[8]

Man hat oft die Verbindungen des Kapitels Ri 20 mit Jos 8, der Eroberung Ais, gesehen. Die „Beschreibung des Kampfes gegen Gibea 20 [ist] nahezu eine Kopie der Beschreibung des Kampfes gegen Ai (Jos. 8).“[9] In neuerer Zeit hat vor allem Uwe BECKER dieses Urteil WELLHAUSENs auf eine breite Basis gestellt und dahingehend modifiziert, daß die Beziehungen zu Jos 8 sich erst in den Ergänzungen einer Grundfassung des Kapitels ausmachen lassen, d.h. die Parallelität zwischen Ri 20 und Jos (7–)8 erst auf einen oder mehrere sekundäre Bearbeiter zurückzuführen sein dürften.[10] Für die Grundschicht jedoch „drängt sich hier der erste Teil der Ladegeschichte (1Sam 4) auf.“[11] Schlagend ist die zweifache Niederlage vor dem jeweiligen Sieg, hinzu kommen parallele Formulierungen in beiden Texten (ערף Ri 20,22 [2×].30.33 / 1Sam 4,2, חנה על Ri 20,19 / 1Sam 4,1, נגף mit Jahwe als Subjekt Ri 20,35 / 1Sam 4,2.3, die „Härte“ des Kampfes כבדה Ri

---

5 Außerdem Num 10,33; 14,44; Dtn 10,8; 31,9.25; Jos 3,17; 4,7.18; 6,8; 8,33; 1Sam 4,3.4(+ צבאות).5; 1Kön 6,19; 8,1.6 par. 2Chr 5,2.7; Jer 3,16; 1Chr 15,25.26.28.29; 16,37; 17,1; 22,19; 28,2.18.

6 Mit Suffix der 2. *masc. Plur.* Dtn 31,26, davon abh. Jos 3,3. In 𝔊 findet man sie nur noch einmal erweitert in 1Sam 6,3 (εἰ ἐξαπεστέλλετε ὑμεῖς τὴν κιβωτὸν διαθήκης κυρίου θεοῦ Ισραηλ), so auch 𝔔 (ארון ברית יהוה אלוהי ישראל).

7 Anders BECKER, Richterzeit 276. In der Sache ist der Unterschied aber vernachlässigbar.

8 Pinhas als Sohn Eleasars Ex *6,25*; Num *25,7.11*; 31,6; Jos 22,13.31.32; *24,33*; Ri 20,28; Esr *7,5*; 8,33; 1Chr 5,30(2×); *6,35*; 9,20; außerdem Ps 106,30 (Stellen mit Bezug auf Aaron *kursiv* wiedergegeben). Zu den Numeri-Stellen vgl. NOTH, Numeri 170f.

9 WELLHAUSEN, Composition 231.

10 Vgl. BECKERs gründliche Übersicht Richterzeit 282. Möglicherweise hat KÖHLMOOS recht, die die Kapitel als Vorlage für Ri 20 sieht (DIES., Bet-El 44; vgl. auch RÖSEL, Studien 10–46; anders SCHUNCK, Benjamin 65).

11 BECKER, Richterzeit 284; zum folgenden vgl. ebd.

20,34/נטש 1Sam 4,2). „Eine wichtige Gemeinsamkeit liegt in der Beurteilung der Lade in 1Sam 4 einerseits und der Jahwebefragung in Ri 20
andererseits. An beiden Stellen werden traditionelle Vorstellungen von
der Gegenwart Jahwes korrigiert. Das bloße Vorhandensein der Lade
garantiert keineswegs auch das Anwesendsein Jahwes (1Sam 4,3f.).
Ebensowenig vermag eine Orakelanfrage wie in Ri 20,18.23.27f. die
Gewähr dafür zu bieten, daß ein Vorhaben auch gelingt."[12] So kommt
Becker zu folgendem treffenden Resümee: „Der Verfasser des
Grundbestandes dürfte in seiner Darstellung also nicht unwesentlich
durch 1Sam 4 inspiriert worden sein."[13] Insbesondere sind die Nähen
zu 1Sam 4,1–4 wichtig, in denen die Lade ja auch vorkommt, und von
denen scheinbar auch der Ergänzer in Ri 20,27 ganz sachgemäß „inspiriert" wurde. Nicht zuletzt begegnet in diesem Kontext der Name des
Pinhas! Wenngleich 1Sam 4–6 hier einen anderen, namensgleichen
Priester im Auge hat (פינחס בן־עלי, vgl. 1Sam 1,1; 2,34; 4,4.11.17.19 und
dann 1Sam 14,3), erklärt sich dadurch auch die sachgemäße – wenngleich sachlich falsche, weil die beiden verschiedenen Personen miteinander identifizierende – weitere Ergänzung eines Priesters in Ri
20,27f.

Daß die Lade dennoch nicht in einer Grundschicht zu verorten ist,
ergibt sich neben den literarischen Verhältnissen auch aus ihrer Rolle.
Sollte Becker hinsichtlich der Funktion der Lade in 1Sam 4 im Verhältnis zur Gottesbefragung in Ri 20 zuzustimmen sein, so erfüllt die
Lade in Ri 20 eben genau den entgegengesetzten Zweck: sie *legitimiert*
geradezu die Orakelanfrage[14] (und sichert späterhin auch durch Anwesenheit eines Ladepriesters ein kultisch einwandfreies Handeln): Wie
hätte man sonst – ausgerechnet – in Bethel „vor Jahwe" opfern können
(V. 26)[15]? Nun erweisen sich, wie schon lange gesehen,[16] außerdem die
Kapitel Ri 17f. und Ri 19–21 ohnehin als späte „stammesgeschichtli-
che[...] Anhänge"[17] zu einem älteren Richterbuch, das in Ri 16 endet.

---

12   Becker, Richterzeit 284.
13   Becker, Richterzeit 285.
14   Sie hat ihren Sitz nach Fuhs, Art. שָׁאַל 921; v. Rad, Krieg 7 u. a. im Jahwekrieg.
15   Vgl. Brandopfer und Heilsopfer im Zusammenhang mit der Lade: Dtn 27,6; Jos
     8,31; 2Sam 6,17.18 par 1Chr 16,2; 1Kön 3,15; vgl. auch Num 7,87f.89. „Die Recht-
     mäßigkeit dieses Gottesdienstes und der Brandopfer wird mit der Anwesenheit der
     Lade begründet." (Köhlmoos, Bet-El 286).
16   Budde, Bücher 91; Richter 110; vgl. auch Köhlmoos, Bet-El 287ff. (Ri 1,1–2,5
     und 19–21 als neuer äußerer Rahmen; Ri 17–18 Kultbildverehrung und Becker,
     Richterzeit 226.253–256.262–264.296–299. Ob mit Köhlmoos in Ri 17–21 bereits
     das chronistische Schrifttum vorausgesetzt ist [a.a.O. 288] und gar der 5. Syrische
     Krieg 201/200–198 v. Chr. im Hintergrund steht, mag man immerhin erwägen.)
17   Kratz, Komposition 203.

Da die Grundschicht der Kapitel 20f. dabei erst nachdeuteronomistisch[18], ihr Verfasser mutmaßlich gar erst im Umkreis des Pentateuchredaktors zu suchen ist,[19] muß die Einfügung der Lade noch nach dieser späten Redaktion des Richterbuches erfolgt sein – nachdeuteronomistisch und nachpriesterschriftlich. Dabei ist mit BECKER auch auf die sachlich-theologischen Übereinstimmungen zwischen Jos 22 (nach-P[20]) zu achten, nach denen es „zentral um die *Reinheit* der Gemeinde" geht, die „schon durch einen *einzelnen* [...] aufs Spiel gesetzt werden kann."[21] Diese Reinheit der Gemeinde gewährt nicht zuletzt die Lade des Bundes Gottes.[22]

---

18 BECKER, Richterzeit 296. Ri 17f.* sind demnach ebenfalls bereits auf eine spätdeuteronomistische Schule zurückzuführen (ebd.). Vgl. auch GÖRG, Richter 7.

19 Vgl. wiederum BECKER, Richterzeit 297f. zur Verwandtschaft mit dem nachpriesterschriftlichen Bearbeiter des Josuabuchs (vgl. nicht zuletzt die Parallelen zu Jos 22 und Silo in Ri 18,31b).

20 Vgl. statt vieler SMEND, Entstehung 114.

21 BECKER, Richterzeit 298.

22 Vgl. auch die Analyse KOENENs, Bethel 135f.: Bethel wurde (durch den Zusatz) ein legitimes Jahweheiligtum, was die Sünde Jerobeams noch vergrößerte. Das zeigt der Wortlaut nicht unbedingt; abwegig ist die These jedoch nicht.

5. Die Geschicke der Lade in Israel (Samuel–Könige)

5.1. Samuel und die Lade – 1.Samuel 1–3

Die Diskussion um die Texte, die im Anschluß an Martin Noths epochemachende „Überlieferungsgeschichtliche Studien" klassisch als „Deuteronomistisches Geschichtswerk" (DtrG) bezeichnet werden, ist in den letzten Jahren vielstimmiger geworden. Der immer noch deutlich hörbare Grundton seines Entwurfs wurde schon bald zum *basso continuo* für das zweistimmige Thema von sogenanntem „Block-" und – ebenfalls sogenanntem – „Schichtenmodell", und die unterschiedlichen Variationen dieser beiden Themen bestimmten die Forschung am Deuteronomistischen Geschichtswerk für eine nicht unbeträchtliche Zeit. Die neueste Zeit jedoch hält sich nicht mehr überall an die hergebrachten Harmonien. Ja, sogar der eigentlich Grundton des Werks geht bisweilen im Vielklang der Hypothesen unter, – und in der Tat: sollte er nicht stimmen, so gilt es, manche Korrekturen vorzunehmen, damit einmal wieder eine Harmonie aus der Vielfalt erklingen kann. Doch auch wenn der „Abgesang" für das DtrG wohl noch nicht zu Ende gesungen ist, so sind die Anfragen an die Modelle oft genug berechtigt und können, ja müssen hier und da zu Modifizierungen führen. Grundlage und zugleich Prüfstein für die Veri- oder Falsifizierung einzelner Theorien über das DtrG können dabei m.E. nur die *einzelnen Texte* sein, aus denen heraus und von denen ausgehend sich dann Motive, Themen und schließlich ein neues und tieferes Verständnis der Komposition ergeben können. Es wird daher zunächst so weit wie möglich darauf verzichtet, sich die Voraussetzungen eines Modells im Voraus zu eigen zu machen. Mit anderen Worten: Der Blick soll nicht von vornherein durch die Wahl der Brille beeinflußt werden.

Sir 46,13–15 [13] אוהב עמו ורצוי עושהו | המשואל מבטן אמו׃
נזיר ייי בנבואה | שמואל שופט ומכהן׃
ב[דבר] אל הכין ממלכת | וימשח נגידים על עם׃
[14] ב[מצות ייי] צﬢ‬ה עדה | ויפקד אלהי יעקב׃
[15] ב[אצ]ונתו ד[רﬡ‬]שׁ‬ חזה | וגם בדברו נאמן ‹רואה›׃

Sir 46,13–15: „[13] Liebend sein Volk und begnadet durch seinen Schöpfer, erbeten von Mutterleibe an, ein Geweihter (נזיר) des Herrn im Prophetenamte (נבואה) war Samuel als Richter (שופט) und Priester (מכהן); durch [das Wort]

Gottes errichtete er das Königtum, und er salbte Fürsten über das Volk. [14]Entsprechend [dem Gebot des Herrn rich]tete er die Gemeinde, und der Gott Jakobs setzte ihn ein in sein Amt.[1] [15]Wegen [seiner Zuverlässigkeit wurde er] als Seher (חזה) befragt, und auch in seinem Wort war er zuverlässig als ‹Schauer› (רואה)."[2]

So heißt es im Buch Ben Sira im 46. Kapitel am Beginn des Abschnittes über Samuel. Voran stehen Josua und die Richter, es folgen Nathan und sogleich David. Samuel kann sich, hört man auf Sirach, vor Ämtern kaum retten: Geweihter Jahwes (נזיר ייי, also, zumindest im Verständnis des Sirachbuchs, *nāzîr*/Nasiräer; vgl. auch 1Sam 1,22 𝕲!), Prophet (angedeutet durch das prophetische Amt נבואה), Richter (שופט) und Priester (מכהן); späterhin auch Seher (חזה) und Schauer (רואה). Man könnte die biblischen Erzählungen über Samuel nun leicht nacheinander durchgehen und würde zu praktisch jedem der im Buch Ben Sira genannten Züge eine Parallele in den Samuelbüchern finden. In 1. Samuel 1 – 3[3] findet sich denn auch – direkt oder indirekt – nicht weniger als ein *munus triplex*, wenn nicht gar ein *munus quadruplex Samuelis* wieder: Er trägt Züge eines gottgeweihten Nasiräers (1Sam 1,11.21ff.), eines Propheten (so ausdrücklich 1Sam 3,20), und eines Priesters (1Sam 2,11.18ff.), in gewisser Hinsicht und indirekt auch die eines Richters (vgl. 1Sam 1,11 und dann explizit 1Sam 7,17[4]). All diese Attribute machen nicht zuletzt in ihrem Zusammenwirken Samuel zu einer der ganz großen Gestalten des alten Israel. Welche Überlieferungen hier im einzelnen im Hintergrund stehen, ist nicht leicht auszumachen, doch eine derartige Häufung unterschiedlicher Funktionen legt die Vermutung nahe, daß nicht alle Ämter Samuels gleich ursprünglich sind, sondern daß sie ihm ebensogut nach und nach zugewachsen sein könnten.[5]

Der zu analysierende Text, 1. Samuel 1 – 3, die sogenannte „Kindheitsgeschichte Samuels", soll nach alldem lediglich einmal wieder dort gelesen werden, wo er heute innerhalb der Vorderen Propheten steht.

---

1 So mit dem hebr. Text der Handschrift B, anders SMEND, Weisheit 32 Anm. mit einer Emendation J. LÉVIS: „und er musterte [die Zelte] Jakobs" (vgl. LÉVI, Text 64 Anm. *f* unter Verweis auf Num 24,5).

2 Sir 46,13–15 in der Übersetzung nach SAUER, Jesus Sirach 622. In V. 15 liest Ms B רועה „Hirte", wohl ein Hörfehler. Der Text oben folgt der Ausgabe der Academy of the Hebrew Language, Book of Ben Sira 58, die Ergänzungen nach SAUER, Jesus Sirach 622 bzw. LÉVI, Text 64.

3 Wenn hier und im folgenden von 1Sam 1 – 3 die Rede ist, so ist selbstverständlich 1Sam 1,1 – 4,1a gemeint; analog steht 1Sam 4 – 6 für 1Sam 4,1b – 7,1.

4 Vgl. 1Sam 8,4.5.

5 Vgl. jetzt auch DIETRICH, Samuel – ein Prophet.

Daß vieles, wenn nicht das meiste, schon lange und oft gesehen wurde, und daß viele der gezogenen Schlußfolgerungen hypothetischer Natur und daher oft ganz unsicher sind, muß eigentlich nicht ausdrücklich betont werden. Zunächst soll jedoch eine kurze Übersicht über die einzelnen Kapitel gegeben wrtden (s. auch Übersicht 4).

5.1.1. 1. Samuel 1

Trotz der Schönheit und Größe der Erzählung von der Jugend Samuels kann in diesem Zusammenhang leider nur kurz auf die eigentliche Geburtsgeschichte eingegangen werden.

In der Art einer Bucheinleitung wird hier von der Geburt des „Helden" Samuel erzählt. V. 1–3a führen in das Thema ein und exponieren die *dramatis personae*: Elkana, Hanna, Peninna. Elkana hat zwei Frauen, eine davon, Hanna, kinderlos. Er geht regelmäßig[6] nach Silo[7] zum Opfern. V. 3b fällt sogleich aus dem Rahmen, wird hier doch bereits Eli (erst in V. 9 eingeführt!) als bekannt vorausgesetzt und dessen beiden Söhne Hofni (*ägypt.* „kleiner Frosch, Kaulquappe" und Pinhas (*ägypt.* „der Dunkelhäutige"[8]) genannt, die im weiteren Verlauf dieser ersten Szene jedoch keinerlei Rolle mehr spielen. Elkana, so V. 4–5, opfert für Hanna, die er „lieb hatte" (חנה אהב) zusätzlich zu dem ihr zukommenden Opfer immer ein Extrastück[9], für Peninna hingegen nur das Einfache.[10] V. 6–8 schweifen ein wenig ab und beleuchten genauer das Verhältnis der beiden Frauen zueinander: Die „Kränkungen" Hannas durch Peninna und die Reaktion Elkanas verstärken das Elend und die „Niedrigkeit" Hannas, gegen welche das Wunder der Geburt dann noch stärker aufleuchten kann.

---

6 מימים ימימה: Ex 13,10; Ri 11,40; 21,19 (wohl abhängig von 1Sam 1,3); 1Sam 1,3; 2,19.

7 Jos 18,1.8–10; 19,51; 21,2; 22,9.12; Ri 18,31; 21,12.19.21; 1Sam 1,3.9.24; 2,14; 3,21; 4,3f.12; 14,3; 1Kön 2,27; 14,2.4; Jer 7,12.14; 26,6.9; 41,5; Ps 78,60.

8 Görg, Art. Hofni und ders., Art. Pinhas.

9 Das אפים ist schwierig, vgl. Dietrich, Samuel 17.38f.. Vgl. Gesenius *s.v.*; HAL *s.v.* und *Akk. appūna* „außerdem". Es geht offenbar um Quantität (S, anders ℭ: בחיר).

10 Die Übersetzung ist nicht ganz klar; vgl. Dietrich, Samuel z. St.

Gliederung von 1. Samuel 1 – 3

1,1–20	*Geburtsgeschichte Samuels*, darin:
1,3b	Die Söhne Elis
1,11–12a	Hannas Gelübde

1,21–28	*Samuel wird JHWH geweiht*

2,1–10	*Das Loblied der Hanna*

⇨ (2,11b) וְהַנַּעַר הָיָה מְשָׁרֵת אֶת־יְהוָה אֶת־פְּנֵי עֵלִי הַכֹּהֵן:

„Der Junge aber diente Jahwe vor dem Priester Eli."

2,12–36	*Die Bosheit der Elisöhne*
	und das Aufwachsen Samuels, darin
	2,12–17 Die Opfervergehen der Söhne Elis

⇨ (2,18) וּשְׁמוּאֵל מְשָׁרֵת אֶת־פְּנֵי יְהוָה נַעַר חָגוּר אֵפוֹד בָּד:

„Und Samuel diente vor Jahwe, ein junger Mann, umgürtet mit einem leinernen Ephod."

2,18–21	Eli und seine Eltern in Silo

⇨ (2,21b) וַיִּגְדַּל הַנַּעַר שְׁמוּאֵל עִם־יְהוָה:

„Und der Junge Samuel wuchs auf bei Jahwe."

2,22–26	Eli ermahnt seine Söhne

⇨ (2,26) וְהַנַּעַר שְׁמוּאֵל הֹלֵךְ וְגָדֵל וָטוֹב גַּם עִם־יְהוָה וְגַם עִם־אֲנָשִׁים:

„Der Junge Samuel aber nahm immer mehr zu an Alter und Gunst
bei Jahwe und bei den Menschen."

2,27–36	Weissagung eines anonymen
	„Gottesmanns" (אִישׁ אֱלֹהִים)
	gegen das Haus Eli

⇨ (3,1a) וְהַנַּעַר שְׁמוּאֵל מְשָׁרֵת אֶת־יְהוָה לִפְנֵי עֵלִי

„Und der Junge Samuel diente Jahwe vor Eli."

3,1–4,1a	*Samuels „Berufung"*, darin
	3,11–14 Orakel gegen das Haus Eli

⇨ (3,19b) וַיִּגְדַּל שְׁמוּאֵל וַיהוָה הָיָה עִמּוֹ וְלֹא־הִפִּיל מִכָּל־דְּבָרָיו אָרְצָה:

„Und Samuel wuchs heran. Und Jahwe war mit ihm
und ließ keins von allen seinen Worten auf die Erde fallen."

3,20–4,1a Schluß

Übersicht 4 (zu 1. Samuel 1 – 3)

Die Verse 9–10 lenken den Blick nun auf die Situation Hannas, die ob ihrer Kinderlosigkeit (s. V. 5) betrübt ist und betet.[11] Fast nebenbei wird hier auch Eli mit seinem Priestertitel eingeführt.[12] Die eigentliche Fortsetzung findet sich in V. 12b: Eli sieht nur Hannas Lippen sich zum Gebet bewegen und vermutet, sie sei in einem Rauschzustand. Sie aber verneint dies und bekommt die Erfüllung ihres Wunsches durch Eli zugesprochen. (V. 13–17)[13].

Was zwischen den Versen 10 und 12b steht, V. 11–12a, erinnert stark an priesterliche Vorschriften. Hanna legt Jahwe ein Gelübde ab: Sollte ihr Nachkomme männlich sein, so soll er Jahwe geweiht sein. Sein Haupthaar soll, wie bei einem Nasiräer üblich und wie nicht zuletzt bei Simson, nicht geschoren werden.[14] Das Gelübde Hannas unterbricht unschön den Zusammenhang zwischen ihrem Gebet (V. 10) und der Szene, in der Eli ihren Mund sich bewegen sieht (V. 12b–13), – übrigens ja schon deshalb, weil es die Worte wiedergibt, die nach der Erzähllogik nicht einmal der neben Hanna einzig anwesende Priester hören kann.

V. 18 schließlich bittet Hanna um Gunst vor den Augen Elis und geht dann besseren Mutes ihren Weg.[15] V. 19–20 bilden deutlich Höhepunkt und Abschluß der Geschichte: Nochmaliges Gebet vor Jahwe, Rückkehr nach Rama; Hanna wird schwanger und gebiert Samuel. Dabei wird der Name auf die Wurzel שאל zurückgeführt.[16] „Man könnte sagen, daß, wenn Samuel nicht eben Samuel hieße, er nach die-

---

11 Ob das Weinen hier ursprünglich ist, kann bezweifelt werden – Eli reagiert V. 12 nicht darauf, die Formulierung klappt merkwürdig nach, thematisch berührt sie sich mit den möglicherweise sekundären Versen 7.8.

12 Vgl. hier nur noch 1Sam 2,11 (späterhin 1Sam 14,3 und 2Kön 2,27).

13 In V. 13 l. mit 𝕲^{BL} und 𝕼 statt והנה היא ein einfaches והיא.

14 Der 𝕼-Text macht das explizit, jedenfalls in der nach CROSS u.a. (Hgg.), DJD XVII, 30 (u.a. materiell begründeten) rekonstruierten Fassung; vgl. 𝕲 (δοτόν). Entsprechend ergänzen 𝕼 (? So jedenfalls CROSS u.a. [Hgg.], DJD XVII, 30) und 𝕲 in V. 11 nach Ri 13,7 auch ויין ושכר לוא ישתה.

15 Möglicherweise ist das ותבוא הלשכתה (so 𝕲, rückübersetzt von WELLHAUSEN, Text 39) ursprünglich (Homoioteleuton), vgl. die Ergänzung in 𝕼 durch CROSS u.a. (Hgg.), DJD XVII, 30. Vgl. THENIUS, Bücher Samuels 6.

16 Viel ist um die Herleitung des Namens mittels שאל gerätselt worden – vermutlich mehr als notwendig, muß doch eine „Volks"-Etymologie nicht immer stimmen (Vgl. z.B. Babel/בלל Gen 11,9). Im Buchkontext „oszilliert" (W. DIETRICH) die Bedeutung jetzt freilich zwischen Samuel und Saul – das dürfte den späteren Autoren zumindest nicht unwillkommen sein. Nach MCCARTER, Samuel 1, 62 bedeutet der Name „Sein Name ist El" (šimuhu'il statt šᵉmô'el); anders TSEVAT, Namensgebung 203 („Sohn des El").

sen Versen eigentlich Saul heißen sollte"[17], so Martin NOTH. Die Erzählung jedenfalls – und darauf kommt es zunächst an – ist zu einem
Ende gekommen und in sich abgeschlossen: sie könnte hier also gut
auch ursprünglich einmal geendet haben.[18]

Wir hören hingegen noch einen Nachklang. V. 21ff. setzen erneut
ein: Elkana macht sich wiederum auf den Weg, diesmal um das Gelüb-
de(opfer) zu erfüllen (vgl. die Aufnahme des betonten נדר ותדר aus V.
11 in V. 21!). Hanna übergibt den kleinen Samuel nach dem Entwöhnen an Eli: „All die Tage, die er lebt, soll er Jahwe gehören." (V. 28)[19].

5.1.2. 1. Samuel 2

Gleich am Beginn von 1Sam 2 steht das Lied der Hanna, ein poetisches
Stück, gewissermaßen ein Psalm außerhalb des Psalters.[20] Es darf als
communis opinio angesehen werden, daß es sich bei dem ganzen Stück
um einen späten Eintrag ins Buch handelt, zuletzt nachgewiesen von
Hans-Peter MATHYS.[21] Eine diesem kraftvollen und poetischen Stück
auch nur annähernd gerecht werdende Auslegung kann im Rahmen
dieser Arbeit verständlicherweise nicht geboten werden. Für die Entstehungsgeschichte der Kapitel im engeren Sinne würde sie wohl auch
nur wenige Anhaltspunkte liefern. Mit WELLHAUSEN sei vielmehr
nüchtern bemerkt: „Der Psalm der Hanna 2, 1 – 10 handelt von ganz
anderen Dingen als die in die Situation passen"[22].

Der Schlüssel für diese Entstehungsgeschichte von 1. Samuel 1–3
liegt trotzdem, wie sich schon in Übersicht 4 andeutet, in 1Sam 2: Ei-

---

17 NOTH, Personennamen 136 Anm. 2.

18 Vgl. KRATZ, Komposition 176 Anm. 79 u. 178f.

19 V. 28aβ mag, wie DIETRICH, Samuel 28.56f. meint, sekundär sein. Er faßt die Aus-
    sageabsicht des Abschnitts jedoch trefflich zusammen.

20 Vgl. dazu BECKER-SPÖRL, Hanna, sowie die Auslegung von DIETRICH, Samuel 65–
    107. Zum Rahmen vgl. auch TOV, Editions.

21 Wie spät, ist freilich umstritten, doch vgl. unter den Neueren vor allem MATHYS,
    Dichter 126–146, der das Stück in spätnachexilischer Zeit ansiedelt (anders jetzt die
    textgeschichtlich gründliche Untersuchung von AEJMELAEUS, Hannah's Psalm
    374–376, deren zeitliche Ansetzung als „Deuteronomistic Composition" jedoch
    schon aufgrund der beigebrachten späten Parallelen nicht überzeugen kann). Da
    die Verbindungen zum Kontext recht dünn gesät sind, fällt es schwer zu sagen,
    welche Texte aus 1Sam 1–3 dem Verfasser schon vorgelegen haben müssen oder
    welche ggf. auch noch nicht. Weit vom heutigen Text wird es kaum gewesen sein.
    Innerbiblisch jedenfalls ist Hanna nicht weiter prominent geworden.

22 WELLHAUSEN, Composition 236. Zum Text vgl. jetzt auch die hochinteressante
    Rekonstruktion nach 𝔔 von CROSS u. a. (Hgg.), DJD XVII 37f.

ner der Hinweise sind die wiederkehrenden Formeln in ihren unterschiedlichen Variationen (1Sam 2,11.21.18.26; 3,1.19). Sie liegen möglicherweise nicht alle auf ein und derselben literarischen Ebene.

Zwar ist es verführerisch, sie als eine von vornherein angelegte Art eines Kehrverses zu deuten – eine Funktion, die ihnen im Endtext ganz zweifellos auch zukommt[23] –, doch bleibt dann ganz unerklärt, warum das dazwischenstehende Material in seiner Tendenz doch einen jeweils so sehr eigenen Charakter hat: Die konkreten Anschuldigungen an die Elisöhne (1Sam 2,12–17 + 1Sam 2,18), die mehr oder minder idyllische Geschichte von Samuel und seinen Eltern (1Sam 2,[18.]19–21a + 1Sam 2,21b), die Reaktion Elis auf die Sünde seiner Söhne (1Sam 2,22–25 + 1Sam 2,26), das Orakel des ungenannten Gottesmannes (1Sam 2,27–36 + 1Sam 3,1), die Erlebnisse des jungen Samuel im Tempel (1Sam 3,1b–18 + 1Sam 3,19). Hier kommt doch wohl unterschiedliches Material zusammen, das zumindest nicht *in toto* schon vorab zusammengehört haben dürfte.

Es lohnt sich, diese Verse genauer zu betrachten. 1Sam 2,11 und 1Sam 2,18a rahmen den Abschnitt 1Sam 2,12–17: V. 12 bezeichnet die Söhne Elis als „Söhne der Bosheit" (בני בליעל) aufgrund der allgemeinen Anschuldigung, sie hätten „Jahwe nicht erkannt" (לא ידעו את־יהוה)[24]. Die Verse 13–16 konkretisieren dann *en détail* die kultischen Vergehen der נערים „Priestergehilfen" – gemeint sind natürlich die Söhne Elis.[25] Interessanterweise werden in dem etwas sperrig stehenden Versteil 14b „ganz Israel"[26] und „Silo" erwähnt, was angesichts der sehr detailliert beschriebenen Sünden „vor Ort" ein wenig unpassend wirkt. V. 17 liefert dazu schließlich wieder die Verallgemeinerung (ותהי חטאת הנערים גדולה מאד את־פני יהוה)[27].

Nun zu V. 18a und 21b, die den nächsten Abschnitt, V. 18b–21a, rahmen. Hier herrscht ein ganz anderes Thema vor. Es wird berichtet, wie Samuels Kleidung aussieht (V. 18b.19); leinenes Ephod (אפד בד) und von der Mutter gefertigtes Oberkleid (מעיל קטן). Elkana und

---

23 Vgl. die detaillierten Beobachtungen von SCHÄFER-LICHTENBERGER, Beobachtungen 325f., die die Bedeutung für den Endtext herausarbeitet, und den Abschnitt „Struktur" bei DIETRICH, Samuel 116–118.

24 Es ist das Qᵉrê zu lesen, vgl. 𝕲^{BL(O)} und 𝕮. Zum Plus von 4QSamᵃ in V. 16 vgl. CROSS u. a. (Hgg.), DJD XVII, 42.

25 Zur *casus pendens*-Konstruktion V. 13 vgl. GK § 116 w.

26 Im Plural konstruiert, vgl. GK § 132 g. „Das ist kein sehr eleganter Satz" (DIETRICH, Samuel 112). Der folgende Zusatz in 𝕮 ist sekundär.

27 Die Folgerung R. WONNEBERGERS (Redaktion), die Passage V. 13–16 sei eingeschoben, ist m. E. nicht zwingend. In V. 17 sind die האנשים Zufügung (vgl. 𝕲 und 𝕮).

Hanna werden von Eli gesegnet und bekommen weitere Söhne und Töchter (V. 20f.[28] – unter wörtlicher Aufnahme von 1Sam 1,17.27f.) – in zumindest zahlenmäßiger Überbietung des erstgeborenen Samuel.

Der nächste Abschnitt in 1Sam 2 reicht, wie mittlerweile unschwer zu erkennen ist, von V. 21b bis V. 26: V. 22–25.[29] Man könnte ihn unter der Überschrift „Ermahnung Elis" zusammenfassen. Der alte Eli (V. 22) hört, was seine Söhne „ganz Israel" (V. 22, vgl. V. 14b) antaten.[30] Er klagt seine Söhne wegen der „bösen Dinge"[31] (דברים רעים, V. 23) an. Auch die Rede von deren Sünde (V. 25, vgl. V. 17) wird wieder thematisiert – und ist diesmal Gegenstand theologischer Reflexion: „Wenn jemand wahrlich[32] gegen einen Menschen sündigt, so entscheidet Gott über ihn; wenn aber jemand gegen Jahwe [selbst] sündigt, wer wird [dann] für ihn eintreten?" (1Sam 2,25a). Der Erzähler kündigt die einzig mögliche Strafe nach dieser rhetorischen Frage denn auch an: „Aber sie hörten nicht auf die Stimme ihres Vaters, denn Jahwe war entschlossen, sie zu töten." (1Sam 2,25b) – fast in Art einer Verstockung der Söhne.[33]

Durch V. 26 und 1Sam 3,1a ist das in V. 27–36 Gesagte gerahmt. Ganz unverhofft taucht ein anonymer Gottesmann auf und prophezeit Eli den Untergang seines Hauses. Sein Wort ist gegliedert in Schuldaufweis (V. 27b–29) und Unheilsankündigung (V. 30–32.33f.35f.[34]), darin enthalten die Weissagung der Einsetzung eines neuen, beständigen Priesters (כהן נאמן, V. 35). Der Schuldaufweis beginnt mit dem Rückverweis auf den Exodus, vom „Haus deines Vaters" auf das

---

28 V. 20 l. mit 𝕲, 𝔙 und 𝕼 ישלם statt 𝔐 ושם. Die Varianten der verschiedenen 𝕲-Versionen und von 𝕼 in V. 21 sind komplex (vgl. Cross u.a. [Hgg.], DJD XVII, 42), eine eindeutige Präferenz ist kaum zu erweisen; daher wird 𝔐 beibehalten. Vgl. aber auch Dietrich, Samuel 113.

29 Zur Überlieferung von V. 24 vgl. Cross u.a. (Hgg.), DJD XVII, 43.

30 Das Fehlen von V. 22b in 𝕼 und einigen 𝕲-Handschriften deutet wohl doch auf einen sehr späten Eintrag an dieser Stelle. Hier wird über das Zitat aus Ex 38,8 einerseits die Sünde der Söhne noch vergrößert, andererseits sichert die Anwesenheit des Zeltes den rechten Kult fernab des Jerusalemer Tempels.

31 דבר רע: Dtn 17,1; 23,10; 2Kön 4,41!; 2Kön 17,11!; Jer 5,28; Ps 64,6; 109,20; 141,4; Pred 8,3.5.

32 Die figura etymologica in 𝕲 und 𝕼 ist wohl ursprünglich.

33 Tsevat weist auf Dtn 2,30 hin (Sihon); vgl. auch Jos 11,20 und 1Kön 18,37 (ders., Death 149–153).

34 In V. 27–36, insb. V. 31–33 ist der masoretische Text in einem etwas hoffnungslosen Zustand (vgl. BHK/BHS/Cross u.a. [Hgg.], DJD XVII, 43–45.46 und das dictum von Budde, Samuel 22: „Abgesehen von allen Überarbeitungen hat auch der Text sehr gelitten"). Sie sind für das Thema jedoch nicht wesentlich.

„Haus des Pharaos"[35] (1 Sam 2,27). Die Erwählung „aus allen Stämmen Israels" ist mehr als nur Ehrenamt (V. 28), das Feueropfer der „Söhne Israels" gehörte dem Haus des Vaters.[36] Nun wird auf die Vergehen der Elisöhne zurückverwiesen, sie haben die Opfergaben verachtet und Eli ist dagegen nicht eingeschritten (V. 29).

Die Unheilsankündigung beginnt damit, daß Jahwe seine ewige Zusage an das Vaterhaus Elis zurücknimmt (1 Sam 2,30). Die ganze Linie soll umkommen (V. 31f.), bis auf Ausnahmen (V. 34). Zeichen für dieses Unheil – nicht das Unheil selbst – ist der Tod von Hofni und Pinhas (V. 34; vgl. 1 Sam 4,11.17). Stattdessen wird die Aufrichtung eines neuen, beständigen Priestergeschlechts angekündigt (V. 35 mit Rückbezug auf V. 30). Die Priesterdienste werden an andere übergehen (V. 36).

5.1.3. 1. Samuel 3

Schließlich ist auch das gesamte dritte Kapitel gewissermaßen von entsprechenden Formeln umrahmt: 1 Sam 3,1a und 1 Sam 3,19 (– 1 Sam 4,1a) umschließen den Abschnitt 1 Sam 3,1b–18.[37]

Nach der kurzen einleitenden Bemerkung, das Wort Jahwes sei in jenen Tagen selten gewesen (V. 1b) folgt die Erzählung vom jungen Samuel im Tempel. Er schläft im Jahwe-Tempel zu Silo. Dreimal ruft Jahwe ihn im Traum. Samuel denkt jedesmal, Eli habe gerufen (V. 4f.6f.8f.) und weckt diesen. Eli ahnt nun, daß es Jahwe ist, der Samuel ruft und gibt entsprechend Anweisungen. V. 10 „tritt" Jahwe dann „herzu" (יצב *Hitpa.*[38]). In V. 11–14 gibt er sein Wort dem Samuel kund:

Er werde etwas tun, daß jedem in Israel, der es hört, beide Ohren gellen sollen (V. 11) – eine zwar nicht unbedingt gängige, aber doch bekannte Einleitung für eine Unheilsansage.[39] Alles, was Jahwe gegen

---

35 So noch Gen 12,15; 45,2.16; 47,14; 50,4; Ex 8,20; 1 Sam 2,27; 1 Kön 11,20; Jer 43,9. Für einen Deuteronomisten wäre der Ausdruck recht ungewöhnlich.

36 Die Formulierung ist priesterschriftlich: וּבְנֵי יִשְׂרָאֵל!, אִשֶּׁה sonst nur bei P und Dtn 18,1b (nach-P?).

37 Zur Struktur des vorliegenden Texts vgl. WATSON, Structure 90–93; anders, wenngleich weniger überzeugend WICKE, Structure 256, der das Zentrum in V. 4–10 *und* V. 11–14 findet.

38 Diese Aussage findet sich im Alten Testament nur hier; die einzige Parallele ist Ex 34,5 (LEVIN, Jahwist z. St.: J^R), wo aber nicht klar ist, ob Mose oder Jahwe Subjekt ist.

39 Nur noch 2 Kön 21,12 und Jer 19,3.

Eli und sein Haus geredet hat, wird er auch ausnahmslos erfüllen (V.
12) – gemeint sein kann in diesem Zusammenhang ausschließlich das in
1Sam 2,27–36 Gesagte. Und Eli ist wider besseres Wissen nicht gegen
die Sünde seiner Söhne vorgegangen (V. 13). Vers 14 folgt noch der
bekräftigende Schwur: „Und darum habe ich dem Haus Elis geschworen: Keinesfalls wird die Schuld des Hauses Elis gesühnt werden, weder durch Schlachtopfer [זבח] noch durch Speisopfer [מנחה], auf
ewig!"[40]

V. 15–18a berichtet Samuel dann nach anfänglicher Angst ob des
Inhalts der Offenbarung Eli das Gehörte. Elis hat für seine Reaktion
nicht viel Auswahl: „[Er ist] Jahwe; er tue, was in seinen Augen gut
ist!" (יהוה [הוא] הטוב בעיניו יעשה).[41]

5.1.4. Literarkritische Bemerkungen

Eine der neuesten Untersuchungen zum Thema, die Arbeit von Serge
FROLOV („The Turn of the Cycle. 1 Samuel 1–8 in synchronic and diachronic perspectives"[42]) kommt nach der detaillierten Analyse zu folgendem Ergebnis: „1 Samuel 1–8 is a literary unit within Genesis-
Kings"[43]. „[I]t reads as an integral, if complex, and reasonably coherent
story"[44]. M.E. sprechen einige der oben gemachten Beobachtungen gegen dieses Ergebnis und vielmehr dafür, daß es sich schon bei 1Sam 1–
3 um einen stufenweise *gewachsenen* Text handelt. Es folgen einige
wenige Bemerkungen dazu, wie dieses Wachstum ausgesehen haben
könnte.

1. Samuel 1

Der oben vorgestellte Text bereitet nur wenige Schwierigkeiten. Bis V.
20 handelt es sich um eine geschlossene Einheit, durch das ויהי איש

---

40 Zu den beiden Opferarten s. 1Sam 2,29. Gemeint ist sicherlich: durch keine Opfer-
   art überhaupt; alles andere ergäbe wenig Sinn.
41 Die Formulierung in V. 18bβ ist einzigartig (הוא mit wenigen hebr. Mss zu streichen? Dann vgl. 2Sam 10,12, davon abh. 1Chr 19,13!), vgl. aber zu V. 18bβ außerdem 1Sam 14,36.40.
42 BZAW 342, Berlin 2004.
43 A.a.O. 203
44 Ebd.

[אחד] „Es war einmal ein Mann...“[45] bildet eine gute Einleitung – und zwar für eine Einzelgeschichte wie auch für ein Buch oder gar ein Erzählwerk – zu vergleichen ist zuallererst 1Sam 9,1.

Eine lange erkannte Glosse, die das Stück mit dem Schicksal der Eliden verklammert, ist V. 3b, der ganz unmotiviert die Söhne Elis einführt und diesen außerdem als dem Leser bekannt voraussetzt.[46]

Mehr Probleme bereiten hingegen, wie gesehen, vor allem die Verse 11–12a. Sie weisen über den Horizont der eigentlichen Geburtsgeschichte hinaus auf die Erfüllung des Gelübdes in 21–28 hin und machen aus Samuel wenn nicht einen Nasiräer, so doch einen Jahwe in ganz ähnlicher Weise geweihten Menschen. Der Spannungsbogen, der eindeutig auf V. 20, die Geburt, hinausläuft, wird auf diese Weise gewissermaßen ausgehebelt. Darüber hinaus ergibt sich ein direkter Anschluß von V. 12b an V. 10.[47] Dieselbe Tendenz wie in diesem Einschub findet sich im Verlauf der Geschichte in den so eigenartig nachklappenden Versen 21–28 – und so scheint es zumindest nicht unmöglich, daß letztere mittels des literarischen „Scharniers“ V. 11–12a nachträglich in die Erzählung eingebunden wurden und ihr auf diese Weise einen neuen Akzent geben.[48] Wichtig für diese Beurteilung ist nicht zuletzt, daß sich gerade in diesen Versen die Querverbindungen zur Geburtsgeschichte Simsons Ri 13[49] finden lassen[50].

Ergänzungen im weiteren Material scheinen mir möglicherweise greifbar, tragen aber nichts Wesentliches zum Gegenstand der Arbeit bei.

So gab es offenbar eine regelrechte „Niedrigkeitsredaktion“, von der die Verse 6.7f. und 16–18 zeugen, vgl. nur die Wiederaufnahme von V. 5b am Ende von V. 6[51] und die dann noch weiter verstärkenden Verse 7–8. Die Verweigerung

---

45 Textlich unsicher, vgl. BHS. Möglicherweise liegt eben genau eine Angleichung an Ri 13,2 vor.

46 Vgl. Kratz, Komposition 176.178f.

47 Dietrich, Samuel 31 hält nur V. 11bβ für „deuteronomistisch“. Der Vers gehört zum Gelübde, das wohl kaum nur ein „Geheimnis“ (ebd.) umfassen dürfte.

48 Anders Dietrich, Samuel 44, der für das Gelübde von einem feststehenden *terminus technicus* spricht. Doch die Belege der *figura etymologica* sind allesamt jung: Gen 28,20; 31,13; Num 6,2.5.21; 21,2; 30,3ff.; Ri 11,39; 2Sam 15,8 und Jer 44,25).

49 Vgl. Genaueres u.a. bei Hylander, Samuel-Saul-Komplex. Hier liegt ein wichtiger Punkt für die Frage nach einem ursprünglichen Zusammenhang des DtrG.

50 Die einzige sonstige Parallele zu Ri 13 (13,2), die Einleitung ויהי איש, ist wohl doch zu unspezifisch (vgl. nur Ri 17,1) – und auch die Richtung einer Abhängigkeit wäre zu zeigen. Anders freilich Dietrich, Samuel z.St. Erheblich wahrscheinlicher ist die Beeinflussung durch 1Sam 9,1.

51 סגר רחם nur hier im Alten Testament.

des Essens beißt sich mit V. 9a, stimmt hingegen gut zu V. 17f.[52] Die – im Grunde unpassende – Gottesbezeichnung אלהי ישראל macht die Verse nicht eben unverdächtiger.[53]

Und zumindest V. 16 reagiert wohl doch auf V. 11 (*'ammāh*) und geht in eine ähnliche Richtung: Die Niedrigkeit der Magd soll herausgestellt werden (so auch V. 18a). Die Verse vergrößern das Wunder der Geburt der unfruchtbaren Hanna noch weiter und blicken (vgl. den „Stimmungsumschwung" in V. 18!) möglicherweise schon auf das Lied der Hanna in 1Sam 2,1–10. Hier steht auch der Kontrast zwischen „Guten" (nämlich Samuels Familie) und „Bösen" (nämlich den Eliden) im Hintergrund: Besonders der Bezug zu 1Sam 2,12 ist auffällig: Hanna will ihrerseits nicht als בת־בליעל angesehen werden (V. 16[54]), die Söhne Elis sind hingegen genau diese בני בליעל!

In 1. Samuel 1 wurde also eine Grundschicht in V. 1–20* um die Zusätze V. 3b.11–12a; V. 21–28 und möglicherweise einige Einschreibungen in den Versen 6–8 und 16–18 ergänzt.

1. Samuel 2

Etwas schwieriger liegen die Dinge bei Kapitel 2. Wie bereits in der Gliederung zu sehen, liegt die Entscheidung an der Bewertung der Formeln 1Sam 2,11.18.21.26; 3,1.19 und der dazwischen stehenden Abschnitte. Die Formeln lassen sich unterschiedlich gruppieren.

1Sam 2,21.26 und 1Sam 3,1 liegen dabei insofern recht eng beieinander, insofern sie vom „Knaben"/„Burschen" Samuel (הנער שמואל) reden, ähnlich 1Sam 2,18 und 1Sam 2,11:

2,21	וַיִּגְדַּל הַנַּעַר שְׁמוּאֵל עִם־יְהוָה
2,26	וְהַנַּעַר שְׁמוּאֵל הֹלֵךְ וְגָדֵל וָטוֹב גַּם עִם־יְהוָה וְגַם עִם־אֲנָשִׁים
3,1	וְהַנַּעַר שְׁמוּאֵל מְשָׁרֵת אֶת־יְהוָה לִפְנֵי עֵלִי

Sieht man nach, wo berichtet wird, wie Samuel aufwächst (גדל), ergibt sich eine engere Verbindung von 1Sam 2,21.26 und 1Sam 3,19:

2,21	וַיִּגְדַּל הַנַּעַר שְׁמוּאֵל עִם־יְהוָה
2,26	וְהַנַּעַר שְׁמוּאֵל הֹלֵךְ וְגָדֵל וָטוֹב גַּם עִם־יְהוָה וְגַם עִם־אֲנָשִׁים
3,19	וַיִּגְדַּל שְׁמוּאֵל יְהוָה הָיָה עִמּוֹ

---

52 Vgl. zum Thema Smend, Essen 251f.

53 Die Belege reichen nicht unbedingt in früheste Zeit; im „DtrG"-Bereich sind es Jos 22,16; 1Sam 1,17; 5,7f.10f.; 6,3.5; 2Sam 7,27; 23,3; 1Kön 8,26; 12,28.

54 Vgl. Dtn 13,14; Ri 19,22; 20,13; 1Sam 2,12; 10,27; 25,17; 1Kön 21,10.13; 2Chr 13,7.

1Sam 2,11.18 und 1Sam 3,1 wiederum sind verbunden durch den Titel משרת, der auf den Priesterdienst Samuels großen Wert legt[55]:

2,11 וְהַנַּעַר הָיָה   מְשָׁרֵת אֶת־   יְהוָה אֶת־פְּנֵי עֵלִי הַכֹּהֵן
2,18 וּשְׁמוּאֵל   מְשָׁרֵת אֶת־פְּנֵי יְהוָה
3,1 וְהַנַּעַר שְׁמוּאֵל מְשָׁרֵת אֶת־   יְהוָה   לִפְנֵי עֵלִי

Tabellarisch dargestellt:

	גדל	משרת	נער (הנער שמואל)
2,11		×	×
2,18		×	×
2,21	×		×(×)
2,26	×		×(×)
3,1		×	×(×)
3,19	×		

Aus der Zusammenstellung und der Tabelle ist zunächst zweierlei ersichtlich: 1Sam 2,18 bezieht sich eindeutig auf 1Sam 2,11 zurück und 1Sam 2,26 eindeutig auf 1Sam 2,21. 1Sam 3,1 entzieht sich einer solch eindeutigen Aussage ebenso wie 1Sam 3,19, wobei immerhin möglich erscheint, daß 1Sam 3,1 auf 1Sam 2,21 / 26 *und* 1Sam 2,11 / 18 zurückblicken könnte.

Sollten diese Beobachtungen stimmen, so handelt es sich bei 1Sam 2,18 um eine Wiederaufnahme[56] von 1Sam 2,11, d.h. das Dazwischenstehende (V. 12–17) ist nachträglich eingeschoben worden und gehört nicht zur Grundschicht der Erzählung. Ebenso verhält es sich *mutatis mutandis* mit 1Sam 2,26 und 1Sam 2,21. Auch hier dürften die Verse 22–25 nicht zum ursprünglichen Bestand gehört haben.

Das Interessante ist nun, daß die beiden Abschnitte 1Sam 2,12–17 und V. 22–25 sich auch inhaltlich deutlich aufeinander beziehen: denn das, was Eli hört: „alles, was seine Söhne ganz Israel antaten", kann nur das in V. 12–17 Erzählte sein.[57] Den Elisöhnen, gar als „Söhne der Bosheit" (*bᵉnê bᵉliyyaʾal*, בני בליעל) bezeichnet, werden ganz konkret kultische Vergehen vorgeworfen: ותהי חטאת הנערים גדולה מאד את־פני יהוה כי נאצו < > את מנחת יהוה (V. 17). Das aber ergibt nur dann einen Sinn, wenn ihre Schuld aufgewiesen werden – und wohl auch Konsequenzen haben – soll: Hier ist an 1Sam 4,11 gedacht – und damit an einen ganz andersartigen Textbereich als die auf ihre Weise so „idylli-

---

55 Jahwe dienen (שרת את־יהוה): Dtn 17,12; Ez 45,4, vgl. noch 2Chr 13,10 (ליהוה); Jo 1,9 / 2,17 (משרתי יהוה) und Dtn 18,5.7; 21,6 (שרת בשם יהוה), weiter entfernt Jes 56,6 und 1Chr 23,13.

56 Vgl. zur Sache KUHL, Wiederaufnahme 1–11.

57 Vgl. auch das כל־ישראל V. 14b und V.22. Doch könnte gerade V. 14b erst im Zusammenhang mit der Erweiterung V. 22–26 in den Text geraten sein.

sche" Kindheitserzählung Samuels. Das erkennt auch Eli und klagt seine Söhne für ihre Sünden an (V. 22–25), sie aber hören nicht auf ihn. Samuel, und das ist ein wichtiger Hinweis auf die literarischen Verhältnisse, spielt in diesen beiden Abschnitten keine Rolle; Eli hingegen übernimmt nach seiner ganz im Dienste der Pointe in 1Sam 1,20 stehenden Nebenrolle aus 1Sam 1 nun plötzlich eine Hauptrolle.[58]

Eine ganz ähnliche Korrespondenz läßt sich auch bei den dazwischenstehenden Versen 18–21 feststellen: Sie nämlich nehmen einerseits die Geburts- (1Sam 1,1–20[59]) und die Weihegeschichte (1Sam 1,21–28[60]) auf. Dabei stammen andererseits ihre Motive – kaum verwunderlich – aus dem priesterlichen Milieu: Das leinene Ephod (אפוד בד[61]), das (kleine) Obergewand ([קטן] מעיל). Auf *priesterlichen* (nämlich Elis) Segen hin[62] werden die wunderbaren weiteren Kinder Hannas und Elkanas geboren. Der Abschnitt 1Sam 2,18–21 bleibt also, wie auch schon 1Sam 1,11b–12.21–28, innerhalb der Szene, allerdings mit einem wichtigen und auffälligen Unterschied: Aus dem erbetenen Knaben der ursprünglichen Geburtsgeschichte[63] ist der Priestergehilfe Elis und damit letztlich der *Priester* Samuel geworden, der in besonderer Weihe bei Jahwe (עם־יהוה 1Sam 2,21, resp. V. 26) aufwächst.

Doch damit sind noch immer nicht alle durch Wiederaufnahmen „umschlossenen" Passagen erfaßt; in 1Sam 2 namentlich der lange als Nachtrag erkannte Auftritt eines anonymen Gottesmannes und sein Orakel in V. 27–36 (+3,1). Eine intensive Würdigung von 1Sam 2,27–36 würde die Analyse überstrapazieren. Daher sollen nur einige wenige aphoristische Anmerkungen dazu erfolgen.[64] Die Gründe für das Aus-

---

58 Ein weiteres Argument für die Zusammengehörigkeit der Abschnitte sind die Formen mit *Nûn paragog.*, die nur hier auftauchen (1Sam 2,15.16.22; 2,14 יעשו ist in den *Sing.* zu ändern), vgl. MOMMER, Samuel 8f.

59 Vgl. nur הרה/ילד 1Sam 2,21, davon abh. 1Sam 1,20.

60 Als Beispiel sei die Formulierung שאלה אשר שאלתי (1Sam 2,20, davon abh. 1Sam 1,27) genannt.

61 S. zur „Technik" auch Num 8,3. Vgl. 1Sam 22,18 die Priesterschaft von Nob und dann 2Sam 6,14 (par. 1Chr 15,27) David bei der Einholung der Lade (s. 1Sam 3,3)!

62 Vgl. auch 1Sam 1,17, wo Eli die Aussage des „Gottes Israels" an Hanna vermittelt.

63 Die Bezeichnung Samuels als נער taucht erstmals in der Passage 1Sam 1,21ff. auf (1Sam 1,22.24.25.27).

64 Zur Literarkritik vgl. vor allem STEUERNAGEL, Weissagung. Daß hier noch länger gearbeitet wurde, zeigen wohl auch die schwierigen Textverhältnisse in V. 32f. Daß der Text einheitlich, gar vordeuteronomistisch sei (CAQUOT / DE ROBERT, Samuel 54.56), ist m. E. ausgeschlossen. Doch ist die Zuweisung lediglich an Deuteronomisten in der Tat schwierig (anders VEIJOLA, Dynastie 35–37; vgl. MOMMER, Samuel 8ff.; McCARTER, Samuel 1, 89.92). Das liegt aber nicht daran, daß der Rest vordeuteronomistisch ist (so DIETRICH, Samuel z. St.), sondern der gesamte Passus jenseits

scheiden der Verse sind bekannt: Der Auftritt des „Gottesmannes" ist
völlig unmotiviert, der Horizont seiner Rede reicht weit über die
Buchgrenzen hinaus (s. u.). „Ausserdem sind alle anonyme Männer
Gottes (2,27) stets ad hoc eingeschoben, um ihren Spruch zu sagen
und dann wieder zu verschwinden."[65] Gewöhnlich geht man – wieder
mit WELLHAUSEN gesagt – davon aus, daß die „vorausgehende Drohung 2,27–36 der folgenden 3,2–18, worin viel passender das als das
Wesentliche gilt, was 2,34 nur als das Zeichen verkündigt wird, die
Luft raubt, die Pointe vorwegnimmt und ihren Eindruck auf Eli ver-
nichtet, der ja dann schon alles und noch viel mehr zum voraus
weiss."[66] Der Anschluß von 1Sam 3,1b an 1Sam 2,26 ist, so VEIJOLA,
„vorzüglich"[67]. Der ganze Abschnitt hat offensichtlich die Sünde der
Elisöhne lange im Blick.

Zunächst ist festzuhalten: In 1Sam 2 wurde eine Grundschicht, die
sich in 1Sam 2,11b.19–21a findet[68] und auf die (vielleicht schon erweiterte?) Geburtsgeschichte zurückblickt, um V. 12–17.18 und V. 22–
25.26[69] erweitert, erst dann wurde der Abschnitt V. 27–36/1Sam 3,1a
angehängt, der bereits beide anderen Schichten voraussetzt. Am Ende
wurde in 1Sam 2,1–10 der Psalm der Hanna eingefügt.

---

der Zeit dieser Autoren verfaßt wurde. Von einem exilischen DtrP stammt er kaum
(anders freilich DIETRICH, Samuel 126; vgl. DERS., Prophetie 132f. Anm. 95), auch
nicht vom exilischen DtrH (so VEIJOLA, Dynastie 42). Sollte der Abschnitt schon
auf 2Sam 7 zurückschauen? (so STOLZ, Samuel 35: „Das Geschlecht Elis ist also ein
negatives Vor-Bild des Geschlechts Davids, es hat die Verheißungen verscherzt, die
später David eröffnet werden").

65 WELLHAUSEN, Composition 238.
66 WELLHAUSEN, Composition 237f.
67 VEIJOLA, Dynastie 38 mit Anm. 108. Für 1Sam 3,1a als ursprüngliche Fortsetzung
   entscheidet sich MOMMER, Samuel 13.
68 DIETRICH, Samuel 125 sieht sie in 1Sam 2,11a.18b–21a.26. In der Sache macht das
   keinen großen Unterschied.
69 Vgl. wieder DIETRICH, Samuel 125: sekundär sind 1Sam 2,13–17.22–25.27–33* und
   dann V. 11b.12.18a.21b.25bβ. V. 27–36 scheinen mir aber erst später eingetragen zu
   sein, s. o. Womöglich setzt der Abschnitt 1Kön 13 voraus, vgl. SCHÄFER-LICHTEN-
   BERGER, Beobachtungen 328f. Anm. 27. Als deuteronomistisch bestimmt DIET-
   RICH (ebd.) V. 28a.30a.34–36; Glossierungen findet er in V. 22b*.31b.32a. Schwieriger scheint die Zuweisung zu seinem „höfischen Erzählwerk" (vgl. DERS.,
   Königszeit 259–273 und DERS., Samuel 6.30f.126) bzw. zur „Ladegeschichte". (Dazu s. u. Kap. 5.2.1.) Die beiden Textstrata in 1Sam 1–4 bezeugen hingegen keineswegs, „daß in (spät) vorstaatlicher Zeit in Schilo ein Heiligtum mit überregionaler
   Bedeutung existierte". DIETRICHs Grundschicht kann nach seinen eigenen Worten
   bis 722 entstanden sein (terminus ad quem; vgl. a.a.O. 28f.126f.). Die älteste
   Schicht der Erzählung kann freilich nicht einfach mit den historischen Ereignissen
   gleichgesetzt werden.

1. Samuel 3

Es bleibt die sog. „Berufungsgeschichte Samuels" in 1Sam 3,1–18 (+ 3,19.20–4,1a). Ihr Charakter ist im Lichte verschiedener altorientalischer Parallelen und alttestamentlicher Texte und ihrer Gattungen nicht ganz einfach zu bestimmen. Ich halte im folgenden zunächst an der klassischen Bezeichnung „Berufungsbericht" fest, ohne damit zugleich die volle und lückenlose Übereinstimmung der Erzählung mit einer solchen alttestamentlichen Gattung behaupten zu wollen.[70] Es handelt sich zunächst um Samuels erste Gottesoffenbarung im Traum bzw. um eine Audition. Von zentraler Bedeutung scheint dabei selbstverständlich das Mitgeteilte zu sein; es findet sich in den Versen 11–14.

Literarkritisch ist an dem ganzen Stück, abgesehen von ganz wenigen kleinen Stellen und von seinem Ende (1Sam 3,18–4,1a[71]) wenig auszusetzen.[72]

Auffällig ist zunächst die Erwähnung der Lade in V. 3b – sie hat weder für die Erzählung eine eindeutig bestimmbare Funktion, noch tritt sie an irgendeiner anderen Stelle im Zusammenhang mit Samuel auf. Dieser hat von Hause aus mit ihr nichts zu tun. Das legt es nahe, den Vers als Zusatz zu betrachten, wenngleich sich keine zwingende Notwendigkeit ergibt. Ein Argument dafür bietet jedoch die in Qumran gefundene Fassung von 4QSamᵃ, wenngleich der Vers dort nicht erhalten ist. Ergänzt man nämlich die Kolumne entsprechend, so ist für V. 3b zwischen 4QSamᵃ III, 42 und Z. 43 auch beim besten Willen kein Platz auf dem Leder (vgl. Plate III). So kann also in 𝔐 nur ויקרא statt 𝔐, 𝔊, 𝔖 und 𝔙 (אשר שם ארון אלהים ויקרא) gestanden haben. Damit dürfte der Halbvers aus textkritischen Gründen sekundär sein.

Im weiteren verwundert vor allem die eigenartige Doppelung von Vision und – geradezu jeremianisch anmutender – Wortoffenbarung: 1Sam 3,1b (דבר־יהוה und חזון), 1Sam 3,7 (נגלה בדבר יהוה und ידע יהוה), 1Sam 3,21 (נראה und נגלה בדבר יהוה). Hier liegt offensichtlich eine Tendenz vor, die Wortoffenba-

---

70 Vgl. z. B. RICHTER, Berufungsberichte.

71 Daß hier bis zuletzt der Text im Fluß war, zeigen die Varianten zwischen 𝔐 und 𝔊.

72 Vgl. aber die Analyse von DIETRICH, David. Er sieht vier Hände am Werk: Ältere Überlieferung in 1Sam 3,2aβb–6.8–11.15–18; den „Gesamterzähler" 1Sam 3,1b.2aα.7.19abα.21[gemeint ist wohl: 21b?], schließlich DtrH 1Sam 3,19bβ–21a und DtrP 1Sam 3,1[gemeint ist wohl: 1a?].12–14. So werden die „Wort-Gottes"-Erwähnungen auseinandergerissen und, erstaunlicherweise anders als für einen DtrP wünschenswert, für vordeuteronomistisch erklärt (vgl. DERS., Samuel 168, vgl. auch im folgenden).

rung gleich- oder sogar höherwertig neben die visionäre Schau zu stellen. In V. 21 ist die Doppelung klar zu greifen – V. 21b ist wohl nachgetragen, ebenso V. 7b[73] – wenn nicht der ganze V. 7 –, ähnliches dürfte für V. 1b gelten. So erklärt sich auch das sonst ja in der Tat verwunderliche Aufeinandertreffen vom Wort des Gottesmannes und der Wendung, ausgerechnet das *Wort* Jahwes sei damals selten gewesen. Sie entstand erst redaktionell durch diese „Wort-Gottes-Redaktion"[74]. Ebenfalls in diesen Bereich gehört die Formulierung in V. 19bβ.

Im Orakel selbst muß m.E. kein Schnitt gesetzt werden. Auch hier liegt wieder ein eindeutiger Rückbezug vor, nämlich auf 1Sam 2,27–36. Ohne die Prophezeiung dort ist das Orakel hier nicht zu verstehen.[75] Das läßt zunächst zwei Alternativen zu: Entweder sind 1Sam 2,27–36 alt und in 1Sam 3,11–14 vorausgesetzt oder 1Sam 2,27–36 sind redaktionell und 1Sam 3,11–14 müssen noch später datiert werden.[76] Da aber 1Sam 2,27–36 oben als redaktionell erkannt wurden, bleibt nur die zweite Möglichkeit bestehen. Und so hat man spätestens von BUDDE[77] an und bis heute immer wieder angenommen, hier habe einst ein älteres Orakel gestanden, das, weil es den Interessen des Verfassers von 1Sam 2,27–36 entgegenstand, von diesem durch seine eigene Fassung ersetzt worden sei, eben die heutigen Verse 1Sam 3,11–14. Art und Inhalt des Orakels bleiben dabei natürlich ganz offen: „[W]as, das läßt sich nur mehr erraten. War es Samuels Berufung in ein hohes Amt, vielleicht dasjenige Elis? Oder ging es um den in jener Zeit tatsächlich erfolgten Untergang Schilos? Oder war schon die Staatsbildung und Samuels Rolle dabei im Visier? Man weiß es nicht."[78]

Schon aus methodischen Gründen ist die Annahme eines weggefallenen Textstückes sehr schwierig.[79] Sie erfordert die zusätzliche Hypothese eines durch keine Zeugen belegten Textes, dürfte folglich kaum beweisbar sein und kann – verfolgt man die Annahme weiter – letztlich

---

73 Vgl. 𝕲[B], die in V. 3b.7a – vielleicht ursprüngliches – אלהים gelesen hat, in 7b dann יהוה.

74 Vgl. auch den Elia-Zyklus 1Kön 17–19 (vor allem 1Kön 18f.), in dem ähnliche Interessen am Werk sind, und dazu SMEND, Wort Jahwes. Er stellt zu den Belegen aus der Erzählungsliteratur fest, daß „ihre Mehrzahl sicher deuteronomistisch und jünger ist" (ebd. 208).

75 Vgl. hierzu und zum folgenden vor allem VEIJOLA, Dynastie 38f.

76 VEIJOLA, Dynastie 38.

77 BUDDE, Samuel 25.

78 DIETRICH, David 78 mit Anm. 19.

79 Vgl. auch die Bedenken von DIETRICH, Samuel 122. Der Meinung schließen sich auch MOMMER, Samuel 13; McCARTER, Samuel 1, 98 und GNUSE, Reconsideration 388f. an.

jede literarische und logische Unebenheit erklären: der ältere, glatte
Text wurde eben verdrängt. Doch sollte eine solche Annahme höchs-
tens die *ultima ratio* des Exegeten sein, wenn der Text unter keinen
Umständen mehr anders zu erklären ist.

Wie gezeigt, ist auch 1Sam 3 umschlossen von den Formeln, durch
die die anderen Zufügungen gerahmt wurden. Es liegt also nahe, auch
dieses Stück als später dem vorliegenden Text angefügt anzusehen. Das
heißt aber konsequenterweise: Dieses ganze Kapitel 3, das ohne das
Orakel in V. 11–14 nicht lebensfähig ist, setzt 1Sam 2,27–36 voraus
und ist demnach *insgesamt* später entstanden als jenes! Es steht zu be-
fürchten, daß sich in Kapitel 3 des 1. Samuelbuches keinerlei älteres
Material befindet, sondern der *terminus post quem* für seine Entstehung die Zeit des Verfassers von 1Sam 2,27–36 ist.[80]

5.1.5. Ergebnis. Der literarische Horizont

Die Ergebnisse der literarkritischen Analyse haben ergeben, daß eine
Geburtsgeschichte Samuels (1Sam 1,1–20*) sukzessive um eine besondere priesterliche Jahwe-Nähe des Samuel (1Sam 1,11–12a.21–28; 2,18–
21), die Bosheit der Eliden (1Sam 2,12–27.22–25), das Wort eines anonymen Gottesmannes (1Sam 2,27–36), eine erste Gottesoffenbarung an
Samuel (1Sam 3) und schließlich um den Psalm der Hanna (1Sam 2,1–
10) zum heute vorliegenden Text ergänzt wurde. Im folgenden soll der
literarische Horizont der einzelnen Geschichten kurz betrachtet werden, um sie redaktionsgeschichtlich einordnen zu können.

Die Grunderzählung
(1. Samuel 1,1–20*)

Die Geburtsgeschichte Samuels in 1Sam 1,1–20* zeigt nach vorne, d. h.
in die Bücher und Kapitel bis zum Ende des Richterbuches, keine eindeutig festzumachenden Verbindungen.[81] Sicherlich ist das Motiv der
wunderbaren Geburt einer unfruchtbaren Frau auch an anderen Stellen
greifbar, aber doch nur der Sache nach und offenbar nicht literarisch

---

80 Vgl. auch 1Sam 3,19 und die Parallelen Jos 23,14 (DtrN nach Smend, Gesetz; vgl.
    auch die Textebene bei R. Müller, Königtum 233–235) und 2Kön 10,10 (DtrN
    nach Dietrich, Prophetie 86 mit Anm. 73; Veijola, Dynastie 102 Anm. 144; 141).
    Auch Gnuse spricht von einer „late literary creation" (Reconsideration 388).
81 Vgl. Kratz, Komposition 176.178f.

vorausgesetzt. Gerade die entscheidende Wendung etwa, das רחם סגר, findet sich sonst im Alten Testament nicht.

Natürlich ist die Geschichte sachlich auf eine Fortsetzung hin angelegt. „Was von solchen Jugendgeschichten historisch zu halten ist, weiss man: Samuels Kindheit liegt in hellem und charakteristischem Lichte, darnach schlägt das Dunkel über ihm zusammen und er erscheint wieder als alter Mann, der in Saul den Mann der Zeit erkennt und seine Autorität als Seher für ihn in die Wage wirft."[82] Das von WELLHAUSEN Gesagte dürfte auch literarisch das Richtige treffen: Als eigentliche Fortsetzung kommt allerdings weniger, wie WELLHAUSEN meinte, 1Sam 4–6 in Frage, sondern vielmehr der Samuel-Saul-Komplex 1Sam 9,1–10,16[83], was auch gut damit übereinstimmt, daß bis hierher über das „Amt" Samuels noch nichts Eindeutiges gesagt ist.[84] Der Verfasser des Zusammenhangs der Samuelgeschichten hat hier offenbar ältere Tradition aufgenommen, – ob ihm ein Werk vorlag, das auch nach vorne, in die Zeit der Richter oder dergleichen, weitergereicht hatte, oder ob er es war, der ein solches verfaßte (und dann mit 1Sam 1 beginnen ließ), läßt sich von hier aus nicht sicher sagen.[85]

Die Erweiterungen

Die Bosheit der Eliden
(1.Samuel 2,12–17; 1.Samuel 2,22–25)

Die Abschnitte, die von der Bosheit der Eliden sprechen, sind literarisch nur schwer einzuordnen, eindeutige Hinweise auf die Strata, auf die sie Bezug nehmen, sind rar.[86] Die Vorschriften, die bei den Verge-

---

82 WELLHAUSEN, Composition 238 Anm. 1.

83 So mit KRATZ, Komposition 176; vgl. WELLHAUSEN, Composition 238.

84 Zur Frage der Ladeerzählung 1Sam 4–6, in der Samuel ja bekanntlich keine Rolle spielt, s. u. Kap. 5.2.) – 1Sam 7 ist praktisch in Gänze spät zugesetzt, ebenso steht es mindestens mit dem Hauptteil von 1Sam 8 (vgl. zuletzt vor allem die Arbeit von Reinhard MÜLLER, Königtum).

85 Vgl. den Großteil der bisherigen Forschung einerseits, andererseits beispielhaft WÜRTHWEIN, Erwägungen, KRATZ, Komposition, AURELIUS, Zukunft, sowie den Sammelband von WITTE u. a. (Hg.), Geschichtswerke.

86 Urgestein sind sie trotz alledem wohl nicht, vgl. den Bezug auf „ganz Israel" und die Bezeichnung als „Volk Jahwes" 1Sam 2,24 (sonst noch Ex 15,16; Num 11,29; 17,6; Ri 5,11.13 und dazu LEVIN, Alter; 1Sam 12,6; 2Sam 1,12; 6,21; 2Kön 9,6; Ez 36,20; Zeph 2,10; Ps 94,5; 108,4 [; 2Chr 36,23]). Möglicherweise liegt hier schon eine Schicht vor, die man „spätdeuteronomistisch" einstufen müßte.

hen in 1Sam 2,12–17 im Hintergrund stehen, sind schwer auszumachen und offenbar nicht die etwa der Priesterschrift; ebenso sind die Formulierungen in V. 22–25 nicht charakteristisch für andere Schichten. Daß es freilich um den Schuldaufweis für die Söhne Elis geht, der zu ihrem Tod in 1Sam 4 führt, ist nur schwer zu bezweifeln. So erweitert sich hier der Bezugskreis auf die Ladeerzählung, für die damit möglicherweise ein Indiz dafür gefunden ist, daß sie erst später in ihren jetzigen Kontext gelangte oder dort entstanden ist. Insgesamt bleiben die redaktionellen Verknüpfungen aber vergleichsweise beschränkt.[87]

Der geweihte Gottesmann Samuel
(1.Samuel 1,11f.*; 1.Samuel 1,21–28; 1.Samuel 2,18–21)

Num 6,1–21 ist vom Gelübde eines Jahwe geweihten Nasiräers die Rede.[88] Auch wenn hier in 1Sam 1 nicht im einzelnen nach diesen Vorschriften gehandelt wird, so ist die Absicht des Erzählers dennoch unschwer zu erraten: Samuel soll ein Jahwe geweihter Mann sein, einem Nasiräer zumindest ähnlich. Die Parallelen vor allem zu den Simsongeschichten[89], die ihrerseits „[f]ast eine Welt für sich bilden"[90], sind nicht zu übersehen: Es ersteht, sehr überspitzt gesagt, ein *Simson redivivus* zur Abwehr der Philistergefahr (Ri 13 – 16; 1Sam 4 – 6.7 etc.). Hier ist also zumindest der Zusammenhang der Bücher Richter und Samuel vorausgesetzt, möglicherweise auch schon Vorstellungen, die sich erst in der Priesterschrift äußern – dafür spricht insbesondere der Ephod als leinenes Kleidungsstück Samuels, das sich anscheinend erst in priesterschriftlicher Zeit verorten läßt (1Sam 2,18)[91].

Wahrscheinlich wurde Kapitel 1 mit Hilfe des „Scharniers" V. 11–12a um die Episode V. 21–28 ergänzt, um die Weihe Samuels für Jahwe und seine besondere Retterstellung[92] zu betonen, wie auch, um seine Priesterlaufbahn als besonders untadelig gegenüber den Eliden darzu-

---

87 Zum Ende der Erzählung in V. 25 vgl. STOEBE, Samuelis 111–115; SCHÄFER-LICHTENBERGER, Beobachtungen 328.

88 Vgl. auch die Gelübdevorschriften Num 30,2ff. Vielleicht half hier die Assoziation von שכר und יין Num 6,3 / 1Sam 1,14f.? Vgl. auch Simson Ri 13,4.

89 S. auch schon oben den Textdurchgang.

90 SMEND, Entstehung 127.

91 Ex 25–40 *passim*, vgl. besonders Lev 8,7; im Unterschied zu einem tragbaren Gegenstand 1Sam 2,28 u.ö., zur Sache ausführlich VEIJOLA, Dynastie 39–42.

92 Vgl. das „Schermesser" als Parallele zu Simson 1Sam 1,11 / Ri 13,5; 16,7.

stellen.[93] Hier wechselt der Heimatort Samuels nach Silo[94], war es doch vorher Rama gewesen (und ist es übrigens auch noch in 1Sam 7,17 [Richter/Retternotiz!] und 1Sam 8,4). Schon dies mag ein Hinweis darauf sein, daß die Samuelbücher ihren Namensgeber zunächst nicht in Silo suchten, sondern im Rama. Silo konnte im Rahmen der dtn Konzeption der Kulteinheit nur dadurch zu Bedeutung gelangen, daß man die heilige Lade hierher verbrachte.[95] Nur so kann Samuel an einem außerhalb Jerusalems gelegenen Kultort eine solch bedeutende Rolle spielen.

Das Orakel des anonymen Gottesmannes
(1. Samuel 2,27–36)

Über den literarischen Horizont dieser Unheilsansage ist viel nachgedacht worden und viele der Ergebnisse unterliegen doch bei freilich unterschiedlichen Graden der Sicherheit nur wenigen Zweifeln. Am übersichtlichsten zeigt die Bezüge WONNEBERGER, dessen Tabelle hier übernommen wird und die zweite Hälfte des Spruchs zum Inhalt hat:

Vers	Stelle	Inhalt	Epoche
31f.	1Sam 22,6–19	Priester v. Nob[96]	Saul
	1Kön 2,26f.	Verstoßung Abjatars	Salomo
	1Kön 2,27b	Erfüllungsvermerk	
33	1Sam 22,20–23	Abjathar entrinnt aus Nob	Saul
34	1Sam 4,11	Tod der Eliden	Eli
35	1Sam 3f.	Samuel	Eli
	1Kön 2,35	Zadok	Salomo
36	2Kön 23,8f.	Kultreform	Josia

Hier ist schon deutlich zu sehen: der Verfasser überblickte mindestens Samuel- und Königebücher, wenn nicht aufgrund mancher Formulie-

---

93 Aber vgl. z. B. zu גמל Nif. auch Gen 21,8 (Isaak); im Qal in der Bedeutung „entwöhnen" 1Sam 1,23f.; 1Kön 11,20; Jes 11,8; 28,9; Hos 1,8; Ps 131,2.

94 Vgl. KRATZ, Komposition 176. – Zur Archäologie Silos vgl. SCHLEY, Shiloh; KEMPINSKI, Art. Shiloh; FINKELSTEIN, Art. Shiloh; DERS., u. a., Shiloh; zusammenfassend DIETRICH, Samuel 36f. Die sich zeitlich daran anschließende Situation kann man folgendermaßen charakterisieren: „Potsherds from the Iron Age II and the Persian Period indicate that some sort of settlement existed here" (KEMPINSKI, Art. Shiloh 1365).

95 Wohl weniger historisch als vielmehr literarisch. Sie sichert die Legitimität der Kultstätte explizit dann in 1Sam 3, gleich, ob man 1Sam 3,3b für einen Zusatz hält oder nicht.

96 Zur Verbindung der Priester von Nob und der Eliden s. VEIJOLA, Dynastie 39–42. Vgl. zur Forschungsgeschichte des Abschnitts auch VAN ROOY, Utterances.

rung auch eine Kenntnis von priesterschriftlichen Passagen des Pentateuchs anzunehmen ist (dazu im folgenden). Der Passus gehört sicher
zu den ganz späten Eintragungen in die Kindheitsgeschichte Samuels
bzw. in die Samuelbücher überhaupt.

Der Abschnitt ist möglicherweise in sich nicht einheitlich, wie u.a.
STEUERNAGEL[97] gezeigt hat; er scheidet V. 27–31a.33aαb.34 von einer
Überarbeitung in V. 31b.32.33aβ und schließlich einer Ergänzung von
V. 35f. durch den Autor, der auch für die Erfüllungsnotiz 1Kön 2,27
verantwortlich war.[98] Wie weit – wenn man ihm grundsätzlich zustimmt – die letzten Wachstumsstufen gehen, sei an zwei Beispielen illustriert: Das „Brandopfer" (אשה) ist nur priesterschriftlich und später
belegt[99]; gleiches gilt für das „Räuchern des Räucherwerks" (קטר
קטרת)[100]. Zumindest im heutigen Text sind also dtr und priesterliche
Elemente gemischt – Zeichen für sehr junge, wenn man so will „endredaktionelle" Texte.[101] Die textlichen Varianten[102] tun ein Übriges dazu,
daß dem Abschnitt mit den Mitteln der Literarkritik kaum noch beizukommen ist. Hält man ihn für einheitlich, dürfte er also weder nur
deuteronomistisch noch nur priesterlich, sondern von beiden Literaturbereichen beeinflußt sein. Das macht eine Zuweisung an einen deuteronomistischen Historiker („DtrH") mehr als fraglich.[103]

STEUERNAGEL dürfte also zuzustimmen sein, wenn er resümiert,
daß der ganze Abschnitt nicht „einfach in Bausch und Bogen der deuteronomistischen Redaktion zuzuweisen"[104] ist, sondern daß er viel

---

97 STEUERNAGEL, Weissagung.

98 Anders etwa WONNEBERGER, Redaktion 245ff., der u.a. V. 31b.32b für sekundär
    hält.

99 Ex 29,18.25.41; 30,20; Lev 1,9.13.17; 2,2–3.9–11.16; 3,3.5.9.11.14.16; 4,35; 5,12;
    6,10–11; 7,5.25.30.35; 8,21.28; 10,12–13.15; 21,6.21; 22,22.27; 23,8.13.18.25.27.
    36–37; 24,7.9; Num 15,3.10.13–14.25; 18,17; 28,2–3.6.8.13.19.24; 29,6.13.36; Dtn
    18,1b (nach-P?); vgl. Jos 13,14 (nach-P); 1Sam 2,28!

100 Nächste Parallele Num 17,5 P; vgl. auch sonst das Vorkommen von קטרת – im gesamten „DtrG" nur hier.

101 Nicht zuletzt diese Beobachtungen lassen DIETRICHs Liste von DtrN-Passagen als
    „Schlussredaktion des deuteronomistischen Geschichtswerks" ein wenig fragwürdig erscheinen (DERS., Niedergang).

102 Vgl. BHS. In 𝔊 fehlen beispielsweise V. 31b.32a(crrp.), auch der Qumran-Text
    zeigt Varianten.

103 Vgl. auch das „Erwählen aus allen Stämmen Israels": Von einer Person ist dies nur
    1Kön 8,16 (frühestens spätdeuteronomistisch, vgl. dagegen 2Chr 6,5) gesagt.
    „Klassisch" deuteronomistisch ist vielmehr die Erwählung Jerusalems (Dtn 12 und
    passim). Im 1Sam 2,27ff. wird mit dem Deuteronomismus und seinen Wendungen
    schon geradezu gespielt.

104 STEUERNAGEL, Weissagung 221.

mehr – und das im Unterschied zu STEUERNAGEL – entweder insgesamt erheblich jünger ist, oder doch zumindest im Laufe der Zeit starke Überarbeitungen erfahren hat, die eine eindeutige Zuweisung zu einer *bestimmten* deuteronomistischen Hand sehr erschwert.

Die Traumoffenbarung im Tempel zu Silo
(1.Samuel 3,1–19)

Für den Rahmen des Orakels gibt es m.E. keine zwingenden Anhalts-spunkte einer bestimmten redaktionellen Ebene. Für das Orakel selbst mithin sieht die Sache allerdings ganz ähnlich aus wie mit der Weissa-gung des Gottesmannes 1Sam 2,27–36, auf die es sich, wie oben schon angedeutet, bezieht: Davon zeugen einerseits die parallelen Formulie-rungen (עלי, sein בית, seine בנים; מנחה, עד־עולם, קלל und זבח) und die eindeutigen Rückbezüge „alles, was ich gesagt habe" (את כל־אשר דברתי), „ich habe ihm verkündet" (והגדתי לו) und „darum habe ich ge-schworen" (ולכן נשבעתי). Daß das Kapitel 3 seinerseits ohne V. 11–14 keine Pointe und keinen Sinn hätte, wurde oben gezeigt. Beide Worte auf ein und denselben Verfasser zurückführen zu wollen, hat ebenfalls wenig Wahrscheinlichkeit für sich.[105] Möglicherweise steht 2Kön 21,12, seinerseits wohl erst spätdeuteronomistisch[106], im Hintergrund von V. 11. Nach dem Wort des Gottesmanns scheint also das Orakel in 1Sam 3,11–14 geradezu überflüssig zu sein. Welche Funktion hat dann aber die Erzählung von der Gotteserscheinung in Silo?

Letztlich wird man hier nicht viel mehr sagen können, als es schon oft für eine „ursprüngliche" Version des Kapitels getan wurde – aber eben doch auch keinesfalls weniger: Samuel wird mittels dieser Erzäh-lung zum Jahwepropheten[107] *par excellence*, in einer Linie mit Elia und Elisa.[108] Es handelt sich, wenngleich vielleicht nicht um seine Beru-fung[109] im streng formgeschichtlichen Sinn, aber doch um seine Einset-

---

105 S. auch VEIJOLA, Dynastie 42. Vgl. aber DIETRICH, Königszeit, der „DtrP" für den Verfasser beider Passagen hält.

106 SPIECKERMANN, Juda 183.

107 נביא ליהוה: 1Kön 18,22; 22,7 (Elia); 2Kön 3,11 par. 2Chr 18,6 (Elisa); 2Chr 28,9 (Oded, vgl. 2Chr 15,1.8).

108 Daß das Interesse an prominenten Propheten auch in später Zeit noch lebendig war, illustriert auf seine, freilich ganz andere, Weise auch Dtn 34,10.

109 Das beste Argument bringt CAMPBELL, 1Samuel 57, auf den Punkt: „there is no call".

zung und seine Legitimation in Form einer Inauguraloffenbarung.[110]
Das Orakel hat Weitergehendes im Blick: 2Kön 21,12 und Jer 19,3
blicken jeweils mit „gellenden Ohren" (אשר כל שמעה/ו תצלנ[י]נה [שתי]
אזניו) auf die Katastrophe des Exils voraus – und genauso auch 1Sam
3,11.

> Der jetzige Übergang zu Kapitel 4 ist schwer zu beurteilen. 𝕲 bietet hier einen
> abweichenden Text. Oben wurden bereits V. 19bβ.21b als redaktionell ausge-
> schieden. Zur Sekundarität von 1Sam 4,1a𝔐 vgl.u. – V. 21a ist sachlich
> schwierig, er*schienen* (ראה *Nif.*) war Jahwe dem Samuel ja nicht! In 1Kön 14
> hingegen ist Ahija in Silo angesiedelt – vielleicht der späteste Zusatz. Die
> Formel in V. 19abα macht den ältesten Eindruck; ggf. als Wiederaufnahme
> von 1Sam 3,1 – vielleicht darf man sogar den volltönenden V. 20 hinzuneh-
> men.[111]

Die Lade
(1. Samuel 3,3b)

In aller Kürze muß natürlich auf die Lade eingegangen werden, die in
1Sam 3,3b erwähnt wird. Durch sie wird der Horizont des Stückes
noch einmal in eine andere Richtung erweitert; von Haus aus hat sie
mit Samuel nichts zu tun: In 1Sam 4–6 kommt Samuel gerade nicht
vor, die Erwähnung bei Saul (1Sam 14) ist nachgetragen (s. u. Kap.
5.3.); auch hier tritt Samuel nicht auf. Der Grund dafür, die Offenbarungsszene Jahwes an Samuel an der Lade zu lokalisieren, ist deutlich:
Nur so kann Jahwe legitim in einem Tempel außerhalb Jerusalems anwesend sein – der silonitische Kult wird von hier aus als rechter Jahwe-
kult legitimiert. Die Lade sichert die Präsenz des späteren Staatsgottes
im Tempel zu Silo und bewahrt Samuel davor, gegen das Gebot zu
verstoßen, nur in Jerusalem den Priesterdienst zu versehen. Des weiteren dient sie natürlich zur sekundären Verklammerung von Jugendgeschichte Samuels und den Erzählungen über die Lade (1Sam 4–6).
Dort kann man aus 1Sam 4,11.12 kombinieren, daß die Lade in Silo
stand. Sollte 1Sam 4,12 im Blick auf 1Sam 1–3* formuliert worden
sein, hieße das, daß die Lade nie in Silo gestanden hätte. Kein Problem
hatten die Erzähler damit, daß sich dort ein „Haus Jahwes" – also ein
Jahwetempel – befand (1Sam 1,7; dann 1Sam 1,24 und 1Sam 3,15).

---

110 Man könnte freilich, kaum weniger treffend, auch von -audition oder -inkubation
   sprechen.
111 Vgl. dazu Dtn 18,18.

Andererseits bietet ihre Nennung im Zusammenhang der Erzählungen in 1Sam 4–6 umgekehrt den mutmaßlichen Anlaß, die Heiligkeit des Ortes Silo zu vergrößern, so könnte man etwa in bezug auf Jos 18 (vgl. das אהל מועד 1Sam 2,22/Jos 18,1!)[112]; evtl. auch Ri 21[113] und Ps 78,60ff. spekulieren, daß der Standort der Lade an diesen Stellen schon vorausgesetzt sein könnte.[114]

Das Lied der Hanna
(1. Samuel 2,1–10)

„Der Lobgesang der Hanna 2,1–10 ist nicht für diesen Zusammenhang verfaßt worden.", resümiert R. SMEND in seiner „Entstehung des Alten Testaments"[115]. H.-P. MATHYS[116] siedelt das Stück in spätnachexilischer Zeit an. Die hier vorgetragenen literarischen Verhältnisse innerhalb von 1Sam 1–3 weisen in eine ähnliche Richtung. Da die Verbindungen zum Kontext recht dünn gesät sind, fällt es schwer zu sagen, welche Texte aus 1Sam 1–3 dem Ergänzer des Liedes schon vorgelegen haben müssen oder welche ggf. noch nicht. Weit vom heutigen Text kann seine Vorlage kaum gewesen sein: Innerbiblisch jedenfalls hat Hanna keine weitere Karriere gemacht.

Einzelzusätze

Aus den verschiedenen Einzelzusätzen ist noch auf 1Sam 2,28b einzugehen. Er nimmt wörtlich Bezug auf Ex 38,8 P[s]. Über die Gründe des Ergänzers kann man nur spekulieren. Einerseits vergrößert sein Zusatz die Sünde der Elisöhne noch dadurch, daß sie Sünden begehen, die eigentlich schon seit mosaischer Zeit nicht mehr möglich sein sollten, andererseits gelangt auf diese Weise sozusagen durch die Hintertür das Zelt der Priesterschrift nach Silo – und kann die Lade (1Sam 3,3; 4–6; vgl. 2Sam 6,17) beherbergen und den Kultort weiter legitimieren.

---

112 S. o. und vgl. NOTHS *Dictum* „im Stile und im Sinne von P" (NOTH, Josua[2] 11; vgl. auch SMEND, Entstehung 114; AULD, Joshua, Moses 62f.)

113 Vgl. zu diesem Teil der „Anhänge" zum Richterbuch (BUDDE, Bücher 91 bzw. DERS., Richter 110) v.a. BECKER, Richterzeit 287–296, insb. 290f. und s.o. Kap. 4.

114 Auch wenn der Gedanke, daß dort die Lade gemeint sein könnte, von SPIECKERMANN, Heilsgegenwart 146–148 mit guten Gründen abgewiesen wird, vgl. dafür u.a. etwa CAMPBELL, Psalm 78, 60ff.

115 SMEND, Entstehung 128.

116 MATHYS, Dichter 126–146.

Die Rolle Samuels in 1. Samuel 1 – 3

Die Beobachtungen an 1Sam 1 – 3 haben ergeben, daß der Abschnitt literarisch nicht einheitlich ist, sondern daß ein literarischer Kern in 1Sam 1,1–20* durch sukzessive Redaktionen und Ergänzungen zu der Gestalt gewachsen ist, in der er heute begegnet. Anhand der unterschiedlichen Rollen Samuels, wie sie oben durch das Zitat aus Sirach 46 verdeutlicht wurden, sei diese Wachstumsgeschichte abschließend kurz zusammengefaßt.

Samuel ist das auf wunderbare Weise von der unfruchtbaren Hanna geborene Kind aus Rama (1Sam 1,1–20*), das später einmal zum Königsmacher werden wird (1Sam 9f.). Die spätere Berühmtheit bekommt hier eine adäquate Kindheitsgeschichte beigegeben. Das Priestergeschlecht von Silo hingegen, Eli und seine Söhne, legt ganz in Gegensatz zu Samuel (1Sam 1,11f*.21–28; 2,18–21) Bosheit und Sünden an den Tag (1Sam 2,12–17.22–25). Daß sie schon bald entsprechend gesühnt werden sollen (1Sam 4–6), ist jedenfalls für 1Sam 2–3 fest im Blick. Samuel wiederum erhält im Gegenzug die Züge eines gottgeweihten Retters[117] bzw. Richters und eines Priesters – wie denn auch in späterer Zeit einmal der Priester den König salben soll.[118] Doch dabei bleibt es nicht: Der einstige Priestergehilfe Elis wird schlußendlich sogar noch Träger eines weiteren „Amtes": Kapitel 3, die Offenbarung Jahwes an ihn, die auf die Weissagung eines anonymen Gottesmannes an Eli zurückblickt (1Sam 2,27–36), macht Samuel zu einem Propheten Jahwes.

So spiegelt die Entstehung des Komplexes 1. Samuel 1 – 3 zugleich die Wandlung und Größe von Gestalt und Bedeutung Samuels im Laufe der alttestamentlichen Literaturgeschichte wider – man vergleiche nur die späte[119] Psalmstelle:

מֹשֶׁה וְאַהֲרֹן בְּכֹהֲנָיו וּשְׁמוּאֵל בְּקֹרְאֵי שְׁמוֹ קֹרִאים אֶל־יְהֹוָה וְהוּא יַעֲנֵם: ⁶ Ps 99,6

Ps 99,6: „⁶Mose und Aaron waren unter seinen Priestern, und Samuel unter denen, die seinen Namen anriefen; sie riefen zu Jahwe, und er antwortete ihnen."

---

117 Vgl. die Parallele zur Geburtsgeschichte Ri 13; daneben 1Sam 7, in gewisser Weise auch 1Sam 4,1 (Amt an ganz Israel). Die Formulierung ist im übrigen singulär und auffällig parallel zur geläufigen Wortereignisformel, die sonst ausnahmslos von Jahwe gebraucht ist.

118 Vgl. 1Kön 1,34.

119 F.-L. Hossfeld in Hossfeld/Zenger, Psalmen II z. St.

5.2. Die sogenannte „Ladeerzählung"
(1. Samuel 4–6; 2. Samuel 6)

In seinen „Psalmenstudien" schreibt Sigmund Mowinckel in einer
Fußnote: „Selbstverständlich ist dies alles reine Sage, ,der geschichtliche Kern' besteht lediglich in dem Verlust der Lade. Freiwillig haben
die Philister ein solches Palladium nicht ausgeliefert, und wenn David
sie mit Gewalt zurückgenommen hätte, so hätte man davon sicher in
den Quellen erzählt."[120] Und weiter: „Die Sagen [...] haben den Zweck,
die Tatsache zu erklären, daß die verlorene Lade sich wieder im Tempel befinde."[121] In einem gewissen Sinne, gewiß aber von der Bedeutung her, sind die folgenden Bemerkungen zur Ladeerzählung als eine
Fußnote zu dieser Fußnote zu verstehen.[122]

5.2.1. Leonhard Rosts Hypothese einer
zusammenhängenden Ladeerzählung

Die These

Leonhard Rost entwickelt innerhalb seiner berühmten Studie „Die
Überlieferung von der Thronnachfolge Davids" ein eindrucksvoll ge-
schlossenes Bild von dieser Überlieferung. Sie ist nach Rost von ihrem
Autor unter Verwendung von verschiedenen Unterquellen komponiert
worden.

Die literarkritische Arbeit *vor* Rost hatte zumeist eine Verteilung
der Erzählungen der Samuelbücher auf zwei Quellen vorgenommen;[123]
Unterquellen innerhalb der Erzählstränge wurden entweder ganz ab-
gelehnt[124] oder aber in unterschiedlichem Maße zugegeben.[125] Rost unternimmt es nun, nach solchen Unterquellen zu suchen, die der Verfas-

---

120 Mowinckel, Psalmenstudien II, 113 Anm. 1.
121 Ebd.
122 Vgl. auch Kratz, Komposition 176.179. – Für die Forschungsgeschichte ist für die
   ältere Literatur zu verweisen auf die Arbeit von Schmitt, Zelt und Lade; für die
   neuere Forschung Dietrich in ders. / Naumann, Samuelbücher 121–143. Die
   amerikanische Forschung faßt kompetent Bodner, Ark-eology zusammen.
123 J und E, K und K¹ und Variationen davon.
124 So beispielsweise Budde.
125 Vgl. Rost, Überlieferung 119–122.

ser der Thronfolgegeschichte verwendet haben könnte. Gleich zu Beginn wendet er sich dabei der Ladegeschichte zu.[126]

WELLHAUSEN und andere hätten die Ladegeschichte durch einen „Querschnitt" geteilt, indem sie „eine alte Erzählung über das Schicksal der Lade [...], aufgenommen mit der Absicht, über die Philisternot zu orientieren" von einer zweiten, die „zur eigentlichen Geschichte Davids" zu rechnen sei, unterschieden hätten. Andererseits hätten BUDDE und andere einen „Längsschnitt" vorgenommen, indem sie die betreffenden Kapitel auf unterschiedliche Quellenschichten verteilt hätten, d.h. die Trennlinien innerhalb der Kapitel gezogen hätten.

„Angesichts dieser Fülle verschiedener Versuche, die Ladeerzählung in Quellenzusammenhänge einzureihen, erscheint es berechtigt,", so ROST, „zu untersuchen, aus welchen Beweggründen heraus die verschiedenen Vorschläge erwachsen sind, und notwendig über diese bisherigen Versuche hinauszukommen."[127]

Die „Querschnitthypothese" beruft sich oft auf die unterschiedlichen Namen einerseits des Aufenthaltsortes der Lade (1Sam 6,1; 2Sam 6,1) und der beteiligten Personen (Uzza, Elazar). Doch können diese Differenzen anders erklärt werden: Es scheint ROST „erwiesen, daß der Name Baalat Jehuda für Qirjath Jearim allmählich außer Gebrauch kam und schließlich nicht mehr verstanden wurde."[128] Und so sei ein ursprüngliches „Baalat Jehuda" in 1Sam 7,1 vermöge eines Rückgriffs auf Jos 15,9, wo beide Orte identifiziert werden, in ein „Qirjath Jearim" geändert worden. Und auch „der Wechsel von Elazar und Uzza könnte sich ähnlich erklären lassen, vielleicht auch aus dem Wunsch, dem Priester der Lade in I. Sam 7,1 einen theophoren Namen zu geben, was bei dem Führer der Lade in II. Sam 6 nicht nötig war."

Allen Argumenten, die *gegen* einen Zusammenhang der beiden Teile der Ladegeschichte sprechen, sei es durch Längs- oder Querschnitt, ist laut ROST „unter Vorwegnahme späterer Ergebnisse"[129] folgendermaßen entgegenzutreten:

„1. Der Erzählungsstrang, der Davids Aufstieg berichtet, endet II. Sam 5,10."[130]

---

126 A.a.O. 122ff.
127 A.a.O. 123.
128 Ebd.
129 A.a.O. 125, dort auch die Zitate der folgenden Punkte 1.–5.
130 „Dazu gehören als abklingender Schluß die Nachträge Vers 13-16 (Söhne Davids in Jerusalem), 17-25 (2 Philisterschlachten), vielleicht auch Teile von Kap. 8." (ebd.)

„2. II. Sam 6 gehört demnach nicht der ursprünglichen Erzählung von Davids Aufstieg an, ebensowenig wie I. Sam 4-6 in Beziehung zu dieser Erzählung gesetzt werden kann."

Rost erläutert diese These folgendermaßen: „In einer Erzählung von Davids Aufstieg hat II. Sam 6 nichts zu suchen, denn dieses Kapitel ist nicht ad majorem gloriam regis geschrieben, sondern der Lade zu Ehren, die hier im Mittelpunkt steht."[131]

„3. Vielmehr schließt sich II. Sam 6 an I. Sam 4-6 an, mit dem es in Wortschatz, Stil und religiöser Gedankenwelt eng zusammengehört" – auch hier erläutert Rost: „I. Sam 6 schließt mit der Verbringung der Lade nach Qirjath Jearim ins Haus Abinadabs. II. Sam 6 beginnt mit den Vorbereitungen Davids, sie von dort nach Jerusalem zu holen. Der Wortschatz zeigt große Verwandtschaft."[132]

„4. Dies erfordert auch der Aufbau der Ladeerzählung, der nur so als zielstrebig zur Geltung kommt.

5. Nur so wird auch der Zweck der Erklärung klar ersichtlich, die Geschicke der Lade seit ihrem Weggebrachtwerden von Silo bis zu ihrer Aufstellung in Jerusalem zu schildern."

In einer kurzen literarkritischen Analyse der Texte behält er als Umfang der ursprünglichen Ladegeschichte die kompletten Kapitel 1Sam 4–6 und 2Sam 6 mit nur kleinen Abstrichen bei.[133]

Nach der Feststellung des Grundbestands untersucht Rost nun zuerst den Wortschatz des Erzählers: Er gibt eine Auswahl „wichtiger Wörter"[134] an, deren Gesamtzahl sich auf 54 beläuft. Sein Resümee faßt Rost so zusammen:

„1. Der Wortschatz der Ladeerzählung hat wenig Berührung mit dem anderer Quellen in den Samuelbüchern.

2. Neben Wörtern, die sich hauptsächlich in elohistischen und jahwistischen Stücken finden, zeigen sich besonders viele, die dem Wortschatz der Priesterschrift angehören.

3. Besonders stark sind aber die Berührungen mit der Sprache der Propheten, der Psalmen und des Hiob, also der Sprache der religiösen Dichter des Kultes.

4. Dagegen treten Anklänge an Chronika stark zurück.

5. Die Ladeerzählung scheint demnach ein Sonderstück innerhalb der Samuelisbücher zu sein.

---

131 A. a. O. 246 Anm. 28.

132 Ebd. Anm. 29.

133 1Sam 6 ohne den Einschub V. 5–9, die Leviten und die meisten goldenen Pestbeulen und Springmäuse; 2Sam 6 wieder insgesamt – mit Ausnahme nur der Michalepisode.

134 A. a. O. 130.

6. Ihre Beziehung zu Kreisen des Kultus oder der Propheten ist wahrscheinlich."[135]

Es folgt eine längere erzählerische Analyse der Form, die hier nicht im einzelnen wiedergeben werden soll. Nur folgendes sei kurz (und Rosts Stil illustrierend) angemerkt: Die Ladeerzählung wird durch Reden strukturiert, oft sind dabei Fragen im Spiel. Nur 2Sam 6 macht hier eine Ausnahme, denn das Kapitel enthält lediglich eine Frage.

> „Die einzige Rede in II. Sam 6 stammt aus dem Munde Davids. Wiederum ist es ein Ausdruck des Schreckens: Wie soll die Lade zu mir kommen? Mit dem Entsetzen über das Geschehene paart sich die Angst vor dem möglich Kommenden, die Furcht vor dem unheimlichen, unglücksschwangeren Heiligtum und dem hinter ihm stehenden Gott; vielleicht kommt hierzu das niederbeugende Gefühl eigener Unreinheit und Ohnmacht."[136]

2Sam 7,2–7 wäre hingegen eine schöne (und übrigens auch sachlich zugehörige) Abschlußrede, gehöre aber nicht mehr zur Ladegeschichte hinzu![137] Die Stimmung, die die Reden zum Ausdruck bringen, ist meist „Angst, Furcht, Entsetzen"[138]. Und die Erzählung ist anschaulich: „So ist allenthalben Bewegung, Leben. Und das Leben strömt unaufhaltsam dahin ohne Rast wie ein Lichtspielstreifen."[139] Kunstvoll kontrastieren sich Schnelligkeit und Ausführlichkeit.

Inhaltlich ist die Erzählung vor allem an der Kultgeschichte interessiert. Der Verfasser, aus dem Kreis der Ladepriester ist deswegen nicht Historiker, sondern „Erzähler einer Legende"[140]. In dieser Legende ist Gott „der Übermächtige, Schrecken und Entsetzen erregende, nicht [...] der Unberechenbare."[141] „So kann gesagt werden, daß unserm Erzähler Jahwe besonders als der furchterregende Zerschmetterer sich kundtut. Als Symbol seiner Gegenwart gilt die Lade, an die er aber nicht gebunden ist."[142]

Die Ergebnisse seiner Untersuchung faßt Rost wiederum in mehreren Thesen zusammen, von denen hier zunächst die ersten drei genannt werden sollen:

---

135 A.a.O. 138. *Nota bene*, daß Rost hier durchaus Berührungen mit „späten" Texten (P, Hiob) konzediert.
136 A.a.O. 143.
137 A.a.O. 140.
138 A.a.O. 141.
139 A.a.O. 145.
140 A.a.O. 155.
141 A.a.O. 156.
142 A.a.O. 158.

„1. Die Ladeerzählung umfaßt I.Sam 4,1b-18a.19-21; 5,1-11bα,12; 6,1-3bα,4,10-14,16,19-7,1. II.Sam 6,1-15,17-20a.

2. Sie erweist sich durch ihren Wortschatz und ihren Stil als ihrer Umgebung gegenüber selbständig und einheitlich, durch ihren Aufbau als in sich geschlossen und vollständig.

3. Als Verfasser der als ἱερὸς λόγος des Jerusalemer Ladeheiligtums zu betrachtenden Erzählung ist ein Glied der Ladepriesterschaft aus der letzten Zeit Davids oder dem Anfang der Regierung Salomos anzusehen."

Dazu kommen noch drei weitere inhaltlich bestimmte Thesen:

„4. Als Kultlegende hat sie nur bedingtes Interesse an politischen Begebenheiten. Sie kann zwar Anspruch auf geschichtliche Möglichkeiten der allgemeinen Verhältnisse und vieler Einzelzüge erheben, läßt sich aber nicht im ganzen als geschichtliche Wirklichkeit erweisen.

5. Jahwe erscheint als der übermächtige, zwar nicht willkürlich, handelnde, meist Unheil, aber auch Heil bringende Gott; dementsprechend ist die Frömmigkeit von Furcht, aber auch von freudiger Verehrung bestimmt.

6. Das Eingreifen Jahwes wird teils vom Schriftsteller berichtet, teils als Urteil den handelnden bzw. leidenden Personen in den Mund gelegt."[143]

Probleme der ROSTschen These

Die Ergebnisse der Untersuchung ROSTS erreichten, nicht zuletzt sicherlich deswegen, weil sie von M. NOTH mehr oder weniger genau in seine „Überlieferungsgeschichtlichen Studien"[144] übernommen wurden, einen seltenen Grad an Zustimmung unter den Exegeten der verschiedenen Richtungen, und das gilt – *mutatis mutandis* und sicher nicht im damaligen Ausmaß – mindestens für die Ladeerzählung noch bis heute. Sie hat jedoch, wie W. DIETRICH einmal bemerkt hat, „mittlerweile etwas Rost angesetzt."[145]

Zunächst ist zu bemerken, daß vieles von der Stilkritik ROSTS bei aller Schönheit der Geschichte doch „von der hebräischen Erzählung überhaupt" gilt, „also nicht die Heraushebung der Lade-Erzählung als einer besonderen Quelle zu rechtfertigen"[146] imstande ist.

Doch wird von ROST nicht auch mancher Unterschied nivelliert, um die Einheitlichkeit der Erzählung halten zu können? Die schon von WELLHAUSEN genannte Tatsache, daß in 1Sam 4–6 die Lade „kras-

---

143 A.a.O. 159.
144 Vgl. NOTH, ÜSt 62ff.
145 DIETRICH, David 81. – Zur Bestreitung der These vgl. auch die Bemerkungen von KRATZ, Komposition 179; vgl. auch a.a.O. 176.
146 EISSFELDT, Text-, Stil- und Literarkritik 807.

ser wie sonst im A. T. mit Jahve selber gleichgesetzt wird"[147], was wohl besonders für 1Sam 5 und 6 gelten dürfte, findet vor allem im Vergleich zu 2Sam 6 keine rechte Erklärung. Auch die großen Unterschiede innerhalb der Erzählung, der Kontrast vom nüchtern-anekdotenhaften Kapitel 1Sam 4 und den folgenden phantastisch anmutenden Erzählungen der Kapitel 5 und 6 (wer wollte hier Zeuge gewesen sein?), vermag die Lösung Rosts nicht befriedigend zu erklären).

Rechnet man darüber hinaus mit Rosts Grundschicht, so ist die Verknüpfung der Erzählung mit dem Kontext, einerseits über Eli und seine Söhne, andererseits natürlich über die Taten und die Person Davids, in einer ganz selbständigen und vollständig erhaltenen Erzählung nur mit großer Mühe begreiflich zu machen. Doch auch seine weiteren Argumente für eine Zusammengehörigkeit der beiden großen Teile der Ladeerzählung vermögen nicht zu überzeugen.

Die unterschiedlichen Namen und Orte in beiden Teilen der Erzählung werden von ihm wenig befriedigend erklärt: Warum sollte beispielsweise in 1Sam 6 der Ortsname Baalat Jehuda später durch Kirjath Jearim ersetzt worden sein, in 2Sam 6 aber nicht? Die aufzulösende Differenz bleibt in jedem Falle bestehen.

In puncto Stil haben verschiedene Autoren, zuletzt C. SCHÄFER-LICHTENBERGER gezeigt, daß „erhebliche stilistische Differenzen zwischen 1 Sam 4,1b–7,1 und 2 Sam 6 bestehen"[148], ohne daß darauf hier *en detail* eingegangen werden müßte. Auch der Blick auf den *Wortschatz* scheint trotz Rosts Liste nicht ganz müßig: Nur vier der 54 Wörter und Wendungen tauchen sowohl in 1Sam 4–6 als auch in 2Sam 6 auf; ganze zwei davon[149] in 1Sam 4 und 2Sam 6![150]

So wird man auch die Hypothese eines ἱερὸς λόγος des Ladeheiligtums von Jerusalem nur mit großer Vorsicht für bare Münze nehmen dürfen. Mit Sicherheit spielt die Heiligkeit des Ortes Jerusalem eine Rolle beim feierlichen Einzug der Lade, das unterliegt keinem Zweifel. Doch ist beispielsweise aus 1Sam 4–6 in keiner Weise abzulesen, daß die Lade dort einmal ankommen würde – und gerade das wäre ja zu zeigen!

---

147 WELLHAUSEN, Composition 238.
148 SCHÄFER-LICHTENBERGER, Beobachtungen 328.
149 Nämlich המון, was einmal die aufgewühlte Menge anläßlich der Ankunft des Boten bezeichnet, das andere Mal die Menge Israels, und תרועה, das im Zusammenhang mit der Lade, wie etwa Jos 6 zeigt, quasi zum Standardvokabular gehört.
150 Und zwei Überschneidungen zwischen 1Sam 5f. und 2Sam 6: יצג (1Sam 5,2 und 2Sam 6,17)und עגלה (1Sam 6.[7.8.] 10.11.14; 2Sam 6,3).

Der enge Zusammenhang von Ladeüberführung und Nathansverheißung 2Sam 7 sowie der Einschub dieser Kapitel wird von ROST
zwar gesehen, für die Auslegung macht er ihn jedoch nicht fruchtbar.
Auch hiervon wird kurz zu handeln sein.

5.2.2. Die sogenannte „Ladeerzählung" I: 1. Samuel 4–6

Zunächst soll ein knapper Überblick über den Inhalt der Ladegeschichte in 1Sam 4–6; 2Sam 6 und ihre literarischen Probleme gegeben
werden.[151]

Übersicht über 1. Samuel 4

Der Einsatz des Kapitels ist schon textlich problematisch. V. 1a ($\mathfrak{M}$) ist
sicherlich ein Abschluß der Samuelerzählung aus Kapitel 3. Das Kapitel würde mit V. 1b ($\mathfrak{M}$) dann Israel „geradezu als Aggressor"[152] einfüh-
ren. $\mathfrak{G}$ überliefert hingegen in V. 1a einen anderen Text (καὶ ἐγενήθη ἐν
ταῖς ἡμέραις ἐκείναις καὶ συναθροίζονται ἀλλόφυλοι εἰς πόλεμον ἐπὶ Ισραηλ),
dem in der hebräischen Vorlage etwa ein ויהי בימים ההם ויקבצו פלשתים
למלחמה על ישראל entsprochen haben dürfte. Das zeigt einmal mehr,
daß sich hier eine Nahtstelle befindet. $\mathfrak{G}$ dürfte hier Ursprünglicheres
bewahrt haben, da sonst das לקראת „in der Luft steht"[153]. Beim Einfügen von V. 1a ($\mathfrak{M}$) ist der Satz möglicherweise ausgefallen. Der ursprüngliche Einsatz der „Ladeerzählung" ist also vergleichsweise locker
mit dem Kontext verknüpft.
1Sam 4,1a ($\mathfrak{G}$).b–2 erzählen von einer vernichtenden Niederlage Israels gegen die Philister irgendwo zwischen dem Lager der Philister in
Aphek und dem Lager Israels bei Eben-Eser[154]. Das Volk kommt ins
Lager zurück (V. 3) und die Ältesten schlagen vor, die „Lade des Bun-

---

151 Einen knappen und guten Überblick über die literarkritische Forschung bietet
   SCHICKLBERGER, Ladeerzählungen 17–25, ergänzend vgl. DIETRICH/NAUMANN,
   Samuelbücher.
152 DIETRICH, Samuel 199.
153 WELLHAUSEN, Text 54; vgl. DIETRICH, Samuel 199; anders STOEBE, Samuelis I, 129;
   SMELIK, Messages 45; FOKKELMAN, Art 197.
154 Der Artikel vor אבן ist zu streichen; vgl. 1Sam 5,1; 7,12. In V. 2 ist der kürzere
   Ausdruck in $\mathfrak{M}$ (einfaches ערך) sicherlich ursprünglicher als der übliche terminus
   (ערך מלחמה) in $\mathfrak{G}$ (lectio brevior atque difficilior); gegen DIETRICH, Samuel 199.
   Ob am Beginn von V. 2b pass. zu punktieren ist oder wie $\mathfrak{M}$, act., macht keinen
   Unterschied.

des Jahwes" (𝕲: „die Lade unseres Gottes"[155]) aus Silo zu holen, „damit Jahwe in unsere Mitte (בקרבנו) kommt und uns errette aus der Hand unserer Feinde". Gesagt, getan: Man holt die „Lade des Bundes Jahwe Zebaoths, der über den Cheruben thront" (𝔐)[156]. V. 4b erwähnt noch die (dort nach 𝔐, aber vgl. 𝕲) anwesenden Elisöhne Hofni und Pinhas[157]. Die Freude der Israeliten, als die Lade ins Lager kommt, ist so groß, daß die קול התרועה גדולה nicht nur bis ins Lager der Philister *schallt*, sondern gar die Erde erdröhnt ותהם הארץ.[158] – „Aus dem Krieg Israels ist ein Krieg Jahwes geworden."[159] Wer würde da nicht vor Angst in Weherufe ausbrechen? So die Philister V. 7–9.[160] Daß sie das freilich gleich zweimal tun (V. 7b und 8: אוי לנו), macht den zweiten Weheruf mit seiner Aufnahme des Exodusbekenntnisses des Nachtrags verdächtig. Die „Hand Gottes" weist einerseits auf 1Sam 5,6.9 (und 1Sam 7,13) voraus; die Erwähnung des Schlagens der Ägypter andererer-

---

155 Vgl. 1Chr 13,3 (𝔐 und 𝕲). Hier dürfte jedoch eher eine *aberratio oculi* vorliegen, vgl. kurz zuvor אלינו.

156 𝕲^{OLMss} haben (vgl. 𝔏^{115}) kein צבאות; ebenso 𝕲, 𝔏^{115} und 𝔙 anschließend kein שם (vgl. 2Sam 6,2!). Das dürfte *lectio brevior* und im Vergleich zu 2Sam 6,2 auch *difficilior* sein. Die Argumentation von Dietrich, Samuel 200, ist rätselhaft: „Es [*sc.* das Gottesepitheton „Zebaot", Vf.] scheint aber gerade im Kult von Schilo bzw. im Ladekult verankert gewesen zu sein [...] und es kehrt [...] in einem mit dem hiesigen literarisch zusammenhängenden Text wieder [...]. Vermutlich gehörte beides zur offiziellen Lade-Titulatur." Eine *textkritische* Argumentation für seine Lesung (mit Beibehaltung der Titel) findet sich nicht. Das textkritische Argument spricht nicht gerade für die These einer Verbindung der Gottesbezeichnung יהוה צבאות mit der Lade. Das Gegenteil dürfte der Fall sein.

157 Vorher erwähnt in 1Sam 2,12.21.22.24.28.29.34. Daß die „alte Ladebezeichnung (ברית אלהים; ארון אלהים) ist wiederum Zusatz [...])" in V. 4b für die Ursprünglichkeit dieses Verses spricht (so Schicklberger, Ladeerzählungen 29), ist unzutreffend: Ein Redaktor kann sie ebensogut in V. 11 vorgefunden haben. Der Handlungsablauf verzögert sich bereits in V. 3, nicht erst in V. 5 (so aber Schicklberger ebd).

158 הום Nif., vgl. nur noch 1Kön 1,45, Rut 1,19, aber auch die Belege für המם Qal in Ex 14,24; 23,27, Dtn 2,15, Jos 10,10, Ri 4,15, 1Sam 7,10!, 2Sam 22,15, Jes 28,28, Jer 51,34, Ps 18,15; 144,6, Est 9,24, 2Chr 15,6 und die daraus folgende מהומה: Dtn 7,23; 28,20, 1Sam 5,9.11!; 14,20, Jes 22,5, Ez 7,7; 22,5, Am 3,9, Sach 14,13, Spr 15,16, 2Chr 15,5.

159 Stolz, Samuel 42. Die Alternative ist so wohl zu streng formuliert – Israels Kriege sind ebenso Kriege Jahwes wie auch umgekehrt –, dürfte aber die Verlagerung des Hauptons der Überlieferung treffen.

160 In V. 7 lies 𝔐, der Zusatz von 𝕲/𝕲^L verunglimpft nachträglich die Philister. Eine Streichung durch 𝔐 wäre unwahrscheinlich. Die Auslassung von 𝕲^B in V. 9 ist sekundär, vgl. Cross u.a. (Hgg.), DJD XVII 49f.

seits natürlich auf Ex 7–11, die Plagen in Ägypten, zurück[161]. Die ganze Situation erinnert fast ein wenig an Jona 1, wo sich, wie in V. 6–8, ebenfalls die Nichthebräer sehr schnell von der Macht des Gottes Israels überzeugen lassen.

V. 10f.[162] berichten, ganz wie V. 1b–2, wiederum von der Schlacht gegen die Philister – alles Hoffen und alles Kriegsgeschrei hat offensichtlich nichts bewirkt: wieder verliert Israel, 30000 Mann kommen um. STOLZ schreibt dazu: „Die Zahlenangaben sind weit übertrieben. Einige hundert werden ausgezogen sein, einige Dutzend gefallen [...]."[163] Die Lade wird genommen. Doch mehr noch: „und die beiden Söhne Elis starben, Hofni und Pinhas." V. 10 nimmt ganz offensichtlich präzise V. 1b–2 wieder auf:[164] alles Dazwischenstehende, die Verse 3–9[165], sind nachträglich eingeschoben, V. 10 bringt den Leser wieder auf den Stand von V. 2.[166]

Der nächste Einschnitt ist erst mit V. 18 erreicht: In den Versen 12–18a[167] wird die – auf ihre Weise so hinreißende – Episode erzählt, wie ein Bote in Trauergestalt[168] vom Schlachtfeld kommt dem alten Eli

---

161 Die Formulierung mit מכה ... נכה ist zwar ungewöhnlich für das Exodusgeschehen; √נכה hingegen könnte man geradezu als *terminus technicus* für die Plagen ansehen.

162 Lies in V. 10 nur וילחמו (ohne folgendes פלשתים), vgl. 𝔖 und die rekonstruierte Fassung in 𝔔 (CROSS u. a. [Hgg.], DJD XVII 49: Platzmangel).

163 STOLZ, Samuel 40.

164 Vgl. die Wurzel נגף und die Tausender-Zahlenangabe am jeweiligen Versschluß. Ob der Einschub genau von V. 2aβ–10aα₁ (וינגף ישראל) ging oder V. 2–9 oder V. 3–10 umfaßte, ist nicht entscheidend. Die im Verhältnis zu V. 10 niedrigere Zahlenangabe in V. 3 mag für die letztere Variante sprechen.

165 Und nicht nur V. 5–9, wie etwa SCHICKLBERGER, Ladeerzählungen 29–31.42 und CAQUOT / DE ROBERT, Samuel 78–82 meinen. Dagegen vgl. auch DIETRICH, Samuel 212. Treffend beschreibt CAMPBELL die Verse im jetzigen Text als „pause" (Samuel I, 302f.). Vgl. auch KRATZ, Komposition 179.

166 Wenn man, wie z.B. DIETRICH, etwa V. 6b–8 ausscheidet, weil die erzählten Ereignisse „ihren literarischen Ort weit außerhalb des hiesigen Erzählkontextes haben" (Samuel 211), muß man bereits vor der Analyse wissen, daß man einen älteren Text vor sich hat.

167 Vgl. zur (sekundären) Fassung der Septuaginta in V. 13 SCHICKLBERGER, Ladeerzählungen 32f. V. 14a, den SCHICKLBERGER (a.a.O. 32) als sekundär ausscheidet, war vielmehr die Vorlage für V. 6. Er stört den Geschehensablauf insofern nicht, als er mittels שמע im Gegensatz zu V. 13 die Blindheit Elis ernstnimmt.

168 Vgl. z.B. Jos 7,6, vor allem 2Sam 1 (die Parallelen v.a. in V. 2–4). FISCHER findet dort eine ältere Quelle in V. 1aα.2aα₂β.3–4 (vgl. die Übersicht in DERS., Hebron 333 und vgl. 334 u. 14ff.), doch verwendete 2Sam 1,1–4 wohl eher die Szene aus 1Sam 4,12.16f. Zur literarischen Einordnung des Kapitels 2Sam 1 vgl. KRATZ, Komposition 185f. sowie WELLHAUSEN, Composition 252f.: „2.Sam. 1,1–15 ist, allerdings

von der Niederlage gegen die Philister berichtet. Doch nicht nur das
(V. 17): „und auch (וגם) gab es eine große Niederlage im Volk, und
auch (wieder וגם) deine beiden Söhne sind umgekommen, Hofni und
Pinhas, und die Lade Gottes wurde genommen". Die Aufzählung
wirkt überfüllt, nicht zuletzt durch das doppelte וגם, „und auch". Hier
sind die Elisöhne mit וגם eines späteren Einschubs verdächtig[169], möglicherweise ist auch der erste der וגם-Sätze schon nachgetragen.[170] Aufgrund der engen Beziehung zu V. 11 mag man fragen, ob eine der Erwähnungen der Elisöhne älter ist. Aufgrund der textlichen Gegeben-
heiten spricht mehr für V. 11b.

Die Wirkung der Lade ist dann im wahrsten Sinne des Wortes eine
umwerfende: Als der Bote sie schlußendlich erwähnt, fällt Eli ob der
„Hiobsbotschaft" rücklings von seinem Stuhl, bricht sich das Genick
und stirbt. Hier wird die Richternotiz – „Er hatte Israel vierzig Jahre
gerichtet" – „zwar bei halbwegs passender Gelegenheit, aber doch
eben deutlich bei Gelegenheit eingeschoben"[171], wie WELLHAUSEN dazu schreibt. Klappe zu, Lade weg, Eli tot – hier könnte die Geschichte
gut einmal geendet haben.[172]

---

sehr passend und vielleicht an Stelle eines älteren Berichtes von einem späteren Bearbeiter eingeschaltet".

169 Nach CROSS u.a. (Hgg.), DJD XVII, 49 sind die *Namen* sogar hier wie dort textlich unsicher! Er liest in V. 11 nur מתו; zu V. 17 vgl. 𝕲[BL]. Dann wären die Namen
der Samuelsöhne (vgl. immerhin den Namen Pinhas [als Sohn Eleasars!] in Ex 6,25;
Num 25,7.11; 31,6; Jos 22,13.30.31.32; 24,33 [𝕲: Lade!]; Ri 20,28 [Lade!]; 1Sam
14,3; Ps 106,30; Esr 7,5; 8,2.33; 1Chr 5,30; 6,35; 9,20) möglicherweise sogar insgesamt ein reines Verbindungselement (vgl. auch VEIJOLA, Dynastie 101f., der die
Verse 4b.11b.17α freilich für deuteronomistisch hält). Die Priesternamen im Zusammenhang mit der Lade erforderten ohnehin eine Abhandlung für sich, falls sich
die Verhältnisse überhaupt je ganz aufklären lassen. Zu Eleasar vgl. vor allem Ex
6,23.25; Num 25,7.11; 31(f.) *passim*; Dtn 10,6! (Lade in V. 1–5); Jos 22,13.31.32;
24,33!; Ri 20,28!; 1Sam. 7,1! (Lade!); 2Sam 23,9; 1Chr 5,29.30; 6,35; 9,20; 11,12;
23,21.22; 24,1–6.28.

170 Vgl. VEIJOLA, Dynastie 101f. mit 102 Anm. 151, der die Zusätze freilich von
„DtrG" = DtrH herleitet.

171 WELLHAUSEN, Prolegomena 242.

172 Die Notiz könnte gut auch nachdeuteronomistisch sein; der Stil darf hier nicht
zum Datierungsmerkmal gemacht werden. Das sieht man auch an den Textvarian-
ten der Ladebezeichnung (z.B. 1Sam 4,3.4[2×].5 u.ö.), die eben nicht von „dtr
Hand oder", sondern nur „in dtr Geiste" (DIETRICH, Samuel 211 Anm. 81) gemacht wurden – daran mag man ersehen, wie lange sich ‚Deuteronomistisches' in
der Überlieferung hält. – Daß in V. 11 das Ende der Erzählung erreicht ist, meint
u. a. FOHRER, Ladeerzählung 10. Welchen Sinn die Geschichte dann hat, ist fraglich
– vielmehr läuft sie auf die anekdotenhaften Ereignisse in V. 12–18 hinaus – vgl.
den ausführlichen Nachweis bei DIETRICH, Samuel 202f. Zur Literarkritik FOH-
RERS ist zu bemerken, daß er nach 2Sam 6,2; vor 2Sam 6,1; nach 1Sam 5,10 mit

Doch eine weitere Episode hängt sich an: V. 19–22 berichten von der überstürzten Geburt der Frau des Pinhas: V. 19 erzählt von Schwangerschaft und Geburt, V. 20 von einem Heilsorakel einer der umstehenden Frauen. Die Frau des Pinhas kann nicht mehr antworten; nach V. 21 wird der Junge *’Î(-)kābôd* (= „Wo ist die Herrlichkeit?" oder „Nicht-Herrlichkeit")[173] benannt, V. 21b und 22 begründen den Namen auf gleiche Weise: „Die Herrlichkeit ist von Israel gewichen, denn die Lade Gottes ist weggenommen!" – Hier ist der Text freilich recht holprig, in V. 21bβ oder 22 wurde er offenbar glossiert.[174] Mit diesem markanten und theologisch aufgeladenen Satz ist nun spätestens die Erzählung zu ihrem Höhepunkt und Ende gekommen. Insgesamt besteht die Möglichkeit, daß die V. 19–22 eine nachträgliche Erweiterung zu den Versen 1–18 darstellen, die das zumindest am Wortschatz gemessen bisher recht „untheologische" Geschehen nun in höchstem Maße theologisch deuten.[175] Das Verbum גלה *Qal* „ins Exil gehen"[176] steht sicherlich nicht zufällig, und vielleicht ist es auch kein Zufall, daß man hier unwillkürlich an den Auszug (Ez 10,18f.[177] – dort

---

weggebrochenen Textanteilen rechnen muß und zweimal die Ladebezeichnung, die er *nota bene* zum Kriterium seiner literarkritischen Operationen macht, ändert (davon einmal ohne Textzeugen; vgl. DERS., Ladeerzählung 5.7.9f.). – DAVIES, History 14 hält V. 1–11 für eine „editorial expansion", der Kern des Kapitels liege in V. 12–22. Warum sollte aber die Lade ausgerechnet an genau dieser Stelle, quasi „aus dem Nichts" eingefügt worden sein?

173   Vgl. אִכְבֵדָה 2Sam 6,20! Die Bedeutung des Namens איכבוד (1Sam 4,21, davon abh. 1Sam 14,3) ist allerdings nicht ganz sicher, doch „steht der Etymologie *’ey-kābôd* ,Wo ist Ehre' o.ä. (Albright, Stamm) eine gewisse Präferenz zu" (GÖRG, Art. Ikabod 219). Der Name steht ohnehin ganz im Zeichen der Etymologie, die in V. 21.22 gegeben wird. Beide, Person und Name, sind Fiktion. Sollte „Nicht-Herrlichkeit" gemeint sein, ist mit STOEBE, Samuelis 135 auf das späte, fast nur nachbiblische Vorkommen der Negation אִי zu verweisen (außer Hi 22,30; unsicher).

174   Vgl. auch WELLHAUSEN, Composition, 239. V. 21bβ ist sicher ein Zusatz, vielleicht ungeschickt über V. 21a(ab לֵאמֹר).bα eingefügt. Der ursprüngliche Text läuft wohl von V. 21 (bis אִי־כָבוֹד) direkt nach V. 22.

175   Möglich ist es aber auch, aufgrund der „Unzulänglichkeit der syntaktischen Konstruktion" in V. 19aγ (Fortführung des *Infin.* mit dem *Perf.*) und der Wiederaufnahme von V. 21aβ in V. 22a eine ursprüngliche Episode V. 19aαβb.20.21a.22b zu rekonstruieren – die allerdings auch schon von Pinhas wußte (so VEIJOLA, Dynastie 102). Anders SCHICKLBERGER, Ladeerzählungen 37–42, der V. 19–21 (evtl. bis auf הלקח V. 21) für einheitlich hält.

176   Vgl. in bezug auf das Exil Ri 18,30; 1Kön 17,23 (Israel); 2Kön 24,14; 25,21; Jes 5,13; 49,21; Jer 1,3; 52,27; Ez 12,3 (Zeichenhandlung); 39,23; Hos 10,5 (Israel); Am 5,5 (Israel); 7,11 (Israel).17 (Israel); Mi 1,16; Klgl 1,3, ohne direkten Bezug nur noch 2Sam 15,19; Jes 24,11; Am 1,5; 3,7; Hi 20,28.

177   Und insgesamt Ez 8–11.

auch Wiedereinzug: Ez 43,4) des כבוד יהוה im Ezechielbuch erinnert wird:[178] Dieser Zusatz macht aus dem Triumphzug der Lade durch das Philisterland eine Parabel des Exils. Hier wird auch 2Sam 6 anknüpfen, und vielleicht war es auch diese Passage, die die Priesterschrift dazu bewegt hat, die Lade als transportables Symbol der Herrlichkeit Jahwes in ihre Geschichtsdarstellung zu integrieren. Die Deutung von Smelik beschreibt trefflich, wie sich die Kapitel der Ladeerzählung aus dieser Perspektive lesen lassen.[179]

Eine ursprüngliche „*Katastrophengeschichte*"[180] vom Verlust der Lade findet sich nach alledem in den Versen 1Sam 4,1b–2aα.10aα₂–17aα.[aβ–bβ?.]bγ–18a. Sie wurde später um die Verse 2aβ–10aα₁ und schließlich um V. 19–22 erweitert.[181]

In dieser Erzählung ist die Lade offenbar eine Art Kriegspalladium, das die Anwesenheit und den Beistand der Gottheit im Kampf sichern soll.[182] Sie handelt nicht aus sich heraus und bewirkt keinerlei Wunder,

---

178 Dort in Ez 43,7 auch die Erwähnung des „Fußschemels" (מקום כפות רגלי), die aber nicht zwingend auf die Lade weist. Die Episode mag gleichzeitig auf 1Sam 14,3 hindeuten, wo in der Abstammungsnotiz des Ahija der Name „Ikabod" erwähnt wird – dort freilich auch sekundär in den Text gelangt und zu einem kleinen „Ladegeschichtchen" ausgebaut (V. 18). Darin ist besonders der כי-Satz bemerkenswert (1Sam 14,18b): כי־היה ארון האלהים ביום ההוא [לפני] ישראל „denn die Lade Gottes war an diesem Tag [vor] Israel" – das heißt doch offenbar, daß der Ergänzer erklären mußte, daß die Lade sich in Israel befindet! Zu den Parallelen in Ez 8–11 und Klgl 2 vgl. de Robert, Gloire 354.

179 Vgl. Smelik, Messages und ders., Narrative. Er meint, für die gesamten Kapitel nachweisen zu können, daß ein „sixth-century context [...] most suitable" (Narrative 142) ist. Der Fall des Hauses Eli steht dann parallel zum Fall Judas (a.a.O. 143 Anm. 88). In gewisser Weise ist dann auch erst 1Kön 8 das Ziel der Erzählung (a.a.O. 140). Denn: „The author had a theological interest more than a historical" (a.a.O. 130).

180 Dietrich, Samuel 213. Vgl. Schicklberger, Ladeerzählungen 70. Kratz, Komposition 179 macht als Grundschicht 1Sam 4,1–2(.10).11–22 aus. Es handelt sich ursprünglich um eine Katastrophe der *Lade*, nicht der Elisöhne. Das übersehen Miller/Roberts und auch Dietrich, wenn er 1Sam (1,3b;) 2,12–16.22–25 hinzurechnet. Ähnlich die Rekonstruktion von Campbell, Narrative 37, der 4,1b–2.4.10–11.12–18a als Grunderzählung bestimmt. und zu beiden Teilen der Ladeerzählung bemerkt: „Neither section is history, both are theological narration." (39; etwas anders dann ders. in Samuel I, 304: 1Sam 4,1–4.10–22). Vgl. auch Schäfer-Lichtenberger, Beobachtungen 328 Anm. 25, die (leider ohne Begründung) die Grundschicht in 1Sam 4,1–6*.10–18a findet.

181 וינגף ישראל, vgl. die Aufnahme von נגף und auch נוס aus V. 10 in V. 16.

182 Das oft zu lesende Gegenargument, die Lade sei hier gerade *kein* Kriegspalladium, weil sie ursprünglich ja nicht mitgenommen worden wäre, trifft nicht zu: erstens geht die Grunderzählung schlicht davon aus, daß die Lade im Kampf mitgeführt

ganz im Gegenteil: Auch die Lade Gottes kann nicht die Niederlage gegen die Philister verhindern. In der kurzen Episode spielt sie neben den Hauptakteuren Eli, dem Mann aus Benjamin und den beiden kämpfenden Parteien vielleicht keine Neben-, aber eben doch auch keine Hauptrolle.[183] Für den ἱερὸς λόγος eines Jerusalemer Ladeheiligtums ist das Kapitel ohnehin wenig geeignet.[184] Elis Söhne werden in der Erzählung erwähnt, jedoch nur ganz am Rande; möglicherweise noch ohne Namen. Sie dürften zur Tradition über Eli und die Lade gehört haben.

Überblick über 1. Samuel 5[185]

In 1. Samuel 5 betritt man ganz anderes Terrain, nicht nur dem Wortsinn nach (nämlich philistäisches), sondern auch inhaltlich und theologisch. Nach gemein altorientalischem Verständnis war mit dem Verlust des Symbols der Gottheit auch die Gottheit selbst der feindlichen unterlegen. Jahwe war gemäß 1. Samuel 4 quasi von Dagon besiegt worden. „War nicht die alte Ladeerzählung mit diesem Kapitel in eine Sphäre hinausgetreten, in der jeder Theologe des alten Bundes vor Entsetzen den Atem anhalten mußte"[186]? Die Antwort auf diese Frage geben die Kapitel 5 und 6.

---

wurde – hält das nicht einmal für sonderlich erwähnenswert –, und zweitens kann man die Funktion auch in V. 3–9 wohl kaum anders beschreiben.

183 Der Tod der beiden Elisöhne Hofni und Pinchas bildet im Zusammenhang der Erzählung eine etwas auffällige zweite Pointe: Mit V. 11b.17bα könnte er auch nachgetragen sein; dafür spricht ihre Erwähnung „bei der Lade des Bundes Gottes" (V. 4), aus der oft ihre Funktion als silonitische Ladepriester herausgelesen wird. Priester werden sie nach V. 1,3b genannt, mit der Lade jedoch nur in dem eben erkannten Zusatz zur Ladeerzählung, 1Sam 4,3–9, genauer V. 4, in einen Zusammenhang gebracht. Zu 1Sam 3 s. o. Kap. 5.1.3. – Vielleicht wird die Episode eines Tages in Ps 78,59b–62 gedeutet und reflektiert werden, wie es Hermann TIMM annimmt (vgl. DERS., Ladeerzählung). „[59b [Gott] verwarf Israel völlig. [60] Er gab die Wohnung in Silo auf, das Zelt, in dem er unter den Menschen wohnte. [61] Und er gab seine Kraft", die Elberfelder Bibel merkt hier übrigens im Anschluß an viele Ausleger an: „Gemeint ist die Bundeslade"(!), „in Gefangenschaft und seine Herrlichkeit" – gemäß Elberfelder Bibel wieder die Bundeslade – „in die Hand des Bedrängers. [62] Er gab sein Volk dem Schwert preis, und gegen sein Erbe ergrimmte er." Aber ob hier wirklich die Lade im Hintergrund steht, ist unsicher (vgl. SPIECKERMANN, Heilsgegenwart 146 mit Anm. 30).

184 Vgl. PRESS, Prophet 182.

185 Vgl. auch hier wieder den Überblick von SCHICKLBERGER, Ladeerzählungen 17–25.

186 TIMM, Ladeerzählung 522.

V. 1a rekapituliert 1Sam 4 und ist somit Zeichen für einen redaktionellen Neueinsatz.[187] Und wie anders ist der Charakter dieser folgenden Kapitel! „Die Philister sind hier nicht Feinde, sondern religiöse Gegner."[188] Es handelt sich bei den Kapiteln mehr oder weniger um eine „geschlossene Erzähleinheit"[189], wobei sich Kapitel 5 und 6 noch einmal durch ihren Inhalt unterscheiden. E.H. PETERSON überschreibt Kapitel 5 mit dem sprechenden Titel „The Comedy of the Ark"[190], insbesondere V. 2–5 sind, so seinerseits STOLZ, eine „zum Lachen reizende Geschichte"[191] von „derbe[r] Komik"[192]. Und in der Tat: Die Dagonepisode 1Sam 5,2–5.7b macht nicht eben den Eindruck, als gehörte sie zum überlieferungsgeschichtlichen Urgestein der Erzählung. Die Verse lassen sich literarisch problemlos aus ihrem Kontext lösen (vgl. den nachklappenden V. 7b[193] und die kürzeren Episoden in den anderen Philisterstädten) – es ist sehr gut möglich, in ihnen eine spätere Ergänzung zu sehen. Doch sei dem, wie ihm wolle: Die Lade hat jedenfalls auch in diesen Versen wieder einmal eine umwerfende Wirkung: Die Dagonstatue, bei der wohl kaum noch an einen wirkmächtigen Gott gedacht ist, fällt mehrfach aufgrund der wunderbaren Wirkung der Lade in der Nacht um und verliert dabei den Kopf und die Hände. Dadurch wird erklärt, warum die Dagonpriester in Aschdod nicht auf die Schwelle des Hauses treten עד היום הזה „bis zum heutigen Tag".

Die Erzählung erinnert sehr an die Götzenpolemik, wie sie beispielsweise in den Zusätzen zu Daniel (insb. der Erzählung von Bel und dem Drachen) und im apokryphen Brief des Jeremia zu finden ist.[194] In letzterem heißt es in V. 15: „[15]Ja, wie das Gefäß eines Men-

---

187 Vgl. DIETRICH, Samuel 259.269 („redaktionelles Verbindungsstück").

188 STOEBE, Samuelis I, 143.

189 DIETRICH, Samuel 259. Dort auch weitere Indizien, die das untermauern. Hier handelt die Lade (bzw. Jahwe) allein, die Philisterfürsten (סרני פלשתים: nach Jos 13,3; Ri 3,3; 16,5.8.18.23.27 dann 1Sam 5,8.11; 6,4.12.16; späterhin 1Sam 7,7; 29,2.7; 1Chr 12,20; zu fünft sind sie in Jos 13, Ri 3 und 1Sam 6), die Abfolge der Stationen der Lade, etc.

190 PETERSON, Samuel z.St.

191 STOLZ, Samuel 45.

192 A.a.O. 46.

193 Er nimmt V. 6 wieder auf. Zu 1Sam 5,1–5 und Dagon vgl. auch SCHROER, Bilder 169–177; dort weitere Berichte zur Zerstörung von Kultbildern (a.a.O. 173 Anm. 48). Für sekundär hält die Verse auch SCHÄFER-LICHTENBERGER, Beobachtungen 328 Anm. 25. (Grundschicht in 1Sam 5,1.6.7*.8–12; leider ohne Begründung).

194 Anders DIETRICH, Samuel 266, der 1Sam 5,2–5 und 1Sam 6,2.*7-18 für die ältesten Traditionen hält, die der Ladeerzähler schon verbunden vorgefunden habe. In

schen, wenn es zerbrochen ist, unnütz wird, [16]so geht es ihren Göttern, sind sie einmal im Tempel aufgestellt." Und weiter in V. 26: „[26]denn von [Menschen] werden sie aufgestellt, damit sie nicht zu Boden fallen. Und wenn einer eines aufrecht hinstellt, wird es sich nicht von selbst bewegen, noch sich aufrichten, wenn es sich neigt [...]"[195]. Auch wenn die Dagonepisode nicht ganz so harsch mit den Götzen ins Gericht geht, so ist es doch auffällig, daß sich diese engen Parallelen im spätpersischen und hellenistischen Zeitalter finden.[196]

Ein Hinweis: Das „Haus Dagons", בֵּית(־)דָּגוֹן, taucht außerhalb dieser Verse nur noch als Ortsbezeichnung in Jos 15,41 und einmal in 1Chr 10,10 auf. Und letztere Parallele zu 1Sam 31,9f.[197] hat es in sich: Hier wird der abgeschlagene Kopf des von den Philistern getöteten Saul durch das ganze Land geschickt, „um die Freudenbotschaft ihren Götzen (אֶת־עַצַּבֵּיהֶם; 1Sam 31: in den Häusern ihrer Götter) und dem Volk zu verkünden. Und sie legten seine Waffen in das Haus ihres Gottes (1Sam 31: der Astarot!) und seinen Schädel nagelten sie an das Haus Dagons (1Sam 31: an die Mauer von Beth-Schean). Dieser Schmach Israels wurde möglicherweise in 1Sam 5 die Erzählung vom Triumphzug der Lade durch das Philisterland entgegengestellt; die Chronik liest beides zusammen.

Jüngst hat ZWICKEL die Episode als einen Reflex auf die 1Makk 10,84; 11,4 berichtete Zerstörung des Dagon-Tempels in Aschdod durch Jonatan verstehen wollen:

1Makk 10,83f.; 11,4: [83]καὶ ἡ ἵππος ἐσκορπίσθη ἐν τῷ πεδίῳ καὶ ἔφυγον εἰς Ἄζωτον καὶ εἰσῆλθον εἰς Βηθδαγων τὸ εἰδώλιον αὐτῶν τοῦ σωθῆναι. [84]αἱ ἐνεπύρισεν Ιωναθαν τὴν Ἄζωτον καὶ τὰς πόλεις τὰς κύκλῳ αὐτῆς καὶ ἔλαβεν τὰ σκῦλα αὐτῶν καὶ τὸ ἱερὸν Δαγων καὶ τοὺς συμφυγόντας εἰς αὐτὸ ἐνεπύρισεν πυρί. [...] 11[4]ὡς δὲ ἤγγισαν Ἀζώτου ἔδειξαν αὐτῷ τὸ ἱερὸν Δαγων ἐμπεπυρισμένον καὶ Ἄζωτον καὶ τὰ περιπόλια αὐτῆς καθῃρημένα καὶ τὰ σώματα ἐρριμμένα καὶ τοὺς ἐμπεπυρισμένους οὓς ἐνεπύρισεν ἐν τῷ πολέμῳ ἐποίησαν γὰρ θιμωνιὰς αὐτῶν ἐν τῇ ὁδῷ αὐτοῦ.

1Makk 10,83f.; 11,4: „[83]Die Reiterei zerstreute sich in der Ebene, sie aber flohen nach Asdod und gingen in das Haus Dagons, ihres Götzen, um sich zu retten. [84]Jonathan jedoch steckte Asdod und die umliegenden Ortschaften in Brand und nahm ihre Beute, auch das Heiligtum Dagons, und die in dieses Geflohenen verbrannte er (so). [...] 11 [4]Als er [Ptolemäos, Vf.] sich aber Asdod näherte, zeigten sie ihm das verbrannte Heiligtum Dagons und das zerstörte Asdod samt seinen umliegenden Ortschaf-

---

1Sam 5,2–5 ist jedoch nichts Altes zu finden. 1Sam 6,1 beurteilt er selber als redaktionell (Samuel 280),

195 Übersetzung und Kommentar bei KRATZ, Brief 94–98.

196 Nicht zuletzt dürfte der Einfluß der alten Philisterstädte in dieser Zeit eher groß gewesen sein. Trotz der großen Bedeutung der Lade gibt es zu dieser Erzählung bekanntlich keine Parallele in den Chronikbüchern.

197 Genauer: Zu dem Zusatz V. 9b–10.

ten sowie die herumliegenden Leichname und die Verbrannten, die (Jonathan) in dem Kampfe verbrannt hatte; sie hatten nämlich Haufen von ihnen an seinem Wege aufgeschichtet."[198]

Das ist natürlich nicht zu beweisen; gleichwohl sieht Zwickel Richtiges, nämlich daß die Episode die Götterbildpolemik des Deuterojesaja offenbar voraussetzt (er nennt z. B. Jes 40,19f.; 42,17; 44,9–20; 46,1f. 48,3–5)[199] und wohl im strengen Sinne monotheistisch verstanden werden muß. Das Niederfallen vor der Gottheit in der Formulierung mit ארצה + נפל „drückt [...] einen Gestus demütiger Unterwerfung aus"[200] – vgl. nicht zuletzt Jos 7,6 Achan! Auch wenn man Zwickel also nicht glauben möchte,[201] kommt man doch in spät-nachexilische Zeit.

---

198 Übersetzung von Schunck, 1. Makkabäerbuch.
199 Vgl. auch Stoebe, Samuelis I, 143. Dietrich, Samuel 271 Anm. 40 verneint das, bietet jedoch keine Gegenargumente. Daß das Erste (Samuel 294) und das Zweite Gebot hier Thema sind, erkennt Dietrich (Samuel 295), zieht aber aufgrund anderer Formulierung keine Konsequenzen für die Datierung. „Unvergleichbarkeit und Unerreichbarkeit Jhwhs" (a.a.O. 294) passen eher in die Zeit ab dem 6.Jh. v.Chr. (vgl. die Unvergleichbarkeitsaussagen DeuteroJesajas), wenn nicht in noch spätere Zeit. Daß die Erzählung „den philistäischen Religionsfachleuten (anders als ihr Vorbild, die Exoduserzählung, den ägyptischen Magiern) ein erstaunlich hohes Maß an [...] Respekt vor dem Gott und der Religion Israels" (Dietrich, Samuel 297) konzediert, sollte stutzig machen.
200 Zwickel, Kopf 238; vgl. auch Boogaart, Theology 144f. („To fall down is to worship", 144). Zwickel bietet eine recht eindrückliche Übersicht über enthauptete Statuen aus älterer und jüngerer Zeit, wobei er sich abbrechende Arme am ehesten bei hellenistischen Großstatuen vorstellen kann (Zwickel, Kopf 249). Die Gestalt dieser Statuen paßt besser zum Hintergrund der Erzählung als die von Dietrich herangezogene Kultstele aus Arad (Samuel 271–273), deren Ritzbild von ihm (nach Orel, Fall), mit Dagon identifiziert wird. Das ist aber keineswegs sicher, außerdem bedeutet das Vorkommen auf der Ritzzeichnung noch nicht, daß die Statue identisch ausgesehen haben muß. Das Abschlagen der Hände oder dergleichen ist bei den bekannten Götterbildern aus der Bronze-, Eisen- und Perserzeit kaum vorstellbar (vgl. Zwickel, Kopf 246. Einzige Ausnahme ist ein Torso, am wahrscheinlichsten einer Gottheit vom Baal/Hadad-Typus, aus Hazor, ANEP 835a, aber dort ist nur ein *Arm* abgebrochen). – Diebner spricht aufgrund dieser Anklänge von der „griechischen Gefangenschaft der Torah" bzw. von „subversiver Polemik" – die Philister seien in Wirklichkeit die Griechen in „Camouflage" (Diebner, Anmerkungen 92.88.90). Ganz fern liegt das nicht, doch ist eine solche Position natürlich schwerlich beweisbar. Wenn man sich den unterschiedlichen Ansatz beider vor Augen führt, ist bemerkenswert, wie eng sich Zwickels Datierung mit der von Diebner berührt.
201 In 𝕲 gibt es die Passage jedenfalls.

Im weiteren Verlauf von 1Sam 5 (nach V. 1, dann V. 6.7a.8–12)[202] folgt, einigermaßen schematisch, der Zug der Lade durch die Philisterstädte, mit den Stationen Aschdod, Gat und Ekron – „einem Tornado gleich"[203]. Zu Hilfe werden zweimal die „fünf Fürsten der Philister" (חמשת סרני פלשתים) gerufen. Sie hatten zuletzt bei Simson[204] eine Rolle gespielt und werden dann in 1Sam 6 ebenfalls wichtig. An ihnen ist vor allem die Bezeichnung, *særæn*, סרן, „Fürst", interessant: Sie dürfte auf das griechische τύραννος[205] zurückgehen; somit wäre schon in der Benennung der führenden Philister griechischer Einfluß erkennbar.

Die „Beulen" (עפלים) sind bei aller מהומה eigentlich nicht mehr nötig. Womöglich wurden sie nachgetragen, um das Schicksal der Philister noch schwerer erscheinen zu lassen (V. 6b.9b.12a, s. dazu im folgenden). Die Formel von der schwer lastenden Hand Gottes[206] (V. 6a) bietet eine der Verknüpfungen zum Scharnierstück am Anfang von Kapitel 4 (1Sam 4,8).

So liegt 1Sam 5* möglicherweise auf einer Ebene mit dem Zusatz in 1Sam 4,3ff. in dem die Plagen im Zuge der Exodusgeschichte erwähnt werden, bzw. wird über die dortigen Verse an 1Sam 4 angehängt: In diese Richtung weisen, als sozusagen „schlagendes" Argument, die mannigfachen Bezüge zu den Plagengeschichten im Exodusbuch (Ex 7–11).

> „Auch dort geht es darum, daß ein feindliches Volk etwas in Besitz haben will, was nicht ihm, sondern Jahwe gehört (im einen Fall Jahwes Heiligtum, im andern Jahwes Volk). Immer wieder reden auch die Plagenerzählungen davon, daß Jahwes ‚Hand' eingreift (2. Mose 6,1; 9,3; 13,2; 14,31). Beulen sind eines der Plagen-Elemente (2. Mose 9,8ff.). So wie die Lade aus Philistäa fortgeschickt wird, so die Israeliten aus Ägypten (2. Mose 12,33). Schließlich wird in

---

202 In V. 9 lies mit 𝕲 und 𝕲^BA אחרי סבו (sonst grammatikalisch wohl unmöglich) und statt אתו mit 𝕼 und 𝕲^L נתה; vgl. CROSS u. a. (Hgg.), DJD XVII, 50. In V. 10 ist der Text „thoroughly disturbed", „both in 𝔐 and 𝕲" (ebd.).

203 DIETRICH, Samuel 259.

204 Jos 13,3; Ri 3,3; 16,5.8.18.23.27 (mit כל!), 1Sam 5,8.11; 6,4.12.16; 7,7; 29,2.7, 1Chr 12,20; die fünf Fürsten noch Jos 13,3, Ri 3,3.

205 Und dieses wiederum auf Lydisch bzw. Luwisch *tarwanis*. Vgl. zur Etymologie zusammenfassen DIETRICH, Samuel 277f. mit Verweis auf FINKELSTEIN, Philistines und PINTORE, Seren. Daß er die „von Finkelstein aus der Genealogie abgeleitete (Spät-)Datierung der betreffenden biblischen Texte" nachher „auf sich beruhen" läßt, ist schade, denn Gegengründe werden nicht genannt (beide Zitate DIETRICH, Samuel 278 Anm. 58).

206 Die Formulierung „Hand des Gottes" nur 1Sam 4,8; 5,11, 2Chr 30,12 (Koh 2,24; 9,1). In Esr/Neh ist immer präzisierend von der „guten Hand Gottes" die Rede (Esr 7,9; 8,18.22.31, Neh 2,8.18). Die „Hand Jahwes" prominent im bösen Sinne nur in Ex 9,3; 16,3; Dtn 2,15, Jos 22,31 und Ri 2,15.

der auf den Plagenzyklus folgenden Auszugsgeschichte berichtet, daß Jahwe seine Feinde in lähmenden Schrecken versetzt – genau wie die Lade die Philister (2. Mose 14,24)."[207] Soweit STOLZ. Schließlich dürfte 1Sam 5,12 ein Zitat aus Ex 2,23 sein.[208]

Sollten die genannten Parallelen so zu deuten sein, daß hier ein *Rückgriff* auf den, ja geradezu eine Exegese des Exodus-Plagenzyklus vorliegt, kann bereits der Grundstock des Kapitels, legt man die Analysen von GERTZ dazu zugrunde[209], nicht viel älter als die Priesterschrift sein. Aber man mag natürlich auch mit STOLZ und anderen damit rechnen, daß Plagen- und Exoduserzählung „ihre Gestalt offenbar im selben Milieu gefunden"[210] haben.

Das Wort מכה (bzw. √נכה), hier vielleicht in der Tat am besten mit „Plage" zu übersetzen, kommt hingegen recht prominent in den Fluchkapiteln des Deuteronomiums vor (Dtn 28,59.61; 29,21; vgl. Dtn 28,22.27.28.35; 29,6) vor. Und hier fand ein späterer Ausleger und Ergänzer auch den Anhaltspunkt für seine Überarbeitung mit den „Beulen" (עפלים): Dtn 28,27 heißt es nämlich: „Jahwe wird dich schlagen mit den Geschwüren Ägyptens und mit Beulen[211] und mit Krätze und mit Grind, daß du nicht mehr geheilt werden kannst."

Die מהומה, die in V. 9 und 11 erwähnt ist, spricht für eine späte Abfassungszeit bereits der Grunderzählung des Kapitels; nach VEIJO-

---

207 Vgl. STOLZ, Samuel I, 47, und die detailliertere Auflistung der Bezüge bei DIETRICH, Samuel 267. Gegen die Annahme einer hinter 1Sam 5 stehenden Prozession (u.a. DUS, Brauch 1ff., BENTZEN, Use 50f.), vgl. STOEBE, Samuelis I, 144.

208 SMELIK, Messages 41; vgl. DERS., Narrative 137.

209 GERTZ, Tradition 185–188.

210 STOLZ, Samuel I, 47.

211 Hier findet sich dasselbe *K^{e}tîb-Q^{e}rê*-„Spiel" wie in 1Sam 5f. – Es ist m.E. keinesfalls unmöglich, diese Beulen (wie MARGALITH, Sea Peoples 138ff.) mit *Apollo* (vgl. die Konsonanten) in Verbindung zu bringen. Die Einträge dürften in jedem Fall in eine Zeit fallen, in der reichlich Kontakt zu den Bewohnern Griechenlands bestanden haben könnte – durchaus auch durch die Seevölker vermittelt. So würden sich auch die goldenen Abbilder erklären, bei denen man sich im Fall von „Hämorrhoiden" oder „Beulen" (in durchaus delikaten Körperregionen) dann doch fragt, wie sie denn hergestellt sein sollten und wie sie aussahen. In die gleiche Richtung geht die Erwähnung der Mäuse, die in 𝕲 dann noch für manche Verwirrung gesorgt haben. Apollo wurde seit etwa 1100 v.Chr. auch als *Apollo Smintheus* (Ἀπόλλων Σμινθεύς; vgl. auch den hurritischen Gott der Plagen, *Aplu*) verehrt (so in Troja u.a.; Tempel auch in Syrien), und die Mäuse waren seine Symboltiere. Das ist möglicherweise das, was 𝕲 meint (und was DIEBNER zu seiner Datierung veranlaßt, s.o.). Seit etwa 650 v.Chr. wurden auch Städte nach dieser Gottheit benannt, dazu gehört u.a. *Apollonia/Arsuf*, ein Küstenort, etwa 22 km von Caesarea entfernt, ursprünglich möglicherweise eine Gründung der Phönizier aus der Perserzeit, in hellenistischer Zeit dann umbenannt.

LA[212] ist die Wendung „die Hand Jahwes war gegen...“(ב היה יהוה יד)
außer an dieser Stelle ausschließlich deuteronomistisch belegt.[213] Manches erinnert gar an Dtn 7,23–26.[214]

Überblick über 1. Samuel 6[215]

Doch weiter zu Kapitel 6, das über den einleitenden Satz „Und die Lade war im Gebiet[216] der Philister 70 Jahre lang“ nur sehr locker mit dem vorherigen verbunden ist.[217] Kapitel 6 nun scheint auf den ersten Blick im wesentlichen literarisch einheitlich zu sein; das Thema bestimmt wieder am originellsten E.H. Peterson: „Getting rid of the ‚hot-potato‘-ark“[218].
Die Philister befragen ihre Priester und Wahrsager, wie sie die Lade wieder loswerden können. Diese empfehlen neben der Rücksendung eine „Wiedergutmachung“ oder „Sühnegabe“[219]. Schon der Begriff (אשם) verrät die Herkunft der Verfasser dieser Versteile: Das Wort ist in der ganz überwiegenden Zahl im Levitikusbuch belegt. Hier steht ganz offensichtlich priesterliche Theologie im Hintergrund[220]. Und so sind auch die Wahrsager im Alten Testament sonst

---

212 Dynastie 111.

213 Parallelen: Dtn 7,23 (dort V. 25 auch die Götzenbilder!); 28,20; 1Sam 14,20 (s.u. Kap. 5.3.); Jes 22,5 (dazu z.B. Becker, Jesaja 278f.); Ez 7,7; 22,5; Am 3,9 (Aschdod!; vgl. Kratz, Worte 71.84 und Jeremias, Amos 39 Anm. 9); Sach 14,13; Spr 15,16; 2Chr 15,5. Einzig Am 3,9 käme für vorexilische Entstehung in Frage – wird aber vielleicht hier sogar aufgegriffen. Vgl. auch 1Sam 7,10.

214 Zum spätdeuteronomistischen Zusatzcharakter dieser Verse vgl. Veijola, Deuteronomium 204f.

215 Zur Forschungsgeschichte: Schicklberger, Ladeerzählungen 17–25.

216 Oder „Feld“: Vgl. 1Sam 4,2, auch 1Sam 27,7.11.

217 Schon Dibelius spricht von einem „schlechten Anschluß“ (Lade 15).

218 Peterson, Samuel 46.

219 אשם als Substantiv: Gen 26,10; Lev 5,6f.15–16.18f.25; 6,10; 7,1f.5.7.37; 14,12–14.17.21.24f.28; 19,21f.; Num 5,7f.; 6,12; 18,9; 1Sam 6,3f.8.17; 2Kön 12,17; Jes 53,10; Jer 51,5; Ez 40,39; 42,13; 44,29; 46,20; Ps 68,22; Spr 14,9. Es handelt sich um einen priester(schrift)lichen Begriff.

220 Vgl. auch die vermutlich ursprüngliche Lesung von 𝕲 und 𝕼 in V. 3: ונכפר לכם הלוא תסור ידו מכם mit *Nitpāʿel* von כפר, vgl. Dtn 21,8? (Vgl. Gesenius *s.v.*; HAL *s.v.*; GK §55k: „eine Art von Nifʿal zu Hithpaʿel“, vgl. Ez 23,48 נִכַּפֵּר, dort aber „wohl verschrieben für הִתְכַּפֵּר“. Vgl. zur Frage auch Bauer/Leander, Grammatik 283s; JM §59f; Segal, Grammar §205 Anm. 1 und das spätere mischnische Hebräisch.) Vgl. auch Thenius, Bücher Samuels 25. לכם nach ידע Hif. ist in diesem Fall ja vergleichsweise ungewöhnlich. Zu Dtn 21,8 vgl. Janowski, Sühne 163–166.

kaum angesehen; Heilung gibt es in solchen Fällen auch durch Sühnegaben nicht: Vgl. Dtn 28,27: לֹא־תוּכַל לְהֵרָפֵא „Nicht kannst du mehr
[von den Geschwüren nämlich!] geheilt werden!"

Man mag fragen, ob mit ROST der Dialog in V. 5–9 sekundär ist, in
dem genaue Bestimmungen zur Herstellung von fünf goldenen Beulen,
die fünf goldenen Mäuse und die Beschaffenheit der Transporttiere
und des Wagens verkündet werden. Gleiches gilt darin noch einmal für
V. 5b–6, die wieder explizit auf den Exodus, Ägypten und sogar den
Pharao[221] verweisen. Gewonnen ist damit nicht viel.[222] Ein sicherer Zusatz befindet sich jedenfalls in V. 15: Die Leviten nehmen die Lade
vom Wagen und stellen sie auf einen Stein – so wird die Stellung der
Leviten in bezug auf die Lade gesichert, die die späte chronistische Ladetheologie bestimmt. V. 15b nimmt V. 14b wieder auf (√עלה). Ebenso
dürften mit ROST die Verse 17f. ein nachträgliches Resümee sein. Von
daher ist zu fragen, ob nicht die gesamte „Sühnegaben"-Thematik dem
Kapitel später hinzugewachsen sein könnte (d.h. V. 3aβ.4f.6.8aβ [ab
וּנְתַתֶּם].11b[223]). Geht der Stein (V. 18 [txt. em.][224]) möglicherweise auf
den Ortsnamen Eben-Ezer zurück? Er dürfte wohl V. 15 voraussetzen.

Ein weiteres Problem soll noch kurz betrachtet werden: In der
zweiten Hälfte der Geschichte liegt eventuell eine Dublette vor: Die
Lade kommt erst nach Bet-Schemesch (V. 12ff.). Dort wird sie auch
freudig aufgenommen (V. 13); die Philisterfürsten kehren – so ist doch
wohl zu verstehen: nach getaner Arbeit – nach Ekron zurück. V. 19

---

221 Ex 14,4.17 P (oder später) sind offensichtlich vorausgesetzt.

222 Dagegen vgl. auch STOEBE, Samuelis I, 150 Anm. 1. Er zeigt die Bezüge zum Exodusgeschehen auf. Das spricht stark gegen eine historische Deutung, die in V. 7ff.
die „Übernahme eines Sonnenkultorts durch JHWH" sehen möchte (JANOWSKI,
JHWH und der Sonnengott 198; vgl. STÄHLI, Jahwe 16f.).

223 DIETRICH, Samuel 268f., hält nur die Verse 17f. und V. 11bβ für sekundär; CA-
QUOT / DE ROBERT, Samuel halten 1Sam 5,6–12* für alte Tradition (a.a.O. 93.99),
ebenso 1Sam 6,2–4. Daß die Verse 6,11bβ.15.17.18a „deuteronomistische" Glossen
seien (a.a.O. 99), läßt sich durch nichts belegen. DIETRICH, Samuel 268 Anm. 29
schließt sich KLEIN, Samuel 49 an, der feststellt, es gebe kein Zeichen von deuteronomistischer Redaktion in Kapitel 6, womit er recht haben dürfte. Das Stück ist
nur nicht älter, sondern wahrscheinlich jünger. SCHÄFER-LICHTENBERGER, Beobachtungen 328 Anm. 25 hält, bemerkenswerterweise mit der obigen Analyse fast
genau übereinstimmend, 1Sam 6,1–3aα.7.8a[gemeint ist wohl: 8aα].b–11a.12–
14.16.18b für ursprünglich (leider ohne Begründung), d.h. die Sühnegabe und deren Abbildungen sind sekundär. V. 18b setzt hingegen V. 15 voraus.

224 Zur Diskussion der Stelle: WELLHAUSEN, Text 65; McCARTER, I Samuel 130f., vgl.
DRIVER, Notes 57f. CROSS u.a. (Hgg.), DJD XVII 56 lesen richtigerweise אָבֵל, was
mit גָּדוֹל im Gegensatz zu 𝔐 einzig Sinn ergibt. Die ätiologische Formel ist in 𝔐
ergänzt, vgl. 𝔊[BL] und 𝔔 (allerdings nur rekonstruiert).

setzt „recht abrupt"[225] noch einmal ein: Plötzlich wendet sich der Besitz der Lade zum Schlechten: seien es 70 oder 50000 Mann, die umkommen, jedenfalls bringt die Lade den Leuten aus Bet-Schemesch das Verderben, „weil sie die Lade angeschaut hatten" (כִּי רָאוּ, V. 19)! Nach V. 21ff. kommt die Lade daraufhin nun doch noch nach Kirjat Jearim! – das ist verwunderlich, weil Beth-Schemesch schon keine der großen Philisterstädte mehr darstellt, ebensowenig wie Kirjat Jearim. Möglicherweise ist die ganze Episode ein Nachtrag.[226] Das positive Verhältnis der Leute von Beth-Schemesch spiegelt sich im Opfern für Jahwe wider – doch auch durch Sühnegaben oder Wiedergutmachungen ist in einem solchen Falle nichts zu erreichen:[227] Die nun noch wunderbarere Lade muß in würdige Hände! Die Bewohner von Beth-Schemesch machen sich daran: Sie schicken Boten nach Kirjat-Jearim (V. 21) und kommt die heilige Lade Jahwes endlich im Hause Abinadabs auf dem Hügel unter; Eleasar, sein Sohn, nimmt sie als Geweihter in seine Obhut (1Sam 7,1).

Dann bleibt als Grundschicht des Kapitels 1Sam 6,1–3aα.b.7. 8aα[bis יהוה].b.9–11a.12–14.16. Diese Geschichte von der Rücksendung der Lade setzt die Grunderzählung in 1Sam 5 (1Sam 5,1.6a.7a.8–9a.10–11.12b) bereits voraus. Beide Kapitel erweisen sich also als Ergänzung zur Katastrophenerzählung 1Sam 4 und entstanden, weil man die ursprüngliche Tatsache, daß die Lade an die Philister verlorengegangen war, so nicht stehen lassen wollte: Die Lade kam zurück nach Israel.[228] Die Erzählung spielt sich der Sache nach im Binnenkontext des ersten Samuelbuches ab, enthält aber bereits Hinweise auf die Exodusgeschichte (die dann in den Zusätzen explizit gemacht werden) und bezieht sich vielleicht auch schon auf Dtn 28.

Ein priesterlicher Ergänzer bürdet den Philistern außerdem noch ein Sühnopfer auf (vgl. 1Sam 6,3aβ.4f.6.8aβ[ab ונתתם].11b.17f.; dazu gehören dann auch 1Sam 5,6b.9b.12a). Er dürfte nachpriesterschriftlich

---

225 STOLZ, SAMUEL I, 51; vgl. SCHÄFER-LICHTENBERGER, Beobachtungen 327.

226 Vgl. STOLZ, Samuel I z.St.; STOEBE, Samuelis 153 (der in der „Tradition" freilich „eines der ältesten Stücke" sieht); TUR-SINAI, Ark 275 und SCHÄFER-LICHTENBERGER, Beobachtungen 327. Sie meint dazu: „Der Verfasser von 1Sam 6,19–7,1 kannte den Text von 2Sam 6 noch nicht". Doch welchen Grund hat die Eintragung dann? Darin, daß der Passus 1Sam 6,19–7,1 „rein literarisch" ist und „auf der nur in Jos 15,9 in einem Zusatz vorgenommenen Gleichsetzung von Baalah und Kirjath Jearim" beruht, ist ihr hingegen voll und ganz zuzustimmen. Vgl. auch die Analyse SCHICKLBERGERs, dessen Grundschicht mit V. 16 endet (V. 19 und 1Sam 6,20–7,1 sind zwei Zusätze, vgl. DERS., Ladeerzählungen 126–129.142f.143–148).

227 Vgl. wieder Dtn 28,27!

228 Hier berührt sich die Analyse mit der von SCHICKLBERGER, Ladeerzählungen.

anzusiedeln sein; vielleicht die letzte Erweiterung findet sich schließlich in der Dagon-Episode 1Sam 5,2–5.7b.

„Lag damit nicht in 1. Sam. 5 eine das Dasein des nachfolgenden israelitischen Königtums so grundsätzlich problematisierende Geschichtserfahrung Jahwes, daß den Ereignissen von 1. Sam. 4 der Charakter einer geschichtlichen Episode genommen wurde?"[229] Was 1Sam 5f. leisten, ist nicht weniger als die Verknüpfung von Geschichte und mythischen Zügen, ganz gleich, ob man hier von einer Historisierung des Mythos oder von einer Mythisierung der Geschichte sprechen möchte.[230] Ob hier Zionskritik geäußert wird, scheint fraglich.[231]

> Zur Funktion von 1Sam 6,19–7,1: V. 19 hat eine Vorstellung von Heiligkeit der Lade, die in dieser Massivität kaum zum Rest der Geschichten in 1Sam 4–6 paßt: Schon wer die Lade ansieht, ist des Todes. Die ähnliche Vorstellung vom Schauen Jahwes ist in Num 4,10 P; vgl. Gen 32,31; Ex 19,21; 24,10f.; Ri 6,22f.; 13,22; 1Kön 19,13; Jes 6,5b[232] und Ex 33,18ff. zu finden. Die Stellen sind allesamt nicht vorexilisch. V. 20 schließt daran an, zur Gottesbezeichnung vgl. Num 11,44f.; Jos 24,19. Das „stehen/bestehen" vor Jahwe (= dienen) kommt ausschließlich in späten Texten vor.[233] All diese Formulierungen[234] sprechen dafür, daß die Verse einen sehr späten Übergang von 1Sam 6 aus bilden (redaktionell auch 1Sam 7,2). Welchen Zweck hatte die Ergänzung dieses Übergangs? Offensichtlich geht es unter anderem darum, einen *Ortswechsel* vorzunehmen, von Beth-Schemesch nach Kirjat Jearim. Das wiederum dürfte bedeuten, daß hier 2Sam 6 an 1Sam 6 angebunden werden soll – und eine Glosse wie Jos 15,9, ob historisch bzw. geographisch zutreffend oder nicht, vorausgesetzt sein dürfte und zur Verknüpfung dient. Der Text in 2Sam 6,2 scheint demnach schon korrupt gewesen zu sein oder tatsächlich auf ein „Baala" oder „Kirjat-Baal" hinzuweisen. Alles weitere in diesen Versen spricht ebenfalls dafür, daß hier levitisch-priesterliche Interessen im Hintergrund stehen; das Material stammt vor allem aus 2Sam 6 (Abinadab, *etc.*) und anderen näher oder ferner mit der Lade verbundenen Stellen, vgl. Num 4,15f.!; Ri

---

229 Timm, Ladeerzählung 523.

230 Es verwundert nicht, wenn in der skandinavischen Forschung, beispielsweise bei A. Bentzen, von einer „Historisierung des Götterkampfmythus" gesprochen werden konnte und das Philisterland als Hölle, in der die Götter Jahwe und Dagon miteinander gerungen haben, interpretiert werden konnte, – freilich mit der etwas kuriosen Folgerung, daß in der letzten Phase des Kampfes dann König David dem siegreichen Jahwe helfend entgegengekommen sei.

231 So aber Schicklberger, Ladeerzählungen 211–226; Dietrich, Samuel 297.

232 Vgl. dazu Becker, Jesaja 88f.298. Es handelt sich um den dritten כ‎-Satz in diesem Vers. Zu den anderen Stellen vgl. Levin, Jahwist 252f.

233 In der gleichen Formulierung nur Gen 18,22; Lev 9,5; Num 5,16; Dtn 4,10; 10,8; 1Kön 22,21; 2Chr 18,20; 20,13.

234 Vgl. auch das קדשׁ‎ *Pi.* in 1Sam 7,1.

20,28; Jos 24,33.[235] Der Priestername Eleasar ist bekannt: Er ist einer der Söhne Aarons (Ex 6,25).[236] Vorausgesetzt ist bereits die lange Zeit, die bis zu den Ereignissen von 2Sam 6 noch vergehen wird, so daß der Priester anders benannt werden kann. Hier sind scheinbar Priesterinteressen am Werk, die nur noch schwer oder gar nicht mehr zu durchschauen sind. Wir befinden uns in nächster Nähe zur Chronik. Eine zusammenhängende Ladegeschichte 1Sam 4–6; 2Sam 6, gar noch mit 1Kön 8 vordeuteronomistisch verbunden, hat es nicht gegeben.

Die Anschlüsse der Ladegeschichten in 1. Samuel 4–6 an ihren Kontext

Das direkt nach hinten anschließende Kapitel ist bekanntlich 1Sam 7 (genauer: 1Sam 7,3ff.). Es nimmt – erstaunlicherweise – mit keinem einzigen Wort Bezug auf die Lade, sondern berichtet von einer kurzen Ansprache an das ganze Haus Israel, Baalim und Astarten abzutun und Jahwe allein zu dienen (V. 3f.) – deutlich im Ton später Deuteronomisten – und im folgenden von der Volksversammlung in Mizpa (V. 5–17).

„An der ganzen Erzählung kann kein wahres Wort sein."[237], so WELLHAUSEN. In der Tat sind V. 3f. lange als Nachtrag erkannt.[238] Und auch V. 5–17 sind keineswegs einheitlich, wie jüngst R. MÜLLER gezeigt hat. Das älteste Stück befindet sich nach ihm in V. 15; es ist die Richternotiz über Samuel.[239]

Leicht lösen sich die Verse 6bβ.7aα.b–8 aus dem Zusammenhang, die für Israel die Bezeichnung בני ישראל verwenden. V. 10b nimmt das Ergebnis des Kampfes V. 11f. voraus.[240] Es ergibt sich folgende Erzählung: Israel versammelt sich in Mizpa (V. 5–6bα), die Fürsten der Philister[241] formieren sich zum Kampf (V. 7aβ), Samuel schreit zu Jahwe – analog zum Richterschema – (V. 9b), Israel rückt aus, die Philister werden bei Eben-Eser geschlagen und so gedemütigt (V. 11–13*, wie-

---

235 Vgl. vor allem die weiterführenden Beobachtungen von SCHICKLBERGER, Ladeerzählungen 143–148.

236 Vgl. den Namen seines Sohns Pinhas (Ex 6,25 / 1Sam 1–3!).

237 WELLHAUSEN, Prolegomena 245.

238 Vgl. statt vieler KRATZ, Komposition 177f.

239 MÜLLER, Königtum 76(f.). Möglicherweise steckt auch in V. 16f. noch älteres Material, vgl. VEIJOLA, Königtum z.St.

240 Letztere Verse waren möglicherweise schon mit V. 13a.b verbunden.

241 Vgl. vor allem Ri 16,5.8.18.23.27. Von hier gelangten sie dann in die Legenden von 1Sam 5f.: 1Sam 5,8.11; 6,4.12.

der entsprechend dem Richterschema). „Und es richtete Samuel Israel alle Tage seines Lebens." (V. 15). Die Nachträge erklären das philistäische Gebiet für erobert, was sich schon in der Erzählfolge als falsch erweist.

Alles weitere ist „geistliche Mache"[242] (WELLHAUSEN), die Samuel heilig spricht und den Philistersieg zu einem idealen Jahwe-Krieg umformt. Wie VEIJOLA und andere gezeigt haben, kann man in 1Sam 7 sogar eine Gegengeschichte zu 1Sam 4 sehen:[243] Hier wie dort wird in Eben-Eser gekämpft, dort verliert Israel die Schlacht, hier gewinnt es sie. Eben-Eser ist dort Ort der Niederlage, hier wird er zum Ort der Hilfe Jahwes. Weitere Parallelen lassen sich leicht finden. „Man könnte" mit VEIJOLA „fragen, ob das Fehlen der Lade in 1Sam 7,2ff. einen tieferen Grund hat."[244] Sehr tief muß man dafür nicht gehen: Denn die Lade befand sich weiter auf philistäischem Gebiet, *sie* wurde nicht zurückerobert! Gerade in einer Gegengeschichte wäre dies aber zu erwarten gewesen. Der spät- oder nachdeuteronomistische Verfasser – dem das Richterbuch ja offenbar schon vorlag – hatte bereits im Blick, wann sie wieder auftauchen würde, nämlich in 2Sam 6.[245]

Über 1Sam 8 kann nicht endgültig entschieden werden, aber auch dieses Kapitel dürfte einer späteren Redaktionsstufe angehören; jedenfalls ist es bekanntlich stark in spätdeuteronomistischem Sinne überarbeitet. So wird man als Übergang nach hinten vielleicht an 1Sam 9,1ff. denken dürfen,[246] wo (in 1Sam 9,16[247]) vorausgesetzt wird, daß die Philister eine wichtige Rolle im Kampf um die Herrschaft spielen, und wo Samuel seine ursprüngliche Funktion ausüben kann. 1Sam 4* liefert also die *Erklärung* für die Philisternot in 1Sam 9f.*, das oben (Kap. 5.1.4.) als ursprüngliche Fortsetzung von 1Sam 1* erkannt worden war.

Ebenso hat die Verknüpfung von 1Sam 4* nach vorne eine komplizierte Geschichte. Zunächst das einigermaßen sicher Sagbare.

In 1Sam 1–3 hatten mehrere Überlieferungen ineinandergelegen (s. dazu o.), darunter

---

242 WELLHAUSEN, Prolegomena 245.
243 So WELLHAUSEN, Prolegomena 240; PRESS, Prophet 194; NOTH, ÜSt 56; VEIJOLA, Königtum 37ff. Höchst fraglich ist, ob ihr 1Sam 5f. schon vorlagen.
244 VEIJOLA, Königtum 37 Anm. 59.
245 Zu 1Sam 14,18 s.u. Kap. 5.3.
246 Vgl. o. Kap. 5.1. zu 1Sam 1 (–3).
247 Hier mag man mit KRATZ, Komposition 176 Anm. 78 und anderen einen vorverweisenden Zusatz auf 1Sam 10,1 annehmen.

1. Die Geburtsgeschichte Samuels in 1Sam 1,1–20*,[248]
2. der geweihte Gottesmann Samuel (1Sam 1,11f.*; 1Sam 1,21–28; 1Sam 2,18–21),
3. die Bosheit der Eliden (1Sam 1,3b; 1Sam 2,12–17; 1Sam 2,22–25.26).

Das späteste Element in dieser Gruppe von Fortschreibungen ist neben dem Lobpreis der Hanna offenbar 1Sam 2,27–36. Von dieser Weissagung hängt die Erzählung von Samuel im Tempel von Silo 1Sam 3,1–21 ab, die in V. 12 auf ein bereits ergangenes Gotteswort verweist – dies kann nur 1Sam 2,27–36 sein. Die katastrophale Niederlage Israels wird auf kultisches Fehlverhalten des Priestergeschlechts der Eliden zurückgeführt. In 1Sam 3,19–21* ist man wieder beim „Idyll" der vorhergehenden Passagen angelangt.

In 1Sam 2,13–16 findet sich eine Polemik gegen das Priestertum in Silo, die die Eliden noch nicht oder nicht mehr im Blick hat. Erst durch die Umklammerung von V. 12 und ggf. 17 kommen sie ins Spiel. Die Szene hat zwar ein priesterliches Thema, gibt sich durch den Wortschatz aber nicht als genuin priester*schrift*lich.[249] Wahrscheinlich war die Passage schon durch V. 12.17.22–25* auf die Söhne Elis gemünzt, die dann nach 1Sam 4 gelangten und wiederum die Fortschreibungen in 1Sam 2,27ff. bewirkten. Sie liefert offenbar eine erste, nachträgliche Erklärung für den Tod der Söhne (und den Verlust der Lade?) in Kapitel 4. Grundsätzlich gilt das von MOMMER Gesagte: „1Sam 4* kann wohl ohne 1Sam 2* auskommen, aber nicht umgekehrt."[250] So ist 1Sam 4* zwischen 1Sam 1 und 1Sam 9f. gestellt worden. Da die Grundschicht des Kapitels keine deuteronomistischen Züge trägt, vielmehr solche etwa in V. 18b und anderswo nachgetragen wurden, könnte dies durchaus in vordeuteronomistischer Zeit geschehen sein.

---

248 Natürlich ohne V. 1,3b und das Gelübde V. 11–12a.

249 Vgl. das צלה „braten" Gen 4,19.22.23 (schon im jahwistischen Werk [KRATZ, Komposition 256.320 Anm. 21; ab V. 23 Zusatz]?), 1Sam 2,15, Jes 44,16.19.

250 MOMMER, Samuel 17. Die stärksten Argumente für den ursptünglichen Zusammenhang von 1Sam 1* – 1Sam 9,1–10,16* – 1Sam 13f.*, in den nachträglich 1Sam 4* eingeschrieben wurde, bringt KRATZ, Komposition 178f. 1Sam 7* und 1Sam 8* sind seit WELLHAUSEN als Werk Späterer erkannt, vgl. DERS., Composition 239.243 und wiederum KRATZ, a.a.O.

5.2.3. Resümee: Die Lade Jahwes in 1. Samuel 1–6

Die Texte, die der Ladeerzählung zugerechnet werden, sind literarisch nicht einheitlich. Im Lauf der Überlieferung wurden sie mehrfach überarbeitet und fortgeschrieben.
Ein Grundbestand des ersten Teils dürfte in 1Sam 4* zu finden sein. Wenn die oben gemachten Annahmen richtig sind, findet sich dieser Grundbestand grob in den Versen 1f.10–18a. Er könnte gut noch in vordeuteronomistischer Zeit zu verorten sein. Nach vorn hat dieser Grundbestand an den von 1Sam 1 (etwa in 1Sam 1,1–20*) angeschlossen, nach hinten an 1Sam 9f.* Dort wird durch 1Sam 4* die Philisternot eingetragen (vgl. auch 1Sam 9,16; 10,5) und illustriert. Die Ergänzung von 1Sam 4, das durchaus eine Tradition über eine Lade und den Priester Eli beinhaltet haben könnte, löste ihrerseits die Einschreibung von 1Sam 2* aus, das den Tod seiner Söhne erklären will: Diese verhalten sich zunächst in ihrem Priesterdienst falsch und müssen dafür die persönliche Strafe erleiden, Eli, weil er sie nicht von ihren Taten abhält. In der weiteren Entstehungsgeschichte weitet sich das Unheil auf ganz Israel, die Frage nach dem legitimen Priestergeschlecht und um die Reinheit der monotheistischen Jahwereligion aus. Im Gegenzug wird Samuel immer positiver gezeichnet, in 1Sam 3 schließlich auch als Jahweprophet.
Die Kapitel 1Sam 5–6, die vom Triumphzug der Lade durch das Philisterland handeln, sind ihrerseits auch erst *nachträglich* dem Kapitel 1Sam 4 zugewachsen.[251] Teile der Kapitel setzen in ihrer jetzigen Form 2Sam 6 voraus (vgl. die Anklänge in 1Sam 6). Das heißt aber nicht, daß etwa der gesamte Abschnitt 1Sam 4,1–7,1, wie KOSTERS meint, pauschal von 2Sam 6 aus gebildet worden wäre.[252] Der Zweck der Kapitel 5 und 6 ist leicht erkennbar: Erst später (s. u. Kap. 5.4. zu 2Sam 6f.) hat man sich nicht mehr vorstellen können, daß sie sang- und klanglos an die Philister verlorengingen. Die Philister mußten gedemütigt werden – eine erste Antwort ergibt sich in 1Sam 7. Somit antworten die Kapitel 1Sam 5f. eigentlich auf die Frage, was nach dem Verlust der Lade passierte. Weitere Fortschreibungen ergänzen die Kapitel um ein priesterliches Sühnopfer, das die Philister darbringen müssen. Sie erkennen damit Jahwe letztlich auch als ihren Gott an. Letzte Ergänzungen sollen gar zeigen, daß auch die Götter der Philister Jahwe anerkennen und ihm dienen. Erst durch die Ergänzungen, vor allem durch

---

251 Sie sind in gewissem Sinne (mit PRESS) zur Simsongeschichte zu stellen, „nur daß hier die Lade und dort Simson der Held ist." (PRESS, Prophet 182).
252 KOSTERS, Verhalen 361ff.; vgl. HYLANDER, Samuel-Saul-Komplex 276.

1Sam 6,19ff., ist die Annahme einer durchgehenden Ladegeschichte, die in Jerusalem endet und „doch nie und nimmer in Bet Schemesch hätte enden können"[253], möglich.

Wie sich noch herausstellen wird, sind die Kapitel 6 und 7 des 2. Samuelbuches als Einschub in einen früheren Zusammenhang zwischen 2Sam 5,17–25, den Philistersiegen Davids, und 2Sam 8, dem Summarium seiner Kriege, zu beurteilen (s.u. Kap. 5.4.). Sie bilden, wie auch 1Sam 5f., keine unmittelbare Fortsetzung der Katastrophenerzählung von 1Sam 4. Nach 1Kön 8 erfuhr die Lade dann im Hinterraum des Heiligtums ihre „ehrenvolle Emeritierung"[254]. – Doch „Holz hält nicht ewig"[255]. Dazu später mehr.

Die Annahme einer selbständigen alten Quelle, die „als ἱερὸς λόγος des Ladeheiligtums zu Jerusalem in Priesterkreisen zur Zeit Davids bzw. im Anfang der Regierung Salomos entstanden ist" (ROST) hat also wenig Wahrscheinlichkeit für sich. Sie ist erst dann denkbar, wenn man den heutigen Text betrachtet und hat hierin auch ihr Recht und ihren Sinn, indem sie die großen Zusammenhänge der späten Redaktionen im Blick hat und sie entsprechend auslegt. Das *Gros* der Texte dürfte jedoch späterer Zeit zuzurechnen sein.

Es gab kaum einen ursprünglichen geschlossenen Erzählzusammenhang, der von 1Sam 4–6 bis 2Sam 6 gereicht hätte, sondern dieser wurde erst *sekundär* hergestellt – und damit erweist sich die Annahme einer alten Quelle größeren Umfangs, einer „Ladegeschichte" im Sinne ROSTS, welche der Autor der entsprechenden Passagen der Samuelbücher hätte benutzen können, offenbar als unrichtig. Schon C. KUHL hatte in seiner Rezension der Studie ROSTS aus dem Jahre 1928 geahnt: „Wird des Verfassers These für die Kapitel von II.13(15?) an sicherlich Zustimmung finden, so erheben sich doch Bedenken gegen seine Anschauung der Verarbeitung von Unterquellen."[256] Diesen Bedenken zur Unterquelle „Ladegeschichte" ist hiermit ein weiteres hinzugefügt. Den hinreißenden Geschichten über die Erzählung der „wunderbaren Geschicke"[257] der Lade nehmen sie hoffentlich nichts.

---

253 DIETRICH/NAUMANN, Samuelbücher 125.
254 So EISSFELDT, Lade 287.
255 CASPARI, Bundeslade 31f. Anm. 1 (Zitat 32).
256 KUHL, Rez. zu ROST, Überlieferung 100.
257 ROST, Überlieferung 151.

Exkurs: „Die Philister"

Im Normalfall wird zur Datierung der Erzählungen in 1Sam 4–6 mit den Philistern argumentiert, deren Geschichte für die Eisenzeit I, d.h. etwa die erzählte Zeit, recht gut belegt und erforscht ist.[258] Und es ist natürlich auch nicht völlig auszuschließen, daß sich in den Erzählungen entsprechende Erinnerungen aus dieser frühen Zeit erhalten haben. Doch aufgezeichnet wurden sie in der erzählten Zeit kaum: Schriftliche Zeugnisse sind für Juda jedenfalls in nennenswertem Umfang überhaupt erst ab dem 8. Jh. v. Chr.[259] vorhanden.[260]

Ein von HESS[261] angeführtes Gegenbeispiel, ein „abecedary" aus *Tell Zeitah / Tell Zayit*, das er um 1000 v. Chr. datiert, spricht nicht dagegen: Allein schon Handelsbeziehungen jedweder Art dürften ja vermutlich mindestens Grundkenntnisse des Schreibens voraussetzen, so daß „literacy" und „illiteracy" nicht einfach als die Alternative gelten können, um die es hier geht. Eine Liste oder eine Siegelinschrift macht noch keine Überlieferungstexte. Bei einer Erzählung wie etwa einer Grundschicht der Ladeerzählung, die ja – freilich je nach Rekonstruktion – jedenfalls aus einer recht stattlichen Anzahl von Versen bestünde und vor allem ein völlig anderes Genre darstellte als die angeführten Texte,[262] wäre vor allem zu fragen, wo und mit welcher Absicht sie in dieser frühen Zeit *schriftlich* niedergelegt worden wäre. Die *mündliche* Tradition einer Erzählung rund um eine magische „Kiste" erscheint in diesem Zusammenhang schon erheblich wahrscheinlicher,[263] ist aber naturgemäß unbeweisbar. Eine Verschriftung dürfte also vor dem 8. Jahrhundert kaum erfolgt sein.[264] Das schlägt sich auch in der Sprache der Erzählungen nieder, vgl. oben die Anmerkungen zum Lehnwort סֶרֶן, das dem griechischen τύραννος entsprechen dürfte. Letzteres betritt aber erstmals im 7. Jh. v. Chr. die Bühne.[265] Damit ist ein weiteres Indiz gefunden, das man jedoch auch nicht überbewerten sollte.

Doch zurück zu den Philistern. Provokant stellt FINKELSTEIN Fragen und gibt die Antworten der neueren Forschung aus der Archäologie Palästinas:

> „Was there a Sea Peoples migration to the coast of the Levant? Yes. Was it a maritime migration? Possibly. Was there a massive maritime Sea Peoples invasion? Probably not. Did the Philistines settle en-mass in Philistia in the days

---

258 Vgl. DOTHAN, Philister. Vorsichtiger NOORT, Seevölker.

259 Vgl. JAMIESON-DRAKE, Scribes.

260 Vgl. z. B. SCHÄFER-LICHTENBERGER zu ihrem rekonstruierten Grundbestand, Beobachtungen 328).

261 HESS, Writing.

262 Auch als etwa ein Kalender wie der israelitische Gezer- (גֶּזֶר *gæzær*) Kalender, vgl. KAI 182 und CONRAD in TUAT I, 247f.

263 Vgl. stellvertretend SCHÄFER-LICHTENBERGER zu ihrem rekonstruierten Grundbestand, vgl. Beobachtungen 328).

264 Entsprechend datiert auch DIETRICH, Samuel 218f., die Grundschicht seiner Erzählung. Alles Davorliegende ist m. E. ausgeschlossen.

265 FINKELSTEIN, Paradigm 521; vgl. PINTORE, Seren.

of Ramesses III? No.[266] Were the Iron I Philistine cities fortified? No. Were the Iron I Philistines organized in a peer-polity system? Probably not. Was there a Philistine Pentapolis system in the Iron I? No.[267] Are the Iron I Philistines the Philistines described in the Bible? No."[268]

Es ist vielmehr zu sagen, daß die ehemaligen Philisterstädte nachweislich erst im 9. und vor allem im 8. Jh. v. Chr. an Größe und Einfluß gewannen. Die größte Macht und den größten Reichtum dürften sie dabei in der Zeit der assyrischen Eroberungen erlangt haben. „Then, and only then, do the Philistines of archaeology become the Philistines of the Bible."[269] Damit dürfte also sogar bereits die Grundschicht der Erzählungen, die sich nach den oben gemachten Beobachtungen in Kapitel 4 des 1. Samuelbuches befindet, nicht vor dem ausgehenden 8. Jahrhundert verschriftet worden sein. Einzelne ältere Überlieferungen sind natürlich nicht ausgeschlossen, aber werden doch um so unwahrscheinlicher, je älter sie sein sollen. Aus der vorstaatlichen Zeit ist jedoch auch prinzipiell keine israelweit gültige Überlieferung zu erwarten, denn Israel tritt erst „mit dem Königtum in das Licht der Geschichte", „Das gilt mit einiger Verzögerung auch für die Jahwe-Religion. Sie wird anhand der Eigennamen ab dem 9. Jahrhundert im Nordreich der Omriden als Staatskult einigermaßen greifbar und kann zu dieser Zeit auch bei den mit den Omriden verschwägerten Davididen in Juda Eingang gefunden haben. Über die Zeit davor wissen wir nichts"[270]. Doch das tut der Gültigkeit, der Wahrheit und dem Anspruch der Texte keinerlei Abbruch, im Gegenteil, es „lehrt, daß die bezeugte Geschichte Israels nicht Geschichte als solche ist."[271]

5.3. Die Lade in 1. Samuel 14,18

Im ersten Samuelbuch findet sich noch eine kurze, geradezu beiläufige Erwähnung der Lade in 1Sam 14,18. Man hat lange gesehen, daß in diesem Kapitel zwei Überlieferungen verarbeitet sind, die erste, in V. 1–14, von einer Heldentat Jonatans, die zweite, in V. 24–31, von einem

---

266 In diesem Zusammenhang wird gelegentlich, u. a. von Noort (Text 403ff.) darauf verwiesen, daß auch forschungsgeschichtlich die Struktur der „Landnahme"-Darstellung der Philister derjenigen der nachmaligen Israeliten in Kanaan entsprochen habe. Dort hat der Paradigmenwechsel inzwischen bekanntlich stattgefunden. Es steht zu hoffen, daß das Bild der philistäischen Ansiedlung sich entsprechend differenziert und damit wohl auch modifiziert.

267 Anders z. B. Dietrich, Samuel 221ff. und das klassische Bild (Dothan, Philistines oder Machinist, Traditions), dezidiert gegen das neuere Bild Stager, Philistines.

268 Finkelstein, Paradigm 521.

269 Finkelstein, Paradigm 521; vgl. ders., Philistines; ähnlich Niemann, Nachbarn und ders., Art. Philister.

270 Beide Zitate: Levin, Israel 149. Die Reflexion über die vorstaatliche Zeit setzt also die Staatlichkeit voraus.

271 Levin, Israel 157.

Gelübde Sauls, dessen eigenes Kind beinahe stirbt. Dazwischen schiebt sich mit dem in höchstem Maße „redaktionellen Stück ohne Überlieferungshintergrund"[272] in V. 15–23 eine idealisierte Jahwekriegsgeschichte (vgl. z.B. den חרדת אלהים „Gottesschrecken" V. 15 oder die entsprechende מהומה גדולה מאד „sehr große Verwirrung" V. 20bβ). In solch einem Jahwekrieg hat die Lade Jahwes natürlich auch ihren Platz, von daher ist ihre Erwähnung in V. 18 sachlich durchaus gerechtfertigt.[273] Aber auch hier steht der Erwähnung in 𝔐 die Septuaginta gegenüber. Der Vers lautet in 𝔐:

1Sam 14,18 (𝔐) וַיֹּאמֶר שָׁאוּל לַאֲחִיָּה הַגִּישָׁה אֲרוֹן הָאֱלֹהִים כִּי־הָיָה אֲרוֹן הָאֱלֹהִים
בַּיּוֹם הַהוּא וּבְנֵי יִשְׂרָאֵל׃

1Sam 14,18 (𝔐): „[18]Und Saul sagte zu Ahia: Bring die Lade Gottes herbei! Die Lade Gottes war nämlich an jenem Tage [bei] den Söhnen Israel."

Hier muß wohl aufgrund der schlechten Überlieferung am Ende des Verses bereits mit einem rabbinisch zitierten Ms, vgl. 𝔖 und 𝔏 (eine Targumhandschrift bietet w'm) die ganz offensichtlich geglättete Fassung עם בני „bei den Söhnen Israel" gelesen werden, die bereits versucht, dem überlieferten und unverständlichen „und die Söhne Israel" einen Sinn abzugewinnen. Ursprünglich ist diese Lesart aber nicht (s. dazu gleich).

Dagegen überliefert 𝔊:

1Sam 14,18 (𝔊): [18] καὶ εἶπεν Σαουλ τῷ Αχια προσάγαγε τὸ εφουδ ὅτι αὐτὸς ἦρεν τὸ εφουδ ἐν τῇ ἡμέρᾳ ἐκείνῃ ἐνώπιον Ισραηλ.

1Sam 14,18 (𝔊): „[18]Und Saul sagte zu Ahia: Bring den Ephod herbei! Er trug nämlich den Ephod an jenem Tage vor Israel."

Hier löst sich zunächst recht elegant das Problem am Ende des Verses. Griechisches ἐνώπιον dürfte hebräischem לפני entsprechen, die Verwechslung mit ול[לבני] aufgrund der ähnlichen Buchstabenform erklärt die Abweichung in 𝔐.

Auch sonst dürfte die 𝔊-Überlieferung den ursprünglicheren Text erhalten haben. Das gilt zunächst für das spezifischere αἴρω, dessen hebräisches Äquivalent (נשא) zwar durchaus zur Lade gepaßt hätte[274],

---

272 STOLZ, Samuel z.St.

273 Vgl. auch KRATZ, Komposition 179, der zu den Ergänzungen, „die aus dem Sieg über die Philister einen Jhwh-Krieg machen", 1Sam 14,15f.18f.23 zählt. Die Verse 1Sam 14,17.20.(22.)23a.46(.47–51) hingegen weist er dem Grundbestand der Erzählung zu. V. 20bβ dürfte aber ebenfalls zu den erstgenannten Zusätzen gehören.

274 Und so vielleicht mit zur Ersetzung des Begriffes beigetragen hat. – Spätere dürften unter dem 'Epod das leinene (priesterliche) Obergewand (אפוד בד) verstanden haben, das hier nicht recht passen will. Da man auch die Lade „trägt" (נשא), durfte wohl nur sie gemeint sein – kein Orakelgerät oder dergleichen. (Vgl. die einschlägigen Wörterbuchartikel zum אפד: UTZSCHNEIDER, Art. Ephod bzw. GÖRG, Art. Efod; vgl. auch ZOBEL, Art. אֲרוֹן 398).

aber auch zusammen mit dem Ephod verwendet werden kann (vgl. neben V. 3 auch 1Sam 2,28; vgl. 1Sam 23,9; 30,7). Es ging hier also ursprünglich um den Ephod – und nicht um die Lade. Das zeigt auch V. 2, in dem vom Tragen des Ephods durch Ahia berichtet wird. Sonst ergibt die kleine Szene wenig Sinn. V. 2 ist wegen der langen Genealogie Ahias und der Unterbrechung des Zusammenhangs zwischen Vers 1 und Vers 3 offenbar ein späterer Zusatz, der V. 18 voraussetzt.[275] Insofern ist in diesem Falle die *lectio difficilior* אֵרוֹן dennoch nicht die *lectio probabilior*, sondern ausnahmsweise einmal *improbabilior*.[276] Daß man den Ephod ersetzte, dürfte mit dem Zusammenhang des Heiligen Krieges zusammenhängen, hinzu kommt, daß es offenbar Kreise gab, denen der Ephod als ein „abgöttisches Kultobjekt"[277] galt – möglicherweise geht auf solche Meinungen letztlich auch die Textänderung zurück.

Daraus ergibt sich auch ein Zweites: Die Lade war kein Orakelgerät oder dergleichen, wie aus dieser Stelle immer gern gefolgert wurde.[278] Vielmehr ist sie aufgrund von Textverderbnis in den Zusammenhang eingedrungen, da sie für den „Heiligen Krieg" – insbesondere gegen die Philister! Vgl. 1Sam 4 – unverzichtbar schien. Auch die Existenz mehrerer Laden[279] braucht man, jedenfalls aufgrund dieser Stelle, nicht zu postulieren: „Ist mithin 1Sam 14,18 als Beweisgrund hinfällig und sind infolgedessen auch die anderen beigebrachten Texte ohne

---

275 Vgl. auch Hölscher, Geschichtsschreibung 367f.

276 Vgl. ähnlich, aber in gewisser Weise „umgekehrt" Seeligmann, Untersuchungen 427f.: „Wenn in V. 18 die Formulierung ,der den Ephod an jenem Tage trug' die ursprüngliche Lesart darstellt, dann muss man V. 3 als eine redaktionelle Hinzufügung betrachten."

277 Vgl. Veijola, David 26 Anm. 62 unter Verweis auf Ri 8,27aβb. Vgl. auch Noth, ÜSt 52 und wiederum Veijola, Königtum 109f. Er stellt diese Sicht der Dinge zu DtrN, jedenfalls sollte man an spätdeuteronomistische Kreise denken. R. Müller hat im Anschluß an Becker, Richterzeit 181f. (vgl. auch Ri 17; 18 und dazu a.a.O. 251.253–256) gezeigt, daß V. 24–27 insgesamt eine Episode „ad minorem gloriam Gedeonis" (Richterzeit 39, vgl. 38–41) darstellen. Es geht dort zwar geradezu um die Übertretung des Zweiten Gebots, doch dürfte aus derartigen Texten ein negatives Verständnis des Orakelgeräts als solchem gefolgt sein.

278 Arnold, Ephod, und viele Nachfolger; vgl. das Referat bei Schmitt, Zelt und Lade 166–168. Den Gegenschlag hat damals Budde, Ephod geführt, er war mehr oder weniger vernichtend. Buddes Annahme hingegen, daß hier ein anderer anstößiger Begriff stand, etwa 'abbîr (Ephod 41), ist hingegen reinste Spekulation. Auch in 1Kön 2,26 ist eine Textänderung nicht notwendig (s. u. Kap. 5.6.).

279 Vgl. den Exkurs bei Schmitt, Zelt und Lade 168–173. U. a. Koch (Priesterschrift 16f.), Mowinckel (Jahwäkultus 258–260), Gressmann (Lade 29 Anm. 24) und Hylander (Samuel-Saul-Komplex 289 Anm. 3) vertreten diese These.

Wert, so muß die These, es habe in Israel eine größere Anzahl von Laden gegeben, als unbegründet abgewiesen werden."[280]

5.4. Die sogenannte „Ladeerzählung" II: 2. Samuel 6f.

Es bleibt noch die letzte Phase der sogenannten Ladeerzählung: Die Überführung der Lade nach Jerusalem durch David in 2. Samuel 6.[281]

Gegen einen Zusammenhang dieses Kapitels mit 1Sam 4–6 sprechen sich SCHUNCK, Benjamin 97ff.; STOEBE, Samuelis I 127f.; STIRRUP, Question 85–87; SCHICKLBERGER, Ladeerzählungen 129ff.; MILLER/ROBERTS, Hand 23ff. und neuerdings mit starken Argumenten SCHÄFER-LICHTENBERGER, Beobachtungen *passim* aus; dafür die Mehrheit der Forschung. Die Argumente listet übersichtlich DIETRICH in DERS./NAUMANN, Samuelbücher 124f. auf. Er resümiert: „Die Argumente, die für einen Zusammenhang zwischen I 4–6 und II 6 sprechen, sind überwältigend. [*i*] Da ist als erstes die Lade. [*ii*] Da ist die Vorstellung einer Ladewanderung.[282] [*iii*] Da ist der gemeinsame Ausgangspunkt der letzten Etappe dieser Reise [...]. [*iv*] Da ist die Zuweisung der Lade an den Gott ‚JHWH Zebaot, den Cherubenthroner' [...]. [*v*] Da ist die Vorstellung von einer bedrohlichen Eigentätigkeit der Lade bzw. des auf ihr realpräsenten Gottes [...]. [*vi*] Und da ist schließlich Jerusalem als im Grunde einzig möglicher und notwendiger Zielpunkt einer Reise, die doch nie und nimmer in Bet Schemesch oder Kirjat-Jearim hätte enden können."[283] Das ist sehr suggestiv gesagt. [*i*]-[*iii*] und [*v*] würden genausogut auch für eine literarische Abhängigkeit des ersten Teils vom zweiten oder umgekehrt gelten, ebenso [*iv*], wobei DIETRICH selber die Titulatur z.T. für eine nachträgliche Ergänzung hält.[284] Und schließlich ist [*vi*] nicht zuletzt methodisch zu hinterfragen: Das Argument gilt nur, wenn man 2Sam 6/1Kön 8 bzw. die dort berichteten Ereignisse bereits kennt. Der Zielpunkt müßte sich vielmehr unter Absehung von 2Sam 6 aus 1Sam 4–6 ergeben.[285] Das stilistische Argument ROSTs ist schon früh gekippt worden. Vielleicht ist die „Zusammenstellung unterschiedlicher Traditionen", die nun keine „geschliffene Novelle" ist oder sich als „glatter Erzählzusammenhang"[286] erweist, doch eine auch literarisch gewach-

---

280 SCHMITT, Zelt und Lade 171.
281 Zur Literarkritik vgl. vor allem LUBSCZYK, Elohim 226–253 und ZWICKEL, Gestalt sowie DERS., David.
282 Daß das nur für 2Sam 6 zutrifft, hat SCHÄFER-LICHTENBERGER, Beobachtungen 326 gezeigt.
283 DIETRICH in DERS./NAUMANN, Samuelbücher 125; Numerierung vom Vf.
284 DIETRICH, Samuel 211 („Kerubenthroner" sekundär).
285 Das ist allerdings überaus fraglich, vgl. SCHÄFER-LICHTENBERGER, Beobachtungen 327.
286 So DIETRICH, Samuel 216; vgl. vor allem CAMPBELL, Ark Narrative 142–165.

sene Größe. Eine Notwendigkeit, eine außerhalb der Samuelbücher gewach-
sene Quelle anzunehmen, ist dann nicht mehr nötig und auch kaum sehr
wahrscheinlich. Ein schönes Gegenbeispiel (gegen WILLIS, JBL 90) liefern
MILLER/ROBERTS: „David's transference of the ark to Jerusalem contains a
tradition reflecting Michal's displeasure at the king's behaviour (II Sam
6:16, 20–23), which assumes that the reader has already been introduced to
Michal. She appears in I Sam 14:49; 18:17ff.; 19:11ff.; 25:44; II Sam 3:12ff. and
after II Samuel 6 in the MT of 21:8. And yet, it is not contended that an origi-
nally isolated Michal source existed."[287]

Das kann auch Auswirkungen auf die Datierung des Erzählers der Ladegeschichte haben – MILLER/ROBERTS sprechen sich für die vorkönigliche Zeit
aus[288]; DIETRICH plädiert für die mittlere oder spätere Königszeit[289], SMELIK[290]
und BERGES[291] für die nachexilische Zeit, etwa das 6. Jh. v. Chr., DIEBNER
schließlich für die hasmonäische Zeit.[292]

2. Samuel 6 befindet sich inmitten der Geschichte vom Aufstieg Davids
und nimmt schon deswegen eine Sonderstellung innerhalb der Ladeerzählung ein, weil die Lade hier fest verankert in einem „historischen"
Kontext auftaucht, aufs engste mit der Person Davids verbunden ist
und nicht mehr allein im Zentrum der Erzählung steht wie in 1 Sam 5f.

Schon bei einem flüchtigen Blick auf das Kapitel fällt auf, daß die
Michalszene V. 20–23 nachgetragen ist.[293] V. 19 bildet einerseits einen
deutlichen Abschluß („Und das ganze Volk ging, jeder in sein Haus.").
2. Samuel 7 greift andererseits mit dem Stichwort der Lade über die
Verse zurück auf das Vorhergehende. Mittels des Scharniers V. 16, der
Mißachtung Davids durch Michal, die sich über V. 15 hinweg auf V. 14
zurückbezieht, ist die kleine Episode in den Zusammenhang „eingelö-
thet"[294] worden. Die Michalgeschichte kann für unser Thema außer
Betracht bleiben, da sie nur sehr mittelbar mit der Lade zu tun hat.
Daß sie in spätnachexilische Zeit gehört und priesterschriftliche *termini* verwendet, hat jüngst A. FISCHER überzeugend gezeigt.[295]

---

287 MILLER/ROBERTS, Hand 25.
288 MILLER/ROBERTS, Hand 73–75.
289 DIETRICH, Samuel 219.
290 SMELIK, Messages 57.
291 BERGES, Verwerfung 35.
292 So DIEBNERS „Husarenstreich" (DIETRICH, Samuel 219), Anmerkungen 88. Die
     „Gräzismen" in 1 Sam 5f. sollten dabei wenigstens zu denken geben.
293 So auch schon ROST, Überlieferung (s. o.). Zu den Versen vgl. vor allem CRÜSE-
     MANN, Witze 223ff.
294 Die Formulierung von POPPER (Bericht 158, also in anderem Zusammenhang). So
     wird hier jedenfalls keine Thronfolgegeschichte beginnen.
295 FISCHER, Hebron 104–106.

Der Text

Da der Text an einigen Stellen offensichtlich korrupt ist, wird zunächst eine kurze textkritische Rekonstruktion des Kapitels vorgenommen. 4QSam^a (= 4Q51) enthält aus diesem Bereich 2Sam 6,2–18.

Zur Textkritik von 2. Samuel 6,2

Besonders umstritten ist die Rekonstruktion des Verses 2Sam 6,2[296]; daher soll zunächst dieser Vers einer ausführlicheren Textkritik unterzogen werden. 𝔐 hat in 2Sam 6,1–3:

2Sam 6,1–3 ‏¹ וַיֹּסֶף עוֹד דָּוִד אֶת־כָּל־בָּחוּר בְּיִשְׂרָאֵל שְׁלֹשִׁים אָלֶף: ² וַיָּקׇם וַיֵּלֶךְ דָּוִד‎
‏וְכָל־הָעָם אֲשֶׁר אִתּוֹ מִבַּעֲלֵי יְהוּדָה לְהַעֲלוֹת מִשָּׁם אֵת אֲרוֹן הָאֱלֹהִים אֲשֶׁר־נִקְרָא שֵׁם שֵׁם‎
‏יְהוָה צְבָאוֹת יֹשֵׁב הַכְּרֻבִים עָלָיו: ³ וַיַּרְכִּבוּ אֶת־אֲרוֹן הָאֱלֹהִים אֶל־עֲגָלָה חֲדָשָׁה וַיִּשָּׂאֻהוּ‎
‏מִבֵּית אֲבִינָדָב אֲשֶׁר בַּגִּבְעָה וְעֻזָּא וְאַחְיוֹ בְּנֵי אֲבִינָדָב נֹהֲגִים אֶת־הָעֲגָלָה חֲדָשָׁה:‎

Die Chronikparallele 1Ch 13,5–7 hingegen:

1Chr 13,5–7 ‏⁵ וַיַּקְהֵל דָּוִיד אֶת־כָּל־יִשְׂרָאֵל מִן־שִׁיחוֹר מִצְרַיִם וְעַד־לְבוֹא חֲמָת לְהָבִיא‎
‏אֶת־אֲרוֹן הָאֱלֹהִים מִקִּרְיַת יְעָרִים: ⁶ וַיַּעַל דָּוִיד וְכָל־יִשְׂרָאֵל בַּעֲלָתָה אֶל־קִרְיַת יְעָרִים‎
‏אֲשֶׁר לִיהוּדָה לְהַעֲלוֹת מִשָּׁם אֵת אֲרוֹן הָאֱלֹהִים יְהוָה יוֹשֵׁב הַכְּרוּבִים אֲשֶׁר־נִקְרָא שֵׁם:‎
‏⁷ וַיַּרְכִּיבוּ אֶת־אֲרוֹן הָאֱלֹהִים עַל־עֲגָלָה חֲדָשָׁה מִבֵּית אֲבִינָדָב וְעֻזָּא וְאַחְיוֹ נֹהֲגִים בָּעֲגָלָה:‎

In V. 1 erweitert die Chronikparallele in V. 5 offensichtlich auf ganz Israel und fügt die Ortsangaben nach Jos 13,3 (שִׁיחוֹר).5 (לְבוֹא־חֲמָת) ein; V. 5b zieht aus und verknüpft mit 1Sam 6,21; 7,1.2. So schafft der Chronist eine schöne Einleitung für das folgende. In V. 6a scheint er 𝔐 zu glätten (Verallgemeinerung auf ganz Israel, Anpassung von V. 6a an 6b mittels עלה), die Formulierung setzt wieder seinen V. 1 voraus und ist sicher sekundär. So wird versucht, 2Sam 6,2 𝔐 glättend bzw. auslegend Sinn abzugewinnen. Entsprechend stellt und interpretiert Chr den etwas holprigen Vers 2Sam 6,2b um. Dort fehlt auffälligerweise das צבאות (In 1/2Chr aber ohnehin nur 1Chr 11,9; 17,7.24). Das אשר בגבעה aus 2Sam 6,3 taucht bei ihm (V. 7) nicht mehr auf, ebenso die Filiation der Brüder (wie in 2Sam 6,4) und der „neue" Wagen. Letzteres ist mit 𝔊 ursprünglich; 𝔐 hat hier wohl erweitert. 𝔊^B (= 𝔊*) liest an dieser Stelle:

2Sam 6,1–3 (𝔊^B): „¹ καὶ συνήγαγεν ἔτι Δαυιδ πάντα νεανίαν ἐξ[297] Ισραηλ ὡς[298] ἑβδομήκοντα χιλιάδας ² καὶ ἀνέστη καὶ ἐπορεύθη Δαυιδ καὶ πᾶς ὁ λαὸς ὁ μετ' αὐτοῦ

---

296 Er bietet zunächst m. E. keinen Übergang von 1Sam 7,2aα, der so „smooth" ist, wie CAMPBELL, Yahweh 39 meint.
297 Die Handschriften 55, 372, 71, 342, 610*(cprm) lesen εν (sekundär mit 𝔐). Zu den Abkürzungen vgl. BROOKE/MCLEAN, Septuagint.
298 In L und 376 fehlend, sekundär angeglichen an 𝔐.

ἀπὸ τῶν ἀρχόντων Ιουδα ἐν[299] ἀναβάσει[300] τοῦ ἀναγαγεῖν ἐκεῖθεν τὴν κιβωτὸν τοῦ θεοῦ ἐφ᾽ ἣν ἐπεκλήθη τὸ ὄνομα κυρίου τῶν δυνάμεων[301] καθημένου ἐπὶ τῶν Χερουβιν ἐπ᾽ αὐτῆς ³ καὶ ἐπεβίβασεν τὴν κιβωτὸν κυρίου ἐφ᾽[302] ἅμαξαν καινὴν καὶ ἦρεν αὐτὴν ἐξ οἴκου Αμιναδαβ τοῦ ἐν τῷ βουνῷ καὶ Οζα καὶ οἱ ἀδελφοὶ αὐτοῦ υἱοὶ Αμιναδαβ ἦγον τὴν ἅμαξαν[303].

𝕲 halt V. 1 fast wörtlich wie 𝔐, das ἐξ Ισραηλ in 𝕲 entspricht wahrscheinlich trotz der späteren Änderung (s. o.) 𝔐 (vgl. 1Chr 19,10). Ob 60000 oder 70000 junge Männer beteiligt sind, mag hier auf sich beruhen; die 70 ist freilich späterer Stilisierung verdächtiger. Bis ὁ μετ᾽ αὐτοῦ (V. 2) laufen 𝔐 und 𝕲 parallel. Im anschließenden Vers 2 hat sich dann auch 𝕲 schwergetan: zunächst scheint die Vorlage genau 𝔐 zu folgen (מִבַּעֲלֵי יְהוּדָה), doch danach folgt noch das rätselhafte ἐν ἀναβάσει (= בעלתה/בעלה[?] Vgl. 1Chr 13,6). Das ἐκεῖθεν/𝔐: משם benötigt jedenfalls einen Bezug. Hat 𝕲 aus Verlegenheit das בעלי zweifach übersetzt? Oder hat sie ein בעלה/בעלתה, gar במעלה in ihrer Vorlage gelesen, das in 𝔐 durch *Homoioteleuton* ausgefallen wäre? Man ahnt, daß hier ein Ortsname gestanden haben muß, aber welcher, muß letztlich ungeklärt bleiben. Sowohl 𝕲 als auch 1Chr 13 scheinen jedenfalls auf die Fassung von 𝔐 zurückzugehen.[304]

V. 3 hat 𝕲 die Ladebezeichnung ארון יהוה (mit 𝔐), die ursprünglichere Bezeichnung ist kaum zu klären. Der Name Achjo wird als „seine Brüder" (אֶחָיו) gelesen, 𝔐 ist wohl der Vorzug zu geben, wenngleich auch hier keine Sicherheit zu gewinnen ist.

Schließlich hat 𝕼: 2Sam 6,1–3 in 4QSamª (soweit erhalten)[305]:

2Sam 6,1–3 ² [וכול העם אשר] אתו בעלה היא קרי[ת יערים אשר] ליהו⌐ה להעלו[ת משם את ארון הא[ל]⌐ו[ה]⌐ים את אשר נ[קרא שם שם יהוה י]⌐שב הכרובי[ם עליו ³ וירכבו את ארון יהו[ה]⌐ת על עג[לה חדשה וישאו אותו][306] מבית א[בינדב אשר בנבעת קרית יערים ועזא ואחיו בני אבינדב] נהג[ים א[ת] העגלה] [--]

4QSamª hat offenbar die Glosse aus Jos 15,9 integriert und dürfte für den ursprünglichen Text ausscheiden. Die von 𝔐 abweichende Ortsangabe ist nur ergänzt

---

299 L, f, 318 und 554 fügen hier noch ein τη ein, wohl eine Erleichterung und damit sekundär.

300 Dahinter verbirgt sich wohl so etwas wie בעלה; 2Chr 32,33; Neh 12,37 steht die Formulierung für במעלה; Sir 50,11 für בעלותו (Ms B XIX *verso*, 2). 𝕲ᴸ, f, 318, 488, 554 fügen hier noch του βουνου ein; wohl von V. 3 sekundär hier eingedrungen und so etwas wie במעלה im Hintergrund vermutend.

301 L und 554ᵐᵍ haben statt τῶν δυνάμεων ein σαβαωθ; das ist sekundäre wörtliche Treue zu 𝔐.

302 A, B und V lesen επ, L ein επι (= על) Die gute Bezeugung könnte für 𝕲 sprechen..

303 O und C (vgl. 243 *sub* ※) lesen hier noch την καινην, auch hier dürfte sekundäre Angleichung an 𝔐 vorliegen.

304 Mehr wird man wohl auch zu 1Sam 6,19–7,2 nicht sagen können.

305 Cross, u. a. (Hgg.), DJD XVII, 123f.

306 𝕼 kann in V. 3 statt der suffigierten Form וישאהו aus Platzgründen wohl nur וישאו אותו gelesen haben, vgl. Hugo/Kottsieper/Steudel, Notes. Anders Cross, u. a. (Hgg.), DJD XVII, 123.

und kann keinerlei Sicherheit geben.[307] Sonst entspricht 𝕼 praktisch 𝔐 (אֵת in V. 4b
sekundär erweitert). In V. 2bβ paßt in 4QSamᵃ kein צְבָאוֹת, so jedenfalls CROSS
u. a., DJD XVII, 127. Daß die Lade gern diesen Titel an sich zieht, wußten also
auch schon die Alten – in diesem Falle 𝔐 und 𝕲.[308]

So lautet also der mutmaßlich älteste erreichbare Text von 1Sam 6,1–3:

¹ וַיֹּסֶף עוֹד דָּוִד אֶת־כָּל־בָּחוּר בְּיִשְׂרָאֵל שְׁלֹשִׁים אֶלֶף: ²וַיָּקָם וַיֵּלֶךְ דָּוִד 2Sam 6,1–3
וְכָל־הָעָם אֲשֶׁר אִתּוֹ מִבַּעֲלֵי יְהוּדָה לְהַעֲלוֹת מִשָּׁם אֵת אֲרוֹן הָאֱלֹהִים אֲשֶׁר־נִקְרָא שֵׁם שָׁם
יְהוָה ‹ › יֹשֵׁב הַכְּרֻבִים עָלָיו: ³ וַיַּרְכִּבוּ אֶת־אֲרוֹן ‹הָאֱלֹהִים/יהוה› אֶל־עֲגָלָה חֲדָשָׁה
וַיִּשָּׂאֻהוּ מִבֵּית אֲבִינָדָב אֲשֶׁר בַּגִּבְעָה וְעֻזָּא וְאַחְיוֹ בְּנֵי אֲבִינָדָב נֹהֲגִים אֶת־הָעֲגָלָה ‹ ›[309]

Im folgenden wird er etwa so fortgesetzt:

⁴ עִם אֲרוֹן הָאֱלֹהִים וְאַחְיוֹ הֹלֵךְ לִפְנֵי הָאָרוֹן: ⁵ וְדָוִד ‹וּבְנֵי›[310] יִשְׂרָאֵל 2Samuel 6,4–19
מְשַׂחֲקִים לִפְנֵי יְהוָה בְּכֹל עֲצֵי ‹וּבְשִׁירִים›[311] וּבְכִנֹּרוֹת וּבִנְבָלִים וּבְתֻפִּים וּבִמְנַעַנְעִים
וּבְצֶלְצְלִים: ⁶ וַיָּבֹאוּ עַד־גֹּרֶן ‹נָדֹן›[312] וַיִּשְׁלַח עֻזָּא ‹אֶת יָדוֹ›[313] אֶל־אֲרוֹן הָאֱלֹהִים וַיֹּאחֶז
בּוֹ כִּי שָׁמְטוּ הַבָּקָר: ⁷ וַיִּחַר־אַף יְהוָה בְּעֻזָּה וַיַּכֵּהוּ שָׁם הָאֱלֹהִים ‹עַל אֲשֶׁר שָׁלַח יָדוֹ עַל
הָאָרוֹן›[314] וַיָּמָת שָׁם ‹לִפְנֵי›[315] הָאֱלֹהִים: ⁸ וַיִּחַר לְדָוִד עַל אֲשֶׁר פָּרַץ יְהוָה פֶּרֶץ בְּעֻזָּה
וַיִּקְרָא לַמָּקוֹם הַהוּא פֶּרֶץ עֻזָּה עַד הַיּוֹם הַזֶּה: ⁹ וַיִּרָא דָוִד אֶת־יְהוָה בַּיּוֹם הַהוּא וַיֹּאמֶר
אֵיךְ יָבוֹא אֵלַי אֲרוֹן יְהוָה:[316] ¹⁰ וְלֹא־אָבָה דָוִד לְהָסִיר אֵלָיו אֶת־אֲרוֹן יְהוָה עַל־עִיר דָּוִד

---

307 Zur Frage nach dem Ort vgl. auch BLENKINSOPP, Kiriath-Jearim 150ff.

308 Vgl. auch MCCARTER, II Samuel 163. Zu V. 3bα: 𝕼: יהוה], 𝕲^{BO}, 𝕮 und 𝕯: יהוה.
    Text: 𝔐, 𝕲^L, 𝕾 und 1Chr 13,7. Beide Lesarten sind möglich.

309 Es folgt wohl eine Dittographie in 𝔐 (+חדשה וישאהו מבית אבינדב אשר בגבעה); vgl.
    CROSS u. a. (Hgg.), DJD XVII, 126. In V. 3f. des masoretischen Texts liegt offen-
    sichtlich Textverderbnis vor. Der Text oben ist lediglich ein Rekonstruktionsver-
    such.

310 Mit 𝕼: ודויד ובני] und 𝕲^(BO); Ergänzung von CROSS u. a. (Hgg.), DJD XVII, 128.
    Am Ende des vorhergehenden Verses ist in 4QSamᵃ wohl [ארון יהוה] zu lesen, ob
    ursprünglich oder (wahrscheinlicher) nicht, ist unsicher.

311 𝔐 bietet *Metathesis* von שׂ und ר; vgl. WELLHAUSEN, Text 167; und jetzt zu lesen
    mit 𝕼, vgl. CROSS u. a. (Hgg.), DJD XVII, 126.

312 Mit 𝕼. „All the variants probably go back to נדן* in early orthography. Perhaps
    vocalize *nôdān* < *nôdôn* from a root *nwd*." (CROSS u. a. [Hgg.], DJD XVII,127).

313 Evtl. „anomalous *parablepsis*" oder Haplographie (vgl. CROSS u. a. [Hgg.], DJD
    XVII, 127) in 𝔐; vgl. dagegen Ms cit 𝕼, 𝕲, 𝕮^{-Ms}, 𝕾, und 𝕯, 1Chr 13,19 und Jos Ant
    7,81. Aber vgl. auch JM § 125 be („habitual usage").

314 𝔐 (עַל הַשַּׁל) ist offensichtlich korrupt. BARTHÉLEMY hält ihn dennoch für die *lectio
    difficilior* (Critique 243–244); es ist aber wohl mit 1Chr 13,10 (und 𝕼) zu lesen (vgl.
    auch schon WELLHAUSEN, Text 168 und MCCARTER, II Samuel 165 sowie CROSS
    u. a. [Hgg.], DJD XVII, 127). Die Reste dieser längeren, aber dennoch ursprüngli-
    chen Fassung finden sich in 𝔐. 𝕲^B tilgt die beiden Wörter (*lectio facilior*); 𝕲^{LO} er-
    gänzen einfach sinngemäßes επι [τη] προπετεια.

315 𝕼, vgl. 1Chr 13,10 (*lectio brevior*); vgl. ארון האלהים V. 4.6. 𝕲 zieht beides sekundär
    zusammen.

316 𝕼 liest hier noch: [ויבא [ארון יהוה (so auch 𝕲^L). Das dürfte aber auf Dittographie
    der vorherigen Wörter zurückgehen – vielleich auch schon „Proto-Lucianic" (so

וַיַּטֵּהוּ דָוִד בֵּית עֹבֵד־אֱדֹם הַגִּתִּי: ¹¹ וַיֵּשֶׁב אֲרוֹן יְהוָה בֵּית עֹבֵד אֱדֹם הַגִּתִּי שְׁלֹשָׁה חֳדָשִׁים
וַיְבָרֶךְ יְהוָה אֶת־עֹבֵד אֱדֹם וְאֶת־כָּל־בֵּיתוֹ: ¹² וַיֻּגַּד לַמֶּלֶךְ דָּוִד לֵאמֹר בֵּרַךְ יְהוָה אֶת־בֵּית
עֹבֵד אֱדֹם וְאֶת־כָּל־אֲשֶׁר־לוֹ בַּעֲבוּר אֲרוֹן הָאֱלֹהִים וַיֵּלֶךְ דָּוִד וַיַּעַל אֶת־אֲרוֹן הָאֱלֹהִים
מִבֵּית עֹבֵד אֱדֹם עִיר דָּוִד בְּשִׂמְחָה: ¹³ וַיְהִי כִּי צָעֲדוּ נֹשְׂאֵי אֲרוֹן־יְהוָה שִׁשָּׁה צְעָדִים וַיִּזְבַּח
שׁוֹר וּמְרִיא: ¹⁴ וְדָוִד מְכַרְכֵּר בְּכָל־עֹז לִפְנֵי יְהוָה וְדָוִד חָגוּר אֵפוֹד בָּד: ¹⁵ וְדָוִד וְכָל־בֵּית
יִשְׂרָאֵל מַעֲלִים אֶת־אֲרוֹן יְהוָה בִּתְרוּעָה וּבְקוֹל שׁוֹפָר: ¹⁶ וְהָיָה אֲרוֹן יְהוָה בָּא עִיר דָּוִד
וּמִיכַל בַּת־שָׁאוּל נִשְׁקְפָה בְּעַד הַחַלּוֹן וַתֵּרֶא אֶת־הַמֶּלֶךְ דָּוִד מְפַזֵּז וּמְכַרְכֵּר לִפְנֵי יְהוָה
וַתִּבֶז לוֹ בְּלִבָּהּ: ¹⁷ וַיָּבִאוּ אֶת־אֲרוֹן יְהוָה וַיַּצִּגוּ אֹתוֹ בִּמְקוֹמוֹ בְּתוֹךְ הָאֹהֶל אֲשֶׁר נָטָה־לוֹ
דָּוִד וַיַּעַל דָּוִד עֹלוֹת לִפְנֵי יְהוָה וּשְׁלָמִים: ¹⁸ וַיְכַל דָּוִד מֵהַעֲלוֹת הָעוֹלָה וְהַשְּׁלָמִים וַיְבָרֶךְ
אֶת־הָעָם בְּשֵׁם יְהוָה צְבָאוֹת: ¹⁹ וַיְחַלֵּק לְכָל־הָעָם לְכָל־הֲמוֹן יִשְׂרָאֵל לְמֵאִישׁ וְעַד־אִשָּׁה
לְאִישׁ חַלַּת לֶחֶם אַחַת וְאֶשְׁפָּר אֶחָד וַאֲשִׁישָׁה אֶחָת וַיֵּלֶךְ כָּל־הָעָם אִישׁ לְבֵיתוֹ:³¹⁷

Die eigentliche Aktion, von der 2Sam 6 berichtet und ohne die das Kapitel nicht zu denken ist, steht in V. 12b:

²Sam 6,12b ¹²ᵇ וַיֵּלֶךְ דָּוִד וַיַּעַל אֶת־אֲרוֹן הָאֱלֹהִים מִבֵּית עֹבֵד אֱדֹם עִיר דָּוִד בְּשִׂמְחָה:

2Sam 6,12b: „¹²ᵇ Und David ging und brachte die Lade Gottes aus dem Haus Obed-Edoms in die Stadt Davids mit Freude."

Demgegenüber deutlich sekundär und kultisch aufgeladener ist die offensichtliche Wiederaufnahme dieses Sachverhalts in V. 15:

²Sam 6,15 ¹⁵ וְדָוִד וְכָל־בֵּית יִשְׂרָאֵל מַעֲלִים אֶת־אֲרוֹן יְהוָה בִּתְרוּעָה וּבְקוֹל שׁוֹפָר:

2Sam 6,15: „¹⁵ Und David und das ganze Haus Israel[318] brachten [durativer[319] Nominalsatz!] die Lade Jahwes hinauf, mit Jubel und mit Hörnerschall."

Hier ist plötzlich das „ganze Haus Israel" (כל בית ישראל) beteiligt, das „Bringen" ist als langandauernde Prozession verstanden (Nominalsatz mit *Part.*)[320], die Lade ist anders bezeichnet (vorher Lade *Gottes*, nun Lade *Jahwes*), kultischer Jubel und festliches *šôfār* erklingen.[321]

CROSS u.a. [Hgg.], DJD XVII, 127). Statt ארון יהוה paßt in 4QSamᵃ nur [הארון] (a.a.O. 128) – vielleicht ursprünglich, aber eben nur ergänzt.

317 V. 20ff. gehören bekanntlich zur sekundären Michalepisode, s.u.

318 V. 5 und 15.

319 GK § 116a („Und zwar zeigt das *Participium activi* eine Person oder Sache in der stetigen ununterbrochenen *Ausübung* einer Tätigkeit begriffen") und *m*, vgl. § 140e; JM § 121c.

320 Deswegen muß man nicht sofort eine historische Prozession dahinter vermuten, wie es pointiert BENTZEN, Use, insb. 43–45, getan hat.

321 Überschwenglich ergänzt der Chronist gleich weiter: ובחצצרות ובמצלתים משמעים בנבלים וכנרות „und mit Trompeten und mit Zimbeln, sie ließen Harfen und Leiern hören" (1Chr 15,28). Ausgehend von diesem Vers erklären sich dann auch die Auslassung von „Haus" Israel in einigen Mss und 𝔖 sowie die Einfügung von ברית in 2 Mss und 𝔙.

Das Dazwischenstehende ist offenbar sekundär eingefügt:[322] V. 13: „Und es geschah, wenn die Träger der Lade sechs Schritte gegangen [oder marschiert] waren, opferte er [d. h. David] einen Stier und ein Mastkalb."[323] V. 14 bietet schließlich den Anlaß für die Einfügung der Michalepisode V. 16.20–23[324]; er erzählt vom Tanz Davids[325] und dem Tragen des leinenen Ephods, אֵפוֹד בָּד.[326]

> Der Abschluß in V. 12 führt CAMPBELL zu der grundsätzlich richtigen Beobachtung einer „possibility of a text centering around the verses 2,3,4,6,7,12 [...] and a later expansion of that text centering around the verses 9,10,11,13,15,16,17"[327], wobei er V. 10f. für die Ersetzung eines älteren Berichts über den Transport der Lade zu Obed-Edom hält – was naturgemäß schwer beweisbar ist. Vgl. auch die Analyse von RUPPRECHT, Tempel. Auch er findet das ursprüngliche Ende in V. 12.[328]

Sind also kultischer Tanz und Opfer an dieser Stelle als Nachtrag erwiesen, ist es wahrscheinlich, daß auch die anderen Passagen, die davon berichten, dem Kapitel erst später zugewachsen sind, nämlich V. 5 (dort die Erwähnung der „Söhne Israels" und das Tanzen oder Spielen [שׂחק] Davids) und die Verse 17–19 – das „ganze Volk", das in V. 2 die Bühne betritt, muß schließlich in V. 19 wieder verschwinden, um sie wieder freizugeben für die Nathanverheißung (und später dann die Michalepisode).

---

322 Anders WILLI-PLEIN, Michal 412, die einen „Michal-Zusammenhang" in V. 1.10.(12aα?.)12b–14.16–20.21b.22–23 findet. (Zu ihrer vordeuteronomistischen „Davidshausgeschichte", zu der diese Verse gehören sollen, s. DIES., Michal 402f. Anm. 8.).

323 Vgl. zur Kombination noch 1Kön 1,19.25. Hier ist offenbar die (priesterschriftliche?) 6 + 1-Thematik eingedrungen.

324 Dazu treffend WILLI-PLEIN, Frauen 355: „Michal ist ‚Israel', Abigail ist ‚Juda', Batscheba ist ‚Jerusalem' in bezug auf die Entwicklung des Königtums in der Person Davids." Und aus der Sicht Michals: „David war nicht mehr ihr Mann." (DIES., Michal 419).

325 Vgl. dazu WRIGHT, Music 225, der richtig beobachtet, daß „four of the deity's five senses were stimulated". Selten wird auf die so angemessene Vertonung des Verses durch „Duke" (eigentlich Edward Kennedy) ELLINGTON in „A Sacred Concert" hingewiesen (1965; nach einer Konzertreise in den nahen Osten im September 1963): „David Danced before the Lord with All His Might"; die Melodie war die des 1943 für das Musical „Black, Brown and Beige" komponierten Stückes „Come Sunday" (vgl. LAWRENCE, Ellington 359–367.419.456.462).

326 Vgl. PHILLIPS, Ephod. Doch trifft die Unterscheidung zwischen dem Tragen des Ephods von Kindern und Erwachsenen (a.a.O. 486f.) kaum zu. David wird hier als Priester gezeichnet, wahrscheinlich ohne daß das zunächst anstößig wäre.

327 CAMPBELL, Samuel II, 212; vgl. ebd.

328 RUPPRECHT, Tempel 56f. Vgl. a.a.O. 51ff.97ff. den Nachweis, daß das „Ladezelt" (2Sam 6,17) ein sekundäres Bindeglied darstellt.

Ist somit das Ende der ursprünglichen Erzählung mit V. 12 erkannt, so ist natürlich noch der vordere Teil des Kapitels zu untersuchen[329]:

V. 1 bietet eine allgemeine Einleitung, die auf Vorheriges verweist (עוד). Erst in V. 2 beginnt die eigentliche Geschichte. Sie berichtet, wie David und Konsorten sich aufmachen, je nach Lesart von Baala aus oder mit Leuten von den Bürgern Judas.[330] Die Ergebnisse der textkritischen Analyse haben hier keine eindeutigen Ergebnisse liefern können, aber vielleicht kann man tatsächlich mit einem Ortsnamen „Baala" rechnen, vor allem aufgrund der Glosse 1Sam 6,19–21. Sollte sie freilich schon den korrupten Text des Verses voraussetzen, so ist gar keine sichere Entscheidung zu treffen. V. 2b, der אשר-Satz mit der Bezeichnung Jahwes als „Kerubenthroner" ist wohl insgesamt ein Nach-

---

329 Die Schwierigkeiten beginnen in V. 1: Dort ist bereits der Text umstritten: Ist das וַיֹּסֶף von der Wurzel אסף *Qal* („und er versammelte"; Textfehler oder Analogiebildung aus וַיֶּאֱסֹף) abzuleiten und mit WELLHAUSEN und vielen Nachfolgern das עוד („abermals") als mechanische Folge dieses Textfehlers zu streichen? Oder leitet man es von יסף *Hif.* ab („und er fügte noch hinzu")? M. E. ist durchaus „Versammeln" gemeint und das עוד dennoch nicht zu streichen: Das Problem ist ein künstliches und nur dann gegeben, wenn man 2Sam 6 als direkte Fortsetzung zu 1Sam 6 liest. VEIJOLA dagegen: „Sinnvoll wird das Wörtchen hingegen, wenn man es als Weiterführung des dtr. Nachtrags 2Sam 5:17–25 versteht, in dem von Davids kriegerischen Unternehmungen gegen die Philister die Rede ist. Bei der Einfügung von ‚abermals' in 6:1 könnte DtrG [für VEIJOLA der Autor, Vf.] gedacht haben, dass bei der Einholung der Lade – zumal nach ihrem Verlust in einer Philisterschlacht (1Sam 4) – eine militärische Begleitung nötig gewesen sei." Damit ist viel Richtiges gesehen.

330 Nach WELLHAUSEN „hat man nicht den Schatten eines Grundes, die Deutung von Baal Juda auf Kirjatjearim aus der Chronik herüberzunehmen." (Text 167). Eine wirkliche Erleichterung bietet keine Lösung. Das Wort könnte höchstens noch auf 2Sam 5,21 zurückweisen – vielleicht gab es zunächst nur die eine Episode und die zweite ist noch späteren Datums und nachträglich eingeschoben. Entweder hier oder in 1Sam 6 wurde jedenfalls über die Verbindung Jos 15,9, wo Baala und Kirjat Jearim identifiziert werden, der Text entsprechend interpretiert. Etwas zu leicht macht es sich DIETRICH, Samuel 265, der behauptet: „Dass er [*sc.* der Ort Kirjat-Jearim, Vf.] in 2Sam 6,2 plötzlich Baale-Jehuda heißt, muss nicht irritieren; er trug offenbar verschiedene Namen: außer den beiden genannten noch Baala (Jos 15,9; 1Chr 13,6) und Kirjat-Baal (Jos 15,60; 18,14)." Das ist harmonisierende Auslegung *par excellence* – vgl. auch GASS, Ortsnamen 397, der meint, es handele sich bei Baala um einen „Sakralort" in der Nähe von Kirjat Jearim. ZWICKEL, David 92 entscheidet sich für die „Bürger Judas" aus 𝔐.

trag, jedenfalls der Titel verrät sich durch das gedoppelte שם als sekundär.[331]

Zum folgenden: V. 3aβ und V. 4a sind in 𝔐 exakt identisch: וישאהו מבית אבינדב אשר בגבעה. Ändert man nach 𝔔, ergibt sich: „Und man hob die Lade Gottes/Jahwes auf einen neuen Wagen. und man trug sie aus dem Haus Abinadabs, das auf dem Hügel lag, hinaus. Und Ussa[332] und Achjo, die Söhne Abinadabs, führten den Wagen mit der Lade Jahwes. Achjo ging dabei vor der Lade." V. 5, der tanzende David, war oben bereits als Nachtrag erkannt.[333] So läuft der Text weiter in V. 6: Der Zug kommt zur Tenne Nôdāns (𝔔; o. Nāchôns [𝔐] o. Nôdabs [𝔊]), Ussa greift nach der Lade und hält sie fest, denn die Rinder brechen aus.[334] Jahwes Zorn entbrennt (V. 7aα)[335], Gott schlägt ihn, weil er seine Hand nach der Lade ausgestreckt hatte: Ussa muß vor dem Angesicht Gottes sterben. (V. 7b).[336] David wird die Sache offenbar zu heiß (ויחר לדוד, V. 8a)[337], weil Jahwe den Ussa geschlagen hat[338]: Er läßt die Lade in das Haus Obed-Edoms stellen (V. 10b). V. 9–10a, Jahwefurcht und zaghafte Frage nach der „Lade Jahwes" sowie der Entschluß, noch ein wenig zu warten, machen David wieder etwas heiliger als nötig und verbinden möglicherweise mit 1Sam 6 (vgl. 1Sam 6,20!). Auch paßt die wörtliche Rede schlecht zum Charakter des Berichts.[339] V. 11b–12 erzählen dann davon, wie Jahwe das Haus Obed-Edoms segnet und David die Lade von dort holen kann.

---

331 So erweisen sich sowohl der Titel in 1Sam 4,4 als auch 2Sam 6,2b als sekundär. Da hier die Lade so wichtig ist, stellt sich die Frage, ob die Verfasser bereits die Keruben auf der *kapporæt* vor Augen haben, wenn sie vom „Kerubenthroner" sprechen.

332 Die unterschiedlichen Schreibungen des Namens (𝔐: *'Uzzāh* V. 7aα.8a.b *versus* *'Uzzā'* V. 3.6) und die Frage, wo ggf. welche Form einmal ursprünglich stand, lassen sich kaum mehr sicher aufklären (vgl. die unterschiedlichen Mss und 𝔔), – auch wenn die jetzige Verteilung für die o. a. Literarkritik sprechen mag.

333 Zum Text dieses Verses vgl. Soggin, Wacholderholz.

334 Die Übersetzung ist nicht ganz klar, dafür aber der Sachverhalt.

335 V. 7aα ist aufgrund des Wechsels der Gottesbezeichnung und des begründenden bzw. auf Jahwe zurückführenden Charakters vermutlich sekundär.

336 Es ist nach 1Chr 13,10 zu lesen: „und er schlug ihn, weil er seine Hand nach der Lade ausgestreckt hatte" (ויכהו על אשר־שלח ידו על הארון), s. o.

337 V. 8b ist ein ätiologischer Nachtrag, der den Geschehensverlauf empfindlich stört.

338 Auch hier liegt ein Zusatz vor, möglicherweise schon verbunden mit V. 8b: Jahwe, nicht die Gotteslade zerreißt (פֶּרֶץ / פָּרַץ) Ussa.

339 In V. 11a ist möglicherweise mit der Chronikparallele 1Chr 13,14 (ה)ארון (ה)אלהים zu lesen, dann wäre er zur Grunderzählung gehörig. Aber der Halbvers ist für die Geschichte kaum notwendig – der Segen soll sich hier erst einmal drei Monate lang „entfalten".

Diese kleine Erzählung (V. 2 [*txt. em.*].3f [*txt. em.*].6.7aβb.10b.11b–12; evtl. schon mit V. 7aα?) dürfte am Anfang der Entstehungsgeschichte des Kapitels stehen.[340]

In ihr sind die verheerenden Wirkungen der Lade angedeutet, die in 1Sam 5 dann wiederum entfaltet werden können. Die Erzählung ihrerseits bezieht sich eindeutig auf 1Sam 4 zurück: In der (wohl späteren) Terminologie von 1Sam 4,19–21 kommt nun der *kābôd* Jahwes an seinem Ziel an.

Eine absolute Datierung ist schwer möglich. ZWICKEL gibt als Hinweis, daß das Haus eines Gatiters, also doch wohl eines Philisters, gesegnet wird und daraus hervorgehe, daß allein das Verhalten der Lade gegenüber auch für einen Ausländer entscheidend für dessen Segen (Obed-Edom) oder auch Fluch (Ussa) sein kann.[341] Einen kleinen Hinweis gibt die Gottesfurcht (V. 9), die häufig in deuteronomistischen Texten begegnet; ebenso die שמחה.[342] Aber diese Begriffe sind wenig spezifisch. So ist letztlich 2Sam 6 im Grundtext nur ein einfacher Übergang gewesen, wie er sich in V. 2 ankündigt. Daß er zwischen 2Sam 5,25 und 2Sam 8,1 steht, zeigt, daß er nachdeuteronomistisch sein muß, vielleicht sind auch 2Sam 5,17–25 schon als spätdeuteronomistisch zu beurteilen. Hier wird an die ältere Ladeerzählung von 1Sam 4 angeschlossen oder gar ein Übergang zum Einstellen der Lade in den Tempel (1Kön 8) konstruiert: David hat das Philistergebiet erobert (2Sam 5) und kann die Lade nach Jerusalem holen. Daß ein Gatiter vorkommt, ist möglicherweise eine Reminiszenz an 1Sam 4–6; bei Ussa denkt man natürlich sofort an Gaza. Sichere Aussagen sind hier indes kaum möglich. Doch ergibt sich aus der relativen Datierung ein weiterer Hinweis. Die Ladeeinholung ist überflüssig, wenn sie nicht in einem größeren Zusammenhang steht, denn sonst wüßte man (ohne irgendeine Einführung – der Leser muß bereits wissen, welche Bedeutung die Lade hat bzw. haben wird!) auch kaum, was die Aktion bewirken soll. Das ergibt sich aber von 1Kön 8 und 1Sam 4 her: Die Lade ist das Zeichen der Gegenwart Jahwes. Rückblickend wirft dies wiederum ein Licht auf David, das ihn, wie später in der Chronik noch expliziter, bereits zum Kultgründer machen will. Es handelt sich um einen Versuch, die Frage zu klären, warum nicht schon David den Tempel erbaut hat, sondern erst Salomo (also das Thema von 2Sam 7!). Alle nötigen Voraussetzungen hat David bereits getroffen, und Salomo baut nach 2Sam 6 und 1Kön 8 nur noch ein Haus für die – von David eingeholte – Lade! Das ist historisch sicherlich unzutreffend (s. u. Kap. 5.6.), läßt aber ahnen, was hier im Hintergrund stehen könnte. So ist die Erzählung nicht Geschichtser-

---

340 Jedoch wohl nicht unter Benutzung einer Tradition über Ussa (etwa in V. 3.6.7aβb). Das vermutet ZWICKEL, Gestalt 99ff. Sie würde auch kaum auf davidische Zeit zurückgehen (so aber DERS., David 94). Daß sie zunächst nur um V. 2 als „davidkritische" Anekdote existiert haben soll, ist m. E. sehr unwahrscheinlich und kaum beweisbar. Ohne die Fortsetzung bis V. 12 hat die Geschichte nicht existiert.

341 Gestalt 103f.

342 Vgl. ZWICKEL, a. a. O. 104.

zählung im eigentlichen Sinne. Wahrscheinlich ist 2Sam 6* also ein Stück narrativer Theologie, das sich um den Tempelbau dreht und David heilig sprechen möchte.[343] Die enge Beziehung zwischen 2Sam 6 und 7, vielleicht noch nicht einmal 2Sam 6,17 voraussetzend, ist die zweier Seiten ein und derselben Medaille. Was 2Sam 6 in Form der Erzählung transportiert, expliziert ihrerseits die Nathanweissagung in Kapitel 7.

Die ursprüngliche Erzählung wurde erweitert in V. 5.13f.17–19 um Zusätze, die aus dem Heraufholen der Lade eine kultische Prozession machen. All diese Erweiterungen sind eilends auf dem Weg zur Chronik und der chronistischen Theologie und ihrer Kultusvorstellung. Dementsprechend setzt die Auslegung der Chronik dann ja auch genau an dieser Stelle an. Der hier erwähnte „Tanz" Davids (√שחק *Pi.* bzw. √כרר *Pilp.*) und sein priesterlicher leinener Ephod bieten wiederum den Anlaß für die Michalepisode V. 16.20ff., die sich auf V. 14 zurückbezieht.

Betrachtung der Übergänge innerhalb der Komposition der Samuelbücher

Sind so in aller Kürze die wichtigsten literarischen Fragen innerhalb von 2Sam 6–7 angeschnitten worden, ist nun nach dem Anschluß dieser Kapitel an den Kontext zu suchen.

Zunächst 2Sam 6: Warum steht dieses Kapitel an seiner heutigen Stelle? Eine Frage, die man auch beantworten muß, wenn man die Ladeerzählung für eine ehemals selbständige durchlaufende Quelle hält. Zunächst der Anschluß nach vorn: Kapitel 5 berichtet in V. 6–10 von der Einnahme Jerusalems; sei sie kampflos oder im Kampfe geschehen – die entscheidenden Verse sind leider undurchsichtig, insbesondere der Verweis auf die „Blinden und Lahmen" bleibt trotz Lev 21,18 ein Rätsel, das übrigens THENIUS in seinem Kommentar so löst: „Enthält offenbar einen Witz, den David im Anschluß an den Bescheid der Jebusiter v. 6 macht. Der ursprüngliche Text und damit die Pointe ist für uns unwiderbringlich [sic] verloren. LXX versagt."[344] Es fragt sich freilich, wie man einen Witz ohne Pointe als solchen erkennt.

Klar ist, daß gemäß V. 9 (vermutlich der Fortsetzung zu V. 6a [ohne „Bewohner des Landes"]) die Davidsstadt, wie der anachronistische Name ja unschwer erahnen läßt, schließlich im Besitz Davids ist. Es folgen Ergänzungen in V. 10.11–12 (Bautätigkeit Davids) und V. 13–16

---

343 Vgl. KRATZ, Komposition 187.189.190.
344 THENIUS, Bücher Samuels 136.

(die Auflistung der Frauen und Kinder Davids), die letzten möglicherweise mit A. FISCHER bereits spätdeuteronomistisch zu bestimmen.[345] Die Verse 17–25 schließlich hat VEIJOLA als dtr Nachtrag erkannt.[346] V. 17–21 und 22–25 bieten zwei Siege Davids gegen die Philister, einen bei Baal-Perazim, einen bei den „Bakabäumen"; letzterer ist deutlich als Jahwekrieg stilisiert. Das Resümee der beiden Berichte steht in V. 25b: „Und er schlug die Philister von Geba (𝕲: Gibeon) an, bis man nach Geser kommt.

O. EISSFELDT: „5, 17–25 [...] bieten zwei aufeinander folgende Erzählungen dar, die durch den Anfang von v. 17 mit dem Vorhergehenden verklammert sind und allem Anschein nach mit ihrem Schluß (v. 25) das folgende (Kap. 6) vorbereiten; die Zurückwerfung der Philister bis Gerar hin macht [...] den Aufenthaltsort der Lade [...] von der philistäischen Herrschaft frei und ermöglicht so ihre Einholung nach Jerusalem."[347] Das dürfte das entscheidende Faktum dafür sein, daß die Erzählung von der Einholung der Lade nach Jerusalem sich genau hier, nach dem vorausgesetzten Abschnitt V. 17–21 (bzw. 25), befindet und nirgendwo anders.[348]

Es folgt das berühmte und früher wie heute oftmals bearbeitete Kapitel 2Sam 7, die Nathanweissagung. Die Lade – nach der Vorstellung der Priesterschrift – ist darin vorausgesetzt (V. 2), vielleicht auch schon die Ergänzung des Zeltes 2Sam 6,17. Bereits die Grundschicht, – wie LEVIN einleuchtend gezeigt hat, in den Versen 1–3 zu finden, – gehört „der Sache nach zu der Ladeerzählung"[349]. „Nachdem die Lade an das Ziel ihrer Wanderung gekommen ist, wird an dieser Stelle die Rückverwandlung des Zelts in das Zedernhaus eingeleitet."[350]

Nun hat Sigmund MOWINCKEL einmal behauptet, 2Sam 7 gebe, zitiert sei W. DIETRICH aus seinem Forschungsüberblick, „auf die Frage ‚Warum hat nicht schon David den Tempel gebaut?' die ebenso einfa-

---

345 KRATZ, Komposition 186f.; vgl. FISCHER, Hebron 257ff., vgl. 333.342.

346 VEIJOLA, Dynastie 102–105; vgl. DERS., Königtum 78.

347 EISSFELDT, Komposition 30f., freilich mit Bezug auf Kirjat Jearim.

348 So erklärt sich auch das bereits erwähnte עוֹד „abermals" in 2Sam 6,1. Vgl. zur Sache VEIJOLA, Dynastie 101. FISCHER, Hebron 264f. hält V. 21 („David-Redaktion") für den ursprünglichen Übergang zur Ladegeschichte 2Sam 6, die er als Fortschreibung zu 1Sam 4–6 betrachtet (a.a.O. 265). Vgl. zur Literarkritik von 2Sam 5 auch ADAM, Saul 41f., der ebenfalls zwischen 2Sam 5,17–21 und V. 22–25 scheidet, wobei V. 22–25 die letzte Erweiterung des Kapitels darstellen.

349 LEVIN, Verheißung 252. Die älteste Tradition findet auch HENTSCHEL (2 Samuel 29) in V. 1a.2f, datiert sie freilich (anhand der Tell-Dan-Inschrift) in die Davidzeit.

350 Ebd. Vgl. auch KRATZ, Komposition 187.

che wie unwiderlegliche Antwort: ‚Weil Gott es so wollte'."[351] Und in
der Tat dreht sich in diesem Kapitel manches um diese Frage. Er wollte
ja (V. 2)! Und ähnliches leistet 2Sam 6 in diesem Zusammenhang auch:
David baut zwar nicht den Tempel, aber er kann sich der Anwesenheit
Jahwes im Zeichen der Lade sicher sein. Nur so kann ja auch der Kult
in Jerusalem legitim sein, solange es noch keinen Tempel gibt – ganz
so, wie es noch deutlicher in der Chronik zu lesen ist. Insofern kann
auch von einer Abfassung der Texte *ad majorem gloriam regis* gesprochen werden.

Im Zusammenhang folgt dann 2Sam 7 setzt also zumindest sachlich bereits 2Sam 6 voraus (s. auch
unten den Exkurs nach Kap. 5.4.), und so ist das Urteil WELLHAUSENS:
„Das 7. Kapitel ist abhängig von Kap. 6 und ziemlich jungen Datums"[352] wohl für die Jetztgestalt zu bestätigen. Das Kapitel befindet
sich „auf dem Weg zum Davidbild der Chronik"[353], das dort freilich
noch einmal neu gefaßt wird.

Im Zusammenhang folgt dann 2Sam 8,1: „Und es geschah danach,
da schlug David die Philister und demütigte sie. Und David nahm die
Zügel der Herrschaft" – oder wie immer man übersetzen will – „aus
der Hand der Philister." Es folgt die Aufzählung der Kriege und Be-
amten Davids.[354] Dieser Vers entspricht *de facto* genau dem, was in
2Sam 5,(21.) 25 gesagt worden war: Die Philister sind besiegt. Über ויהי
אחרי־כן ist der Vers locker mit dem Vorhergehenden verknüpft:[355] Er

---

351 DIETRICH / NAUMANN, Samuelbücher 144. Das Zitat bezieht sich auf MOWINCKELS
   Aufsatz „Natanforjettelsen 2 Sam Kap 7" in SEÅ 12, 1947, 220–229.
352 WELLHAUSEN, Composition 254.
353 KRATZ, Komposition 187.
354 In den Versen 2ff.; späterhin ausgeschmückt bis hin zu den „goldenen, silbernen
   und bronzenen Geräten" (V. 10) und den „goldenen Pfeil- und Bogenköchern" (so
   ist in V. 7 שלט zu übersetzen, vgl. dazu ausführlich BORGER, Bogenköcher, insb.
   [19]–[37] und DERS., Johannisbrot. Trotz des energischen Einspruchs BORGERS –
   erstmals bereits 1972 [vgl. DERS., Waffenträger] und dann 1977 [vgl. DERS., Hiob] –
   wird an den entsprechenden Stellen oft noch immer mit „Schilde" übersetzt; vgl.
   dagegen auch *Akk. š/saltu* und *Griech.* γωρῡτός und LSJ Suppl. *s.v.* [„bow-case";
   besser wäre „bow-and-arrow-case"]. Die neue Zürcher Bibel von 2007 ist eine der
   wenigen Bibelausgaben, die BORGERs Vorschlag übernommen hat, doch bedauerlicherweise nicht konsequent, vgl. 2Kön 11,10 [„Schilde"] par. 2Chr 23,9 [„Rund-
   schilde"] und Ez 27,11 [„Schilde"] gegen „Köcher" in 2Sam 8,7 par. 1Chr 18,7; Jer
   51,11 und Hhld 4,4).
355 A. ALT hat versucht, aus 2Sam 5,25 und 2Sam 8,1 einen durchgehenden Vers zu rekonstruieren, doch hat die Lösung wenig Wahrscheinlichkeit für sich. – Man hätte
   für den ganzen Abschnitt genauso gut WELLHAUSEN zitieren können: „Kap. 6 und
   7, die an die Einrichtung der Residenz zu Jerusalem und an den Bau des Cedernpa-
   lastes anknüpfen, sind gleichfalls supplirt. Dies wird dadurch bestätigt, dass in 8,1

bietet die präzise Wiederaufnahme von 2Sam 5,25 und erweist sich somit als direkte Fortsetzung der Ladegeschichte und der Nathanweissagung.

Exkurs: Die Nathanweissagung (2. Samuel 7)

Die Nathanweissagung – genauer gesagt: ihr Beginn – spielt eine gewichtige Rolle im Zusammenhang mit der Ladegeschichte. „Die Szene [...] gehört der Sache nach zu der Ladeerzählung, die in 2 Sam 6 zum Abschluß kommt. An deren Ende wird hiermit auf den bevorstehenden Tempelbau verwiesen."[356]

2Sam 7,1–3 ² וַיֹּאמֶר ¹ וַיְהִי כִּי־יָשַׁב הַמֶּלֶךְ בְּבֵיתוֹ וַיהוָה הֵנִיחַ־לוֹ מִסָּבִיב מִכָּל־אֹיְבָיו:
הַמֶּלֶךְ אֶל־נָתָן הַנָּבִיא רְאֵה נָא אָנֹכִי יוֹשֵׁב בְּבֵית אֲרָזִים וַאֲרוֹן הָאֱלֹהִים יֹשֵׁב בְּתוֹךְ
הַיְרִיעָה: ³ וַיֹּאמֶר נָתָן אֶל־הַמֶּלֶךְ כֹּל אֲשֶׁר בִּלְבָבְךָ לֵךְ עֲשֵׂה כִּי יְהוָה עִמָּךְ:

2Sam 7,1–3: „¹Und es geschah, als der König in seinem Haus saß, und Jahwe ihm Ruhe verschafft hatte ringsumher vor all seinen Feinden, ²da sagte der König zum Propheten Nathan: ,Sieh doch, ich wohne in einem Zedernhaus, aber die Lade Gottes wohnt inmitten der Zeltdecke!' ³Und Nathan sagte zum König: ,Alles, was in deinem Herzen ist: Wohlan! Tu es! Denn Jahwe ist mit dir!'"

An dieser Stelle, nachdem „die Lade an das Ziel ihrer Wanderung gelangt ist", geschieht nicht weniger, als daß „die Rückverwandlung des Zelts in das Zedernhaus eingeleitet"[357] wird – sprich: die Rückverwandlung des sinaitischen Wüstenheiligtums der Priesterschrift in den Salomonischen Tempel. Der König sitzt in seinem Haus (vgl. 2Sam 5,11), nachdem ihm Jahwe Ruhe vor den Feinden verschafft hat.[358] Er schildert dem Propheten Nathan sein Problem, der Gegensatz zwischen seinem Zedernhaus (vgl. wieder 2Sam 5,11: אֲרָזִים) und „der Zeltdecke" (הַיְרִיעָה; *hayeriʿāh: stat. determ.*!) für Jahwe. Die Formulierung mit *yāšab beTôk* ist die von P^G (Ex 25,8; 29,45f.); die Determination setzt wohl Ex 26*[359] voraus; die Lade hingegen wohl schon erste P^S-Erweiterungen (Ex 25,10ff.).

Auf eine ähnliche Spur hatte bereits das Ende des ursprünglichen Berichts von der Verbringung der Lade in den Salomonischen Tempel geführt, der den dortigen Abschluß in Ex 40,(33b.)34(f.) mit dem Tempel Salomos (1Kön 8,10f.) parallelisiert. Die „Rückverwandlung", hier in 2Sam 7 eingeleitet, kommt dort also zum

---

da fortgefahren wird, wo in 5,25 aufgehört ist." (Composition 254). Vgl. außerdem KRATZ, Komposition 187.189.190.

356 LEVIN, Verheißung 252. Vgl. a.a.O. 250–255; zum folgenden insb. 252f. Die Literarkritik lehnt sich eng daran an, was an ihrem Ansatz, dem Widerspruch zwischen V. 3 und 5, liegt, der einer Erklärung bedarf.

357 Beide Zitate: LEVIN, Verheißung 252.

358 Über V. 1b sind Dtn 12,10; 25,19; Jos 21,44; 23,1 im Blick. In dieser Fluchtlinie steht die Verheißung: Zentralisation, Landeroberung, Heiligtum.

359 Vgl. die Ausführung in Ex 36.

Ziel. Entsprechend ist die Verbindung zum Tempelbau (die Frage nach einem Haus für die Lade, Zedern als Baumaterial, *etc.*) gegeben.

Eine erste Erweiterung in V. 4–5.6 bleibt im Rahmen dieser Bezüge. Dabei bezieht sich V. 6 wieder auf P zurück.[360] V. 7 kehrt, nachdem er „die Zeit zwischen der Landnahme und Davids Königtum überbrückt"[361] hat, wiederum zu V. 2(f.) zurück (בית ארזים; ebenso wie die nächste Fortschreibung in V. 8–9a [Wiederaufnahme von V. 3: אהיה עמך/יהוה עמך]). Ein weiterer Fortschreibungsschub läuft bis V. 11a, ebenfalls durch Wiederaufnahme, diesmal von V.1 (יהוה הניח־לו מסביב מכל איביו/הניחתי לך מכל איביך) gekennzeichnet. Die eigentliche Dynastieverheißung beginnt dann in V. 12; das Gebet Davids V. 18ff. bezieht sich nur auf die Dynastiefrage V. 4ff. und ist daher nicht für die Bestimmung eines Grundbestands heranzuziehen.[362]

Zum Verhältnis von 1Sam 4–6 und 2Sam 6

Abschließend ist noch zu klären, wie sich die einzelnen Entstehungsphasen der Kapitel der „Ladeerzählung", also 1Sam 4–6 und 2Sam 6 zueinander verhalten.

1Sam 4,1–18*, die Erzählung von einer Niederlage gegen die Philister mit einem Verlust einer Lade und dem Tod Elis und seiner Söhne steht sicherlich am Anfang der Entwicklung. Bereits die Funktion der Lade als Kriegsgerät spricht dagegen, sie bereits mit dem numinosen Kultgegenstand von 2Sam 6* zu identifizieren, der von König David nach Jerusalem gebracht wird.

2Sam 6 setzt seinerseits vermutlich voraus, daß die Lade an den Feind verlorengegangen ist und sich auf philistäischem Gebiet befindet. Eine Rückgabe an die Israeliten, wie sie 1Sam 6,1–18* berichtet,

---

360 Vgl. die Formulierung mit בני ישראל (die nächsten Parallelen zur Exodusformel: Ri 6,8 (abh. von 1Sam 10,18); vgl. noch Ex 17,3; Num 20,5; 21,5; Ri 2,1; 6,13 (ähnlich 19,30); 1Sam 8,8; 2Chr 1,17; alle frühestens spätdeuteronomistisch), משכן (Ex 25,9; 26 *passim* usf.; in Dtn–Kön außer Jos 22,19.29 [nach-P!] sonst nie); אהל Ex 26 *passim* usf. und natürlich 2Sam 6,17).

361 Levin, Verheißung 253.

362 Vgl. richtig Levin, Verheißung 251, gegen Rost, Überlieferung 159–183 (daran anschließend auch Noth, ÜSt 64; Hertzberg, Samuelbücher 232); vgl. zu Rost schon Veijola, Dynastie 69f. Rost rechnet sogar mit einem weggebrochenen Stück nach 2Sam 7,1–4a; er gibt schließlich selbst zu, daß der Werdegang „recht verwickelte Vorgänge" (Rost, a.a.O. 182) voraussetzt. Um so erstaunlicher ist es, daß die Analyse so viel Anklang gefunden hat, denn: „Was berechtigt zu dem Ausgang von dem Gebet Davids, das doch aller Wahrscheinlichkeit nach kaum älter sein wird als die Weissagung selbst?" (Veijola, Dynastie 69). Gegen Herrmanns Herleitung aus der ägyptischen Königsnovelle (Herrmann, Königsnovelle 133–144) vgl. schon Kutsch, Dynastie 137–153, insb. 152.

dürfte hier also noch nicht im Blick sein. Dafür spricht auch, daß der späte Zusatz 1Sam 6,19–7,1 offenbar nicht zuletzt um des Ortswechsels willen entstanden ist. Auch die Begebenheiten von 1Sam 5,1–12*, die Reise durch die Philisterstädte, mögen schon im Auge sein (vgl. etwa die Ladebezeichnung und die Wirkungen der Lade). Sie werden zwar nicht explizit aufgegriffen, doch ist die Bedeutung der Lade offensichtlich gewachsen, und zwar in dem Sinne, wie sie sich in 1Sam 4,19ff., vielleicht auch schon in 1Sam 5,1–12* bzw. 1Sam 4,3–9 zeigt: als Werkzeug, das die Plagen gegen die Philister bewirkt und darin die Macht des „Gottes Israels" (1Sam 5,7.8.10.11), Jahwe (vgl. 1Sam 4,[3.4.5.]6, 1Sam 5,6.9), erweist, den sie repräsentiert. Diese Abschnitte waren als frühestens spätdeuteronomistisch bestimmt worden (vgl. o. Kap. 5.2.2.–5.2.3.), was zu den Hinweisen, die die älteste Erzählung in 2Sam 6 ergeben hatten, aber auch zu ihren Anschlüssen gut paßt: Spätdeuteronomistische Redaktoren – ob vor- oder nachpriestergrundschriftlich, braucht hier nicht entschieden zu werden – zeichnen für die Einholung nach Jerusalem verantwortlich. Das würde auch mit dem Davidbild der Erzählung harmonieren, das sich durchaus in das etwa von VEIJOLA und anderen gezeichnete davidfreundliche Bild der späten Deuteronomisten einfügt. Eine Vollständigkeit im Blick auf den Sieg über die Philister mag hier einen letzten Ausschlag gegeben haben, doch ist der militärische Erfolg zugleich in das religiöse Gewand gekleidet. So wird aus dem vorbildlich kriegerisch erfolgreichen zugleich der vorbildlich fromme Herrscher Israels.

Die Ladeeinholung ihrerseits ist dann die unabdingbare Voraussetzung für ihre Verbringung in den Salomonischen Tempel: Ein solch heiliges, vom Vater David in Sicherheit gebrachtes, die Anwesenheit Jahwes verkörperndes Kultgerät durfte nirgends anders stehen als im Haus Jahwes, dem Tempel (s. dazu u. Kap. 9.).

5.5. 2. Samuel 11,11

Manchen gilt der Vers 2Sam 11,11 als der „entscheidende Beleg für den Brauch, die Bundeslade zum Schlachtfeld mitzunehmen"[363]:

2Sam 11,10–12 ¹⁰ וַיַּגִּדוּ לְדָוִד לֵאמֹר לֹא־יָרַד אוּרִיָּה אֶל־בֵּיתוֹ וַיֹּאמֶר דָּוִד אֶל־אוּרִיָּה הֲלוֹא מִדֶּרֶךְ אַתָּה בָא מַדּוּעַ לֹא־יָרַדְתָּ אֶל־בֵּיתֶךָ: ¹¹ וַיֹּאמֶר אוּרִיָּה אֶל־דָּוִד הָאָרוֹן וְיִשְׂרָאֵל וִיהוּדָה יֹשְׁבִים בַּסֻּכּוֹת וַאדֹנִי יוֹאָב וְעַבְדֵי אֲדֹנִי עַל־פְּנֵי הַשָּׂדֶה חֹנִים וַאֲנִי אָבוֹא אֶל־בֵּיתִי לֶאֱכֹל וְלִשְׁתּוֹת וְלִשְׁכַּב עִם־אִשְׁתִּי חַיֶּךָ וְחֵי נַפְשֶׁךָ אִם־אֶעֱשֶׂה אֶת־הַדָּבָר הַזֶּה: ¹²

---

363 SEELIGMANN, Untersuchungen 428 Anm. 19.

וַיֹּאמֶר דָּוִד אֶל־אוּרִיָּה שֵׁב בָּזֶה גַּם־הַיּוֹם וּמָחָר אֲשַׁלְּחֶךָּ וַיֵּשֶׁב אוּרִיָּה בִירוּשָׁלַיִם בַּיּוֹם
הַהוּא [13?] וּמִמָּחֳרָת:

2Sam 11,10–12: „¹⁰Da teilten sie David folgendermaßen mit: Uria ist nicht in
sein Haus hinabgegangen. Da sagte David zu Uria: Kommst du nicht von einer Reise? Warum bist du nicht in dein Haus hinabgegangen? ¹¹Da sagte Uria
zu David: Die Lade und Israel und Juda wohnen in den Hütten, und mein
Herr Joab und die Knechte meines Herrn lagern auf dem Felde – da soll ich in
mein Haus (hinein)gehen, um zu essen und zu trinken und mit meiner Frau zu
schlafen? Bei deinem Leben und beim Leben deiner Seele: Diese Sache tue ich
nicht! ¹²Da sagte David zu Uria: Bleib heute noch hier, morgen aber werde ich
dich senden. Da blieb Uria in Jerusalem an jenem Tage [13?] und am Folge-
tag.“³⁶⁴

In der Tat steht diese Absicht wahrscheinlich nicht zuletzt im Hintergrund der Erwähnung der Lade in der David-Batseba-Geschichte.³⁶⁵
Doch dürfte ihre Einfügung wie die ihres Kontexts in den Versen 10b–
12 erst auf das Konto einer späteren Redaktion gehen.³⁶⁶ Es kann hingegen nicht angehen, ohne jedes ersichtliche Zeichen eines literarischen
Bruchs eine Einfügung von Text in V. 11a zu behaupten³⁶⁷. Vielmehr
gehören V. 10b–12 unlöslich zusammen. und schieben sich zwischen
V.10a und V. 13³⁶⁸. Den Nachweis der Zusammengehörigkeit von V.
10b–12 hat detailliert und überzeugend RUDNIG geführt.³⁶⁹

Ein erster Hinweis darauf ist in der Tatsache zu erblicken, daß in
den sonstigen Kriegsberichten im 2. Samuelbuch die Lade *nicht* mitgeführt wird.³⁷⁰ Das wäre bei regelmäßiger Mitnahme eigentlich zu er-
warten.³⁷¹ Ein weiterer Grund wiegt schwerer: Das positive Bild Davids, das die Deuteronomisten zeichnen, ist immer mit dem Makel רק

---

364 Übersetzung von RUDNIG, Thron 366f.

365 So FISCHER, David 54f.; vielleicht eine *Nuance* zu ablehnend dazu RUDNIG, Thron
66. Ohne Gedanken an heilige Kriegstheorie und -theologie kann die Lade hier
nicht verstanden werden. Eine Anspielung auf Kriegsaskese (so u.a. WÜRTHWEIN,
Erzählung 43) „läßt sich [...] nicht am Text belegen“ (SEILER, Geschichte 246; vgl.
FISCHER, David 53).

366 Vgl. FISCHER, David 52–56 (vgl. DERS., Hebron 306: „dtr“); RUDNIG, Thron 64–67
(in seiner Terminologie gehören V. 10b–12 zur ersten „Theodizee-Bearbeitung“,
„T1“; vgl. a.a.O. 67.347–362).

367 So u.a. BUDDE, Samuel 252; KITTEL, HSAT z.St. Auch FISCHER, David 53 erklärt
V. 11aα zur Glosse.

368 Evtl. ist mit S^A und 𝕮^115 das וממחרת an den Beginn von V. 13 zu ziehen, vgl.
WELLHAUSEN, Text 182; SEILER, Geschichte 245f.; anders RUDNIG, Thron 64 mit
Anm. 143.

369 RUDNIG, Thron 64–67.

370 Vgl. FISCHER, David 53.

371 Zu 2Sam 15 s.u. Kap. 5.6.

בדבר אוריה החתי „außer der Sache mit Uria, dem Hethiter" verse-hen.[372] Bekanntlich erwähnt die Chronik die Geschichte mit keinem Wort.[373] Das spricht dafür, daß die ursprüngliche Erzählung – in die-sem Punkt! – David gegenüber neutral bis kritisch gegenüberstand, vgl. natürlich vor allem V. 13f.16f. Die Verse 10b–12 jedoch lesen sich ganz anders: Hier „bemüht sich David ernstlich, die Sache zu regeln, ohne daß Uria sterben muß"[374]. So soll David wieder ins rechte Licht gerückt werden. Der Inhalt der Verse spielt im Kontext keine Rolle mehr; auch ihr Sprachgebrauch erweist sich als spät.[375]

So ist als Ergebnis festzuhalten, daß auch diese Erwähnung der La-de erst nachträglich geschah. Sie setzt ein negatives Davidbild voraus und möchte ihn entschuldigen, spielt möglicherweise schon auf die Nathanweissagung in 2Sam 7,1–3 an und macht die militärische Aktion zu einem Heiligen Krieg.[376]

5.6. 2. Samuel 15,24–29 (und 1. Könige 2,26)

„Spuren späterer Bearbeitungen werden häufig in der Szene gesehen, in der David die Priester Zadok und Abjatar samt der Lade nach Jerusa-lem zurückschickt und als Geheimagenten instruiert ([2Sam]15,24–29)."[377] Nur ein Blick auf den Text kann diese „Spuren" bestätigen oder falsifizieren.

Durch die Einleitung והנה „und siehe" und das folgende גם „auch" ist V. 24 deutlich von V. 23 abgegrenzt und als Neueinsatz gekenn-

---

372 1Kön 15,5, vgl. selbst noch CD V, 2ff.

373 Wie sie ja „jede Rangelei und Peinlichkeit um die Nachfolge Davids (II Sam 11,2–12,25; 13–20; I Reg 1f)" (KRATZ, Komposition 42f.) ausläßt. Daß der ältere Erzähl-zusammenhang das Königtum so darstellt, „wie es ist", hat KRATZ a.a.O. 179–182 gezeigt (Zitat 182). 𝕲 läßt den entsprechenden Passus in 1Kön 15,5 bekanntlich einfach aus (vgl. dazu auch TURKANIK, Kings 157).

374 RUDNIG, Thron 67. Klingt in den Versen nicht der Beginn der Dynastieverheißung 2Sam 7,1ff. an? – Sollte sie bereits vorliegen, bedeutete das für V. 10b–12 eine ent-sprechende zeitliche Ansetzung – RUDNIGS „Theodizee-Bearbeitung" „T1" ist im ausgehenden vierten, eher dritten Jh. anzusetzen (Thron 362). Doch vgl. anderer-seits KRATZ, Komposition 187, der 2Sam 7 für noch unbekannt hält.

375 Als Beispiel sei die Wendung ישב בסכה erwähnt: Lev 23,42.43; Neh 8,14. 17 (Laubhüttenfest!), Hi 38,40 (*Sing.*); vgl. RUDNIG, Thron 66.

376 Vgl. auch 1Sam 14,14f.17f.20bβ.23 und dazu o. Kap. 5.3., außerdem FISCHER, Da-vid 53. A.a.O 59 auch der wichtige Hinweis, daß auch der Grundbestand kaum ei-ner „Geschichtsschreibung" aus dem 10. Jh. v. Chr. zugehören dürfte. Er spricht treffend von „Geschichtserzählung".

377 NAUMANN in DIETRICH / NAUMANN, Samuelbücher 276, vgl. 276f.

zeichnet. Priester und Leviten waren bis hier nicht aufgetaucht, insbesondere Leviten fanden sich bisher in den Samuelbüchern nur in dem späten Zusatz 1Sam 6,15 (als Ladeträger gemäß Dtn 10,8f.)[378]. Die Priester stellen die Lade ab, – Abjatar opfert (?, jedenfalls nach 𝔐[379]) – bis alles Volk vorübergezogen ist.[380] V. 25f. befiehlt „der König" Zadok, die Lade in die Stadt zurückzubringen. Wenn er Erfolg habe, werde er die Lade wiedersehen, sonst solle Jahwe טוב בעיניו „das Rechte in seinen Augen tun". Gesagt, getan: Zadok (und Abjatar!) folgen dem Befehl des Königs und bringen die Lade in V. 29 schließlich nach Jerusalem; sie bleiben dort.

Dazwischen wird in V. 27f. eine erneute Rede des Königs an Zadok, „den Priester" berichtet: Zadok, Abjatar und ihre beiden Söhne sollen ebenfalls „in Frieden" (בשלום) in die Stadt gehen, der König werde unterdessen auf ihre Nachricht warten (V. 28). V. 29 macht durch die unterschiedlichen Numerusformen ein wenig Probleme, außerdem doppeln sich שוב und ישב (V. 29b) etwas unschön; V. 29b liefert keine neue Information, ist aber vielleicht in der Version der 𝔊[LMss] (Sing.) zu halten.[381] So ist Abjatar wohl ursprünglich nicht an der Szene beteiligt gewesen (und also ואביתר in V.29a entsprechend später einzuordnen).

---

378 Daß hier „ursprünglich Ebjathar als Träger der Lade erwähnt war, später jedoch im Interesse chronistischer Theologie durch die Leviten ersetzt wurde" (VEIJOLA, Dynastie 44 im Anschluß an WELLHAUSEN, Text 197f.; vgl. BUDDE, Samuel 273; CARLSON, Samuel 174) ist eine hübsche Überlegung, jedoch in höchstem Maße spekulativ und nicht zu belegen; die textliche Bezeugung ist eindeutig. Das dahinterstehende Interesse ist, den gesamten Zusatz textgenetisch früher einstufen zu können.

379 𝔊 hat καὶ ἔστησαν, was auf ein ursprüngliches hebr. ויצגו zurückgehen dürfte. 𝔗 hat entsprechend Haf'el von קום. יצק Hif. kennt wohl keine Bedeutung „hinstellen", wie nur GESENIUS s. v. allein für diesen Vers unterstellt. BHS erwähnt die Variante nicht einmal, BHK schlägt ohne 𝔊-Verweis die Lesart וַיַּצֵּג vor. Vgl. auch BUDDE, Samuel 273. – Das darauffolgende ויעל אביתר ist schwer zu fassen – BHK schlägt vor, statt des ersten Wortes עַל־ zu lesen (juxta, in custodia), was aber handschriftlich nicht belegt ist. Die Versiones lesen Qal („Abjatar stieg herauf"), Hif. ist freilich ebensogut möglich („Abjatar führte herauf" oder „Abjatar opferte"?). Letzteres ergibt bei der Lade vielleicht am meisten Sinn (vgl. 1Sam 6,14.15; 2Sam 6,17; 1Kön 3,15). In der lukianischen Rezension (𝔊[L]) fehlen die beiden Worte gänzlich – vielleicht ja ursprünglich (vgl. BUDDE, Samuel 273).

380 Anders als RUDNIG, Thron 191 meint, muß V. 24b nicht notwendig sekundär sein; vgl. כל העם V. 17[𝔊: 18].23.30. Der Halbvers dient eher der Verklammerung mit dem Vorhergehenden.

381 𝔊[-LMss] (d.h. außer Handschriften der lukianischen Rezension) hat ἐκάθισεν (= וַיֵּשֶׁב) 𝔖[C] liest entsprechend ebenfalls wytb.

V. 30 nennt nun plötzlich wieder David und nicht neutral „den König"; dieser wartet auch nicht erwartungsgemäß bei den „Furten in der Wüste" (V. 28: ערבות המדבר)[382], sondern steigt auf den Ölberg hinauf. Das Weinen (בכה) greift zurück auf V. 23 – bereits damit fällt die ganze Episode V. 24–29 aus dem Zusammenhang.[383] Hinzu kommt die Beobachtung, daß offensichtlich *weder* 2Sam 15,35f. *noch* 2Sam 17,15ff., die beide die Priester Zadok und Abjatar erwähnen, die Szene von 2Sam 15,24–29 voraussetzen.[384]

Innerhalb von V. 24–29 sind die Verse 27f., wie RUDNIG[385] gezeigt hat, vermutlich nicht primär,[386] sondern wiederum sekundär gegenüber dem Kontext. Der „Informationsdienst" der Priester ist erst nachträglich in die Episode eingeschrieben worden.

Ursprünglich lautete die Szene also etwa (= 2Sam 15,24a [ohne ויעל אביתר].b.25–26.29a [ohne ואביתר].b)[387]:

24 1Sam 15,24–29* וְהִנֵּה גַם־צָדוֹק וְכָל־הַלְוִיִּם אִתּוֹ נֹשְׂאִים אֶת־אֲרוֹן בְּרִית הָאֱלֹהִים ‹וַיַּצִּגוּ› אֶת־אֲרוֹן הָאֱלֹהִים [...] עַד־תֹּם כָּל־הָעָם לַעֲבוֹר מִן־הָעִיר :

25 וַיֹּאמֶר הַמֶּלֶךְ לְצָדוֹק הָשֵׁב אֶת־אֲרוֹן הָאֱלֹהִים הָעִיר אִם־אֶמְצָא חֵן בְּעֵינֵי יְהוָה וֶהֱשִׁבַנִי וְהִרְאַנִי אֹתוֹ וְאֶת־נָוֵהוּ : [...]

26 וְאִם כֹּה יֹאמַר לֹא חָפַצְתִּי בָּךְ הִנְנִי יַעֲשֶׂה־לִּי כַּאֲשֶׁר טוֹב בְּעֵינָיו :

29 וַיָּשֶׁב צָדוֹק [...] אֶת־אֲרוֹן הָאֱלֹהִים יְרוּשָׁלָםִ ‹וַיֵּשֶׁב› שָׁם :

2Sam 15,24–29*: „24Und siehe, da war auch Zadok und alle Leviten mit ihm, die trugen die Lade des Bundes Gottes. Und sie ‹stellten› die Lade Gottes ‹hin›, bis das ganze Volk aus der Stadt vollständig hinübergezogen war. 25Und der König sagte zu Zadok: Bring die Lade Gottes zurück in die Stadt! Wenn ich Gunst finde in den Augen Jahwes, dann wird er mich zurückbringen und mich ihn/sie[388] wiedersehen lassen und seine Wohnung[389]. 26Aber wenn er so spricht: Nicht habe ich Gefallen an dir! Siehe, hier bin ich! – Dann

---

382 Es ist das K^etîb zu lesen, das Q^erê ist hingegen sekundäre Angleichung an 2Sam 17,16; vgl. WELLHAUSEN, Text 198; BUDDE, Samuel 274.

383 Und nicht etwa nur V. 24–26.29f., wie WÜRTHWEIN, Erzählung 43 oder VEIJOLA, Dynastie 44–46 und Anm. 155 (nur V. 25f.) sowie SEILER, Geschichte 125ff. meinen.

384 KRATZ, Komposition 181 Anm. 85.

385 RUDNIG, Thron 190f.192f. Anders VEIJOLA, Dynastie 44f., der nur V. 25f. für sekundär hält.

386 S. o. die in Anm. 383 genannte Literatur.

387 Auf die Ladebezeichnungen wird hier nicht eingegangen, sie sind in 𝔐 möglicherweise geändert worden und schon innerhalb der 𝔊-Überlieferung nicht einheitlich (vgl. etwa in V. 29 𝔊^B [κιβωτὸς τοῦ θεοῦ] und 𝔊^A [einfaches κιβωτὸς]).

388 Das Suff. der 3.masc.Sing. kann auf die Lade oder auf Jahwe selbst zurückverweisen. Gewandt die Deutung BUDDES: „אֹתוֹ geht auf ihn [sc. Jahwe] in Gestalt der Lade" (BUDDE, Samuel 274).

389 Vgl. Ex 15,13; Ps 68,13 u.a.

tue er mit mir, wie es gut ist in seinen Augen! [...] ²⁹ Da brachte Zadok [...] die Lade Gottes zurück nach Jerusalem und <er/sie³⁹⁰ blieb> dort."

Mit welcher Intention wurde diese Episode nun in den bestehenden Text eingefügt? Dazu ist zuerst zu bemerken, daß in jedem Falle David mit der Lade in Verbindung gebracht werden soll: Er kümmert sich um sie, wenngleich allein das kultische Personal, also Davids oberster Priester Zadok (2Sam 8,17) und die Leviten³⁹¹, für die eigentlichen Handlungen verantwortlich ist. All dies weist in späte, der Chronik nahestehende Zeit: Dafür spricht die Verbesserung des Davidbildes³⁹² der älteren Erzählung (David verhält sich dort ja nicht eben heldenhaft): David ist ganz „*homo religiosus* – und gerade als solcher der ideale König und Dynastiegründer"³⁹³, „klug wie die Schlangen und ohne Falsch wie die Tauben"³⁹⁴. Aber auch die hervorgehobene Rolle des königlichen Priesters Zadok und der Leviten weist in diese Richtung.

Darüber hinaus – wenn auch vor allem am *Image* Davids interessiert, – dürfte auch die Frage im Hintergrund stehen, wie es zum Aufstand Absaloms kommen konnte bzw. warum David ihn nicht sofort beendet hat und sogar fliehen mußte³⁹⁵. Er war doch im Besitz der Lade Gottes! Steht sie in Jerusalem, ist die Stadt in Sicherheit, David aber zunächst weniger geschützt, da er sich des Mit-Seins Jahwes (den ja die Lade repräsentiert) nicht sicher sein kann. All das erklärt und entschuldigt der Ergänzer in den Versen 24–29. Sein Material fand er im Kontext, vieles stammt vermutlich aus 2Sam 17,15ff. und 2Sam 6.

1Kön 2,26f. verweisen auf unsere Episode zurück, doch nicht nur auf sie:

---

390 Auch hier ist der Bezug nicht ganz klar: Zadok oder Lade? (Für letzteres WELLHAUSEN, Text 198 und, ihm folgend, BUDDE, Samuel 274). Daran hängt aber nicht viel.

391 Vgl. die Kernstelle Dtn 10,8f. (davon abh. Dtn 31,25), davon abh. 1Sam 6,15; und = 1Chr 15,2; dann 1Chr 15,12.14.15.26.27 (gegen 1Sam 6); 16,4 (von 1Chr 15,2 abh.); 2Chr 5,4 (gegen 1Kön 8).5; 24,11 (wohl aus Mißverständnis des ארון, vgl. dagegen 2Kön 12,10) und endgültig 2Chr 35,3.

392 Das chronistische Geschichtswerk hat aufgrund der Tendenz der älteren Erzählung den gesamten Abschnitt wohlweislich nicht übernommen; vgl. den Übergang in der Passage von 2Chr 19,19 (par. 2Sam 10,19) bis 2Chr 20,4 (par. 2Sam 21,18).

393 VEIJOLA, Dynastie 46.

394 HERTZBERG, Samuel 282.

395 Daß die Flucht (2Sam 15,14–23.30–37; 16,20ff. usw.) wahrscheinlich sekundär ist, wie KRATZ, Komposition 181 (und Anm. 85) gezeigt hat (vgl. auch FISCHER, Hebron), spielt dafür keine Rolle und erweist nur noch einmal die späte Herkunft des Stückes.

²⁶ וּלְאֶבְיָתָר הַכֹּהֵן אָמַר הַמֶּלֶךְ עֲנָתֹת לֵךְ עַל־שָׂדֶיךָ כִּי אִישׁ מָוֶת אָתָּה וּבַיּוֹם 1Kön 2,26f.
הַזֶּה לֹא אֲמִיתֶךָ כִּי־נָשָׂאתָ אֶת־אֲרוֹן אֲדֹנָי יְהוִה לִפְנֵי דָּוִד אָבִי וְכִי הִתְעַנִּיתָ בְּכֹל
אֲשֶׁר־הִתְעַנָּה אָבִי: ²⁷ וַיְגָרֶשׁ שְׁלֹמֹה אֶת־אֶבְיָתָר מִהְיוֹת כֹּהֵן לַיהוָה לְמַלֵּא אֶת־דְּבַר יְהוָה
אֲשֶׁר דִּבֶּר עַל־בֵּית עֵלִי בְּשִׁלֹה: פ

1Kön 2,26f.: „²⁶ Und zu Abjatar, dem Priester, sprach der König: Nach Anatot
geh, auf deinen Grundbesitz[396]! Zwar bist du ein Mann des Todes, aber am
heutigen Tag[397] werde ich dich nicht töten, weil Du die Lade des Herrn Jahwe[398] vor meinem Vater David getragen hast, und weil du alles ertragen hast,
was mein Vater ertragen hat. ²⁷ Und Salomo vertrieb Abjatar aus dem Priesteramt für Jahwe, um das Wort Jahwes zu erfüllen, das er gegen das Haus Elis in
Silo gesprochen hatte."[399]

„Da der Stil von V. 26f. sich durch das Fehlen des erzählerischen Elements von den umgebenden Stücken unterscheidet und V. 28 gut an V.
25 anschließt, wird auch in V. 26f. ein [...] Nachtrag vorliegen."[400]
Dabei ist zwischen V. 26a.b und V. 27 noch einmal zu unterscheiden. V. 26a ist im Zusammenhang von 1Kön 2 noch gut verständlich:
Abjatar ist als Parteigänger Adonijas wie Joab des Todes würdig, doch
Salomo verschont ihn, indem er ihn nur aus Jerusalem auf seinen
Grundbesitz vertreibt. V. 26b begründet das mit dem Tragen der Lade
(nach 2Sam 15,24ff.) *und* der Treue zum Vater David überhaupt (vgl.
1Sam 22,20ff.; 23,6.9; 30,7). Die doppelte Begründung verwundert,
vielleicht ist zunächst nur V. 26bα.γδ (im Erzählzusammenhang stim-
miger[401] – vgl. aber bereits die äußerste Hochschätzung Davids!), da-

---

396 Es handelt sich nur um einen scheinbaren *Plur.*, der aufgrund der Etymologie
vielmehr als *Sing.* zu erklären ist, vgl. GK § 93 ss (und § 124 k) und die *Versiones*.

397 𝕲 ändert durch Versetzen der Kopula leicht den Sinn: „Zwar bist du am heutigen
Tag ein Mann des Todes, aber ich werde dich nicht töten." Das ist wohl die *lectio
facilior*, denn die implizite Drohung „am *heutigen* Tag werde ich dich nicht töten"
in 𝔐 ist schwerer verständlich: Auch danach tötet Salomo den Abjatar ja nicht.
Genau das erklärt V. 26bα.γδ. Vgl. zu 𝕲 auch TURKANIK, Kings 41f.128.

398 Die Ladebezeichnungen gehen in 𝕲 (𝕿) (+ τῆς διαθήκης), bzw. wenigen hebr.
Handschriften, 𝕲 und 𝕾 (fehlendes אדני) wie so oft munter durcheinander, wenige
hebr. Handschriften ergänzen am Ende noch ein אלהים. Eine Textänderung in אפוד
(BENZINGER, Könige 12, u. a.) ist reine Willkür.

399 Siehe dazu, wie auch zum gesamten Komplex, jetzt RUDNIG, Thron, 71–176, zu
2Kön 2,26f. a.a.O. 132–135.

400 WÜRTHWEIN, Könige z. St.

401 Aber dennoch eindeutig nachgetragen, weil V. 26a abschwächend (VEIJOLA, Dynastie 21). Vgl. auch KRATZ, Komposition 180: V. 26b–33 sind sekundär. – Eine
Textänderung ist gegen RUDOLPH, Text 201 nicht nötig, vgl. auch NOTH, Könige
35. Daß die Formulierung in V. 26a nur die „Todes*würdigkeit*" eines Angesproche-
nen" anzeigt, hätte, wenn es, wie RUDNIG (Thron 132) annimmt, bekannt gewesen
wäre, keinen Nachsatz wie V. 26bα nach sich gezogen – weder im Grundtext, noch
von einem Ergänzer.

nach V. 26bβ ergänzt worden. Klar ist in jedem Falle: Die Erwähnung der Lade bezieht sich zurück auf 2Sam 15,24–29 und ist damit nicht früher einzuordnen als diese Passage. Die unterschiedlichen und z.T. eigenartig langen Titel der Lade in 𝔐 und den *versiones* mögen eine gewisse Unsicherheit aufgrund der Ladebezeichnungen des Spendertexts anzeigen. V. 27 hingegen verstand V. 26a[402] in rein priesterlichem Sinne als Erfüllung des Wortes des Gottesmannes aus 1Sam 2,27–36 resp. 1Sam 3,12–14. Der vermißte Erfüllungsbericht wurde hier angehängt[403] – gut möglich, daß das noch vor der Einfügung von V. 26b geschah, denn die drastische Ankündigung in 1Sam 2,27ff. verträgt sich schlecht mit V. 26bα. Es ergibt sich dann das folgende Bild:

$$^{26} \text{ וּלְאֶבְיָתָר הַכֹּהֵן אָמַר הַמֶּלֶךְ עֲנָתֹת לֵךְ עַל־שָׂדֶיךָ כִּי אִישׁ מָוֶת אָתָּה}$$
$$\text{וּבַיּוֹם הַזֶּה לֹא אֲמִיתֶךָ כִּי־}$$
$$\text{נָשָׂאתָ אֶת־אֲרוֹן אֲדֹנָי יְהוִֹה לִפְנֵי דָּוִד אָבִי וְכִי}$$
$$\text{הִתְעַנִּיתָ בְּכֹל אֲשֶׁר־הִתְעַנָּה אָבִי׃}$$
$$^{27} \text{ וַיְגָרֶשׁ שְׁלֹמֹה אֶת־אֶבְיָתָר מִהְיוֹת כֹּהֵן לַיהוָה}$$
$$\text{לְמַלֵּא אֶת־דְּבַר יְהוָה אֲשֶׁר דִּבֶּר עַל־בֵּית עֵלִי בְּשִׁלֹה׃}$$

Für die Lade an dieser Stelle heißt das, daß sie unter Voraussetzung der Episode in 2Sam 15 erst sekundär zur Begründung des Verschonens Abjatars eingeschoben wurde: „Dabei ist das Lade-Thema den Abschnitten in 1Reg 2 völlig fremd, es geht bei der Durchführung des Tat-Ergehen-Zusammenhanges um den ethischen, nicht den kultischen Charakter der maßgebenden zurückliegenden Handlungen."[404] Dieser Einschub ist demnach frühestens gleichzeitig mit den Ergänzungen dort, wahrscheinlich sogar erst danach erfolgt. Weil die Vorlage schon um Abjatar ergänzt worden ist und das levitische Priesteramt an der Lade betont, geschah dies in sehr später, der Chronik nahestehender Zeit, jedenfalls nachdem Dtn 10,8f. verfaßt wurden. Die Verse verklammern außerdem die (Samuel- und die) Davidgeschichten der Samuelbücher mit den Erzählungen über Salomo (1Kön 3ff.).

---

402 Daß dieser Vers ein Zusatz ist, sehen auch VEIJOLA, Dynastie 21; BENZINGER, Könige 12; STADE/SCHWALLY, Kings 3; HÖLSCHER, Geschichtsschreibung 380; WÜRTHWEIN, Könige 7 und Anm. 16; HENTSCHEL, Könige 28; WELLHAUSEN, Composition 259. Nach NOTH, Könige 8 ist nur V. 27b Zusatz, aber die beiden Vershälften gehören doch zu eng zusammen. Zu dem Zusatz gehört wahrscheinlich auch V. 35b, die Einsetzung Zadoks als Priester gemäß 1Sam 2,35, wie VEIJOLA gezeigt hat (VEIJOLA, Dynastie 21).

403 Der Bezug ist vielleicht doch klarer, als RUDNIG, Thron 135, annimmt; ob genau die Genealogie (vgl. 1Sam 14,3; 22,20; 2Sam 8,17) vorausgesetzt ist oder eine etwas diffusere allgemeinere Vorstellung von der Priestertradition Elis, ist m.E. unerheblich.

404 RUDNIG, Thron 133.

5.7. Salomos Opfer nach der Traumoffenbarung zu Gibeon (1. Könige 3,15)

Die Erzählung der Traumoffenbarung an Salomo zu Gibeon (1 Kön 3,4–15) endet mit dem folgenden Satz:

1 Kön 3,15 ^{15} שְׁלֹמֹה וְהִנֵּה חֲלֹום [405]וַיִּקַץ
וַיָּבֹוא יְרוּשָׁלַם וַיַּעֲמֹד לִפְנֵי אֲרֹון בְּרִית־אֲדֹנָי
וַיַּעַל עֹלֹות וַיַּעַשׂ שְׁלָמִים וַיַּעַשׂ מִשְׁתֶּה לְכָל־עֲבָדָיו:

1 Kön 3,15: „^{15} Und Salomo erwachte und siehe – ein Traum [war es gewesen]! Und er kam[406] nach Jerusalem und trat vor die Lade des Bundes des Herrn[407], und er opferte Brandopfer und er brachte Heilsopfer dar und er veranstaltete ein Bankett[408] für alle seine Diener."

Der Versteil 1 Kön 3,15a ist offensichtlich Höhepunkt und Ziel der Offenbarungsszene 1 Kön 3: „Und siehe – ein Traum!" Die folgende Geschichte vom „salomonischen Urteil" in 1 Kön 3,16–28 hingegen ist mittels אִשׁ deutlich sekundär eingehängt und beginnt offensichtlich einen neuen Abschnitt. Der nächste Anschluß an 1 Kön 3,15 findet sich in der Beamtenliste in 1 Kön 4,1–19 oder in 1 Kön 5,15ff., dem Beginn der Vorbereitungen für den Tempelbau (darin V. 20 die עבדים „Diener" Salomos).

Der Versteil 1 Kön 3,15b wirkt überladen: Salomo geht nach Jerusalem, tritt vor die Lade, opfert Brandopfer, bringt Heilsopfer dar und

---

405 Es ist gegen L mit vielen hebr. Handschriften und den Editionen וַיִּקַץ (mit *Dāgeš forte* im *Qôp*) zu punktieren.

406 𝕲 fügt davor noch καὶ ἀνέστη (= וַיָּקָם) ein, dies dürfte sekundäre Glättung sein; der Übergang vom Ende der Offenbarumg zum Aufbruch nach Jerusalem ist etwas hart. Vgl. auch TURKANIK, Kings 90.138f.

407 Viele hebräische Handschriften lesen hier das üblichere יהוה statt אדני. 𝕲 hat vor der Lade noch die Ortsbestimmung κατὰ πρόσωπον τοῦ θυσιαστηρίου τοῦ, liest uneindeutig κυρίου und ergänzt danach außerdem noch ἐν Σιων „vor dem Altar, der vor der Lade des Bundes des Herrn/Jahwes in Sion war." Überliefert sie hier womöglich zwei Varianten (vgl. zweimaliges κατὰ πρόσωπον) nebeneinander? Dürfte man das annehmen, gäbe es einen Hinweis dafür, daß ein ursprünglicher Opferaltar von der Bundeslade verdrängt wurde! Oder – mindestens ebensogut möglich – will 𝕲 hier an Ex 40,5 angleichen? – Das ἐν Σιων dürfte gewissermaßen anachronistisch aus 1 Kön 8,1 (vgl. V. 22.64) hier eingedrungen sein. So wird das Mißverständnis vermieden, David habe womöglich nochmals auf dem in V. 4 genannten Altar zu Gibeon geopfert. Alles in allem hat man den Eindruck, daß es sich bei den Varianten von 𝕲 in diesem Vers ausschließlich um nachträgliche Erweiterungen handelt. Vgl. jetzt auch TURKANIK, Kings 43f.138f.; anders SCHENKER, Septante 92.94.

408 𝕲 vergrößert sekundär das Mahl noch und schließt Salomo mit ein, indem sie außerdem μέγαν ἑαυτῷ καὶ ergänzt. Dazu s. TURKANIK, Kings 43f.

veranstaltet auch noch ein Gastmahl. Ohne Zweifel ist die erste Hälfte
(1 Kön 3,15bα, d. h. bis אֲדֹנִי) nachgetragen und verlegt die Brand- und
Heilsopfer sowie das gemeinsame Mahl mit Salomos Knechten an den
rechten und einzig möglichen Kultort nach Jerusalem (Dtn 12!), und
dort vor die „Lade des Herrn" – denn der Tempel wird ja erst in 1 Kön
6 f. erbaut! So soll das Opfer hier „das in v. 4 berichtete gleichsam para-
lysieren."[409] Der Zusatz steht damit im Gefälle von 1 Kön 3,3b: „Allerdings pflegte er auf den [Kult-]Höhen (*bāmôt*) Schlachtopfer und
Rauchopfer darzubringen", und, entschuldigend, V. 2; nun das Volk:
„Allerdings pflegte das Volk auf den [Kult-]Höhen (*bāmôt*) Schlachtopfer darzubringen, denn nicht war ein Haus für den Namen Jahwes
erbaut bis in jene Tage[410]." So wird die später anstößigerweise in Gibeon auf der „großen Höhe" (V. 4aβ: *kî hî' habbāmāh hagg^e dôlāh*)
spielende Szene für Salomo entschärft. Er weiß, wo er eigentlich zu
opfern hat. Das ist zwar inkonsequent, da er ja gerade erst (1 Kön 3,5)
außerhalb Opfer dargebracht hat, doch daran kann der Ergänzer nichts
mehr ändern. Dafür sorgen schließlich auch die Notizen in V. 2 und V.
3b – Was hätte der König auch tun sollen – es gab ja noch keinen
Tempel (und Altar).

So wird auf der einen Seite Salomo frommer dargestellt, als er es
nach 1 Kön 3 eigentlich ist (vgl. auch V. 3a) – er kümmert sich um die
Lade und versucht, sich an das Gebot des einen Kultorts zu halten –,
auf der anderen Seite legitimiert so die Lade überhaupt erst seine Opfer, ersetzt freilich so in gewisser Weise den noch nicht gebauten Altar
(vgl. *mizbe^a ḥ* 1 Kön 6,20.22; 7,48). Der Zusatz stammt demnach *frühestens* aus der Zeit der ersten Deuteronomisten. Da hier implizit auf das
spätere, sich auf die Chronik zubewegende Davidbild angespielt wird,
der sich demnach ja auch schon so vorbildlich um die Lade gekümmert
hatte (vgl. auch V. 6 [ab אַתָּה].7.14), wird man eher an spätere Zeit denken. Die ältere Überlieferung hatte noch unbefangen vom Opfern in
Gibeon erzählen können – später war das kaum mehr denkbar. Vorausgesetzt ist in diesem Vers 2 Sam 6, denn die Lade ist ja bereits in Jerusalem.

Daß diese Beobachtungen richtig sind und die innewohnende Tendenz erst am Anfang ist, zeigt sich in der chronistischen Fassung der
Geschichte, die die entsprechenden Züge weiter ausbaut (2 Chr 1): Da-

---

409 So schon BENZINGER, Könige 15. Zu 1 Kön 3 vgl. vor allem die überzeugende Analyse von WÜRTHWEIN, Könige 29–35, der V. 6–7a DtrN zuordnet; V. 7b sei ein Zusatz dazu; 8–9* eine spätere Schicht; 12b.13b Zusätze, die mit V. 6 in Spannung
stehen und V. 14 sowie die Lade wiederum DtrN.

410 𝕲*: *vῦv* (*lectio facilior*).

nach zieht Salomo mit der ganzen Kultversammlung (כל־הקהל) nach Gibeon. Dort ist auch das Zelt der Begegnung – sprich: das legitime Heiligtum der tempellosen Zeit! Und auch der bronzene Altar Bezalels (Ex 31,2; 38,1–8) steht dort vor der „Wohnung Jahwes" (משכן יהוה) – *dieser* wird aufgesucht. Und *dort* (und nicht etwa auf der Kulthöhe aus V. 3 bzw. 1Kön 3,4b) opfert Salomo. – Die Lade steht freilich nach 2Chr 1,4 die ganze Zeit über „an [der Stätte, die] David für sie hergerichtet hatte, denn er hatte für sie ein Zelt in Jerusalem aufgestellt" (vgl. die Wendung בהכין לו דויד כי נטה־לו אהל בירושלם; V. 4[411]). Nach 1Chr 16,4ff. wird dort an der Lade aber nur gesungen und musiziert, aber nicht geopfert. Das respektiert auch Davids Sohn (2Chr 1,1) und Nachfolger (1Chr 29,28), der Erbauer des Tempels: Salomo.

5.8. Die Lade im Jerusalemer Tempel (1. Könige 6–8)

5.8.1. Einleitung und literarischer Kontext

Innerhalb der deuteronomistischen Schlußnotiz für Salomo wird in 1Kön 11,41 berichtet, daß „die übrigen Begebenheiten Salomos und alles, was er getan hat, und seine Weisheit" aus dem „Buch der Geschichte Salomos" (ספר דברי שלמה) stammen. Sollte dieses Buch in 1Kön 3–11 noch vorliegen, so ist schon aufgrund des ambivalenten Urteils über Salomo[412] mit einiger Sicherheit damit zu rechnen, daß es durch allerlei Korrekturen und Ergänzungen gegangen ist, bevor es in seiner heutigen Gestalt vorlag. Zuallererst hat hier natürlich eine deuteronomistische Schicht ihre Spuren hinterlassen, so beispielsweise unverkennbar in Eingangs- und Abschlußnotizen 1Kön 2,46; 3,1–3 und 1Kön 11,41–43.

Das Zentrum der Kapitel 1Kön 3–11 bilden Tempel- und Palastbau in 1Kön (5,15–)6–8(–9,9), gerahmt durch 1Kön 5,15–32 und 1Kön 9,10–28, wo von Hiram von Tyrus die Rede ist. Ein weiterer Rahmen um das Zentrum wird durch 1Kön 3,4–5,15 und 1Kön 10 gelegt: Hier wird aus dem Tempelbauherrn der Salomo der späteren Überlieferung in all seiner Weisheit und Pracht.

In einer gewissen Konkurrenz zu diesem Aufbau steht die Zweiteilung der Salomogeschichte durch die Gotteserscheinungen in Gibeon (1Kön 3,4–15) und die nicht lokalisierte von 1Kön 9,1–9. Doch auch

---

411 בְּ = בַּאֲשֶׁר; vgl. GK § 138 *k* / 155 *a*; außerdem vgl. 1Chr 15,12. In 1Chr 15,1.3 mit מקום gebildet.

412 Vgl. z. B. 1Kön 3,2.

hier zeigt der Neueinsatz in Kapitel 9 die herausgehobene Stellung von Tempel- und Palastbau in 1 Kön 6 – 8. Innerhalb dieser drei Kapitel wird auch die Lade Jahwes erwähnt, in den restlichen Teilen des Königebuches außerhalb der Bauerzählungen ausschließlich in den Nachträgen 1 Kön 2,26f., der Verschonung des Ladepriesters Abjatar, und 1 Kön 3,15, dem Opfer Salomos nach der Gotteserscheinung zu Gibeon.[413]

Allein der Befund, daß die Lade im Königebuch kaum eine Rolle spielt und im deuteronomistisch redigierten Geschichtswerk nach 1 Kön 8 überhaupt nicht mehr auftaucht, sollte davor warnen, ihre Bedeutung zu überschätzen. Doch kommen wir zu den Berichten von Bau und Einweihung von Tempel und Palast.

5.8.2. Ein Platz für die Lade im Tempel von Jerusalem (1. Könige 6)

In 1 Kön 6 wird ganz unprätentiös der eigentliche Tempelbau beschrieben. V. 1: „[1] Und es geschah [im 480. Jahr nach dem Auszug der Israeliten aus dem Land Ägypten,] im vierten Jahr (im Monat *Ziw*, [– das ist der zweite Monat, –]) der Königsherrschaft Salomos über Israel, da baute er das Haus für Jahwe." Und weiter V. 37f.: „[37] Im vierten Jahr wurde das Haus Jahwes gegründet, im Monat *Ziw*; [38] und im elften Jahr, im Monat *Bûl*, [– das ist der achte Monat, –] wurde das Haus vollendet, in all seinen Teilen und nach all seinen Maßen. Und er hatte sieben Jahre lang daran gebaut."

Dazwischen steht, wie es genau war: V. 2–14 beschreiben den Steinbau, V. 15–35 die Holzarbeiten (darin V. 16–20 דביר „d*e*bîr", V. 23–27.35 כרובים „Keruben", V. 31–34 דלתות „Türflügel"), V. 36 den Bau des „äußeren Vorhofs" (החצר הפנימית). Die bekannte These Noths, es handele sich im Kern um „amtliche Aufzeichnungen der königlichen Verwaltung in Jerusalem"[414] ist „fast zu schön, um wahr zu sein."[415] Ihr ist die Annahme Wellhausens entgegenzusetzen: „Das Interesse für grösstmögliche Ausführlichkeit in der Beschreibung aller Teile muss im Exil, gleich nach der Zerstörung des Tempels, am

---

413 Zum Zusatzcharakter von 1 Kön 3,15 s.o. Kap. 5.7.; zu 1 Kön 2,26 s.o. Kap. 5.6.
414 Noth, Könige 106. Das gilt vielleicht für einen Grundbestand des Kapitels (s.o. und vgl. Kratz, Komposition 167f.
415 Würthwein, Könige 58.

lebhaftesten gewesen sein."[416] Solche Akribie kennt man sonst allenfalls aus der Priesterschrift.

Innerhalb des Bauberichts wurde sicherlich manches ergänzt, einiges ist und bleibt vermutlich auch bedauerlicherweise ganz unklar. „Eine reinliche Sonderung des Alten und des Neuen in 1. Reg. 6.7 ist freilich unmöglich; wollte man sie versuchen, so würde die Kritik sehr weit auszugreifen sich genötigt sehen."[417]

Für unser Thema verdient der Abschnitt über den $d^e b\hat{\imath}r$, Kapitel 6, V. 16–20, genauere Betrachtung, da er in V. 19 die Lade erwähnt: „Und einen $d^e b\hat{\imath}r$ errichtete er inmitten des Hauses im Inneren, um die Lade des Bundes Jahwes dort hinzustellen." Vorher, am Ende von V. 17 findet sich ein „– wie auch immer vokalisiert – sprachlich unmöglich[es] und sachlich unerklärbar[es]"[418] לִפְנֵי, womit der folgende V. 20 dann beginnt. Das Dazwischenstehende ist Einschub: „18 fehlt in 𝕲 (außer Hexapla), und 19 ist nach Stil und Inhalt zweifellos sekundär"[419]. Zweckangaben wie V. 19 kommen im ursprünglichen Bericht sonst nirgends vor: Die Lade diente hier weder als Thron noch als Thronschemel.[420] Schon von daher ist der Schluß erlaubt, „daß der Lade im Allerheiligsten des salomonischen Tempels keinerlei sakralarchitektonische Funktion zukam. Der Tempel ist nicht für die Lade erbaut worden"[421].

Das deckt sich auch mit den Beobachtungen zu einigen anderen Elementen der Beschreibung des Tempels in 1 Kön 6 und 7,13–51, die, wie zuletzt O.

---

416 WELLHAUSEN, Composition 265, vgl. auch FRITZ, Könige 68. Apart – und im Ergebnis wahrscheinlich zutreffend – sind die Vermutungen RUPPRECHTs zum Baubericht (Nachrichten 51f.), seine These von der Übernahme eines jebusitischen Heiligtums läßt sich an den Texten jedoch nicht recht wahrscheinlich machen.

417 WELLHAUSEN, Composition 265.

418 NOTH, Könige 100 (Textanmerkung aa–aa).

419 NOTH, ebd., dort auch zur Entstehung des jetzigen Textes; im Anschluß daran RUPPRECHT, Nachrichten 38–52. Vgl. auch FRITZ, Könige 66. – Anders freilich SCHENKER, Lumière (s. u.), doch vgl. TURKANIK, Kings 55–57 und schon GOODING, Shrine 410–412. Für sekundär hält V. 18f.20b.21f. auch ZWICKEL, Tempel 74. Vgl. schon STADE, Text: V. 18f. besteht aus Glossen, die „den Zusammenhang [...] sprengten" (a. a. O. 139); V. 19 „erweist sich durch seinen Inhalt als einen ungeschickten, den Zusammenhang störenden [sic!] Zusatz" (a. a. O. 140).

420 Der Nachweis bei MAIER, Ladeheiligtum 66–68.68f.

421 MAIER, Ladeheiligtum 69 (Hervorhebungen dort); vgl. auch FRITZ, Könige 72f.: „Auch wenn an der Aufstellung der Lade im Schrein des Tempels nicht zu zweifeln ist, so wurde der Tempel doch nicht für die Lade gebaut." und KLAMROTH, Lade 2ff. WÜRTHWEIN, Könige 67 spricht zutreffend von einem „konkurrierenden Symbol der Gegenwart Jahwes"; anders JANOWSKI, Sühne 281ff.; vgl. zu den Keruben a. a. O. 286ff.)

KEEL feststellt, „den Salomonischen Tempel, wie er sich am Ende des 8. oder gar des 7. Jh.a[nte Chr., Vf.] präsentierte"[422], widerspiegeln – wenn das nicht überhaupt für den gesamten Bericht gilt. „So mag das eigentliche Tempelhaus, dessen Bau nur berichtet, aber nicht beschrieben wird, von Salomo erbaut worden sein (1Kön 6,2–4.37f). [...] Aufgrund archäolog. Funde können wir begründet vermuten, dass die Kesselwagen alt, der Kerubenthron jüngeren Datums ist."[423] Es stellt sich die Frage, ob der von C.M. McCORMICK in die Diskussion eingebrachte Begriff des „verbal icon" vielleicht angemessener ist.[424] Wie dem auch sei, der Kerubenthron ist jedenfalls vor dem 7.Jh. v.Chr. kaum denkbar. „Götter und Göttinnen wurden im phön. und zyprischen Bereich anscheinend erst ab dem 7.Jh.a[nte Chr., Vf.] öfter auf Kerubenthronen sitzend dargestellt oder durch leere Kerubenthrone repräsentiert"[425]. Jes 6 erwähnt sie mit keinem Wort. Dann kann im 10.Jh. v.Chr. unter Salomo aber auch schlecht eine Lade daruntergestellt worden sein – ganz abgesehen davon, wie winzig sie dort gewirkt haben müßte. So muß schon der Grundbestand von 1Kön 8 (s.u. Kap. 5.8.3.) *frühestens* ins 7.Jh. datiert werden, denn er setzt den Kerubenthron voraus (V. 6*). Einen alten Bericht von der Überführung in den Tempel hat es also wahrscheinlich nicht gegeben.

Hier muß außerdem noch kurz auf die Rekonstruktion von Adrian SCHENKER[426] eingegangen werden, die auch von KEEL zustimmend aufgenommen wird. Folgt man dem ältesten erreichbaren 𝕲-Text, so ergibt sich, daß „der Jerusalemer Tempel ursprünglich zwei Allerheiligste hatte und zwei Kultsymbole beherbergte, eines am W[est]- Ende der Längsachse mit dem leeren Thron [τό δαβìρ, für den Sonnengott, Vf.] und [...] eines in einer ,Seitenkapelle' mit der Lade [τό πλευρòν, für Jahwe, Vf.]"[427] Das ist schon aus sakralarchitektonischen Gründen ganz unwahrscheinlich. Man muß darüber hinaus noch damit rechnen, daß „irgendwann einmal, wahrscheinlich noch in vorexil. Zeit, [...] die Seitenkapelle geschlossen oder abgerissen und die Lade in den Debir unter den Kerubenthron gestellt"[428] wurde (vgl. 1Kön 8,6–8!). Doch plagt sich offensichtlich 𝕲 bereits mit genau diesem Problem, nämlich wie die Lade sich zur Tempelarchitektur und insbesondere zum Allerheiligsten mit den Keruben verhält. Der Text der Septuaginta ist demnach nicht älter als 𝔐, sondern im Gegenteil jünger. Ähnliches gilt bei SCHENKERS Rekonstruktion des Tempelweihspruches (s.u. den Exkurs nach Kap. 5.8.3.).

„Vielmehr ist seine Errichtung mit der Vorstellung der Einwohnung Jahwes verbunden"[429], vgl. den Tempelweihspruch 1Kön 8,12f. Taucht

---

422 KEEL, Geschichte 329, vgl. FINKELSTEIN/SILBERMAN, David 153–155.
423 KEEL, Geschichte 329f.
424 Vgl. McCORMICK, Palace 191–194.
425 KEEL, Geschichte 299.
426 SCHENKER, Lumière 139–154.
427 KEEL, Geschichte 293.
428 Vgl. KEEL, Geschichte 292f. Seiner Ansicht nach dürfte das nachexilisch auch gar nicht mehr möglich sein, da es die Lade ja gar nicht mehr gab. Vgl. zur Sache auch TURKANIK, Kings 55–57.
429 FRITZ, Könige 72f.

nach alldem die Lade bis hier weder in den dem ersten Geschichts-
schreiber vorliegenden Annalen auf, noch in seinem ursprünglichen
Werk, so dürften auch Zweifel an der Ursprünglichkeit des Berichts
über ihre Verbringung in den Tempel erlaubt sein.

Auch was vermutlich ursprünglich auf den Tempelbaubericht folg-
te, die Notiz über den Bau des Palastes 1 Kön 7,1[430], verbessert die
Sachlage nicht, eher im Gegenteil: Der Tempel ist vollendet (1 Kön
6,37f.), anschließend wird der Bau des Palastes berichtet (1 Kön 7,1).
Das Interesse, das sich nun in Kapitel 8 (und vorher 1 Kön 7,13ff.) wieder dem Tempel zuwendet, kommt nach 1 Kön 7,1 verspätet, sachlich
gehört es zu Kapitel 6.

5.8.3. Die Verbringung der Lade in den Tempel
durch Salomo (1. Könige 8,1–13)

Das Kapitel 1 Kön 8, das von der Verbringung der Lade in den Jerusalemer Tempel berichtet, ist nach vorne eindeutig von Kapitel 7, dem
Palastbau und den Bronzearbeiten am Tempel, abgegrenzt durch den
Neueinsatz mit את. Beachtung verdient die Schlußnotiz 1 Kön 7,51 (vgl.
auch 1 Kön 7,1), die zu 1 Kön 6,37f. in Spannung steht und das Augenmerk auf das Überführen der Geräte (1 Kön 7,40ff.) richtet: „⁵¹ Und es
wurde das ganze Werk, das der König Salomo ausführte, das Haus
Jahwes, vollendet." Der Versteil b bezieht sich hingegen auf eine in
2 Sam 8 sekundäre Stelle und doch wohl den Tempel 1 Kön 6 zurück
und ist damit ebenfalls sekundär[431]: „Und Salomo brachte die heiligen
Dinge Davids, seines Vaters, hinein. Und das Silber und das Gold und
die Geräte tat er in die Schatzkammern des Hauses Jahwes."

1 Kön 8,1 berichtet, wie Salomo „damals" (אז) staatliche Würdenträger zu sich versammelte, um die Lade aus der Davidsstadt hinaufzu-
holen (עלה Hif.). Die Aufzählung der Gruppen ist ungewöhnlich lang,
mit 𝔊 sind die Worte נשיאי האבות את־כל־ראשי המטות לבני ישראל zu
streichen.[432] Dafür spricht auch, daß in V. 3a, der auf die Ältesten be-

---

430 So KRATZ, Komposition 167 und WÜRTHWEIN, Könige 70f.84.
431 Vgl. den Nachweis bei WÜRTHWEIN, Könige 84; zu 2 Sam 8 vgl. BUDDE, Samuel
    237.
432 Zu den Stammesoberhäuptern vgl. die nachpriesterschriftliche Stelle Num 30,2
    (vgl. SMEND, Entstehung, 48). Die נשיאי האבות sind singulär im Alten Testament,
    aber wohl mit den Fürsten des Numeribuches zu vergleichen (vgl. Num 1,44; 4,46;
    7,2; 13,2; 36,1 [Jos 17,4], bzw. die Fürsten des Vaterhauses Num 3,24.30.35;
    17,17.21; 25,14 [Jos 22,14], hieraus gekürzt? – vgl. auch die „Fürsten der Gemein-

zugnimmt, diese Gruppen ganz fehlen.[433] Die „Stammesobersten" und die „Fürsten der Väter der Israeliten" wurden hinzugefügt, um auch diese wichtigen Gruppen an der bedeutenden Aktion der Ladeüberführung zu beteiligen. Entsprechend darf auch die störende Doppelung des Namens Salomo (אל־המלך שלמה) als sekundär ausgeschieden werden.[434] In die im Versteil b erwähnte Davidsstadt[435] hatte Salomo die Lade nach der Eroberung Jerusalems (2Sam 5) in 2Sam 6,12 geholt.[436] Diese Begebenheit wird nun von V. 1b offensichtlich vorausgesetzt.

Die erheblich kürzere[437] Vorlage von 𝕲 wird in V. 1–5 etwa folgendermaßen gelautet haben:

1Kön 8,1–5 (𝕲-Vorlage) ¹ויהי ככלות שלמה לבנות את־בית יהוה ואת־ביתו מקץ עשרים שנה. ויקהל המלך שלמה כל זקני ישראל [ב]ציון להעלות את־ארון

---

de" Num 4,34 [alle frühestens P, vgl. SMEND, Entstehung 48 und zu Num 25,14 NOTH, ÜP 16, zu den Jos-Stellen s. o.]). Ähnlich 1Chr 4,38; 7,40; 2Chr 1,2. Anders freilich TURKANIK, Kings 38–40, der meint, 𝕲 habe die Aufzählung „omitted as redundant" (40). Redundante Passagen gibt es hingegen auch an manch anderer Stelle, an denen der Übersetzer seiner mutmaßlichen Vorlage jedoch treu bleibt.

433 Entsprechend fehlt dieser Halbvers dann in 𝕲 ebenfalls. Zu den „Ältesten" ein Blick in die Konkordanz: „Alle Ältesten Israels" werden erwähnt in Ex 12,21 (Ergänzung zu P; vgl. KRATZ, Komposition 244; LEVIN, Jahwist 336: nachendredaktionell, R^S); 18,12 (nach-P, „midraschartiger Nachtrag", KRATZ, Komposition 247; vgl. LEVIN, Jahwist 360); Dtn 31,9 (dazu s. o. Kap. 3.3.); 1Sam 8,4 (KRATZ, Komposition 178.191: Dtr^S); 2Sam 5,3 (par. 1Chr 11,3); 17,4 (Dtr^S, vgl. KRATZ, Komposition 181.192; „Ratgeber-Schicht" R1, RUDNIG, Thron 224f.346; 4. Jh. v. Chr.); 1Kön 8,3 (par. 2Chr 5,4) erwähnt. Als vordeuteronomistisch käme allenfalls 2Sam 5,3 in Frage. Dagegen hat BECKER, Reichsteilung 225f. gewichtige Gründe vorgebracht; er zählt 2Sam 5,3aα.b.4f. zu einer Schicht, zusammen mit den korrespondierenden Versen 2Sam 2,1.2aα.4a.10f. (nachdeuteronomistisch; vgl. a. a. O. 226. Vgl. aber KRATZ, Komposition 136f.). Die „Ältesten Israels" sind also wohl nicht so alt, wie gern angenommen wird. Mit einem historischen Nordreich oder gar Nordstämmen der vorstaatlichen Zeit haben sie wohl nichts mehr zu tun. Hier dürften sie eher als Vertreter des gesamten Gottesvolks zu verstehen sein (CONRAD, Art. זָקֵן 649[f.]).

434 2Chr 5,2 hat das אל־המלך שלמה ירושלם elegant zu אל־ירושלם geglättet.

435 2Sam 5,7.9; 6,10.12.16, 1Kön 2,10; 3,1; 8,1; 9,24; 11,27.43; 14,31; 15,8.24; 22,51, 2Kön 8,24; 9,28; 12,22; 14,20; 15,7.38; 16,20, Jes 22,9, Neh 3,15; 12,37, 1Chr 11,5.7; 13,13; 15,1.29, 2Chr 5,2; 8,11; 9,31; 12,16; 13,23; 16,14; 21,1.20; 24,16.25; 27,9; 32,5.30; 33,14. Die Gleichsetzung von Zion und Davidsstadt ursprünglich in 2Sam 5,7/1Chr 11,5 (mit sekundärem היא עיר דוד); hier wohl eher einheitlich (und umgekehrt: היא ציון).

436 Vgl. zum „Hinaufbringen" (עלה Hif.) der Lade 1Sam 6,21; 7,1, 2Sam 6,2.12.15.

437 Es ist sehr umstritten, welchen Wert sie hier hat – vgl. z.B. HÖLSCHER, Könige 163; unsicher NOTH, z.St.; differenziert STADE/SCHWALLY, Kings 98–103, vgl. 37f., und die meisten Ausleger. Es muß von Fall zu Fall entschieden werden. Oft erscheint der 𝕲 vorliegende Text in besserer Ordnung zu sein als 𝔐.

ברית־יהוה מעיר דוד היא ציון ² בירח האתנים. ³ וישאו הכהנים את־הארון ⁴ ואת־אהל
העדת ואת־כל־כלי הקדש אשר באהל העדת. ⁵ והמלך וכל ישראל לפני הארון
מזבחים צאן ובקר אשר לא־יספרו ולא ימנו מרב.

1 Kön 8,1–5 (𝕲-Vorlage): „¹ Und es geschah, als Salomo damit fertig war, das
Haus Jahwes und sein [eigenes] Haus zu bauen, nach Ablauf von zwanzig Jahren, da versammelte der König Salomo alle Ältesten Israels nach Zion, um die
Lade des Bundes Jahwes aus der Davidsstadt – das ist Zion – hinaufzubringen
² im Monat Etanim. ³ Und die Priester trugen die Lade ⁴ und das Zelt des Zeugnisses und alle heiligen Geräte, die sich im Zelt des Zeugnisses befanden. ⁵ Und
der König und ganz Israel: vor der Lade schlachteten sie unzählige⁴³⁸ Schafe
und Rinder."⁴³⁹

Ist in V. 1 noch Salomo der Initiator der Versammlung (קהל *Hif.*), so
wird V. 2 erzählt, daß sich diesmal „alle Mannen Israels" (כל־איש
ישראל)⁴⁴⁰ von sich aus (קהל *Nif.*) bei ihm versammeln; V. 2aα fehlt dabei in 𝕲. Datum („im Monat Etanim") und kurze Erläuterung werden
gegeben („am Fest, das ist der siebente Monat")⁴⁴¹. Letztere dürfte, wie
auch in 1 Kön 6,1.38, Glosse sein, um die alte Monatsbezeichnung –
sachlich wohl zutreffend – nach der Frühjahrsrechnung zu erläutern.⁴⁴²
V. 2 steht in jedem Falle in einer eigenartigen Konkurrenz zu V. 1 und
doppelt diesen. 𝕲 hat in Kapitel 7 Umstellungen vorgenommen, auf
die V. 1a (𝕲) zurückgehen dürfte; V. 1b–2 dürften in ihr aber besser erhalten sein.⁴⁴³

---

438 Welche hebräische Formulierung hier *genau* Pate stand, ist unklar (evtl. אין מספר?).
Die jetzige könnte von 1 Kön 3,8 hierher gelangt sein; die 𝕲-Fassung ist jedenfalls
erstaunlich kurz. In der Rekonstruktion wird die 𝔐-Fassung beibehalten (anders
Bösenecker, Text 167; vgl. Jepsen in BHS z. St.)

439 Vgl. auch die Rückübersetzung bei Bösenecker, Text 165–167, mit nur ganz wenigen Abweichungen.

440 In den Königebüchern nur hier. Vgl. 1 Chr 10,1.7; 16,3 zur späten Verwendung des
Ausdrucks, ebenso natürlich Ri 20, wo der Begriff nicht seltener als 13× vorkommt.

441 Zur Formulierung „am Fest" (בחג) vgl. Neh 8,14 (neben Num 29,12, davon abhängig Lev 23,39). Ist hier das Laubhüttenfest eingedrungen?

442 Der Einschub der Erläuterung (בחג ... השביעי) könnte sogar nach der Chronik erfolgt sein (so Jepsen, Quellen 22 Anm. 2). Interessant ist, daß die Chronik einzig in
2 Chr 5,3 den alten Monatsnamen samt Glosse beibehält. Diese Tatsache mag die
Wichtigkeit der berichteten Aktion für den Chronisten unterstreichen.

443 Vgl. Bösenecker, Text 165f.; zu V. 2 Stade/Schwally, Kings 98. Die Ausnahme
bildet, neben Kleinigkeiten, V. 3a. Eine Streichung der Ältesten in V. 3a in 𝕲 könnte man mit späteren priesterlichen Interessen begründen, in V. 1 (𝕲) bleiben sie ohnehin stehen. Der Fall ist schwierig, normalerweise wird argumentiert, V. 3b kor-
rigiere V. 3a, und dieser sei dann „subsequently cancelled in the Hebrew text from
which G was translated" (Stade/Schwally, Kings 100). Daß auch spätere Zusätze Lade und Älteste in Verbindung bringen können, sieht man in Dtn 31,9(?), Jos
7,6. Jepsen, BHS z. St. vermutet in V. 3a eine Glosse; vgl. ders., Quellen 22f. und

Nach V. 3 kommen nun alle Ältesten Israels[444] – nicht etwa alle aufgezählten Gruppen aus V. 1 oder die „Mannen Israels" aus V. 2; die Priester[445] tragen die Lade. Daß der Halbvers a in 𝕲 fehlt, sollte stutzig machen. Sollte er zu streichen sein? Dagegen spricht, daß V. 3b offenbar eine Korrektur darstellt. Sicherheit wird man nicht erreichen, doch sind sowohl 𝔐 als auch 𝕲 mit Vorsicht zu behandeln.

V. 4 berichtet, daß nicht genannte „sie" (im Zusammenhang natürlich die Priester aus V. 3b!) die Lade Jahwes heraufbringen (in 𝕲 fehlend) „und das אהל מועד und alle heiligen Geräte, die im Zelt waren". Die Nennung des „Zeltes der Begegnung"[446] und der heiligen Geräte[447] spricht für ein frühestens priesterschriftliches Milieu von V. 4aβ. Weiterhin ist BENZINGER Recht zu geben, wenn er zum Rest des Verses bemerkt: „Ganz später Zusatz (fehlt in LXX) ist der Schlusssatz, in dem auf einmal noch die Priester und Leviten nachgehinkt kommen"[448]. Sie kommen in genau dieser Formulierung außer hier nur im chronistischen Geschichtswerk vor,[449] die Parallele der Chronik hat

---

die Tabelle a.a.O. im Anhang: V. 3a.8b.9 sind bei ihm nebiistische Redaktion „R^II = Dtr"). Doch sei dem, wie ihm wolle: Die Priester tragen in jedem Falle die Lade (V. 6). – Anders zu V. 2 TURKANIK, der hier Auslassungen durch 𝕲 postuliert (Kings 107f.).

444 כל זקני ישראל ist die Formulierung von 𝕲 V. 1. Außer 1Kön 8,3 par. 2Chr 5,4: Ex 12,21; 18,12, Dtn 31,9 (Lade!), 1Sam 8,4, 2Sam 5,3; 17,4, 1Chr 11,3.

445 Die כהנים spielen außer in 1Kön 8 in Kapitel (1 f.) 3 – 11 keine Rolle, lediglich werden in 1Kön 4 Asarja (V. 2), Zadok, Abjatar (V. 4) und Sabud (V. 5) als Priester erwähnt. Die Chronikparallele hat bereits die Leviten (vgl. V. 4 und vor allem 1Chr 15).

446 אהל מועד: Ex 27,21; 28,43; 29,4.10f.30.32.42.44; 30,16.18.20.26.36; 31,7; 33,7(2×); 35,21; 38,8.30; 39,32.40; 40,2.6f.12.22.24.26.29f.32.34f., Lev 1,1.3.5; 3,2.8.13; 4,4f.7(2×).14.16.18(2×); 6,9.19.23; 8,3f.31.33.35; 9,5.23; 10,7.9; 12,6; 14,11.23; 15,14.29; 16,7.16f.20.23.33; 17,4–6.9; 19,21; 24,3, Num 1,1; 2,2.17; 3,7f.25(2×).38; 4,3f.15.23.25(2×).28.30f.33.35.37.39.41.43.47; 6,10.13.18; 7,5.89; 8,9.15.19.22.24.26; 10,3; 11,16; 12,4; 14,10; 16,18f.; 17,7f.15.19; 18,4.6.21–23.31; 19,4; 20,6; 25,6; 27,2; 31,54, Dtn 31,14(2×), Jos 18,1; 19,51, 1Sam 2,22, 1Kön 8,4, 1Chr 6,17; 9,21; 23,32, 2Chr 1,3.6.13; 5,5. 𝕲 hat beide Male das ungewöhnliche „Zelt des Zeugnisses" (אהל העדת; vgl. 𝔐 Num 9,15; 17,22.23; 18,2; 2Chr 24,6, in 𝕲 sonst nie belegt).

447 Die genaue Bezeichnung noch Num 3,31; 4,15; 18,3; 31,6, 1Chr 9,29 und in der Parallele 2Chr 5,5. Vgl. auch das Verhältnis von Heiligem und den Geräten in Ex 40,9f., Lev 8,11, Num 7,1, Jos 6,19, 1Kön 7,51; 15,15, Esr 8,28, Neh 10,40, 1Chr 22,19!, 2Chr 5,1; 15,18; 29,19. In Ex 31,7, Num 3,31 und 1Chr 22,19 (s. auch 1Sam 6,8.15) sind Lade und Geräte miteinander verbunden.

448 BENZINGER, Könige 57.

449 הכהנים והלוים 1Kön 8,4 und dann Esr 1,5; 2,70; 3,8.12; 6,20; 7,7; 8,29f.; 9,1, Neh 7,72; 8,13; 11,3; 12,1.30, 1Chr 13,2; 15,14; 23,2; 28,13.21, 2Chr 8,15; 11,13; 24,5; 30,15.25; 31,2.4.9; 34,30; 35,18.

bezeichnenderweise zu „die Priester, die Leviten" geändert.[450] So bleibt nur V. 4aα₂β (in der Form von 𝔐) übrig.

V. 5 beschreibt, wie der König Salomo[451] zusammen mit der Gemeinde Israels[452] vor der Lade (hier wieder schlicht הארון genannt[453]) Schlachtopfer in unglaublich großer – der Einweihung des Tempels aber sicherlich angemessener – Zahl[454] darbringt. Von I. BENZINGER stammt die vergleichsweise trockene Bemerkung: „Die unzählbaren Opfer unterwegs dürften doch eher in das Gebiet der Salomo verherrlichenden Zusätze gehören."[455] V. 63 weiß dann ja ganz genau, wieviele Gemeinschaftsopfer noch dazukommen: 22 000 Rinder und 120 000 Schafe. „Die ungeheure Menge der Opfer Salomos ist Phantasie. Wären die Zahlen in V. 63 richtig, so würde man bei zehnstündiger Arbeitszeit des siebentägigen Festes stündlich 314 Rinder und 1714 Schafe geschlachtet haben!"[456]

An V. 6 ist manches auffällig. Da bringen[457] wieder die Priester die Lade, diesmal in 𝔐 wie schon V. 1 „Lade des Bundes Jahwes" ge-

---

450 So noch Dtn 17,9.18; 24,8; 27,9, Jos 3,3; 8,33, Ez 43,19; 44,15, Esr 10,5, Neh 10,29.35; 11,20, 1Chr 9,2, 2Chr 5,5; 23,18; 30,27. Die Dtn-Stellen sind literarisch sekundär (vgl. KRATZ, Komposition 138, für die לוים in Dtn 17,9aαb.10a scheint mir die Zugehörigkeit zum sog. Urdeuteronomium fraglich, vgl. GERTZ, Gerichtsorganisation 59–97, DERS., Tradition 323 Anm. 413 und DAHMEN, Leviten 230); ebenso die Josuapassagen, vgl. NOTH, Josua z. St. – JEPSEN, Quellen rechnet V. 1, den ganzen V. 4 sowie V. 10.11 seinem R^III, der levitischen Redaktion, zu.

451 Der Name fehlt in 𝔊.

452 Diese Bezeichnung noch Ex 12,3.47 (Passa, P/P^S), Lev 4,13 (P^S), Jos 22,18.20 (Altarbau östlich des Jordans mit Verweis auf die späte Achanerzählung Jos 7 in V. 20, „Sprache und Vorstellungswelt von P" [Noth, Josua² 133]) und in der Parallele 2Chr 5,6. Überhaupt ist die Vokabel עדה dem Königebuch fremd (nur noch in einer Glosse in 1Kön 12,20, dazu WÜRTHWEIN, Könige, 151 und BECKER, Reichsteilung 218 Anm. 27). – Die sich versammelnde Gemeinde findet sich nur noch im Numeribuch: Num 10,3; 14,35; 16,11; 27,3 (alle frühestens P, vgl. NOTH, ÜP 19 bzw. SMEND, Entstehung 48). 𝔊 hat – ursprünglicher? – einfaches כל־ישראל. Vgl. dazu TURKANIK, Kings 108.

453 Diese, in Kön nur hier erscheinende Form verweist wie schon in V. 3b (und dann V. 7) möglicherweise einfach auf eine vorangehende Erwähnung der Lade, so SCHWIENHORST, Eroberung, 86f. Anm. 7. Schlüsse über die Ursprünglichkeit sind aus der Bezeichnung nicht zu ziehen.

454 Vgl. die engste Parallele 1Kön 3,8 (Zusatz zu DtrH), entfernter Ps 40,6 und Gen 16,10; 32,13.

455 Vgl. BENZINGER, Könige z. St.

456 GRESSMANN, Anfänge 212. Bei einer 5-Tages-/38,5-Stunden-Woche entspräche das übrigens etwa 571 Rindern und 3117 Schafen pro Stunde.

457 Vgl. 2Sam 6,17 („Sie").

nannt[458], „an ihren Ort"[459] „in den *d[e]bîr*[460] des Hauses" (vgl. 1 Kön 6,19), „ins Allerheiligste"[461], „unter die Flügel der Keruben"[462]. Nun wird es sicherlich ein gewisses Interesse gegeben haben, die Position der heiligen Lade genau anzugeben, jedoch dürfte eine vierfache Ortsbestimmung dann doch zu viel des Guten sein. Mit anderen Worten: das Interesse an der genauen Position blieb auch über die Zeiten so groß. Am ehesten nachgetragen ist das „ins Allerheiligste", das als Glosse den „*d[e]bîr* des Hauses" mit dem priesterschriftlich geläufigen Allerheiligsten identifiziert.[463] Es gehört wohl der von BENZINGER so genannten „Superredaktion vom Standpunkt des Priesterkodex"[464] an.

V. 7 beschreibt das Verhältnis von Keruben und Lade. Sowohl das Ausbreiten als auch das Beschirmen[465] der Kerubenflügel legen eine sehr enge Verbindung zum priesterschriftlichen Bericht in Ex 25, genauer V. 20, nahe. Des weiteren werden die (Trage-)Stangen der Lade neben dem folgenden V. 8 nur priesterschriftlich und noch später erwähnt.[466]

---

458 Num 10,33; 14,44, Dtn 10,8; 31,9.25f., Jos 3,3.17; 4,7.18; 6,8; 8,33, 1Sam 4,3–5, 1Kön 6,19; 8,1.6, Jer 3,16, 1Chr 15,25f.28f.; 16,37; 17,1; 22,19; 28,2.18, 2Chr 5,2.7. 𝔊 liest nur הארון.

459 Der מקום der Lade noch 1Sam 5,11; 6,2; 2Sam 6,17 (par. 1Chr 15,1.3); 1Kön 8,21 (par. 2Chr 5,7f.). Der Begriff ist natürlich nicht zufällig gewählt (vgl. den מקום אשר יהוה ... Dtn 12 usw.).

460 Neben dem Baubericht 1Kön 6,5.16.19–23.31; 7,49; 8,6.8 (vgl. 2Chr 3,16; 4,20; 5,7.9) nur noch Ps 28,2. Der Ausdruck דביר הבית ist singulär.

461 Ex 26,33.34 (P[S], s. o. Kap. 2.1.); Lev 21,22 (P[S]); Num 4,4.19; 18,9.10 (P[S]); 1Kön 6,16; 7,50; 8,6; Ez 41,4; 42,13; 44,13; Esr 2,63; Neh 7,65; 1Chr 6,34; 2Chr 3,8.10; 4,22; 5,7; 31,6.14. Allein schon dieser Konkordanzbefund zeigt, daß der Ausdruck im Tempelbaubericht nachgetragen wurde – oder der ganze Bericht späten Ursprungs ist. Sonst ließe sich die zeitliche Differenz zwischen salomonischem Bau und den weiteren Erwähnungen nicht erklären. Das gilt selbst dann, wenn man – z.B. mit E. A. KNAUF – die Beschreibung des Gebäudes für frühestens aus dem 8. Jh. v. Chr. stammend hält (Rez. zu ZWICKEL, Tempel). Mit seltener Exaktheit möchte TOMES, House, den Baubericht 1Kön 6–8 präzise zwischen 597 und 587 datieren.

462 Naheliegend 1Kön 6,24 (2×).27 (2×), Ez 10,5, 2Chr 3,11 (2×).12 (2×).13; (und in der Parallele 5,7f.); entfernter Ex 25,20 (P[S], s. o. Kap. 2.3.); 37,9 (P[S]), 2Sam 22,11; Ez 10,8.16.19; 11,22. (In den *kursiv* gedruckten Stellen in *constr.*-Verbindung mit כנף).

463 Vgl. 1Kön 6,16.

464 BENZINGER, Könige 57.

465 Vgl. noch 6,27 und dann Ex 25,20 (P), Ex 37,9 (P[S]), 1Chr 28,18, 2Chr 3,13 und die Parallele 2Chr 5,8. Das Beschirmen ebenfalls in Ex 25,20/37,9, 1Chr 28,18, darüber hinaus noch gedeutet in Ez 28,14.16. KEEL spricht von einer Glosse; der Vers sei „eindeutig" von Ex 25,20 P abhängig (Geschichte 304). Zum Gestus der Keruben vgl. DERS., Geschichte 304 und 312f. Abb.199–203.

466 Neben der Parallele 2Chr 5,8f. nur erwähnt in Ex 25,14f. (P); Ex 35,12 (P[S]); 37,5.35 (u.ö., P[S]); 40,20 (P[S]).

V. 8 liefert eine ebenso genaue wie uneindeutige[467] Beschreibung der Stangen der Lade: Sie waren „so lang, daß die Enden der Stangen vom Heiligtum her vor dem $d^eb\hat{\imath}r$ zu sehen waren", aber nicht nach außen. Leider gilt für den Vers das, was WÜRTHWEIN in seinem Kommentar so treffend bemerkt: „[N]och kein Kommentator hat plausibel machen können, weshalb ein so nebensächlicher Gegenstand wie die Tragstangen so ausführlich behandelt wird. Vielleicht ist hier ein Spezialinteresse am Werk, das wir nicht mehr durchschauen."[468]

V. 9 macht sich Gedenken um den Inhalt der Lade: Nichts, „nur die beiden steinernen Tafeln, die Mose am Horeb dort hineingelegt hatte, <die Tafeln des Bundes>, den Jahwe mit den Söhnen Israels geschlossen hatte, als sie aus dem Land Ägypten zogen." – Eine Antwort auf die bis heute oft gestellte Frage, was denn eigentlich in der Bundeslade war, bekommt man erst in der vergleichsweise späten Erzählung Dtn 10 (nachpriesterschriftlich, s. o. Kap. 3.2.; vgl. auch das Hineinlegen des „Zeugnisses" Ex 40,20.). Sie widmet sich vielleicht sogar einem ähnlichen ganz Zweck wie dieser Vers und wird von ihm möglicherweise bereits vorausgesetzt. Die „Tafeln des Bundes" (πλάκες τῆς διαθήκης) aus 𝔊 sind im Text als Apposition hinzuzunehmen,[469] damit der folgende אשר-Satz nicht völlig in der Luft hängt.

V. 10f. „¹⁰Und es geschah, als die Priester aus dem Heiligen hinausgingen, da erfüllte die Wolke das Haus Jahwes. ¹¹Und die Priester konnten nicht hinzutreten, um den Dienst zu verrichten wegen der Wolke; denn die Herrlichkeit Jahwes erfüllte das Haus Jahwes." Zu diesen Versen ist zu vergleichen Ex 40,34f. Die Frage nach der Abhängigkeit wird dabei fast einhellig beantwortet: „Zum mindesten liegt eine Abhängigkeit von der in Ex 40,34f. ausgesprochenen ‚P-Vorstellung' vor."[470] Merkwürdig klappt dabei V. 10b, die Erwähnung der Herrlichkeit Jahwes (כבוד יהוה), nach (s. dazu auch o. Kap. 2.3.).

V. 12f. bringen dann den berühmten und ehrwürdigen „Tempelweihspruch". Auf seine Probleme angemessen einzugehen, bedeutete eine ganze Arbeit für sich, deshalb wird gleich nur das ein oder andere kurz angerissen. Zunächst sei er in der durch Julius WELLHAUSEN rekonstruierten schönsten, wenn auch nicht ursprünglichen Fassung wiedergegeben: „[D]ie Sonne am Himmel hat er geschaffen, Jahve,

---

467 Vgl. beispielsweise die Positionen von NOTH („‚quer' vor den Keruben") und BENZINGER („von Ost nach West").

468 WÜRTHWEIN, Könige 87.

469 Wie übrigens in Dtn 9,9 (dort auch der entsprechende Relativsatz).11 (.15). Vgl. ausführlich VAN KEULEN, Versions 155f., kürzer TURKANIK, Kings 91.

470 WÜRTHWEIN, Könige 88.

doch er hat wollen wohnen im Dunkeln und gesprochen: bau mir ein Haus, ein Haus meiner Heimstatt, dass ich dort ewiglich wohne – siehe es steht geschrieben im Buche des Redlichen."[471]

Zur Literarkritik von 1. Könige 8,1–13

Nach den Textbeobachtungen nun einige Worte zur Literarkritik. „Der ganze Abschnitt macht einen überfüllten Eindruck", resümiert Ernst WÜRTHWEIN, um sogleich fortzufahren: „Doch läßt sich ein ältester vordtr Bericht mit einiger Wahrscheinlichkeit herausschälen. Er ist, historisch gesehen, sehr aufschlußreich"[472]. Dieser Bericht ist von verschiedenen Exegeten mit ganz unterschiedlichen Ergebnissen rekonstruiert worden. Daß das Werden des Textes nicht unkompliziert gewesen ist, sollte an den ausgewählten Textbeobachtungen deutlich geworden sein. So können auch die folgenden Überlegungen nur als ein Versuch gelten, ein wenig Licht in das Dunkel der Entstehungsgeschichte der Erzählung zu bringen.[473]

Der Neueinsatz mit lose angehängtem אז in V. 12 gibt zunächst das folgende, also den Tempelweihspruch und vielleicht auch das Gebet Salomos, als literarischen Nachtrag zu erkennen. Ebenfalls dafür spricht die Umstellung in 𝕲: Sie bringt den Spruch nicht nach der Ladeüberführung, sondern erst hinter 1Kön 8,53. Überdies bietet sie einen erweiterten und veränderten Text. Über das Alter des Spruches ist mit dem Erweis seines Nachtragscharakters noch nichts ausgesagt.

Für den Rest des Kapitels geht man seit NOTH im allgemeinen von der Beobachtung aus, daß „in drei Varianten vom Zusammenkommen Israels bzw. seiner Repräsentanten in Jerusalem berichtet" wird:[474] *i)* Salomo versammelt die Ältesten Israels (V. 1a), *ii)* „alle Mannen Is-

---

471 WELLHAUSEN, Composition 269, im Original gesperrt.

472 WÜRTHWEIN, Könige, 86.

473 Vgl. auch KEEL, Tempelweihspruch 18 und DERS., Geschichte 268–272, der den Tempelweihspruch mit A. SCHENKER nach 𝕲 ändert. Nach seiner Rekonstruktion liegt der ursprüngliche Text offenbar in V. 2 (nur בירח האיתנים).3.6a (ohne אל־קדש הקדשים).b vor, in V. 7–9 deuteronomistisch, in V. 10f. priesterlich erweitert. Den sehr weitreichenden religionsgeschichtlichen Konsequenzen, die sich für ihn aus der Rekonstruktion von V. 12f. ergeben (vgl. ebd. und DERS., Geschichte 284ff.) kann hier nicht gefolgt werden – KEEL selber hält seine Rekonstruktion für „nicht unanfechtbar" (a.a.O. 272). Bis zum Tempelbau wären Jahwe und der Sonnengott in Kohabitation verehrt worden, ab dann beginne die Solarisierung Jahwes (a.a.O. 271). Abjatar als historischer Ladepriester (1Kön 2,26; vgl. a.a.O. 186f.) ist aus literarischen Gründen nicht zu halten (s.o. Kap. 5.6.).

474 NOTH, Könige 176.

raels" versammeln sich bei Salomo (V. 2a), *iii)* die Ältesten Israels kommen herein (V. 3a). Noth schließt die Überlegung an, „daß die schlichteste Formulierung wahrscheinlich die älteste ist". E. Würthwein schließt sich dieser s. E. „methodisch richtigen" Überlegung in seinem Kommentar an.[475] Es kommt zur bekannten Rekonstruktion des Kapitels, die mit Zeitangabe (inklusive einer Jahresangabe, die von Dtr(G) bewußt durch das allgemeine אז ersetzt wurde, um die vergleichsweise späte Ladeüberführung zu kaschieren), Vers 3a und einigen Resten in V. 4aα(.5)[476].6 als ursprünglichem Text rechnet.

Die methodische Annahme Noths drängt zu einer kurzen kritischen Auseinandersetzung: Aufgabe der Exegese ist es nicht zuletzt, die Entstehungsgeschichte des heute vorliegenden Textes zu erklären. Deshalb erscheint es angemessen, der Methodik den Vorzug zu geben, mit deren Hilfe diese Entstehungsgeschichte möglichst plausibel rekonstruiert werden kann. Dabei ist m. E. jedoch nicht *prinzipiell* auszuschließen, daß kompliziertere Formeln durch einfachere ergänzt werden, weil z. B. auch mit einfachen Notizen eine bestimmte Intention verbunden sein kann. Insofern kann die Erwägung Noths aus methodischen Gründen jedenfalls so nicht geteilt werden. Dasselbe sollte, wo es möglich ist, ebenso für vermeintlich spätes Vokabular bzw. späte Vorstellungen gelten. Es eröffnet der Voreingenommenheit des Auslegers leicht Tür und Tor, *allein* aus sprachstatistischen Gründen und ohne das Vorliegen jedweder literarischer oder redaktioneller Indizien einen Zusatz anzunehmen. Nur wer *vor* seiner Exegese beispielsweise bereits weiß, daß im vorliegenden Text ein alter Kern enthalten ist, wird vermeintliche Zusätze späterer Herkunft ohne literarische Gründe ausscheiden können – und damit das Bild der Vorgeschichte des Textes womöglich entsprechend verzerren. Mit anderen Worten: Die einfachste Formulierung des Zusammenkommens der Würdenträger ist nur dann die ursprünglichste, wenn das literar- und redaktionsgeschichtliche Gefälle des Textes dies als Ergebnis – und nicht als Voraussetzung – erkennen läßt!

Schaut man auf die Verse 1–3, so erkennt man schnell, daß V. 2 („und es wurden versammelt/versammelten sich alle Mannen Israels") Vers 1 („Damals versammelte Salomo die Ältesten Israels") doppelt. Nur eine Variante kann die ältere sein. Die Entscheidung fällt m. E. mit V. 3a: „Und die Ältesten Israels kamen" gibt einigermaßen genau den Inhalt von V. 1 (𝕾) wieder. Damit dürften sich die Verse 2.3a als Einschub

---

475 Würthwein, Könige, 86.
476 V. 5 ist bei Würthwein Erweiterung; sonst ist der rekonstruierte Text mit dem Noths praktisch identisch.

mittels einer Wiederaufnahme der „Ältesten Israels" erweisen.[477] Die Fortsetzung von V. 1 findet sich erst in V. 4, denn V. 3b korrigiert wahrscheinlich V. 3a: Die Priester tragen die Lade! Nicht auszuschließen ist, daß die Bezeichnung der Lade im Sinne einer bundestheologischen Deutung, die gewöhnlich dem bzw. den Deuteronomisten zugeschrieben wird, um das ברית erweitert wurde. Das wäre jedenfalls kein ungewöhnlicher Vorgang, wie eine Durchsicht der Ladebezeichnungen schnell ergibt. Nicht zuletzt sieht man auch hier, z.B. in V. 6 im Vergleich von 𝔐 und 𝔊, daß die Ladebezeichnungen bis in späte Zeit variiert haben.[478]

Vers 4a nun zeichnet sich durch die recht umständliche Aufzählung von Lade, Zelt der Begegnung und heiligen Geräten aus. Da V. 1 nur die Lade nennt und überdies die angefertigten Geräte sich nach 1Kön 7,51 bereits im Tempel befinden, sind sie an dieser Stelle eventuell nachgetragen. Über das Nachhinken von V. 4b ist bereits das Nötige gesagt worden, die Wiederholung des ויעלו aus V. 4a mag in dieser Hinsicht ein übriges tun. Die Leviten, nach den jungen Passagen in Dtn 10,8f. und Dtn 31 die Träger der Lade,[479] mußten geradezu die in V. 3b erwähnten כהנים sein. Die endgültige Identifizierung vollzieht dann die Chronik: Sie ersetzt in V. 3b הכהנים durch הלוים und macht aus der Aufreihung V. 4 „die Priester *und* die Leviten" eine Apposition, gewissermaßen „die Priester, *d. h.* die Leviten".

Die Fortsetzung von V. 4aα₂β (s.o.) könnte in V. 5 vorliegen, je nachdem, für wie ursprünglich man die sicher nachexilische, vermutlich auf P zurückgehende Erwähnung der „ganzen Gemeinde Israels" in V. 5a hält. Sie fehlt in der nichthexaplarischen 𝔊, andererseits läßt sich die Streichung von וכל-עדת und der anderen in 𝔊 fehlenden Worte in V. 5 nur mit Mühe erklären.[480] „Ob [...] der Rest für den alten Erzäh-

---

477 Auch das Fehlen von V. 3a in 𝔊 spricht dafür, daß es sich um einen Nachtrag handelt, wiewohl die 𝔊-Fassung natürlich nicht unbesehen als älter herangezogen werden kann.

478 Vgl. auch die Analysen von BIEBERSTEIN, Josua 141–146 zu Jos 3–6 und s.o. Kap. 3.5.1.

479 Dtn 10,8; 31,9.25. Vgl. auch den Nachtrag 1Sam 6,15 und dann vor allem 1Chr 15 *passim*. Jos 3,3 und 8,33 sind späte Ergänzungen im Josuabuch, s.o. Kap. 2.5.1. und 3.5.4., 2Sam 15,24(ff.) Einschub (s.o. Kap. 5.6.). Erwähnt werden die Leviten im Zusammenhang mit der Lade noch in 2Chr 35,3 – geradezu eine Heiligsprechung.

480 Vgl. NOTH, Könige z.St., der zusätzlich zu 𝔊 das ישראל (obgleich wohl auch כל-ישראל denkbar wäre, vgl. SCHWIENHORST, Eroberung 86f. Anm. 7), לפני הארון als „zu sehr post festum" und V. 5bβ gänzlich streicht, um einen einigermaßen glatten Text zu bekommen.

ler gerettet werden kann, bleibt sehr fraglich."[481] Auch in der 𝕲-Form, die möglicherweise ursprünglicher, aber in der rekonstruierten Form syntaktisch etwas problematisch ist, steht der Vers jedenfalls im Verdacht, ein Zusatz zu sein, der im Geschehensablauf etwas stört.

Die Sache selbst, die Verbringung der Lade in den Tempel, ist nun in V. 6 erzählt, weswegen dieser Vers sicher zum Grundbestand gehört. Daß er auch überarbeitet wurde, spricht eher dafür als dagegen: So ist, wie gesehen, „das Allerheiligste" (קדש הקדשים) nachgetragen, Gleiches dürfte für die erweiterte Form der Ladebezeichnung als „Lade des Bundes Jahwes" gelten, 𝕲 überliefert hier nur τὴν κιβωτὸν, also הארון. Eine Vereinfachung in Angleichung an den Kontext (nämlich V. 3.5.9 und dort 𝕲) ist unwahrscheinlicher.[482] So stand hier ursprünglich wohl nur: „Und die Priester brachten die Lade an ihren Platz in den d^e bîr des Hauses unter die Flügel der Keruben." Damit ist das Ziel der gesamten Aktion erreicht.

V. 7 setzt auffällig mit כי „denn" ein und gibt eine – für den Ablauf des Erzählten eigentlich eher marginale – Erläuterung der Keruben, die am Ende von V. 6 genannt worden waren. Durch das etwas ungeschickte Wiederholen des Begriffs gleich zu Beginn von V. 7 ist hier eine Nahtstelle sichtbar. Der Vers setzt den priesterschriftlichen Bericht über die Lade (Ex 25,20) voraus.[483] Ganz analog verhält es sich mit V. 8, der die Tragstangen (בדים) aus V. 7 (Ende) nun seinerseits aufnimmt und somit möglicherweise noch eine weitere Wachstumsstufe darstellt. Bei dieser Gelegenheit mag die Formel „und sie blieben dort bis auf den heutigen Tag" von V. 9 Ende nach V. 8 gerutscht sein, wie Noth und Würthwein im Anschluß an Stade / Schwally vermuten – mit der Begründung, sonst „wäre doch den Stangen trotz aller Aufmerksamkeit, die in 8a dieser Kuriosität geschenkt wird, allzu viel Bedeutung beigemessen"[484]. Zwingend ist diese Annahme aber nicht; vielleicht ist V. 9b auch mit 𝕲 zu streichen.

Nun könnte in V. 9 prinzipiell wieder der urprüngliche Erzählfaden vorliegen, aber auch dieser Vers gibt sich durch das der bisherigen Abfolge völlig fremde Thema des Inhalts der Lade und den sachlich auf den ersten Blick nicht ganz passenden Hinweis auf Mose (Dtn 10)

---

481 Benzinger, Könige 58.
482 Ändert man hier mit 𝕲, so dürfte auch in V. 1b zu ändern sein.
483 Vgl. Würthwein, Könige 1, 87.
484 Noth, Könige 180. Vgl. jetzt Turkanik, Kings 61, der auch hier mit einer Auslassung durch 𝕲 rechnet.

und das Exodusgeschehen[485] als erläuternder Nachtrag zu erkennen. Dabei könnte er vor den Versen 7f., mindestens aber vor V. 8 in den Zusammenhang geraten sein, da er auf die Lade bezugnimmt, die an prominenter Stelle zuletzt V. 6 erwähnt wurde. Inhaltlich ist er etwas rätselhaft, er steht zwar in deuteronomistischer Tradition, aber nimmt sie erst in spätester Form auf. (Die Steintafeln sind bekanntlich ein „Spätling'"[486] in der Sinaiperikope, die Exodusformulierung einzigartig und höchstens mit Ex 16,1 [P^(S?)]; Num 1,1; 9,1 [beide P^S] zu vergleichen)[487].

Bei den Versen 10f., den Bemerkungen über die Wolke und den *kābôd* Jahwes, die, wie oben gezeigt, „im Stile und Sinne der Priesterschrift"[488] formuliert sind, kann man fragen, ob sie einen ursprünglichen Abschluß des Geschehens darstellen oder ebenso ein Nachtrag zum Vorhergehenden sind. Ein Anschluß an V. 6 ist problemlos möglich, und jedenfalls hängen die Passagen Ex 40,34f. und 1Kön 8,10f., wie o. Kap. 2.3. gesehen, aufs engste zusammen.

Zusammenfassend ist zu sagen, daß eine Grundschicht, die in den Versen 1a(*l.* ירושלם ישראל את־זקני שלמה ויקהל).b (bis דוד).(3a/3b?). 4aα₂β.5 (𝕲).6a (ohne ברית־יהוה).b (ohne הקדשים אל־קדש).10f.(?)[489] zu finden ist und die von der Ladeüberführung handelt, in den Versen 2(f.) (erneute Versammlung), 7 (Keruben), 8 (Tragestangen), 9 (Inhalt der Lade) und 12f. (Tempelweihspruch) erweitert wurde.

---

485 Doch vgl. V. 10f. den Anklang an die Sinaiperikope. Insofern ist natürlich auch dieser Zusatz nicht nur für seinen Ergänzer sachgemäß.

486 PERLITT, Bundestheologie 211–213. Vgl. den Exkurs bei DOHMEN, Exodus 211–214.

487 Vgl. die Auslegung bBB 14a–b: „[Die Worte] *in der Lade war nichts, nur* sind eine Ausschließung nach einer Ausschließung, und eine Ausschließung nach einer Ausschließung ist einschließend, [dies schließt] die Torarolle ein, die ebenfalls in der Lader war." (אלא מיעוט אחר מיעוט ואין מיעוט אחר מיעוט רק בארון אין מאי בארון שמונח ס״ת לרבות; GOLDSCHMIDT VIII, 53). Die gegenteilige Meinung ist natürlich auch vertreten (bBB 14b).

488 NOTH, ÜP 70 Anm. 5.

489 Anders u. a. JEPSEN, Quellen, Tabelle im Anhang: V. 2a.3b.5abα.6–8a gehören der „Annalenquelle" an, erst die nebiistische Redaktion ergänzt um V. 3a.8b.9, baut über V. 12a den Tempelweihspruch als Nabi-Zusatz ein (V. 12b.13) und formuliert V. 15ff. Die levitische Redaktion zeichnet für V. 1.4.10.11 verantwortlich; V. 5bβ schließlich ist „Zusatz".

Die Ergänzungen und ihr literarischer Horizont

Abschließend sollen die in der Literarkritik herausgestellten Schichten kurz in ihrem redaktionellen Horizont erläutert werden. Dabei soll von den gesichert scheinenden Sachverhalten zu den unsichereren vorgearbeitet werden. Den Anfang macht der Tempelweihspruch Salomos.

Exkurs: Der Tempelweihspruch 1 Kön 8,12f.

Zur Textkritik

Neuerdings macht vor allem Adrian SCHENKER sich wieder für die Rekonstruktion des Tempelweihspruches nach der Fassung der Septuaginta stark (übernommen u. a. von O. KEEL[490]). Doch ist dazu bereits bei SPIECKERMANN das Nötige gesagt worden: „Der erweiterte Tempelweihspruch in LXX (Ἥλιον ἐγνώρισεν [lukianische Rezension: ἔστησεν] ἐν οὐρανῷ …) erweist sich nach äußerer Bezeugung und innerer Textkritik als sekundär. Erst einem späteren erschien Jahwes Wunsch, im Dunkel wohnen zu wollen, ohne die zusätzliche Sorge, daß er auch für das Licht Sorge getragen habe, unvollständig. Doch die aus der Ergänzung resultierende Gegenüberstellung: Erschaffung der Sonne als Lichtquelle – Jahwes Wohnen im Dunkel ist sinnentstellend, weil sie die ursprüngliche Funktion des Wolkendunkels als Begleiterscheinung der Theophanie verwischt. Abgesehen von der inhaltlichen Akzentuierung erweisen auch die Stellung des Tempelweihspruches in LXX (nach V. 53)[491] und die absonderliche Syntax (Nachstellung des Subjekts κύριος; ist an der Stelle stehengeblieben, wo ursprünglich der MT einsetzt) die griechische Lesart eindeutig als sekundär."[492]

So ist wohl 𝔐 gegen 𝔊 als *lectio brevior et (!) difficilior* beizubehalten: „Jahwe hat gesagt, im Wolkendunkel zu wohnen. Fürwahr, gebaut habe ich ein erhabenes[493] Haus für dich, eine Stätte zum Verbleiben für dich auf ewig." Man kann dann auch mit BENZINGER sagen: „Der hebr. Text erscheint als der schönere."[494] In 𝔊 folgt noch die Notiz, dieser Spruch stamme aus dem Buch der Lieder, bzw., stellt man das dahinter zu vermutende hebräische ספר השיר zu ספר הישר um, im

---

490 SCHENKER, Septante 130–145. Vgl. KEEL, Geschichte 268–270.

491 Vgl. die Erklärungen zu den unterschiedlichen Positionen bei MULDER, 1 Kings I, 1998, 396–399.

492 SPIECKERMANN, Heilsgegenwart 90 Anm. 3. Vgl. auch STADE / SCHWALLY, Kings 101f.

493 Möglicherweise ist בית זבל mit „Haus der Herrschaft", zu übersetzen, vgl. Jes 63,15 und ugaritisches *zbl* I „prince(ship)", s. GORDON, Textbook Nr. 815 und SPIECKERMANN, Heilsgegenwart 90 Anm. 3 sowie die dort genannte Literatur.

494 BENZINGER, Könige 59.

Buch des Aufrechten. Dieses Buch ist auch in Jos 10,13 (Sonnenstillstand in Gibeon) und 2Sam 1,18 (Davids Trauer um Saul und Jonatan) erwähnt. Warum diese Notiz nun ursprünglich und „schwer erfindbar"[495] sein soll, wie es bis zum Kommentar E. Würthweins immer wieder behauptet wurde, ist m.W. nirgends begründet, sondern immer nur postuliert worden. Vielleicht liegt im Gegenteil eine Analogiebildung zu Jos 10,13 vor, wo der Spruch, nebenbei bemerkt, ebenfalls mit אז „damals" eingehängt wurde.

Zur Deutung des Spruches

Das „Wolkendunkel", ערפל, kommt nicht eben an unbedingt literarisch urtümlichen Stellen vor, hier bezieht es sich mit Spieckermann ganz offensichtlich auf die Sinaitheophanie: Ex 20,21, Dtn 4,11 und 5,22[496] mögen als Hinweise reichen. (Die Verbindung אמר Perf. + ל + Infin. constr. ist, – das mag als stützendes Argument hinzugenommen werden, – ebenfalls nur in jungen Texten belegt).[497]

Vom שכן Jahwes ist bei einer vorsichtigen Durchsicht mindestens festzustellen, daß der ganz überwiegende Schwerpunkt der Belege in dtr und späteren Zeiten zu finden ist.[498] Insbesondere sind natürlich der משכן der Priesterschrift sowie die Vorstellung vom שכן der Wolke in Num 9f. zu berücksichtigen.

Interessant für die Formulierung des Weihspruches ist aber vor allem die Bezeichnung des Tempels als מכון לשבתך „Stätte deines Wohnens" oder „Thronens". Sie hat im Alten Testament eine, noch dazu sehr prominente, Parallele: Ex 15,17. Dort heißt es im Schilfmeerlied: „Du wirst sie [scil. das Volk, Vf.] bringen und pflanzen auf den Berg deines Erbes, die Stätte deines Wohnens, die du gemacht hast, das Heiligtum, Jahwe, das deine Hände gegründet (כון Pô'lēl) haben." Für eine rein zufällige Berührung ist der Tempelweihspruch zu kurz. Nimmt man die Beziehung zur Exodusstelle ernst, wird in ihm in aller Kürze die Heilsgeschichte Israels zusammengefaßt: Jahwe, der sein Volk zum Heiligtum im Land führen will, der sich am Sinai im Wolkendunkel geoffenbart hat, kommt nun ans Ziel. Theo-

---

495 Würthwein, Könige I, 88.

496 Die anderen Vorkommen: 2Sam 22,10 („an möglichst unpassender Stelle eingeschaltet", Wellhausen, Composition 261), von Ps 18,10 abhängig, Jes 60,2, Jer 13,16, Ez 34,12, Jo 2,2, Zeph 1,15, Ps 97,2, Hi 22,13; 38,9.

497 Jos 22,33, Jer 18,10, Ez 33,10, Ps 119,57, Est 1,17, 1Chr 21,17, 2Chr 6,20; 21,7; 35,21.

498 Vgl. auch Becker, Jesaja 120 mit Anm. 237 zu Jes 8,18 („Die Belege für die entsprechenden Wendungen begegnen indes nur in jungen Texten." Sie lauten: Ex 24,16 [Herrlichkeit]; 25,8; 29,45f.; 40,35! [Wolke], Num 5,3; 35,34, Dtn 12,5 [dtr, vgl. Smend, Entstehung 72f.]; 33,12.16, [Jos 22,19: משכן], 1Kön 6,13 [spätdtr Zusatz, in 𝔊 z.T. fehlend]; Jes 8,18 [dazu vgl. Becker, Jesaja 301f.: „Jesaja als Person gewordenes prophetisches Hoffnungszeichen"]; 33,5; 57,15, Ez 43,7.9 [nur hier eindeutig auf den Tempel bezogen! Vgl. Zimmerli, Ezechiel 1079–1084], Jo 4,17.21 [dazu Jeremias, Art. Joel/Joelbuch und ders., Joel 53–55], Sach 2,14f.; 8,3, Ps 68,17; 74,2; 135,21, 1Chr 23,25).

phanie im Wolkendunkel und Wohnen in der irdisch-himmlischen Tempelwohn-
stätte stehen zweifelsohne in Konkurrenz zueinander, ausschließen müssen sie sich
angesichts des in Ex 15 formulierten Programmes einer Führung zum Tempel jedoch nicht.[499] Daß im Tempelweihspruch die Lade nicht vorkommt, spricht damit
weder für noch gegen ihre Rolle bei der Tempeleinweihung, vielmehr braucht sie
in ihm nicht eigens erwähnt zu werden, weil sie bereits vorher im Text erwähnt
wird. Der Tempelweihspruch bezieht die Vorgabe aus Ex 15,17 nach V. 1–11* implizit auf die Lade als wandernden Ort der Gottespräsenz: Nicht ein historisch zu
verortender Wüstengott der Sinai- und sonstiger Theophanien soll hier „gebän-
digt" und seßhaft gemacht werden,[500] sondern, wenn man so will, der Gott der
Heilsgeschichte, der sein Volk in Zelt und Lade und – davon nicht geschieden – in
der Wolke und seiner Herrlichkeit vom Sinai ins Land begleitet, und dies *genau in
der Zeit, in der nach Ausweis der erzählenden Werke des Alten Testaments die Lade eine Rolle spielt!* So findet eine Interpretation des Berichtes der Überführung
der Lade statt. „² Da sagte der König zum Propheten Nathan: Siehe doch, *ich* wohne in einem Haus aus Zedern, während die Lade Gottes in dem Zelt wohnt. [...]
⁵ Geh hin und sage zu meinem Knecht, zu David: So spricht Jahwe: Du willst mir
ein Haus bauen als Wohnung für mich? ⁶ Wahrhaftig, nie habe ich in einem Haus
gewohnt von dem Tag an, als ich die Söhne Israel aus Ägypten heraufgeführt habe,
bis zum heutigen Tag; sondern ich bin umhergezogen in Zelt und Wohnung."
(2Sam 7,2.5f., vgl. natürlich im näheren Kontext 1Kön 8,16–21!) Bezeichnet בית
זבל das „erhabene Haus", ergibt sich der Parallelismus „erhabenes Haus" / „Stätte
des Wohnens". Offenbar ist der Aspekt des Wohnens bzw. der Seßhaftigkeit der-
jenige, der hier im Vordergrund steht und der einen Unterschied macht. Mit diesem Hintergrund erscheint es mir nicht ganz unmöglich, daß 1Kön 8,12f. für seinen heutigen Kontext, nämlich die Überführung der Lade in den neu gegründeten
Tempel in Jerusalem, formuliert wurde. Angesichts des jungen Kontexts und der
lockeren Einbindung des Spruches liegt meines Erachtens die Beweislast auf Seiten
derer, die den Spruch für alt, gar für aus Salomos Zeiten stammend, halten.[501]
    KEELS und UEHLINGERS Meinung („Man kann diese Sätze kaum anders als ei-
ne Ausbürgerung der Sonnengottheit aus dem Jerusalemer Tempel verstehen, der
nun von einem im Wolkendunkel residierenden Wettergott okkupiert wurde"[502])
mag manches Richtige in der 𝕲-Fassung des Spruches treffen, verdankt sich aber

---

499 Dabei spielt es keine Rolle, ob der ursprüngliche Psalm in Ex 15 die Heilsgeschich-
    te schon im Blick hatte oder nicht, letzteres ist aber wahrscheinlicher.
500 Vgl. jetzt LEVIN, Weg 133f. und 133 Anm. 28.
501 Daß das עולמים das Noch-Bestehen des salomonischen Tempels voraussetzt (so
    NOTH, Könige z.St.), ist nicht zwingend. Es könnte ebensogut der zweite Tempel
    gemeint sein, der die „Ewigkeit" des salomonischen beweist. Es ist überdies zu fra-
    gen, ob ein historisierendes Verständnis einer derartigen hymnischen Aussage an-
    gemessen ist. (In Ps 145,12f. wird man beispielsweise auch nicht nach einem konk-
    reten Reich bzw. seinen Konkretionen fragen; vgl. auch 2Sam 7!).
502 KEEL/UEHLINGER, Jahwe 287; vgl. zur Kritik auch JANOWSKI, JHWH und der
    Sonnengott 202–204.

ansonsten „den text- und religionsgeschichtlichen Prämissen des Auslegers"[503] und dürfte für weitgehende religionsgeschichtliche Konsequenzen nicht heranzuziehen sein. Sicherlich hat der in Jerusalem verehrte Jahwe in späterer Zeit auch Züge der Sonnengottheit angenommen[504], er ist ursprünglich jedoch fest in den syrisch-kanaanäischen Traditionen verankert und brauchte deshalb auch niemanden „auszubürgern". Sichtbar wird das etwa an der Entstehungsgeschichte von Ps 104, wie sie KÖCKERT[505] im Anschluß an Beobachtungen von O. H. STECK[506] rekonstruiert hat: Die Grundschicht des Psalms (etwa in V. 2b–4.10–13a*.14–15.32) bildet ein Hymnus über den Wettergott Jahwe. Züge einer *prima creatio* erhält die Schöpfung dieses vor allem anderen *erhaltend* tätigen Gottes erst in späterer Zeit (und laut KÖCKERT also in den späteren Schichten des Psalms), wie auch schon SPIECKERMANN gezeigt hatte.[507] Die Erschaffung der Sonne setzt die 𝕲-Fassung des Tempelweihspruches aber voraus. Diese Fassung ist, wie zuletzt auch von HARTENSTEIN aufgezeigt,[508] aus religionsgeschichtlichen Überlegungen in später Zeit anzusiedeln.

Die Erläuterung der Keruben und der Tragstangen V. 7.8

Als nächstes ist von den Ergänzungen des Kapitels „im Stile und Sinne der Priesterschrift"[509] zu handeln, zunächst von der Erläuterung der Keruben und der Tragstangen in den Versen 7 und 8. Sie bezieht sich einerseits deutlich zurück auf die Beschreibung der Keruben in 1 Kön 6,23–28, ist aber im Unterschied dazu der Sache nach eher an der priesterschriftlichen Vorstellung der Keruben auf dem Ladedeckel (כפרת) nach Ex 25,18ff. orientiert. Wahrscheinlich will V. 7 die durch die Doppelheit der Präsenz Jahwes bei den Keruben und bei der Lade ge-

---

503 HARTENSTEIN, Sonnengott 60 (im Original kursiv gesetzt)
504 Kritisch dazu WIGGINS, Yahweh. Vgl. z.B. NIEHR, Gott. 149ff. „Ein Rekurs auf die Existenz eines vorisraelitischen Sonnmengottes Palästinas, dessen Züge JHWH angenommen haben soll, ist [...] weder beweisbar noch notwendig. Dasselbe gilt für das Postulat einer ‚Jerusalemer Kulttradition', innerhalb derer JHWH die Nachfolge der Götter *Šḥr* und *Šlm* angetreten haben soll" (a.a.O. 148); vgl. auch die Rezension von WEIPPERT zum Buch von STÄHLI (WEIPPERT, Rezension). Auch ARNETH, Sonne 13–16 nimmt an, daß sich die Übernahme eines Sonnenheiligtums „nicht schlüssig nachweisen" läßt (a.a.O. 16, vgl. 201) und die Solarisierung in der 2. Hälfte des 8.Jh.s ihren Anfang nimmt (vgl. a.a.O. 201).
505 KÖCKERT, Beobachtungen (Grundschicht 263).
506 STECK, Wein 250–255.
507 SPIECKERMANN, Heilsgegenwart 21–49, vgl. auch a.a.O. 73–86.
508 HARTENSTEIN, Sonnengott, 54–57 (zur 𝔐-Fassung).57–60 (zur 𝕲-Fassung) und 65–69 (zu ihrer religionsgeschichtlichen Einordnung).
509 NOTH, ÜP 70 Anm. 5.

gebene Problematik ausgleichen.[510] Macht man sich das Größenver-
hältnis der Keruben von 1 Kön 6,23ff. zur Lade einmal klar, drängt sich
mit MAIER die Frage auf: „Welche Bedeutung kam der Lade, die im
Vergleich zu den kolossalen Thronträgern geradezu Zigarrenkisten-
format hatte, im salomonischen Tempel zu?"[511]

Zu den Tragestangen der Lade (V. 8) ist das wenige Mögliche bereits oben gesagt worden.[512] Einzig weiterführend ist hier noch, wie
SCHENKER gezeigt hat, der Vergleich mit der 𝕲-Fassung des Verses
und dessen möglicher hebräischer Vorlage. In 𝕲 wird das hebräische
הבדים (habbaddîm, d.h. die Stangen) mit τὰ ἡγιασμένα („die geheiligten
Dinge"[513]) wiedergegeben, was im Hebräischen einer Form von קדש
entsprechen dürfte.[514] Es bleiben letztlich zwei Alternativen: Entweder
konnte man laut der Vorlage von 𝕲 die Lade *sehen*, was dann in 𝔐
entsprechend eingeschränkt worden wäre.[515] Oder eine Vermehrung
der „sichtbaren Dinge" in 𝕲 soll durch den Nachsatz לֹא יֵרָאוּ הַחוּצָה
(οὐκ ὤπτάνοντο ἔξω) genau das verhindern, indem nun gesagt wird: Von
außen konnte man *weder* die Stangen *noch* die sonstigen geheiligten
Geräte bzw. Teile des Heiligtums sehen. Die Frage ist m.E. nicht sicher zu entscheiden,[516] letztere Position vielleicht wahrscheinlicher.
SCHENKER beobachtet völlig zurecht, daß „the accounts both of
1 Kings 6 and Exodus 25; 37; 40 are synthesized in 1 Kings 8. 7–8."[517]

---

510 Das vermutet WÜRTHWEIN, Könige 87.

511 MAIER, Kultus 78.

512 Vgl. aber zur 𝔐-Fassung den ausführlichen Kommentar von MULDER, 1 Kings
387–392.

513 Vgl. V. 7 𝕲 (dort τὰ ἅγια); sonst ist im allgemeinen οἱ ἀναφορεῖς verwendet. SCHEN-
KER (Ark, 2) berechnet die Länge der Stangen übrigens mit 9 Metern (!).

514 In 𝕲 steht das *Part. Perf. pass.* von ἁγιάζω gewöhnlich für heilige Gaben (z. B. Num
5,10 קֹדֶשׁ) oder Personen (Dtn 33,5 קָדוֹשׁ, Ri 13,5 נָזִיר); es kann jedoch, wie Lev
21,12 zeigt, ebenso für „das Heiligtum" (dort: מִקְדַּשׁ אֱלֹהָיו) stehen, ganz ähnlich ist
die Verwendung (im *Plur.*) offensichtlich auch in 1Sam 7,16 (dort statt מְקוֹמוֹת)!

515 Dafür tritt in seiner wie so oft überaus raffinierten Auslegung SCHENKER, Ark, ein.
Zur kritischen Auseinandersetzung mit seinen übergeordneten Thesen vgl. jüngst
PIETSCH, Von Königen.

516 Der Übersetzer der Königebücher ist seiner Vorlage i.a. treu (SCHENKER, Ark 3).
In der Chronikparallele 2Chr 5,9 bieten sowohl 𝔐 als auch 𝕲 „Stangen", was das
Problem nicht eben vereinfacht. Da in 1Kön 8,8 jedoch kein Vorhang (wie Ex
40,21) erwähnt wird, ist es m.E. ein wenig müßig, darüber zu spekulieren, welche
Version einen solchen möglicherweise stillschweigend voraussetzt – im Zweifel
wohl eher 𝕲.

517 SCHENKER, Ark 6, vgl. zum Vorhergehenden a.a.O. 1–5 (an anderer Stelle auch:
„harmonized" [a.a.O. 7]). Er kommt zu dem Ergebnis: „It is indeed likely that the
oldest tradition knew only of two cherubim in Solomon's temple." (a.a.O. 8). Seine vorgeschlagene vierphasige Entstehungsgeschichte vom 𝔐 ist aber wohl doch

Möglicherweise gehört zu diesen Ergänzungen auch die Nachricht über die Opfer Salomos und der Gemeinde Israels[518] in V. 5, der über die Festgebräuche bei der Tempelweihe nach der Vorstellung seines Verfassers informiert und damit nicht zuletzt auch Salomo verherrlichen möchte.

Die Bemerkung über den Inhalt der Lade V. 9

Die Bemerkung über den Inhalt der Lade V. 9 bezieht sich sachlich natürlich zurück auf Dtn 10,(1–)5, einen Zusatz in der deuteronomischen Horeberzählung Dtn 9f.: Mose legt die Tafeln in die Lade. Diese Stelle kann schwer von der priesterschriftlichen Variante in Ex (25,16.21 /)40,20 getrennt werden, nach der das „Zeugnis" (העדת) in die Lade gelegt wird – soweit jedenfalls die positive Aussage des Verses. Möglicherweise will er zugleich polemisch (אין ... רק) später aufkommenden Spekulationen über den Inhalt der Lade entgegentreten, wie sie sich beispielsweise in Hebr 9,4 finden (dort genannt sind goldener Krug mit Manna, vgl. Ex 16,33, und Aaronsstab, vgl. Num 17,25). Literargeschichtlich ist der Vers nicht ohne weiteres einzuordnen, der Stempel „Deuteronomismus" kann in diesem Zusammenhang nur besagen, daß deuteronomistische Vorstellungen vorausgesetzt sind und somit einen *terminus a quo* bezeichnen. Manches hängt dabei an der Einordnung von Dtn 10,1–5, wo vieles für ein eher junges Datum spricht.[519]

Die Wolke und der Dienst der Priester V. 10.11 (?)

Zu den Versen 10 und 11 wurde das Nötige schon oben im Zusammenhang mit Ex 40 gesagt. Es bleibt zu erwähnen, daß sich 1 Kön 8,10f. ihrerseits bruchlos an das Vorhergehende in V. 6 anfügen. Zu erwägen wäre, ob sie aufgrund des „enge[n] Anschluss[es ...] an V. 6"[520] zum Grundbestand des Kapitels gehört haben. Das würde übrigens

---

ein wenig zu „hypothetical" (a.a.O. 8 und vgl. o.). Der Chronist habe schließlich 𝔊-Vorlage und Ex 40,21 so verbunden, daß die Lade „was *indirectly* visible since its poles could be seen through a swelling of the veil in the entrance of the *holy*." (a.a.O. 9).

518 Vgl. Num 10,1.

519 S. o. Kap. 3.1., 2. und 4.

520 WELLHAUSEN, Composition 267.

auch den ohnehin bemerkenswerten Tatbestand erklären, warum in 1 Kön 8,1–13 neben einem Grundtext praktisch nur Erweiterungen im Stil der Priesterschrift und der Chronik zu finden sind und kaum wirklich eindeutig als deuteronomistisch auszumachende – im Gegensatz zum Rest des Kapitels, dem Tempelweihgebet Salomos. Hier mag man wieder einmal einen Anstoß finden, über deuteronomistische Redaktionen nachzudenken, die nachpriesterschriftlich oder doch zumindest in enger Auseinandersetzung mit priester(schrift)lichen Stoffen stehen. Ist hier vielleicht sogar der Übergang von P^G zu P^S zu beobachten?

Der איש ישראל und die Datierung V. 2

Daß V. 2 den V. 1 doppelt, ist oben gezeigt worden. Er bringt zusätzliche Informationen über die Zusammenkunft. Nicht nur die Ältesten waren anwesend. Es ergibt sich vielmehr „für den Satz 2aα die Vermutung, daß es sich um einen nachdeuteronomistischen Zusatz handelt (er ist in *𝕲 ausgelassen), der ‚alle Männer von Israel' (über die ‚Ältesten Israels' hinaus) bei dem großen Ereignis versammelt wissen wollte."[521]

Die Datierung V. 2aβ (2b dürfte Glosse sein) wird aufgrund des alten Monatsnamens im allgemeinen für ursprünglich gehalten, obwohl zumeist bemerkt wird, daß sie eigentlich an falscher Stelle steht, unabhängig davon, ob man den Bericht mit V. 2aα beginnen läßt[522] oder für eine sachgemäße Position ein ausgefallenes Datum[523] postuliert und dann über die Beweggründe für diesen Ausfall spekulieren muß. Das System der Datierung (mit ירח statt חדש)[524] konnte ein Ergänzer leicht aus den übrigen Notizen (1 Kön 6,37f.) erschließen. Worauf es ihm möglicherweise ankam, ist die Bemerkung בחג, „am Fest". Gemeint sein wird das große Herbstfest, das in Lev 23,39 (vgl. Num 29,12); Ez 45,25 und Neh 8,14 noch so absolut „das Fest" genannt wird. Die Belege sprechen nicht eben für alte Zeit. Vielleicht stammt der zum Ende des Tempelbaus nicht recht passende Termin also daher, daß der Er-

---

521 Noth, Könige z. St.

522 So Schwienhorst, Eroberung 87 Anm. 7 und ihm folgend Janowski, Keruben 256ff.

523 So Noth z. St. und ihm folgend Würthwein z. St.

524 ירח in der Bedeutung „Monat" außer 1 Kön 6,8 nur noch Ex 2,2, Dtn 21,13, 2 Kön 15,13 und Sach 11,8.

gänzer die Ladeüberführung genau im Festmonat des Laubhüttenfests stattfinden lassen wollte.[525]

Die Grundschicht (V. 1*.3a/b?.4*[.5 𝕲*?].6*.10f.?) und ihr literarischer Ort

Es bleibt die Grundschicht in den Versen 1*.3a/b?.4*(.5[𝕲]*?). 6*.10f.(?). König Salomo versammelt die Ältesten Israels nach Jerusalem, um die Lade – möglicherweise schon „Lade des Bundes Jahwes" genannt – aus der Davidsstadt hinaufzubringen. Sie kommen also und tragen die Lade auch hinauf. Diese „Ältesten Israels" – vielleicht angelehnt an 1Sam 4,3 – sind die Repräsentanten des ganzen Volkes, die zeigen, daß es „auch hier darum geht, das ganze Gottesvolk beteiligt zu wissen, also eine primär theologisch-heilsgeschichtliche Aussage zu machen."[526] Die Priester schließlich bringen sie an ihren Ort in den *deḇîr* unter die Kerubenflügel. Möglicherweise erzählt der älteste greifbare Bericht auch von den Opfern Salomos, vielleicht hat er volltönend mit der Erscheinung von Wolke und כבוד יהוה geendet.

Verschiedene Gründe sprechen dafür, daß die berichtete Begebenheit historisch nicht unbedingt zutreffend sein muß, sondern dem Tempel- und Palastbau nachträglich zugewachsen sein könnte:

1. Überschrift und Schlußsatz von Kapitel 6 zeigen, daß „Kapitel 6 eine in sich geschlossene Größe"[527] darstellt. Der Tempel ist nach 1Kön 6,37f. fertiggestellt, Kapitel 7 wendet sich im Grundbestand dem Palastbau zu. Das heißt, daß der Verfasser von 1Kön 8 daran wohl bereits anschließen konnte. V. Fritz bemerkt lakonisch, dieser Verfasser – in seiner Sicht freilich der „dtr. Historiker", habe „den Abschnitt 6,1 – 7,51 bereits vorgefunden und übernommen"[528]. Die Tempelweihe kommt also, obwohl später dann זהב, *post festum.*[529] Das muß nicht notwendigerweise vor der Aufnahme des Tempelbauberichts in das geschichtliche Rahmenwerk der Königebücher geschehen sein, ebensogut könnten Spätere den Bericht hierher gestellt haben. Selbst bei der

---

525 So wie dann ja nach Esr 3,6 auch die regelmäßigen Opfer an der Stätte des Tempels im siebten Monat beginnen. Weiterführend die Bemerkungen von Benzinger, Könige 56f.

526 Conrad, Art. זקן 650. Die Betonung der Ältesten begann möglicherweise in frühexilischer Zeit (vgl. Buchholz, Älteste 104f. und s. o. Anm. 433).

527 Fritz, Könige 67.

528 Fritz, Könige 67.

529 So auch Fritz, Könige 86.

Annahme einer älteren Annalennotiz oder dergleichen stellt sich dann die dringende Frage, warum in diesen Annalen sonst von der Lade so gar keine Rede war.

2. Die Lade spielt, einmal im Tempel gelandet, keinerlei Rolle mehr für die Könige Israels, weder im ursprünglichen Geschichtswerk noch in irgendwelchen Ergänzungen. Dieses Argument ist von besonderer Bedeutung für Geschichte und Literargeschichte der Lade.

3. Das Heiligtum im Tempel ist wesentlich durch die Keruben gekennzeichnet, wie auch immer man ihre Position und Ausrichtung versteht und deutet. Lade und Keruben aber haben von Hause aus nichts miteinander zu tun. Dazu Volkmar FRITZ:

> „Mit der Einbringung der Lade verfügt der Tempel somit über zwei Symbole göttlicher Gegenwart, die sich eigentlich ausschließen und erst in dem priesterschriftlichen Entwurf des Zeltheiligtums miteinander verbunden worden sind. [... F]ür den Verfasser ergab sich aber daraus keinerlei Spannung, sein Interesse galt dem Verbleib des von David errichteten Zeltheiligtums nach der Fertigstellung des Tempelbaus. Die von ihm erzählerisch gefundene Lösung ist ganz am salomonischen Tempel orientiert: Das Zeltheiligtum wird vom Tempel abgelöst, indem die Lade in den Tempel übernommen wird."[530]

4. Sollte die obige Rekonstruktion richtig sein, liegt dem Bericht in jedem Falle der literarische Zusammenhang vor, der die Eroberung Jerusalems und die Einholung der Lade dorthin durch David gekannt hat, also zumindest der Grundstock eines Erzählwerkes in Sam–Kön. Dieser Zusammenhang wurde aber sehr wahrscheinlich frühestens durch einen deuteronomistischen Historiker hergestellt.

5. Die Episode ist im Erzählzusammenhang nur sehr locker eingebunden. Ist bei Tempelweihspruch und Gebet der Ergänzungscharakter am אז „damals" zu erkennen, so gilt dies auch für das אז in V. 1 und somit die gesamten folgenden Verse. Gäbe es den Bericht von der Verbringung der Lade in den Tempel nicht, würde man ihn kaum vermissen. Dazu kommt die Abgrenzung des Berichts nach hinten. Sie ist nicht ganz leicht vorzunehmen: 1Kön 9,1 blickt lediglich auf 1Kön 6f. zurück („Und es geschah, als Salomo damit fertig war, das Haus Jahwes [entsprechend etwa 1Kön 6] und das Haus des Königs [entsprechend etwa 1Kön 7] zu bauen"), aber nicht explizit auf das Kapitel 1Kön 8, das man mit Mühe in den einzigartig formulierten Versteil b hineininterpretieren müßte („das ganze Verlangen Salomos, das er zu tun wünschte"). Der Abschnitt 1Kön 9,1-9 dürfte dennoch 1Kön 8 voraussetzen (vgl. etwa 1Kön 9,3 mit 1Kön 8,28f.) oder doch zumindest gleichzeitig mit diesem entstanden sein. Der folgende Vers 1Kön

---

530 FRITZ, Könige 86.

9,10 bezieht sich jedoch unzweideutig zurück auf 1Kön 6,38/7,1 (7 Jahre + 13 Jahre = 20 Jahre). Ihm lag 1Kön8 (und auch 1Kön 9,1-9, evtl. auch 1Kön 6,2–36; 7,2ff.?) offenbar noch nicht vor.

6. Nicht zuletzt der sichere Nachtragscharakter der Erwähnungen der Lade in 1Kön 6 spricht dafür, daß *Tempelbaubericht und Ladeüberführung in den Tempel historisch und literarisch nicht von Anfang an zusammengehörten*, sondern letzterer zusammen mit den Ergänzungen ein sekundäres Stück innerhalb der Bautätigkeiten Salomos darstellt.

Daß der Bericht in 2Sam 6 bereits vorausgesetzt ist, ist selbstverständlich – und auch für ihn hatte sich eine frühestens spätdeuteronomistische Herkunft ergeben. Je nachdem, wie man die Ursprünglichkeit der „priesterschriftlichen" Verse 10f. beurteilt, ist man hier möglicherweise im Umfeld der priesterschriftlichen Grundschrift angelangt. Daß die Lade einerseits in P^G noch nicht vorhanden ist, in P^S aber ergänzt wird, andererseits aber von P^S im Tempel stehend vorausgesetzt wird, mag dafür sprechen, den Bericht von ihrer Überführung ins Allerheiligste zwischen P^G und P^S zu stellen – daß das freilich nur eine Vermutung sein kann, sei ausdrücklich betont.

So dürfte es jedenfalls das Interesse von in späterer Zeit schreibenden Theologen gewesen sein, der Lade, dem in ihrer Sicht so altehrwürdigen Jahweheiligtum, einen angemessenen Platz im Jerusalemer Tempel zu sichern. Historisch hat die Lade wohl nie im Tempel zu Jerusalem gestanden. Als Repräsentation der Gottheit – und kaum in einer Funktion im Kult des Salomonischen Tempels – brauchte sie nach der Erreichung ihres Ziels keine Rolle mehr zu spielen, da der Tempel als solcher sie abgelöst hatte.

Der Salomo in den Mund gelegte Tempelweihspruch bringt das in noch späterer Zeit zum Ausdruck: Der Gott, der vom Sinai her in den Formen von Zelt und Lade inmitten Israels wohnte, konnte nun in seinem Haus in Jerusalem „seßhaft" werden. In gewisser Weise inkorporiert insofern die alte Jerusalemer Zionstradition auf diese Weise die Lade, die Israel von den Anfängen bis zu einem Höhepunkt der heilvollen Geschichte begleitet hatte – freilich weniger historisch als vielmehr literarhistorisch bzw. theologisch. Auf diesem Hintergrund erhalten die Ergänzungen, die, wie gesehen, zum großen Teil den salomonischen Tempel mit dem Zeltheiligtum der Priesterschrift in eine Parallele stellen wollen, ihr Recht: Die Anwesenheit Jahwes im Tempel zu Jerusalem ist durch die Lade zu einer das Volk Israel in seiner Heilsgeschichte begleitenden, ja in ihm Wohnung nehmenden Begleitung geworden. So ist der Tempel nicht nur Zielpunkt einer bewegten Geschichte der Lade, sondern zugleich auch ihr Ausgangspunkt.

Die gesamte Ladetradition – so es „die" Ladetradition denn je gegeben hat – ist in dieser Sicht mit einem gewissen Recht geradezu „nichts anderes gewesen als eine moderne [...] Exegese" des Zion und seiner Tradition.[531]

Das ist natürlich bewußt sehr pointiert gesagt und gilt schon allein deswegen nicht ohne weiteres in dieser Absolutheit. Die Umkehrung der bekannten Stelle aus Jörg JEREMIAS' Überlegungen zur Entstehung der Ziontradition[532] aus dem Jahre 1971 soll vielmehr andeuten, daß das „historische" Wissen über die Lade, wie nun schon an vielen Stellen gesehen, noch sehr viel geringer ist, als JEREMIAS und seine Vorgänger, aber auch viele seiner Nachfolger glaubten. Damit eng zusammen hängt die Vorstellung des Gegeneinanders von „Israel" und „Kanaan", auf deren Boden JEREMIAS sich von den ersten Sätzen seiner Ausführungen an bewegt. Es geht ihm unter anderem ja darum, zu erklären, „wie die ursprünglich kanaanäische Stadt Jerusalem eine für den Glauben Israels so bedeutsame Rolle spielen konnte."[533] So „kanaanisiert" die Lade gleichsam die Traditionen Israels, wie sie umgekehrt die kanaanäischen Traditionen „israelisiert". Die neueren Erkenntnisse zur Religionsgeschichte Israels lassen jedoch erkennen, daß es einen solchen Gegensatz zwischen „Israel" und „Kanaan" historisch nie gegeben hat, sondern daß ganz im Gegenteil „der scharfe Gegensatz zwischen Israel und Kanaan, der das klassische Bild durchgehend bestimmt, nicht mehr aufrecht erhalten werden"[534] kann. Israel hat sich vielmehr allmählich aus einer tiefen Verwurzelung, gewissermaßen aus einem *subset* der syrisch-kanaanäischen Religion heraus zu einem „Sonderling" entwickelt. Die Abgrenzung und Feindschaft gegenüber allem Heidnischen, Kanaanäischen, Fremden, gegen die anderen Götter, hat sich erst als Kehrseite der allmählichen Entwicklung zum Monotheismus hin herausgebildet und praktisch erst seit dem Exil so maßgeblich das biblische Geschichtsbild bestimmt. Im Deuteronomium, genauer: im šᵉmaʿ yiśrāʾel ist die Exklusivität der Bindung Jahwes an sein Volk erstmals bezeugt und, offenbar weil nicht selbstverständlich, zum Bekenntnis Israels geworden.[535] „Es verwundert nicht, daß just im Dtn die Perhorreszierung alles ‚Kanaanäischen' beginnt."[536] Erst ab hier, nachdem Israel seinen so eigenen Weg schon eingeschlagen hat, findet die

---

531 Das Zitat bei JEREMIAS, Lade 181, dort allerdings genau in der Umkehrung: „Die gesamte Ziontradition ist in ihrer ältesten Gestalt für das damalige Israel nichts anderes gewesen als eine moderne, mit Hilfe kanaanäischer Motive vollzogene Exegese der Lade und ihrer Tradition". Vgl. dazu vor allem JANOWSKI, Keruben.

532 JEREMIAS, Lade.

533 JEREMIAS, Lade 167. Daß das mit einer Lade unter Salomo nichts zu tun haben muß, macht THOMPSON, History, klar. Er rechnet mit Jerusalem als „a dominant regional state power" erst im 8./7. Jh. v. Chr. (a.a.O. 333); ähnlich JAMIESON-DRAKE, Scribes 138f.; ähnlich P.R. DAVIES, Search.

534 KÖCKERT, Gott 161, mit Verweis auf AHLSTRÖM, Israelites.

535 Vgl. dazu nicht zuletzt AURELIUS, Ursprung (insb. 4–9.20f.).

536 KÖCKERT, Gott 174.

eigentliche Begegnung (im Sinne von Konfrontation) Israels mit Kanaan statt. Mit Hilfe der Traditionsgeschichte konnte, wie so oft, auch hier das biblische und so mannigfach theologisch geprägte Geschichtsbild als das historische Bild des alten Israel erscheinen, das es wahrscheinlich nie gewesen ist und im Sinne einer modernen „Geschichtsschreibung" vielleicht auch nie sein wollte.

5.9. Zwei Exkurse: Jahwe Zebaoth, der Kerubenthroner (*yhwh ṣᵉbā'ôt yo šeb hakkᵉrubîm*)

5.9.1. „Der HERR der Heerscharen" (*yhwh ṣᵉbā'ôt*) – ein alter Titel des Ladegottes?

Die Herkunft des Titels צבאות יהוה ist oftmals Gegenstand der Diskussion auch im Zusammenhang mit der Lade Jahwes gewesen.[537] Bis heute hält sich die These, diese Prädikation habe ihren Ursprung in der Theologie der Lade aus dem 11./10. Jahrhundert, möglicherweise schon davor in einer silonitischen Heiligtumstheologie[538]. So kann O.

---

537 Zur Übersicht vgl. METTINGER, Art. Yahweh Zebaoth, der eine Zusammenfassung seiner früheren Studien zum Thema bietet, sowie ZOBEL, Art. צְבָאוֹת.

538 Eine „ägyptologische" Variante dieser Theorie vertritt KREUZER, Zebaoth, im Anschluß an die Überlegungen von GÖRG (vgl. DERS., Lade als Thronsockel; DERS., „Lade des Zeugnisses" und DERS., Ṣb'wt). Der Titel sei im Anschluß an die ägypt. Nisbebildung ḏb3.tj [von ägypt. ḏb3.t „Thronsitz"] zu verstehen, d.h. als Prädikation dessen, der zum oder zu dem der Thronsitz gehört" (vgl. ERMAN/GRAPOW, Wörterbuch Bd. 5, 562), bedeute also etwa „Thronender" (so KREUZER, Zebaoth 354f.). „Kerubenthroner" wäre dann geradezu das „hebräische Äquivalent" (GÖRG, Ṣb'wt 17, zustimmend zitiert von KREUZER, Zebaoth 355). Als Hilfsargumente dienen die Nähe von Silo zu einer angeblichen Residenz der Ägypter in Aphek und die ägypt. Etymologie der Namen Ḥåpnî und Pînḥås (vgl. GÖRG, Art. Hofni [ägypt. ḥfn „kleiner Frosch"] und DERS., Art. Pinhas [ägypt. p3 nhsj „der Dunkelhäutige", „der Nubier"]). Ob die Namen damit gleich für eine „proägypt. Partei in Teilen der Priesterschaft" sprechen, „die hier freilich mit kritischen Tönen bedacht wird" (DERS., Art. Pinhas 152) sei freilich dahingestellt. – Bedauerlicherweise kann der Name Ḥåpnî auch aus dem Semitischen abgeleitet werden (vgl. die Hinweise von GÖRG, Art. Hofni 179, zur Ableitung aus dem Ägyptischen vgl. noch NOTH, Personennamen 63 und bereits SPIEGELBERG, Vermutung 633ff.). KREUZER weist außerdem darauf hin, daß es im Ägyptischen auch ein semitisches Lehnwort ḏb3, das „Heer" bedeutet, gibt. Warum dieses „für unsere Frage nicht relevant" (Zebaoth 354) sein soll, wird nicht ganz klar: Es heißt immerhin, daß man im Semitischen nicht von Vornherein an die ägyptische Bedeutung des „Thronsitzes" gedacht haben muß, wie im folgenden aber immer stillschweigend vorausgesetzt wird. Die nächstliegende Erklärung aus dem Semitischen, d.h. von einer Wurzel √ṣb' o.ä. dürfte deshalb mehr Wahrscheinlichkeit für sich beanspruchen können.

EISSFELDT von einer Bezeichnung sprechen, die „älter als Salomo" sei und sich in Silo ausgebildet habe[539], älter als die dort erstmals damit verbundene Titulatur als „Kerubenthroner" (s. den Exkurs Kap. 5.9.2.).

Interessant ist in diesem Zusammenhang, daß ZOBEL meint, daß wenn man in Jerusalem die „beiden Titulaturen [also Jahwe ṣ^ebā'ôt und den Kerubenthroner, Vf.] je für sich nehmen" müsse, „kein ernsthafter Anlaß mehr [bestehe, Vf.], die schilonische Herkunft des Epithetons ṣ^ebā'ôt zu bestreiten"[540]. Diese Herkunft wäre über Vermutungen hinaus aber ja erst einmal zu zeigen!

> „Daß das Epitheton in den Jerusalemer JHWH-Kult gehört, wird heute angesichts der Belege in den Zionsliedern der Psalmen und bei Jes von keinem Gelehrten bestritten. Zu fragen ist nur, ob es hier dem mit der Lade in die Stadt einziehenden Gott Israels zugewachsen ist (Galling, ZThK 53, 145; Fohrer, ZBK Jes I², 99), also möglicherweise sogar aus altehrwürdiger jebusitischer Tradition stammt, oder ob es bereits mit JHWH als dem Gott der Lade verwachsener Titel von Schilo her nach Jerusalem kam."[541]

WELLHAUSEN und, ihm folgend, SMEND[542], waren gänzlich anderer Meinung: Amos habe den Titel erfunden, und die Belege in den Samuel- und Königsbüchern verdankten sich späteren Eintragungen.

Die Argumente für einen ursprünglichen Zusammenhang zwischen Lade und ṣ^ebā'ôt-Titel sind dabei – wenn überhaupt aufgeführt – im allgemeinen eher dürftig: Erstens seien die Belege in 1Sam und 2Sam die ersten beim Durchblättern des Alten Testaments – sie fehlen in Gen–Ri; zweitens tauche die Lade hier in der erzählten Zeit das erste Mal auf – das „kann nicht Zufall sein"[543] – und drittens spreche dafür der kriegerische Aspekt der Lade, der der kriegerischen Bedeutung von צבא entspreche.

Nun ist das erste Argument kaum stichhaltig – nach solcher Argumentation könnte man etwa behaupten, das Gebot der Beschneidung sei ursprünglich in Gen 17,10ff.; das zweite Argument setzt Erzählzeit und erzählte Zeit ohne Nachfrage gleich, was bekanntlich ebenfalls zu mancher Absurdität führen kann (und für den Beispielfall von eben dazu führen würde, daß man die Beschneidung in die Zeit des Erzvaters Abraham datieren müßte). Und daß die Erwähnungen

---

539 EISSFELDT, Jahwe Zebaot 116.117.119. Vgl. SCHICKLBERGER, Ladeerzählungen 27f.; METZGER, Königsthron 326ff.350f.; ZOBEL, Art. צְבָאוֹת 881ff.
540 ZOBEL, Art. צְבָאוֹת 882.
541 ZOBEL, Art. צְבָאוֹת 881f.
542 WELLHAUSEN, Propheten 77; SMEND, Lehrbuch 201–204.
543 SMEND, Jahwekrieg 164.

im Zusammenhang mit der Lade nicht „Zufall" sind, bedeutet ja noch lange nicht, daß sie dort auch *ursprünglich* sind. Das dritte Argument schließlich läßt sich genausogut umkehren: warum sollte nicht die kriegerische Gottesbezeichnung auf die in den Erzählungen so kriegerisch wirkende Lade in Silo übertragen oder rückprojiziert worden sein?[544]

Die unumstritten ältesten Erwähnungen von außerhalb der Ladeerzählungen sind in Ps 24,7–10 und Jes 6,(1–)3 zu finden. Letztere gilt sogar kritischen Exegeten des Jesajabuchs wie U. BECKER als alt („es muß nicht der Prophet selbst gewesen sein, in Frage kommt auch ein früher Tradent"[545]). *„Jesaja ‚schaute' den thronenden König so, wie man sich ihn in der Jerusalemer Tempelideologie vorzustellen pflegte."*[546] Jahwe trägt königliche (V. 1) und priesterliche Züge (vgl. den Ort und die Mundreinigung). Die Seraphen haben „das Trishagion und die Proklamation der göttlichen Herrlichkeitsfülle der Welt nicht für Jesajas Vision komponiert", sondern stimmen beides an, „weil es eben seit eh und je zur Tradition und Theologie des Ortes gehörte"[547], nämlich zu der des Jerusalemer Tempels. Der himmlische Hofstaat, ja vielleicht sogar die himmlischen „Heerscharen" in Gestalt der Seraphen preist die Heiligkeit Jahwe Zebaoths.

Dazu kommt Psalm 24, der „vermutlich älteste Beleg"[548]: „Immerhin gipfelt die hymnische Namenskundgabe Gottes durch die namenlosen Eminenzen in Ps 24 in der Bezeichnung Jahwe Zebaoth, mithin dem Namen, dem die Seraphen in Jes 6 das Trishagion zurufen."[549] Hier gesellt sich dem „Zebaoth" ein anderes Attribut bei:

שְׂאוּ שְׁעָרִים׀ רָאשֵׁיכֶם 7 Ps 24,7–10	Ps 24,7–10: „⁷Hebt, Tore, eure Häupter,
וְהִנָּשְׂאוּ פִּתְחֵי עוֹלָם	erhebt euch, ihr ewigen Pforten,
וְיָבוֹא מֶלֶךְ הַכָּבוֹד:	daß der König der Ehren einziehe!
מִי זֶה מֶלֶךְ הַכָּבוֹד 8	⁸Wer ist es, der König der Ehren?
יְהוָה עִזּוּז וְגִבּוֹר	**Jahwe, der Recke und Held,**

---

544 Immerhin erwogen von SMEND, Jahwekrieg 164.

545 BECKER, Jesaja 90. Vgl. zu Jes 6,1–5 auch PETRY, Entgrenzung 120–123, der sich eng an BECKER anschließt.

546 MAIER, Kultus 111.

547 SPIECKERMANN, Erde 66.

548 SMEND, Jahwekrieg 166. Vgl. zur Sache auch KEEL, Geschichte 214.391f.

549 SPIECKERMANN, Erde 67. Zu Ps 24 vgl. auch PETRY, Entgrenzung 127–129 (V. 1–2), zu den altorientalischen Kontexten vor allem die eingehende Interpretation von MÜLLER, Jahwe 147–167. SPIECKERMANN und MÜLLER sind sich einig darin, daß der Psalm mit der Lade nichts zu tun hat, wie früher bekanntlich oft vermutet wurde. Es bleibt dabei: sie taucht darin nicht auf, und die Verbindungen zu ihr müssen reine Konstruktion bleiben.

יְהוָה גִּבּוֹר מִלְחָמָה:	**Jahwe der kriegerische Held.**
⁹ שְׂאוּ שְׁעָרִים רָאשֵׁיכֶם	⁹ Hebt, Tore, eure Häupter,
‹וְהִנָּשְׂאוּ› פִּתְחֵי עוֹלָם	‹erhebt euch›⁵⁵⁰, ihr ewigen Pforten,
וְיָבֹא מֶלֶךְ הַכָּבוֹד:	daß der König der Ehren einziehe!
¹⁰ מִי הוּא זֶה מֶלֶךְ הַכָּבוֹד	¹⁰ Wer ist denn Er, der König der Ehren?
יְהוָה צְבָאוֹת	**Jahwe, Zebaoth,**
הוּא מֶלֶךְ הַכָּבוֹד ‹ › :	**Er ist der König der Ehren.** ‹ ›"

Jahwe Zebaoth ist demnach zu identifizieren mit „dem König der Herrlichkeit" (*mælæk hakkābôd*, V. 7b.8aα.9b.10b), Jahwe, dem „Rekken und Held" (*'izzûz weʿgibbôr* V. 8aβ) und dem „kriegerischen Held" (*gibbôr milḥāmāh*; V.8b). Das ist in der Tat eine kriegerische Konnotation. Dem entspricht bestens die Bedeutung von צבא, ob *Sing.* oder *Plur.*: „*1.* Heer, Kriegsheer, Mannschaft" bzw. „*2.* צְבָא הַשָּׁמַיִם [...] das Heer des Himmels, ist *a)* die Gestirne [...]. – *b)* die Engel [...]"⁵⁵¹. Und genau diese Bedeutungen dürften auch im Hintergrund stehen: Jahwe ist der herrliche König der himmlischen (vgl. Jes 6) und dann auch der irdischen Heerscharen⁵⁵². Das Nebeneinander von kriegerischen Baʿals- und herrschaftlichen Elszügen dürfte die erste greifbare Stufe der offiziellen Religion Israels und Judas ohnehin schon bestimmen.⁵⁵³ Im ugaritischen Bereich gibt es entsprechende Parallelen: KTU 1.16 I 36 spricht vom *ṣbu špš*, dem „Himmelsheer", und der Gott *ræšæp* kann dort auch als *ršp ṣbʾy* „Resheph of the army"⁵⁵⁴ bezeichnet werden (KTU 1.91,15). Diese Parallelen hat jüngst ALBANI zurecht in

---

550 Vgl. V. 7 und vgl. einige Mss Vrs. Das „Sela" am Ende von V. 10 ist mit 𝔊 zu streichen. Zur Schichtung jetzt auch MÜLLER, Jahwe 147f.: V. 3–5 und 6 sind sicher späte Zusätze. Erst sie machen aus dem Psalm die ethisierte Einlaßliturgie. Sein Resümee („Psalm 24,7–10* gehört ans Stadttor", a.a.O. 150; ausgesondert ist nur die liturgische Anweisung „Sela"), ist durchaus denkbar – nur hat diese Liturgie mit der *Lade* eben nichts zu tun, wie MÜLLER zurecht bemerkt. V. 1–2* könnten mit V. 7–10* durchaus ursprünglich zusammengehören, daß sie andere Traditionen verarbeiten, ist dabei unbestritten.

551 Beide Zitate: GESENIUS *s.v.*; außerdem noch das abgeleitete „*3.* Kriegsdienst, Krieg".

552 Das darf man vielleicht aus dem Zusatz 1Sam 17,45 (*yhwh ṣeʿbāʾôt* par. zu *ᵡlohê maʿarʿbôt*) schließen. Doch: „Die Meinung Maiers (51), ṣeʿbāʾôt sei der Dual des Konkretums und bezeichne die beiden Heerhaufen Israels und Judas, ist abwegig" (ZOBEL, Art. צְבָאוֹת 580). Dem ist, bei aller sonstigen Qualität der MAIERschen Untersuchung, nichts hinzuzufügen. – Späterhin erfolgt dann die Beziehung zur ganzen „Welt u. was darinnen ist" (WELLHAUSEN, Propheten 77, vgl. Gen 2,1).

553 Vgl. dazu neben KÖCKERT, Wandlungen 21–23 v.a. KRATZ, Reste. Vorsichtig Müller, Jahwe 150.

554 Vgl. CHOI, Resheph 24.

die Vorgeschichte des Zebaoth-Epithetons eingeordnet.[555] Daß die doppelte Determination dabei kein Problem darstellt, zeigt sich z. B. in den Texten aus Kuntillet 'Aǧrūd aus dem 9. Jh. v. Chr., wo KAgr(9): 8,2 auch שמרן יהוה: „Jahwe von Samaria" und KAgr(9): 10,2 יהוה: התמן „Jahwe von Teman" erwähnt werden,[556] aber auch in den ugaritischen Texten.

> „With the phrase *yhwh ṣĕbā'ôt*, then, there is no need to view the phrase as an ellipsis, and there is no need to postulate that *yhwh* can function as a common noun, or that *ṣĕbā'ôt* is a hitherto unknown place name. The evidence from the use of *ršp* in various regions suggests that *yhwh ṣĕbā'ôt* is a genuine construct chain, used to point out and highlight a specific aspect of the deity's nature, in this case, *yhwh*'s nature as a warrior and supreme commander of armies. Further, this evidence strongly suggests that occurrences of doubly determined proper nouns indicate not just a regional manifestation of a deity, but function to highlight emphatically the essence of a deity, as well."[557]

Auch auf einigen Ostraka von der Nilinsel Elephantine hat sich der Titel erhalten. Sie haben bisher recht wenig Beachtung gefunden, da sie (noch) nicht in der Textausgabe von PORTEN und YARDENI enthalten sind. So berichtet etwa DUPONT-SOMMER bereits 1947 von Notizen CERMONT-GANNEAUS zu Ostrakon Nr. 175 (in der Zählung von CLERMONT-GANNEAU). Dort ist nach DUPONT-SOMMER in Z. 1–5 zu lesen:

בי[ו]ם זי אמות [...]¹	¹[... am T]ag, an dem ich sterben werde.
כבלכי יהה צבאת ²	² *Yāhoh ṣᵉbā'ot* hat dich unfruchtbar gemacht (wörtlich: hat dich gebunden),
כפרת סתריה ³	³ (aber) ich habe *Sᵉtaryāh* abgelehnt,
וכפרת כל ⁴	⁴ und ich lehne jede (andere)
אנתה ⁵	⁵ Frau ab ...

(vgl. auch Ostrakon Nr. 167,1 [nur ה צבא[...] und Nr. 186,1)[558]. Diese Belege beweisen strenggenommen natürlich nur, daß der Titel in persischer Zeit in Elephantine bekannt war, könnten aber durchaus auf eine ältere judäische Tradition hinweisen.

---

555 Vgl. vor allem ALBANI, Gott 186–230.230–239.

556 Vgl. RENZ in HAE I, 56–64; es soll noch mehrfach die Formulierung *yhwh tmn* (also ohne Artikel) gefunden worden sein (a. a. O. 61 Anm. 2 und 62 Anm. 5 sowie 64 Anm. 7).

557 CHOI, Resheph 27.

558 Vgl. zur Übersetzung und zu den Lesungen DUPONT-SOMMER, «Yahô» 182ff. und zu Nr. 186 DERS., Ostracon. Möglicherweise gehört auch Ostrakon Nr. 70 dazu. DUPONT-SOMMER («Yahô» 181 Anm. 1) verweist auf einen unveröffentlichte Bericht CLERMONT-GANNEAUS von 1908 sowie eine Äußerung von LAGRANGE in RB 17, 1908, 261 Anm. 2.

Die Lade und Silo braucht man für die Erklärung dieses Epithetons demnach also nicht, ebensowenig wie einen Umweg über Ägypten[559]. Andererseits erklärt sich der Bezug des kriegerischen Gottesepithetons auf die Lade ganz zwanglos, hatte letztere doch je länger, desto mehr mit den „Heiligen Kriegen" Jahwes zu tun. Die vorexilische Gottesbezeichnung selbst paßt bestens in ihr religionsgeschichtliches Umfeld.

5.9.2. Jahwe, der Kerubenthroner (yošeb hakkᵉrubîm) – Prädikation des (silonitischen) Ladegottes?

Siebenmal ist im Alten Testament von Jahwe als „Kerubenthroner" (yošeb hakkᵉrubîm) die Rede[560]: 1Sam 4,4; 2Sam 6,2 par. 1Chr 13,6; 2Kön 19,15 par. Jes 37,16; Ps 80,2; 99,1 (yošeb kᵉrûbîm). Der Zusammenhang mit der Schöpfertätigkeit Jahwes nach 2Kön 19,15 par. Jes 37,16 verweist auf den Schöpfungsbericht der Priesterschrift zurück,[561] so daß die entsprechenden Belege als früheste ausscheiden dürften. Es bleiben die beiden Samuel- und die beiden Psalmstellen. Zunächst die Psalmen.

In Ps 99,1 hat man hin und wieder daran gedacht, statt des *Part. Qal yošeb* das *Perf. Qal yāšab* zu lesen[562], doch ist das wenig wahrscheinlich.[563] So bleibt in V. 1–3:

Ps 99,1–3: ¹יְהוָה מָלָךְ יִרְגְּזוּ עַמִּים יֹשֵׁב כְּרוּבִים תָּנוּט הָאָרֶץ: ²יְהוָה בְּצִיּוֹן גָּדוֹל וְרָם
הוּא עַל־כָּל־הָעַמִּים: / ‹אֱלֹהִים› ³ יוֹדוּ שִׁמְךָ גָּדוֹל וְנוֹרָא קָדוֹשׁ הוּא:

Ps 99,1–3: „¹Jahwe ist König [geworden]; es zittern die Völker. Der auf den Keruben thront; es schwankt[564] die Erde. ²Jahwe auf dem Zion ist groß; und

---

559 Es sei denn, der Titel von *ræšæp* stammt aus der ägyptischen Tradition; verehrt wurde dieser zuerst in Tell Mardikh-Ebla bezeugt Gott dort bekanntlich auch als *r-š-p(-w)* (vgl. XELLA, Art. Reshep 701).

560 Vgl. zum Ganzen FREEDMAN / O'CONNOR, Art. כְּרוּב sowie MAIER, Kultus 64ff.; DERS., Ladeheiligtum 53f.; UEHLINGER, Art. Mischwesen 820f.; GÖRG, Art. Kerub; KEEL / UEHLINGER, GGG 175–178.190f.

561 Vgl. Gen 1,1 (davon abhängend Ex 20,11) und Ex 31,17(Pˢ); Jer 32,17(ab הנה „später Einschub": LEVIN, Verheißung 172, hier wird kompendienartig u.a. Dtn 9,26ff. und Dtn 26,5–9 zusammengezogen); vgl. außerdem RUDOLPH, Jeremia 207 (der auch an Neh 9,6ff. erinnert: a.a.O. 213); SCHMID, Buchgestalten 94ff.101.104. 106f.); Ps 146,6; 2Chr 2,11.

562 LIPIŃSKI, Royauté 279f.

563 Vgl. schon EISSFELDT, Jahwe als König 189f. Das *mālāk* ist zwar *Perf.*, kann aber, wie die Erzähltexte zeigen, „sowohl ‚herrschen' oder ‚als König wirken' als auch ‚König werden' bedeuten" (KRATZ, Mythos 148; vgl. SCHMIDT, Königtum 74ff.; gegen MICHEL, Studien) und deshalb hier auch gut in Parallele zum *Part. yošeb* stehen. Die Diskussion braucht hier nicht aufgerollt zu werden.

erhaben ist er über alle Völker [o. ‹Götter›][565]. [3] Sie sollen seinen Namen preisen – den großen und furchtbaren – heilig ist er."

Im Parallelismus entsprechen sich Kerubenthroner und Königsgott. Daß die Vorstellung des Königtums Jahwes zur alten Jerusalemer Zionstradition gehört, kann man aus Ps 29 und 93 ablesen. Aus anderer (und späterer) Tradition, nämlich der „Nationalisierung" des ursprünglichen Mythos, stammt die Aussage, daß die Völker erzittern wie Ex 15,14; dem entspricht das in-Wallung-Geraten der Erde im nächsten Stichos. Ursprünglich sind in den Versen, wie KRATZ gezeigt hat[566], jedenfalls traditionsgeschichtlich, vielleicht aber auch redaktionskritisch, nur V. 1aα.bα.2a.3(nur קדוש הוא); sekundär hingegen V. 1aβ.bβ.2b.3(bis ונורא). So wird man auch den Titel „Kerubenthroner" vom Zion her verstehen müssen.[567] Hier stehen ja die Keruben im Tempel „inmitten des Hauses" (בתוך הבית; vgl. 1 Kön 6,23ff.). Daß später dort auch die Lade stehen wird (vgl. 1 Kön 8,6 und den Nachtrag 1 Kön 8,7), braucht hier (noch) nicht im Blick zu sein.[568] Erst 1 Kön 8 bzw. Ex 25,17ff. verbinden explizit Lade und Keruben, so „daß es fast

---

564 Vgl. zu *nwṭ* das *Ugar. nṭṭ*.

565 Einige Mss und 𝔊[B*min] lesen hier אלהים, vgl. Ps 95,3; 96,4; 97,9. Diese Lesung könnte ursprünglich sein; V. 1 legt zwar die Völker nahe, aber von V. 3 her ist nicht zwingend daran zu denken. Anders JEREMIAS, Königtum 99 Anm. 2; vgl. auch Mal 1,14. Vgl. aber KRATZ, Reste [20]–[23].

566 KRATZ, Reste [20]. Dort auch die Bezeichnung als „Nationalisierung". Liest man den Psalm einheitlich und von V. 6–8 her, kommt man auf eine Datierung um 300 v. Chr., so ZENGER, Psalmen NEB 525 und DERS., Psalmen HThK 697. Daß der Mythos von Jahwes Königtum das „Zentrum der sogenannten Jerusalemer Kult- oder Tempeltheologie" (KRATZ, Reste [30]) darstellt, braucht hingegen kaum bezweifelt zu werden, vgl. STECK, Friedensvorstellungen *passim* und SPIECKERMANN, Heilsgegenwart 165.220ff.284ff.

567 So bes. JEREMIAS, Keruben *passim*, vgl. auch GÖRG, Art. Kerub 467; MAIER, Kultus 64ff. u. v. m. Selbst wenn man mit einem ursprünglichen Vorkommen in einer alten Ladeerzählung rechnet, ist diese doch letztlich der „ἱερὸς λόγος des *Jerusalemer* Ladeheiligtums" (ROST, Überlieferung 159, Hervorhebung vom Vf.) – und bereits deshalb liegt auch dann der Schluß sehr nahe, daß es sich beim „Kerubenthroner" um eine spezifisch Jerusalemer Tradition handelt. Daß dahinter „ein aus dem kananäischen Kult stammender El-Titel" (FREEDMAN/O'CONNOR, Art. כְּרוּב 329) steht, spräche eher dafür als dagegen (anders METTINGER, Art. Jahweh Zebaoth 920–924).

568 1 Kön 8,7, aus 1 Kön 8,6 herausgesponnen, bestätigt das in gewisser Weise. Eine schützende Funktion hatten die Flügel der Keruben nicht, vgl. KEEL, Jahwe-Visionen 29, gegen METZGER, Königsthron 348.451. Vgl. auch JANOWSKI, Keruben 251. Gegen STOEBE, Samuelis I, 158, steht der Titel רכב בערבות (Ps 68,5 und *Ugar. rkb ʿrpt*) damit nicht im Zusammenhang, vgl. SPIECKERMANN, Heilsgegenwart 89 Anm. 2.

ausgeschlossen ist, dabei nicht an das riesige Kerubenpaar im Allerheiligsten des Salomonischen Tempels [...] zu denken"[569].

Ps 80,2 seinerseits parallelisiert Jahwe, den „Hirten Israels"[570] und den Kerubenthroner:

רֹעֵה יִשְׂרָאֵל הַאֲזִינָה נֹהֵג כַּצֹּאן יוֹסֵף יֹשֵׁב הַכְּרוּבִים הוֹפִיעָה׃ Ps 80,2 [2]

Ps 80,2: „[2]Hirte Israels, höre doch! – Der du Josef leitest wie das Kleinvieh. – Thronender [auf] den Keruben, strahle hervor[571]!"

Das wohl frühestens exilische Volksklagelied[572] verbindet offenbar das altorientalisch breit belegte Hirtenbild[573] mit der Lichtmetaphorik von Ps 50,2 („Aus Zion [...] ist Gott hervorgestrahlt"; vgl. Ps 94,4). An diesem Bezug ist ebenfalls die Verbindung des „Aufstrahlens" (יפע√ Hif.) mit dem Zion ersichtlich, so daß hier keineswegs an Silo gedacht sein muß. Ist mit dem Hirtenbild (ro'eh yiśrā'el) die königliche Metaphorik auf Jahwe übergegangen, so ebenfalls beim Thronen im Tempel. Lade und/oder Silo sind hier völlig abseits aller Vorstellungen. Für einen Jerusalemer Hintergrund sprechen letztlich auch die Reliefdarstellungen der Kesselwagen 1Kön 7 (V. 29.36) und die Keruben in der Tempelvision Ezechiels (Ez 41,18.20.25[574]). Die Verbindung des Titels mit der Lade ist also offenbar nicht ursprünglich, sondern erst aus 1Kön 8 erwachsen.

Die beiden Stellen in den Samuelbüchern sind, wie oben gesehen, zumindest des Nachtrags verdächtig: In 1Sam 4,4 ist die Ladeprädikation ganz offensichtlich überladen: ארון ברית יהוה־צבאות ישב הכרבים, die „Lade des Bundes Jahwe Zebaots, der über den Keruben thront"; in 2Sam 6,2 sieht es textlich nicht besser aus: ארון האלהים אשר־נקרא שם שם יהוה צבאות ישב הכרבים עליו, die „Lade Gottes, über der der Name, der Name Jahwe Zebaots, der über den Keruben thront, ausgerufen ist". Zwar ist (s.o. Kap. 5.2.2. und 5.4.) in beiden Fällen eine kürzere

---

569 MAIER, Ladeheiligtum 34.

570 Sonst in der exakten Formulierung nur im *Plur.* von Israels Herrschern ausgesagt: Ez 34,2. Aber vgl. Jer 31,10; Ez 34,12 und Ps 23,1.

571 Zu יפע *Hif.* vgl. Dtn 33,2; Ps 50,2; 80,2; 94,1; Hi 3,4; 10,3.22; 37,15.

572 Vgl. den Nachweis bei EMMENDÖRFER, Gott. Anders ZENGER, Psalmen NEB 455 (ursprünglich aus dem Nordreich[!] stammend; vorexilisch) und DERS., Psalmen HThK 457.

573 Oder sogar schon die Bildsprache Ezechiels (Ez 34; dort die Heimführung der Diaspora)? Manches hängt an der Beurteilung des Kehrverses (V. 4.8.[15.]20), der scheinbar den aaronitischen Segen zitiert (Num 6,25).

574 Dazu gehört auch die Vorstellung der Keruben als Zugtiere des Wagens in Ez 9–11 (Ez 9,3; 10,1ff.14–16.18–20; 11,22).

Fassung (jeweils ohne צבאות) in 𝕲 resp. ℚ/Chr überliefert,[575] doch kann kaum entschieden werden, ob letztere kürzen oder 𝔐 den Text auffüllt; angesichts der „Überfülle" der Bezeichnungen muß die Faustregel der *lectio brevior* hier nicht gelten. Selbst wenn man davon ausgeht, daß in beiden Fällen die kürzere Lesart der Ladeprädikation ursprünglich war, bedeutet das nichts für die der Attribution als *yošeb hakkᵉrubîm*. Beide Male ist offenbar die Verbindung von Tempel und Keruben nach 1Kön 8,6f. oder gar Ex 25,17ff. vorausgesetzt – oder doch wenigstens die Sache als solche. So liegt kein Grund vor, hier vorjerusalemische Tradition anzunehmen. Wie darüber hinaus zu sehen ist, kann die Jerusalemer Kulttradition wie in Ps 99,1 (und später Ps 80,2) ganz unbefangen vom „Kerubenthroner" sprechen, ohne daß in irgendeiner Weise die Lade im Spiel wäre; sie von außen an die Psalmen heranzutragen, wäre m. E. reine Spekulation. Ob sie in 1Sam 4,4 und/oder 2Sam 6,2 literarisch ursprünglich ist, sei dahingestellt; mancherlei Indiz spricht in beiden Fällen für eine „„Addition' der beiden Gottesnamen", um „die religiöse Kontinuität zwischen Silo und Jerusalem zu unterstreichen und zu sichern. Als Name des silonitischen Ladegottes ist das Prädikat ‚Kerubenthroner' jedenfalls nicht plausibel zu machen."[576] Einen Kerubenthroner ohne die Keruben des Jerusalemer Tempels hat es nicht gegeben, es handelt sich vielmehr um eine „Rückprojektion der Verhältnisse des salomonischen Tempels"[577]. Von Haus aus haben Lade und Keruben nichts miteinander zu tun.[578] Erst 1Kön 8 verbindet den (älteren?) Titel mit der *Lade* Jahwes im *Salomonischen* Tempel – *Sie* wird sonst im übrigen *nie* mit dem Gottesprädikat ישב הכרבים verbunden!

---

575 1Sam 4,4: 𝕲⁻ᴼᴸᴹˢˢ, vgl. 𝔏¹¹⁵; zu 2Sam 6,2 ℚ vgl. Cross u.a. (Hgg.), DJD XVII, 127 (jedoch nur rekonstruiert!) und 1Chr 13,6. Die mutmaßliche Übereinstimmung von ℚ und Chr ist aufgrund des Zustandes von 𝔐 in V. 2 (s. o. Kap. 5.4.) jedoch kaum beweiskräftig.

576 Beide Zitate: Janowski, Keruben 256. Vgl. auch ebd. Anm. 33.

577 Smend, Jahwekrieg 164.

578 Vgl. zur Diskussion Sasson, Lord 227–234 und Keel, Geschichte 214.

6. „Nicht wird man ihrer gedenken" (Jeremia 3,16) – Die Lade bei den Propheten

In den Prophetenbüchern kommt die Lade nur ein einziges Mal vor: Im Jeremiabuch im 3. Kapitel. In der Prophetie wie auch in der prophetischen Überlieferung spielte die Lade demnach praktisch keine Rolle. Und auch in Jer 3,16 steht sie nicht im Zentrum der Verkündigung:

Jer 3,16f. ‏¹⁶וְהָיָה כִּי תִרְבּוּ וּפְרִיתֶם בָּאָרֶץ בַּיָּמִים הָהֵמָּה נְאֻם־יְהוָה לֹא־יֹאמְרוּ עוֹד אֲרוֹן בְּרִית־יְהוָה וְלֹא יַעֲלֶה עַל־לֵב וְלֹא יִזְכְּרוּ־בוֹ וְלֹא יִפְקֹדוּ וְלֹא יֵעָשֶׂה עוֹד: ¹⁷בָּעֵת הַהִיא יִקְרְאוּ לִירוּשָׁלַ͏ִם כִּסֵּא יְהוָה וְנִקְווּ¹ אֵלֶיהָ כָל־הַגּוֹיִם [לְשֵׁם יְהוָה לִירוּשָׁלָ͏ִם] וְלֹא־יֵלְכוּ עוֹד אַחֲרֵי שְׁרִרוּת לִבָּם הָרָע:‏

Jer 3,16f.: „¹⁶Und es wird geschehen, wenn ihr euch vermehrt und fruchtbar seid im Land / auf der Erde in jenen Tagen – Spruch Jahwes – nicht mehr wird man dann sagen: ‚Die Lade des Bundes Jahwes'; und nicht wird sie einem in den Sinn kommen, und nicht wird man ihrer gedenken und nicht wird man sie heimsuchen, und nicht mehr wird sie (wieder) hergestellt werden. ¹⁷In jener Zeit wird man Jerusalem den ‚Thron Jahwes' nennen, und alle Völker werden sich dorthin [*wörtlich:* zu ihr] versammeln [in 𝔐 ergänzt: um des Namens Jahwes willen² in Jerusalem]. Und nicht werden sie mehr der Verstocktheit ihres bösen Herzens folgen."

---

1 So (wohl mit Schreibfehler) L, aber vgl. viele hebräische Mss, in den Ausgaben von KENNICOTT, DE ROSSI und GINSBURG: ‏וְנִקְווּ‏. Der Einschub eines ‏אי‏ vor ‏ארון‏ (vgl. RUDOLPH in BHS und DERS., Jeremia 22 [Haplographie]) hat keinerlei Anhalt an der Textüberlieferung und ist überflüssig, ebenso die ebd. vorgeschlagene Glättung in V. 17: ‏כל־הגוים‏ statt ‏מכל־הגים‏.

2 Die Formulierung ist auch einzigartig im Jeremiabuch, sonst ist nur vom Weissagen o. ä. im Namen Jahwes die Rede (‏נבא‏ *Hitpa. / Nif.* o. ‏אמר‏ *Qal* ‏בשם יהוה‏; vgl. Jer 11,21; 26,9. 16. 20; 44,16). MCKANE spricht zurecht von einer „secondary epexegesis" des ‏אליה‏ (MCKANE, Jeremiah I, 75). Etwas ungeduldiger geht RUDOLPH noch einen Schritt weiter: Die „in einem einheitlichen Satz lästige [...] Wiederholung von ‚in Jerusalem' beweist ja deutlich den Nachtragscharakter von 17aβ. b." (RUDOLPH, Jeremia 22) Das ist möglich, aber nicht unausweichlich. Freilich fällt auf, daß der Begriff der ‏שררות‏ im Jeremiabuch sonst stets von Israel gebraucht wird. Das (ver-)führt RUDOLPH (und andere auch ohne Streichung von V. 17b) wiederum gern dazu, ‏מכל־הגים‏ statt ‏כל־הגוים‏ zu lesen (s. ebd. Anm. 1). Aber wer hätte einen solchen Text zum heute vorliegenden – ja durchaus sinnvollen – umformen sollen?

Zur Abgrenzung der Verse ist das Urteil der Kommentare praktisch einhellig: In Jer 3,16–18 sind „einige Schnitzel angereiht, die [...] mit dem Vorhergehenden nur in losem Zusammenhang stehen, zum Teil sogar nur schlecht verbunden sind also von anderer Hand herrühren."[3] Dafür spricht nicht zuletzt die Formulierung mit בימים ההמה „in jenen Tagen", den die Ergänzer „lieben"[4].

Das בעת ההיא „in jener Zeit" bezieht sich hingegen klar zurück auf V. 16. Der Abschnitt V. 16f. schließt deutlich an V. 14f. an, der wiederum mit Hilfe des Leitworts des Kapitels, שוב, Jer 3,22(aα) (vgl. Jer 23,3) auslegt[5] – es aber nicht mehr im Sinne von „umkehren", sondern von „heimkehren" verwendet.[6] Sind dort noch Jahwes „abtrünnige Söhne" (בנים שובבים)[7] angesprochen, die von ihm zum Zion gebracht werden – und zwar in offenem Widerspruch gegen die Davidverheißungen Jer 23,3f.5f. – geht es hier schließlich um die Völkerschaften (גוים), die sich nach Jerusalem versammeln. Die Verse Jer 3,14f.16f.18 gehören demnach eng zusammen, repräsentieren aber unterschiedliche Auslegungsstufen.[8]

Jer 3,16aα spielt ganz offensichtlich auf Jer 23,3 (abhängig von Gen 1,21.28 P; vgl. Gen 9,1.7 P und Ez 36,11) an. Es wird der priesterschriftliche Schöpfungsbericht zitiert, die Ezechielstelle dient dabei möglicherweise als Vorlage.[9] Wie bei der Schöpfung Tiere und Menschen göttlichen Segen empfangen, der sich in Fruchtbarkeit und Mehrung ausdrückt, ist es hier das Gottesvolk. Nach Jer 23,3 ist die Zeit, in der dieser Segen eintritt, wenn Jahwe den „Überrest seiner Schafe" (שארית צאן) aus allen Ländern wieder auf „ihre Weideplätze" (נוהן) zurückbringen wird; gemäß der Formel „in jenen Tagen" also das Escha-

---

3 DUHM, Jeremia 39. Für einen Neueinsatz und das Werk eines Späteren sprechen sich auch WANKE, Jeremia I z.St., WERNER, Jeremia I z.St., SCHREINER, Jeremia I z.St., FISCHER, Jeremia z.St., CARROLL, Jeremiah z.St., MCKANE, Jeremiah I z.St., RUDOLPH, Jeremia z.St. und HERRMANN, Jeremia 3 aus. Auch SCHMID (V. 14–18 sind Prosa, vgl. Buchgestalten 229) und LEVIN, Verheißung 187–190 urteilen ähnlich. THIEL, Redaktion I, 91f. führt nicht weniger als 10 Argumente für den Nachtragscharakter an.

4 DUHM, Jeremia 40; ähnlich THIEL, Redaktion I, 92 Anm. 48.

5 Vgl. LEVIN, Verheißung 190.

6 Vgl. SCHREINER, Jeremia I, 28.

7 Seinerseits wiederum an das eindringliche שובה משובה ישראל aus V. 12 anknüpfend.

8 V. 18 fällt aufgrund der Vorstellungen vom „Haus Juda" / „Haus Israel" auf den ersten Blick aus dem Rahmen, was sich aber dadurch erklärt, daß V. 14f. zunächst um V. 18 und erst danach durch Jer 3,16f. ergänzt wurden (vgl. LEVIN, Verheißung, 190).

9 DUHM, Jeremia 40 spricht sogar von einem Zitat.

ton[10]. Dann aber wird gelten, was die folgenden Sätze mit ihrem fünffachen עוד לא(ו)/לא(ו) geradezu einhämmern: „nicht mehr wird man dann sagen: ‚Die Lade des Bundes Jahwes'; und nicht wird sie einem in den Sinn kommen (עלה על־לב, *Qal*), und nicht wird man ihrer gedenken (זכר *Qal*), und nicht wird man sie heimsuchen (פקד *Qal*), und nicht mehr wird sie (wieder) hergestellt werden (עשה *Qal*)." Wie kommt es zu solch einer vehementen Ablehnung der Lade?

Die Antwort findet sich neben V. 17 am ehesten in Jes 65,17, wo die Denkbewegung sehr ähnlich ist – nicht zufällig verwendet der Vers die gleichen Formulierungen: „Denn siehe, ich schaffe einen neuen Himmel und eine neue Erde. Nicht mehr wird man des Früheren gedenken (זכר *Nif.*), und nicht mehr wird es einem in den Sinn kommen (עלה על־לב *Qal*)" (Jes 65,17). Jer 3,16 gibt geradezu ein Beispiel für „das Frühere" (הראשנות): die Lade des Bundes Jahwes.[11] Hier ist nicht speziell an die historische Bundeslade gedacht,[12] schon gar nicht in Form etwa einer „Antithese"[13] zu Ex 25 oder dergleichen. Die Lade steht hier *pars pro toto* für den Tempelkult, der auf dergleichen Geräte angewiesen ist, um die „Garantie der thatsächlichen Gegenwart der Gottheit"[14] anschaulich machen zu können. In der Endzeit der Sammlung der Völker nach Zion ist das nicht mehr nötig. So fragt Wilhelm RUDOLPH pointiert, aber treffend: „was braucht man Jahwes Symbol, wenn man ihn selbst gegenwärtig weiß?"[15] Gleichzeitig war durch die Differenz von Jer 3,14f. zu Jer 23,3f.5f. auf den Davidbund angespielt worden, dem hier ein anderes Konzept entgegengestellt wird – insofern repräsentiert die „Lade des Bundes Jahwes" auch diesen Davidbund. Das heißt nun aber: Es handelt sich in V. 16 nicht um irgendeine wie auch immer geartete Kritik an der Lade als solcher oder um irgendeine Klage über ihren Verlust oder den Reflex auf eine Diskussion um ihre Wiederherstellung,[16] oder was auch immer man hier an Historie hineinprojizieren möchte (und hineinprojiziert hat, vgl. stellvertretend

---

10 Vgl. DUHM, Jeremia 40f., der vom „Eschatologiker" spricht, der sich hier ganz in der Gedankenwelt des „Chronikers" befinde.

11 Vgl. CARROLL, Jeremiah 149, der die Lade ebenso als „example given" bezeichnet.

12 Aber vgl. SCHÄFER-LICHTENBERGER, Anmerkungen 229, die die Ansicht vertritt, dieser Vers sei ein „letzter historischer Widerschein der kultischen Bedeutung der Lade".

13 So allerdings UTZSCHNEIDER, Heiligtum 261.

14 DUHM, Jeremia 40. Ebd.: „Es geht nicht mehr um Jahwes Panim, sondern nur um ein, freilich unentbehrliches Kultgerät."

15 RUDOLPH, Jeremia 25.

16 Anders SCHÄFER-LICHTENBERGER, Anmerkungen 235.

WEISER, der die Verse sogar dem historischen Jeremia zutraut und die Lade noch vorhanden wähnt[17]). Worum dann?

Die Antwort und zugleich die Bestätigung dieser Sicht gibt der Text selber in V. 17; ja, ohne diesen Vers würde er praktisch ins Leere laufen. Auf die Einleitung „nicht mehr wird man sagen" (לא יאמרו עוד) V. 16aβb folgt – übrigens genau wie in Jer 23,7f. und der Verheißung des neuen Exodus in Jer 16,14f.[18] – die Antwort: Jerusalem wird „Thron Jahwes" genannt werden[19], so wie vormals die Lade Jahwes dafür stand, und die Völker werden bekehrt dorthin aufbrechen[20]. „Der Text hat kaum die Antithese von Ladethron und Jerusalem-/Zionsthron, sondern ganz im Sinn der eschatologischen Eröffnungsformel בעת ההיא / בימים ההמה und ihrer Gegenformulierung לא־יאמרו עוד – diejenige von ehemaliger Lade und eschatologischem Jerusalem/Zion im Blick"[21]. Es gilt, was BEZZEL zu Jer 16,18 formuliert: „An die Stelle der Heimkehr der Erwählten tritt so die große Wallfahrt der Bekehrten."[22] Und darin überbietet die Passage ihren Bezugstext, nämlich Jer 23.[23] Der dortigen Hoffnung auf ein Wiedererstehen des davidischen Königtums wird hier begegnet mit einer rein theokratischen Vorstellung, in der Volk Gottes und die Völker sich als Bekehrte nach Zion versammeln.

---

17 WEISER, Jeremia 26.29.

18 Schon das spricht gegen die Trennung der beiden Verse voneinander. Die Antwort ist auch keineswegs „indirekt", wie DUHM, Jeremia 40 meint. Die Formulierung noch in Jer 7,32; 31,29f. Vgl. in diesem Zusammenhang auch Jes 62,4; etwas ferner liegt Hos 14,4.

19 Ehrentitel für Jerusalem sind nach WANKE, Jeremia I z.St. Kennzeichen einer späten „eschatologischen" Prophetie. Aus dem Begriff und der Parallelität kann jedoch gegen METZGER, Königsthron 358 keine Thronhypothese für die Lade abgelesen werden, vgl. auch JANOWSKI, Keruben 260.262.

20 Vgl. das Motiv der ‚Völkerwallfahrt zum Zion' Jes 2,2–4; Mi 4,1–3; Jes 60, (1–)3.

21 JANOWSKI, Keruben 260.

22 BEZZEL, Konfessionen 155. Er stellt den Vers auf eine Ebene mit Jer 16,19(f.) (DERS., Konfessionen 191 Anm. 56, vgl. 263 Anm. 33: „12,14–17 hat, darin 16,19f. und 3,17 nicht unähnlich, eine heilvolle Perspektive für die Fremdvölker im Blick").

23 WANKE, Jeremia I, 53 und vor allem LEVIN, Verheißung 187–190. Man muß nicht an den *Neuen Bund* in Jer 31,31–34 als Antwort auf die Frage, was mit der Lade sein soll, denken, weil sie „*Bundes*lade" genannt wird und deshalb die Gesetzestafeln enthalten habe, wie FISCHER, Jeremia I, 194 oder WANKE, Jeremia z.St. meinen, wenngleich der Bezug sachlich natürlich nicht ganz fern liegt. Aber die Bewegung geht hier doch in eine andere Richtung: Dort geht der Erneuerung des Gottesverhältnisses durch Jahwe der Bruch des alten Bundes voraus – eine derartige Denkfigur ist Jer 3,16f. ganz fremd.

Daß V. 17 „in keinerlei sachlichem Zusammenhang mit V. 16"[24] stehe, wie
Maier meint (und den Vers entsprechend isoliert), dürfte kaum das Richtige
treffen. Er deutet V. 16 so, daß es darin „um eine innerjüdische Frage" geht –
was den Zusammenhang zwischen V. 16 und 17 aber offenkundig zerreißt.
Der Neueinsatz, den Maier in V. 17 beobachten will, liegt vielmehr in V. 16,
und dieser drängt nach der Antwort in V. 17, wie die Vergleiche zu den Parallelen zeigen (s.o.) Entsprechend sind die weitreichenden Schlußfolgerungen
Maiers daher m.E. obsolet. In seinen Worten:

> „Diese [d.i. die Lade, Vf.] war nämlich in der Königszeit mehr und mehr
> zu einem dynastischen Symbol (des Davidsbundes) geworden. In der dt.
> Reform wurde der Davidsbund und somit das Königsrecht dem Sinai-
> bund untergeordnet und die Lade als Behälter der Gesetzestafeln vom Si-
> nai gedeutet, wodurch sie zum Symbol einer auf dieses Sinaigesetz ver-
> pflichteten Königsherrschaft [...] wurde. Die in Jer 3 14f. gegenüber 23 5f.
> erfolgte schweigende Absage an den Davidsproß dürfte als antimonarchi-
> sche Polemik zugunsten der nachexilischen hierokratischen Verfassung zu
> verstehen sein. Bei den Plänen für eine Restauration hatte man offenbar
> an eine Neuanfertigung der Lade gedacht, die Ablehnung dieser Staats-
> form betrifft daher auch die Lade. Das Volk wird unter den Regenten
> nach dem Herzen Jahwes des Symbols und des Zeugnisses einer bundes-
> gemäßen Königsherrschaft nicht mehr bedürfen. [... E]rst nach der Kom-
> pilation des ganzen Abschnittes 3 14–18 konnte ein derartiges Mißverständ-
> nis entstehen."[25]

Richtig ist daran gesehen, daß die Lade hier auch die Funktion hat, den Davidbund zu repräsentieren (vgl. Ps 132). Aber an dieser Stelle geht es lange nicht
mehr um historisch faßbare, sondern längst um rein theologische Konflikte.
Die Vorstellung vom Davidbund in Jer 23,5f. ist, wie Levin gezeigt har, erheblich später, vermutlich gegen Ende des 5.Jh.s entstanden. „Die alttestamentlichen Davidverheißungen gehören mit ihrem Schwerpunkt [...] in den
Themenzusammenhang der Sammlung der Diaspora, das heißt ins 4.Jh."[26]

Zusammenfassend kann gesagt werden, daß das Wort von der Lade in
Jer 3,16f. für jegliche historische Rekonstruktion ausscheiden muß.
Ihm liegt deutlich vor Augen, daß die Lade längst nicht mehr existiert,
wie es seine Vorlagen, u.a. die Priesterschrift, noch behauptet hatten.
Sie steht *pars pro toto* für den Kult des alten Bundes und damit auch
für den ihm zugrundeliegenden Bund mit David, der zugunsten nicht
nur einer Heimkehr der Diaspora, sondern auch einer Bekehrung und
Wallfahrt aller Nationen zum Zion, wo Jahwe herrschen wird, überbo-
ten wird. Irdische Repräsentationen Jahwes, so auch das irdisches Kö-

---

24 Maier, Ladeheiligtum 67f., vgl. 80; Zitat ebd. 67.
25 Maier, Ladeheiligtum 67f.
26 Levin, Verheißung 250f.

nigtum, sind dann nicht mehr notwendig, denn Jerusalem selbst ist der göttliche Thron geworden.

Die Tatsache, daß die Lade als solche bei den Propheten sonst überhaupt keine Rolle spielt, mag man als (beredtes) Zeugnis dafür werten, daß sie – selbst wenn man ihr Vorhandensein im Tempel zu Jerusalem einmal voraussetzt – offenbar keine Größe war, auf die sich das prophetische Wort berufen konnte oder zumindest wollte – im Unterschied zum Tempel als ganzem oder etwa den Keruben bei Ezechiel.[27]

---

27   Vgl. Ez 9,3; 10,1–9.14–16.18–20; 11,22; 28,14.16; 41,18.20.25.

7. Kult und Kultgeschichte:
Die Lade im Psalter (Psalm 132)

Verschiedene Psalmen wurden und werden oft mit der Lade Jahwes in Verbindung gebracht. Gern geht diese Verbindung mit der Rekonstruktion, oder vielleicht besser: Konstruktion eines wie auch immer gearteten Festes einher, sei es ein Herbstfest oder ein königliches Zionsfest, in dem die Lade dann als Kultgegenstand der vorexilischen Religion Israels bzw. Judas eine kleinere oder größere Rolle spielt. Es sei nur auf den Norweger S. Mowinckel hingewiesen, dessen Interpretation der einschlägigen und der entfernter liegenden Psalmen einen so entscheidenden Impuls in der Psalmenforschung des letzten Jahrhunderts gab. Die von ihm so massiv vorgetragene kultische Deutung, die er den vorhergehenden zeitgeschichtlichen und eschatologischen Deutungsversuchen entgegensetzte, läutete nicht nur im skandinavischen Raum ein neues Zeitalter der Forschungen am Psalter ein. Seine „Psalmenstudien" haben bis heute an Faszination und Suggestionskraft nur wenig verloren.

Eine gewisse Verwunderung – oder: Ernüchterung – stellt sich insbesondere im Blick auf die im Festkult mit einer großartigen Sicherheit fest verankerte *Lade* ein; jedenfalls dann, wenn man die einschlägigen Psalmen einmal ganz unbedarft liest. Nur in einem einzigen Lied des Psalmenbuches wird die Lade *expressis verbis* genannt: Einzig in Vers 8 des Psalms 132 findet sie Erwähnung. Und so vertritt denn Mowinckel in seinen „Psalmenstudien II. Das Thronbesteigungsfest Jahwäs und der Ursprung der Eschatologie" auch die Auffassung, es handle sich bei Psalm 132 um „die dramatische Prozessionsliturgie eines Festes, der den ersten Einzug der Lade, d. h. Jahwä's auf Sion wiederholt. Er wird [...] von dem Chronisten mit dem Einzug der Lade in den fertigen Tempel, welcher Einzug der Natur der Sache nach als eine Wiederholung des ersten gefeiert wurde, in Verbindung gesetzt."[1] Doch selbst in Psalm 132 spielt die Lade nicht die überragende Rolle, die viele hier gerne finden möchten. Schon dieser Befund rät zu äußerster Vorsicht, vorschnell Bezüge und Verbindungen zu suchen und zu fin-

---

1 Mowinckel, Psalmenstudien II, 112.

den, die nur allzu leicht den Blick dafür verstellen könnten, den einzelnen Psalm zunächst für sich und in seinem literarischen Umfeld zu verstehen, bevor übergeordnete Konstruktionen zur Erklärung des Textes herangezogen werden.

An dieser Stelle ist natürlich auch auf das „königliche Zionsfest" hinzuweisen, das Hans-Joachim KRAUS in seiner Arbeit über „Die Königsherrschaft Gottes im Alten Testament" von 1951 und dann vor allem in seinem umfangreichen Psalmenkommentar der späteren Jahre zu rekonstruieren sich angeschickt hat. Die Elemente der Erwählung des davidischen Königtums und der des Zions, die Psalm 132 bereits dem Aufbau nach bestimmen, sind ihm Anlaß genug, von diesem Psalm ausgehend ein solches Fest in seinen Grundzügen zusammenzustellen. „In jedem Fall aber", so KRAUS, „wird zu warnen sein vor dem Unternehmen, Ps 132 als eine späte Konstruktion zu behandeln, die – sei es ‚theoretisch' oder kultbezogen – ältere Traditionen verknüpft."[2] Diese von KRAUS ausgesprochene Warnung mahnt von anderer Seite zur Vorsicht beim Umgang mit Psalm 132.

Der Vorwurf GUNKELS an MOWINCKEL, er habe die „‚Helena in jedem Weibe' gesehen"[3], trifft – freilich in abgewandelter Form und in ganz unterschiedlichem Ausmaß – auch auf viele der Nachfolger GUNKELS und MOWINCKELS zu. Die Zweifel an der Verbindung der Lade mit einzelnen Psalmen (vgl. etwa o. den Exkurs Kap. 5.9.1. zu Ps 24) sind der Grund dafür, daß sie in dieser Untersuchung nicht näher behandelt werden.

Der Aufbau von Psalm 132

Zunächst eine kurze Beschreibung der Grobstruktur des nach GUNKEL so „höchst eigentümlichen Psalms"[4].

Durch die betonte Stellung des שׁבע *Nif.* in V. 2 und 11 teilt sich der Psalm zunächst in zwei Hälften, V. 1–10 und V. 11–18. Mit Sicherheit

---

2   KRAUS, Psalmen 1061.

3   GUNKEL in GUNKEL/BEGRICH, Einleitung 104. Entsprechend zählt er Ps 132 zwar nicht zu den Thronbesteigungs- (a.a.O. 102f.), sondern zu den Königspsalmen (a.a.O. 144f.). Gleichwohl weiß auch GUNKEL von einem Fest des „Stiftungstage[s] des Heiligtums" (a.a.O. 144, vgl. 63.411). An diesem wird „eine Liturgie aufgeführt, in der zuerst dramatisch aufgeführt wird, wie der Ahnherr David die Lade Jahwes nach dem Zion überführt hat, und in der dann ein Orakel Jahwes erschallt, in dem der Gott zusagt, an dieser Stätte David und sein Haus zu segnen" (a.a.O. 145). Im folgenden wird eine andere Interpretation des Psalms gegeben werden.

4   GUNKEL, Psalmen 565. Zur Struktur vgl. auch KÖRTING, Zion 108f.

nicht zufällig ist, daß diese beiden Hälften den Ablauf der Pate stehenden Kapitel 2Sam 6–7 (vgl. dazu o. Kap. 5.4.) widerspiegeln[5]: V. 1–10 handeln von der Überführung der Lade analog zu 2Sam 6, V. 11–18 von der Dynastiezusage an David analog zu 2Sam 7. Das dürfte bedeuten, daß der Psalm die Erzählungen zum Vorbild hat: „Die Abhängigkeit von 2 S 6 liegt auf der Hand, die von 2 S 7 zeigt der literarische Kontext: Die Doppelerwählung von Jerusalem und David findet sich, in einen einzigen Satz zusammengefaßt, erst in 1 K 8 16. Außerdem ist Ps 132 8–10 zwar in 2 Ch 6 41ff., noch nicht aber in 1 K 8 in das Tempelweihgebet Salomos eingefügt."[6]

Innerhalb der ersten Hälfte läßt sich weiter untergliedern: V. 1aßb bietet quasi das Motto des Psalms: „Gedenke, Jahwe, dem David alle seine Demut" (zu lesen ist mit WELLHAUSEN vermutlich עֲנָוְתוֹ statt עֻנּוֹתוֹ)[7]. In V. 2 folgt die Beschreibung des Schwures Davids, dessen Inhalt sich in V. 3–4 findet.

Ein neuer Abschnitt beginnt, angezeigt durch den Sprecherwechsel, in V. 6, er reicht bis V. 7 und schildert – neben der Suche nach einem femininen Objekt – die Anstrengungen einer Gruppe, in eine Stätte für Jahwe einzuziehen und dort anzubeten.

Wiederum durch einen Wechsel der Redeperspektive erfolgt nun eine Anrufung Jahwes in V. 8–10, eingeleitet durch den Imperativ (קוּמָה); hier findet sich in V. 8 die einzige explizite Erwähnung der Lade im Psalter. So wird die Brücke zum Beginn des Psalms (V. 1aß: *Imp.* זְכוֹר) geschlagen. Der *Imp.* wird in V. 9 und 10 entsprechend mit Jussiven weitergeführt.

V. 11 setzt nun deutlich neu ein mit der Feststellung, Jahwe habe dem David Wahrheit (אֱמֶת) geschworen, ganz entsprechend dem Schwur in V. 2. Der Inhalt dieses Schwures findet sich in V. 11aγb–12. Der Abschnitt V. 11f. steht also parallel zum Schwur in V. 1aß–5.

V. 13 begründet mit כִּי die Zusage an das Haus David in der Erwählung des Zion. Ausgeführt wird diese Erwählung in den Versen 14–18. Dabei stellt V. 14 den eigentlichen, parallel zur Feststellung V.

---

5 Und nicht, wie BENTZEN, Use 44 meint, die gesamte Ladeerzählung. Er stellt ebd. die nachgerade mathematische Formel auf: „Ps 132 : I Sam 4–6 + II Sam 6 = Jud 5 : Jud 4" Nimmt man es mit der Regel „Punkt vor Strich" nicht allzu genau und ersetzt „I Sam 4–6 + II Sam 6" durch 2Sam 6–7, trifft das den Sachverhalt recht gut. Zum Aufbau vgl. auch die Übersicht bei DOEKER, Funktion 118 und zum Ganzen ebd. 111–122.

6 PERLITT, Bundestheologie 51 Anm. 2; vgl. außerdem METTINGER, King 256f.276–278.

7 Anders EMMENDÖRFER, Gott 240.

13 formulierten Erwählungsakt dar, die Verse 15–18 hingegen die Folgen der Erwählung.

Vers 14 antwortet auf die Aufforderung von V. 8, Jahwe möge sich zu seiner מנוחה, seiner „Ruhestatt", aufmachen, die er schließlich in V. 14 in Form des Zion findet und erwählt. Weitere Folgen der Erwählung sind Segnung und Sättigung und Heil für Priester und Fromme, praktisch wörtlich parallel zu V. 9.

V. 17f. läuft schließlich im Rekurs auf David und den Gesalbten Jahwes als parallel zu V. 10.

So erweist sich schon bei einem ersten oberflächlichen Blick der Psalm als ein kunstvoll aufgebautes Gebilde. Es gilt nun, nachdem die grobe Struktur bestimmt ist, den Text im einzelnen zu untersuchen.

Nach der Überschrift (V. 1aα), die den folgenden Psalm als „Wallfahrtslied" (שיר המעלות) kennzeichnet, beginnt in V. 1aβ der eigentliche Psalm mit dem Aufruf an den direkt angeredeten Jahwe, dem David seine Frömmigkeit oder Demut zu gedenken (*Imp. masc. Sing.* von זכר). Zu lesen ist möglicherweise, wie erwähnt, nicht das *Pu.* עֻנּוֹתוֹ.[8] Genau so passend wäre „wol ʿanvato (seine Frömmigkeit) zu sprechen, nach der folgenden Explicirung. Denn von Davids Demütigungen und Leiden ist da nicht die Rede."[9] Wahrscheinlich hat ⅁ Entsprechendes vorgefunden. Zur Aufforderung zum Gedenken Gottes finden sich die nächsten Parallelen in den „charakteristische[n] Gedenkformel[n]"[10] der Nehemiadenkschrift (vgl. Neh 1,8; 5,19; 6,14; 13,14.22.29. 31).[11]

Etwas unglücklich in einem poetischen Text wird David nun in V. 2 durch einen Relativsatz (אשר), – der letztlich „in ein ein langes histo-

---

8 Vgl. Zeph 2,3; Ps 45,5?; Spr 15,33; 18,12; 22,4. Das *Puʿal* von ענה II verweist auf Jes 53,4; Ps 119,71 sowie Lev 23,29. Zu denken ist dann noch an die – freilich gegenteilige! – Aussage über David Ps 89,23 (ענה II *Pi.*). Die Aussagen 1Kön 2,26; 11,39 sind hier nicht heranzuziehen, da letztere sich nur auf die Nachkommen Davids bezieht, erstere wohl eine allgemeine Aussage zum Verhältnis David / Abjatar macht. Der Inhalt der folgenden Verse – Davids Bemühen – reicht für eine Bezeichnung wie das „Sich-Kasteien" Davids wohl nicht; wenngleich man (mit Emmendörfer) an 2Sam 7,10 denken könnte. Das setzt aber seinerseits eine Kollektivierung der Davidfigur voraus. Auch die Orientierung des Aufbaus an 2Sam 6 und 7 will dazu nicht recht passen.

9 Wellhausen, Bemerkungen 185.

10 Kratz, Komposition 70.

11 *Imp. masc. Sing. Qal* von זכר, an Gott gerichtet: Ex 32,13, Dtn 9,27; 32,7, Ri 16,28, 2Kön 20,3, Jes 38,3, Jer 14,21; 15,15; 18,20, Ps 25,6.7; 74,2.18.22; 89,48.51; 106,4; 119,49; 132,1; 137,7, Hi 7,7; 10,9, Klgl 5,1, Neh 1,8; 5,19; 6,14; 13,14.22.29.31, 2Chr 6,42 (Zit. Ps 132).

risches Exposé (bis v. 9) auswächst"[12] –, mit einem Parallelismus zweier
Perfecta (שבע *Nif.* und נדר *Qal*)[13] weiter charakterisiert.

Die in V. 2b und später noch V. 5b verwendete Gottesbezeichnung
אביר יעקב „Starker / Mächtiger Jakobs" stammt weniger aus Zeiten eines Gottes der Väter als vielmehr aus den Zionweissagungen des Jesa-
jabuches, genauer Jes 49,26, noch zitiert in Jes 60,16[14] und wohl auch in
Gen 49,24.

Der Schwur Davids wird im Anschluß an die Feststellung in den
imperfektisch formulierten drei negativen Schwursätzen (אם) V. 3–4
und schließlich V. 5 ausgeführt. Der gesamte Teil V. 2–5 fällt aus der
Anrede Jahwes heraus. V. 4, ist, wie es DUHM formuliert, „wörtlich
gleich Prv 6 4; welche Stelle ursprünglich ist, kann kein Mensch wissen."[15]. V. 5 nimmt, wie erwähnt, die Gottesbezeichnung aus V. 2b
(אביר יעקב) wieder auf. Nebenbei bemerkt wissen wir aus den *Samuelbüchern* von einer so großen Sehnsucht Davids, einen מקום für Jahwe
zu finden, jedenfalls in dieser Form nichts. Anders steht es bekanntlich
mit den Chronikbüchern (s. u. Kap. 8.). Alle Bezeichnungen dieses Ortes lassen sich nur als Anspielungen auf den Tempel verstehen. Schlüsse wie der von R. ALBERTZ in seinem Entwurf einer Religionsgeschichte, die Nichterwähnung des Tempelbaus „könnte noch ein Stadium der
Jerusalemer Kulttradition reflektieren, das davon ausging, daß David
den jebusitischen Tempel weiter nutzte, was von den Dtr weitgehend
unterdrückt worden ist"[16], sind wohl zu unsicher, um historisch auswertbar zu sein. Dafür war der Tempelbau viel zu eng mit dem Namen
Salomo verbunden, dem aber – wie in der Chronik – nach der Aus-
kunft unseres Psalms lediglich noch die Aufgabe der Ausführung des
von David Vorbereiteten bleibt.

„Jäh fällt dann in 6 der Chor ein"[17]: Mit הנה „Siehe" beginnt der in
1. *Plur.* formulierte Abschnitt V. 6–7. In Vers 6 wird in *Perfecta* vom
Hören und Finden eines nicht genannten (femininen) Objektes erzählt,
das im vorangehenden Kontext lediglich der Schlaf (תנומה) oder das
Lager (ערש) sein könnten, was jedoch wenig sinnvoll scheint. Es wird
die (*masc.* und – sehr selten auch – *fem.* konstruierte[18]) Lade aus dem
folgenden V. 8 gemeint sein, die aus, wenn man so will, dramaturgi-

---

12 WELLHAUSEN, Bemerkungen 185.
13 Die Parallele der beiden Wurzeln nur noch Num 30,3.
14 Vgl. Jes 1,24: Starker Israels.
15 DUHM 279.
16 ALBERTZ, Religionsgeschichte 179 Anm. 32.
17 KRAUS, Psalmen 2, 1062.
18 So in 1Sam 4,17 und 2Chr 8,11.

schen Gründen zunächst noch nicht genannt ist. Vorher ruft in V. 7 die sprechende Gruppe – gedacht ist wohl an „David mit seinen Mannen"[19] – in Kohortativen zum Einziehen in die Wohnungen[20] (vgl. V. 5) und zum Niederfallen vor dem Schemel der Füße der Gottheit[21] auf. Wenngleich die Lade hier nicht erwähnt wird, scheint eine Identifizierung mit ihr immerhin möglich. Die einzige Stelle des Alten Testaments, die die Lade in ähnliche Nähe zum „Schemel der Füße" stellt, findet sich in 1Chr 28,2 – sicherlich nicht zufällig auch dort mit deutlichem Rückbezug auf die Nathansverheißung[22].

Der V. 8 wendet sich dann wieder an Jahwe, wie V. 1 mit einem *Imp.*, „Erhebe Dich". „Die Worte erinnern geistreich an das alte Ladenlied Nu 10,35, das so anfängt"[23]. Im Versteil b wird dann auch die Lade erwähnt, mit der nur hier und in der Parallele 2Chr 6,41 vorkommenden Bezeichnung ארון עזך „Lade deiner Stärke".

W. SEEBER macht im Anschluß an DIBELIUS darauf aufmerksam, daß hier eine „Scheidung zwischen Jahwe und dem ehemaligen Symbol seiner Gegenwart vollzogen" ist. „Diese ehemalige Funktion kennt man nur noch vom HörenSagen, ihre Bedeutung hat sie eingebüßt. Man könnte also sagen, die Lade ist zu einem theologischen Begriff geworden, der dem Dichter zur Verfügung steht und sich – nur im theologisch richtigen Zusammenhang – gebrauchen läßt."[24]

Die Verbindung von Tempel und der מנוחה „Ruhe(-statt)" findet sich ebenso in 1Kön 8,56. Auch der Chronist hat bekanntlich eine Vorliebe für den Begriff. Im Hintergrund steht letztlich der Kompositionsbogen des göttlichen Ruheverschaffens vor den Feinden (נוח *Hif.*), der sich von Dtn 12 bis 1Kön 8 durchzieht.[25]

Die Anrede Jahwes wird nun bis V. 10 durchgehalten. V. 9 fordert die Priester und die Frommen – diese Zusammenstellung einzig hier

---

19 KRAUS, Psalmen 2, 1062.
20 Amplifizierender Plural, vgl. GK § 124b.
21 Zu הרם רגל vgl. 1Chr 28,2 (neben der Lade!), Ps 99,5 (mit השתחוה; aber aus der Parallele V. 5.11 dürfte hervorgehen, daß der „heilige Berg" gemeint ist), Jes 66,1 (Erde als Schemel), Klgl 2,1 (unklar, aber wohl der Tempel als ganzer, vgl. SPIECKERMANN, Heilsgegenwart 94).
22 1Chr 28,3 zitiert 2Sam 7,13, zum Bauen des Hauses für den Namen Jahwes vgl. 2Sam 7,13, 1Kön 3,2; 5,17.19; 8,(16.)17–20.44.48; (9,3), (2Kön 21,4), 1Chr 22,7.8 [entsprechend 1Chr 28,2f.].10.19; 28,3; 29,16 [mit קדש]; 2Chr 1,18; 2,3; 6,(5).7–10.(33.)34.38; (33,4).
23 GUNKEL, Psalmen 566.
24 Beide Zitate bei SEEBER, Weg 72; der Verweis auf DIBELIUS, Lade 42.
25 Vgl. v. RAD, Ruhe.

und in der Chronikparallele – zum festlichen Jubel auf. Dabei ist die Formulierung des „Anziehens" der „Gerechtigkeit" so oder ähnlich ausschließlich in späten Partien des Alten Testaments vertreten: Zweimal im Hiobbuch (Hi 27,17; 29,14), zweimal in Tritojesaja (Jes 59,17; 61,10). Fromme jubeln sonst noch im späten Psalterrahmen (Ps 149,5).

V. 10 nimmt nun wieder David aus V. 1 auf und fordert jussivisch auf, Jahwe solle das Angesicht seines Gesalbten nicht abweisen (שוב Hif.). Die singuläre Formulierung „um Davids willen" mit בעבור steht natürlich nahe beim spätdtr למען דוד; und bereits die Tatsache, daß letztere Formulierung hier *nicht* verwendet wird, sollte vor dem Ziehen der Schublade „Deuteronomismus" warnen. Das Abweisen[26] um Davids willen kann nur einen Sinn haben, wenn der Gesalbte nicht David selbst ist. Wer ist aber dann gemeint?

Der Begriff der „Quasiparallelität" (J. BECKER) von „deine Frommen" (V. 9) und des „dein Gesalbter" (V. 10) weist auf Richtiges hin: Das *Volk*, genauer: die Frommen, erkennt sich demnach in der Gestalt des Gesalbten wieder![27] Andere Möglichkeiten sind unwahrscheinlich: „Eine messianische Deutung ist – von messianologischen Gesichtspunkten ganz abgesehen – auszuschließen, weil der ‚Gesalbte' offensichtlich gegenwärtig ist."[28] Und die letzte verbleibende Möglichkeit, ein regierender Davidide könnte gemeint sein, scheitert ebenfalls aus verschiedenen Gründen: „Der Chroniker (II Chr 6,42) und das Targ. deuten ihn auf Salomo; doch ist von ihm im ganzen Psalm nicht die Rede."[29] Ebenso bleibt der früher beliebte[30] Serubbabel zu hypothetisch. Die Abfassungszeit des Psalms spricht zusätzlich gegen einen regierenden Davididen.

Ab Vers 11 wird nun unter erneuter Erwähnung Davids *über* Jahwe gesprochen, genauer in V. 11a und 13, wobei in V. 11b–12 und 14–18 die entsprechenden Aussprüche Jahwes zitiert werden. V. 11 ist der Schwur an David beschrieben. Jahwe hat einen unverbrüchlichen[31] Treueid geschworen[32], daß seine Nachkommen[33] auf dem Königsthron sitzen werden.

---

26 1 Kön 2,16f.20; 2 Chr 6,42; vgl. Ez 14,6; Dan 11,18.

27 Diese zurückhaltende Formulierung bei SPIECKERMANN, Heilsgegenwart 163.

28 BECKER, Deutung 576, dort auch der Begriff der Quasiparallelität. Neuerdings vgl. auch MARTTILA, Reinterpretation 174.

29 GUNKEL, Psalmen 393.

30 EWALD, Psalmen z.St.

31 Die Formulierung des Abweichens noch Jer 4,28.

32 שבע Nif. + אמת ist singulär. Vgl. aber 2 Sam 7,28.

Im folgenden ist auffällig, daß V. 12b präzise V. 11b wiederauf-
nimmt und mit אם eine Bedingung, nämlich das Bewahren des Bundes
und der Zeugnisse, einführt. „Der Stil" von V. 12, so DUHM z. St., „ist
herzlich prosaisch."[34]

V. 13 führt die Erwählung des Zion[35] ein. Das Thema wird bis V.
18 durchgehalten. Vom Begehren Jahwes ist nur noch in V. 14 und Hi
23,13 – dort freilich in allgemeinerer Form – die Rede. V. 14 präzisiert
die מנוחה aus V. 8: „Dies ist meine Ruhe für immer und ewig". Speise[36]
und Brot für Bewohner und „Arme" (אביונים) sollen unter dem Segen[37]
Jahwes stehen (V. 15). Hier kommt „das für die Nachexilszeit typische
Phänomen der Armenfrömmigkeit in den Blick"[38], das in neuerer Zeit
vor allem C. LEVIN herausgearbeitet hat. Arme wie auch Fromme stehen nur unweit entfernt von den Gerechten und in scharfem Gegensatz zu den Frevlern, in diesem Falle (V. 18) auch den Feinden.[39] V. 16
variiert schließlich V. 9, werden hier doch die Priester und Frommen
Jahwes zu denen Zions bzw. Jerusalems erklärt.[40]

V. 17 nimmt den Ort (mittels שם) aus V. 13f. auf und schließt mit
dem Stichwort David einen Bogen über V. 10 zurück nach V. 1. Ein
Licht für „meinen Gesalbten" (משיחי, vgl. 1Sam 2,35, [1Sam 12,7, 2Kön
9,3.6.12], Ps 89,21; 105,15=1Chr 16,22 [Plur.!]) ist zugerichtet worden
(ערך Qal Perf.).[41] Das „Horn" (קרן) steht nach den Parallelen[42], zuvörderst Psalm 89,18.25, für die Macht des Königs. Möglicherweise stand
die Verheißung aus Ez 29,21 Pate: „An jenem Tage werde ich dem
Haus Israel ein Horn hervorsprossen lassen, und dir gebe ich ein Auf-
tun des Mundes in ihrer Mitte; und sie werden erkennen, daß ich Jahwe bin."

---

33 פרי בטן: Gen 30,2, Dtn 7,13!; 28,4.11.18.53; 30,9, Jes 13,18, Mi 6,7, Ps (127,3;)
    132,11, Spr 18,20,. Die Formulierung des Setzens auf den Thron mit שית ist singu-
    lär; vgl. aber die Einsetzung Davids zum נשיא 1Kön 11,34.

34 DUHM, Psalmen 280.

35 Nur noch in Ps 78,68; vgl. noch Sach 1,17.

36 Gesegnete „Mahlzeit", ציד, ist singulär; vgl. Ex 23,25 die Segnung von Brot und
    Wasser. Zur Sache SMEND, Essen.

37 In figura etymologica: Gen 22,17; Num 23,11; 24,10, Dtn 15,4 (+ אביון)!, Jos 24,10,
    1Chr 4,10.

38 EMMENDÖRFER, Gott 247 mit Anm. 614.

39 Vgl. LEVIN, Gebetbuch 374.

40 Die engste Parallele ist Jes 61,10 (s.o.)

41 1Kön 11,36; 15,4, 2Kön 8,19 par. 2Chr 21,7.

42 1Sam 2,10, Jer 48,25, Ez 29,21!, Ps 75,6.11; 89,18.25; 92,11; 148,14, Klgl 2,3.17,
    1Chr 25,5; vgl. nicht zuletzt die Visionen Dan 8 und Sach 2.

Entsprechend V. 10 steht hier wohl eine kollektivierte Gestalt im Hintergrund. BECKER erkennt richtig: „In V 17 erscheint David sozusagen nur noch als Typus des Volkes, das der eigentlich gemeinte Gesalbte und Verheißungsträger ist."[43] Die Konnotation schimmert gewissermaßen zwischen der Persönlichkeit Davids und dem Volk als Gesalbten Jahwes.

Vers 18 liefert schließlich den Gegensatz zwischen den Feinden und dem Gesalbten nach. Im Gegensatz zu den Priestern werden die Feinde nicht mit Gerechtigkeit (V. 10) oder Recht (V. 16), sondern mit Schande (בשת) bekleidet sein, dagegen wird die Krone auf dem Haupt des Gesalbten glänzen.[44]

Literarkritische Erwägungen

Die Beschreibung der Struktur gab einige Hinweise auf literarische Unebenheiten. Diese Unebenheiten bedürfen natürlich der Erklärung, sei es einer literarkritischen oder einer anders gearteten.

Entsprechend wird auch in der Forschung die Frage nach der literarischen Einheitlichkeit des Psalms unterschiedlich erklärt, von der Einheitlichkeit[45] bis zur Zusammenfügung verschiedener rekonstruierbarer Vorlagen, die literarkritisch herauslösbar sein sollen[46]. So ist bei der literarkritischen Analyse der Psalmen Vorsicht angebracht.

Laut SEYBOLD finden sich drei Entstehungsphasen wieder: „1. ein dramatisches Gedicht, bestehend aus wörtlich wiedergegebenen Reden, ein ‚Midrasch' (Duhm) über 2 S 6 und 7, wohl ein Fragment. Erhalten sind drei vierzeilige Strophen (2–5; 6–9; 11.17–18). Durch Rahmung (1.10.12) entstand daraus 2. ein Königspsalm, eine Liturgie mit Gebet und Zuspruch für den ‚Gesalbten' (1–5; 6–10; 11–12; 17–18). Die enge Beziehung zu Ps 89 deutet auf exilische Herkunft. Die Bearbeitung der Wallfahrtspsalmen machte durch die Einfügung von 13–16 daraus 3. einen Zionspsalm, der die theologischen Grundlagen der Erwählung des Zionsheiligtums entfaltet – aus nachexilischer Sicht"[47].

---

43 BECKER, Deutung 576.
44 Die engste Parallele: Ps 89,40. – Dort ist hingegen von der Preisgabe des Bundes mit dem Knecht David die Rede und entsprechend von der Entweihung der Krone! Vgl. zur gesamten Thematik noch Ps 89,23f.
45 Vgl. zuletzt EMMENDÖRFER, Gott.
46 SEYBOLD, Psalmen z. St.
47 SEYBOLD, Psalmen 497.

Doch ist der Zusammenhang von Erwählung des Zion und Erwählung Davids schon in 2Sam 6f. vorgegeben, die kaum vorexilisch sein dürften.[48]

Zweifel sind immerhin an der Ursprünglichkeit des Verses 12 angebracht. Vers 11 sagt die Dynastie unbedingt zu, V. 12 stellt sie unter eine Bedingung.

Vers 11aβb, מפרי בטנך אשית לכסא־לך „von der Frucht deines Leibes will ich auf deinen Thron setzen" wird in V. 12b fast wörtlich wiederaufgenommen: ישבו לכסא־לך „sie sollen auf deinem Thron sitzen". Dazwischengeschoben ist die neue Bedingung: אם־ישמרו בניך בריתי ועדתי זו אלמדם גם־בניהם עדי־עד „wenn deine Söhne meinen Bund halten, und meine Zeugnisse, die ich sie lehren werde, dann auch ihre Söhne auf ewig". Die einfache Dynastiezusage ist gegeben, der Fortbestand jedoch unter die Bedingung des Gehorsams auf Bund und Zeugnisse Jahwes gestellt. Es ist also nicht auszuschließen, daß V. 12 eine nachträgliche Ergänzung ist.[49] Aber selbst wenn man sich dieser Sicht der Dinge anschließen mag, ergeben sich kaum gravierende Änderungen für die Deutung des Psalms.

Die einzige Parallele zu dieser Kombination von Bund und Zeugnissen mag es bekräftigen: Erst spätweisheitliche Frömmigkeit weiß, daß „alle Pfade Jahwes Gnade und Treue für die sind, die seinen Bund (ברית) und seine Zeugnisse (עדת) bewahren" (So das Akrostichon Psalm 25 in der „כ"-Zeile V. 10).[50]

---

48   Vgl. dazu auch o. Kap. 5.4. mit dem daran anschließenden Exkurs zu 2Sam 7.

49   Für sekundär hält den Vers auch SCHMIDT, Kritik 447. Anders VEIJOLA, Verheißung 73, Anm. 6, eben aufgrund der Strukturparallele zu Ps 89,31f. – Daß Ps 132 und Ps 89 aus einem „dtr Mutterboden" (a.a.O. 73) sind, ist sicherlich richtig beobachtet – jedoch kaum der exilische Deuteronomismus eines DtrH oder DtrN. Solche Vorstellungen scheinen vielmehr vorausgesetzt zu sein.

50   Sonst keine Parallelen zu עדה und ברית. Der Plural עדת an den sehr späten ‚dtr' Stellen Dtn 4,45; 6,17.20 und nur noch im Psalter: Ps 25,10; 78,56; 93,5; 99,7; 119,2.22.24.46.59.79.95.119.125.138.146.152.167f.; 132,12. למד Pi. von Jahwe nur noch Ps 25,4f.9; 71,17 und Jer 32,33; Jes 48,17: Bereits dies spricht gegen eine deuteronomistische Einordnung des Verses, ist doch sonst in derartiger Literatur stets Mose der Lehrer! (Vgl. EMMENDÖRFER, Gott 247. Anm. 613.) „Mein Bund" vgl. Gen 6,18; 9,9.11.15; 17,2.4.7.9.10.13f.19.21, Ex 6,4f.; 19,5, Lev 26,9.15.42.44, Num 25,12, Dtn 31,16.20, Jos 7,11, Ri 2,1.20, 1Kön 11,11, Jes 56,4.6; 59,21, Jer 11,10; 31,32!; 33,20f.25; 34,18, Ez 16,60.62; 17,19; 44,7, Hos 8,1, Sach 11,10, Mal 2,4f., Ps 50,5.16; 89,29!.35!.

Psalm 132 im Kontext der Wallfahrtspsalmen Ps 120–134

„Ps 132 nimmt unter den Wallfahrtspsalmen eine einzigartige Stellung ein. [... Er] erscheint innerhalb der Wallfahrtslieder als nachgeholte theologische Reflexion. [...] Ps 132 befindet sich somit in Parallelstellung zu Ps 122, führt jedoch das aus nationaler Perspektive formulierte Gebet – Verbindung von Herrschaft der Davididen und Lokalisierung des Hauses Gottes – in die eschatologische Dimension."[51] Diese Funktion eines Höhepunkts zeigt sich auch in der Psalmenrolle aus Qumran 11QPs[a]: dort steht Ps 132 am Abschluß der Sammlung; Ps 133f. sind anders eingeordnet.[52]

An der Position des Psalms im Wallfahrtspsalter ist auffällig, daß er, wie MILLARD gezeigt hat, genau an der Schaltstelle zwischen Klage (vgl. vor allem Ps 130/131) und Lob (Ps 133/134) steht und somit quasi den „Stimmungsumschwung" der Komposition darstellt.[53]

Das Davidbild von Ps 132

David hat sich, je nach Lesart, durch sein „Sich-Plagen" oder durch seine „Frömmigkeit" dermaßen ausgezeichnet, daß dies vor Jahwe zum Gegenstand dessen Gedenkens gemacht werden kann. Er ist, wie es V. 10 sagt, der Knecht Jahwes[54]. Wo immer die Wiege dieser Bezeichnung zu suchen ist, so liegt doch der Unterschied zur Vorlage in 2Sam 7 auf der Hand: Wird dort vor allem das besondere Verhältnis Davids zu Jahwe betont, an den er sich hält, so liegt bei der Verwendung im Psalter, gerade in der zwischen personaler und kollektiver Bedeutung schimmernden Verwendung, auch im Bereich des Denkbaren: Die hervorgehobene Stellung Davids im Kreise der „Knechte Jahwes", wie sich die Gerechten in Ps 123,1; 134,1; 135,1.9.14 bezeichnen. Diese Bedeutung des Knechtstitels liegt in der speziellen Synthese von deuteronomistischer und Psalmentheologie in Ps 132 zumindest nicht ganz abseits.

Es wird außerdem auf Davids Schwur hingewiesen. „Frömmigkeit" oder „Sich-Kasteien" bestehen mindestens auch darin, daß er sein

---

51 KÖRTING, Zion 119, vgl. auch ebd. 133ff. Vgl. zu den Wallfahrtspsalmen vor allem die weiterführenden Beobachtungen a.a.O. 119f.133ff.; weiterhin ZENGER, Zion sowie DERS., Komposition, ferner DERS., Gottesmetaphorik.

52 Vgl. KÖRTING, Zion 119.

53 MILLARD, Psalter 70.77.

54 Abgesehen von den Überschriften im Psalter noch Ps 78,20; 89,4.21; 144,10.

Wohnzelt nicht mehr betrat und nicht mehr schlief, bis er eine Wohnung für den „Starken Jakobs" gefunden hatte. Ähnliche Sorgen um
den Tempel macht David sich nur noch im Werk des Chronisten.
„David ist der eigentliche Gründer [des Heiligtums]. Der Tempelbau
geht auf sein Gelübde und seinen Eifer für Jahwe zurück. Wie könnte
es auch anders sein [...]. Damit kommt die Tempelweihe (1Kö 8) gar
nicht in den Blick; sie ist ein sekundärer Akt, der in den auf Davids Taten abzielenden *hieros logos* nicht hineingehört. Vielmehr wendet sich
Ps 132 sogleich dem wichtigen Grundgeschehen, der Überführung der
Lade nach Jerusalem, zu."[55] Davids Sorge besteht in der Überführung
der Lade und dem Suchen nach einem geeigneten Ort. Nicht von ungefähr wird Salomo Psalm 132 in 2Chr 6,41f. bei der Einweihung des
Tempels wörtlich in den Mund gelegt, abweichend von der Vorlage
1Kön 8!

Als im Hintergrund stehende Vorlage für die erste Psalmhälfte insgesamt dürfte das Kapitel 2Sam 6 stehen. Doch steht im Gegensatz
dazu in Psalm 132 keineswegs die Lade im Mittelpunkt des Interesses,
sondern die Figur Davids. Jahwe soll zu seiner Ruhestätte einziehen,
repräsentiert in der „Lade seiner Stärke". Erst das einzig durch Davids
Bemühungen erreichte Ziel der Lade, die Ruhe auf dem Zion, ist
Grund zur Freude für Priester und Fromme. Hier tritt die Lade nicht
mehr als Palladium im Krieg oder ähnlich auf, sondern gleichsam an
der Spitze einer Prozession zum Zion, gefolgt von Frommen und Priestern. Gleichwohl zeigt die Parallelstellung von Priestern und Frommen, daß hier nicht königszeitlicher Kult beschrieben wird, sondern
späte dichterische Ausgestaltung der Erwählung Davids und des Zions.

In eine ähnliche Richtung weist auch das Ende des Psalms: Um mit
WELLHAUSEN zu sprechen: „Nach V. 17 [lebt] David fort in der
Reichsherrlichkeit der Theokratie, auf welche auch die späteren Juden,
um Davids willen, Anspruch machten."[56] Insofern ist 𝕲 im Recht,
wenn sie in V. 18 das „seine", d.h. Davids „Krone" in „meine", d.h.
Jahwes „Krone" ändert. All das entspricht genau der chronistischen
Theologie, wie sie beispielhaft aus den Änderungen von 1Chr 17 gege-
nüber seiner Vorlage 2Sam 7 zu entnehmen ist.[57]

Wie ist solch ein Bild Davids nun in die alttestamentlichen Darstel-
lungen einzureihen?

Um mit einem Zitat Sara JAPHETS zu beginnen: „Three features in
particular characterize the portrayal [of David] in Chronicles: (1) the

---

55   KRAUS, Psalmen II, 1062.
56   Anmerkungen 185.
57   Vgl. dazu KRATZ, Suche 168 und vor allem DERS., Translatio 172–179.

glorification of the figure of David and his kingship; (2) a lack of interest in David the man und a concentration on David the monarch (3) the association of David with the foundation of the Temple and establishment of the cult."[58] Nimmt man die sprachlichen Parallelen und Belege aus dem Textdurchgang hinzu, ergibt sich von hier aus eine Verortung, die sehr nahe an der Darstellung Davids in den Chronikbüchern zu finden ist.[59]

> Einer kurzen Bemerkung bedarf es noch, daß das Reden vom „Davidbund" in Psalm 132 im Gegensatz zu seinem nächsten Verwandten[60], Psalm 89, nicht vorkommt: Die einzige Erwähnung des Bundes in V. 12, so sie denn nicht sekundär ist, kann nur den Sinaibund, die *tôrāh*, meinen. Wie in Ps 89 ist in Ps 132 hingegen vom unverbrüchlichen[61] Schwur Jahwes gegenüber David die Rede, dort sogar im Parallelismus. Umso erstaunlicher, daß der Begriff ברית in Psalm 132 nicht auftaucht. Jahwes Schwur gilt sonst in der übergroßen Mehrzahl der Fälle den Vätern bzw. Abraham, Isaak und Jakob, Inhalt ist das Land.[62] Hier nun geht der Schwur an David, Inhalt ist die Zusage der Dynastie. „So behält Ps 132 (anders als Ps 89) den Terminus ברית dem umfassenderen Israelbund vor [und] begnügt sich für die Davidverheißung mit dem (sachidentischen) Schwur"[63].

Das Zionbild in Psalm 132

Nur ganz kurz soll auf das Zionbild des Psalms 132 eingegangen werden. Der Zion ist in Ps 132 Thronsitz der Davididen (V. 11f.) und Wohnsitz Jahwes (V. 13f.) Vom Zion geht Segen für Speise und Sättigung für die Armen aus, Heil für die Priester und Jubel für die Frommen. Dort läßt Jahwe dem David ein Horn sprossen, dort hat er seinem Gesalbten sein Licht zugerichtet.

---

58 JAPHET, Ideology 467f.

59 PIETSCH, Sproß 123–138 datiert den Psalm vage zwischen dem 6. und 4.Jh. v.Chr. MARTTILA zieht die Zeit eines „DtrB" vor (Reinterpretation 175; vgl. den gesamten Abschnitt, der einen guten Überblick über die Forschungspositionen gibt; ebd. zu den „collective features"). Auch das ist nicht eben früh, wenngleich der reine Sprachvergleich hier nicht ausreichen dürfte (s. o. den Exkurs nach Kap. 3.4.).

60 „Die Zahl der sprachlichen Berührungen mit Ps 132, einem relativ kurzen Text (mit 18 Versen) ist auffallend gross (28 Berührungen durch 16 Wörter und Ausdrücke)." (VEIJOLA, Verheißung 72).

61 Vgl. KOTTSIEPER, Art. שבע 989f.

62 Vgl. LOHFINK, Landverheißung *passim*.

63 PERLITT, Bundestheologie 52.

Bereits aus der Struktur des Psalms ergibt sich, daß Erwählung Davids und Erwählung des Zion zwei Seiten einer Medaille sind, wenngleich in unserem Psalm das Gefälle zum Zion hin weist, denn um seinetwillen werden Davids Taten erwähnt. Die Herrlichkeit Jahwes, versinnbildlicht in der Lade, wohnt auf dem Zion und strahlt ihre positiven Wirkungen von hier aus, ganz ähnlich dem lichten Zion aus Jes 60, allerdings selbstverständlich nicht in dieser universalen Perspektive. Ganz im Gegenteil: In den Genuß der positiven Auswirkungen kommen lediglich Arme, Fromme und Priester; wenn man so will, der fromme Teil des Volkes. חסידים – כהנים, אביונים – diese Typen der nachexilischen frommen Gemeinde feiern die Erwählung des Zion durch Jahwe zu seiner Wohnstatt.

Die Lade in Psalm 132

Doch kommen wir nun zur Lade. Warum sie in Psalm 132 erwähnt wird, dürfte klargeworden sein: Sie repräsentiert die Anwesenheit und das Wohnen Jahwes auf dem Zion, das in der zweiten Psalmhälfte besungen wird.[64] In der Vorlage aus den Samuelbüchern war dies vorbereitet. Spielte dort aber noch die Lade selbst die Hauptrolle, so steht sie in unserem Psalm ganz im Schatten desjenigen, der sie einholt und noch weiter im Schatten dessen, was er dank ihr auf dem Zion gründet: Das Heiligtum, die Ruhestätte Jahwes, und erst in zweiter Linie auch die der Lade. Die Rede von der Lade „hat auch hier die Funktion [...], unter Zuhilfenahme archaischer Sprache priesterliche[65] und deuteronomistische[66] Theologie, aber auch Bund und Tora miteinander zu vereinen und sie in das Zion- und Gemeindekonzept von Ps 132 sowie des gesamten Wallfahrtspsalters einmünden zu lassen"[67].

Wer war es nun, der sich so um David und die Lade sorgte?

Im ersten Buch der Chronik kommt es zu einer bedeutsamen Umstellung der Vorlage der Samuelbücher: Erzählen die Samuelbücher zunächst von den Philisterkämpfen Davids und berichten dann die Begebenheiten mit der Lade, so ist in der Chronik die Reihenfolge eine andere: Zunächst kümmert sich David um die Lade – ganz wie in Psalm 132 – dann kommt es zur Verzögerung durch die Philisterkriege, die den dreimonatigen Aufenthalt der Lade im Hause Obed-Edoms

---

64 Vgl. zur Rolle der Lade in Ps 132 auch SAUR, Königspsalmen 232–235.
65 Vgl. u. a. עדתי V. 12; überhaupt die priesterlichen Züge des Psalms.
66 Vgl. ברית V. 12 u.v.m.
67 BALLHORN, Davidbund 15.

begründet, und erst dann findet der erfolgreiche Zug der Lade nach Jerusalem statt! Durch die Auslassung von 2Sam 5,4, der Angabe über die Regierungszeit Davids, rücken Königssalbung und Einnahme Jerusalem noch enger zusammen. Durch die erwähnte Umstellung der Philisterkriege kommt es zu einer bedeutenden Wendung: Unmittelbar nach Davids Salbung in Hebron kümmert sich David um die Lade. Jerusalem spielt eigentümlicherweise trotz der Eroberung zunächst keine Rolle. In der Sicht des Chronisten ist es, wie WELTEN gezeigt hat[68], nämlich zunächst quasi „funktionsunfähig". Erst nachdem durch die Philisterkriege westlich von Jerusalem Platz für die Einholung der Lade geschaffen ist, kann der Einzug beginnen.

Ganz ähnlich verhält es sich in Psalm 132: Die Lade wird letztlich ganz unter dem Vorzeichen der „Funktionsfähigkeit" des Zion gestellt, für die die Verantwortung auf den Statthalter der Theokratie, David, liegt. So kann schließlich Salomo als Frucht des Leibes auf Davids Thron beim Bau des Tempels in seinem Weihgebet den Psalm rezitieren. Und betrachtet man das Zitat aus Psalm 132 beim Tempelweihgebet Salomos, so erscheint im Grunde der gesamte Abschnitt 1Chr 10–2Chr 6 als eine einzige erzählerische Ausschmückung der Verse 1–7 von Psalm 132[69]; die dann folgerichtig mit dem Tempel, im Zitat und der zweiten Psalmhälfte ihr Ziel erreicht. „Psalm 132 kommt also im Blick auf die chronistische Darstellung im strengen Sinn eine Schlüsselstellung zu."[70] (WELTEN)

Und noch ein Weiteres ist an der Zitierung des Psalms durch den chronistischen Salomo zu sehen: Psalm 132 muß nicht notwendigerweise als hoffnungsvolle Bitte eines Theologen aus tempelloser Zeit verstanden werden.[71] Gerade die Bitte um die Anwesenheit des Gottes Jahwe im Gottesdienst des Tempels in Form der Lade ist zu allen Zeiten aktuell, durchaus auch dann, wenn der Tempel nicht zerstört ist.

Fazit

„Über die beiden zentralen Größen des alttestamentlichen Glaubens, Königtum und Kultus, empfangen wir in der Ritual-Auslese des 132. Psalms einige entscheidende Aussagen."[72] Dieses Urteil von H.-J.

---

68 WELTEN, Lade.
69 Vgl. WELTEN, Lade 181.
70 WELTEN, Lade 182.
71 So SPIECKERMANN, Heilsgegenwart.
72 KRAUS, Psalmen 1066.

KRAUS, das er im Abschnitt „Ziel" seines Kommentars des 132. Psalms ausspricht, mutet dem Psalm vielleicht etwas zuviel an Beweislast für KRAUS' königliches Zionsfest zu. Gleichwohl erhalten wir in der Tat durch Psalm 132 wichtige Einsichten in die *spätnachexilische*[73] *Bewertung* dieser beiden zentralen Größen des alttestamentlichen Glaubens. Die dichterische Ausgestaltung der Samuelgeschichte, die die „redaktionelle Komposition"[74] von Psalm 132 vornimmt, wie auf seine Weise ja auch Ps 89 als schriftgelehrte *Relecture* von 2Sam 7 verstanden werden kann, hat in ihrer kollektiven Deutung David als vorbildhaften Frommen im Blick, der durch die Überführung der Lade für die Anwesenheit Jahwes im Gottesdienst auf dem Zion sorgt. Im Blick auf die Lade kann gesagt werden, daß sich alte, gar aus davidischer Zeit stammende Traditionen nicht finden ließen, und auch für einen kultischen Sitz im Leben, sei es bei einem Herbstfest oder einem königlichen Zionsfest, konnten keine eindeutigen Hinweise gefunden werden. So sehr die Vorstellungen von der Erwählung Davids und des Zions zwei Kehrseiten ein und derselben Medaille sind, so sehr steht die Lade in Psalm 132 ganz im Dienste dieser Vorstellungen.

---

73 Zur Frühdatierung des Psalms bzw. seiner Bestandteile vgl. auch die Kontroverse zwischen LAATO und PATTON, Inquiry, die gewichtige Argumente gegen LAATO, Psalm 132 nennt. Nach SAUR haben sich alte Traditionen in dem Psalm erhalten, jedoch nur teilweise (SAUR, Königspsalmen 225ff.). Das spricht dafür, daß man diese Traditionen – in diesem Falle die entsprechenden Texte (2Sam 6–7; Ps 89, *etc.*) auch kennen muß. Nachexilisch datieren den Psalm auch KÖRTING, Zion 118 und DOEKER, Funktion 120 (chronistischer Theologie nahestehend, im Anschluß an PATTON).

74 So zutreffend SAUR, Königspsalmen 246.

8. Levitischer Tempelkult und Bundeslade – Die Lade als Thema der chronistischen Geschichtsdarstellung (1. Chronik 6. 13. 15 – 17. 22. 28; 2. Chronik 1. 5. 6. 8. 35)

„Der Chronist hat keine neue Deutung der Lade vollzogen, sondern sich – auch im Sprachgebrauch – weitgehend an das dtr. Vorbild gehalten, weil er wie dieses (im Gegensatz zu P) eine gewisse prolevitische Tendenz verfolgte."[1] So lautet der gesamte Befund von J. MAIER über das Ladeheiligtum in den Chronikbüchern.[2] Ganz unwichtig ist die Lade in diesen Büchern aber nicht: allein 22,1 % der Belege[3] kommen in der Chronik vor – und das, obwohl der erste Teil der Ladegeschichte 1Sam 4–7 nicht einmal eine Parallele in diesen Büchern hat. Des weiteren ist es auffällig, daß die Einholung der Lade und die Verbringung in den Tempel zu den Bereichen der Chronikbücher gehören, in denen ungewöhnlich viele Umstellungen und Überschüsse zu finden sind. Das zeigt ein einfacher Textvergleich.

1Chr 13,5ff. entsprechen etwa 2Sam 6,2–11; 1Chr 15,25–16,3 dann 2Sam 6,12ff. – dazwischen schieben sich 1Chr 14 par 2Sam 5,11–25; 1Chr 15,1–24 und als Anhang folgt 1Chr 16,4ff. 1Chr 17 entspricht etwa 2Sam 7; 2Chr 1 entspricht etwa 1Kön 3; 2Chr 5–6 entsprechen etwa 1Kön 8.

Wird außerhalb dieser Passagen die Lade – über die Vorlage hinaus – erwähnt, so handelt es sich mit einer (vermeintlichen) Ausnahme sämtlich um sekundäre, d.h. nicht zum ursprünglichen Werk des Chronisten gehörende Stellen.

---

1 MAIER, Ladeheiligtum 82.
2 Ein wenig ausführlicher jedoch DERS., Kultus 89.
3 43 von 195 Vorkommen, in denen ארון in 𝔐 sicher die Bundeslade meint. Zum Vergleich: Exodus bis Numeri 26× (13,3 %), Deuteronomium bis 2. Könige 96× (49,2 %); 1Sam 31 + 2Sam 5 – 2Kön 25: 33 × (16,9 %). Zu den Termini vgl. auch VAN DEN EYNDE, Usage, insb. 428f.

Die Erwähnung der Lade in 1Chr 6,16 (ff.) ist sicherlich ein Zusatz innerhalb der „genealogischen Vorhalle" der Chronik.[4] Genauer wird in 1Chr 6 bekanntlich der Levitenstammbaum dargestellt; hier zeigt sich also das erste Mal die oben von MAIER genannte „gewisse prolevitische Tendenz". In dem Moment, in dem die Lade ihren Ruheplatz findet (vgl. zum Zelt 1Chr 15,1; 16,1; zum Levitendienst dort vor allem 1Chr 23,25ff.; zum Tempel 1Chr 28,2) – damit wurden die Leviten quasi beschäftigungslos – werden sie hier nun zu Sängern gemacht. Daß „die Sänger als Leviten anerkannt wurden, war dem Chr. Herzenssache. Trotzdem kann das Stück nicht von ihm stammen"[5]. Hier wird 1Chr 15f. in die Vorhalle integriert.[6] Über die Lade erfahren wir nichts weiter, als daß sie „ruht" (מָנוֹחַ mānôaḥ, „Ruheplatz", nur hier in der Chronik – was auch gegen den ursprünglichen Chronisten spricht) seit sie in Jerusalem steht (vgl. dazu 1Chr 28,2; 2Chr 6,41 par. Ps 132,8).

„Ob [1Chr, Vf.] 22,14–16 ein späterer Zusatz ist, mag dahingestellt bleiben. Jedenfalls ist 22,17 eine vorgreifende Zutat und erst recht der ganz unvermittelt einsetzende Passus 22,18.19 mit der sonderbaren Aufforderung, daß ‚die Obersten Israels' den Tempel bauen sollen."[7] Das Stück V. 17.18–19 ist eine Dublette zu Kap. 28f.,[8] die bei der Auffüllung der Passagen[9] offenbar notwendig wurde, da diese Kapitel jetzt so weit entfernt von Kap. 22 stehen. Es setzt sie jedenfalls voraus (vgl. zu V. 18 auch V. 9a und 1Chr 28,8b; zu V. 19 dann 1Chr 28,9).[10]

---

4   NOTH, ÜSt 120f. (V. 16–33); RUDOLPH, Chronikbücher 58f. (V. 16–32); WILLI, Auslegung 195 Anm. 29; KRATZ, Komposition 26 (das ganze Kapitel).

5   RUDOLPH, Chronikbücher 58.

6   Vgl. aber auch STEINS, Chronik 268, der die Verse 16–32.33–38 zwar als Erweiterung aussondert, ihren Ort jedoch zwischen die erste und die zweite Erweiterungsschicht in 1Chr 15 (also seiner „2. Musiker-Schicht" in V. 4–10.16f.18*[ohne השערים].24 + 1Chr 16,41 und der „Musiker-Torwächter-Schicht" in V. 15,18*[nur השערים].19–23.27ab.28a*[nur ובחצצרות ובמצלתים].b + 1Chr 16,38.42; vgl. a.a.O. 282 und insgesamt 254–282) einordnet.

7   NOTH, ÜSt 112 Anm. 2 (Hervorhebung vom Vf.). Die Obersten sollen ihm freilich nur „helfen" (עזר V. 17). Anders STEINS, Chronik 247 Anm. 28, der auf 1Chr 21,29 hinweist. Dort ist die Terminologie aber eine ganz andere. Daß die Ladebezeichnung von 1Chr 22,19 mit der aus 1Chr 17,1 übereinstimmt, besagt keinesfalls, daß diese Verse zur Grundschicht gehören müssen (so aber STEINS, Chronik 247f., Anm. 28), sondern zeigt nur, daß die eine Stelle die andere kennt. Die Bezüge zu Kap. 28f. gehen nicht auf dort sekundäre Stellen (gegen STEINS, ebd.). – Vgl. auch ROTHSTEIN, Chronik, 608: „Jedenfalls setzt 28,2ff. kaum voraus, daß David schon einmal, wie hier gesagt wird, den Oberen des Volkes eine solche Rede gehalten habe."

8   Vgl. RUDOLPH, Chronikbücher 151.

9   Zum sekundären Charakter von 1Chr 23,2–27,34 vgl. NOTH, ÜSt 112; (daran anschließend WILLI, Auslegung 194ff.), STEINS, Chronik 417ff. und KRATZ, Komposition 31f.52.

10   RUDOLPH, Chronikbücher 152. Die Terminologie des Verses ist verwirrend und folgt keinem nachvollziehbaren Interesse mehr: Wird der Tempel zum „Heiligtum

1 Chr 28f. bilden den 1 Kön 1f. parallelen[11] Übergang zur Salomogeschichte. In 1 Chr 28,2.18, wo die Lade auftaucht, dürfte anfänglich der Chronist zu
Wort kommen; V. 18b hingegen ist „sicher eine spätere Ergänzung"[12], die hier
in V. (10-) 14–18 (–20)[13] die Geräte in höchstem Detail, vermutlich im Anschluß an 2 Chr 3f., aufzählt.[14] Die Lade ist dabei ein Ausstattungsgegenstand
unter anderen. V. 2 hingegen formuliert der Chronist selbst im Anschluß an
2 Sam 7 und mit Ps 132,7.8.14[15] (vgl. auch 2 Chr 6,41!) - so spricht schon David
das spätere Gebet Salomos zur Vollendung des Tempelbaus. Da die Lade jedoch in 1 Kön 2 auftaucht und 1 Chr 28 vor allem an 2 Sam 7 orientiert ist, kann
man jedenfalls für V. 2 sagen, der Chronist habe die Lade hier in seiner „Vorlage" gefunden, auch wenn diese hier nicht in der ursprünglichen Reihenfolge
verwendet wird.

Mit dem Erweis von 1 Chr 6,16ff. als Nachtrag (s. o.) zeigt sich auch der
sekundäre Charakter von 2 Chr 35,3, wo Josia den Dienst der Leviten beendet,
indem diese die „heilige Lade" (ארון הקדש *rôn-haqqodæš, so nur hier bezeichnet) in den Tempel stellen sollen (נתן Imp. Qal[16]) und fortan „Jahwe, ihrem Gott und seinem Volk Israel dienen sollen". Wie das genau passiert, führen V. 4–6 aus (vgl. auch V. 14f.). Die Verse 3–6 unterbrechen den Zusammenhang zwischen V. 2 und 7[17] und „machen die Nebensache zur Hauptsache"[18].

---

des Gottes Jahwe" (vgl. höchstens Num 19,20; Jos 24,26; Ez 48,10) oder wird es
„dem Namen Jahwes gebaut" (1 Chr 28,3 u. ö.)? Die Lade erscheint mit dem Titel
„Lade des Bundes Jahwes" (s. 1 Chr 28,18 u. ö.), die Geräte werden (nur hier) als
„heilige Geräte Gottes" bezeichnet.

11 Vgl. die Tabelle bei STEINS, Chronik 344f. Zum Übergang vgl. insgesamt WILLIAM-
SON, Accession, der die Parallelen der Darstellung mit dem Übergang von Mose
auf Josua herausstellt.

12 NOTH, ÜSt 112 Anm. 4 zu V. 18b und dann V. 19; RUDOLPH, Chronikbücher
186.189 nimmt, wohl zutreffender, V. 12b–13a.14–18 als spätere Kombination verschiedener Stellen an (anschließend WILLI, Auslegung 196); KRATZ, Komposition
32 scheidet V. 10–20 in toto aus (wegen der Wiederaufnahme von V. 10 in V. 20:
חזק usw.).

13 Ähnlich STEINS, Chronik 355. Eine Grundschicht in 1 Chr 28,1–11.20.21b; 29,22b–
30 wurde durch die „Gemeindeschicht" in 1 Chr 28,12–16.17b–19; 29,1–21aα.22a;
und eine „Kult-Schicht" in 1 Chr 28,17a; 29,21aßb ergänzt. Auch bei ihm liegen also erste und zweite Erwähnung der Lade in zwei unterschiedlichen Schichten.

14 Vgl. STEINS, Chronik 353.

15 Vgl. NOTH, ÜSt 114; v. RAD, Predigt 256f.; DERS., Ruhe 104f.

16 Anders als von RUDOLPH, Chronikbücher 326 vorgeschlagen, ist hier 𝔐 beizubehalten. Ebenso ist eine Übersetzung mit „lassen" für נתן Qal zwar möglich, aber
doch unwahrscheinlich. Der Gedanke, daß die Lade ja gar nicht aus dem Tempel
entfernt worden war (ebd.), dürfte dem Verfasser der Verse fern liegen. Der
Schlüssel dazu ist der folgende Satz: „Ihr braucht sie nicht mehr auf der Schulter
zu tragen" (אין־לכם משה בכתף): Das abschließende Passa unter Josia (2 Kön 23,21–
23 wird zu 2 Chr 35,11.18–19) beendet auch den Ladedienst der Leviten.

17 WILLI, Auslegung 200 hält nur V. 3 (außer „und er sprach") und 4 für „unecht".
Doch V. 5f. gehören mit V. 4 zusammen. Für V. 3f. spricht er wohl zurecht von ei-

V. 2.7 unterbrechen ihrerseits (mit V. 16f.?[19]) die ursprünglichen Notizen 2Chr 35,1.18f.(par. 2Kön 23,21–23). Man könnte abschließend formulieren: Je später der Zusatz, desto heiliger die Lade.

Eigentlich gehört 2Chr 8,11 nicht ganz in diese Reihe, da mit 1Kön 9,24a eine Parallele zu V. 11a vorliegt.[20] Es handelt sich hier um einen Vers, in dem die Lade das „Haus Davids" heiligt: קדש המה *qodæš hemmāh*, „heilig sind sie [die Räume]!". Denn die (heilige) Lade ist zu ihnen gekommen. Die Ägypterin darf nicht hinein, „nicht weil sie Heidin, sondern weil sie Frau war"[21]. Der Zusatz V. 11b erklärt also mittels kultischer Argumentation, warum die Pharaonentochter nicht im Haus Davids wohnen durfte. Vielleicht ist hier der Chronist am Werk[22]; wahrscheinlich – eben wegen der Vorstellung von der heiligen Sphäre der Lade – ein Späterer. Auch hier wird klar, welchen *Nimbus* die Lade für die Autoren des chronistischen Werkes besessen hat. Eine Uminterpretation ist das nicht im eigentlichen Sinne, das explizite Zusprechen des Attributs „heilig" (√קדש) hingegen ist ein *Novum*. Der Sache nach war es aber natürlich auch schon vorher vorhanden.

Wo also die Lade über die Vorlage (und deren Schwerpunkte) hinaus in den genannten Abschnitten erwähnt wird, ist nicht der Chronist, sondern sind Ergänzer seines Werks zu greifen. Doch haben sie offenbar kein besonderes Interesse an der Lade als solcher, sondern explizieren die genaue Aufgabe der Leviten (1Chr 6,16) oder beschreiben, auf Genauigkeit bedacht, die Ausstattung des Tempels (1Chr 22,19; 28,[2.] 18). Jedoch erhält die Lade dabei einen Akzent der Heiligkeit: Sie ist heilig und kann vermöge ihrer heiligen Sphäre auch selbst heiligen (2Chr 8,11; 35,3). Daß in dieser späten Zeit freilich überhaupt noch ein Interesse an der Lade besteht, scheint m.E. wohl

---

ner „spezifizierende[n] Deduktion" aus 1Chr 15,2 (a.a.O. 203). Differenziert STEINS, Chronik 229, nach dem V. 2f.6* [ohne והתקדשו].8–10.14b zu einer „Leviten-Schicht" gehören und darin V. 4f.6* [nur והתקדשו] einen weiteren Zusatz darstellen (a.a.O. 226f.). Doch liegen V. 2 und 3 auf unterschiedlichen Ebenen: V. 3 führt V. 2 genauer aus.

18 KRATZ, Komposition 39.

19 So KRATZ, Komposition 36. STEINS, Chronik 229 differenziert nochmals zwischen V. 16 und V. 17 („Gemeinde-Schicht"; ursprünglich V. 1.7.11–14a.16.18f.)

20 Vgl. NOTH, ÜSt 134 Anm. 5 und 171 Anm. 3 sowie WELLHAUSEN, Prolegomena 181f.

21 So richtig, wenngleich für heutige Ohren unbequem, RUDOLPH, Chronikbücher 220; s. auch ROTHSTEIN, Chronik 631 und vgl. MAYER, Frau 88f. Nicht umsonst gibt es im herodianischen Tempel später einen „Vorhof der Frauen". Daß der Grund „durch die Verbringung der Lade in den Tempel wegfiel" (ebd.), dürfte m.E. zu modern gedacht sein. Das Haus Davids verbleibt selbstverständlich in der Sphäre der Heiligkeit.

22 So NOTH an den o. Anm. 20 angegebenen Stellen.

weniger durch eschatologische oder konkrete Hoffnungen als durch ihre Bedeutung für den Tempel unter den Davididen bedingt. Wenn man mit O. Plöger „theokratische" und „eschatologische" Position als Alternativen verstehen möchte, so ist das chronistische Werk eindeutig der „theokratischen" zuzurechnen.[23]

Doch weiter zu den zu den Samuel- und Königebüchern parallelen Passagen. Größere Änderungen ergeben sich in 1Chr 13–16.17 im Vergleich zu 2Sam 5–6.7:

1Chr 13,5ff. zieht die Einholung der Lade gemäß 2Sam 6,1–11 vor, 1Chr 14,1–16[24] entsprechen etwa Palastbau und Philisterkriegen 2Sam 5,11–25; 1Chr 15,1–16,3 geht auf 2Sam 6,12–19a, das Einbringen der Lade nach Jerusalem, zurück; 1Chr 16,8–36 sind aus Ps 105,1–15 / 96,1–13 / 106,1.47f. zusammengestellt, 1Chr 16,43 entspricht dann wieder 2Sam 6,19b[25]; 1Chr 17 schließlich ist die chronistische Form der Nathanweissagung 2Sam 7. In 1Chr 13,1–4; 14,17; 15,1–24; 16,4–7.37–42 liegen Passagen mit anderem Material vor.

Die literarischen Verhältnisse sind nicht ganz leicht zu durchschauen. Sicher scheint, daß die Aufzählungen in 1Chr 11,11–47 (und das Vorziehen von 1Sam 23,8–39) sowie 1Chr 12 (Davids Männer aus Ziklag und Hebron) sekundäre „Listenwirtschaft" sind[26]. Doch danach folgt sogleich wieder eine Umstellung: 1Chr 13 kommt im Gegensatz zu 1Chr 14 sozusagen „zu früh", so daß nun der Palastbau und die Philisterkriege von der Einholung der Lade gerahmt werden.[27] Erst kommt sie bis in das Haus Obed-Edoms, des Gatiters, dann folgen 1Chr 14 par. 2Sam 5,11–25; erst dann die endgültige Einholung. Wie kommt es zu dieser Abfolge? Zunächst wieder das Sichere: 1Chr 16,7–36 dürften späterer und also nachchronistischer Einschub sein, der auf das Ereignis der Einbringung reagiert und entsprechend feierlichen Gesang hinzufügt; dazu gehören Ein- und Ausleitung in den Passagen V. 5f. und 37f.41f.[28] Roth-

---

23 Vgl. Plöger, Theokratie 129ff.; zur Entscheidung der Frage reicht allein der Hinweis auf 2Sam 7 und seiner Parallele in 1Chr 17. Vgl. zur Sache auch Williamson, Eschatology 162–165 (zu Plöger).176–185 (zu 1Chr 17).186–188 (zu 2Chr 6,41f.). 194f.

24 V. 17 hat keine direkte Parallele.

25 Die Michalepisode in 2Sam 6,20–23 wird bekanntlich übergangen.

26 Für 1Chr 11,41–12,41 Kratz, Komposition 50.52; etwas vorsichtiger bei 1Chr 11,10–40; vgl. aber Noth, ÜSt 115f., der ebenfalls 1Chr 11,41–12,41 für sekundär hält; Rudolph hält wie Noth 1Chr 12,1–23 für eine „Einlage" (Chronikbücher 103), den Kontext aber für chronistisch (a.a.O. 99.107f.; Ausnahme: 1Chr 12,41b–47; vgl. a.a.O. 101).

27 Auf den gesamtisraelitischen Charakter des Abschnitts macht Welten, Lade 173 aufmerksam.

28 Vgl. Noth, ÜSt 116 und Kratz, Komposition 31f.52. Zu 1Chr 16,7ff. vgl. Kratz, Tora 293f.

STEIN hat darüber hinaus den Nachweis erbracht, daß auch V. 4 und 39f. zu dem Zusatz gehören.[29] In 1Chr 15 sind darüber hinaus der Stammbaum V. 4–10 und die Aufstellung des Kultpersonals V. 16–24 nicht ursprünglich – wahrhaftig ein „wildes Wachsen von allerlei literarischen Wucherungen"[30]! Die Auslegung von 1Chr 13 in 1Chr 15,11–15* mag dabei noch chronistisch sein.[31] Es bleiben für den Chronisten 1Chr 13,1–4.5–14; 14; 15,1–3.11–15.25–29; 16,1–3.43.

Aufgrund der Umstellung und des Anschlusses von 1Chr 14 an 1Chr 11,9 (entspr. 2Sam 5) und anschließend 1Chr 17,1 erwägt KRATZ in Kap. 13.15f. eine spätere Ergänzung.[32] Das bedeutete genauer eine Auslassung der Ladeüberführung. Doch hätte der Chronist es sich wirklich entgehen lassen, dieses Ereignis, das ja schließlich durchaus in ein überaus positives Bild Davids als Kultgründer passen würde, zu übergehen?[33] Das Kapitel läßt sich in gewisser Weise ja auch schon in der Vorlage relativ verlustfrei aus dem Erzählzusammenhang entfernen, was hier wie dort aber nichts über seinen sekundären Charakter besagen muß. Dann aber müßte der Chronist einen Grund für seine Umstellung und Aufteilung des Kapitels gehabt haben. Im jetzigen Zusammenhang kümmert sich David, „dem [...] tiefsten Zug seines Herzens folgend"[34], sofort nach der Eroberung Jerusalems um den *Kult*. Sein erstes Ziel ist das Ermöglichen legitimer Opfer in Jerusalem, das vor dem Tempelbau ja einzig die Lade ermöglicht. Daher unternimmt er einen Versuch. Dieser scheitert. Zunächst steht die Lade also noch im Haus Obed-Edoms, des Gatiters (1Chr 13,13). Ausgerechnet der Halbvers, der davon spricht, daß David die Lade nicht nach Jerusalem bringen *wollte* (לא־אבה דוד להסיר), ändert 1Chr 13 von seiner Vorlage heraus zu einer nüchternen Feststellung, daß er es nicht *tat* (לא־הסיר דוד). Vorher mußte nämlich die Ruhe vor den Feinden hergestellt

29 ROTHSTEIN/HÄNEL, Kommentar 307ff.; ROTHSTEIN, Chronik 597–600 war noch vorsichtiger (Chronist mit Fragezeichen); gegen NOTH, ÜSt 116. Anders RUDOLPH, Chronikbücher 115.

30 NOTH, ÜSt 116; vgl. auch die Angaben von Kratz, Komposition 31f.52.

31 So NOTH, ÜSt 116, anders freilich KRATZ, Komposition 52. Mit Modifikationen hält auch RUDOLPH, Chronikbücher 115 den Passus für chronistisch.

32 KRATZ, Komposition 50.52.

33 Eine literarkritische Beantwortung der Frage hat natürlich auch Argumente auf ihrer Seite, vgl. KRATZ, Komposition 52, vorsichtiger a.a.O. 49f.; vgl. a.a.O. 32 für den möglichen ursprünglichen Erzählfaden. M.E. wiegen die Gründe gegen eine literarische Aussonderung und für eine Herkunft der Kapitel aus der Hand des Chronisten letztlich schwerer.

34 ROTHSTEIN/HÄNEL, Kommentar 310.

werden, der Palast gebaut[35] (und letztlich auch Gat als philistäische Stadt erobert) werden: Die Philister müssen geschlagen werden.[36] Das berichtet nun 1Chr 14. Der Grund für den gescheiterten Versuch, wie in der Vorlage angedeutet, erklärt der Chronist damit, daß das falsche Kultpersonal zugegen war. Es lag in keiner Weise an David. So müssen die Ladepriester Zadok und Abjatar (2Sam 15,24–29) sowie die Leviten für diese Aufgabe herangezogen werden (1Chr 15,1–3.11–15). Nun kann die Lade ordentlich eingeholt werden: 1Chr 15,25–16,4. Im wesentlichen gibt also auch hier der Chronist seine Vorlage wieder, formt sie lediglich entsprechend seiner theologischen Präferenzen durch Umstellung und kurze Interpretation (1Chr 15*) um. Möglicherweise spricht er auch hier.[37]

Im „Sondergut" des Chronisten kommt die Lade demnach in 1Chr 13,3 (V. 1–4); 1Chr 15,1.2.3 (V. 1–3) und 1Chr 15,12.14.15 (V. 11–15) vor, sekundär in den Versen 1Chr 15,23.24 (V. 16–24), 1Chr 16,4.6 (V. 4–6) und 1Chr 16,37 (V. 37–42). Hier dürften die Besonderheiten seiner Auffassung besonders zutagetreten.

Dabei liegt in 1Chr 13,1–4 die Absicht klar zutage, den eigenartigen Abstand von erstem und zweitem Teil der Ladegeschichte zu überbrücken: „Wir haben sie in den Tagen Sauls nicht aufgesucht" (V. 1). Der *qāhāl* stimmt zu. Nun kann David die Lade von Priestern und Leviten (V. 2) nach Jerusalem bringen lassen: Die Leviten, deren Dienst bekanntlich das Tragen der Lade ist, sind ja noch nicht nach Jerusalem bzw. zum ihnen dann anvertrauten Ladeheiligtum gekommen! Sie müssen also erst aus ihren Städten und von ihrem Landbesitz (vgl. 1Chr 6,49 u.ö., zuvor Lev 25,41; Num 35,1–7; Jos 14,4 und Kap. 21) zusammengerufen werden. Denn: „Wir wollen die Lade unseres Gottes[38] zu uns bringen (סבב *Hif.*, was auch [mit דרך] „einen Umweg machen lassen" heißen kann, vgl. Ex 13,18 und die Trennung von 2Sam 6

---

35 Vgl. Rothstein/Hänel, Kommentar 263.

36 Etwas anders Welten, Lade 174f., der auf den Aspekt der Funktionsfähigkeit hinweist.

37 Eine andere Erklärung bietet Kratz (Komposition 43f.): So wie das Mißlingen des ersten Versuchs der Ladeeinholung mit dem Verhalten Ussas erklärt wird, sollte der Erfolg des zweiten Versuchs in 2Sam 6,12ff. auf David selber zurückgeführt werden: „Beim Bau seiner Häuser in Jerusalem dachte David auch an einen Ort für die Lade (1Chr 15,1; 17,1ff), Deswegen wird der erste Anlauf unmittelbar nach der Einnahme Jerusalems und dem ersten Ausbau der Stadt IISam 5,12–10/1Chr 11,1–9, aber vor der Baunotiz IISam 5,11f/1Chr 14,1f eingeordnet, der zweite danach"(a.a.O. 44). Der Ton liegt also weniger auf dem Kult als vielmehr auf der Person *Davids*. Beides gehört natürlich aufs engste zusammen.

38 Die Ladebezeichnung ist singulär, vgl. aber die Gottesbezeichnung aus V. 2.

in 1Chr 13.15!).“ Hier wird also gleich zu Beginn der Herrschaft Davids die Zeit Sauls beendet (1Sam 31; 2Sam 4). Nun wird David sich dem Kult zuwenden.[39]

Ein weiteres Mal kümmert sich der Chronist um die Lade, in 1Chr 15,1–3.11–15. Die Vorbereitungen für das Einholen der Lade sind getroffen (1Chr 14; 1Chr 15,1); die Lade kann geholt werden. Das muß qualifiziertes Personal machen (1Chr 15,11–15)[40], eben nicht „ganz Israel“ (1Chr 13,5; zum Sinn des Abschnitts vgl. auch o. die Bemerkungen zur Literarkritik). David richtet den Platz für die Lade her (כון Hif. 1Sam 15,1.3.12; vgl. 1Chr 16,1, außerdem 22,5; 28,2; 29,9!; 2Chr 1,4); ja, er bereitet ihn gewissermaßen vor (vgl. 1Chr 29,9), damit Salomo die Lade von dort an den endgültigen Platz bringen kann. So ist es dann auch 1Chr 17,1 wo – abweichend von der Vorlage („die Zeltdekke“) der Plural, $y^e r î ' ô t$, benutzt wird: Die Lade steht nicht mehr im Wüstenheiligtum, sondern an der von David bereiteten Stelle, sie ist „von Zelt zu Zelt“ gewandert (1Chr 17,5 gegen 2Sam 7,6!). David bereitet alles für den Tempel vor. Die „Ruhe“ (מנוחה, $m^e n û ḥ ā h$) kann aber erst dann einkehren, wenn der Tempel erbaut ist (1Chr 17,1.10 gegen 2Sam 7,1.11 und dann 2Chr 6,41).

1Chr 15,23f. bilden den Übergang von V. 16–22 zur Fortsetzung von 2Sam 6 in V. 25. Hier wird gar Obed-Edom zum „Türhüter bei der/für die Lade“ gemacht (vgl. V. 18 und 1Chr 16,38) – wie konnte es anders sein, daß er sonst in die Nähe gelangen konnte, wenn er doch kein Levit war?

1Chr 16,4–6.37–42 sind Ein- und Ausleitung für den Sangesdienst der Leviten; der Lobgesang V. 7–36 das erste Beispiel dafür. V. 37–42 kümmern sich um alle Genannten und geben ihnen eine Aufgabe für die kommende Zeit – die Lade hat ja ihren Ruhepunkt erreicht, und sonst würden die Leviten „arbeitslos“. Vor der Lade wird gesungen; einzig Zadok und seine Leute können opfern, solange das Sinaiheiligtum noch in Gibeon steht.

Geringer als im ersten Chronikbuch sind die Änderungen in den Parallelen zu 1Kön 3 und 8 (par. 2Chr 1 und 5f.). Nachdem in 2Chr 1,1 parallel zu 1Kön 2,46b das Königtum (Chr hat hier מלכות, gegen Kön ממלכה; vgl. 1Chr 17!) auf Salomo übergeht, führen die folgenden Verse die Traumoffenbarung zu Gibeon ein.[41] Das ganze Zelt der Begegnung

---

39   Außerdem wird der Sieg über die Philister vorbereitet, gegen die der Kampf „alle Tage Sauls“ schwer (חזקה) war.

40   So auch WELTEN, Lade 176f.

41   Vgl. dazu auch WILLIAMSON, Temple 150.157. Zu 1Chr 17(/2Sam 7 vgl. insb. KRATZ, Translatio 169–179, DERS., Suche 168.207.211 sowie DERS., Komposition 44–46.

wird aufgeboten, damit alles seine Ordnung hat. 2Chr 1,5 verlegt die
Opfer Salomos an den Bronzealtar vor dem Zelt der Begegnung, so
daß Salomos Opfer legitim sind.[42] Er braucht deswegen auch keine Parallele zur Erwähnung der Lade (1Chr 1,13 par. 1Kön 3,15) mehr darzustellen; diese steht in Jerusalem an ihrem von David bestimmten
Platz.[43] Das liegt nun keinesfalls an einer Geringschätzung der Lade
oder dergleichen, sondern daran, daß der Chronist die Tendenz der
Erwähnung dort, die „Entschuldigung" bzw. „Rechtfertigung" Salomos Gottesdienst, richtig erkannt und in seinem Sinne überarbeitet
hat. Eine Erwähnung in den Versen des Sonderguts (V. 2–4.5.6) ist
notwendig, weil zum Zelt der Begegnung (V. 3.6.13) auch der Altar
Bezalels (Ex 31,2ff.; 38,1ff.; vgl. 1Chr 16,40; 21,29, wo der Altar aber
nicht identifiziert wird) und die Lade gehören. Über die Lade wird
nichts berichtet, was man nicht aus 1Chr 15,1(ff.; vgl. auch 1Chr 13,6
par. 2Sam 6,2) wüßte.

Liegen in 2Chr 5,1–3 nur kleinere Veränderungen vor, werden in
2Chr 5,4 erwartungsgemäß die Träger der Lade gegenüber der Vorlage
nicht als „Priester", sondern als „Leviten" bezeichnet. In ähnlicher
Manier ändert er in 2Chr 5,5 die הכהנים והלוים aus 1Kön 8,4 zu הכהנים
הלוים. und faßt so die beiden Gruppen zur einen levitischen zusammen. Die Lade heißt bei ihm nur הארון im Gegensatz zum ארון יהוה der
Vorlage. Das mag die Kontinuität zwischen V. 2 und 7 besser wahren,
wo ארון ברית־יהוה gesagt wird. Der Text von 1Kön 8,10 wird in 2Chr
5,11a.13b wiedergegeben[44], dazwischen folgt die Aufzählung der Priester und Tempelmusiker in V. 11b–13a; hier ganz sachgemäß. „Dieses
Unisono [sc. aller Stimmen und Instrumente, Vf.] rief die Schechina,
die in der Wolke verborgene ‚Herrlichkeit' Jahwes, herbei (13). So
wichtig war Tempelmusik und Tempelgesang."[45] Wenigstens die Verse
11b–13a dürften nicht dem Chronisten zuzurechnen sein.[46]

---

42 Vgl. zur Terminologie Ex 38. Zur Stelle vgl. NOTH, ÜSt 170f.

43 Daß der Grund für das Fehlen der Lade in V. 13 ist, daß „an dieser [...] nur Kultge-
    sang, kein Opferdienst" stattfand (1Chr 16,4), vermutet RUDOLPH Chronikbücher
    197. Man mag geradezu spekulieren, ob der Versteil ihm überhaupt vorgelegen hat.

44 Mit Umstellung in V. 13b.

45 RUDOLPH, Chronikbücher 211.

46 RUDOLPH, Chronikbücher 211; vgl. KRATZ, Komposition 39 Anm. 30 u. 31. Zu
    vergleichen ist der sicher sekundäre Abschnitt 1Chr 24 (s. o.). RUDOLPH zählt auf-
    grund der Erscheinung des kᵉbôd yhwh in 2Chr 7,1b.2 nach 2Chr 6,40f. sogar V.
    11a.13b.14 zu den (s. E. „mechanischen") Erweiterungen. Anders, aber kaum über-
    zeugend NOTH, ÜSt 117.134 Anm. 5, der den Abschnitt dem Chronisten beläßt.

Interessant ist die Parallele von 1Kön 8,21 und 2Chr 6,11:

[21] 1Kön 8,21 וָאָשִׂם שָׁם מָקוֹם לָאָרוֹן אֲשֶׁר־שָׁם בְּרִית יְהוָה אֲשֶׁר כָּרַת עִם־אֲבֹתֵינוּ בְּהוֹצִיאוֹ אֹתָם מֵאֶרֶץ מִצְרָיִם׃

1Kön 8,21: „[21]Und ich habe dort einen Platz für die Lade gesetzt, in der der Bund Jahwes ist, den er mit unseren Vätern geschlossen hat, als er sie aus dem Land Ägypten herausführte."

[11] 2Chr 6,11 וָאָשִׂים שָׁם אֶת־הָאָרוֹן אֲשֶׁר־שָׁם בְּרִית יְהוָה אֲשֶׁר כָּרַת עִם־בְּנֵי יִשְׂרָאֵל׃

2Chr 6,11: „[11]Und ich habe dorthin die Lade gesetzt, in der der Bund Jahwes ist, den er mit den Söhnen Israel geschlossen hat."

Sie zeigt, daß der Ort für die *Lade* hier nicht entscheidend ist – das war er im Zusammenhang mit David gewesen (1Chr 15,1.3; 16,27), der diesen Ort aufgerichtet hatte (כון *Hif.*). Von nun an aber ist nur noch der Tempel der מקום. Der Verweis auf den Exodus wird vom Chronisten übergangen;[47] bekanntlich hat er „es geradezu peinlich vermieden, von den Ereignissen der Mosezeit zu sprechen."[48]

Schließlich ist auf die Ersetzung von 1Kön 8,51aßb.52.53 durch 2Chr 6,41–42 (und die Zufügung von 2Chr 7,1–3) einzugehen.[49] Hier zitiert der Chronist zunächst Ps 132,8–10 in Kombination mit Jes 55,3 / Ps 89,2, berichtet dann von der Annahme des Opfers und unter Rückgriff auf 1Kön 8,10f. / Ex 40,34f., der Erscheinung des *k^ebôd yhwh*, auf die ganz Israel mit einer Gnadenformel antwortet.[50] Damit klingt natürlich 1Chr 16,34ff. (=Ps 106,1) an; vgl. auch den Zusatz in 2Chr 5,13.[51] Die Erwähnung der Lade dort ergibt sich hier also aus der – im Zusammenhang ihrer Überführung in den Tempel natürlich höchst passenden – Zitation des Psalms 132: 2Chr 6,41a entspricht dabei Ps 132,8[52]; 2Chr 6,41b entspricht Ps 132,9.16[53]; 2Chr 6,42a entspricht Ps 132,10b[54]; 2Chr 6,42b ist aus Ps 132,1 und Jes 55,3 (הסדי דוד) kombiniert. Die Frage, ob die „Heilstaten Davids" als *Gen. subjectivus* (die Bemühungen um

---

47 Vgl. auch v. RAD, Geschichtsbild 65.

48 NOTH, ÜSt 175 Anm. 3.

49 Vgl. auch WELTEN, Lade 180–182.

50 Vgl. 2Chr 29,29.

51 Die Formel „Denn er ist gut, denn seine Gnade währet ewig" Ps 106,1; 107,1; 118,1.29; 136,1; Esr 3,11; 1Chr 16,34; 2Chr 5,13; 7,3.

52 Eingeleitet durch יהוה אלהים ועתה statt einfachem יהוה, נוחך statt מנוחה (wohl *Inf.* und kein Nomen; anders GESENIUS *s.v.*; vgl. auch Num 10,36; Neh 9,28).

53 Die ersten beiden Wörter aus Ps 132,9, eingeschoben יהוה אלהים, dann *t^ešû'āh* statt Ps 132,16 *yeša'*, zum abschließenden ישמחו בטוב vgl. 1Kön 8,66 und dazu wiederum 2Chr 7,10.

54 Eingeleitet wieder durch יהוה אלהים. In 2Chr 6,41a ist aufgrund des Parallelismus mit den Vrs. der Sing. zu lesen (משיחך). Da die Form in 𝔐 ausnahmslos *in pausa* vorkommt, möchte man fast an eine Art Pleneschreibung des *Sing.* denken.

den Tempel) oder als *Gen. objectivus* (die Heilstaten Jahwes in der Verheißung für die Dynastie) aufzufassen sind, muß nicht entschieden werden, da beide damit angeschlagenen Saiten für den Verfasser durchaus harmonisch zusammenklingen dürften.[55] Den Grundton liefert wohl der *Gen. objectivus* aus Jes 55,3.[56]

Daß hier aus dem Psalter also ausgerechnet der einzige Psalm aufgenommen wird, der die Lade erwähnt, hat seinen Grund im Anlaß der Rezitation, der Überführung in den Tempel und seiner Einweihung. So kommt der Lade auch hier eine hohe Wertschätzung zu (vgl. auch die „Theophanie" in 2Chr 7,1–3); gleichwohl erfährt sie keine außergewöhnlichere Interpretation als etwa in der Vorlage 1Kön 8.[57] 2Chr 6,41f. mag man als Ausdruck einer „royalist hope"[58] des Chronisten verstehen, doch dürfte die Vermittlung derselben dennoch nicht sein Hauptinteresse widerspiegeln.

So mag man resümieren, daß in der Tat der Chronist keine neue Deutung der Lade vorgenommen hat.[59] Sie gilt ihm als – freilich wichtigstes – Tempelinventarstück, um das sich David gleich nach Herrschaftsantritt vorbildlich kümmert.[60] An der Lade dürfen nach seiner Ansicht nur die Leviten Dienst tun, ja, nur diese dürfen sich ihr überhaupt nähern. In diesem Sinne ist sie aber dem levitischen Tempelkult und dem überaus positiv gezeichneten Davidbild stets untergeordnet. Das Interesse des Chronisten ist ein abgeleitetes, das sich aus seinen eigenen theologischen Anschauungen ergibt. Die Zusätze legen dann immer weiter innerchronistisch und innerbiblisch aus. Kult, Tempel und Priester und die zugehörigen Ordnungen und Aufstellungen[61] erhalten mehr und mehr Interesse und werden immer detaillierter darge-

---

55 So RUDOLPH, Chronikbücher 215; vgl. NOTH, ÜSt 179; v. RAD, Geschichtsbild 127f. STEINS plädiert eher für einen *Gen. objectivus* (Chronik 487; vgl. 484–488 zu 2Chr 6,40–42).

56 Sonst sind Gnadenerweise in der Regel G. Jahwes: Jes 63,7; Ps 89,2.50; 107,43; 119,41; Klgl 3,22, ferner Gen 32,11; Ps 17,17; 25,6; 106,7.45 (Q͏ᵉrê), Klgl 3,32 (Q͏ᵉrê); die Ausnahmen von der Regel stellen Neh 13,14; 2Chr 32,32; 35,26 dar. Vgl. auch WILLIAMSON, Eschatology 186–188.

57 In 2Chr 7,1ff. spricht wohl nicht mehr der Chronist – die doppelte Bezugnahme auf Ex 40,34f. (vgl. 2Chr 5,11a.13b–14) wäre jedenfalls ungewöhnlich. Oder man erklärt mit RUDOLPH, Chronikbücher 211 (s.o.) den gesamten Passus 2Chr 5,11–14 für sekundär. (s.o.)

58 WILLIAMSON, Eschatology 188; gegen PLÖGER und RUDOLPH.

59 Vgl. das Eingangszitat von MAIER.

60 WELTEN formuliert treffend: „Die Lade markiert gewissermaßen den Weg Jahwes nach Jerusalem in den Tempel." (Lade 182).

61 ROTHSTEIN (in ROTHSTEIN/HÄNEL, Kommentar 305) spricht in diesem Zusammenhang von „Klerikalisierung".

stellt. Dabei gerät mitunter sogar die Treue der chronistischen Grundschrift zu ihrer Vorlage in den Hintergrund, so daß z. B. die Keruben
(mit Ps 18,11 = 1Sam 22,11 und Ezechiel) zum „goldenen Kerubenwa-
gen" (המרכבה הכרבים זהב: 2Chr 1,17) werden können – oder eben
auch die „Lade" heiliger, als sie es noch in Sam–Kön war (2Chr 35,3).

Hoffnungen auf einen Neubau der Lade, wie sie BEGG[62] vermutet,
lassen sich in den Texten m. E. nicht finden, gleich ob sie für P, einer
der Vorlagen von Chr, die Lade prinzipiell wiederherstellbar gewesen
sein mag oder nicht.[63] Die redaktionellen Passagen lassen sich bestens
ohne eine dieser Annahmen erklären. Der Verweis auf 1Chr 13,3 und
2Chr 35,3, die beide von einer ladelosen Zeit berichten (einmal, weil
die Lade am Ziel ist, einmal, weil sie der Vorlage des Chronisten nach
nicht „aufgesucht" wurde), hilft kaum weiter, da beiden Texten ganz
unterschiedliche Absichten zugrundeliegen. 1Chr 13,3 überbrückt die
Zeit Sauls, 2Chr 35,3 beendet den Dienst der Leviten. Wie die Aufforderung an die Leviten, nun Jahwe zu dienen, eine Form von „neglect"
sein soll, ist m. E. kaum zu begründen.[64] Es ist freilich nicht auszuschließen, daß der Chronist (oder seine Nachfolger) Zukunftshoffnun-
gen in diese oder jene Richtung gehabt hatte(n). *Diese* zum Ausdruck
zu bringen, ist aber jedenfalls nicht sein Darstellungsinteresse gewesen.

Daß er sich überhaupt in besonderer Weise dem Thema der Lade
zuwendet, liegt nicht zuletzt an ihrer Rolle in seiner Vorlage, zum einen in bezug auf den Kultus am Salomonischen Tempel, zum anderen
in bezug auf den idealen König David, der geradezu in den Farben eines Heiligen gezeichnet wird und sich in vorbildlicher Weise um einen
makellosen Kult bemüht. In den Samuel- und Königebüchern, aber
auch im Exodusbuch war die Lade zum Zentrum des Heiligtums avan-
ciert und als dieser zentrale Kultgegenstand schließlich auch für den
Chronisten (und seine Nachfolger) kanonisch geworden.

---

62 Vgl. BEGG, Ark in Chronicles, insb. 142–144.
63 BEGG, Ark in Chronicles 143f.; vgl. SCHÄFER-LICHTENBERGER, Anmerkungen
    238f. und Anm. 48.
64 BEGG, Ark in Chronicles 144.

9. Die Lade in den nichtbiblischen Texten aus Qumran

Die Lade taucht in der alttestamentlichen Literargeschichte eher marginal in den Erzählungen der Samuelbücher auf, macht eine große Karriere vom Zion bis an den Sinai, und verschwindet anschließend wieder fast ebenso spurlos, wie sie gekommen war.

Macht man sich in den nichtbiblischen Texten vom Toten Meer auf die Suche nach der Buchstabenfolge ן – ו – ר – א „(Bundes-) Lade" so wird man insgesamt an lediglich acht Stellen fündig, an denen das Wort *materialiter* erhalten ist:

> CD (Cairo Document bzw. Damaskusschrift) Kol. V, Z. 3,
>
> 4Q364 (*4Q Reworked Pentateuch*ᵃ) Frag. 17, Z. 3 und Frag. 26b+e Kol. ii, Z. 4 und 6,
>
> 4Q365 (*4Q Reworked Pentateuch*ᵇ) Frag. 8a+b, Z. 1,
>
> 4Q375 (*4Q Apocryphon of Moses*ᵃ) Frag. 1, Kol. ii, Z. 7,
>
> 4Q496 (*4Q Papyrus Milhamah*ᶠ) Frag. 10, Z. 4 und
>
> 11Q19 (*11Q Temple*ᵃ) Kol. VII, Z. ¹²17.[1]

Hinzu kommen noch fünf Stellen, an denen eine Ergänzung laut den Herausgebern der einschlägigen Ausgaben zumindest wahrscheinlich ist, nämlich

> 4Q364 (*4Q Reworked Pentateuch*ᵃ) Frag. 16, Z. 1 und Frag. 26b+e Kol. ii, Z. 6,
>
> 4Q522 (*4Q Prophecy of Joshua* bzw. *4Q Apocryphon of Joshua*ᶜ) Frag. 9, Kol. ii, Z. 2 und
>
> 11Q19 (*11Q Temple*ᵃ) Kol. VII, Z. 9 und 11.

Allein schon diese Übersicht über den Konkordanzbefund zeigt, daß das Interesse der Qumrantexte an der Bundeslade nicht übermäßig groß gewesen ist, jedenfalls soweit sich dies aus den Texten rekonstruieren läßt.

---

1 Zur Zeilenzählung in der Tempelrolle vgl. die Ausgabe von STEUDEL, Texte II, 1–157, hier 3f. Hochgestellt ist die alte Zeilenzählung, in normaler Schrift die rekonstruierte wirkliche *Kolumnen*-Zeilenzählung wiedergegeben.

9.1. Versprengte Belege

ארון in 4QpapM^f

Zu Beginn läßt sich der Beleg des Wortes ארון in der aus der Zeit um ca. 55 v. Chr.[2] stammenden Papyrushandschrift 4Q496 (*4Q Papyrus Milhamah*^f) Frag. 10, Z. 4 recht schnell aus der Betrachtung ausschließen. Dort heißt es:

4Q496 f10,4 ⁴ עׂמׂ] אל ו]אׂת שם ישראל ואת [שם]הנשׂי ו]ארוׁן

4Q496, f10,3f.: „[³ das[große Feldzeichen des F]ürsten an der Spitze des [...]) ⁴ ‚Volk] Gottes‘ und d]e[n Namen ‚Israel‘,]^und den [Namen des]Prinzen[und], ᵃrô[nᶜ ...]“

Ein Blick auf das zugehörige Foto (PAM 43.865) zeigt, daß die Lesung als einigermaßen sicher gelten kann. Jedoch besitzt der Text eine Parallele in der bekannten und gut erhaltenen Abschrift des Werkes aus Höhle 1, nämlich 1QM (*1Q Milhamah*), Kolumne III, Zeile 14, an der nun allerdings mit Sicherheit nicht ארוׁן, sondern אהרון zu lesen ist:

1QM III, 13f. ¹³ עם אל ואת שם ישראל [...]

¹⁴ ואהרון ושמות [...]

1QM III, 13f: „¹³ (Auf das große Feldzeichen an der Spitze des ganzen Volkes soll man schreiben:) ‚Volk Gottes‘, und den Namen ‚Israel‘ ¹⁴ und die Namen (der zwölf St[ämme Israe]ls nach ihren Geschlechtern.)“

Es handelt sich bei dieser Stelle also, wenn nicht um einen Schreibfehler, so doch allenfalls um eine orthographische Variante zum Namen Aaron, und damit kann sie für die Untersuchung der Lade, ארון, ausfallen.

Die sogenannten „Reworked Pentateuch"-Texte: 4Q364f.

Als nächstes ist auf die sogenannten *Reworked Pentateuch*-Texte einzugehen, in diesem Falle 4Q364 und 4Q365, beide Handschriften paläographisch wohl zwischen 40 und 10 v. Chr. zu datieren.[3] Die „Reworked Pentateuch"-Texte, früher als „Pentateuchparaphrase" bezeichnet, enthalten laut Johann MAIER „Fassungen von Stoffen, die [...] auch im Pentateuch verarbeitet erscheinen [...]. Das Material enthält Passagen, die Textpartien aus dem ganzen Pentateuch mehr oder minder entsprechen."[4] Für die zu untersuchenden Fragmente ist folgendes festzuhalten:

---

2 Tov (Hg.), DJD XXXIX, 397; vgl. BAILLET, DJD VII, 58.
3 Tov (Hg.), DJD XXXIX, 407; vgl. Tov u. WHITE in ATTRIDGE u.a., DJD XIII, 201.266.
4 MAIER, Texte II, 308f.

4Q364 f 17 gibt Teile des Textes Ex 26,33–35 wieder, das Fragment bietet bis auf geringste Abweichungen, meist orthographischer Art, wörtlich genau 𝔐.[5] Das gleiche ist der Fall für 4Q365 f8 a+b[6], auf dem Ex 26,34–36 zu finden ist. Auch hier zeigt sich praktisch keine Abweichung von 𝔐. Man mag für diese beiden Fragmente fragen, ob es sich nicht eher um „4Q *Pentateuch*"-Fragmente handelt[7] als um „4Q *Reworked Pentateuch*"-Fragmente in einem engeren Sinn, wie überhaupt die gesamte Bezeichnung dieser Textart umstritten ist.[8] In bezug auf die Lade ist zu notieren, daß in beiden Fällen im Unterschied zu 𝔐 der bestimmte Artikel gesetzt ist, so daß aus ארון העדות das etwas eigentümliche הארון העדות wird.[9] Theologisch dürfte auf dieser Änderung jedoch nicht allzuviel Gewicht liegen. Insbesondere für eine besondere Bedeutung oder Funktion der Lade in Qumran ergibt sich aus diesen Texten nichts Wesentliches.[10]

Das gilt im großen und ganzen auch für 4Q364 f26 b+e *ii*:[11]

4Q364 f26b+e ii   1 [לעפ]ר ואשליך את [עפרו אל הנחל היורד מן ההר   ?] [Dtn 9,21?]

2 [26?] ואתפלל [25?] לפני :יהוה ארבעים [יום וארבעים לילה   ?]

3 [10,1] ויואמר :יהוה אלי פסלכה שני [לוחות אבנים כראישונים]

4 ועלה אלי ההר ועשיתה ארון עץ [2] ואכת(ו)ב(ה) על הלוחות]

5 [את]הדברים אשר היו על הלו[חות הראישונים אשר]

6 [שברתה ושמת]מ בארון   *vacat*   ו[אעש(ה) ארון עצי שטים ואפסול]

7 [שני לוחות]אבנים כראיש[ו]נים   ?   ואעל(ה) ההרה ושני]

<hr>

5   Z. 1: והביאתה Pers.-Endung *plene*; שם ohne *He locale* statt שמה; Z. 2: לכמה statt לכם; Z. 3: הארון mit Artikel, העדות *plene* (doppeltes Waw gestrichen), offenbar versehentlich בקר statt richtig בקדש; Z. 5: ואת השלחן mit *nota accusativi* statt 𝔐; והשלחן צלעו statt צלע, צפונה mit *He locale* statt einfachem צפון. Z. 4 stimmt mit 𝔐 überein.

6   Z. 1: הארון mit Artikel; Z. 2: המנורה, נוכח und השולחן jeweils *plene*; Z. 3: מסכה statt מסך, האוהל *plene*, מושזר *plene* (für *Qāmæṣ ḥāṭûp*).

7   Ohne damit freilich eine Aussage verbinden zu wollen wie die, daß es sich dabei um eine (einzige) Rolle etwa mit dem gesamten Pentateuch als Text gehandelt haben sollte.

8   Das gilt *nota bene* natürlich nur für die untersuchten Fragmente. Über die Handschrift im ganzen ist damit noch nichts ausgesagt.

9   In 𝔐 nicht belegt, vgl. aber Jos 3,16 הארון הברית.

10 Man mag fragen, ob durch das Setzen des bestimmten Artikels eine Sicht abgewehrt werden soll, die von mehreren Laden ausgeht – eine These, die sich sowohl in jüdischen Auslegungstraditionen findet, als auch in der modernen Kritik vertreten wurde. Aber das bleibt natürlich ganz spekulativ.

11 Die Passagen, die zu 𝔐 parallel sind, wurden unterstrichen wiedergegeben, in der Übersetzung dann *kursiv*. Der Text folgt Tov u. White in Attridge u.a., DJD XIII, 239.

⁸ הַ]נ[לוחות בידי‎ [4] ויכתן]ב על הלן]חות כמכתב הראישון את עשרת]

⁹ [הדברים אשר ד]בר :יהוה] אליכם בהר מתוך האש ביום]

4Q364 f26b+e,1–9: „ ¹ [Dtn 9,21?] *[Stau]b. Und ich warf [seinen Staub in den Bach,
der herabfließt vom Berg.* ?] ² [26?] *Und ich betete* [25?] *vor Jahwe vierzig [Tage
und vierzig Nächte.* ?] ³ [10,1] *Und Jahwe sprach zu mir: Haue dir zwei [Tafeln
aus Stein] zurecht [wie die ersten]* ⁴ *und steige zu mir auf den Berg! Und mache dir eine Lade aus Ho[lz!* [2] *Und ich werde auf die Tafeln schreiben* ⁵ *die]
Worte, die auf den [ersten] Taf[eln waren, die* ⁶ *du zerbrochen hast. Und du
sollst] sie in die Lade [legen. vacat* [3] *Und [ich machte eine Lade aus Akazienholz und hieb zurecht* ⁷ *zwei Tafeln] aus Stein wie die erst[en.* ? *Und ich
stieg auf den Berg, und] die [zwei* ⁸ *Tafeln waren in meiner Hand.* [4] *Und er
schr]ieb auf die Taf[eln, ebenso wie die erste Schrift war, die zehn* ⁹ *Worte, die]
Jahwe gere[det hatte zu euch auf dem Berg mitten aus dem Feuer am Tag]"* ...

Hier sind die Änderungen bzw. Abweichungen von 𝔐 deutlich grö-
ßer. Das Fragment enthält neben der Passage Dtn 10,1–4 (die wieder
sehr genau wiedergegeben wird) noch Teile aus dem vorhergehenden
Deuteronomiumstext, offensichtlich aus Dtn 9, V. (20?.)21[12] und 25
(.26?)[13]. Trotz aller Abweichungen im Detail ist jedoch mehr als deutlich, daß hier neben Dtn 9,20ff. vor allem der für die Lade besonders
wichtige Abschnitt Dtn 10,1–4 *de facto* in der Form von 𝔐 zugrunde
liegt[14]. Auch hier lassen sich demnach außer der Tatsache, daß –
aufgrund der Parallele wenig überraschend – überhaupt die Lade erwähnt wird, keine weitergehenden Schlüsse auf ihre Bedeutung für die
Texte oder gar die Gemeinschaft von Qumran ziehen, in diesen Texten
zeigt sich jedenfalls keine spezielle qumranische Ladetheologie.

Die Tempelrolle: 11QTᵃ VII

Recht kurz kann auch die Erwähnung der Lade in der Tempelrolle behandelt werden, genauer: in Kolumne VII der Rolle, Zeile(n)
(⁹14.¹¹16.)¹²17, auch wenn der Fall hier komplizierter liegt. Die Handschrift 11QTᵃ stammt aus der Zeit zwischen der Zeitenwende und 30

---

12 Die Form ואשליך nur hier und *plene* in Sach 11,13; vgl. aber die *nota accusativi* da-
    nach und das wahrscheinliche ד davor, die den Fall eindeutig machen.

13 Es handelt sich um eine Mischung aus Dtn 9,(20?.)21.25 und 26, vielleicht unter
    dem Einfluß von Dtn 9,18 (Dtn 10,10?). Liegt hier möglicherweise ein Exzerpt
    oder eine kürzere Textfassung von Dtn 9,20–29 vor?

14 Z. 3: ויומר Narrativ statt אמר ההוא בעת, פסלכה statt פסל לך; Z.4: ההר (ohne *He lo-
    cale*), ועשיתה (*plene*); Z. 5: הלוחות offenbar *plene*; Z. 8: ויכתוב und הלוחות *plene*. Die
    Zeilen 6f. und 9 stimmen mit 𝔐 überein.

n. Chr.[15] Bei diesem Text handelt es sich ganz offensichtlich um eine Kompilation aus allen zur Verfügung stehenden Heiligtumstexten, in denen dann natürlich auch die Lade Erwähnung findet: Ex 25 und 1Kön 6.8 par. 2Chr 5. Längere zu einer Bibelstelle parallele Passagen lassen sich nicht finden, doch kommt jede Vokabel aus 11QTᵃ VII,9–11 auch in Ex 25,18ff. oder den anderen Passagen vor. Der entscheidende Passus:

[°°°קומתו והכפרת אשר מלמ[ן]עלה	]	11QT VII ⁹14
[רוחבה ושנים כרובים]	]	¹⁰15
[ה הקצה השני פורשים כנפים]	]	¹¹16
[(?) ה מלמעלה מן הארון ופניהם אי[ש]	]	¹²17

11QT VII,⁹14–¹²17: „⁹14 [...]... seine Höhe, und die Deckplatte, die ober[halb ...] ¹⁰15 [...] ihre Breite. Und zwei Keruben [...] ¹¹16 [...]. das andere Ende breiten aus Flügel [...] ¹²17 [...]. oberhalb der Lade und ihre Gesichter ..[...]"[16]

Nun kann hier natürlich nicht der Ort sein, eigene Hypothesen zur Tempelrolle zu entfalten oder auch nur anzudeuten, und im Rahmen des Themas der Arbeit ist das auch gar nicht notwendig. Daher sei hier lediglich auf STEGEMANN verwiesen: „Für den in Gedankenwelt und Frömmigkeitspraxis Israels zentralen Jerusalemer Tempel bietet dieses Buch alles, was die bis dahin vorliegenden göttlichen Offenbarungen an Mose, David, Salomo und den Propheten Ezechiel ergänzend zu den älteren Vorschriften in den fünf Büchern des Mose enthielten und verlangten."[17] Das gilt auch für die verschiedenen einzelnen Teile des Werkes. „Die Einleitung, deren Anfang verloren ist, deutet in den erhaltenen Teilen eine Situation an, wie sie für die Sinaiszene Ex 34 entspricht"[18], resümiert MAIER. „Die erhaltenen Partien entsprechen weitgehend wörtlich den genannten biblischen Passagen aus Ex 34 und Dtn 7, werden daher vor allem als leicht paraphrasierende Kompilation biblischer Textstücke verstanden."[19] Das heißt möglicherweise, daß nach dem Zerbrechen der ersten Tafeln vom Sinai (entsprechend Ex 32,19) die folgenden Passagen nun sozusagen endgültige Vorschriften des in Ex 25–31 Gesagten enthalten sollen. „Das Anliegen ist in jedem Fall klar. Mit dieser Einleitung und der in ihr beschriebenen Situation wird ‚Torah' angekündigt."[20] Hier fließen die verschiedenen Heiligtumstra-

---

15 Tov (Hg.), DJD XXXIX, 422; vgl. YADIN, Temple Scroll 60.
16 Text und Übersetzung nach STEUDEL, Texte II, 16f.
17 STEGEMANN, Essener 137.
18 MAIER, Tempelrolle 54.
19 MAIER, Tempelrolle 54.
20 MAIER, Tempelrolle 55.

ditionen, wie sie sich nicht zuletzt auch in den biblischen Büchern (Ex 25ff., 1Kön 6–8; Ez 40–48 etc.) finden, wie von STEGEMANN zutreffend beobachtet, zusammen. Und da das sinaitische Heiligtum ebenso wie der salomonische Tempel die Lade Jahwes enthalten (haben) sollen, erhält auch sie natürlich ihren Platz in der Konzeption des nun sozusagen „endgültigen" Heiligtums (Tempelgebäude und Altarbereich[21] in Kol. III–XIII,[7]12; vgl. מקדש III,[11]20). Ganz gleich, ob es sich um einen Tempelentwurf im Blick auf die Landgabe oder um einen Entwurf für die Endzeit handelt[22], ist die Lade Jahwes hier als Ausstattung des Heiligtums zu betrachten, so wie sie es im salomonischen Tempel und im priesterlichen sinaitischen Heiligtum für die Zeit der Wüstenwanderung war. Sie ist, wie im priesterschriftlichen Bericht Ex 25ff.35ff., mit einer goldenen „Sühneplatte" versehen, auf der Keruben entsprechend den Vorschriften von Ex 25[23] und 1Kön 6,23ff. und 2Chr 5,8 angebracht sind.

Welche Bedeutung die Lade hier hat, ergibt sich natürlich auch aus der Bedeutung, die die Tempelrolle als solche in Qumran gehabt hat.[24] Sollte sie „als sechstes Buch der Tora"[25] „den fünf Büchern des Mose gleichrangig hinzugefügt werden"[26]? Selbst wenn das dem Anspruch des Werkes nach so sein sollte, muß man wohl doch mit MAIER resümieren: „Die T[empel]R[olle] ist als Torah konzipiert und geschrieben worden, aber ohne den Ausschließlichkeits- und Endgültigkeitsanspruch, den wir [...] mit der im Pentateuch enthaltenen ‚Schriftlichen' Torah zu verbinden gewohnt sind."[27] In dieses Konzept von *tôrāh* ist

---

21 Vgl. MAIER, Tempelrolle 74.

22 Zu dieser Alternative vgl. MAIER, Tempelrolle 55 u.ö., anders z.B. WACHOLDER, Dawn.

23 Vgl. insbesondere 11Q19 VII,[10]15 und [12]17 die Anordnung der Vorderseiten/Gesichter.

24 Die Zeit davor wird hier außer Acht gelassen. Sollte der Entstehungsprozeß der Tempelrolle in vorqumranische Zeit zurückreichen, was zumindest wahrscheinlich ist, jedoch eine eigene Untersuchung erfordern würde.

25 STEGEMANN, Essener 137.

26 STEGEMANN, Essener 137. – Die Ansicht STEGEMANNs, das Werk sei „bereits in der ersten Hälfte des 4. Jh. v. Chr. verfaßt worden" (ebd.) ist, jedenfalls für den vorliegenden Text, kaum haltbar. Das sehr allgemeine Argument, der Verfasser nutze die (später angeblich undenkbare) „Stilisierung vieler Weisungen als Ich-Rede Gottes" (ebd.), reicht dazu m.E. nicht aus. Auch spricht der Stand der Pentateuchforschung entschieden gegen eine solche Frühdatierung. MAIER denkt für die Endredaktion an vormakkabäische Zeit, nach dem Machtwechsel von 198 v.Chr (DERS., Tempelrolle 51).

27 MAIER, Tempelrolle 47.

das Heiligtum inklusive der Lade wie selbstverständlich eingebunden. Ihre Rolle erschöpft sich sozusagen in nicht mehr und nicht weniger als der Ausstattung des Heiligtums, auch hier ganz wie in den gebenden Bibeltexten.

Das Moses-Apokryphon[a] (4Q375)

Recht ähnlich sieht es in 4Q375, dem sogenannten Moses-Apokryphon[a], aus. Die herodianischen Handschrift wurde im jüngst erschienenen „Dead Sea Scrolls Reader" unter der Bezeichnung „Rewritten Bible" eingeordnet.[28] Für das einzige Fragment der Handschrift gilt, daß „the first column is quite clear in sense, while the second is less so"[29]. Diese zweite Kolumne enthält die Beschreibung eines Sühnerituals, das dem Versöhnungstag gemäß Lev 16 jedenfalls sehr nahe steht.[30] Dafür sprechen die vielen Anklänge an das Kapitel. Bis auf die beiden recht spezifischen Begriffe דרש‎[31] und הנסתרות kommen sämtliche erhaltenen Wörter aus 4Q375 f1 ii auch in Lev 16 vor.

So könnte das ולקח in Z. 3 zusammen mit dem (wohl richtig rekonstruierten בא‏צבֹ[עו), Z. 4 auf Lev 16,14 verweisen, in Z. 5 dürfte an den oder die Ziegenböcke aus Lev 16,5.7–10.15.18.20–22.26f. gedacht worden sein. Über das Widderfleisch (בשר האי[ל, Z. 5) wird Ex 29,32 assoziiert. Bei der Formel „für das Sündopfer" (לחטאת) stehen Lev 16,3.5 Pate. Das „Erwirken der Sühne für die ganze Gemeinde" (Z. 6) variiert die Formel „Sühne erwirken für sich und sein Haus" aus Lev 16,6.11.17.24 und bezieht sie auf die gesamte Gemeinde. Bei לפני פרוכת (Z. 7) dürfte Ex 30,6 im Hintergrund stehen; es würde sich dann, an-

---

28 Vgl. DSSR, Bd. 3.

29 STRUGNELL, Moses-Apocrypha 228 = BROSHI u.a., DJD XIX, 114.

30 Vgl. dazu die Edition von STRUGNELL in BROSHI u.a., DJD XIX, 112. Bereits an anderer Stelle hatte STRUGNELL das beschriebene Ritual „a special Day of Atonement" genannt (DERS., Moses-Pseudepigrapha 232 = BROSHI u.a., DJD XIX, 116).

31 MAIER, Texte II, 325 Anm. 1 konstatiert lakonisch „DRSh ist hier Terminus technicus der Orakelsprache. J. Strugnell verstand den Passus nicht." Das vereinfacht die Sache möglicherweise zu stark, vgl. etwa die Bezeichnung für den „Exegeten" der Gemeinschaft דרש התורה (CD VII, 18 u. ö.) und das „Verborgene" (הנסת]רות, auch von Maier ergänzt) in der folgenden Zeile, das durchaus eine qumranspezifische Bedeutung haben könnte (vgl. CD III, 14; V, 2–5; und dazu unten Kap. 9.2.; ferner 1QS V, 5).

ders als STRUGNELL vermutet,[32] doch um eine örtliche Verhältnisbestimmung von Vorhang und Lade handeln.

In diesem Zusammenhang findet natürlich auch die Lade (Lev 16,2, vgl. V. 13 und ähnlich Lev 24,3) Erwähnung – ganz wie am (biblischen) großen Versöhnungstag, und vermutlich doch in keiner irgendwie besonders gearteten Rolle. In 𝔐 heißt sie zwar nicht wie hier „Lade des Zeugnisses", doch wird genau dieser *terminus* interessanterweise in 𝔊 verwendet. Was über diese Rolle der Lade hinausgeht, muß also leider Spekulation bleiben.[33]

Das Josua-Apokryphon^c oder die Prophetie Josuas (4Q522)[34]

Zuvörderst sollen hier natürlich die Stellen diskutiert werden, an denen die Lade auch *materialiter* erwähnt ist. Deshalb kann 4Q522, die „Prophecy of Joshua", ein – grob gesagt – geschichtstheologischer Text, hier eigentlich außer acht bleiben. Es heißt hier in Frag. 9 ii, 2:

4Q522 f9 ii, 2 לֹוא [ויכל]ֹנֹו לבוֹאֹן לציֹ[וֹן] להשכין שם את אהֹל מוֹעד ואת ארון
הברית/עדות עד סוף/קץ]

4Q522 f9 ii, 2: „[W[ir konnten]nicht[zum Zi]on [komm]en, um dort das Zelt der Begeg[nung] aufzustellen [und die Lade des Bundes/Zeugnisses bis zum Ende]."[35]

Die Ergänzung der Bundeslade in dieser Zeile wird jedoch nicht von allen Bearbeitern des Textes vorgenommen. So ergänzt zwar É. PUECH in DJD XXV, aber andere Herausgeber des Textes wie z.B. D. DIMANT oder E. TOV[36] halten diese (längere) Ergänzung nicht für notwendig. Es ist also keinesfalls sicher, daß in 4Q522 einmal von der Lade die Rede war. Und selbst wenn die Rekonstruktion von PUECH die richtigere sein sollte, könnten darauf nur schwerlich haltbare oder allgemein akzeptierte Thesen gegründet werden.

---

32 DERS. in BROSHI u.a., DJD XIX, 117; dort auch die andere Möglichkeit, daß es sich um zwei Akte handelt, einen beim Vorhang und einen bei der Lade. Sicherheit ist hier wohl nicht mehr zu erreichen.

33 Mutmaßungen anstellen könnte man höchstens über die Rolle Aarons bzw. des ausführenden Priesters, der bei einem Ritual, in dem die Lade eine Rolle spielt, „Verborgenes" „erforscht" (דרש) – sollte hier etwa an den (verborgenen) Inhalt der Lade, nämlich das Gesetz (vgl. CD V, 2–5), gedacht sein?

34 Die Handschrift ist um 75–25 v.Chr. zu datieren, vgl. PUECH, DJD XXV, 41.

35 So bei PUECH (ebd.).

36 Vgl. TOV, Rewritten Book; DIMANT, Between Sectarian and Non-Sectarian.

Hinzu kommt auch in diesem Fall, daß die Lade nur in der mehr oder weniger üblichen Verbindung von „Zelt der Begegnung" (אהל מועד) und „Lade des Zeugnisses" vorkommt[37] und also zur genaueren Beschreibung des Wüstenheiligtums dient, insofern demnach keine eigenständige, spezielle Funktion hat, die in den Texten erwähnt würde. Der Text ist insgesamt schwierig zu charakterisieren. Er begann offenbar mit einer geographischen Liste nach Art des „negativen Besitzverzeichnisses" von Ri 1 (4Q522 f8; f9i+10; vgl. das „Nicht-Schlagen" f8,2 und f9i+10,4?) und bricht nach der Rezitation von Ps 122 (f22–26) ab. Die dazwischenstehende Kolumne, durch f9ii repräsentiert, wurde durch É. Puech zwar in kongenialer Weise ergänzt, seine Ergänzungen beruhen jedoch in den entscheidenden Fällen leider nicht auf Paralleltexten – seien sie biblisch oder außerbiblisch –, was seine inhaltliche Rekonstruktion ebenso attraktiv wie spekulativ macht. So ist z. B. bei der Formulierung von f9ii,2 zwar offenbar Jos 18,1 (inklusive des Begegnungszelts, אהל מועד) im Blick, die von Puech ergänzte *Lade* jedoch wird dort gerade nicht erwähnt.[38]

4Q522 f9ii verheißt die Herrschaft Davids (vgl. aber auch 1Kön 13,2 Josia bzw. 1Chr 22,9 Salomo), unter dem die restlose Vertreibung (vgl. Jos 15,14/Ri 1,20) der im Lande verbliebenen Vorbevölkerung stattfinden wird,[39] und der sich (wie sein jüngerer Sohn, Z. 6?) um den Bau des Tempels (Z. 5f.) kümmern wird (vgl. 2Sam 7). Der unter ihm ausgeübte Priesterdienst (Z. 7) ist etwas rätselhaft: mit dem „ersten", der den Priesterdienst ausübt, dürfte Zadok gemeint sein – wird er als Nachkomme des Pinhas tituliert, wie Puech rekonstruiert[40]? Das würde seine Beziehung zur Lade (vgl. 1Sam 15) stärker betonen. Aber das ist keineswegs sicher. Das Volk jedenfalls wird dann im Land in Sicherheit wohnen können (Z. 8f.) Doch noch befinden sich dort die Fremdvölker (Z. 9–11). Die weitere Führung übernehmen, wie Num 27 u. ö., Eleasar (Z. 13) und wohl auch Josua.[41] All das spricht nicht ge-

---

37 Vgl. Ex 30,26; 31,7; Num 7,89; 1Kön 8,4; 2Chr 5,5; nur ein „Zelt" erwähnen 2Sam 6,17(?); 1Chr 15,1(?); 16,1(?); 2Chr 1,4(?).

38 Vgl. auch die *'ûrîm* und *tûmmîm* Z. 10 oder *lûz* und *šiloh* Z. 12.

39 Vgl. neben den sonstigen Vorkommen in der Liste der Vorbewohner insb. Num 21,32; 32,39, Dtn 2,24; 4,47(; 7,1), Jos (3,10;) 24,8; Ri 11,21–23.; 1Kön 21,26, Am 2,10.

40 Puechs Rekonstruktion (מ[בני פינ]חס[ואהרון](?)[, DJD XXV, 55) ist verlockend, ebenso wahrscheinlich aber vielleicht die Qimrons: [...]חס[ד מ[י]הוה (Qimron, „Joshua Cycles" 504)? Dagegen vgl. die epigraphischen, möglicherweise aber nicht ganz durchschlagenden Argumente Puechs (ebd.).

41 Vgl. Num 27,22; 32,28; 34,17, Jos 14,1; 17,4; 19,51; 21,1.

gen die Ergänzung der Lade in Z. 2, aber auch nicht dafür. Eine Funktion außer einem Ausstattungsgegenstand des Wüstenheiligtums und dann des Tempels ist jedenfalls nicht ersichtlich und auch kaum wahrscheinlich.

9.2. Die sogenannte „Damaskusschrift": CD V, 2ff.

Hier könnte die Betrachtung eigentlich enden, auch wenn eine Stelle des anfänglichen Konkordanzbefundes noch nicht untersucht wurde. Denn streng genommen ist es nicht erwiesen, daß der dazugehörige Textabschnitt auch in Qumran schon überliefert wurde. Er stammt aus der Damaskusschrift[42]. Von der Damaskusschrift – die umfassendste Handschrift umfaßt immerhin 16+1 Seiten – wurden in Qumran nur kurze Teilabschnitte gefunden (in Höhlen 4, 5 und 6). Sie zeigen, daß es dort nicht weniger als zehn Exemplare von ihr gegeben haben muß (4QD^{a-h} = 4Q266–73; 5QD = 5Q12 und 6QD = 6Q15). Der Hauptteil des Textes ist hingegen der Entdeckung in der „Rumpelkammer der Esra-Synagoge zu Kairo" (Eissfeldt; daher CD: Cairo Document) und seiner Herausgabe durch Samuel Schechter 1910 zu verdanken. Mit der Entdeckung der Qumranfragmente bestätigte sich die von Schechter vorgenommene und nicht unumstrittene Frühdatierung der Kairoer Texte im wesentlichen. Ich werde im folgenden bei der traditionellen Benennung dieser Schrift bleiben, wenngleich man m. E. überlegen könnte, ob der eigentliche Titel nicht ursprünglich „Letzte Ausforschung der Tora" (מדרש התורה האחרון, wie in 4Q270 = 4QD^e f7 ii, 15 zu lesen)[43] gelautet haben könnte. Doch mag man auch mit Baumgarten „zögern", „eine solche Endgültigkeit in diesem Ausdruck zu finden."[44]. Der materielle Befund an der genannten Stelle ist leider nicht ganz einfach zu erklären. Leider gibt es bei weitem nicht zu allen CD-Stellen Parallelen in Qumran, sondern lediglich zu etwa 20 Zeilen; diese bieten allerdings auch ein wenig bis dahin unbekanntes Material, vor allem die wahrscheinliche Einleitung der Schrift in 4QD^a I, 1–13.

---

42 Zu den Einleitungsfragen vergleiche die Einführung von Hempel, Damascus Texts, sowie Dimant, Literatur.

43 Stegemann, Essener 165.

44 „[One should, Vf.] hesitate to attribute such finality to this phrase" (Baumgarten, DJD XVIII, 78). Wacholder (Damascus Document *passim*) bezeichnet es konsequenterweise als „MTA" (M[îdrāš Hat-]T[ôrāh Hā']A[ḥarôn]).

In der Damaskusschrift taucht die Lade[45] nur an einer Stelle auf, in Kolumne V, im Abschnitt Z. 2b–6a – und diese Passage ist in den Qumranfragmenten leider nicht überliefert, dafür aber in den Handschriften SCHECHTERS aus der Kairoer Geniza:

CD V, 1–6 ¹ ובאי התבה שנים שנים באו אל התבה *vacat* ועל הנשיא כתוב
² לא ירבה לו נשים ודויד לא קרא בספר התורה החתום אשר
³ היה בארון כי לא {נפּ°°} נפתח בישראל מיום מות אלעזר
⁴ ויהושע ויושוע והזקנים אשר עבדו את העשתרת ויטמון
⁵ נגלה עד עמוד צדוק ויעלו מעשי דויד מלבד דם אוריה
⁶ ויעזבם לו אל וגם מטמאים הם את המקדש אשר אין הם

CD V, 1–6: „¹ Und die in die Arche hineingingen, ,*sind je zwei und zwei in die Arche gegangen' (Gen 7,9)*. Und über den *nāśî'* steht geschrieben: ²,*Er soll sich nicht viele Weiber halten' (Dtn 17,17)*. Aber David hatte nicht im versiegelten Buch der *tôrāh* gelesen, das ³ in der Lade war; denn es war nicht geöffnet worden in Israel seit dem Tage, da Eleasar starb ⁴⟨und Josua,⟩ und Josua und die Ältesten, da man den *'aštārot/'aštoræt* diente. Und es blieb verborgen ⁵ das Offenbarte(?), bis zum Auftreten Zadoks. Und die Taten Davids wurden aufgehoben(?) mit Ausnahme des Blutes des Uria, ⁶ Und Gott erließ(?) sie ihm. Auch befleckten sie das Heiligtum, da sie nicht..."[46]

Zunächst einige kurze Bemerkungen zum Aufbau der Schrift bis dorthin. Ähnlich wie das Deuteronomium gliedert sich die Damaskusschrift anerkanntermaßen zunächst nach inhaltlichen Gesichtspunkten sehr grob in einen überwiegend gesetzlichen („Law": Kol. IX–XVI, „the core of the *Damascus Document*"[47]) und einen überwiegend paränetischen Teil („Admonition": Kol. I–VIII; XIXf.). Der erste, paränetische Teil läßt sich seinerseits wieder weiter untergliedern in

I, 1–III, 12   „*History:* Historical Introduction. The origin of the sect (1:1–2:1). The historical process and its laws (2:2–3:12)." Eingeleitet jeweils durch *wᵉ'attāh* und *Imp.*)

III, 12–IV, 12a   „*The New Covenant:* The sect, its significance and its contemporary role"

IV, 12b–VI, 2a   „*The Sins of Israel:* The present rule of Belial over Israel: the sect's adversaries and their sins". (Darin Neueinsatz durch die *pešær*-Deutung IV, 12bff.)

---

45   Es sollte außer Zweifel stehen, daß der Abschnitt von der Lade handelt und keine andere „box" gemeint ist (vgl. die Erwägungen von WACHOLDER, Dawn 262 Anm. 122). Die „Bundeslade" ergibt hier guten Sinn und es findet sich nicht der geringste Hinweis darauf, daß hier etwas anderes gemeint sein sollte. Vgl. auch im folgenden.

46   Text nach ABEGG in DSSEL; vgl. auch BROSHI (Hg.), Damascus Document [18]; Übersetzung(en) nach LOHSE (Hg.), Texte 74f. (mit Änderungen).

47   BAUMGARTEN, DJD XVIII, 7. Vgl. auch DERS., Laws in Current Research und DERS., Laws, außerdem HEMPEL, Laws.

VI, 2b – VII, 9a   *„Repentance of the Sect:* The sense and principles of the
                     New Covenant"
VII, 9b – VIII, 21   *„Recompense of the Sinners and the Just:* The Fate of the
(par.)   faithful and the apostates"

Innerhalb dieser Abschnitte befindet sich der zu untersuchende Text in
dem berühmten Unterabschnitt über die „drei Netze Belials" (IV, 12f.),
einer Auslegung von Jes 24,17:

> CD IV, 12–19: „ [12] [...] Und in allen diesen Jahren wird [13] Belial losgelassen sein
> gegen Israel, wie Gott durch den Propheten Jesaja, den Sohn [14] des Amos, ge-
> sprochen hat: Grauen und Grube und Garn (פחד ופחת ופח) über dich, Ein-
> wohner des Landes (Jes. 24, 17). Seine Deutung bezieht sich [15] auf die drei Net-
> ze (שלושת מצודות) Belials, von denen Levi, der Sohn Jakobs, gesprochen hat,
> [16] daß er damit Israel fängt, und die er vor sie gestellt hat als drei Arten [17] von
> Recht: die erste ist die Unzucht (זנות), die zweite der Reichtum (הון), die dritte
> [18] die Befleckung des Heiligtums (טמא המקדש). Wer dem einen entkommt,
> wird vom anderen gefangen, und wer daraus errettet wird, der wird [19] von die-
> sem gefangen."

Diese „Netze", Unzucht, Reichtum und Befleckung des Heiligtums,
werden im folgenden kommentiert. Die *Crux* der Ausleger besteht seit
jeher darin, daß in Z. 13 zwar *drei* Netze erwähnt werden, das zweite,
„Reichtum", jedoch nicht wieder aufgenommen wird. Stattdessen wird
den „Erbauern der Mauer" (בוני החיץ, vgl. Ez 13,10!), offenbar den
Gegnern der Gruppe, für die CD verfaßt wurde, vorgeworfen, בשתים
gefangen zu sein. Es ist nicht ganz klar und deshalb auch sogleich umstritten, wie dieser Ausdruck genau zu verstehen ist, – die Frage kann
aber für die Untersuchung der Lade auch außer Betracht gelassen werden. Das erste Netz, und das ist für das Thema das Wichtige, ist dabei
die Hurerei (זנות). Dieses „Netz" wird in IV, 20–V, 6 anhand von
Schriftzitaten (im *Kursiv*druck) erläutert: zunächst einem Zitat aus der
Schöpfungsgeschichte, Gen 1,27, dann anhand von Sintflut Gen 7,9
und dem Rechtssatz aus Dtn 17,17:

> CD IV, 19ff.: „ [19] [...] Die Erbauer der Mauer, das sind die, die hinter ‚Zaw'
> hergehen; ‚Zaw' ist ein Prediger, [20] von dem er gesagt hat: Mögen sie unablässig
> predigen. Sie sind durch zweierlei gefangen: in der Hurerei, daß sie [21] zwei
> Weiber zu ihren Lebzeiten nahmen; aber die Grundlage der Schöpfung ist: *Als
> Mann und Weib hat er sie erschaffen* (Gen 1,27).

^{V,I} Und *die in die Arche hineingingen*,[48] sind *je zwei und zwei ' in die Arche* gegangen (Gen. 7,9)[49]. Und über den Fürsten steht geschrieben: ² *Er soll sich nicht viele Weiber halten* (Dtn 17,17)."

Welche Form von זנות hier genau im Hintergrund steht, geht nicht ganz eindeutig aus der Passage hervor; mindestens muß jedoch die „Einehe", d. h. die Ehe eines Mannes mit einer Frau im Hintergrund stehen und der Text wendet sich gegen die Polygamie, daher die Betonung auf ein Weibliches und ein Männliches und das „vermehren" der Frauen des נשיא.

Nach der zu untersuchenden Passage geht der Text völlig unvermittelt weiter mit:

CD V, 6: „⁶ [...] Auch befleckten sie das Heiligtum, da sie nicht ⁷ unterscheiden dem Gesetz entsprechend und bei der liegen, die den Blutfluß sieht. [...]"

Mit „sie" (הם, *Part. masc. Plur.* wie IV, 20 und weiter in V, 7) können hier wohl kaum die „Werke Davids" oder die „Ältesten" oder ähnliche gemeint sein, auch wenn sie im Text am nächsten im Plural stehen. Nein, die 3. *Plur.* kann sich nur auf die „Mauerbauer" aus IV, 18–21 beziehen – über die gesamte, wie auch WACHOLDER zugeben muß: „langatmige"[50] Passage V, 1–6a hinweg. Das macht stutzig, wenn man hier mit dem geplanten Aufbau eines einzelnen Autors rechnet. Auch ist das dazwischenstehende Stück V, 2b–6a ja überhaupt nicht an der Thematik der Auslegung der Hurerei interessiert, sondern ausschließlich an David und seiner Entschuldigung, der Lade und der Tora – ich komme gleich darauf. So mag hier der Verdacht geäußert werden, daß es sich zumindest bei dem Passus, CD V, 2b–6a, „der sich", wie zurecht Ottilie Johanna Renata SCHWARZ anmerkt, „wie ein Keil zwischen die Behandlung der ersten *(IV, 20c – V, 2a)* und der zweiten

---

48 Vgl. Gen 7,16. Die Formulierung mit *Part. Qal* von בוא ist an die in CD übliche mit המחנה/הברית angeglichen. – Zu Gen 1,27 vgl. auch WINTER, Fragments und VERMES, Matrimonial Halakha. – Den Schriftgebrauch in CD hat CAMPBELL, Use übergreifend untersucht.

49 Es ist hochinteressant, daß ausgerechnet dieser Vers zitiert wird, denn er hat ja eine anderslautende Parallele in Gen 7,2! WACHOLDER: „Our author's text of Genesis may not have contained Gen 7: 2, which says that the animals came to the ark by pairs of seven. Or, just as the writer ignored the patriarchs, he may have disregarded Gen 7: 2." (Damascus Document 190 Anm. 122). Die vorpriesterliche Herkunft des ‚jahwistischen' Materials in der Fluterzählung wird mitunter angezweifelt, vgl. SKA, Relato oder KRATZ, Komposition 253 – dies könnte ein Hinweis in eine solche Richtung sein.

50 WACHOLDER, Damascus Document 199 u. ö.

Hauptsünde der ‚Mauerbauer' schiebt *(V, 6b–13a)*"[51], um einen Nachtrag innerhalb der Damaskusschrift handelt. Der Ergänzer fand das Zitat aus dem Deuteronomium über den *nāśî'* vor. Wer in der „Endzeit", in der zu leben er sich vermutlich wähnte, der *nāśî'* war, wußte er vielleicht am besten aus dem Buch Ezechiel:

וַאֲנִי יְהוָה אֶהְיֶה לָהֶם לֵאלֹהִים וְעַבְדִּי דָוִד נָשִׂיא בְתוֹכָם אֲנִי יְהוָה דִּבַּרְתִּי׃ [24] Ez 34,24

Ez 34,24: „[24]Und ich, Jahwe, werde ihnen Gott sein, und mein Knecht David wird Fürst in ihrer Mitte sein. Ich, Jahwe, habe geredet."[52]

So identifiziert er verständlicherweise den genannten *nāśî'* aus Z. 1b–2a sofort mit David – und entschuldigte diesen dann ohne zu zögern mittels seines kleinen Exkurses Z. 2b–6a. Davon bleibt ganz unberührt, daß die meisten der bisherigen literarkritischen Versuche, die *admonitory parts* der Damaskusschrift (meist anhand verschiedener eingearbeiteter quellenhafter Dokumente) zu erklären, noch nicht gänzlich überzeugen können.[53] Einzelne Zusätze schließt das aber keinesfalls aus. „Die David-Zadok-Passage gehört [...]" jedenfalls „keinesfalls zu den typologischen Geschichtsdeutungen, wie sie sonst im weiteren Rahmen der *CD*-Ermahnungen begegnen."[54], so J. MAIER.

Ben Zion WACHOLDER hat in verschiedenen Beiträgen zu diesem Textabschnitt die folgende These vertreten: „[D]er SPR HTWRH HHTWM ist die *Tempelrolle*, Zadok ist der Lehrer der Gerechtigkeit (vgl. auch *3Q15 XI, 2–7*), und er war der Autor der *Tempelrolle*."[55] In seiner jüngst erschienenen Edition mit Kommentar zieht er manches davon wieder zurück: „Ich behaupte nicht mehr, daß Zadok der Verfasser der Damaskusschrift ist [...] Ich denke nicht mehr [...], daß Zadok der Lehrer der Gerchtigkeit ist, ich glaube jetzt, daß der מורה צדק für den Verfasser der Damaskusschrift eine zukünftige messianische Figur ist."[56] Seiner Meinung nach „bezeichnet" der Ausdruck נגלה außerdem die „sectarian Torah"[57]. Im folgenden wird im Anschluß an J. C. VANDERKAM und J. MAIER eine andere Sichtweise vertreten.

---

51 SCHWARZ, Damaskusschrift 141, mit Verweis auf BARDTKE, Handschriftenfunde 262.

52 Vgl. auch Ez 37,25 und 1Kön 11,34.

53 Vgl. DIMANT, Literature. Auch WACHOLDER nimmt einen einzelnen Autor an, kommt aber daher auch sichtlich in Erklärungsnot (vgl. Damascus Document 199f.).

54 MAIER, Eleazar 233.

55 Zitat von VANDERKAM, Zadok 563.

56 WACHOLDER, Damascus Document 196 Anm. 134.

57 WACHOLDER, Damascus Document 194. Die Übersetzungen vom Vf.

Es geht in CD V, 2b–6a, allgemein gesprochen, um den „Fürsten",
den נשיא. Der Begriff kommt noch einmal in CD vor, in Kol. VII (Z.
[17.] 20). Der *nāśî'* wird dort aber ganz konkret gekennzeichnet als נשיא
העדה, „Fürst der Gemeinde". „Wenn er auftritt,", so die entsprechende Passage, „wird er niederwerfen alle Söhne Seths. Diese entrannen
zur Zeit der ersten Heimsuchung [...]". Er trägt, wie durch das folgende Zitat eindeutig gemacht wird, Züge eines Königs,[58] wenngleich die
Wurzel מלך nicht gebraucht wird – die aber in CD meistens negativ
konnotiert ist. Es ist nicht sicher, ob in Kol. VII und Kol. V dieselbe
Person gemeint ist. Das Zitat (כתוב: „es steht geschrieben"): „Er soll
sich nicht viele Frauen nehmen." (לא ירבה לו נשים) ist wörtlich aus Dtn
17,17 entnommen.

Man mag zwar auch mit WACHOLDER an 11QTᵃ LVI, 18 denken, doch sprechen gegen ein Zitat von dort mehrere Gründe:

1) In der gesamten Passage werden nur Passagen aus dem Kanon der heutigen hebräischen Bibel wiedergegeben bzw. es wird nur auf solche angespielt
(vgl. vorher Gen, und dann im folgenden Lev 18).

2) Zwar ist in 11QTᵃ die Auslegung des Verses sehr eng verwandt mit dieser Passage, Es wäre aber nicht ungewöhnlich, daß in ähnlichem Kontext dort
auch gleiche Bibelstellen zur Argumentation herbeigezogen werden. Überdies
wird ausgerechnet nur der Teil der Stelle zitiert, der genau parallel mit der
Dtn-Stelle geht. Daher ist ein Zitat aus 11QTᵃ LVI unbeweisbar.

Man hat es also mit einem Zitat aus dem so genannten „Königsgesetz"
Dtn 17,14ff. zu tun:

[14] Dtn 17,14–20 כִּי־תָבֹא אֶל־הָאָרֶץ אֲשֶׁר יְהוָה אֱלֹהֶיךָ נֹתֵן לָךְ וִירִשְׁתָּהּ וְיָשַׁבְתָּה בָּהּ
וְאָמַרְתָּ אָשִׂימָה עָלַי מֶלֶךְ כְּכָל־הַגּוֹיִם אֲשֶׁר סְבִיבֹתָי: [15] שׂוֹם תָּשִׂים עָלֶיךָ מֶלֶךְ אֲשֶׁר יִבְחַר
יְהוָה אֱלֹהֶיךָ בּוֹ [...] [17] וְלֹא יַרְבֶּה־לּוֹ נָשִׁים וְלֹא יָסוּר לְבָבוֹ [...] [18] וְהָיָה כְשִׁבְתּוֹ עַל כִּסֵּא
מַמְלַכְתּוֹ וְכָתַב לוֹ אֶת־מִשְׁנֵה הַתּוֹרָה הַזֹּאת עַל־סֵפֶר מִלִּפְנֵי הַכֹּהֲנִים הַלְוִיִּם: [19] וְהָיְתָה
עִמּוֹ וְקָרָא בוֹ כָּל־יְמֵי חַיָּיו לְמַעַן יִלְמַד לְיִרְאָה אֶת־יְהוָה אֱלֹהָיו לִשְׁמֹר אֶת־כָּל־דִּבְרֵי
הַתּוֹרָה הַזֹּאת וְאֶת־הַחֻקִּים הָאֵלֶּה לַעֲשֹׂתָם: [20] לְבִלְתִּי רוּם־לְבָבוֹ מֵאֶחָיו וּלְבִלְתִּי סוּר
מִן־הַמִּצְוָה יָמִין וּשְׂמֹאול לְמַעַן יַאֲרִיךְ יָמִים עַל־מַמְלַכְתּוֹ הוּא וּבָנָיו בְּקֶרֶב יִשְׂרָאֵל:

Dtn 17,14–20: „[14]Wenn du in das Land kommst, das Jahwe, dein Gott, dir
gibt, und du es in Besitz genommen hast und du darin wohnst und du sagst:
‚Ich will einen König über mich setzen, wie alle Völker, die rings um mich her
sind!', [15]dann sollst du einen König über dich setzen, den Jahwe, dein Gott,
erwählen wird. [...] [17]Und er soll sich nicht viele Frauen anschaffen, damit sein
Herz sich nicht von Gott abwendet. [...] [18]Und es soll geschehen, wenn er auf

---

58 Vgl. die sonstigen Vorkommen des in CD praktisch durchgehend negativ belegten
Begriffs: I, 6 (Nebukadnezar); III, 9 (das Ende des Königtums im Exil);
VII, 14.16 (die berühmte Auslegung von Am 5,26); VIII, 10.11 (Könige der
עמים = Völker / יון = Griechen, par. XIX, 23.24); XX, 16 (Zit. Hos 3,4: „Weder König noch Fürst [שׂר]"...).

dem Thron seines Königreiches sitzt, dann soll er sich eine Abschrift dieses Gesetzes in ein Buch schreiben, aus dem Buch, das den Priestern, den Leviten, vorliegt. [19]Und sie soll bei ihm sein, und er soll alle Tage seines Lebens darin lesen, damit er Jahwe, seinen Gott, fürchten lernt, um alle Worte dieses Gesetzes und diese Ordnungen zu bewahren, sie zu tun, [20]damit sein Herz sich nicht über seine Brüder erhebt und er von dem Gebot weder zur Rechten noch zur Linken abweicht, damit er die Tage in seiner Königsherrschaft verlängert, er und seine Söhne, in der Mitte Israels."

Auch diese Bestimmung fügt sich demnach bestens in die vorher gegebenen Begründungen der Ehegesetze ein: Ein König, bzw. *ein* oder *der* נשׂיא, darf nicht der Polygamie frönen. Nun folgt der Exkurs: „Aber David hatte nicht im versiegelten Buch der Torah gelesen. das in der Lade war, weil sie (die Lade) oder es (das Gesetzbuch) nicht geöffnet wurde in Israel seit den Tagen Eleazars, Josuas[59] und der Ältesten, die den Astarten dienten." Daß es sich um biblische Anspielungen handelt, dürfte zunächst außer Frage stehen: König David, in diesem Falle wie schon in 1 Kön 11,34 unter den Titel *nāśî'* gerechnet, hatte nicht wie im eben zitierten Königsgesetz im Buch der Tora gelesen – und ausgerechnet dort, eben in 1 Kön 11,34, heißt es, er habe Jahwes Gebote (*miṣwot*) und Ordnungen (*ḥuqqot*) bewahrt! Schon das verwundert im Blick auf das sonst so positive Davidbild in späterer Zeit.[60] Erst recht macht die folgende Aussage stutzig: Das Buch der Tora habe in der Lade gelegen. Einen biblischen Beleg für diese Behauptung gibt es nicht. Doch läßt sich anhand der darauf folgenden Angaben mit ziemlicher Sicherheit der dahinterstehende Gedankengang rekonstruieren. Fakt für den Text ist: Das Buch war in der Lade, und es selber oder die Lade waren in Israel nicht geöffnet worden seit dem Tod Eleazars. Wie kommt aber nun das Gesetzbuch in die Lade? Wahrscheinlich steht dahinter das Kapitel Dtn 31.[61] Dort heißt es:

> Dtn 31,9: „[9]Und Mose schrieb dieses Gesetz auf und gab es den Priestern, den Söhnen Levis, die die Lade des Bundes Jahwes trugen, und allen Ältesten von Israel."

---

59 In Z. 4 handelt es sich offenbar um eine Dittographie, möglicherweise um eine Korrektur der Namensschreibung, vgl. VanderKam, Zadok 561 Anm. 4; Maier, Eleazar 237 Anm. 18.

60 Vgl. auch CD VII,16 das Zitat aus Am 9,11 und die Davidüberlieferung in Qumran.

61 S. dazu auch o. 3.3.

Und dann weiter in V. 25f.:

> Dtn 31,25f.: „²⁵ Und Mose befahl den Leviten, die die Lade des Bundes Jahwes trugen: ²⁶ Nehmt dieses Buch des Gesetzes und legt es neben die Lade des Bundes Jahwes, eures Gottes, daß es dort zum Zeugen gegen dich wird!"

Nun wird hier zwar „dieses Gesetzbuch" „neben" die Lade gelegt, aber schon allein die Frage, wie dies rein technisch bewerkstelligt werden soll, kann jemanden darauf bringen, es habe sich in der Lade befunden.[62] Und schließlich heißt es bekanntlich an anderer Stelle ja auch:

> Ex 25,16: „¹⁶ In die Lade aber lege das Zeugnis, das ich dir geben werde."[63]

Der Schluß liegt nahe: Das Gesetzbuch, Tora oder Deuteronomium, lag in der Lade. Sogleich zum nächsten Textstück, nämlich zur letzten Zeitbestimmung, dem Tod Eleazars und Josuas. Er wird in Jos 24 berichtet und wurde oben bereits behandelt. Die für das Thema relevanten überzähligen Informationen aus 𝕲 (s. o. Kap. 3.5.5.) sind natürlich vor allem die Erwähnung der Lade mit Eleazar als ihrem Verwalter und die Verehrung der Astarot. Birgit LUCASSEN zutreffend:

> „Dieser kurze Satz [sc. CD V, 3, Vf.], der hier ganz beiläufig steht und deswegen keiner tendenziellen Bearbeitung verdächtig ist, nennt fünf Ereignisse, die biblisch gesprochen am Ende des *Josuabuches*, also im Kontext von *Jos* 24, 28ff., angesiedelt sind. Dies sind: – der Aaron-Sohn Eleazar als Verwalter der Lade, – der Tod Eleazars, – der Tod Josuas, – der Tod der Ältesten und – die Verehrung der Astarten durch sie. Von diesen fünf Punkten bietet der MT in *Jos* 24 nur zwei"[64],

nämlich die beiden Todesnotizen. Dem Verfasser der einschlägigen Passage der Damaskusschrift dürfte ein Text vorgelegen haben, der – vorsichtig gesprochen – dieselben Informationen enthielt wie der der Vorlage der Septuaginta von Jos 24.

Danach spricht der CD-Text – im Einzelnen etwas rätselhaft[65] – vom Amtsantritt, oder, neutraler gesagt, vom „Auftreten" Zadoks: Das Offenbarte (נגלה) blieb verborgen (וַיִּטָּמוֹן)[66] bis zum Auftreten Zadoks.

---

62 Es ist völlig unnötig, in diesem Text an zwei verschiedene *tôrāh*-Fassungen zu denken. Vgl. auch bBB 14a–b; NumR IV,20 und Maimonides, *Mišneh Tôrāh* (*Haqdāmāh* 2 zu Dtn 31,26: „neben" der Lade bedeutet „in" der Lade).

63 Vgl. hier auch das Tafelmotiv 1Kön 8,9 u. a.

64 LUCASSEN, Josua 379; vgl. 378–380.390–396. Zum Thema s. auch ROFÉ, End.

65 Auch MAIER spricht von einer „etwas seltsamen syntaktischen Konstruktion" (DERS., Eleazar 235).

66 Ursprünglich *Plur.*? So MAIER, Eleazar 238 Anm. 20. Es handelt sich offenbar um eine aktive Form mit passiver Bedeutung, vgl. RABIN, Documents 18 Anm. 5 zu V,4; SCHIFFMAN, Halakha 30f. Anm. 61. Die Änderung in ein *Nif.* ist nicht not-

Eine Textänderung wie das schwerwiegende Einfügen eines ולוא vor
נגלה o. ä., wie zuallermeist in der Nachfolge von SCHECHTER vorgenommen, ist m. E. nicht notwendig. Nach der Erwähnung Davids liegt
es zweifellos am nächsten, bei Zadok an den Priester unter seiner Ägi-
de zu denken.[67] Er taucht das erste Mal in 2Sam 8,17 auf, spielt dann
aber vor allem eine größere Rolle in 2Sam 15,24ff., nicht von ungefähr
eine Episode, in der die Lade eine große Rolle spielt. Zadok ist also für
die Lade verantwortlich![68] Möglicherweise treffen auch VANDERKAMS
Beobachtungen zu, die die Beschreibung der Ereignisse in der Chronik
betreffen und nach denen 1Chr 15f. geradezu den *Amtsantritt* Zadoks
beschreibt – er ist dort für den Transport der Lade nach Jerusalem verantwortlich (1Chr 15,11f.[69]) und verhält sich לכל־הכתוב בתורת יהוה
„gemäß allem, was in der *tôrāh* Jahwes geschrieben steht". Wie dem
auch sei, auch zwischen Jos 24 und 2Sam 8, dem Dienstantritt von Zadok, ist kein Ladepriester erwähnt. Zunächst geht die Lade verloren
(1Sam 4), dann steht sie in Kirjat-Jearim (1Sam 7)[70] – bis zu dem Tag,
an dem sie David nach Jerusalem holen läßt (2Sam 6)!
 Zwischen diesen beiden Punkten, Jos 24 und 2Sam 6,[71] ist David,
wie allgemein bekannt sein dürfte, nicht gänzlich untätig, zumindest

---

wendig. WACHOLDER dazu: Es ist „not a passive verb" (DERS., Damascus Document 193), sondern „It is a Qal third person form. None of these translations [*sc.*
 inspected by me, Vf.] moreover, provides the identity of the alleged concealer. Ad-
 ditionally, none explains the purpose of citing Eleazar and Joshua. In my translation, he (Eleazar) hid the Torah as he was commanded by his master." (DERS., Damascus Document 194), vgl. auch DERS., Torah.
67 Die Heranziehung (des Großvaters, vgl. 1Chr 9, Neh 11) von Hilkia (2Kön 22,
 aufgrund des Verlesens der Tora V. 10; vgl. V.16, so GINZBERG u. a.), ist nicht notwendig (– ganz abgesehen davon, daß eben nicht er, sondern Hilkia lt. 2Kön 22 das
 Buch gefunden hat). Hier geht es nicht um ein „Bekanntmachen" der Tora, sondern um die theoretische Möglichkeit dieses Vorgangs.
68 Er wird zwar nirgends als Levit bezeichnet, tritt aber oft mit diesen zusammen auf
 (2Sam 15,24; Neh 13,13; 1Chr 15,11; 24,6.31; 27,17). In Ez 40ff. schließlich kommt
 die Vorstellung auf, daß die Zadokiten Leviten sind, die ja gemäß Dtn 10,1ff. die
 Träger der Lade sein sollen, vgl. Ez 40,46; 43,19; 44,15; 48,11.
69 ויקרא דויד לצדוק ולאביתר ... ויאמר להם ... התקדשו ... והעליתם את ארון יהוה אלהי
 ישראל אל־הכינותי לו.
70 Der dort erwähnte Eleasar, Sohn des Abinadab muß erst geheiligt werden, damit
 die Lade im Hause Abinadabs stehen darf!
71 WACHOLDERS Erklärung ist hier nicht überzeugend: Sei es, daß er *argumen-*
 ta e silentio benutzt („The wording אשר היה בארון (which was in the ark) does not
 allude to the absence of the ark. If it were to have meant so, the author would have
 qualified it with אשר היה ביד פלשתים (which was in the hand of the Philistines).;
 vgl. auch „an allusion to a hidden Torah may already have appeared in the intro-

nicht in Sachen Frauen. Es sei nur eine Reihe einschlägiger Namen genannt: Michal (1Sam 18,27), Abigajil, Ahinoam (1Sam 25,42f.), Ma-
acha, Haggit, Abital und Egla (2Sam 3,2–5)[72]. Das sind vergleichsweise
viele Frauennamen für einen König von Israel, der doch, wie gehört,
„alle Tage seines Lebens" im deuteronomischen Gesetz (Dtn 17,19) lesen und auch einen Vers wie Dtn 17,17 verinnerlicht haben sollte!
Doch der Ergänzer findet eine Lösung für das Problem. Nachdem David die Lade nach Jerusalem gebracht hat und Zadok als Priester die
Aufsicht übernommen haben muß, nachdem also „das Offenbarte
nicht mehr versteckt" ist, begeht David nun aber noch einmal einen –
diesmal folgenschweren – Fehler. Er ist in 2Sam 11 berichtet, und hat
bekanntlich mit Bathseba und Uria, dem Hethiter zu tun. Standpauke
und Verurteilung durch das Wort Jahwes durch Samuel (2Sam 12) folgen auf dem Fuße. So kommt es, wie es kommen mußte:

עָשָׂה דָוִד אֶת־הַיָּשָׁר בְּעֵינֵי יְהֹוָה וְלֹא־סָר מִכֹּל אֲשֶׁר־צִוָּהוּ כֹּל יְמֵי חַיָּיו [...] [5] 1Kön 15,5
רַק בִּדְבַר אוּרִיָּה הַחִתִּי:

1Kön 15,5: „[5] [...] David hatte das Rechte in den Augen Jahwes getan, und war
nicht gewichen von allem, was Er ihm geboten hatte alle Tage seines Lebens –
außer in der Sache mit Uria, dem Hethiter."

Genau dieses deuteronomistische Urteil über David spiegelt sich präzise in CD V, 5b–6 wider: „Und die Taten Davids wurden aufgehoben,
mit Ausnahme des Blutes des Uria, und Gott erließ sie ihm."[73] Oder,
wie C. A. Evans es ausdrückt: „It seems that sometimes ignorance of
the Law is a valid defense after all."[74] – Daß das „Blut des Uria" in späterer Zeit ein Problem darstellte, zeigt eindrucksvoll 𝕲, die wie die
Chronik den entsprechenden Halbvers in 1Kön 15,5 einfach übergeht.

---

duction to his work"); sei es, daß er sich, jedenfalls vom biblischen Standpunkt aus,
ein wenig mißverständlich ausdrückt („Moreover, David's practice of polygamy
extended throughout his adult life and was not restricted to the seven months of
the Philistine seizure of the ark."; alle Zitate: DERS., Damascus Document 192).

72 Vgl. auch 2Sam 5,13: „Und David nahm noch Nebenfrauen und Frauen aus Jerusalem, nachdem er von Hebron gekommen war; und es wurden David noch mehr
Söhne und Töchter geboren."

73 Zu √עזב an dieser Stelle vgl. DE ROO, Deeds 65: „According to the Qumranites'
way of thinking, God remembered David's deeds and, for David's sake, he preser-
ved a remnant which became their community. Following the example of David,
the Qumran Community offerred ‚works of law' as sacrifices to God." (bezogen
auf 2Sam 7. In ihrer Sicht ist „Qumran Community" freilich gleichbedeutend mit
„Haus David").

74 EVANS, David 186. Zu 𝕲 vgl. TURKANIK, Kings 157.

Der Abschnitt CD V, 2b–6a ist also auf dem Hintergrund der biblischen Bezugstexte in sich völlig ausreichend verständlich. Der Leser ist
nicht auf irgendwelche außerbiblischen oder auch ausschließlich qumranische Traditionen angewiesen, – womit freilich auch nicht behauptet werden soll, daß sie nicht trotzdem im Hintergrund stehen könnten. Sehr wahrscheinlich erscheint mir das jedoch nicht. Es handelt sich
bei CD V, 2b–6a aller Wahrscheinlichkeit nach um eine Fortschreibung, einen kleinen exegetischen Exkurs, der David von seinen Sünden
reinwaschen möchte, um ihn nicht in schlechtem Lichte dastehen zu
lassen, so wie es auch dem Davidbild der Bibel und der sonstigen
Qumranschriften entspricht.[75] Als ein Beispiel sei 4Q MMT C 23–25[76]
angeführt:

4Q MMT C 23–25: „²³[...] Gedenke der Könige von Israel und sinne über ihre
Taten (התבונן במעשיהמה) nach; wer immer unter ihnen ²⁴[die To]ra gefürchtet
hat, wurde aus Notlagen gerettet; und diese waren die Sucher der Tora (מבקשי
תורה), ²⁵deren Übertretungen (עונות) [ver]geben wurden. Gedenke Davids, der
ein Mann rechtschaffener Taten war und der (deshalb) aus vielen Nöten
(מצרות רבות) gerettet wurde, und dem vergeben wurde. [...].‟

Die Stelle aus dem Deuteronomium war in CD V, 2a im Zusammenhang eines der drei Netze Belials, der „Hurerei", als Argument für eine
bestimmte Haltung angeführt worden. Der Ausleger fürchtete um ein
Mißverständnis in bezug auf König David und rehabilitierte ihn sofort

---

75 Sollte diese Vermutung zutreffen, stellt sich natürlich die Frage nach der zeitlichen
   Einordnung der Fortschreibung – doch wird man hierbei kaum über Spekulationen hinauskommen. Mit Sicherheit ist die Damaskusschrift literarisch nicht einheitlich (vgl. etwa die Arbeiten von J. MURPHY-O'CONNOR [Missionary Document; DERS., Analysis I und II, DERS., Damascus Document Revisited], P. R.
   DAVIES [Damascus Covenant] oder auch C. HEMPEL [Laws], anders vor allem D.
   DIMANT, Qumran Sectarian Literature 485–487), und aller Wahrscheinlichkeit
   nach liegt ihr Kern eher in den gesetzlichen Passagen als in den paränetischen Passagen (vgl. auch HEMPEL, Laws und DIES., Damascus Texts 87f.). Doch darüber hinaus ist nur weniges Sichere zu sagen: da die betreffende Passage in den Qumranfragmenten ja nicht bezeugt ist, bleibt als *terminus ad quem* – zumindest
   theoretisch – jede Möglichkeit bis in die Zeit der Entstehung der mittelalterlichen
   Handschriften denkbar. Auch der *terminus a quo* ist keinesfalls leicht zu bestimmen, ist doch nicht einmal sicher, ob die anzunehmende Entstehungsgeschichte –
   jedenfalls einzelner Passagen – nicht bis in vorqumranische Zeit zurückreicht –
   und wenn ja, wie weit (cf. nur HEMPEL, Damascus Texts 44–53). Wahrscheinlicher
   dürfte, z. B. aufgrund der geringen Abweichungen des QD-Materials von den
   Handschriften aus der Kairoer Geniza, eine Ansetzung in qumranische Zeit sein (s.
   die folgende Auslegung).

76 Vgl. zum sog. *Composite Text* die Ausgabe von STRUGNELL und QIMRON (DJD
   X).

vorsorglich: Auch und gerade in Qumran durfte David nicht schlechter dastehen als in den Schriften des Alten Testaments selbst. Und so ist die Dynamik der Exegese in diesem Abschnitt voll und ganz eine *biblische* Dynamik, denn man hat es mit einer außerbiblischen Exegese zu tun. Alle Erwähnungen der Lade in den Qumranschriften außerhalb von CD V gehen nicht über die aus den biblischen Schriften bekannten Funktionen und ihre Bedeutung dort hinaus. Anders hier:: Die Exegeten der Damaskusschrift argumentieren geradezu geschichtlich, oder besser, heilsgeschichtlich, um ein Stück Bibel, in diesem Falle das möglicherweise negative Bild von David und seinen Frauen, anhand anderer biblischer Texte zu erklären, überspitzt gesagt, um Davids Ehre zu retten. Dazu bedienen sie sich der Tradition der Bundeslade in einem neuen und spezifischen Zusammenhang. Es handelt sich dabei, so ist insgesamt J. MAIER und J. C. VANDERKAM im wesentlichen zuzustimmen, offensichtlich nicht um eine typologische Geschichtsdeutung in einem engeren Sinne; und eine „zeitgeschichtliche" Deutung, wie sie etwa B. Z. WACHOLDER vornimmt, ist, wenn nicht ausgeschlossen, so doch schon aufgrund der zu machenden Zusatzannahmen letztlich sehr unwahrscheinlich.

Mit ספר התורה החתום ist also nicht etwa eine *prinzipiell* verborgene Tora oder dergleichen gemeint,[77] die für eine neue Zeit entschlüsselt oder autoritativ ausgelegt werden müßte. Es ist vielmehr die offenbare, mosaische Tora *zeitweise* in der Lade verborgen, damit David entlastet werden kann. Eine solche Funktion der „Ehrenrettung" Davids (oder einer anderen Person) hat die Bundeslade in der biblischen Tradition nicht, sie entsteht aber nachvollziehbar aus der konsequenten Interpretation der einschlägigen biblischen Passagen. Dabei sind ihre numinosen Eigenschaften dem Verständnis des „Gesetzesbehälters" völlig untergeordnet – das, was man gern die „Entmythologisierung" der Lade im Deuteronomismus (vgl. Dtn 10; 1Kön 8) genannt hat, ist an dieser Stelle sozusagen in reinster Form zu beobachten: Die Lade ist der Kasten, in dem sich das Gesetz befindet – insofern ist die Funktion der Lade doch wieder in gewissem Sinn „biblisch" zu nennen –, in der es aber auch verborgen sein kann. Auf diese spezifische Art und Weise bildet nun der in der David-Zadok-Passage beschriebene Vorgang des Öffentlichmachens der verborgenen Tora im kleinen eine Art Vorab-

---

77 Der Ausdruck stammt am wahrscheinlichsten aus Jes 8,16, möglicherweise kombiniert mit Dan 12,4.9. Zur Wurzel vgl. 1QHᵃ I, 11; XIV, 12; XXIV, 9; 4Q163 f15–16,3f.; 4Q266 f1a–b,9; 4Q300 f1aii–b,2; 4Q427 f7i,19; 4Q509 f207,1; 4Q511 f30,1.3.

bildung dessen, was in der Qumrangemeinschaft der Auslegung der
Tora durch den Lehrer der Gerechtigkeit entsprechen soll, nämlich
durch die Ausforschung der biblischen Texte die darin verborgenen
Geheimnisse zum offenbaren, rechten Gesetz für die kommende Zeit
zu erheben.

Ein Nachspiel: Das Schicksal der Lade nach 2. Makkabäer 2,4ff.

Wenngleich nicht zu den Qumranschriften gehörend, sei hier kurz das
2. Makkabäerbuch erwähnt. 2Makk 2,4ff.[78] weiß – oder weiß eben gerade nicht – wo die Geschichte der Lade endet: Jeremia, der einzige
Prophet, der laut Jer 3,16 davon redet, verbirgt sie auf dem Nebo (ὁ
ὄρος οὗ ὁ Μωυσῆς ἀναβὰς ἐθεάσατο τὴν τοῦ θεοῦ κληρονομίαν) in einer
„Höhle" (οἶκος ἀντρώδης). Und so wissen wir von der historischen Lade letztlich ungefähr ebensoviel wie vom historischen Mose: wir „kennen" nur ihre – freilich unbekannte – letzte Ruhestätte: Denn, so sagt
Jeremia an der genannten Stelle:

> 2Makk 2,7: [7][...] ἄγνωστος ὁ τόπος ἔσται ἕως ἂν συναγάγῃ ὁ θεὸς ἐπισυναγωγὴν τοῦ
> λαοῦ καὶ ἕλεως γένηται.
> 2Makk 2,7: „[7][...] Dieser Ort wird unbekannt bleiben, bis Gott das Volk von
> neuem versammelt und Erbarmen sein wird."[79]

Man mag hier einen gewissen Widerspruch zu Jer 3,16 erkennen,[80]
doch ist er kaum unüberwindbar, insbesondere wenn die o. (Kap. 6.)
gegebene Deutung richtig sein sollte. Zur vollen Restitution der Herrlichkeit des Herrn gehört eben auch die Lade seines Bundes.

---

78 Vgl. sonst lediglich noch Esdr α 1,3.51. Zur Datierung der Passage s. u. Kap. 10.
79 Zur Übersetzung vgl. HABICHT, 2. Makkabäerbuch 206; Text nach HANHART,
    Maccabaeorum liber II.
80 So etwa HABICHT, 2. Makkabäerbuch 206 mit Verweis auf Félix-Marie ABEL.

10. Epilog: Was befand sich in der Lade?

Nachdem nun die alttestamentlichen Texte und die nichtbiblischen Qumrantexte hinsichtlich ihrer Entstehung untersucht worden sind, soll im folgenden der für die historische Fragestellung möglicherweise nicht unwichtigen Frage nachgegangen werden, was sich in einer historisch greifbaren Lade befunden haben könnte.[1] Ein erster Blick soll dabei dem Neuen Testament gelten.

Die Lade Jahwes wird im Neuen Testament insgesamt nur zweimal erwähnt, das erste Mal im 9. Kapitel des Hebräerbriefs:

Hebr 9,3–5: ³ μετὰ δὲ τὸ δεύτερον καταπέτασμα σκηνὴ ἡ λεγομένη Ἁγια Ἁγίων, ⁴ χρυσοῦν ἔχουσα θυμιατήριον καὶ τὴν κιβωτὸν τῆς διαθήκης ἐρικεκαλυμμένην πάντοθεν χρυσίῳ, ἐν ᾗ στάμνος χρυσῆ ἔχουσα τὸ μάννα καὶ ἡ ῥάβδος Ἀαρὼν ἡ βλαστήσασα καὶ αἱ πλάκες τῆς διαθήκης, ⁵ ὑπεράνω δὲ αὐτῆς Χερουβὶν δόξης κατασκιάζοντα τὸ ἱλαστήριον·περὶ ὧν οὐκ ἔστιν νῦν λέγειν κατὰ μέρος.

Hebr 9,3–5: „Hinter dem zweiten Vorhang aber ein Zelt, das das Allerheiligste genannt wird, ⁴ das einen goldenen Räucheraltar und die überall mit Gold überdeckte Lade des Bundes hatte, in welcher der goldene Krug, der das Manna enthielt, und der Stab Aarons, der gesproßt hatte, und die Tafeln des Bundes waren; ⁵ oben über ihr aber die Cherubim der Herrlichkeit, die den Versöhnungsdeckel überschatteten, von welchen Dingen jetzt nicht im einzelnen zu reden ist."

Hier wird zunächst Bekanntes über die Bundeslade (ἡ κιβωτὸς τῆς διαθήκης = ארון הברית) ausgesagt: Sie ist überall mit Gold überzogen (= זהב, vgl. Ex 25ff.), in ihr waren die Tafeln des Bundes (αἱ πλάκες τῆς διαθήκης = לחת הברית, vgl. Dtn 9,9.11.15), oben über ihr waren die Cherubim (Χερουβὶν = [ה]כרבים, vgl. Ex 25,18ff.) der Herrlichkeit (δόξα = כבוד, vgl. Ex 40,33f.), die den Versöhnungsdeckel (ἱλαστήριον = כפרת , vgl. Ex 25,17ff.) überschatteten[2].

---

1 Vgl. die Übersichten bei Schmitt, Zelt und Lade, 98ff. und Maier, Ladeheiligtum, 55ff.

2 Die Herrlichkeit Jahwes hängt eng mit der Lade zusammen, vgl. neben 1Sam 4,21f. vor allem auch Ex 40,33f. – Daß die Herrlichkeit sich auf bzw. über den Keruben befindet, ist eine Vorstellung, die bei Ezechiel begegnet, vgl. Ez 9,3; 10,4.18f.; 11,22, und hier hinzugenommen wird.

Zwei Dinge sind neu: Die Lade habe auch den goldenen Krug mit Manna und den Stab Aarons enthalten, der gesproßt hatte. Auch hier wird auf zwei alttestamentliche Stellen angespielt: Ex 16 (V. 33) und Num 17 (V. 23-25)[3].

Nirgends im Alten Testament ist die Rede davon, daß eines der beiden Objekte in die Lade gelegt worden wären. Was das Manna angeht, so sollte es „vor Jahwe" (לפני יהוה) gebracht werden (aber vgl. ℭ z.St.); Aarons Stab, sollte in ähnlicher Weise „vor das Zeugnis" (לפני העדות) gelegt werden. In der jüdischen Tradition finden sich die Gegenstände dann auch im Allerheiligsten des Tempels. „Daß das Manna seinen Platz in der Lade hat, weiß allein der Hebr (woher?)"[4], resümiert GRÄSSER. Auch wissen Ex 16,33ff. 𝔐 nichts davon, daß der Mannakrug mit Gold überzogen ist, dafür aber 𝔊:

³³ וַיֹּאמֶר מֹשֶׁה אֶל־אַהֲרֹן	³³ καὶ εἶπεν Μωυσῆς πρὸς Ααρων
קַח צִנְצֶנֶת אַחַת	λαβὲ στάμνον **χρυσοῦν** ἕνα
וְתֶן־שָׁמָּה מְלֹא־הָעֹמֶר מָן	καὶ ἔμβαλε εἰς αὐτὸν πλῆρες τὸ γομορ τοῦ μαν
וְהַנַּח אֹתוֹ לִפְנֵי יְהוָה	καὶ ἀποθήσεις αὐτὸ ἐναντίον τοῦ θεοῦ
לְמִשְׁמֶרֶת לְדֹרֹתֵיכֶם:	εἰς διατήρησιν εἰς τὰς γενεὰς ὑμῶν
³⁴ כַּאֲשֶׁר צִוָּה יְהוָה אֶל־מֹשֶׁה	³⁴ ὃν τρόπον συνέταξεν κύριος τῷ Μωυσῇ
וַיַּנִּיחֵהוּ אַהֲרֹן	καὶ ἀπέθετο Ααρων
לִפְנֵי הָעֵדֻת לְמִשְׁמָרֶת:	ἐναντίον τοῦ μαρτυρίου εἰς διατήρησιν

Die Kombination von Tafeln, Manna und Aaronstab im Hebräerbrief ist einzigartig, auch wenn Mekhilta Ex 16,33 letztere als die Dinge bezeichnet „die Elias einst wiederherstellen wird."[5] Auch die andere Erwähnung der Lade im Neuen Testament ist für das Thema wenig ergiebig:

Apk 11,19: ¹⁹ Καὶ ἠνοίγη ὁ ναὸς τοῦ θεοῦ ὁ ἐν τῷ οὐρανῷ καὶ ὤφθη ἡ κιβωτὸς τῆς διαθήκης αὐτοῦ ἐν τῷ ναῷ αὐτοῦ, καὶ ἐγένοντο ἀστραπαὶ καὶ φωναὶ καὶ βρονταὶ καὶ σεισμὸς καὶ χάλαζα μεγάλη.

Apk 11,19: „¹⁹ Und der Tempel Gottes im Himmel wurde geöffnet, und die Lade seines Bundes wurde in seinem Tempel gesehen; und es geschahen Blitze und Stimmen und Donner und ein Erdbeben und ein großer Hagel."

Man mag die Ladebezeichnung ἡ κιβωτὸς τῆς διαθήκης (= ארון הברית) als Hinweis darauf lesen, daß als Inhalt der Lade an ein Bundesdokument bzw. -Gesetz gedacht ist, wie es an so vielen Stellen im Alten Testament und in Qumran der Fall ist. Sicher ist das aber nicht.

Auffällig ist lediglich, daß hier beim Erscheinen der Lade wunderbare und wohl übernatürliche Phänomene erblickt werden, die das Numinose des Tempels und der Lade besonders betonen, wie es auch in den alten Ladeerzählungen der Fall war, man denke an die wunderhaften Ereignisse im Zusammenhang mit der Lade etwa in 1Sam 5–6 (Philister) oder auch 2Sam 6 (Ussa). Die Lade wurde nach 2Makk 2,4ff. von Jeremia in einer „Höhle" (οἶκον ἀντρώδη)

---

3 Vgl. Num 17,18.21.23.25, darüber hinaus natürlich die Plagenerzählungen Ex 7f. (Ex 7,9f.12.19f; 8,1.12f.); außerdem Num 20,8.

4 GRÄSSER, Hebräer 123.

5 BILLERBECK, Kommentar Bd. 3, 739.

versteckt (s. o. am Ende von 9.2.), sie „was to remain there until the Lord re-
stored the glory of Israel."[6]

Die neutestamentlichen Erwähnungen der Lade repräsentieren also lediglich Theorien darüber, was sich in der Lade befunden haben könnte. Gegenstände, die im Alten Testament eng mit der Lade verbunden
waren, befinden sich nun in ihr. Man kann über die Gründe dafür nur
spekulieren. Natürlich gehörte zum eschatologischen Jerusalem auch
ein Tempel, und in diesem sollte auch die Lade eine gewichtige Rolle
spielen – daß diese Vorstellung auch im zeitgenössischen Judentum
verbreitet war, hat sich auf seine Weise am Ende des letzten Kapitels
mit dem Hinweis auf das 2. Makkabäerbuch ergeben. Hier schließt das
Neue Testament im Grunde nahtlos an[7] – auch wenn für den Hebräerbrief, der dem himmlischen Tempelkult dem irdischen entgegenstellt,
die Genauigkeit nicht im Zentrum des Interesses steht, wie er selbst
zugibt (Hebr 9,5b: οὐκ ἔστιν νῦν λέγειν κατὰ μέρος – „nicht ist nun [da-
von] im einzelnen zu sprechen").

Die moderne Bibelkritik hat sich freilich mit den in der Bibel gegebenen Antworten auf die Frage nach dem Inhalt der Lade nicht zufrie-
dengegeben, sondern selbst weiter auf die Suche begeben. Manche Lösung folgt einer biblischen, manche nicht. Vor allem letztere sollen hier
noch kurz erwähnt werden. Daß sie historisch allesamt ebenso unbeweisbar sind wie die biblischen auch, ist unbestritten. Da sie sich z. T.
nicht einmal auf Textbelege stützen können, sondern meistens nur auf
Analogien aus der näheren und ferneren Umwelt Israels, können sie
natürlich nur hypothetisch sein.

Die Gebeine Josefs?

Ausgehend von Gen 50 wurde natürlich auch in der Forschung die
Meinung vertreten, in der Lade hätten sich die Gebeine Josefs befunden.[8] Daß das schon für Gen 50,25 nicht gilt, wurde oben gezeigt, erst
der sehr späte Vers 26, vielleicht erst in seiner masoretischen „Deu-

---

6   MASSYNGBERDE FORD, Revelation 182. Vgl. auch LOHSE, Offenbarung z. St.
7   S. o. Kap. 9.2. Zur Frage nach der Datierung von 2Makk 1,10b–2,18, dem „zweiten
    Einleitungsbrief", vgl. HABICHT, 2. Makkabäerbuch 169–177, insb. 176f. Er ordnet
    die Passage „mit Sicherheit" einer „dritten Schicht" in 2Makk zu (a. a. O. 176), so
    daß in dem für die Ergänzungen des Werkes in Frage kommenden Zeitraum (etwa
    Ausgang des 2. Jh.s v. Chr. bis 70 n. Chr.) eher an die spätere Zeit zu denken ist.
8   HARTMANN, Zelt 237; VÖLTER, Aegypten 95f. u. v. m. Vgl. KRISS / KRISS-HEIN-
    RICH, Volksglaube 30f.

tung" kann dafür herangezogen werden. Darüber hinaus gibt es keinen Beleg, der diese Theorie stützen würde. Warum sollte man diese Lade dann ארון יהוה oder ארון אלהים genannt haben, und warum sollte sie die göttliche Gegenwart repräsentieren und/oder eine besondere, wunderbare Macht gehabt haben?

(Heilige) Steine?

Man hat in der Lade immer wieder heilige Steine vermutet. Die Art dieser Steine wurde ganz unterschiedlich bestimmt, so dachte man an „Meteorsteine, die den siegverleihenden Vulkangott vom Sinai[9] repräsentieren (STADE, COUARD, BERTHOLET, MICKLEM, HERBERT), an Schleudersteine, die auch auf den Kriegsgott zu beziehen sind (COU-ARD)", und auch an Orakelsteine[10]. So seien eventuell auch die Urim und Thummim in die Lade gelangt und dann nachträglich durch die Gesetzestafeln ersetzt worden.[11]

Die These hat eine Anzahl religionsgeschichtlicher Parallelen für sich, arabische Stämme und Gruppen, die einen „heiligen Schrein" verehrt hätten.[12] Objekte, die in Betracht gezogen wurden, waren namentlich ʻoṭfe (abu-zhûr-al-markab), maḥmas[13] und ḳubbe/qubbā. MOR-GENSTERN[14] hat die Parallelen eindrücklich aufgezeigt.

Anfangs hätten diese Steine das numen selbst repräsentiert, später wären sie (durch die Deuteronomisten) zu den Gesetzestafeln umgedeutet worden.[15] Ein Beispiel für heilige Steine[16] fand man in Gen 28 (Bet-El). Das entsprechende, noch immer aktuelle Gegenstück bietet

---

9 Seit VATKE, Religion 321; vgl. MEINHOLD, Lade 21.

10 Vgl. ARNOLD, Ephod 16.133; PFEIFFER, Introduction 87.173. Aber dagegen schon BUDDE, Ephod 1–42. Die Quellen erwähnen davon nichts. COUARD, Bedeutung 85 spricht von einem „Nationalfetisch".

11 MAY, Ark 218ff.

12 Vgl. neuerdings wieder SCHÄFER-LICHTENBERGER, Anmerkungen 236ff.

13 Vgl. die Definition MORGENSTERNS: Es handelt sich um eine „sacred, tent-like structure, which, empty and borne upon the back of the sacred camel is carried in the ḥag, or pilgrimage of the Moslem faithful to Meccah and likewise to the ʻoṭfe, the somewhat similar, tent-like structure which serves as the palladium of a number of Bedouin tribes" (DERS., Ark 154f.)

14 MORGENSTERN, Ark. Zu ʻoṭfe vgl. 157ff.; maḥmas 193ff.; ḳubbe 207ff.

15 Nach SELLIN, Geschichte 70ff.89f. u.a. wären auch vorher schon Dokumente in der Lade gewesen. S.u. für die Steintafeln.

16 Vgl. nicht zuletzt auch WELLHAUSEN, Geschichte 34.

z. B. der schwarze Stein in der *Kaʿba* in Mekka.[17] STAUBLI bringt hier den „vorislamischen Betylenkult" ins Gespräch, räumt aber ein, dieser sei „projektionsverdächtig"[18].

(Gesetzes-) Tafeln?

Bis heute wurde und wird von vielen Autoren die Meinung vertreten, in der Lade hätten sich die Tafeln des Gesetzes befunden.[19] Diese Position kann sich immerhin auf die biblischen Berichte in Dtn 10 und Ex 25 bzw. 1Kön 8 berufen. Aber es sollte nicht vergessen werden, daß diese Stellen nicht eben alt sind und wahrscheinlich das Kriegspalladium der Samuelbücher schon längst umdeuten. Das Bild der Lade dort ist ein ganz und gar anderes, das völlig unabhängig davon ist, ob sich in der Lade auch nur irgend etwas befand. Erst in dem Moment, in dem die Lade die „Bundeslade" oder die „Lade des Zeugnisses" wird, muß ihr Inhalt bestimmt werden. Im mesopotamischen Kontext finden sich hier Parallelen, die immer wieder für den Erweis einer Historizität der Vorstellung verwendet wurden.[20] Doch weiß schon die biblische Tradition, daß die Gesetzestafeln sich wohl nicht von Anbeginn in der

---

17   WELLHAUSEN, Reste 74.77f. – Man rätselt ganz ähnlich wie bei der Lade auch bei der *Kaʿba*, was sich darin befand – vielleicht eine Taube aus Aloeholz und ein Standbild des Gottes *Hūbal* (vgl. BOBZIN, Mohammed 112 mit Verweis auf die Prophetenbiographie des *Ibn Isḥāq*). Im *Qurʾān* findet sich übrigens auch die Vorstellung, die Lade (*tābūt*) sei von Engeln getragen worden (Sure 2,248), vgl. dazu SPEYER, Erzählungen 367f.

18   STAUBLI, Image 222; das zweite Zitat bei ihm unterstrichen. Seine Argumentation ist sehr von eher unsicheren Hypothesen abhängig, die er leider auch nicht begründet: So meint er, die Stelen aus Arad repräsentierten Jahwe und seine Aschera. Schon in Silo seien Lade und Keruben verbunden worden (s. dazu o. Kap. 5.9.); die Lade sei ursprünglich ein Fußschemel (vgl. dagegen MAIER, Ladeheiligtum), die *kapporæt* ersetze die Lade, bereits exilisch werde sie dann zum Toraschrein.; vgl. STAUBLI, Image 222–229.

19   Auf eine ausführliche Auflistung kann hier verzichtet werden, vgl. die Lexikonartikel.

20   Zuletzt ausgestellt etwa in der großen Babylon-Ausstellung des Vorderasiatischen Museums in Berlin: „Lade mit einer dem Sonnengott geweihten Platte", (Katalog Nr. 127; BM 91004). Es handelt sich dabei um einen Steinkasten, der eine Tafel mit einer Weihinschrift *Nabû-apla-iddina*s an den Sonnengott enthielt. Nabonid schließlich „vergrub die reparierte Schiefertafel und die Tonabdrücke in einer Lade aus Terrakotta im Schamasch-Tempel unter einer Bitumenschicht. Die Lade weist auf allen Seiten die gleiche Inschrift auf: ‚Bild von Schamasch, dem Herrn von Sippar, der in Ebabbar weilt.'" (ANDRÉ-SALVINI, Babylon 203) Damit sind auch schon die entscheidenden Unterschiede zum biblischen Bild der Lade genannt.

Lade befanden (vgl. etwa den polemischen Vers 1Kön 8,9 oder die Erzählungen in 1Sam 4–6, die davon offensichtlich nichts wissen).

Abgesehen davon wurde diese Konzeption oft mit der verbunden, daß die Lade einen (leeren) Gottesthron repräsentiere. Gegen diese Vorstellung hat jedoch bereits Budde[21] die notwendigen Einwände formuliert; Schmitt[22] lehnt sie gänzlich ab. Des Weiteren kann diese Annahme angesichts des neuen Bildes der Religionsgeschichte Israels[23] schwerlich aufrechterhalten werden.

Insofern gehen die Vertreter dieser Hypothese in gewisser Weise der „Entmythologisierung" der Lade von Dtn 10 und 1Kön 8 auf den Leim. Man mag allerdings fragen, ob diese Theorie, sollte die Lade bei der Abfassung dieser Passagen (noch) existiert haben, für die exilische oder nachexilische Zeit gültig sein könnte.

Bilder der Gottheit?

Nicht zuletzt ist man auch darauf gekommen, in der Lade ein[24] oder zwei Gottesbilder zu vermuten – sachlich naheliegend, wenn bereits den vermuteten Steinen fetischhafter Charakter zugesprochen wurde. Diese Meinung wurde z. B. prominent vertreten von H. Gressmann[25]. „Zur Erhellung von Aussehen und Funktion der Lade als eines tragbaren Heiligtums werden archäologische Parallelen, vor allem aus Ägypten, herangezogen. Dabei ergibt sich, daß die Lade zwar kein Schrein ist, Kapporet mit Keruben aber nach Analogie ägyptischer Prozessionsschreine zu verstehen sind, wobei Form und Funktion der Keruben anzeigen, daß die Gottheit oder das, was sie vertritt, auf der Lade gedacht werden muß. Mythologisch geredet erscheint die Gottheit zwischen den Keruben (Ex 25,22; Num 7,89), was in die Sprache der Archäologie übersetzt heißt: Hier wird ein Bild oder sonst ein Ersatz der Gottheit aufgestellt, etwas, das in der Lade verborgen ist."[26] May dachte sogar an einen „miniature temple"[27]. Doch läßt sich, wie oben gezeigt wurde, keine einzige Quelle für eine solche Annahme finden. Für E. Meyer gehört diese Hypothese zu „den mir unbegreiflichsten

21 Budde, Bedeutung 193–197; vgl. ders., Lade Jahwes 489–507.
22 Schmitt, Zelt und Lade 110–131.
23 Vgl. z. B. Berlejung in Gertz, Grundinformation 258–260.
24 Vgl. z. B. Mowinckel, Jahwäkultus 258–260.
25 Gressmann, Geschichtsschreibung 20ff.; ders., Lade.
26 Schmitt, Zelt und Lade 108.
27 May, Ark 218ff.

Verirrungen der modernsten Kritik"[28] – das mag, vom späteren Bilderverbot her gesehen, zwar richtig sein, ist aber freilich etwas scharf formuliert.[29] Von ihrer vorgestellten Position im Salomonischen Tempel jedoch könnten die Autoren der entsprechenden Passagen in der Lade als solcher einen Ersatz für ein Kultbild gesehen haben. Die Frage, was sich in ihr befunden hat, bleibt davon aber unberührt.

Eine Elektrisiermaschine?

Schließlich sei noch eine wissenschaftsgeschichtliche Kuriosität erwähnt, die eine Antwort auf die Frage nach dem Inhalt der Lade zu geben versucht hat: Die Lade könnte eine Elektrisiermaschine (oder dergleichen) enhalten haben. Seit den ersten Ideen darüber, von denen W.M.L. DE WETTE berichtet hat,[30] sind die Stimmen dazu nie ganz verstummt. Der berühmte Physiker Nikola TESLA (1856–1943) schreibt in „The Fairy Tale of Electricity" von 1915: „To mention one, Moses was undoubtedly a practical and skillful electrician far in advance of his time. The Bible describes precisely and minutely arrangements constituting a machine in which electricity was generated by friction of air against silk curtains and stored in a box constructed like a condenser. It is very plausible to assume that the sons of Aaron were killed by a high tension discharge"[31].

Im Jahr 1999 wurde sogar versucht, den Beweis zu erbringen, daß eine Kiste aus Akazienholz, die mit Gold überzogen ist, einen Kondensator mit sehr hoher Kapazität darstellt (R. ANDREWS). Akazienholz ist ein guter Isolator, Gold bekanntlich ein sehr guter Leiter. „If the Israelites had set out to construct a primitive accumulator, they could hardly have picked a better design than the Ark."[32] Anschließende Tests von ANDREWS' Modell in einem Universitätslabor sollen bestätigt haben, daß die nachgebaute Lade elektrische Spannung aufnehmen und abgeben konnte. Elektrische Entladungen in Form von

---

28 MEYER, Geschichte 131 Anm. 1.

29 An keiner der angeführten Stellen, auch nicht der von GRESSMANN genannten, findet sich ein *positiver* Hinweis. Er müßte mit Verweis auf das Bilderverbot später getilgt worden sein – eine unbeweisbare Annahme.

30 Heidelberger Jahrbücher der Literatur 3, 1810, 1. Abt., 1. Bd., 174; Jenaische allgemeine Literatur-Zeitung 11, 1814, Bd. 2, Sp. 376, vgl. außerdem SMEND, de Wettes Arbeit 25 mit Anm. 96.

31 TESLA, N., The Fairy Tale of Electricity, Manufacturer's Report, September 9, 1915.

32 ANDREWS in Daily Mail, May 14th, 1999, 13.

Blitzen (vgl. Offb 11 – zwischen den Keruben?) könnten bei hoher Spannung auch verantwortlich für den Tod von Personen sein, die der Lade zu nahe kommen (2Sam 6: Ussa!)

Diese Theorie wurde bis zur Absurdität weitergeführt von dem (Para-) Wissenschaftler E. v. DÄNIKEN, der die Tragestangen sogar als Antennen interpretierte, mit denen Außerirdische mit Mose kommuniziert hätten.[33] Zur Seriosität solcher Hypothesen:

> „Die → Opfer wurden anschließend in ihren [sc. Nadab und Abihus, Vf.] Leibröcken davongetragen, was beweist, daß sie nicht vollständig durch Feuer verbrannten – auch wenn es den Israeliten so erschien – sondern durch einen elektrischen Schlag (→ Elektrizität) umkamen."
>
> „Erst der eingeweihte Eleasar konnte mit der Lade sachgerecht verfahren. Im Umgang mit ihr mußte Aaron besondere Kleidung (→ Overalls), auf der Stirn eine Art besonderen goldenen Blendenschutz und an den Gewändern kleine Glöckchen tragen. Wollten die Außerirdischen akustisch auf das Kommen Aarons vorbereitet sein?"[34]

Solcherlei „Theorien" muß man nicht kommentieren, schon allein deswegen, weil sie weit entfernt von den Intentionen der biblischen Schriftsteller sind und wegen aller Zusatzvoraussetzungen, die sie machen.

Bis in die heutige Zeit[35] vermag das Thema „Was befand sich in der Lade?" – entsprechend aufbereitet – die Menschen faszinieren. Daß dabei die Antworten aus dem 19. Jh. auch im 20. und 21. Jahrhundert noch attraktiv erscheinen, verwundert auf der einen Seite, auf der anderen zeigen sie, wie alle Antworten auf die Frage nach dem Inhalt der Lade, doch vor allem die Unwissenheit. Niemand kann wissen, ob überhaupt, und wenn ja, was sich einmal in der Lade befunden hat. Mit

---

33 Vgl. DOPATKA, Art. Bundeslade 48.

34 DOPATKA, Art, Bundeslade 48. Absurd, aber amüsant zu lesen: HANCOCK, F., The Sign and the Seal. The Quest for the Lost Ark of the Covenant, New York, NY 1992, der die Theorie einer radioaktiv strahlenden Lade mit einer Erklärung des Heiligen Grals (!) verbindet. Dagegen wirkt ein Buch wie das von D. BROWN (The Da Vinci Code, New York, NY 1984; dt. Ausgabe: Sakrileg, Bergisch Gladbach [33]2004) wie ein nüchterner Faktenbericht.

35 Vgl. nicht zuletzt den überaus erfolgreichen Hollywood-Streifen „Indiana Jones – Raiders of the Lost Ark" (in der deutschen Übersetzung bedauerlicherweise „Jäger des verlorenen Schatzes") aus dem Jahr 1981 mit Harrison FORD in der Titelrolle. Er vertritt darin im übrigen die (deuteronomistische) Theorie, daß sich die Tafeln mit den Geboten in der Lade befunden hätten und diese unter Pharao Sisak geraubt worden sei – dies ist eine auch in der Forschung beliebte Erklärung für das „Ladeschweigen" der Königebücher ab 1Kön 8 (im Anschluß an 1Kön 14,[25–]26: „Er [Sisak] nahm die Schätze des Hauses Jahwes..."). Freilich hat die Lade im Film noch manch andere überirdische Fähigkeit, die vom biblischen Material kaum gedeckt wird.

einem einfachen „*nescimus*" zu schließen, ist freilich nicht wirklich befriedigend, aber vielleicht doch ehrlich. Denn die ältesten Zeugnisse,
die wir besitzen, messen dem Inhalt der Lade keinerlei Bedeutung bei.
So mag man mit einiger Wahrscheinlichkeit davon ausgehen, daß sich
ihrer Meinung nach darin gar nichts befand, ja, gar nichts befinden
mußte. Denn, wie bereits J. BUXTORF im Jahre 1659 formuliert: „Ubi
Arca erat, ibi Deus erat."[36]

Die Geschichte der Forschung zeigt, daß die Ausleger genauso mit
der Frage gerungen haben wie bereits die Autoren der heiligen Schriften selbst. Zu einem endgültigen Ergebnis oder einem Konsens sind sie
dabei nicht gekommen – und konnten es wohl auch nicht. Die Quellen
sind in sich einfach zu vielfältig, um das erreichen zu können. Oftmals
spiegeln die Hypothesen vielmehr die Interessen der Autoren wider,
ihre theologischen und religionsgeschichtlichen Anschauungen, und
wohl immer überlagert von den äußeren Umständen und ihrer Zeit –
kaum erstaunlich nach der wirkungsträchtigen Untersuchung von
D. F. STRAUSS über das „Leben Jesu". So verorten die modernen Para-
oder Pseudowissenschaften ihre „Religion" in der Sphäre des Unbe-
kannten.[37]

Die Tatsache, daß bereits biblische Autoren je länger, desto mehr
darüber nachsinnen, was in der Lade gewesen sein könnte, mag als Argument dafür gelten, daß schon damals ein Inhalt unbekannt war. Be-
weiskraft für oder gegen eine These hat dieses Argument freilich nicht.
Aber diese historische Frage wird dem Anliegen der Autoren wohl
ohnehin kaum gerecht, ging es ihnen doch vielmehr um die *theologische* Frage, um die Relevanz für den Glauben Israels. Ins Bewußtsein
Israels ist die Lade eingegangen als Trägerin der göttlichen Präsenz in
der göttlichen *tôrāh* vom Sinai. Die Herrlichkeit Gottes, die sich auf
dem Sinai niederläßt, „materialisiert" sich gleichsam in der Tora Israels. Ist die direkte Anwesenheit in Form der Lade auch nicht mehr
gegeben, so bleibt die göttliche Gegenwart doch in Form des göttlichen Gesetzes erhalten. Gemessen an solchen Vorstellungen von der
Anwesenheit Gottes, die sich zu allen Zeiten und an allen Orten mit
der Lade und ihrem Inhalt verbanden, verblassen alle Antworten, die
auf eine historische Einordnung zielen, ohnehin. Diese Präsenz Gottes
war und ist bei weitem nicht an ein einfaches Objekt wie die Lade gebunden, sie erschöpft sich auch nicht in seinem Gesetz, sondern umfaßt wohl sogar unendlich mehr.

---

36 BUXTORF, Exercitationes 19, vgl. gut 270 Jahre später auch den vielzitierten Satz G.
    v. RADS: „Wo die Lade ist, da ist Jahwe." (Zelt und Lade 115).
37 Zu diesem Thema vgl. GRÜNSCHLOSS, Narrations.

11. Die Lade Jahwes im Alten Testament und in den Texten vom Toten Meer – Literar- und religionshistorische Aspekte

Aus der Untersuchung der Überlieferungen von der Lade Jahwes im Alten Testament und in den Texten vom Toten Meer hat sich als augenfälligstes Resultat ergeben, daß die Lade in erheblich größerem Maße ein Gegenstand der Literar- und vor allem Theologiegeschichte des Alten Testaments gewesen ist, als daß es sich bei ihr um einen Gegenstand der Religionsgeschichte des alten Israel handelt. Dieser Konsequenz soll nach einer kurzen Rekapitulation der literargeschichtlichen Ergebnisse dieser Arbeit ein letzter Ausblick gelten, der freilich schon aufgrund der thematischen Eingrenzung in vielem skizzenhaft bleiben muß. Doch zunächst zu den literarhistorischen Schlußfolgerungen.

11.1. Rückblick. Literarhistorische Aspekte

Den Beginn hatte Genesis 50,26 gemacht. Die dortige Erwähnung eines „Kastens" oder „Sargs" (ארון) kann nicht völlig losgelöst von der Bedeutung des Wortes als „Lade" verstanden werden, wie die Wirkungsgeschichte in Josua 24 𝔊 und bei den Masoreten zeigt (Kap. 1.1.). Auf diese Weise überbrückt die Lade den Einschnitt zwischen Väter- und Exoduserzählung bzw. zwischen den Büchern Genesis und Exodus–Josua (Kap. 1.2.) und umschließt damit einen hexateuchischen Erzählbogen. So ist die Bühne frei für die weiteren Geschicke der Lade in den Büchern Richter, Samuel und Könige (Kap. 1.3.).

Das nächste Mal taucht die Lade in der Sinaiperikope der Priesterschrift auf (Exodus 25–40). In deren ursprünglicher Gestalt (P^G; vgl. Kap. 2.1.) fand sie noch keine Erwähnung (Kap. 2.2.–2.3.), sondern sie gelangte erst sekundär ins Zentrum der Priesterschrift und damit auch des priesterschriftlichen Wüstenheiligtums, ehe dieses dann Gegenstand detaillierter gesetzlicher Bestimmungen wurde (Exodus 26–39). Wie die engen Bezüge zwischen Exodus 40 und 1. Könige 8 zeigen, ist die Hauptvoraussetzung dafür der Bericht von 1. Könige 8 gewesen, nach dem sich die Lade im Allerheiligsten des Salomonischen Tempels befunden habe (Kap. 2.3., vgl. Kap. 5.8.3.). Ihren ursprünglichen Ort im Kontext der Begegnung zwischen Jahwe und Mose nimmt, je länger, desto mehr, das nach Deuteronomium 10 und Exodus 25,16.21 in der Lade deponierte Gesetz (oder „Zeugnis", [*hā-*] *'edût*) ein (Exkurs nach Kap. 2.3.; vgl. Kap. 3.1.). Wahrscheinlich ist der Lade auch die Sühnplatte (*kapporæt*) erst nachträglich „zugewachsen" (Kap. 2.2.; Exkurs nach Kap. 2.3.). Letztere hat ihrerseits ihren Hauptauftritt beim Ritual des großen Versöhnungstags (*yôm hakkippurîm*, Kap. 2.4.), dessen Beschreibung sich in Levitikus 16 befindet. Ist die Lade einmal am Sinai angefertigt, begleitet sie Israel logischerweise auch auf seinem Weg in das gelobte Land. Ergänzungen zur Priesterschrift und zum Pentateuch von verschiedenen Händen legen davon ein beredtes Zeugnis ab (Numeri 3,11; 4,5; 7,89; 14,44; vgl. Kap. 2.5.). In diesen Zusammenhang sekundär oder nach-priesterschriftlicher Ergänzungen gehören auch die ehrwürdigen „Ladesprüche" in Numeri 10, deren hohes Alter sich als sehr zweifelhaft erwiesen hat. Bei ihrer redaktionellen Bildung standen vor allem Formulierungen älterer und jüngerer Psalmen Pate (Kap. 2.6.).

Es ist nicht verwunderlich, daß die Lade auch in die Rekapitulation der Wüstenereignisse durch Mose im Lande Moab, Deuteronomium 1–11, integriert wurde (Deuteronomium 10, Kap. 3.1.). Das geschah, wie sich zeigen ließ, in spätdeuteronomistischer und dennoch zugleich nachpriester(grund-)schriftlicher Zeit (Kap. 3.2.; vgl. auch den Exkurs nach Kap. 3.4.). Dem Interesse deuteronomistischer Theologie entspricht die Hochschätzung des Gesetzes , das hier in Form der steinernen Tafeln (*luḥot ᵃᵇānîm*) vielleicht erstmals seinen Ort in der Lade findet. Auch das „Buch des Gesetzes" (*sepær hattôrāh*) wird bei der nun sogenannten Lade des „Bundes" Jahwes (*ᵃʳôn bᵉrît-yhwh*) plaziert (Deuteronomium 31, Kap. 3.3.). Die mosaische Institution der Bundeslade wird also immer weiter und tiefer in der Heilsgeschichte verankert, wie zumal ihre Erwähnungen im Josuabuch zeigen (Josua 3–4.6.8, Josua 24 𝕲, Kap. 3.5.–3.6.). An all diesen Stellen erweisen sich die Erwähnungen der Lade als Ergänzungen älterer Entstehungsstadien der Erzählungen von der Landnahme. Die berühmten Erzählungen vom Durchzug durch den Jordan und der Eroberung Jerichos kamen einmal ganz ohne eine mitgeführte Lade aus. Ihre Ergänzer kennen hingegen bereits die späteren Geschicke der Lade, von denen die Bücher Samuel–Könige berichten, außerdem wenigstens zum Teil schon den Bericht über ihre Anfertigung in Deuteronomium 10 bzw. Exodus 25ff.

Im Richterbuch hingegen spielt die Lade kaum eine Rolle. Lediglich ein später, letzten Redaktionsstufen des Buches zuzurechnender Redaktor verschafft ihr einen kurzen Auftritt in Bethel (Richter 20,27, Kap. 4.). Dabei greift er neben den Ladeerzählungen des 1. Samuelbuchs auf die Vorstellung von einer besonderen Heiligkeit der Lade zurück, um auf diese Weise die Reinheit des Gottesvolkes sicherzustellen.

Die Bücher Samuel und Könige (Kap. 5.) bieten neben den Berichten vom Sinai das meiste Material über die Lade Jahwes – sicherlich nicht zufällig. Hier ist sie nicht nur Begleitumstand der Geschichtserzählung, sondern mitunter sogar ihr Hauptgegenstand. Zwei Schwerpunkte sind dabei auszumachen: Zunächst natürlich die Kapitel der von Leonhard Rost so genannten „Ladeerzählung" (1. Samuel 4–6; 2. Samuel 6; Kap. 5.2.–5.4.), dann aber auch der Bericht vom Bau und der Ausstattung des Salomonischen Tempels (1. Könige 6–8; Kap. 5.8.). In der ursprünglichen Erzählung von 1. Samuel 4 ist der mutmaßlich älteste Haftpunkt für die Überlieferung von der Lade Jahwes gegeben. Eine Tradition, möglicherweise aus der Königszeit, von einer Niederlage „Israels"[1] gegen „die Philister" (dazu vgl. den Exkurs nach Kap. 5.4.) erwähnte neben dem Tod des Priesters Eli (und seiner Söhne) aus Silo auch den Verlust eines in die Schlacht mitgeführten Gegenstandes, der den Beistand Gottes faßbar machen sollte – eines „Gotteskastens" (*ʾrôn* *ᵉlohîm*). Doch konnte dieser die Niederlage nicht verhindern und sorgte so schicksalhaft dafür, daß der Priester Eli und seine Söhne auf unglückliche Weise zu Tode kommen. Die Lade ging an die Philister verloren.

Ex nihilo nihil fit, oder, wie man in Berlin sagt: „Von nüscht kommt nüscht". Und so mag man hier denn auch einen historischen Kern finden – gerade die Erzählung vom Verlust eines derartigen Gegenstands macht die Geschehnisse historisch glaubwürdig. Noch einmal sei Mowinckel zitiert: Der „,geschichtliche Kern' besteht lediglich in dem Verlust der Lade. Freiwillig haben die Philister ein solches Palladium nicht ausgeliefert, und wenn David sie mit Gewalt zurückgenommen hätte, so hätte man davon sicher in den Quellen erzählt."[2] Die Lade mag also das Heiligtum oder Kriegspalladium einer Gruppe, eines „Stammes" oder „Clans" in Israel gewesen sein. Sie hat jedoch wahrscheinlich (noch) keineswegs gesamtisraelitische Bedeutung, sondern reprä-

---

1   Die Bezeichnungen „Israel" und „Philister" sind wohl der Nationalisierung einer möglicherweise älteren Tradition geschuldet. Sollte hier, was wahrscheinlich ist, nicht mehr das Nordreich, sondern die Union von Nord und Süd gemeint sein, wäre dies ein weiterer Anhaltspunkt für eine spätere Datierung der Grundschicht, vgl. dazu Kratz, Israel.

2   Mowinckel, Psalmenstudien II, 113 Anm. 1.

sentiert nicht mehr und nicht weniger als die Anwesenheit der Gottheit, auch im Krieg mit anderen Völkerschaften. Ob sich in dieser Lade etwas befunden hat, und wenn ja, was, läßt sich nicht mehr sagen (vgl. Kap. 10.). Daß in der Erzählung die Gegner Israels als „die Philister" bezeichnet werden, spricht dabei nicht *per se* für ein besonders hohes Alter der Überlieferung, sondern, bezieht man kompositionsgeschichtliche Überlegungen zu den Samuelbüchern mit ein, eher für eine „late-monarchic perspective" (s. o. den Exkurs nach Kap. 5.2.3.). Davon, daß es auch in der Königszeit solcherlei lokale kriegerische Ereignisse gab, zeugen auf ihre Weise auch die Heldenerzählungen des Richterbuchs, die einem ähnlichen Milieu entsprungen sein könnten.

An diesen Kristallisationskern 1. Samuel 4 lagern sich bald darauf größere Erweiterungen und Umdeutungen an: Die Lade soll einen sagenhaften Triumphzug durch die Städte der Philister vollführt haben (1. Samuel 5; vgl. Kap. 5.2.). Zunächst schemenhaft, im Verlauf der Überlieferung jedoch immer deutlicher sichtbar, werden Parallelen zur Exoduserzählung gezogen – nur daß hier nicht die Ägypter, sondern die Philister mit Plagen geschlagen werden. Man könnte die entstandene Erzählung geradezu als Auslegung von Exodus 15,14 verstehen:

$$\text{שָׁמְעוּ עַמִּים יִרְגָּזוּן חִיל אָחַז יֹשְׁבֵי פְּלָשֶׁת:} \quad {}^{14}\text{Ex 15,14}$$

Ex 15,14: „[14]Die Völker hörten es, sie erzitterten; Angst ergriff die Bewohner Philistäas."

Die Lade gewinnt an Bedeutung für ganz Israel und erweist in ihren Wirkungen die Macht seines Gottes *Jahwe*. Bereits hier dürfte jedoch der Boden des historisch Faßbaren verlassen sein, die Geschichte der Lade entsprechend in die Geschichte der Theologie Israels übergehen. Es ist nur folgerichtig, daß ausgerechnet David diese Lade nach seiner Eroberung des philistäischen Gebiets nach Jerusalem holt (2. Samuel 6, Kap. 5.4.). Wenn man so will, beendet David damit das Exil der Lade – auch bei dieser Tat, deren helles Licht auf David scheint, liegt der Hauptton wieder auf der theologischen und weniger auf der (religions-) historischen Bedeutung der Vorgänge. Die Katastrophenerfahrung des babylonischen Exils wird einmal ihren Niederschlag darin finden, daß damit die „Herrlichkeit Jahwes" in die *gôlāh* gegangen sei (1. Samuel 4,19–22: *gālāh kābôd miyyiśrā'el*). Ganz wie im Buch Ezechiel verläßt die Herrlichkeit Jahwes, in der Lade gegenwärtig, das verheißene Land – und kehrt eines Tages wieder zurück. Die Lade symbolisiert dabei die Präsenz Gottes, ganz so, wie es in der ursprünglichen Erzählung von 1. Samuel 4 wohl einmal zu verstehen war, und wie es sich in den Ergänzungen immer mehr herauskristallisiert hatte. Doch ist sie inzwischen längst vom Palladium einer lokalen Gruppe zu einer gesamtisraelitischen Größe geworden. Hier geht nicht *irgendein* Kultgegenstand in die Gefangenschaft, sondern in gewisser Weise verläßt Jahwe selbst sein Volk. Daß er sich auch in seiner Abwesenheit als machtvoll erweist, zeigen die späterhin ergänzten wunderhaften Erzählungen von 1. Samuel 6 und, in spätester Zeit, die Dagon-Episode 1. Samuel 5,2–5 (vgl. Kap. 5.2.2.–5.2.3.).

In ihrer Funktion als das Objekt, das die Anwesenheit Jahwes repräsentieren kann, fällt der Lade damit in nachdeuteronomischer Zeit eine Rolle zu, die wohl kein anderer Gegenstand aus der Geschichte Israels hätte einnehmen können: Daß sie als „Kasten" anikonisch ist, macht sie zu einem idealen Ersatz für ein Gottesbild, das es aufgrund des Bilderverbotes im Ersten Tempel nicht gegeben haben konnte (1. Könige 8, vgl. Kap. 5.8.3.) und im Zweiten Tempel nicht gegeben hat. Die Funktionen eines Bildes hingegen kann die Lade einnehmen.

> Daß sich darin nicht einfach die religionsgeschichtlichen Verhältnisse der vorexilischen Zeit unmittelbar widerspiegeln dürfte, ist eigentlich selbstverständlich, kann aber nicht genug betont werden. Die Fiktion einer Jahwelade im Tempel zu Jerusalem dürfte vielmehr im Umfeld spätdeuteronomistischer und priesterschriftlicher Konzeptionen beheimatet sein (Kap. 2.2. und 2.3.). Insbesondere die Priesterschrift stellt daher einerseits „eine gewaltige Rückprojektion dar, in der der jetzige Zustand in das sinait. Gewand gehüllt wird", doch dürfte dieser andererseits „in manchem wohl auch ein gewünschter Zustand" sein, „P dürfte auch Zukunftsprogramm sein."[3] Bereits die einfache Tatsache, daß die (im Zweiten Tempel ja nicht vorhandene) Lade im Wüstenheiligtum einen so zentralen Platz erhält, mag hier als mehr oder minder unbestrittenes Beispiel dafür dienen, daß das Heiligtum von Exodus 25ff. nicht einfach ein „Abbild" des Zweiten Tempels darstellen kann.

Im Heiligtum erhält die Lade den ihr zugedachen Platz. Und so kann, nein muß es auch bereits David sein, der sich um sie kümmert (2. Samuel 6 [f.], vgl. Kap. 5.4.; später auch anderswo in den Samuel- und Königsbüchern, vgl. Kap. 5.3. und 5.5.–5.7.) und die Lade nach Jerusalem einholt. Zwar wird erst Salomo den Bau des Tempels ausführen, die von seinem Vater David eingeholte Lade jedoch macht den neuen Tempel erst „funktionsfähig". Wie die Herrlichkeit Gottes in den Tempel Salomos einzieht, zieht sie auch in die Wohnung der Priestergrundschrift ein. Sieht man im Salomonischen Tempel die Konzeptionen von Lade und Keruben, auf denen die Gottheit thront, noch nebeneinanderstehen, wenn nicht gar konkurrieren, so ist dies in der Anlage des priesterschriftlichen Wüstenheiligtums Exodus 25–40 nicht mehr der Fall.

Ist damit die Lade einmal in den Tempel „gebracht" – und vielleicht auch schon an den Sinai gelangt (Kap. 3.1.–3.2.), so liegt es nahe,

---

3 Smend, Entstehung 57f.

daß spätdeuteronomistische Theologen den Bericht auch über den Bau der Lade an den Anfang ihrer Rekapitulation der Geschichte Israels im Buch Deuteronomium aufnehmen. Für diese Theologen ist das Gesetz das entscheidende Zeichen des Bundes, den Gott am Horeb (resp. Sinai) mit Israel geschlossen hat. Dieses Gesetz, gedacht ist wohl an die Gebote des Dekalogs im vorderen Deuteronomiumsrahmen, wird im weiteren Verlauf ergänzt um das Gesetz*buch*, das den Tafeln zur Seite gestellt wird (Kap. 3.3.). Den dafür verantwortlichen schriftgelehrten Ergänzern ist es eigen, die Gotteserkenntnis in der *tôrāh*-Erkenntnis zu sehen. Gott ist in der Schrift, der *tôrāh*, gegenwärtig, weniger in einer Wolke oder einer unfaßbaren „Herrlichkeit": Wer Gottes Willen erkennen will, muß im Gesetz forschen und es auslegen. Vom Deuteronomium aus wirkt dieser Gedanke, der Priesterschrift eigentlich fremd, auf sie zurück und ergänzt dort die Vorstellung der Möglichkeit der direkten Gottesbegegnung im Heiligtum. Von da ab verliert die Lade für die Priesterschrift ihre numinose Bedeutung. Diese geht in den priesterlichen Kreisen, die an der immer weiteren Auslegung ihrer Schriften beteiligt sind, auf die *kapporæt* über (Kap. 2.4.). Sukzessive werden also die Vorstellungen von Lade und Kerubenthron zur *kapporæt*, deren Trägerin die Lade jetzt nur noch ist, verschmolzen. Die Heiligkeit, die dieser *kapporæt* eignet, gibt ihr eine ähnliche Qualität wie sie ursprünglich die Lade besessen hatte: *Dort* ist nun Jahwe anwesend und kann die Sünden des Volkes sühnen, wie es im Zentrum der späten priesterlichen Theologie steht und sich am großen Versöhnungstag zeigt.

Die Bundeslade ist damit verbindendes Element zwischen Gründungszeit Israels und seiner späteren Geschichte. Bei keinem wichtigen Ereignis darf sie fehlen: Weder beim Aufbruch vom Sinai (Kap. 2.6.), beim Durchzug durch den Jordan ins Gelobte Land (Kap. 3.5.1.), noch bei der Eroberung des Landes (Kap. 3.5.2.–3.5.4.), und von hier aus auch an verschiedenen anderen Stellen. Sie kann aufgrund ihrer Repräsentationsfunktion Verstöße gegen das Zentralisationsgebot nachträglich legitimieren (vgl. etwa 1. Könige 3 und dazu Kap. 5.7.) und stellt mehr und mehr tatsächlich einen Vorboten des Tempels dar – wenn man so will, ein transportables Zentralheiligtum.

Die Prophetie hingegen zeigt für die Lade Jahwes *de facto* kein Interesse, weder die vor- noch die nachexilische. Doch das Schweigen der Propheten ist beredt: Vorexilisch gab es im offiziellen Jerusalemer Kult wahrscheinlich keine Lade, und auch im Zweiten Tempel hat sie wohl nicht gestanden. Lediglich in den idealen Konzeptionen der Frühzeit, die sich in der alttestamentlichen Theologiegeschichte der nachexilischen Zeit widerspiegeln, wurde ihr ihr Ort zugewiesen, und so bedient sich auch nur ein später Ergänzer des Jeremiabuchs (Jeremia 3,16; Kap. 6.) der Lade, um wiederum ein Idealbild zu zeichnen, diesmal aber das des eschatologischen Jerusalem, das der Lade als Zwischeninstanz aufgrund eines unmittelbaren Gottesverhältnisses nicht mehr bedarf.

Auch im Psalter spielt die Lade praktisch keine Rolle. Das ist vor allem dann erstaunlich, wenn man sie für einen historisch greifbaren Kultgegenstand aus vorexilischer Zeit hält, der sich im Tempel zu Jerusalem befunden habe. Von dieser Vorstellung zeugen auf ihre je eigene Weise die zahlreichen Versuche, verschiedene Psalmen mit der Lade in Verbindung zu bringen, die sie jedoch – mit einer Ausnahme – niemals erwähnen. Überzeugend ist es denn auch niemals gelungen, der Lade eine Rolle im vorexilischen Kult schlüssig nachzuweisen. Auch die Verbindung von Lade und angeblich altehrwürdigen Gottestiteln (Kap. 5.9.1.–5.9.2.) hilft nicht weiter: Erst in spätnachexilischer, gerade noch vorchronistischer Zeit hält die Lade Jahwes Einzug in die Gebete des Psalters: Psalm 132 (Kap. 7.) zeugt vom engen Ineinander von David- und Zionbund in dieser späten Zeit. Dabei gibt der Psalm in poetischer Form das wieder, was ihm in 2. Samuel 6–7 erzählerisch vorliegt.

Der Weg von hier bis in die Bücher der Chronik ist kurz. Dort steht die Lade im Dienst des *rite* vollzogenen Gottesdienstes am ersten Tempel (Kap. 8.). Das in leuchtenden Farben gemalte makellose Davidbild beinhaltet mehr und mehr auch das Motiv, daß der König sich vorbildlich um die für den Kult so wichtige Bundeslade kümmert. Die Bedeutung der Lade selbst ist dabei, wie sich an den Abänderungen der Vorlage und aus dem Sondergut der Chronik erheben läßt, eine relative, aus den Darstellungsinteressen des Chronisten und seiner Nachfolger lediglich abgeleitete. Am Rande läßt sich lediglich verfolgen, daß die Lade im Laufe der innerchronistischen Wachstumsgeschichte an Heiligkeit zunimmt: Die Leviten, denen das besondere Interesse der Chronikbücher gilt, nehmen dabei den Dienst an der Lade wahr. Aufgrund ihrer Funktion als Kultrequisit am Davidisch-Salomonischen Heiligtum kann die Lade in den späteren Zusätzen sogar einmal als „heilige Lade" bezeichnet werden (2. Chronik 35,3).

Ist damit das innerbiblische Bild in groben Umrissen skizziert, läßt sich in den Schriften der Gemeinschaft von Qumran weithin kein außergewöhnliches Interesse an der Lade feststellen. Die wenigen Erwähnungen bewegen sich völlig im Rahmen der traditionellen Vorgaben (Kap. 9.1.). Nur die sogenannte Damaskusschrift macht eine

Ausnahme: Die Lade als Ort der darin verborgenen *tôrāh* ist dort (im Gefälle einer nachträglichen Fortschreibung) Teil einer Entschuldigung, ja „Ehrenrettung" Davids angesichts des „Falles Uria" (CD V,2ff.; Kap. 9.2.). Konsequent werden die Linien, die die biblische Tradition über die Lade vorgibt, weiter ausgezogen, so daß bei aller Kontinuität etwa der Vorstellung von der Lade als Behälter des Gesetzes dennoch eine neue schöpferische Kraft in der Auslegung des biblischen Zeugnisses sichtbar wird. Anhand der Lade wird ein Aspekt des Gesetzesverständnisses der Gemeinschaft von Qumran in Davidische Zeit vorabgebildet: Die Dialektik von verborgenem und offenbarem Willen Gottes, die Offenbarmachung der in den Schriften des mosaischen Gesetzes verborgenen *tôrāh*, die nur innerhalb der Gemeinschaft von Qumran möglich ist, hat hier eine strukturelle Parallele. Spätere, etwa der Lehrer der Gerechtigkeit, können das Verborgene ans Licht holen und offenbar machen, was sich implizit schon immer in den Schriften befunden hatte. Die Lade bewegt sich, je weiter ihre Interpretation in den alttestamentlichen und nachalttestamentlichen Schriften voranschreitet, mehr und mehr in Richtung des Toraschreins des Judentums der Synagoge.

Was sich hingegen historisch in der Lade verborgen haben könnte, muß leider im Dunkeln bleiben (Kap. 10.). Keine der zahlreichen biblischen und bibelwissenschaftlichen Antworten ist ausreichend beweiskräftig. Wie die Theorien zum Inhalt der Lade vom Neuen Testament bis ins 20. Jahrhundert zeigen, war von Anbeginn offen, was sich in der Lade befunden hatte – seien es heilige Steine, sei sie gänzlich leer gewesen. Diese beiden sind bei allen Unwägbarkeiten vielleicht die wahrscheinlichsten Antworten auf die Frage.

11.2. Ausblick. Religionshistorische Aspekte

In einem letzten Ausblick sollen die religionsgeschichtlichen Konsequenzen des literarischen Befundes kurz angerissen werden. Wie sich die Verhältnisse im Ersten Jerusalemer Tempel aus (religions-) historischer Sicht darstellen, wurde bereits kurz angedeutet (Kap. 5.8. und 5.9.). Die Zeugnisse sind nicht eben üppig, wenngleich als vermeintlich direkter Beleg der Tempelbaubericht 1. Könige 6 (–8) vorliegt. Doch ist davon auszugehen, daß es sich selbst bei den dort verwendeten Quellen nicht um einen Bauplan aus salomonischer Zeit handelt, sondern um „Berichte von Arbeiten, die den bereits abgeschlossenen Bau des Tempels [...] zu ihrer Voraussetzung haben. Das kann seinen Grund nur darin haben, daß es einen zusammenhängenden Bericht über Salomos Tempelbau [...] nicht oder nicht mehr gab."[4] Was es hingegen ganz sicher gab, war ein lebhaftes Interesse, den von einem frühestens deuteronomistischen Verfasser stammenden Bericht durch Ergänzungen zu aktualisieren und in manchem wohl auch zu idealisieren.[5] Selbst in seinen zu rekonstruierenden Vorstufen spiegelt der Text wohl am ehesten einen „Jerusalemer Kultraum des ausgehenden 8. Jh.s"[6] wider. Dafür spricht nicht zuletzt der Kerubenthron (1. Könige 6,23–28), auf dessen Bedeutung JANOWSKI so dezidiert aufmerksam gemacht hat. Denn vor der Eisenzeit II C scheint es im syrisch-palästinischen Raum keine Belege dafür zu geben – erst ab dem 7. Jh. v. Chr. wurden Götter und Göttinnen auf Kerubenthronen sitzend dargestellt oder durch leere Kerubenthrone repräsentiert,[7] so daß damit einstweilen der *terminus post quem* für den „Kerubenthroner" Jahwe feststehen dürfte. Die Beobachtungen JANOWSKIS dürften also, vorsichtig gesprochen, frühestens für das Ende des 8. Jh.s zutreffen.[8] Eine (historische) Verbringung der Lade in den Tempel unter den Kerubenthron, wie in der ältesten Fassung von 1. Könige 8 vorausgesetzt, wäre ebenfalls erst in dieser Zeit möglich – aber kaum schon unter Salomo. Und selbst in dieser späteren Zeit wäre eine Kombination aus Lade und Kerubenthron eher unwahrscheinlich (s. o. Kap. 5.8.3. und den Exkurs 5.9.2.). Der literarische Befund läßt sich demnach gut mit dem religionsgeschichtlichen vereinbaren. War der Salomonische Tempel dann etwa leer?

In neuester Zeit hat in dieser Sache vor allem H. NIEHR die Aufmerksamkeit auf verschiedene Indizien gelenkt, die auf ein Kultbild Jahwes im Ersten Tempel hinweisen könnten.[9] Dazu hat jüngst KÖKKERT das bisher vielleicht stärkste Argument geliefert, und zwar anhand von Deuteronomium 4. Er resümiert: „Ohne ein Kultbild im Jerusalemer Tempel würde die in Dtn 4 mit großem argumentativem Aufwand vorgetragene Erklärung [*scil.* des Exils, Vf.] ins Leere lau-

4   RUPPRECHT, Nachrichten 51f.; vgl. DERS., Tempel. Vgl.. auch o. Kap. 5.8.

5   Vgl. WÜRTHWEIN, Könige 57–59.89–91 und detailliert a. a. O. 59–89.

6   KNAUF, Rez. zu ZWICKEL, Tempel 160.

7   KEEL, Geschichte 299.

8   Es ist in der Tat auffällig, wenngleich wenig beweiskräftig, daß in Jes 6 die Keruben nicht erwähnt werden. (Vgl. KEEL, Geschichte 301).

9   Vgl. NIEHR, Search und DERS., Götterbilder. HOSSFELD (Werden, 11ff.) spricht in bezug auf die genannten Wendungen („Jahwes Angesicht schauen", „Brote des Angesichts", usw.) jedoch von Anspielungen und metaphorischer Verwendung der Formeln. Vgl. dagegen außerdem KEEL, Warum. Ausgewogen die Darstellung bei PETRY, Entgrenzung 68–71; zur Bildlosigkeit der Jahweverehrung vgl. a. a. O. 62–68.

fen"[10]. Ein Kultbild ist nun aber unstrittig „die reale Repräsentation des unsichtbaren Gottes. Die ist es freilich nur, sofern sich die Gottheit mit ihrem Bild verbindet."[11] Dürfte angenommen werden, daß im Salomonischen Tempel ein Kultbild Jahwes gestanden hätte, ergäbe sich daraus freilich eine noch weit größere Problematik für das Einstellen der Lade, als wenn allein die Keruben das Allerheiligste füllten. Denn auch die Lade ist ja, läßt man die gern als „deuteronomistisch" etikettierten Aussagen zu ihrem Inhalt, den Gesetzestafeln, einmal beiseite, zu allen Zeiten wenigstens *auch* eine „Repräsentation des unsichtbaren Gottes" gewesen. *Zwei* solcher Repräsentationen für *einen* Gott muten dem Haus Jahwes in Jerusalem aber wohl doch ein wenig zuviel zu. Denkbar ist eine derartige Konzeption erst in einer Zeit, in der *das Bilderverbot bereits vorausgesetzt ist.* Jetzt kann die Lade im Tempel – statt der inzwischen aus theologischen Gründen unmöglich gewordenen Repräsentation im Kultbild – als Symbol für den unsichtbar auf den Keruben thronenden Jahwe verstanden werden. *Vor* der Entwicklung dieses ideologischen Programms, das seinen Ursprung vielleicht in der Frage nach der künftigen kultischen Realisation der Gegenwart Jahwes im Zweiten Tempel hätte[12] wären ein „leerer", d.h. kultbildloser Tempel oder auch die Lade als dortige bildlose Repräsentation Jahwes schwer wahrscheinlich zu machen. Sowohl aus literar- als auch aus religionsgeschichtlichen Gründen verbietet sich also eine Datierung der Lade im Tempel in die frühe Königszeit.

Man braucht nach alledem auch nicht zu vermuten, daß es sich bei der Lade um ein Kultgerät des *Zweiten* Tempels handelt. Dessen Allerheiligstes war wahrscheinlich leer.[13] Das Hauptzeugnis dafür ist Jos Bell V 219 (vgl. auch Jos Ant III 123.125):

---

10 Köckert, Entstehung 281. Wie er selber bemerkt, ist damit ein „hartes Argument" für ein Kultbild gefunden (ebd.). Die Literarkritik Köckerts ist vollauf überzeugend, vgl. zu Dtn 4 daneben auch Veijola, Deuteronomium 93–118. Diejenigen, die in Dtn 4 die „literarische Einheit eines Autors" (Otto, Deuteronomium im Pentateuch 164) sehen (so etwa Braulik, Mittel viif., Otto, a.a.O. 156–164, neuerdings auch Petry, Entgrenzung 72ff.), unterliegen hingegen dem Verdacht, angesichts der Komplexität des Textes zu kapitulieren und das literarkritische Methodenspektrum allzu früh über Bord zu werfen (vgl. andererseits die literarkritischen Operationen etwa von Otto an der Kundschaftergeschichte Num 13f. [a.a.O. 26–62] oder in der sonst an vielen Stellen überzeugenden Arbeit von Petry an Jes 40–66 [a.a.O. 105ff.141ff.188ff. 239f.]).

11 Köckert, Entstehung 285.

12 Vgl. Köckert, Entstehung 288.

13 Vgl. auch Busink, Tempel 1174–1178, skeptisch Keel, Geschichte 1034.

JosBell V 219: [...] ἔκειτο δὲ οὐδὲν ὅλως ἐν αὐτῷ ἄβατον δὲ καὶ ἄχραντον καὶ ἀθέατον ἦν πᾶσιν ἁγίου δὲ ἅγιον ἐκαλεῖτο [...]

JosBell V 219: „[...] darin befand sich überhaupt nichts. Niemand durfte [den innersten Raum] betreten, niemand ihn berühren oder einen Blick hineinwerfen. Er hieß ‚Allerheiligstes' [...]".

Jedenfalls für die Lade wird diese Darstellung des Josephus in gewisser Weise durch mJoma V,2 bestätigt.[14] Dort heißt es:

[...] משנטל הארון אבן היתה שם [...] mJoma V,2

mJoma V,2: „[...] Nach der Fortführung der Lade war ein Stein dort [...]".[15]

Und was bei der Plünderung des Tempels durch Antiochos IV. *Epiphanes* im Jahre 169 v.Chr. alles entfernt wurde, geht aus 1.Makkabäer 1,21–24 hervor:

1Makk 1,21–24: [21] καὶ εἰσῆλθεν εἰς τὸ ἁγίασμα ἐν ὑπερηφανίᾳ καὶ ἔλαβεν τὸ θυσιαστήριον τὸ χρυσοῦν καὶ τὴν λυχνίαν τοῦ φωτὸς καὶ πάντα τὰ σκεύη αὐτῆς [22] καὶ τὴν τράπεζαν τῆς προθέσεως καὶ τὰ σπονδεῖα καὶ τὰς φιάλας καὶ τὰς θυΐσκας τὰς χρυσᾶς καὶ τὸ καταπέτασμα καὶ τοὺς στεφάνους καὶ τὸν κόσμον τὸν χρυσοῦν τὸν κατὰ πρόσωπον τοῦ ναοῦ καὶ ἐλέπισεν πάντα [23] καὶ ἔλαβεν τὸ ἀργύριον καὶ τὸ χρυσίον καὶ τὰ σκεύη τὰ ἐπιθυμητὰ καὶ ἔλαβεν τοὺς θησαυροὺς τοὺς ἀποκρύφους οὓς εὗρεν [24] καὶ λαβὼν πάντα ἀπῆλθεν εἰς τὴν γῆν αὐτοῦ [...]

1Makk 1,21–24: „[21] In Übermut drang er in das Heiligtum ein und nahm den goldenen Räucheraltar und den Leuchter samt allen seinen Geräten weg, [22] den Tisch für die Schaubrote, die Trankopfergefäße und die Opferschalen, die goldenen Räuchergefäße, den Vorhang, die Kränze und die goldene Verzierung an der Vorderseite des Tempels – alles riß er ab. [23] Er nahm das Silber und das Gold sowie die kostbaren Geräte, er nahm die verborgenen Schätze, die er (auch) fand. [24] Nachdem er alles an sich genommen hatte, zog er in sein Land zurück. [...]"[16]

Nirgends ist die Rede von der Lade.[17] Und auch auf dem Beuterelief des Titusbogens ist sie nicht dargestellt.[18] Spätere rabbinische Tradition

---

14 Vgl. zur Sache außerdem Davies, Presence.

15 Text: Meinhold, Joma 52f.; zum Vergleich mit Lev 16 s.a.a.O. 1–13.14–19.

16 Die Übersetzung nach Schunck, 1. Makkabäerbuch 300

17 Erstaunlich ist auch der Befund in der syrischen Baruch-Apokalypse ApkBar 6,7 (zwischen 100 und 130 n.Chr.; vgl. Klijn, Baruch-Apokalypse 114), wo Vorhang, Ephod, *kapporæt*, die zwei Tafeln, das Priesterkleid, Räucheraltar, die Edelsteine des Priesters und die heiligen Geräte aus Ex 25ff. und Dtn 10 zusammengesammelt werden. Ist die Bedeutung der Lade so sehr hinter die der *kapporæt* zurückgetreten? Oder wird hier das ganze Allerheiligste als Lade verstanden? – Mehr über den Verbleib der Lade weiß noch 1Esdr 1,51: καὶ πάντα τὰ ἱερὰ σκεύη τοῦ κυρίου τὰ μεγάλα καὶ τὰ μικρὰ καὶ τὰς κιβωτοὺς τοῦ κυρίου καὶ τὰς βασιλικὰς ἀποθήκας ἀναλαβόντες ἀπήνεγκαν εἰς Βαβυλῶνα. Man hat sie also wohl im Zweiten Tempel nicht gefunden.

weiß ebenfalls um den Unterschied zwischen Erstem und Zweitem Tempel:

bJoma 21b חמשה דברים שהיו בין מקדש ראשון למקדש שני ואלו הן ארון וכפורת
וכרובים אש ושכינה ורוח הקודש ואורים ותומים

bJoma 21b: „In fünf Punkten unterschied sich der Erste Tempel vom Zweiten. Und diese waren: die Lade und die *kapporæt* und die Keruben, das Feuer und die *škināh* und der heilige Geist und die Urim und Thummim" (vgl. auch 52b und 54a).

Die *kappoæt* hat also vielleicht niemals „real existiert"[19]. Es bleiben für die Ausstattung des Zweiten Tempels Leuchter, Schaubrottisch und Räucheraltar[20] Was darüber hinausgeht, ist im Wesentlichen wohl priesterliche und schriftgelehrte Fiktion.

Um so dringlicher wird deshalb die Frage, warum die Lade gerade für die Theologen der Zeit des Zweiten Tempels (etwa in der Priesterschrift und den Chronikbüchern) eine so große Bedeutung gewinnen konnte – eine Frage, die sich übrigens auch an die meisten bisherigen Hypothesen zur Geschichte der Lade stellen läßt. Zwei Aspekte scheinen hier leitend gewesen zu sein. Zum einen stellte sich, je mehr die Geschichte Israels zur Heilsgeschichte oder gar zur „Geschichte des Kultus" wurde, die Frage, wie man sich legitimen Kult in der Zeit vor dem Tempelbau vorstellen konnte. Einzig ein transportabler Gegenstand konnte einen zentralen Kult ohne zentralen Kultort gewährleisten. Einen solchen Gegenstand, der überdies von alters her mit der Gottheit verbunden war, stellte die Lade dar. So konnte sie Gottes Anwesenheit bei seinem Volk bis hin zur Einnahme des gelobten Landes symbolisieren. Ans Ende dieser Wanderung gehörte dann konsequenterweise ihre Verbringung in den Tempel nach Jerusalem. „Die Lade markiert gewissermaßen den Weg Jahwes nach Jerusalem, in den Tempel"[21], resümiert WELTEN zum Ladebild der Chronik. Diese Ver-

---

18 S. PFANNER, Titusbogen 71ff. Der Bogen ist etwa zum Beginn der Regierungszeit Domitians (81 n.Chr.) entstanden (a.a.O. 91f.). Auf dem Beuterelief finden sich Schaubrottisch, Becher für das Weihrauchopfer (vgl. Jos Ant III 143), Posaunen und Menora. Nun kündigt freilich noch ein Ministrant (Nr. 20) das Gesetz an (PFANNER, a.a.O. 73.74), es ist auf dem Relief jedoch nicht mehr abgebildet. Aller Wahrscheinlichkeit nach handelt es sich dabei aber um einen Thoraschrein (vgl. a.a.O. 73 mit Anm. 208 und Jos Bell VII 147ff.). Die Darstellung geht ohnehin auf „feste Schemata zurück" (a.a.O. 75).

19 KEEL, Geschichte 1033.

20 Vgl. o. 1Makk 1,21f., außerdem 1Makk 4,49; Jos Bell V 216.219; mSheq V,1–2. sowie KEEL, Geschichte 1031–33. Dazu, daß Jer 3,19 nicht gegen die Bundeslade „polemisiert" (jedenfalls nicht in dem von KEEL gemeinten Sinn), vgl. o. Kap. 6.

21 WELTEN, Lade 182.

hältnisse setzt die spätere priesterschriftliche Theologie mit dem Entwurf des Allerheiligsten ihres Zeltheiligtums voraus – und schafft damit Idealbild und Rückprojektion in einem. Zum anderen ist die Lade – im Tempel wie im Wüstenheiligtum –aber noch mehr: Sie dient im Anschluß an die Frage nach der Art der Gottesgegenwart im Zweiten Tempel (vgl. Deuteronomium 4) in der (zumindest der Theorie nach) „bildlosen" Zeit gewissermaßen als „Ersatz" für ein Kultbild. Entzündet sich die Diskussion also in dieser Situation, erklärt sich auch, warum vor allem die späte Zeit solch ein Interesse an der Lade entwickelt: Es geht „um die Präsenz Gottes im Gottesdienst, im Tempel in Jerusalem"[22]. In der Fiktion des idealen Kultes der Frühzeit (im Tempel, aber auch vor dem Tempelbau) ist und bleibt die Lade das sinnenfällige Zeichen der Anwesenheit Gottes – in der Heilsgeschichte bewährt und von David an den für sie einzig denkbaren Ort gebracht.

> Daß sich im Umgang mit der Lade Züge finden, die ins Umfeld von Kultstatuen, ihrer Verschleppung und ihrer Rückführung gehören, zeigt sich nicht nur an der ihrer Aufstellung im Allerheiligsten des Tempels, sondern auch etwa im Bericht ihrer Verbringung nach Jerusalem in 2. Samuel 6, wie etwa P. D. MILLER und J. J. M. ROBERTS[23] anhand von babylonischen oder – mit Betonung des Motivs der „divine warrior's rise to supremacy" – C. L. SEOW[24] anhand von ugaritischen Parallelen schlüssig nachgewiesen haben. Für die Autoren der zugehörigen Berichte waren diese Züge entsprechend lebendig und führten, je weiter sie ausgeführt wurden, letztlich zu den verschiedenen konstruierten kultischen Begehungen der Forschungsgeschichte.

Wenn dies aber zutrifft, dann braucht man auch in der hier wahrscheinlich gemachten „Ladelosigkeit" des Ersten Tempels kein Überschießen der historischen Kritik oder dergleichen anzunehmen – denn die Fiktion der *nach*exilischen Theologen spiegelte sich natürlich auch in *vor*exilischer Zeit wider. Letztlich ordnet sich die in diesen späten Schichten entstandene Konzeption eines (Ersten) Tempels in die Reihe anderer Versuche ein, das Verhältnis von Gott und seiner Gegenwart in seinem Heiligtum zu denken und zu beschreiben, wie sie sich etwa im Tempeldienst der Chronik, bei Ezechiel (Kap. 40–48), aber auch in der Tempelrolle aus Qumran (11QT) finden – auch in diesen Baubeschreibungen wird man nicht Detail für Detail nach dahinterstehenden historisch verifizierbaren Bauwerken suchen, sondern eher nach der

---

22   Ebd.
23   MILLER / ROBERTS, Hand 13f.79–82 (im Anschluß an DELCOR, Jahweh), vgl. auch McCARTER, Dedication und SCHICKLBERGER, Ladeerzählungen 181–186, der allerdings nur Parallelen zur Verschleppung von Statuen für vergleichbar hält.
24   SEOW, Myth 140, vgl. auch a. a. O. 201 zu Ps 132 („comparable to the return of the divine statues".

dahinterstehenden Theologie der Verfasser fragen. Die Gottespräsenz in der Lade hat ihr schließlich den Weg auch ins Neue Testament, genauer: ins Neue Jerusalem, geebnet (Offenbarung 11,19).

Bis es aber soweit ist, daß man einmal „nicht mehr sagen" wird: „die Lade Jahwes", sondern man Jerusalem den „Thron Jahwes" nennen wird (Jeremia 3,16), wird vielleicht noch einige Zeit vergehen. Bis dahin mögen wir uns als Christen bei der Frage, was uns Heutigen die Lade noch soll, vielleicht mit einem Hinweis begnügen, den einst Christoph STARKE gegeben hat, und der zu guter Letzt angeführt sei:

> „Christen müssen das Gesetz Gottes nicht blos im Gehirn haben, sondern in der Lade des Herzens wohl bewahren." [25]

---

25 STARKE, Synopsis 348 in der „Nutzanw." zu Dtn 10,1–5. Vgl. F.W.J. SCHROEDER, Deuteronomium 105.

Abkürzungen und Literaturverzeichnis

Die Abkürzungen in der vorliegenden Arbeit erfolgen nach: Redaktion der RGG⁴ (Hg.), Abkürzungen Theologie und Religionswissenschaft nach RGG⁴, UTB 2868, Tübingen 2007. Bei Bibelstellen wurde der Modus der RGG⁴ eingehalten (vgl. ebd. 1ff.). Darin nicht enthaltene Abkürzungen entsprechen IATG². Darüber hinaus werden verwendet:

NIB: Keck, L.E., u.a. (Hgg.), The New Interpreter's Bible, 12 Bde., Nashville 1994 (Bd.I), 1995 (Bd.VIII), 1996 (Bde.IV, VII, IX), 1997 (Bd.V), 1998 (Bde.II, XII), 1999 (Bd.III), 2000 (Bd.XI), 2001 (Bd.VI), 2002 (Bd.X)
AHL: The Academy of the Hebrew Language, The Historical Dictionary of the Hebrew Language: Materials for the Dictionary. Series I. 200 B.C.E. – 300 C.E., Jerusalem 1988

A. Quellen und Übersetzungen

Attridge, H., u.a., in consultation with VanderKam, J.C., Qumran Cave 4. VIII. Parabiblical Texts. Part 1, DJD XIII 1994
Der Babylonische Talmud. Neu übertragen, 12 Bde., hg.v. L. Goldschmidt, Königstein (Taunus) ³1980/1981
Baillet, M., Qumrân Grotte 4. III (4Q482–4Q520), DJD VII, Oxford 1982 (= DJD VII)
Baumgarten, J.M., Qumran Cave 4. XIII. The Damascus Document (4Q266–273), DJD XVIII, Oxford 1996 (= DJD XVIII)
— ders./Schwartz, D.R., The Damascus Document (CD), in: Charlesworth u.a. (Hgg.), Scrolls 4–57
— ders., u.a., Cave IV, V, VI Fragments Related to the Damascus Document (4Q266–273 = 4QDᵃ⁻ʰ, 5Q12 = 5QD, 6Q15 = 6QD), in: Charlesworth u.a. (Hgg.), Scrolls 59–79
The Bible in Aramaic. Based on Old Manuscripts and Printed Texts, 4 Bde., hg.v. A. Sperber, Leiden 1959
BibleWorks, LLC (Hg.), BibleWorks for Windows, Version 7, Norfolk, VA 2006, CD-ROM
Biblia Hebraica, hg.v. R. Kittel, Stuttgart ³1937 (= BHK)
Biblia Hebraica Stuttgartensia, hg.v. K. Elliger u. W. Rudolph, Stuttgart ⁵1997 (= BHS)
Biblia sacra iuxta Vulgatam versionem, hg.v. R. Weber u.a., Stuttgart ³1983
The Book of Ben Sira. Text, Concordance, and an Analysis of the Vocabulary, hg.v. The Academy of the Hebrew Language/The Shrine of the Book, The Historical Dictionary of the Hebrew Language, ספר בן סירא, Jerusalem 1973
Broshi, M. u.a., in consultation with VanderKam, J.C., Qumran Cave 4. XIV. Parabiblical Texts. Part 2, DJD XIX, Oxford 1995 (= DJD XIX)

CHARLESWORTH, J. H., u. a. (Hgg.), The Dead Sea Scrolls. Hebrew, Aramaic, and Greek Texts with English Translations. Damascus Document, War Scroll, and Related Documents, The Princeton Theological Seminary Dead Sea Scrolls Project 2, Tübingen u. a. 1995

CROSS, F. M./PARRY, D. W./SALEY, R. J./ULRICH, E. C. (Hgg.), Qumran Cave IV. XII. 1 and 2 Samuel, DJD XVII, Oxford 2005 (= DJD XVII)

GARCÍA MARTÍNEZ, F./TIGCHELAAR, E. J. C. (Hgg.), The Dead Sea Scrolls Study Edition, 2 Bde., Leiden 1997/1998

HABICHT, C., 2. Makkabäerbuch, JSHRZ I/3, Gütersloh 1976

Handbuch der althebräischen Epigraphik, 3 Bde., hg. v. J. RENZ u. W. RÖLLIG, Darmstadt 1995–2001 (= HAE)

HANHART, R. (Hg.), Maccabaeorum liber II copiis usus quas reliquit Werner Kappler edidit Robert Hanhart (RAHLFS, A. [Hg.], Septuaginta. Vetus Testamentum Graecum Auctoritate Academiae Litterarum Gottingensis editum, Vol. IX/2), Göttingen 1959

The Hebrew Text of the Book of Ecclesiasticus. Edited with Brief Notes and a Selected Glossary, hg. v. I. LÉVI, SSS 3, Leiden 1904

Die heilige Schrift. Aus dem Grundtext übersetzt. Elberfelder Bibel, revidierte Fassung, Wuppertal [10]1998

Kanaanäische und aramäische Inschriften, 2 Bde., hg. v. H. DONNER u. W. RÖLLIG, Wiesbaden [2]1966/68 (= KAI), Bd. 1 [5]2002 (= KAI[5])

LOHSE, E. (Hg.), Die Texte aus Qumran. Hebräisch und Deutsch. Mit masoretischer Punktation, Übersetzung, Einführung und Anmerkungen, Darmstadt [4]1986

LÉVI, I. (Hg.), The Hebrew Text of the Book of Ecclesiasticus. Edited with Brief Notes and a Selected Glossary, SSS 3, Leiden [3]1969

MAIER, J., Die Qumran-Essener. Die Texte vom Toten Meer, Bd. I, UTB 1862, Basel 1995; Bd. II, UTB 1863, Basel 1996; Bd. III, UTB 1916, Basel 1996 (= Texte I–III)

The Old Testament in Greek. According to the Text of Codex Vaticanus. Supplemented from other Uncial Manuscripts. With a Critical Apparatus, hg. v. BROOKE, A. E./McLEAN, N./THACKERAY, H. S. J., Cambridge, Bd. I,4: Joshua, Judges and Ruth, 1917 [ohne H. S. J. Thackeray]; Bd. 2,1: I and II Samuel, 1927; Bd. 2,2: I and II Kings, 1930; Bd. 2,3: I and II Chronicles, 1932 (= BROOKE/McLEAN)

PARRY, D. W./TOV, E. (Hgg.), The Dead Sea Scrolls Reader, 6 Bde., Leiden 2004 (= DSSR)

PUECH, É., Qumran Cave 4. XVIII. Textes Hébreux (4Q521–4Q528, 4Q576–4Q579), DJD XXV, Oxford 1998 (= DJD XXV)

QIMRON, E./STRUGNELL, J., Qumran Cave 4. V. Miqsat Ma'ase ha-Torah, DJD X, Oxford 1994 (= DJD X)

רש״י על התורה. הוא פרוש רבנו שלמה ב״ר יצחק ז״ל. (Raschi. Der Kommentar des Salomo B. Isak über den Pentateuch), hg. v. A. BERLINER, Frankfurt/M. [2]1905 (= BERLINER)

רש״י על התורה. Raschis Pentateuchkommentar. Vollständig ins Deutsche übertragen und mit einer Einleitung versehen von Rabbiner Dr. S. BAMBERGER, Basel [4]2002 (= BAMBERGER)

SAUER, G., Jesus Sirach (Ben Sira), JSHRZ III/5, Gütersloh 1981

SCHUNCK, K.-D., 1. Makkabäerbuch, JSHRZ I/4, Gütersloh 1980

SMEND, R., Die Weisheit des Jesus Sirach. Hebräisch und Deutsch, Berlin 1906

STEUDEL, A. (Hg.), Die Texte aus Qumran II. Hebräisch / Aramäisch und Deutsch. Mit masoretischer Punktation, Übersetzung, Einführung und Anmerkungen. Unter Mitarbeit von H.-U. Boesche, B. Bredereke, C. A. Gasser und R. Vielhauer, Darmstadt 2001

Septuaginta. Id est Vetus Testamentum Graece iuxta LXX Interpretes. Editio Altera quam recognovit et emendavit Robert HANHART, hg. v. A. RAHLFS, Stuttgart ²2006

Texte aus der Umwelt des Alten Testaments, 3 Bde. und eine Ergänzungslieferung, hg. v. O. KAISER, Gütersloh 1981–2000 (TUAT I / II / III / Erg.)

Texte aus der Umwelt des Alten Testaments. Neue Folge. 3 Bde., hg. v. B. JANOWSKI u. G. WILHELM, Gütersloh 2004; 2005; 2006 (TUAT.NF 1 / 2 / 3)

TOV, E. (Hg.), The Dead Sea Scrolls Electronic Library. Incorporating the Dead Sea Scrolls Reader, Leiden 2006, CD-ROM (= DSSEL)

— DERS. (Hg.), The Texts from the Judaean Desert. Indices and an Introduction to the Discoveries in the Judaean Desert Series, DJD XXXIX, Oxford 2002 (= DJD XXXIX)

— DERS. / PFANN, S. (Hgg.), The Dead Sea Scrolls on Microfiche. A Comprehensive Facsimile Edition of the Texts from the Judean Desert, Leiden 1993

ULRICH, E., u. a., Qumran Cave 4. IX. Deuteronomy, Joshua, Judges, Kings, DJD XIV, Oxford 1995

Zürcher Bibel, hg. v. Kirchenrat der Evangelisch-Reformierten Landeskirche des Kantons Zürich, Zürich 2007

B. Hilfsmittel und Sekundärliteratur

ACKROYD, P., The First Book of Samuel, CNEB, Cambridge 1971 (= I Samuel)

— DERS., The Second Book of Samuel, CNEB, Cambridge 1977 (= II Samuel)

ACHENBACH, R., Israel zwischen Verheißung und Gebot, EHS.T 422, Frankfurt 1991

ADAM, K.-P., Saul und David in der judäischen Geschichtsschreibung. Studien zu 1 Samuel 16–2 Samuel 5, FAT 51, Tübingen 2007

AEJMELAEUS, A., The Traditional Prayer in the Psalms, BZAW 167, Berlin u. a. 1986

— DIES., Übersetzungstechnik und theologische Interpretation. Zur Methodik der Septuaginta-Forschung, in: ZENGER, E. (Hg.), Der Septuaginta-Psalter. Sprachliche und theologische Aspekte, HBS 32, Freiburg i. Br. 2001, 3–18

— DIES., Hannah's Psalm: Text, Composition, and Redaction, in: PAKKALA / NISSINEN, Houses 354–376

AHARONI, Y., Das Land der Bibel. Eine historische Geographie, Neukirchen-Vluyn 1984

AHLSTRÖM, G. W., The Travels of the Ark: A Religio-Political Composition, JNES 43, 1984, 141–149

ALBANI, M., Der eine Gott und die himmlischen Heerscharen. Zur Begründung des Monotheismus bei Deuterojesaja im Horizont der Astralisierung des Gottesverständnisses im Alten Orient, Arbeiten zur Bibel und ihrer Geschichte 1, Leipzig 2000

ALBERTZ, R., Religionsgeschichte Israels in alttestamentlicher Zeit, 2 Bde., ATD Ergänzungsband 8,1 u. 2, Göttingen 1992

ALT, A., Die Landnahme der Israeliten in Palästina. Territorialgeschichtliche Studien [1925], in: DERS., Kleine Schriften I, 89–125

— DERS., Das Institut im Jahre 1933, PJB 30, 1934, 5–31

— DERS., Die Ursprünge des israelitischen Rechts [1934], in: DERS., Kleine Schriften I, 278–332

— DERS., Josua [1936], in: DERS., Kleine Schriften I, 176–192

— DERS., Kleine Schriften zur Geschichte des Volkes Israel, Bd. 1, München ⁴1968

ANBAR, M., The Story about the Building of an Altar on Mount Ebal. The History of its Composition and the Question of the Centralization of the Cult, in: LOHFINK, N. (Hg.), Deuteronomium 304–309

ANDRÉ-SALVINI, B., *(Beschreibung zu:)* Tafel, von Nabû-apla-iddina dem Sonnengott geweiht. *(Und zu:)* Lade mit einer dem Sonnengott geweihten Platte, in: MARZAHN, J. / SCHAUERTE, G. (Hgg.), Babylon – Mythos und Wahrheit (Katalog zur Ausstellung in Berlin 26. Juni– 5. Oktober 2008). Bd. II. Wahrheit, Berlin 2008, 203 (= Babylon)

ARNETH, M., „Sonne der Gerechtigkeit". Studien zur Solarisierung der Jahwe-Religion im Lichte von Psalm 72, BZAR 1, Wiesbaden 2000

ARNOLD, W. R., Ephod and Ark. A Study into the Records and Religion of the Ancient Hebrews, HThSt III, Cambridge 1917

AULD, A. G., Joshua. The Greek and Hebrew Texts, in: EMERTON, J. A. (Hg.), Studies in the Historical Books of the Old Testament, VT.S 30, Leiden 1979, 1– 14

— DERS., Joshua, Moses and the Land. Tetrateuch–Pentateuch–Hexateuch in a Generation since 1938, Edinburgh 1980

— DERS., Joshua, Judges and Ruth, Daily Study Bible, Edinburgh u. a. 1984

AURELIUS, E., Der Fürbitter Israels. Eine Studie zum Mosebild im Alten Testament, CB.OT 27, Stockholm 1988

— DERS., Der Ursprung des Ersten Gebots, ZThK 100, 2003, 1–21

— DERS., Zukunft jenseits des Gerichts. Eine redaktionsgeschichtliche Studie zum Enneateuch, BZAW 319, Berlin u. a. 2003

BAENTSCH, B., Exodus–Leviticus–Numeri, HK I / 2, Göttingen 1903

BALLHORN, E., Der Davidsbund in Ps 132 im und im Kontext des Psalters, in: DOHMEN, C., u. a. (Hgg.), Für immer verbündet. Studien zur Bundestheologie der Bibel, SBS 211, Stuttgart 2007, 11–18

BARDTKE, H., Die Handschriftenfunde am Toten Meer. Die Sekte von Qumran, Berlin ²1961

BARTHÉLEMY, D. (Hg.), Critique textuelle de l'Ancien Testament. I. Josué, Juges, Ruth, Chroniques, Esdras, Néhémie, Esther. Rapport final du Comité pour l'Analyse textuelle de l'Ancien Testament Hébreu institué par l'Alliance Biblique Universelle, OBO 50,1, Fribourg u. a. 1982

BAUDY, D., Art. Kult / Kultus. II. Forschungsgeschichtlich, RGG⁴ IV, 2001, 1802–1806

BAUER, W., Griechisch-deutsches Wörterbuch zu den Schriften des Neuen Testaments und der frühchristlichen Literarur, hg. v. K. u. B. ALAND, Berlin u. a. ⁶1988

BAUER, H. / LEANDER, P., Historische Grammatik der Hebräischen Sprache des Alten Testamentes. Erster Band: Einleitung. Schriftlehre. Laut- und Formenlehre Mit einem Beitrag (§§ 6–9) von Paul Kahle und einem Anhang: Verbparadigmen, Halle 1922 (ND Hildesheim 1991)

BAUKS, M., Genesis 1 als Programmschrift der Priesterschrift (P^G), in: WÉNIN, A. (Hg.), Studies in the Book of Genesis. Literature, Redaction and History, BEThL 155, Leuven 2001, 333–345

— DIES., Die Begriffe מוֹרָשָׁה und אֲחֻזָּה in P^g. Überlegungen zur Landkonzeption der Priestergrundschrift, ZAW 116, 2004, 171–188

BAUMGARTEN, J. M., The Laws of the Damascus Document in Current Research, in: BROSHI, M. (Hg.), Damascus Document 51–62
— DERS., u. a. (Hgg.), The Damascus Document. A Centennial of Discovery. Proceedings of the Third International Symposium of the Orion Center, StTDJ 34, Leiden 2000
— DERS., The Laws of the Damascus Document. Between the Bible and the Mishnah, in: DERS., u. a. (Hgg.), Damascus Document 17–26
BECKER, J., Die kollektive Deutung der Königspsalmen, ThPh 52, 1977, 561–578
BECKER, U., Richterzeit und Königtum. Redaktionsgeschichtliche Studien zum Richterbuch, BZAW 192, Berlin u. a. 1990
— DERS., Jesaja – von der Botschaft zum Buch, FRLANT 178, Göttingen 1996
— DERS., Die Reichsteilung nach I Reg 12, ZAW 112, 2000, 210–229
— DERS., Exegese des Alten Testaments. Ein Methoden- und Arbeitsbuch, UTB 2664, Tübingen 2005
— DERS., Von der Staatsreligion zum Monotheismus. Ein Kapitel israelitisch-jüdischer Religionsgeschichte, ZAW 102, 2005, 1–16
— DERS., Endredaktionelle Kontextvernetzungen des Josua-Buches, in: WITTE, M., u. a. (Hgg.), Die deuteronomistischen Geschichtswerke. Redaktions- und religionsgeschichtliche Perspektiven zur „Deuteronomismus"-Diskussion in Tora und Vorderen Propheten, BZAW 365, Berlin u. a. 2006, 139–161
BECKER-SPÖRL, S., Und Hanna betete und sie sprach..., Literarische Untersuchungen zu 1 Sam 2, 1–10, THLI 2, Tübingen 1992
BEER, G., Exodus. Mit einem Beitrag von K. Galling, HAT I/3, Tübingen 1939
BEGG, C. T, The Function of Josh 7,1 – 8,29 in the Deuteronomic History, Bib. 67, 1986, 320–334
— DERS., The Ark in Philistia according to Josephus, EThL 72, 1996, 385–397
— DERS., The Loss of the Ark according to Josephus, LASBF 46, 1996, 167–186
— DERS., David's Transfer of the Ark according to Josephus, Bulletin for Biblical Research 7, 1997, 11–35
— DERS., The Return of the Ark according to Josephus, Bulletin for Biblical Research 8, 1998, 15–37
— DERS., The Ark in Chronicles, in: GRAHAM, M. P., u. a. (Hgg.), The Chronicler as Theologian. Essays in Honor of Ralph W. Klein, JSOT.S 371, London 2003, 133–145
— DERS., The Demise of Joshua according to Josephus, HTS 63, 2007, 129–145
BENTZEN, A., The Cultic Use of the Story of the Ark in Samuel, JBL 67, 1948
BENZINGER, I., Die Bücher der Könige, KHC IX, Freiburg i. Br. u. a. 1899
BERLEJUNG, A., Heilige Zeiten. Ein Forschungsbericht, in: EBNER, M., u. a. (Hgg.), Das Fest. Jenseits des Alltags, JBTh 18, Neukirchen-Vluyn 2003, 1–61
— DERS., Geschichte und Religionsgeschichte des antiken Israel, in: GERTZ, J. C. (Hg.), Grundinformation Altes Testament. Eine Einführung in Literatur, Religion und Geschichte des Alten Testaments, Göttingen 2006, 55–186
— DIES., Quellen und Methoden, in: GERTZ, J. C. (Hg.), Grundinformation Altes Testament. Eine Einführung in Literatur, Religion und Geschichte des Alten Testaments, Göttingen 2006, 19–54
BERNHARDT, K.-H., Art. Jericho, TRE XVI, 586–588
BERTHOLET, A., Deuteronomium, KHC V, Tübingen 1899
— DERS., Leviticus, KHC III, Tübingen 1901
BETTENZOLI, G., Samuel und das Problem des Königtums. Die Tradition von Gilgal, BZ 30, 1986, 222–236

— DERS., Samuel und Saul in geschichtlicher und theologischer Auffassung, ZAW 98, 1986, 338–351
— DERS., Art. Älteste (I) AT., in: NBL I, 1991, 49–50
BEZZEL, H., Die Konfessionen Jeremias. Eine redaktionsgeschichtliche Studie, BZAW 378, Berlin u.a. 2007
BIEBERSTEIN, K., Lukian und Theodotion im Josuabuch. Mit einem Beitrag zu den Josuarollen von Ḥirbet Qumrān, BN.B 7, München 1994
— DERS., Josua–Jordan–Jericho. Archäologie, Geschichte und Theologie der Landnahmeerzählungen Josua 1–6, OBO 143, Fribourg u.a. 1995
— DERS., Art. Schittim, in: NBL III, 2001, 481
BIERLING, N., Giving Goliath his Due. New Archaeological Light on the Philistines, Grand Rapids, MI 1992
BILLERBECK, P./STRACK, H., Kommentar zum Neuen Testament aus Talmud und Midrasch. Bd. 3: Die Briefe des Neuen Testaments und die Offenbarung Johannis, München ⁴1965
BLENKINSOPP, L., Kiriath-Jearim and the Ark, JBL 88, 1964, 143–156
BLUM, E., Die Komposition der Vätergeschichte, WMANT 57, Neukirchen 1987
— DERS., Studien zur Komposition des Pentateuch, BZAW 189, Berlin u.a. 1990
— DERS., Der kompositionelle Knoten am Übergang von Josua zu Richter. Ein Entflechtungsvorschlag, in: VERVENNE, M., u.a. (Hgg.), Deuteronomy and Deuteronomic Literature, Festschrift C.H.W. Brekelmans, BEThL 132, Leuven 1997, 181–212
— DERS., Die Feuersäule in Ex 13–14 – Eine Spur der „Endredaktion"?, in: ROUKEMA, R., u.a. (Hgg.), The Interpretation of Exodus. Studies in Honour of Cornelis Houtman, CBET 44, Leuven 2006, 117–138
BOBZIN, H., Mohammed, C.H. Beck–Wissen in der Beck'schen Reihe 2144, München ³2006
BODNER, K., Ark-eology. Shifting Emphases in „Ark Narrative" Scholarship, Currents in Biblical Research 4, 2006, 169–197
BÖSENECKER, J., Text und Redaktion. Untersuchungen zum hebräischen und griechischen Text von 1 Könige 1–11, Diss. theol. Rostock 2000
BOOGAART, T.A., Narrative Theology in the Story of the Capture of the Ark, RefR(H) 41, 1988, 139–146
BORGER, R., Die Waffenträger des Konigs Darius. Ein Beitrag zur alttestamentlichen Exegese und zur semitischen Lexikographie, VT 22, 1972, 385–398
— DERS., Hiob XXXIX 23 nach dem Qumran-Targum, VT 27, 1977, 102–105
— DERS., Der Bogenköcher im Alten Orient, in der Antike und im Alten Testament, NAWG.PH 2000, Göttingen 2000, 39–84 (separat = und zit.: [3]–[48])
— DERS., Johannisbrot in der Bibel. und im Midrasch: Über Fortschritt, Rückschritt und Stillstand in der biblischen Philologie, ZAH 14, 2001, 1–19
BOURKE, J., Samuel and the Ark. A Study in Contrasts, DomSt 7, 1954, 81–82
BRAULIK, G., Die Mittel deuteronomischer Rhetorik erhoben aus Deuteronomium 4,1–40, AnBib 68, Rom 1978
— DERS., Art. Erwählung (I–III), in: NBL I, 1991, 582–584
BREKELMANNS, C., Art. חרם ḥēræm Bann, in: THAT I, ³1978, 635–639
BRENTJES, B., Zur „Beulen"-Epidemie bei den Philistern in 1.Samuel 5–6, Altertum 15, 67–74
BROSHI, M. (Hg.), The Damascus Document Reconsidered, Jerusalem 1992
BROWN, J.P., The Ark of the Covenant and the Temple of Janus: The magico-military Numen of the State in Jerusalem and Rome, BZ 30,1986, 20–35

— DERS., Israel and Hellas. Volume II. Sacred Institutions with Roman Coun-
terparts, BZAW 276, Berlin u.a. 2000 (darin 235ff. eine „Revision" von
DERS., Ark)

BRUEGGEMANN, W., I Samuel 1. A Sense of Beginning, ZAW 102, 1990, 33–48
— DERS., Ichabod toward Home. The Journey of God's Glory, Grand Rapids,
MI 2002
— DERS., (I)chabod departed [2001], in: DERS., Ichabod toward Home, 1–23

BUCHHOLZ, J., Die Ältesten Israels im Deuteronomium, GTA 36, Göttingen 1988

BUDDE, K., Die Bücher Richter und Samuel, ihre Quellen und ihr Aufbau, Gießen
1890 (= Bücher)
— DERS., Das Buch der Richter, KHC VII, Freiburg i. Br. 1897
— DERS., Die ursprüngliche Bedeutung der Lade Jahwe's, ZAW 21, 1901, 193–
197
— DERS., Die Bücher Samuel, KHC VIII, Freiburg i. Br. 1902 (= Samuel)
— DERS., War die Lade Jahwes eine leerer Thron?, ThStKr 79, 1906, 489–507
— DERS., Ephod und Lade, ZAW 39, 1921, 1–42

BUNIMOVITZ, S., Art. Silo, RGG⁴ VII, 2004, 1319

BUSINK, T. A., Der Tempel von Jerusalem. Von Salomo bis Herodes. Eine archäo-
logisch-historische Studie unter Berücksichtigung des westsemitischen
Tempelbaus, SFSMD 3, Bd. 1: Der Tempel Salomos, Leiden 1970; Bd. 2:
Von Ezechiel bis Middot, Leiden 1980

BUXTORF, J., Historia Arcæ Fœderis, in: DERS., Exercitationes Ad Historiam, Basel
1659, 1–266

CALLAWAY, J. A., Art. Ai, ABD I, 125–130
— DERS., Art. Ai, NEAEHL I, 39–45

CAMPBELL, A. F., The Ark Narrative (1 Sam 4–6; 2 Sam 6). A Form-Critical and
Traditio-Historical Study, SBL.DS 16, 1975
— DERS., Psalm 78: A Contribution to the Theology of Tenth Century Israel,
CBQ 41, 1979, 51–79
— DERS., Yaweh and the Ark. A Case Study in Narrative, JBL 98, 1979, 31–43
— DERS., 1 Samuel (FOTL 7), Grand Rapids, MI 2003
— DERS., 2 Samuel (FOTL 7), Grand Rapids, MI 2005

CAMPBELL, J. G., The Use of Scripture in the Damascus Document, BZAW 228,
Berlin u.a. 1995

CANCIK, H., Artt. Geschichte; Geschichtsschreibung, in: NBL I, 1991, 809–813;
813–822

CAQUOT, A./DE ROBERT, P., Les Livres de Samuel, CAT 6, Genève 1994 (= Samuel)

CARLSON, R. A., David and the Ark in 2 Samuel 6, in: LEMAIRE, A., u.a. (Hgg.),
History and Traditions of Early Israel. Studies presented to Eduard Nielsen.
May 8th 1993, VT.S 50, Leiden 1993, 17–23

CARR, D. M., Reading the Fractures of Genesis. Historical and Literary Approa-
ches, Louisville, KY 1996
— DERS., What is Required to Identify Pre-Priestly Narrative Connections
between the Books of Genesis, Exodus and the End of the Book of Joshua,
in: DOZEMAN/SCHMID, Farewell 159–180

CARROLL, R. P., Jeremiah, OTG, Sheffield 1993

CASPARI, W., Die Bundeslade unter David. Theologische Studien, Theodor Zahn
zum 10. Oktober 1908 dargebracht von N. BONWETSCH u.a., Leipzig 1908,
23–45

CHARBEL, A., La „peste bubbonica" in 1 Sam 5,6, BeO 16, 1974, 183–191

CHARLESWORTH, J. H., Graphic Concordance to the Dead Sea Scrolls, Tübingen
u.a. 1991

CHILDS, B.S., The Book of Exodus. A Critical, Theological Commentary, OTL, Philadelphia, PA 1974

CHOI, J.H., Resheph and *yhwh ṣĕbā'ôt*, VT 54, 2004, 17–28

CLINES, D.J.A. (Hg.), The Dictionary of Classical Hebrew, Sheffield 1993ff.

COATS, G.W., The Ark of the Covenant in Joshua. A Probe into the History of a Tradition, HAR 9, 1985, 137–157

CONRAD, J., Art. זָקֵן *zāqen* III. Die Ältesten, ThWAT II, 1977, 644–650

CONRAD, L.I., The Biblical Tradition for the Plague of the Philistines, JAOS 104, 1984, 281–287

COUARD, L., Die religiös-nationale Bedeutung der Lade Jahwes, ZAW 12, 1892, 63–90

COUNTRYMAN, L.W., 'ÉDÛT: Stipulation de traité ou enseignement?, RB 95, 1988, 321–331

CROW, L.D., The Songs of Ascents (Psalms 120–134). Their Place in Israelite History and Religion, SBL.DS 148, Atlanta, GA 1996

CRÜSEMANN, F., Zwei alttestamentliche Witze. I Sam 21 11–15 und II Sam 6 16.20–23 als Beispiele einer biblischen Gattung, ZAW 92, 1980, 215–227

— DERS., Die Tora. Theologie und Sozialgeschichte des alttestamentlichen Gesetzes, Gütersloh ²1997

DAHMEN, U., Art. Zadok, Zadokiden, in: NBL III, 2001, 1149–1151

— DERS., Leviten und Priester im Deuteronomium. Literarkritische und redaktionsgeschichtliche Studien, BBB 110, Bodenheim 1996

DAVIES, G.H., The Ark of the Convenant, ASTI 5, 1967, 30–47

DAVIES, G.I., The Presence of God in the Second Temple and Rabbinic Doctrine, in: HORBURY, W. (Hg.), Templum amicitiae. Essays on the Second Temple presented to Ernst Bammel, JSNT.S 48, Sheffield 1991, 32–36

DAVIES, P.R., The Damascus Covenant. An Interpretation of the „Damascus Document", JSOT.S 25, Sheffield 1977

— DERS. The History of the Ark in the Books of Samuel, JNWSL 5, 1977, 9–18

DAY, J., The Ark and the Cherubim in the Psalms, in: BECKING, B., u.a. (Hgg.), Psalms and Prayers. Papers Read at the Joint Meeting of the Society of Old Testament Study and Het Oudtestamentische Werkgezelschap in Nederland en België, Apeldoorn August 2006, OTS 55, Leiden 2007, 65–77

DELCOR, M., Jahweh et Dagon. Ou le Jahwisme face à la Religion des Philistins, d'après 1 Sam. V [1964], in: DERS., Etudes Bibliques et Orientales des Religions comparées, Leiden 1979, 30–48

— DERS., Art. Dagon, in: NBL I, 1991, 378–379

DELITZSCH, F., Neuer Commentar über die Genesis, Leipzig 1887

DEURLOO, K.A., Spiel mit und Verweis auf Torah-Worte in Jos 2–6; 9, DBAT 26, 1989/90 [1992], 70–80

DIEBNER, B.-J., ובית שמש קצרים קציר חטים. Anmerkungen zum Zeitpunkt der Rückkehr des ארון יהוה nach „Israel", DBAT 26, 1989, 81–92

— DERS., Art. Exil, babylonisches, in: NBL I, 1991, 625–631

— DERS., Gottes Welt, Moses Zelt und das salomonische Heiligtum, in: RÖMER, T. (Hg.), Lectio difficilior probabilior? L'exégèse comme expérience de décloisonnement. Mélanges offerts à Françoise Smyth-Florentin, DBAT.B 12, Heidelberg 1991, 127–154

DIBELIUS, M., Die Lade Jahves. Eine religionsgeschichtliche Untersuchung, FRLANT 7, Göttingen 1906

DIETRICH, W., Prophetie und Geschichte. Eine redaktionsgeschichtliche Untersuchung zum deuteronomistischen Geschichtswerk, FRLANT 108, Göttingen 1972

— DERS., David, Saul und die Propheten. Das Verhältnis von Religion und Politik nach den prophetischen Überlieferungen vom frühesten Königtum in Israel, BWANT 122, Stuttgart ²1992
— DERS./NAUMANN, T., Die Samuelbücher, EdF 287, Darmstadt 1995
— DERS., Die frühe Königszeit in Israel. 10. Jahrhundert v. Chr., BE 3, Stuttgart 1997
— DERS., Niedergang und Neuanfang: Die Haltung der Schlussredaktion des deuteronomistischen Geschichtswerkes zu den wichtigsten Fragen ihrer Zeit, in: BECKING, B., u.a. (Hgg.), The Crisis of Israelite Religion. Transformation of Religious Tradition in Exilic and Post-Exilic Times, OTS 42, Leiden u.a. 1999, 45–70
— DERS., Samuel, BK VIII/1,1–4, Neukirchen Vluyn 2003; 2005; 2006; 2007
— DERS., Artt. Salomo; Samuel. I. Bibel, RGG⁴ VII, 2004, 801–807; 823–824
— DERS., Rez. zu PIETSCH, Sproß, OLZ 101, 2006, 186–189
— DERS., Achans Diebstahl (Jos 7). Eine Kriminalgeschichte aus frühpersischer Zeit, in: HARTENSTEIN, F., u.a. (Hgg.), „Sieben Augen auf einem Stein" (Sach 3,9). Studien zur Literatur des Zweiten Tempels. Festschrift für Ina Willi-Plein zum 65. Geburtstag, Neukirchen-Vluyn 2007, 57–67
— DERS., Samuel – ein Prophet?, Sacra Scripta 1, 2007, 11–26
DILLMANN, A., Die Bücher Numeri, Deuteronomium und Josua, KEH 13, Leipzig ²1886
DIMANT, D., Qumran Sectarian Literature, in: STONE, M.E. (Hg.), Jewish Writings of the Second Temple Period. Apocrypha, Pseudepigrapha, Qumran Sectarian Writings, Philo, Josephus, CRINT 2.II, Philadelphia, PA u.a. 1984, 483–550
— DIES., Between Sectarian and Non-Sectarian: The Case of the *Apocryphon of Joshua*, in: CHAZON, E.G., DIMANT, D. u. CLEMENTS, R.A. (Hgg.), Reworking the Bible. Apocryphal and Related Texts at Qumran. Proceedings of a Joint Symposium by the Orion Center for the Study of the Dead Sea Scrolls and Associated Literature and the Hebrew University Institute for Advanced Studies Research Group on Qumran, 15–17 January 2002, StTDJ 58, Leiden 2005
DOEKER, A., Die Funktion der Gottesrede in den Psalmen. Eine poetologische Untersuchung, BBB 135, Berlin u.a. 2004
DOHMEN, C., Exodus 19–40, HThK 5,2, Freiburg i. Br. 2004
DONNER, H., Die Schwellenhüpfer. Beobachtungen zu Zephanja 1,8f, JSS 15, 1970, 42–55
— DERS., Geschichte des Volkes Israel und seiner Nachbarn in Grundzügen, GAT 4/1 u. 2, Bd. 1, Göttingen ²1995, Bd. 2, Göttingen ²1995
DOPATKA, U., Art. Bundeslade, in: DERS., Die große Erich-von-Däniken-Enzyklopädie. Das einzigartige Nachschlagewerk zur Prä-Astronautik, Düsseldorf u.a. 1998, 47–48
DOTHAN, T./DOTHAN, M., Die Philister. Zivilisation und Kultur eines Seevolkes, München 1995
DOZEMAN, T.B./SCHMID, K., A farewell to the Yahwist? The Composition of the Pentateuch in Recent European Interpretation, SBL.SS 34, Atlanta, GA 2006
DRIVER, S.R., Notes on the Hebrew Text and the Topography of the Books of Samuel. With an Introduction on Hebrew Palaeography and the Ancient Versions and Facsimilies of Inscriptions and Maps, Oxford ²1966
DÜRR, L., Ursprung und Bedeutung der Bundeslade, BZThS 1, 1924, 17–32
DUHM, B., Das Buch Jeremia, KHC XI, Freiburg i. Br. 1901
— DERS., Die Psalmen, KHC XIV, Tübingen ²1922

Dupont-Sommer, A., « Yahô » et « Yahô-Şeba'ôt » sur des Ostraca Araméens iné-
    dits d'Eléphantine, Comptes rendus de l'Académie des Inscriptions et Bel-
    les-Lettres, Paris 1947, 175–191
— ders., Un Ostracon Araméen inédit d'Eléphantine (Collection Clermont-
    Ganneau no 186), RSO 32, 1957, 403–409
Dus, J., Die Analyse zweier Ladeerzählungen des Josuabuches (Jos 3–4 und 6),
    ZAW 72, 1960, 107–134
— ders., Der Brauch der Ladewanderung im alten Israel, ThZ 17, 1961, 1–16
— ders., Die Erzählung über den Verlust der Lade 1 Sam IV, VT 13, 1963,
    333–337
— ders., Noch zum Brauch der „Ladewanderung", VT 13, 1963, 126–132
— ders., Die Länge der Gefangenschaft der Lade im Philisterland, NThT 18,
    1964, 440–452
— ders., Die Geburtslegende Samuels I. Sam 1, RSO 43, 1968, 163–194
Ebach, J., Genesis 37–50, HThKAT 23, Freiburg i. Br. 2007
Ehrlich, A. B., Randglossen zur Hebräischen Bibel. Textkritisches, Sprachliches
    und Sachliches. III. Josua, Richter, I. und II. Samuelis, Leipzig 1910 (ND
    Hildesheim 1968)
Ehrlich, C. S., Art. Philister, WiBiLex 2008, http://www.wibilex.de (Zugriffsda-
    tum: 10.3.2008)
Eichler, M., The Plague in I Samuel 5 and 6, Dor le Dor 10, 157–165
Eissfeldt, O., Hexateuch-Synopse. Die Erzählungen der fünf Bücher Mose und
    des Buches Josua mit dem Anfange des Richterbuches in ihre vier Quellen
    zerlegt und in deutscher Übersetzung dargeboten samt einer in Einleitung
    und Anmerkungen gegebenen Begründung, Leipzig 1922
— ders., Jahwe als König [1928], in: ders., Kleine Schriften I, hg. v.
    R. Sellheim u. a., Tübingen 1962, 172–193
— ders., Noch einmal: Text-, Stil- und Literarkritik in den Samuelbüchern,
    OLZ 31, 1928, 801–812
— ders., Die Komposition der Samuelisbücher, Leipzig 1931
— ders., Lade und Stierbild [1940/41], in: ders., Kleine Schriften II, hg. v.
    R. Sellheim u. a., Tübingen 1963, 282–305
— ders., Jahwe Zebaot [1950], in: ders., Kleine Schriften III, hg. v.
    R. Sellheim u. a., Tübingen 1966, 103–123
— ders., Silo und Jerusalem [1957], in: ders., Kleine Schriften III, hg. v.
    R. Sellheim u. a., Tübingen 1966, 417–425
— ders., Einleitung in das Alte Testament. Unter Einschluß der Apokryphen
    und Pseudepigraphen sowie der apokryphen- und pseudepigraphenartigen
    Qumrān-Schriften. Entstehungsgeschichte des Alten Testaments, Tübingen
    ³1964
Elliger, K., Josua in Judäa, PJ 30, 1934, 47–71
— ders., Sinn und Ursprung der priesterlichen Geschichtserzählung [1952], in:
    ders., Kleine Schriften zum Alten Testament, ThB 32, München 1966, 174–
    198
— ders., Leviticus, HAT I/4, Tübingen 1966
Emerton, J. A., Priests and Levites in Deuteronomy. An Examination of Dr. G. E.
    Wright's Theory, VT 12, 1962, 129–138
Emmendörffer, M., Der ferne Gott. Eine Untersuchung der alttestamentlichen
    Volksklagelieder vor dem Hintergrund der mesopotamischen Literatur,
    FAT 21, Tübingen 1998
Enstrom, P. L. / van Dyk, P. J., What happened to the Ark?, Religion And Theo-
    logy 4, 1997, 50–60

ERMANN, A./GRAPOW, H., Wörterbuch der ägyptischen Sprache, Bd. 5, Leipzig 1931 (ND Berlin 1982)

ESKENAZI, T. C., A Literary Approach to Chronicles' Ark Narrative in 1 Chronicles 13–16, in: BECK, A. B., u. a. (Hgg.), Fortunate the Eyes that see. Essays in Honor of David Noel Freedman in Celebration of his seventieth Birthday, Grand Rapids, MI 1995, 258–274

EVANS, C. A., David in the Dead Sea Scrolls, in: PORTER, S. E., u. a. (Hgg.), The Scrolls and the Scriptures. Qumran Fifty Years After, JSPE.S 26, Sheffield 1997, 183–197

EVEN-SHOSHAN, A., A New Concordance of the Bible, Jerusalem ²1990

EWALD, H., Die Dichter des Alten Bundes I, 2. Die Psalmen und die Klagelieder, Göttingen ³1866

VAN DEN EYNDE, S., Chronicler's Usage of the Collocation ארון ברית יהוה, ZAW 113, 2001, 422–430

EYNIKEL, E., The Relation between the Eli Narratives (1 Sam. 1–4) and the Ark Narrative (1 Sam. 1–6; 2 Sam. 6: 1–19), in: DE MOOR, J. C., u. a. (Hgg.), Past, Present, Future. The Deuteronomistic History and the Prophets. Papers read at a meeting held Aug. 25–27, 1999 in Pretoria, South Africa, OTS 44, Leiden 2000, 88–106

FABRY, H.-J., Gott im Gespräch zwischen den Generationen. Überlegungen zur „Kinderfrage" im Alten Testament, KatBl 107, 1982, 754–760

— DERS, Der Altarbau der Samaritaner–ein Produkt der Text- und Literargeschichte?, in: DAHMEN, U., u. a. (Hgg.), Die Textfunde vom Toten Meer und der Text der Hebräischen Bibel, Neukirchen 2000, 35–52

FICKER, R., Komposition und Erzählung. Untersuchungen zur Ladeerzählung (1 S 4–6; 2 S 6) und zur Geschichte vom Aufstieg Davids (1 S 15–2 S 5), Diss. masch. Heidelberg 1977

FINKELSTEIN, I., The Archeology of the Israelite Settlement, Jerusalem 1988

— DERS., Art. Shiloh. Renewed Excavations, in: NEAEHL IV, 1993, 1366–1370

— DERS., The Rise of Early Israel: Archaeology and Long Term History, in: AHITUV, S., u. a. (Hgg.), The Origin of Early Israel–Current Debate. Biblical, Historical and Archaeological Perspectives, Beer-Sheva XII, Beer Sheva 1998, 7–39

— DERS., The Philistines in the Bible. A Late-Monarchic Perspective, JSOT 27, 2002, 131–167

— DERS., Is The Philistine Paradigm Still Viable?, in: BIETAK, M., u. a. (Hgg.), The Synchronisation of Civilisations in the Eastern Mediterranean in the Second Millennium B. C. III. Proceedings of the SCIEM 2000–2nd Euro-Conference, Vienna, 28th of May–1st of June 2003, Denkschriften der Gesamtakademie 37, Contributions to the Chronology of the Eastern Mediterranean 9, Wien 2007, 517–524

— DERS./BUNIMOVITZ, S./LEDERMAN, Z., Shiloh: The Archaeology of a Biblical Site, Monograph Series of the Institute of Archaeology Tel Aviv University 10, Tel Aviv 1993

— DERS./SILBERMAN, A., Keine Posaunen vor Jericho. Die archäologische Wahrheit über die Bibel, München 2004

FISCHER, A. A., David und Batseba. Ein literarkritischer und motivgeschichtlicher Beitrag zu II Sam 11, ZAW 101, 1989, 50–59

— DERS., Von Hebron nach Jerusalem. Eine redaktionsgeschichtliche Studie zu Erzählung von König David in II Sam 1–5, BZAW 335, Berlin u. a. 2003

FISCHER, G., Jeremia 1–25, HThK, Freiburg i. Br. 2005

FISHBANE, M., I Samuel 3. Historical Narrative and Narrative Poetics, in: GROS LOUIS, K.R.R. (Hg.), Literary Interpretations of Biblical Narratives II, Nashville, TN 1982, 191–203

FLANAGAN, J.W., Social Transformation and Ritual in 2 Samuel 6, in: MEYERS, C.L., u.a. (Hgg.), The Word of the Lord Shall Go Forth. Essays in Honor of D.N. Freedman in Celebration of His Sixtieth Birthday, ASOR Special Volume Series 1, Winona Lake, IN 1983, 361–372

FLOSS, J.P., Kunden oder Kundschafter? Literaturwissenschaftliche Untersuchung zu Jos 2. I. Text, Schichtung, Überlieferung/II. Komposition, Redaktion, Intention, ATSAT 16/26, St. Ottilien 1982/1986

FOKKELMAN, J.P., Narrative Art and Poetry in the Books of Samuel. Volume 4. Vow and Desire (1 Sam 1–12), Assen/Maastricht 1993

FOHRER, G., Die Ladeerzählung [1971] = Die alttestamentliche Ladeerzählung, in: DERS., Studien zu alttestamentlichen Texten und Themen, BZAW 155, 1981, 3–10

FOWLER, M.D., The Meaning of lipnê YHWH in the Old Testament, ZAW 99, 1987, 384–390

FREEDMAN, D.N./O'CONNOR, P., Art. כְּרוּב kᵉrûḇ, ThWAT IV, 1984, 322–334

FRETHEIM, T.E., The Ark in Deuteronomy, CBQ 30, 1968, 1–14

FREVEL, C., Mit Blick auf das Land die Schöpfung erinnern. Zum Ende der Priestergrundschrift, HBSt 23, Freiburg i. Br. 2000

FRITZ, V., Die sogenannte Liste der besiegten Könige in Jos 12, ZDPV 85, 1969, 136–161
— DERS., Israel in der Wüste. Traditionsgeschichtliche Untersuchung der Wüstenüberlieferung des Jahwisten, MThSt 7, Marburg 1970
— DERS., Tempel und Zelt. Studien zum Tempelbau in Israel und zu dem Zeltheiligtum der Priesterschrift, WMANT 47, Neukirchen-Vluyn 1977
— DERS., Einführung in die biblische Archäologie, Darmstadt 1985
— DERS., Die Landnahme der israelitischen Stämme in Kanaan, ZDPV 106, 1990, 63–77
— DERS., Das Buch Josua, HAT I/7, Tübingen 1994
— DERS., Die Entstehung Israels im 12. und 11. Jahrhundert v. Chr., BE 2, Stuttgart u.a. 1996

FROLOV, S., The Turn of the Cycle. 1 Samuel 1–8 in synchronic and diachronic Perspectives, BZAW 342, Berlin u.a. 2004

FUHS, H.-F., Art. שָׁאַל šāʾal, in: ThWAT VII, 1993, 910–926

GALLING, K., s. BEER, F., Exodus

GARCÍA LOPEZ, F., Analyse littéraire de Deutéronome, V–XI, RB 84, 1977, 481–522; RB 85, 1978, 5–49

GARCÍA MARTÍNEZ, F., Damascus Document. A Bibliography on Studies 1970–1989, in: BROSHI, M. (Hg.), Damascus Document 63–83

GASTER, M., Das Buch Josua in hebräisch-samaritanischer Rezension, ZDMG 62, 1908, 209–229.494–549

GERSTENBERGER, E., Das dritte Buch Mose. Leviticus, ATD 6, Göttingen 1993

GERTZ, J.C., Die Gerichtsorganisation Israels im deuteronomischen Gesetz, FRLANT 165, Göttingen 1994
— DERS., Tradition und Redaktion in der Exoduserzählung. Untersuchungen zur Endredaktion des Pentateuch, FRLANT 186, Göttingen 2000
— DERS., Kompositorische Funktion und literarhistorischer Ort von Deuteronomium 1–3, in: WITTE, M./SCHMID, K. (Hgg.), Die deuteronomistischen Geschichtswerke. Redaktions- und religionsgeschichtliche Perspektiven zur „Deuteronomismus"-Diskussion in Tora und Vorderen Propheten, BZAW 365, Berlin u.a. 2006, 103–123

Gese, H., Der Davidsbund und die Zionserwählung [1964], in: ders., Vom Sinai zum Zion, BEvTh 64, 1974, 113–129

Gesenius, W./Buhl, F., Hebräisches und aramäisches Handwörterbuch über das Alte Testament, Berlin [17]1915 (ND 1962) (= Gesenius)

— ders./Kautzsch, E., Hebräische Grammatik, Leipzig [28]1909 (= GK, nach Paragraphen zitiert)

— ders./Meyer, R./Donner, H., Hebräisches und aramäisches Handwörterbuch, Berlin [18]1987ff. (= Gesenius[18])

Geyer, J.B., Mice and Rites in 1 Samuel V–VI, VT 31, 1981, 293–304

Ginzberg, L., Eine unbekannte jüdische Sekte, Hildesheim 1972

— ders., An Unknown Jewish Sect, New York, NY 1976

— ders., Legends of the Jews. Translated from the German manuscript by Henrietta Szold and Paul Radin, 2 Bde., Philadelphia, PA [2]2003

Gitay, Y., Reflections on the Poetics of the Samuel Narrative. The Question of the Ark Narrative, CBQ 54, 1992, 221–230

Gnuse, R.K., A Reconsideration of the Form-Critical Structure in 1 Samuel 3. An Ancient Near Eastern Dream Theophany, ZAW 94, 1982, 379–390

Görg, M., Das Zelt der Begegnung. Untersuchung zur Gestalt der sakralen Zelttraditionen Altisraels, BBB 27, Bonn 1967

— ders., Die Lade als Thronsockel [1976], in: ders., Aegyptica 99–100

— ders., Keruben in Jerusalem [1977], in: ders., Aegyptica 104–115

— ders., Zur „Lade des Zeugnisses" [1977], in: ders., Aegyptica 101–103

— ders., Art. עַד jā'ad, ThWAT III, 1982, 697–706

— ders., Sb'wt – ein Gottestitel [1985], in: ders., Aegyptica 207–210

— ders., Artt. Achjo; Baala; Banngut; Bet-Schemesch; Efod; Eli, in: NBL I, 1991, 26–27; 223–224; 239; 287–288; 472–473; 514–515

— ders., Aegyptica–Biblica. Notizen und Beiträge zu den Beziehungen zwischen Ägypten und Israel, ÄOAT 11, Wiesbaden 1991

— ders., Josua, NEB.AT 26, Würzburg 1991

— ders., Richter, NEB.AT 31, Würzburg 1993

— ders., Artt. Hiram; Hofni; Ikabod; Josua (Buch); Josua (Person); Lade. (II) Lade als Gottesthron, in: NBL II, 1995, 166; 179; 219; 392–394; 391–392; 576–578

— ders., Die Lade als Sarg. Zur Traditionsgeschichte von Bundeslade und Josefssarg, BN 105, 2000, 5–11

— ders., Artt. Philister; Pinhas; Salomo; Sühnestätte; Tempelweihespruch; Zebaot; Zelt, heiliges, in: NBL III, 2001, 141–143; 151–152; 426–427; 727–728; 813–814; 1174–1175; 1203–1204

Gordon, C.H., David the Dancer, in: Haran, M. (Hg.), Yehezkel Kaufmann Jubilee Volume. Studies in Bible and Jewish Religion on the Occasion of his Seventieth Birthday Six Essays in in English and Eleven in Hebrew plus a Bibliography of Yehezkel Kaufmann's Writings and an Appreciation of him, Jerusalem 1960, 43–46

— ders., Ugaritic Textbook. Texts in Transliteration, Cuneiform Selections, Glossary, Indices, 3 Bde., AnOr 38, Rom 1965

Goulder, M.D., David and Yahweh in Psalms 23 and 24, JSOT 30, 2006, 463–473

Grässer, E., An die Hebräer, Bd.2: Hebr 7,1–10,18, EKK 17/2, Neukirchen-Vluyn u.a. 1993

Graupner, A., Der Elohist. Gegenwart und Wirksamkeit des transzendenten Gottes in der Geschichte, WMANT 97, Neukirchen-Vluyn 2003

Gressmann, H., Mose und seine Zeit. Ein Kommentar zu den Mose-Sagen, FRLANT 18, Göttingen 1913

– DERS., Die Anfänge Israels (von 2. Mose bis Richter und Ruth), SAT II/1, Göttingen ²1922

GRÜNSCHLOSS, A., „Ancient Astronaut" Narrations. A Popular Discourse on Our Religious Past, Marburg Journal of Religion 11, 2006, *http://web.uni-marburg.de/religionswissenschaft/journal/mjr/art_gruenschloss_2006.html* (Zugriffsdatum: 25. 2. 2008)

GUNKEL, H., Psalmen, HK II/2, Göttingen ⁴1929 (= ⁶1986)

– DERS., Einleitung in die Psalmen. Die Gattungen der religiösen Literatur Israels. Zu Ende geführt von Joachim Begrich, Göttingen 1933 (= GUNKEL/BEGRICH, Einleitung)

GUNNEWEG, A. H. J., Leviten und Priester. Hauptlinien der Traditionsbildung und Geschichte des israelitisch-jüdischen Kultpersonals, FRLANT 89, Göttingen 1965

GUTMANN, J., The History of the Ark, ZAW 83, 1971, 22–30

– DERS., The Strange History of the Kapporet Ritual, ZAW 112, 2000, 624–626

HAASE, I. M., Uzzah's Rebellion, Journal of Hebrew Scriptures 5, 2004, *http://www.arts.ualberta.ca/JHS/Articles/article_33.pdf* (Zugriffsdatum: 10. 3. 2008)

HANDY, L. K., Art. Dagon, ABD 2, 1992, 1–2

HARAN, M., The Disappearance of the Ark, IEJ 13, 1963, 46–58

– DERS., Temple and Temple-Service in Ancient Israel. An Inquiry into the Character of Cult Phenomena and the Historical Setting of the Priestly School, Oxford 1978

HARTENSTEIN, F., Sonnengott und Wettergott in Jerusalem? Religionsgeschichtliche Beobachtungen zum Tempelweihspruch Salomos im masoretischen Text und in der LXX (1 Kön 8,12f. // 3 Reg 8,53), in: MÄNNCHEN, J., u. a. (Hg.), Mein Haus wird ein Bethaus für alle Völker genannt werden (Jes 56,7). Judentum seit der Zeit des Zweiten Tempels in Geschichte, Literatur und Kult. Festschrift für Thomas Willi zum 65. Geburtstag, Neukirchen-Vluyn 2008, 53–69

HARTMANN, R., Zelt und Lade, ZAW 37, 1918, 209–244

HARVEY, J., *Tendenz* and Textual Criticism in 1 Samuel 2–10, JSOT 26, 2001, 71–81

HEALEY, J. F., Art. Dagon דגון, DDD², 407–413

HEINEMANN, O., Die „Lade" aus Akazienholz–ägyptische Wurzeln eines israelitischen Kultobjekts?, BN 80, 1995, 32–40

HEMPEL, C., The Laws of the Damascus Document. Sources, Traditions and Redaction, StTDJ 29, Leiden 1998

– DIES., Community Origins in the Damascus Document in the Light of Recent Scholarship, in: PARRY, D. W., u. a. (Hgg.), The Provo International Conference on the Dead Sea Scrolls. Technological Innovations, New Texts, and Reformulated Issues, StTDJ 30, Leiden 1999, 316–329

– DIES., The Damascus Texts, Companion to the Qumran Scrolls 1, Sheffield 2000

HEMPEL, J., Die Schichten des Deuteronomiums. Ein Beitrag zur israelitischen Literatur- und Rechtsgeschichte, Beiträge zur Kultur- und Universalgeschichte 33, Leipzig 1914

– DERS., Geschichten und Geschichte im Alten Testament bis zur persischen Zeit, Gütersloh 1964

HENTSCHEL, G., 1 Samuel (NEB.AT 33), Würzburg 1994

– DERS., 2 Samuel (NEB.AT 34), Würzburg 1994

– DERS., Das Buch Josua, in: ZENGER, E., u. a. (Hgg.), Einleitung 203–212

— DERS., Das Buch der Richter, in: ZENGER, E., u.a. (Hgg.), Einleitung 213–221
— DERS., Die Samuelbücher, in: ZENGER, E., u.a. (Hgg.), Einleitung 230–238
— DERS., Die Königsbücher, in: ZENGER, E., u.a. (Hgg.), Einleitung 239–248
HERRMANN, J., Art. ἱλαστήριον, ThWNT III, 319–320
HERRMANN, S., Die Königsnovelle in Ägypten und Israel. Ein Beitrag zur Gattungsgeschichte in den Geschichtsbüchern des Alten Testaments [1953/54], in: DERS., Gesammelte Studien zur Geschichte und Theologie des Alten Testaments, ThB 75, München 1986, 120–144
— DERS., Israels Frühgeschichte im Spannungsfeld neuer Hypothesen, in: Studien zur Ethnogenese 2, ARWAW 78, 1988, 43–95
— DERS., Jeremia 3 – der Inhalt und seine Form, in: DIEDRICH, F., u.a. (Hgg.), Ich bewirke das Heil und erschaffe das Unheil (Jesaja 45,7). Studien zur Botschaft der Propheten (Festschrift Lothar Ruppert), FzB 88, Würzburg 1998, 209–221
HERTZBERG, H.W., Die Samuelbücher, ATD 10, Göttingen ⁴1968
— DERS., Die Bücher Josua, Richter, Ruth, ATD 9, Göttingen ⁵1973
HJELDE, S., Art. Kultgeschichtliche Schule, RGG⁴ IV, 2001, 1817–1818
HOLLAND, T.A., Art. Jericho. A–D, ABD III, 723–737.739f.
HOLLENBERG, J., Die deuteronomischen Bestandteile des Buches Josua, ThStKr 47, 1874, 462–506
HÖLSCHER, G., Zum Ursprung der Rahabsage, ZAW 38, 1919/20, 54–57
— DERS., Die Anfänge der hebräischen Geschichtsschreibung, SHAW.PH 1941/42, Abh. 3, Heidelberg 1942
— DERS., Geschichtsschreibung in Israel. Untersuchungen zum Jahvisten und Elohisten, SHVL 50, Lund 1952
HOLZINGER, H., Einleitung in den Hexateuch. Mit Tabellen über die Quellenscheidung, Freiburg i. Br. u. Leipzig 1893
— DERS., Genesis, KHC I, Tübingen 1898
— DERS., Exodus, KHC II, Tübingen 1900
— DERS., Numeri, KHC IV, Tübingen 1903
— DERS., Das Buch Josua, KHC.AT VI, Tübingen 1901
HOSSFELD, F.-L., Der Dekalog. Seine späten Fassungen, die originale Komposition und seine Vorstufen, OBO 45, Fribourg u.a. 1982
— DERS., Art. Gesetzestafeln, in: NBL I, 1991, 829–830
— DERS., Festtraditionen im Psalter, in: BLUM, E., u.a. (Hgg.), Festtraditionen in Israel und im Alten Orient, VWGTh 28, Gütersloh 2006, 157–174
— DERS./ZENGER, E., Psalmen 1–50, NEB 29/1, Würzburg 1993
— DERS./ZENGER, E., Psalmen 51–100, HThK 26, Freiburg 2000
— DERS./ZENGER, E., Psalmen 51–100, NEB 29/2, Würzburg 2002
HOWARD, D.M., Joshua, The New American Commentary 5, Nashville, TN 1998
HUGO, P./KOTTSIEPER, I./STEUDEL, A., Notes Paléographiques sur 4QSamᵃ (4Q51) (Le Cas de 2 Sam 3), RdQ 23, 2007, 93–108
HULST, A.R., Art. שכן škn wohnen, in: THAT II, ²1979, 904–909
HUMBERT, P., Die literarische Zweiheit des Priester-Codex in der Genesis, ZAW 58, 1940/1941, 30–57
HYLANDER, I., Der literarische Samuel-Saul-Komplex (I.Sam. 1–15). Traditionsgeschichtlich untersucht, Uppsala 1932
ISHIDA, T., The Structure and Historical Implications of the Lists of Pre-Israelite Nations, Bib. 60, 1979, 461–490
JACKSON, J.J., The Ark and Its Making, HBT 17, 1995, 117–122
JACOB, B., Das Buch Genesis, Berlin 1934

JANOWSKI, B., Sühne als Heilsgeschehen. Traditions- und religionsgeschichtliche Studien zur Sühnetheologie der Priesterschrift, WMANT 55, Neukirchen-Vluyn 1982 (erweitert ²2000)
— DERS, „Ich will in eurer Mitte wohnen". Struktur und Genese der exilischen *Schekina*-Theologie [1987], in: DERS., Gegenwart 119–147
— DERS, Das Königtum Gottes in den Psalmen. Bemerkungen zu einem neuen Gesamtentwurf [1989], in: DERS., Gegenwart 148–213
— DERS, Tempel und Schöpfung. Schöpfungstheologiesche Aspekte der priesterlichen Heiligtumskonzeption [1990], in: DERS., Gegenwart 214–246
— DERS, Keruben und Zion. Thesen zur Entstehung der Zionstradition [1991], in: DERS., Gegenwart 247–280
— DERS. „Thronbesteigungsfest im Alten Testament". Ein unveröffentlichtes Manuskript S. Mowinckels und sein wissenschaftsgeschichtlicher Kontext [1993], in: DERS., Gerechtigkeit, 81–91
— DERS, JHWH und der Sonnengott. Aspekte der Solarisierung JHWHs in vorexilischer Zeit [1995], in: DERS., Gerechtigkeit 192–219
— DERS, JHWH der Richter – ein rettender Gott. Psalm 7 und das Motiv des Gottesgerichts [1997], in: DERS., Gerechtigkeit 92–124
— DERS, Die rettende Gerechtigkeit. Beiträge zur Theologie des Alten Testaments 2, Neukirchen-Vluyn 1999
— DERS, Die heilige Wohnung des Höchsten [2002], in: DERS., Gott 27–72
— DERS., Der Gott des Lebens. Beiträge zur Theologie des Alten Testaments 3, Neukirchen-Vluyn 2003
— DERS, Gottes Gegenwart in Israel. Beiträge zur Theologie des Alten Testaments, Neukirchen-Vluyn ²2004
— DERS, Art. Shekina. I. Altes Testament, RGG⁴ VII, 2004, 1274–1275
JAPHET, S., The Ideology of the Book of Chronicles and Its Place in Biblical Thought, Frankfurt a. M. 1989
— DIES., 1 Chronik, HThK, Freiburg i. Br. 2002
— DIES., 2 Chronik, HThK, Freiburg i. Br. 2003
JAROŠ, K., Art. Sichem, in: NBL III, 2001, 583–585
JENNI, E., Zwei Jahrzehnte Forschung an den Büchern Josua bis Könige, ThR 27, 1961, 1–32.97–146
— DERS. Art. עָנָן ʿānān Wolke, in: THAT II, ²1979, 351–353
— DERS. / WESTERMANN, C. (Hgg.), Theologisches Handwörterbuch zum Alten Testament, 2 Bde., Darmstadt ⁶2004
JEPSEN, A., Nabi. Soziologische Studien zur alttestamentlichen Literatur und Religionsgeschichte, München 1934
— DERS. Die Quellen des Königsbuches, Halle (Saale) 1953
JEREMIAS, G., Der Lehrer der Gerechtigkeit, SUNT 2, Göttingen 1963
JEREMIAS, J., Lade und Zion. Zur Entstehung der Ziontradition [1971], in: DERS., Königtum 167–182
— DERS., Der Prophet Hosea, ATD 24,1, Göttingen 1983
— DERS., Das Königtum Gottes in den Psalmen. Israels Begegnung mit dem kanaanäischen Mythos in den Jahwe-König-Psalmen, FRLANT 141, Göttingen 1987
— DERS., Art. Joel/Joelbuch, TRE XVII, 1988, 91–97
— DERS., Die Propheten Joel, Obadja, Jona, Micha, ATD 24,3, Göttingen 2007
JOÜON, P. / MURAOKA, T., A Grammar of Biblical Hebrew, SubBi 27, Rom 2006 (= JM)
KAISER, O., Grundriß der Einleitung in die kanonischen und deuterokanonischen Schriften des Alten Testaments. Band 1: Die erzählenden Werke, Gütersloh 1992; Band 2: Die prophetischen Werke. Mit einem Beitrag von Karl-

Friedrich Pohlmann, Gütersloh 1994; Band 3: Die poetischen und weisheitlichen Werke, Gütersloh 1994
— DERS., Der Gott des Alten Testaments. Theologie des Alten Testaments. Bd. 1: Grundlegung, UTB 1747, Göttingen 1993; Bd. 2: Wesen und Wirken, UTB 2024, Göttingen 1998; Bd. 3: Jahwes Gerechtigkeit, UTB 2392, Göttingen 2003
KALLAI, Z., Notes on the Topography of Benjamin, IEJ 6, 1956, 180–187
KEEL, O., Wirkmächtige Siegeszeichen im AT. Ikonographische Studien zu Jos 8,18–26; Ex 17,8–13; 2Kön 13,14–19 und 1Kön 22,11, OBO 5, Fribourg u.a. 1982
— DERS., Der salomonische Tempelweihspruch. Beobachtungen zum religionsgeschichtlichen Kontext des Ersten Jerusalemer Tempels, in: DERS., u.a. (Hgg.), Gottesstadt und Gottesgarten. Zu Geschichte und Theologie des Jerusalemer Tempels, QD 191, Freiburg i.Br. 2002, 9–23
— DERS., Die Geschichte Jerusalems und die Entstehung des Monotheismus. 2 Teilbde., Orte und Landschaften der Bibel IV,1 u. 2, Göttingen 2007
— DERS./UEHLINGER, C., Göttinnen, Götter und Gotttessymbole. Neue Erkenntnisse zur Religionsgeschichte Kanaans und Israels aufgrund bislang unerschlossener Quellen, QD 134, Freiburg u.a. 1992, ⁴1997
— DERS./UEHLINGER, C., Jahwe und die Sonnengottheit von Jerusalem, in: DIETRICH, W., u.a. (Hgg.), Ein Gott allein? JHWH-Verehrung und biblischer Monotheismus im Kontext der israelitischen und altorientalischen Religionsgeschichte (OBO 139), Fribourg u.a. 1994, 269–306
KELLER, C.A., Über einige alttestamentliche Heiligtumslegenden, ZAW 67, 1955, 141–168; ZAW 68, 1956, 85–97
KEMPINSKI, A., Art. Shiloh, NEAEHL IV, 1993, 1364–1366
KENYON, K.M., Jericho, Archaeology and Old Testament Study, Oxford 1967
— DIES., Digging up Jericho, London 1957
— DIES., Art. Jericho, NEAEHL II, 1993, 674–681
VAN KEULEN, P.S.F., Two Versions of the Solomon Narrative. An Inquiry to the Relationship between MT 1 Kgs. 2–11 and LXX 3 Reg. 2–11, VT.S 104, Leiden u.a. 2005
KLEIN, R.W., 1 Samuel, WBC 10/1, Waco, TX 1983
KITTEL, R., Das erste und das zweite Buch Samuel, in: HSAT⁴, 1922, 407–491
KNAUF, E.A., Art. Jordan, in: NBL II, 1995, 381–382
— DERS., Die Priesterschrift und die Geschichten der Deuteronomisten, in: RÖMER, T. (Hg.), The Future of Deuteronomistic History, BEThL 147, Leuven 2000, 101–118
— DERS., Die Umwelt des Alten Testaments, NSK.AT 29, Stuttgart 1994
— DERS., L'„Historiographie Deutéronomiste" (DtrG) Existe-t-elle?, in: DE PURY, A., u.a. (Hgg.), Israël Construit Son Histoire. L'Historiographie Deutéronomiste à la Lumière des Rercherches Récentes, MoBi 34, Genève 1996, 411–418 (= DERS., Does „Deuteronomistic Historiography" [DtrH] Exist?, in: DE PURY, A., u.a. [Hgg.], Israel Constructs its History, JSOT.S 306, Sheffield 2000, 388–398)
— DERS., Rez. zu ZWICKEL, Tempel, ThLZ 126, 2001, 160–161
KOCH, K., P–Kein Redaktor! Erinnerung an zwei Eckdaten der Quellenscheidung, VT 37, 1987, 446–467
— DERS., Die Priesterschrift von Exodus 25 bis Leviticus 16. Eine überlieferungsgeschichtliche und literarkritische Untersuchung, FRLANT 71, Göttingen 1959
KÖCKERT, M., Auf der Suche nach dem Jahwisten. Aporien in der Begründung einer Grundthese alttestamentlicher Exegese, ThV 14, 1985, 39–64

— DERS., Prophetie und Geschichte im Hoseabuch, ZThK 85, 1988, 3–30
— DERS., Das Land in der priesterlichen Komposition des Pentateuch, in: VIE-WEGER, D., u. a. (Hgg.), Von Gott reden. Beiträge zur Theologie und Exegese des Alten Testaments. Festschrift für Siegfried Wagner zum 65. Geburtstag, Neukirchen-Vluyn 1995, 147–162
— DERS., Von einem zum einzigen Gott. Zur Diskussion der Religionsgeschichte Israels, BThZ 15, 1998, 137–175
— DERS., Literargeschichtliche und religionsgeschichtliche Beobachtungen zu Ps 104, in: KRATZ, R. G., u. a. (Hgg.), Schriftauslegung in der Schrift. Festschrift für Odil Hannes Steck zu seinem 65. Geburtstag, BZAW 300, Berlin u. a. 2000, 259 - 279
— DERS., Zum literargeschichtlichen Ort des Prophetengesetzes Dtn 18 zwischen dem Jeremiabuch und Dtn 13, in: KRATZ, R. G. / SPIECKERMANN, H. (Hgg.), Liebe und Gebot. Studien zum Deuteronomium. Festschrift zum 70. Geburtstag von Lothar Perlitt, FRLANT 190, Göttingen 2000, 80–100
— DERS., Leben in Gottes Gegenwart. Studien zum Verständnis des Gesetzes im Alten Testament, FAT 43, Tübingen 2004
— DERS., Wandlungen Gottes im antiken Israel, BThZ 22, 2005, 3–36
— DERS., Die Entstehung des Bilderverbots, in: GRONEBERG, B. / SPIECKERMANN, H. (Hgg.), Die Welt der Götterbilder, BZAW 376, Berlin u. a. 2007, 272–290
— DERS., Die Zehn Gebote, C. H. Beck – Wissen in der Beck'schen Reihe 2430, München 2007
KOEHLER, L. / BAUMGARTNER, W., Hebräisches und aramäisches Lexikon zum Alten Testament, 5 Bde., Leiden 1967–1995 (= HAL)
KOENEN, K., Bethel. Geschichte, Kult und Theologie, OBO 192, Göttingen u. a. 2003
KÖHLMOOS, M., Bet-El – Erinnerungen an eine Stadt. Perspektiven der alttestamentlichen Bet-El-Überlieferung, FAT 49, Tübingen 2006
KÖRTING, C., כִּי בְעָנָן אֵרָאֶה עַל־הַכַּפֹּרֶת – Gottes Gegenwart am Jom Kippur, in: BLUM, E., u. a. (Hgg.), Festtraditionen in Israel und im Alten Orient, VWGTh 28, Gütersloh 2006, 221–246
— DIES., Zion in den Psalmen, FAT 48, Tübingen 2006
KONKEL, M., Sünde und Vergebung. Eine Rekonstruktion der Redaktionsgeschichte der hinteren Sinaiperikope (Exodus 32 – 34) vor dem Hintergrund aktueller Pentateuchmodelle, FAT 58, Tübingen 2008
KOSTERS, W. H., De Verhalen over de Ark in Samuel, ThT 27, 1893, 361–378
KOTTSIEPER, I., Art. שׁבע, ThWAT VIII, 989–990
KRATZ, R. G., Translatio imperii. Untersuchungen zu den aramäischen Danielerzählungen und ihrem theologiegeschichtlichen Umfeld, WMANT 63, Neukirchen-Vluyn 1991
— DERS., Die Suche nach Identität in der nachexilischen Theologiegeschichte. Zur Hermeneutik des chronistischen Geschichtswerkes und ihrer Bedeutung für das Verständnis des Alten Testaments [1995], in: DERS., Judentum 157–180
— DERS., Die Tora Davids. Ps 1 und die doxologische Fünfteilung des Psalters [1996], in: DERS., Judentum 280–311
— DERS., Art. Redaktionsgeschichte / Redaktionskritik. I. Altes Testament, TRE XXVIII, 1997, 367–378
— DERS., Der Brief des Jeremia, in: STECK, O.H. / KRATZ, R. G. / KOTTSIEPER, I., Das Buch Baruch. Der Brief des Jeremia. Zusätze zu Esther und Daniel, ATD.A 5, Göttingen 1998, 71–110

— DERS., Die Komposition der erzählenden Bücher des Alten Testaments. Grundwissen der Bibelkritik, UTB 2157, Göttingen 2000
— DERS., Der literarische Ort des Deuteronomiums, in: DERS./SPIECKER-MANN, H. (Hgg.), Liebe und Gebot. Studien zum Deuteronomium (Festschrift für Lothar Perlitt), FRLANT 190, Göttingen 2000, 101–120
— DERS., Israel als Staat und als Volk, ZThK 97, 2000, 1–17
— DERS., Der vor- und der nachpriesterschriftliche Hexateuch, in: GERTZ, J.C., u.a. (Hgg.), Abschied vom Jahwisten. Die Komposition des Hexateuch in der jüngsten Diskussion, BZAW 315, Berlin u.a. 2002, 295–323
— DERS., Der Mythos vom Königtum Gottes in Kanaan und Israel, ZAW 100, 2003, 147–162
— DERS., Die Propheten Israels, C.H. Beck–Wissen in der Beck'schen Reihe 2326, München 2003
— DERS., Die Worte des Amos von Tekoa, in: KÖCKERT, M./NISSINEN, M. (Hgg.), Propheten in Mari, Assyrien und Israel, FRLANT 201, 2003, 54–89
— DERS., Das Judentum im Zeitalter des Zweiten Tempels, FAT 42, Tübingen 2004
— DERS., Reste hebräischen Heidentums am Beispiel der Psalmen, NAWG.PH 2004/2, 25–65 (= separat und zit. [3]–[43])
— DERS., Das Schᶜmaᶜ des Psalters. Die Botschaft vom Reich Gottes nach Psalm 145, in: WITTE, M. (Hg.), Gott und Mensch im Dialog. Festschrift für Otto Kaiser zum 80. Geburtstag, Bd. 2, BZAW 345/2, Berlin u.a. 2004
— DERS., Temple and Torah: Reflections on the Legal Status of the Pentateuch between Elephantine and Qumran, in: KNOPPERS, G.N., u.a. (Hgg.), The Pentateuch as Torah. New Models for Understanding Its Promulgation and Acceptance, Winona Lake, IN 2007
KRAUS, H.-J., Psalmen 1–59, BK XV/1, Neukirchen-Vluyn ⁵1978
— DERS., Psalmen 60–150, BK XV/2, Neukirchen-Vluyn ⁵1978
KRENKEL, M., Einige Emendationen zu den Büchern Samuels, ZAW 1, 1882, 309–310
KREUZER, S., Art. Schilo, in: NBL III, 2001, 474–476
— DERS., Art. Lade JHWHs, RGG⁴ V, 2002, 10–12
— DERS., Zebaoth–der Thronende, VT 65, 2006, 347–362
— DERS., Art. Lade JHWHs/Bundeslade, WiBiLex 2008, http://www.wibilex.de (Zugriffsdatum: 25.2.2008)
KRISS, R./KRISS-HEINRICH, H., Volksglaube im Bereich des Islam. Bd. 1: Wallfahrtswesen und Heiligenverehrung, Wiesbaden 1960
KRUSE, H., David's Covenant, VT 35, 1985, 139–164
KUENEN, A., Historisch-kritische Einleitung in die Bücher des Alten Testaments hinsichtlich ihrer Entstehung und Sammlung, Bd. 1,1, Leipzig 1887
KUHL, C., Rez. von ROST, Überlieferung, ThLZ 53, 1928, 99–100
— DERS., Die „Wiederaufnahme"–ein literarkritisches Prinzip?, ZAW 64, 1952, 1–11
KUHLMANN, K.P., Königsthron und Gottesthron, BiOr 44, 1987, 325–376
KUHN, K.G. (Hg.), Konkordanz zu den Qumrantexten, Göttingen 1960
KUNTZMANN, R., Dieu vient vers son Lieu de Repos (2 Ch 6,41), in: DERS. (Hg.), Ce Dieu qui vient. Etudes sur l'Ancien et le Nouveau Testament offertes au Professeur Bernard Renaud à l'Occasion de son soixante-cinquième Anniversaire, LeDiv 159, Paris 1995, 205–213
KUTSCH, E., Die Dynastie von Gottes Gnaden. Probleme der Nathanweissagung in 2. Sam 7, ZThK 58, 1961, 137–153

LAATO, A., Psalm 132 and the Development of the Jerusalemite/Israelite Royal Ideology, CBQ 54, 1992, 59–66

LATVUS, K., Jumalan Viha. Redaktiokriittinen tutkimus Joosuan ja tuomarien kirjojen umalakuvasta, SESJ 58, Helsinki 1993

— DERS., From Army Campsite to Partners in Peace. The Changing Role of the Gibeonites in the Redaction Process of Josh. x 1–8; xi 19, in: SCHUNCK, K.-D., u. a. (Hgg.), „Lasset uns Brücken bauen...". Cambridge 1995, BEAT 42, Frankfurt/Main 1998

LAWRENCE, A.H., Duke Ellington and his World. A Biography, New York, NY u. a. 2001

VAN LEEUWEN, C., Art. עֵד 'ēd Zeuge, in: THAT II, ²1979, 209–221

LÉGASSE, S., L'Arche d'Alliance, Laur. 48, 2007, 339–348

LETTINGA, J.P., Grammatik des biblischen Hebräisch, Riehen/Basel-Stadt 1992

LEVIN, C., Der Sturz der Königin Atalja. Ein Kapitel zur Geschichte Judas im 9. Jahrhundert v. Chr., SBS 105, Stuttgart 1982

— DERS., Josia im deuteronomistischen Geschichtswerk [1984], in: DERS., Fortschreibungen 198–216

— DERS., Der Dekalog am Sinai [1985], in: DERS., Fortschreibungen 60–80

— DERS., Die Verheißung des neuen Bundes in ihrem theologiegeschichtlichen Zusammenhang ausgelegt, FRLANT 137, Göttingen 1985

— DERS., Das System der zwölf Stämme Israels [1992], in: DERS., Fortschreibungen 111–123

— DERS., Das Gebetbuch der Gerechten. Literargeschichtliche Beobachtungen am Psalter [1993], in: DERS., Fortschreibungen 291–313

— DERS., Der Jahwist, FRLANT 157, Göttingen 1993

— DERS., Tatbericht und Wortbericht in der priesterschriftlichen Schöpfungserzählung [1994], in: DERS., Fortschreibungen 23–39

— DERS., Amos und Jerobeam I., [1995], in: DERS., Fortschreibungen 256–264

— DERS., Das vorstaatliche Israel [2000], in: DERS., Fortschreibungen 142–158

— DERS., Das Alter des Deboralieds [2001], in: DERS., Fortschreibungen 124–141

— DERS., Fortschreibungen. Gesammelte Studien zum Alten Testament, BZAW 316, Berlin u. a. 2003

— DERS., Die Entstehung der Büchereinteilung des Psalters, VT 54, 2004, 83–90

— DERS., Die Entstehung der Bundestheologie im Alten Testament, NAWG.PH 2004, Göttingen 2004, 89–104 (separat = und zit.: [3]–[18])

— DERS., Das Alte Testament, C.H. Beck–Wissen in der Beck'schen Reihe 2160, München ³2006

— DERS., The Yahwist and the Redactional Link between Genesis and Exodus, in: DOZEMAN/SCHMID, Farewell 131–141

— DERS., Das Alte Testament auf dem Weg zu seiner Theologie, ZThK 105, 2008, 125–145

— DERS., Die Frömmigkeit der Könige von Israel und Juda, in: PAKKALA/NISSINEN (Hgg.), Houses 129–168

LIDDELL, H.G./SCOTT, R., A Greek-English Lexicon. Revised and augmented throughout by Sir Henry Stuart Jones with the Assistance of Roderick McKenzie and with the Cooperation of many other Scholars. With a Revised Supplement, Oxford ⁹1996 (= LSJ bzw. LSJ Suppl.)

LIND, M.C., The Prophetic Emphasis of the Sinai Tabernacle Pericope, Exodus 25:10–22, in: ZERBE, G. (Hg.), Reclaiming the Old Testament. Essays in Honour of Waldemar Janzen, Winnipeg 2001, 138–145

LININGTON, S., The Term בְּרִית in the Old Testament. Part III: An Enquiry into the Meaning and the Use of the Word in Joshua and Judges, OTEs 18, 2005, 664–680

LIPIŃSKI, E., La Royauté de Yahwé dans la poésie et le culte de l'Ancien Israël, VVAW.L 27, Brüssel ²1968

LISOWSKY, G./ROST, L., Konkordanz zum Hebräischen Alten Testament, Stuttgart ³1993

LOEWE, R., Ark, Archaism and Misappropriation, in: RAPOPORT-ALBERT, A., u.a. (Hgg.), Biblical Hebrews, biblical Texts. Essays in Memory of Michael P. Weitzman, JSOT.S 333, Sheffield 2001, 113–145

LOHFINK, N., Die deuteronomistische Darstellung des Übergangs der Führung Israels von Moses auf Josue. Ein Beitrag zur alttestamentlichen Theologie des Amtes [1962], in: DERS., Studien zum Deuteronomium und zur deuteronomistischen Literatur I, SBAB 8, Stuttgart 1990, 83–97

— DERS., Das Hauptgebot. Eine Untersuchung literarischer Einleitungsfragen zu Dtn 5–11, AnBib 20, Rom 1963

— DERS., Höre, Israel! Auslegung von Texten aus dem Buch Deuteronomium, Die Welt der Bibel, Düsseldorf 1965

— DERS., Die Landverheißung als Eid. Eine Studie zu Gn 15, SBS 28, Stuttgart 1967

— DERS., Die Priesterschrift und die Geschichte [1977], in: DERS., Studien zum Pentateuch, SBAB 4, Stuttgart 1988, 213–253

— DERS., Art. חֵרֶם ḥæræm, ThWAT III, 1982, 192–213

— DERS. „Gewalt" als Thema alttestamentlicher Forschung, QD 96, Freiburg 1983, 15–50

— DERS., Artt. Bann; Bund; Deuteronomistisch; Deuteronomium; in: NBL I, 1991, 237–238; 344–348; 413–414; 414–418

— DERS. (Hg.), Das Deuteronomium. Entstehung, Gestalt und Botschaft, BEThL 68, Leuven 1985

LOHSE, E., Die Texte aus Qumran. Hebräisch und Deutsch, Darmstadt 1971

— DERS., Die Offenbarung des Johannes, NTD 11, Göttingen ⁸1993

LORETZ, O., Die steinernen Gesetzestafeln in der Lade. Probleme der Deuteronomium-Forschung zwischen Geschichte und Utopie, UF 9, 1977, 159–161

— DERS., Das Neujahrsfest im syrisch-palästinischen Regenbaugebiet. Der Beitrag der Ugarit- und Emar-Texte zum Verständnis biblischer Neujahrstradition, in: BLUM, E., u.a. (Hgg.), Festtraditionen in Israel und im Alten Orient, VWGTh 28, Gütersloh 2006, 81–110

LUBSCZIK, H., Elohim beim Jahwisten, in: Congress Volume Göttingen 1977, VT.S 29, Leiden 1978

LUCASSEN, B., Josua, Richter und CD, RdQ 18, 1997/1998, 373–396

LUST, J./EYNIKEL, E./HAUSPIE, K., A Greek-English Lexicon of the Septuagint, Stuttgart ²2003

MACHINIST, P., Biblical Traditions: The Philistines and Israelite History, in: OREN, E.D., The Sea Peoples and Their World: A Reassessment, University Museum Monograph 108, University Museum Series 11, Philadelphia, PA 2000, 53–84

MAEIR, A.M., A New Interpretation of the Term 'opalim (עפלים) in the Light of Recent Archaeological Finds from Philistia, JSOT 32, 2007, 23–40

MAIER, J., Die Texte vom Toten Meer. Bd. 2: Anmerkungen, München u.a. 1960

— DERS., Vom Kultus zur Gnosis. Studien zur Vor- und Frühgeschichte der „jüdischen Gnosis". Bundeslade, Gottesthron und Märkābāh, Kairos. Religionswissenschaftliche Studien 1, Salzburg 1964

— DERS., Das altisraelitische Ladeheiligtum, BZAW 93, Berlin 1965

— DERS., Von Eleazar bis Zadok: CD V, 2–5, RdQ 15, 1991, 231–241
— DERS., Zwischen den Testamenten. Geschichte und Religion in der Zeit des zweiten Tempels, NEB.AT Ergänzungsband 3, Würzburg 1993
MANDELKERN, S., Veteris Testamenti Concordantiae Hebraicae atque Chaldaicae, 2 Bde., Leipzig ²1937
MARGALITH, O., The Meaning of *plym* in 1 Samuel V–VI, VT 33, 1983, 339–341
MARTTILA, M., Collective Reinterpretation in the Psalms. A Study of the Redaction History of the Psalter, FAT II / 13, Tübingen 2006
MASBERGER, P., Art. Akazie, in: NBL I, 1991, 68–69
MASSYNGBERDE FORD, J., Revelation. Introduction, Translation, and Commentary, AB 38, Garden City, NY 1975
MATHYS, H.-P., Dichter und Beter. Theologen aus spätalttestamentlicher Zeit, OBO 132, Göttingen u. a. 1994
MATTHEWS, V.H., Physical Space, Imagined Space, and „Lived Space" in Ancient Israel, BTB 33, 2003, 12–20
MAY, H. G., The Ark–A Miniature Temple, AJSL 52, 1936, 215–234
MAYER, G., Die jüdische Frau in der hellenistisch-römischen Antike, Stuttgart 1987
McCARTER, P. K., 1 Samuel, AncB VIII, New York, NY u. a. 1980 (= Samuel I)
— DERS., The Ritual Dedication of the City of David in 2 Samuel 6, in: MEYERS, C. L., u. a. (Hgg.), The Word of the Lord Shall Go Forth. Essays in Honor of David Noel Freedman in Celebration of His Sixtieth Birthday, Winona Lake, IN 1982, 273–278
McCORMICK, C.M., Palace and Temple. A Study of Architectural and Verbal Icons, BZAW 313, Berlin u. a. 2002
— DERS., From Box to Throne. The Development of the Ark in DtrH and P, in: EHRLICH, C.S. (Hg.), Saul in Story and Tradition, FAT 47, Tübingen 2006, 175–186
McKANE, W., The Earlier History of the Ark, TrGUOS 21, 1965/66, 68–76
— DERS., Jeremiah, Bd. 1: Introduction and Commentary on Jeremiah I–XXV, ICC, Edinburgh 1986
VAN DER MEER, M. N., Formation and Reformulation. The Redaction of the Book of Joshua in the Light of the Oldest Textual Witnesses, VT.S 102, Leiden u. a. 2004
MEINHOLD, J., Die „Lade Jahves", ThARWPV.NF 4, Tübingen u. a. 1900, 1–41
— DERS., Joma (Der Versöhnungstag). Text, Übersetzung und Erklärung. Nebst einem textkritischen Anhang, Die Mischna. Text, Übersetzung und ausführliche Erklärung. Mit eingehenden geschichtlichen und sprachlichen Einleitungen und textkritischen Anhängen, hg. v. G. BEER u.a., Gießen / Berlin 1912ff., Bd. II/5, Seder Moëd. Traktat Joma, Gießen 1913
METTINGER, T. N. D., King and Messiah. The Civil and Sacral Legitimation of the Israelite Kings, CB.OT 8, Lund 1976
— DERS., The Dethronement of Sabaoth. Studies in the Shem and Kabod Theologies, CB.OT 18, Lund 1982
— DERS., No Graven Image? Israelite Aniconism in Its Ancient Near Eastern Context, CB.OT 42, Stockholm 1995
— DERS., Art. Cherubim כרובים, DDD², 1999, 189–192
— DERS., Art. Yahweh Zebaoth צבאות יהוה, DDD², 1999, 920–924
— DERS., Cui Bono? The Prophecy of Nathan (2 Sam 7) as a Piece of Political Rhetoric, in: PAKKALA / NISSINEN, Houses 271–299
MILLARD, A. R., The Tablets in the Ark, in: McCONVILLE, J. G., u. a. (Hgg.), Reading the Law. Studies in Honour of Gordon J. Wenham, Library of Hebrew Bible. Old Testament Series 461, New York 2007, 254–266

MICHEL, D., Studien zu den sogenannten Thronbesteigungspsalmen, VT 6, 1956, 40–68

MILLER, P.D./ROBERTS, J.J.M., The Hand of the Lord. A Reassessment of the „Ark Narrative" of 1 Samuel, Baltimore, MD 1977

MITTMANN, S., Deuteronomium 1,1–6,3 literarkritisch und traditionsgeschichtlich untersucht, BZAW 139, Berlin u.a. 1975

— DERS./SCHMITT, S. (Hgg.), Tübinger Bibelatlas. Auf der Grundlage des Tübinger Atlas des Vorderen Orients (TAVO), Stuttgart 2001

MOENIKES, A., Tora ohne Mose. Zur Vorgeschichte der Mose-Tora, BBB 149, Berlin u.a. 2004

MOLIN, G., What is a Kidôn?, JSSt 1, 1956, 334–337

MOMMER, P., Samuel in Psalm 99, BN 31, 1986, 27–30

— DERS., Samuel. Geschichte und Überlieferung, WMANT 65, 1991

— DERS., Art. Samuel, WiBiLex 2008, http://www.wibilex.de (Zugriffsdatum: 10.3.2008)

MOORE, G.F., A Critical and Exegetical Commentary on Judges, ICC 6, Edinburgh ²1918 (= Judges)

MORGENSTERN, C., Die unmögliche Tatsache, in: DERS., Werke und Briefe. Stuttgarter Ausgabe; kommentierte Ausgabe. Bd. 3: Humoristische Lyrik, hg. v. M. CUREAU, Stuttgart 1990, 119–120

MORGENSTERN, J., The Ark, the Ephod, and the „Tent of the Meeting", HUCA 17, 1942/1943, 153–266; 18, 1943/1944, 1–52

MOWINCKEL, S., Psalmenstudien II. Das Thronbesteigungsfest Jahwäs und der Ursprung der Eschatologie, Psalmenstudien II, Kristiania 1922

— DERS., Wann wurde der Jahwäkultus in Jerusalem offiziell bildlos?, AcOr 8, 1930, 257–279

— DERS., Tetrateuch–Pentateuch–Hexateuch. Die Berichte über die Landnahme in den drei altisraelitischen Geschichtswerken, BZAW 90, Berlin 1964

MÜLLER, H.-P., Moabitische historische Inschriften, TUAT I, 646–650

MÜLLER, R., Königtum und Gottesherrschaft. Untersuchungen zur alttestamentlichen Monarchiekritik, FAT II/3, Tübingen 2004

— DERS., Theologie jenseits der Königsherrschaft, ZThK 104, 2007, 1–24

— DERS., Jahwe als Wettergott. Studien zur althebräischen Kultlyrik anhand ausgewählter Psalmen, BZAW 387, Berlin u.a. 2008

MULDER, M., 1 Kings, HCOT 4, Leuven 1998

MULZER, M., Art. Eleasar, in: NBL I, 1991, 510–511

MURPHY-O'CONNOR, J., An Essene Missionary Document? CD II,14–VI,1, RB 77, 1970, 201–229

— DERS., A Literary Analysis of Damascus Document VI,2–VIII,3, RB 78, 1971, 210–232 (= Analysis I)

— DERS., A Literary Analysis of Damascus Document XIX,33–XX,34, RB 79, 1972, 544–564 (= Analysis II)

— DERS., The Damascus Document Revisited, RB 92, 1985, 223–246

NAUMANN, T., David als exemplarischer König. Der Fall Urijas (2 Sam 11) vor dem Hintergrund altorientalischer Erzähltraditionen, in: DE PURY, A., u.a. (Hgg.), Die sogenannte Thronfolgegeschichte Davids. Neue Einsichten und Anfragen, OBO 176, Fribourg u.a. 2000, 136–167

— DERS., Artt. Samuel; Samuelbücher, in: NBL III, 2001, 434–436; 436–441

— DERS., Zum Verhältnis von Synchronie und Diachronie in der Samuelexegese, in: DIETRICH, W. (Hg.), David und Saul im Widerstreit. Diachronie und Synchronie im Wettstreit. Beiträge zur Auslegung des ersten Samuelbuches, OBO 206, Fribourg u.a. 2005, 51–66

NELSON, R. D., Joshua. A Commentary, OTL, Louisville, KY 1997

NEWSOM, C., The Self as Symbolic Space. Constructing Identity and Community at Qumran, StTDJ 52, Leiden 2004

NIEHR, H., The Rise of YHWH in Judahite and Israelite Religion. Methodological and Religio-Historical Aspects, in: EDELMAN, D. V. (Hg.), The Triumph of Elohim. From Yahwisms to Judaisms, CBET 13, Kampen 1995

— DERS., In Search of Yhwh's Cult Statue in the First Temple, in: VAN DER TOORN, K. (Hg.), The Image and the Book. Iconic Cults, Aniconism, and the Rise of Book Religion in Israel and the Ancient Near East, CBET 21, Leuven 1997, 73–95

— DERS., Religionen in Israels Umwelt. Einführung in die nordwestsemitischen Religionen Syrien-Palästinas, NEB.AT Ergänzungsband 5, Würzburg 1998

NIELSEN, E., Some Reflections on the History of the Ark, in: DE BOER, P. H. A., u. a. (Hgg.), Congress Volume Oxford 1959, VT.S 7, 1960, 61–74

— DERS., Deuteronomium, HAT I/6, Tübingen 1995

NIEMANN, H. M., Nachbarn und Gegner, Konkurrenten und Verwandte Judas: Die Philister zwischen Geographie und Ökonomie, Geschichte und Theologie, in: HÜBNER, U., u. a. (Hgg.), Kein Land für sich allein. Studien zum Kulturkontakt in Kanaan, Israel/Palästina und Ebirnari für Manfred Weippert zum 65. Geburtstag, OBO 186, 2002, 70–90

— DERS., Art. Philister. I. Altes Testament, RGG⁴ VI, 2003, 1282–1284

NÖLDEKE, T., Untersuchungen zur Kritik des Alten Testaments, Kiel 1869

NÖMMIK, U., Die Gerechtigkeitsbearbeitungen in den Psalmen. Eine Hypothese von Christoph Levin formgeschichtlich und kolometrisch überprüft, UF 31, 2000, 443–535

NOORT, E., Josua 24:28–31, Richter 2:6–9 und das Josuagrab. Gedanken zu einem Straßenschild, in: ZWICKEL, W. (Hg.), Biblische Welten. Festschrift für Martin Metzger, OBO 123, Freiburg u. a. 1993, 109–130

— DERS., Die Seevölker in Palästina, Kampen 1994

— DERS., The Traditions of Ebal and Gerizim. Theological Positions in the Book of Joshua, in: VERVENNE, M., u. a. (Hgg.), Deuteronomy and Deuteronomic History, Festschrift C. H. W. Brekelmans, BEThL 133, Leuven 1997, 161–180

— DERS., Das Buch Josua. Forschungsgeschichte und Problemfelder, EdF 292, Darmstadt 1998 (= Josua)

— DERS., Die Philister, David und Jerusalem, in: MAUL, S. M. (Hg.), Festschrift für Rykle Borger zu seinem 65. Geburtstag am 24. Mai 1994. Tikip santakki mala bašmu, Cuneiform Monographs 10, Groningen 1998, 199–213

— DERS., Art. Philister. II. Archäologie und Ikonographie, RGG⁴ VI, 2003, 1284–1285

— DERS., Josua und Amalek: Exodus 17:8–16, in: ROUKEMA, R., u. a. (Hgg.), The Interpretation of Exodus. Studies in Honour of Cornelis Houtman, CBET 44, Leuven 2006, 155–169 (= Josua und Amalek)

NOTH, M., Die israelitischen Personennamen im Rahmen der gemeinsemitischen Namensgebung, BWANT 46, Stuttgart 1928

— DERS., Das System der zwölf Stämme Israels, BWANT 52, Stuttgart u. a. 1930

— DERS., Bethel und Ai [1935], in: DERS., ABLAK I, 229–280

— DERS., Das Buch Josua, HAT I/7, Tübingen ¹1938, ²1953 (= Josua¹ und Josua²)

— DERS., Überlieferungsgeschichtliche Studien. Erster Teil. Die sammelnden und bearbeitenden Geschichtswerke im Alten Testament. SKG.G 18,2, Halle/Saale 1943 (= ÜSt)
— DERS., Überlieferungsgeschichte des Pentateuch, Stuttgart 1948 (= ÜP)
— DERS., Samuel und Silo [1963], in: DERS., ABLAK I, 148–156
— DERS., Das dritte Buch Mose. Leviticus, ATD 6, Göttingen ⁵1985
— DERS., Das vierte Buch Mose. Numeri, ATD 7, Göttingen 1966
— DERS., Aufsätze zur Biblischen Landes- und Altertumskunde. 2 Bde., hg. v. H. W. WOLFF; Bd. 1: Archäologische, exegetische und topographische Untersuchungen zur Geschichte Israels; Bd. 2: Beiträge altorientalischer Texte zur Geschichte Israels, Neukirchen-Vluyn 1971 (= ABLAK I/II)
— DERS., Das zweite Buch Mose. Exodus, ATD 5, Göttingen ⁵1973
OREL, V., The Great Fall of Dagon, ZAW 110, 1998, 427–432
ORMANN, G., Die Stilmittel im Deuteronomium, in: Festschrift für Leo Baeck, hg. im Auftrag der Lehranstalt für die Wissenschaft des Judentums zu Berlin, Berlin 1938, 39–53
OTTO, E., Das Mazzotfest in Gilgal, BWANT 107, Stuttgart u. a. 1975
— DERS., Kritik der Pentateuchkomposition (E. Blum/A. F. Campbell; M. A. O'Brien/C. Levin), ThR 60, 1995, 163–191
— DERS., Forschungen zur Priesterschrift, ThR 62, 1997, 1–50
— DERS., Das Deuteronomium. Politische Theologie und Rechtsreform in Juda und Assyrien, BZAW 284, Berlin u. a. 1999
— DERS., Das Deuteronomium im Pentateuch und Hexateuch. Studien zur Literaturgeschichte von Pentateuch und Hexateuch im Lichte des Deuteronomiumrahmens, FAT 30, Tübingen 2000
— DERS., Mose. Geschichte und Legende, C. H. Beck–Wissen in der Beck'schen Reihe 2400, München 2006
— DERS., Das Gesetz des Mose, Darmstadt 2007
OWCZAREK, S., Die Vorstellung vom Wohnen Gottes inmitten seines Volkes in der Priesterschrift. Zur Heiligtumstheologie der priesterschriftlichen Grundschrift. T 625, Frankfurt a. M. u. a. 1998
PAKKALA, J./NISSINEN, M. (Hgg.), Houses Full of All Good Things. Essays in Memory of Timo Veijola, SFEG 95, Helsinki/Göttingen 2008
PATTON, C. L., Psalm 132. A Methodological Inquiry, CBQ 57, 1995, 643–654
PECKHAM, B., The Composition of Deuteronomy 9:1–10:11, in: PLEVNIK, J. (Hg.), Word and Spirit. Essays in Honor of David Michael Stanley, S. J. on his 60th Birthday, Willowdale, Ontario 1975, 3–59
— DERS., The Composition of Joshua 3–4, CBQ 46, 1984, 413–431
PERLITT, L., Bundestheologie im Alten Testament, WMANT 36, Neukirchen 1969
— DERS., Anklage und Freispruch Gottes [1972], in: DERS., Studien 20–31
— DERS., Priesterschrift im Deuteronomium? [1988], in: DERS., Studien 123–143
— DERS., Deuteronomium 6,20–25. Eine Ermutigung zu Bekenntnis und Lehre [1989], in: DERS. Studien 144–156
— DERS., Deuteronomium, BK V/1,1–4, Neukirchen-Vluyn 1990; 1991; 1994; 2006
— DERS., Deuteronomium-Studien, FAT 8, Tübingen 1994 (= Studien)
PETERSON, E. H., First and Second Samuel, Westminster Bible Companion, Louisville, KY 1998 (= Samuel)
PETIT, M., La Cachette de l'Arche d'Alliance. À partir de la 'Vie de Jérémie' 9-1 dans les 'Vitae Prophetarum', in: DIES. (Hg.), La Littérature intertestamentaire. Colloque de Strasbourg (17–19 octobre 1983), Bibliothèque des Centres d'Études Supérieurs spécialisés, Paris 1985, 119–131

— DIES., Le Contenu de l'Arche d'Alliance. Génération et Addition de Thèmes, in: CAQUOT, A., u.a. (Hgg.), Hellenica et Judaica. Hommage à Valentin Nikiprowetzky, Collection de la Revue des Études Juives 3, Louvain 1986, 335–346

PETRY, S., Die Entgrenzung JHWHs. Monolatrie, Bilderverbot und Monotheismus im Deuteronomium, in Deuterojesaja und im Ezechielbuch FAT II/27, Tübingen 2007

PFANNER, M., Der Titusbogen. Mit einer Bauaufnahme von Ulrike Hess und Fotografien von Helmut Schwanke, Beiträge zur Erschließung hellenistischer und kaiserzeitlicher Skulptur und Architektur 2, Mainz 1983

PHILLIPS, A., David's Linen Ephod, VT 19, 1969, 485–487

PIETSCH, M., „Dieser ist der Sproß Davids...". Studien zur Rezeptionsgeschichte der Nathanverheißung im alttestamentlichen, zwischentestamentlichen und neutestamentlichen Schrifttum, WMANT 100, Neukirchen 2003

— DERS., Von Königen und Königtümern. Eine Untersuchung zur Textgeschichte der Königsbücher, ZAW 119, 2007, 39–58

PINTORE, F., Seren, Tarwanis, Tyrannos, in: CARRUBA, O., u.a. (Hgg.), Studi Orientalistici in Ricordo di Franco Pintore, Studia Mediterranea 4, Pavia 1983, 285–322

PLÖGER, O., Theokratie und Eschatologie, WMANT 2, Neukirchen ³1968

POLA, T., Die ursprüngliche Priesterschrift. Beobachtungen zur Literarkritik und Traditionsgeschichte von P^g, WMANT 70, Neukirchen-Vluyn 1995

— DERS., Art. Stiftshütte, RGG⁴ VII, 2004, 1735

POLZIN, R., Samuel and the Deuteronomist. A Literary Study of the Deuteronomic History. Part Two. 1 Samuel, ISBL, Bloomington, IN 1993

POPPER, J., Der biblische Bericht über die Stiftshütte. Ein Beitrag zur Geschichte der Composition und Diaskeue des Pentateuch, Leipzig 1862

PORTER, R., The Interpretation of 2 Samuel VI and Psalm CXXXII, JThS 5, 1954, 201–226

PRESS, R., Der Prophet Samuel. Eine traditionsgeschichtliche Untersuchung, ZAW 56, 1938, 177–225

PREUSS, H.D., Deuteronomium, EdF 164, Darmstadt 1982

— DERS., Zum deuteronomistischen Geschichtswerk, ThR 58, 1993, 229–264.341–395

PRINCE, J.D., Ichabod, JBL 32, 1913, 151–154

PROCKSCH, O., Die Elohimquelle. Das nordhebräische Sagenbuch, Leipzig 1906

DE PURY, A. (Hg.), Le Pentateuque en Question. Les Origines et la Composition des cinq premiers Livres de la Bible à la Lumière des Recherches récentes, Genf 1989

QIMRON, E., The Text of CDC, in: BROSHI, M. (Hg.), Damascus Document 9–49

— DERS., Concerning „Joshua Cycles" from Qumran, Tarb. 63, 1994, 503–508

RABIN, C., The Zadokite Documents. I. The Admonition. II. The Laws, Oxford ²1958

VON RAD, G., Das Geschichtsbild des chronistischen Werkes, BWANT 54, Stuttgart 1930

— DERS., Zelt und Lade [1931], in: DERS., Studien 109–129

— DERS., Es ist noch eine Ruhe vorhanden dem Volke Gottes (Eine biblische Begriffsuntersuchung) [1933], in: DERS., Studien 101–108

— DERS., Die levitische Predigt in den Büchern der Chronik [1934], in: DERS. Studien 248–261

— DERS., Die Priesterschrift im Hexateuch literarisch untersucht und theologisch gewertet, BWANT 65, Stuttgart 1934

— DERS., Das formgeschichtliche Problem des Hexateuch [1938], in: DERS., Studien 9–86
— DERS., Der Heilige Krieg im alten Israel, AThANT 20, Göttingen ²1951
— DERS., Gesammelte Studien zum Alten Testament, ThB 8, München ²1958
— DERS., Theologie des Alten Testaments. Band 1. Die Theologie der geschichtlichen Überlieferungen Israels, München ⁴1962
— DERS., Das erste Buch Mose. Genesis. ATD 2–4, Göttingen ¹²1987
RADJAWANE A. N., Das deuteronomistische Geschichtswerk. Ein Forschungsbericht, ThR 38, 1974, 177–216
Redaktion der RGG⁴ (Hgg.), Abkürzungen Theologie und Religionswissenschaft nach RGG⁴, UTB 2868, Tübingen 2007
RAKE, M., „Juda wird aufsteigen!". Untersuchungen zum ersten Kapitel des Richterbuches, BZAW 367, Berlin u. a. 2006
RENDTORFF, R., Die Geburt des Retters. Beobachtungen zur Jugendgeschichte Samuels im Rahmen der literarischen Komposition, in: DERS., Kanon und Theologie, Neukirchen 1991, 132–140
REUTER, E., Art. Lade. (I) Ladetraditionen, in: NBL II, 1995, 574–576
RICHTER, W., Die sogenannten vorprophetischen Berufungsberichte. Eine literaturwissenschaftliche Studie zu 1 Sam 9,1–10,16, Ex 3f. und Ri 6,11b–17, FRLANT 101, 1970
RIESNER, R., Die Mauern von Jericho. Bibelwissenschaft zwischen Fundamentalismus und Kritizismus, ThBeitr 14, 1983, 79–86
DE ROBERT, P., La Gloire en Exil. Réflexions sur 1 Samuel 4,19–22, RHPhR 59, 1979, 351–356
ROFÉ, A., The End of the Book of Joshua according to the Septuagint, Henoch 4, 1982, 17–36 (engl., = DERS., Shnaton 2, 1977, XVIII–XIX u. 217–227 [hebr.])
— DERS., The Edition of the Book of Joshua in the Light of 4QJoshᵃ, in: BROOKE, G. J., u. a. (Hgg.), New Qumran Texts and Studies, StTDJ 15, Leiden u. a. 1994, 73–80
RÖSEL, C., Die messianische Redaktion des Psalters. Studien zu Entstehung und Theologie der Sammlung Psalm 2–89, CThM.BW 19, Stuttgart 1990
RÖSEL, H. N., Studien zur Topographie der Kriege in den Büchern Josua und Richter I, ZDPV 91, 1975, 159–190
RÖSEL, M., Die Septuaginta-Version des Josuabuches, in: FABRY, H. J., u. a. (Hgg.), Im Brennpunkt: Die Septuaginta. Studien zur Entstehung und Bedeutung der Griechischen Bibel, BWANT 153, 2001, 197–212
— DERS., The Septuagint-Version of the Book of Joshua, SJOT 16, 2002, 5-23
RÖSSLER, O., Aramäische Staatsverträge, TUAT I, 178–189
DE ROO, J. C. R., Davids Deeds in the Dead Sea Scrolls, DSD 6, 1999, 44–65
VAN ROOY, H. F., Prophetic Utterances in Narrative Texts, with Reference to 1 Samuel 2:27–36, OTE 3, 1990, 203–218
ROSE, M., Deuteronomist und Jahwist. Untersuchungen zu den Berührungspunkte beider Literaturwerke, AThANT 67, Zürich 1981
— DERS., 5. Mose 1–11 und 26–34. Rahmenstücke zum Gesetzeskorpus, ZBK 5/2, Zürich 1994 (= Deuteronomium)
ROSENSTOCK, B., David's Play: Fertility Rituals and the Glory of God in 2 Samuel 6, JSOT 31, 2006, 63–80
ROST, L., Die Überlieferung von der Thronnachfolge Davids, BWANT 42, Stuttgart 1926 (= DERS., Credo 119–253)
— DERS., Königsherrschaft Jahwes in vorköniglicher Zeit?, ThLZ 85, 1960, 721–724
— DERS., Das kleine geschichtliche Credo und andere Studien zum Alten Testament, Heidelberg 1965

ROTH, W. M. W., Hinterhalt und Scheinflucht. Der stammespolemische Hintergrund von Jos 8, ZAW 75, 1963, 296–304

ROTHSTEIN, W., Das erste und zweite Buch der Chronik, in: HSAT⁴, 1922, 562–678
— DERS., Kommentar zum ersten Buch der Chronik. Bearb., abgeschlossen und eingel. von J. HÄNEL, KAT 18,2, Leipzig 1927 (= ROTHSTEIN/HÄNEL, Chronik)

RUDNIG, T. A., Davids Thron. Redaktionsgeschichtliche Studien zur Geschichte von der Thronnachfolge Davids, BZAW 358, Berlin u. a. 2006
— DERS., „Ist denn Jahwe nicht auf dem Zion?" (Jer 8,19). Gottes Gegenwart im Heiligtum, ZThK 104, 2007, 267–286

RUDOLPH, W., Der „Elohist" von Exodus bis Josua, BZAW 68, Berlin 1938
— DERS., Esra und Nehemia samt 3. Esra, HAT I/20, Tübingen 1949
— DERS., Zum Text der Königsbücher, ZAW 63, 1951, 201–215
— DERS., Chronikbücher, HAT I/21, Tübingen 1955
— DERS., Jeremia, HAT I/12, Tübingen ³1968

RUPPRECHT, K., Nachrichten von Erweiterung und Renovierung des Tempels in 1. Könige 6, ZDPV 88, 1972, 38–52
— DERS., Der Tempel von Jerusalem. Gründung Salomos oder jebusitisches Erbe?, BZAW 144, Berlin u. a. 1977
— DERS., Die Zuverlässigkeit der Überlieferung von Salomos Tempelgründung, ZAW 89, 1977, 205–214

SÆBØ, M., Priestertheologie und Priesterschrift. Zur Eigenart der priesterlichen Schicht im Pentateuch, in: EMERTON, J. A. (Hg.), Congress Volume Vienna 1980, VT.S 32, Leiden 1981, 357–374

SASSON, J. M., „The Lord of Hosts, seated over the Cherubs", in: McKENZIE, S. L. (Hg.), Rethinking the Foundations. Historiography in the ancient World and in the Bible. Essays in Honour of John van Seters, BZAW 294, Berlin 2000, 227–234

SAUR, M., Die Königspsalmen. Studien zu ihrer Entstehung und Theologie, BZAW 340, Berlin u. a. 2004

SCHÄFER-LICHTENBERGER, C., David und Jerusalem – ein Kapitel biblischer Historiographie, in: ErIs 24 (A. Malamat Volume), Jerusalem 1993, 197*–211*
— DIES., Josua und Salomo. Eine Studie zu Autorität und Legitimität des Nachfolgers im Alten Testament, VT.S 58, Leiden 1995
— DIES., „Sie wird nicht wieder hergestellt werden". Anmerkungen zum Verlust der Lade, in: BLUM, E. (Hg.), Mincha. Festgabe für Rolf Rendtorff zum 75. Geburtstag, Neukirchen-Vluyn 2000, 229–241
— DIES., Beobachtungen zur Ladegeschichte und zur Komposition der Samuelbücher, in: HARDMEIER, C., u. a. (Hgg.), Freiheit und Recht. Festschrift für Frank Crüsemann zum 65. Geburtstag, Gütersloh 2003, 323–338
— DIES., Art. Ladeerzählung, WiBiLex 2008, http://www.wibilex.de (Zugriffsdatum: 25. 2. 2008)

SCHART, A., Mose und Israel im Konflikt. Eine redaktionsgeschichtliche Studie zu den Wüstenerzählungen, OBO 98, Fribourg u. a. 1990

SCHECHTER, S., Documents of Jewish Sectaries. I. Fragments of a Zadokite Work, Cambridge 1910

SCHENKER, A., Septante et Texte Massorétique dans l'Histoire la plus ancienne du Texte de 1 Rois 2–14, CRB 48, Paris 2000
— DERS., Artt. Sühne; Versöhnungstag, in: NBL III, 2001, 720–727; 1017–1020
— DERS., Une nouvelle Lumière sur l'Architecture du Temple grâce à la Septante? La Place de l'Arche d'Alliance selon 1 Rois 6:16–17 et 3 Règnes 6:16–17, in: Annali di Scienze Religiose 10, 2005, 139–154

— DERS., The Ark as Sign of God's absent Presence in Solomon's Temple: 1 Kings 8.6–8 in the Hebrew and Greek Bibles, in: McCOSKER, P. (Hg.), What is it that the Scripture says? Essays in Biblical Interpretation, Translation, and Reception in Honour of Henry Wansbrough OSB, Library of New Testament Studies 316, Edinburgh 2007, 1–9

SCHICKLBERGER, F., Die Ladeerzählungen des ersten Samuel-Buches. Eine literaturwissenschaftliche und theologiegeschichtliche Untersuchung, FzB 7, Würzburg 1973

SCHIFFMAN, L. H., The Halakha at Qumran, SJLA 16, Leiden 1975

— DERS., Legislation Concerning Relations with Non-Jews in the Zadokite Fragments and in Tannaitic Literature, RdQ 11, 1989, 379–389

— DERS., Prohibited Marriages in the Dead Sea Scrolls and Rabbinic Literature, in: FRAADE, S. D., u.a. (Hgg.), Rabbinic Perspectives: Rabbinic Literature and the Dead Sea Scrolls. Proceedings of the Eigth International Symposium of the Orion Center for the Study of the Dead Sea Scrolls and Associated Literature, 7–9 January, 2003, StTDJ 62, Leiden u.a. 2006, 113–125

SCHLEY, D. G., Shiloh. A Biblical City in Tradition and History, JSOT.S 63, Sheffield 1989

SCHMID, H., Mose. Überlieferung und Geschichte, BZAW 110, Berlin 1968

SCHMID, H. H., Die Steine und das Wort. Fug und Unfug biblischer Archäologie, Zürich 1975

SCHMID, K., Buchgestalten des Jeremiabuches. Untersuchungen zur Redaktions- und Rezeptionsgeschichte von Jer 30–33 im Kontext des Buches, WMANT 72, Neukirchen-Vluyn 1996

— DERS., Erzväter und Exodus. Untersuchungen zur doppelten Begründung der Ursprünge Israels innerhalb der Geschichtsbücher des Alten Testaments, WMANT 81, Neukirchen-Vluyn 1999

SCHMIDT, H., Kerubenthron und Lade, in: DERS. (Hg.), EYXAPIΣTHPION. Studien zur Religion und Literatur des Alten und Neuen Testaments, Hermann Gunkel zum 60. Geburtstage, Bd. 1, FRLANT 19, Göttingen 1923, 120–144

SCHMIDT, L., Das vierte Buch Mose. Numeri 10,11–36,1, ATD 7,2, Göttingen 2004

SCHMIDT, W. H., Königtum Gottes in Ugarit und Israel. Zur Herkunft der Königsprädikation Jahwes, BZAW 80, Berlin ²1966

— DERS., Kritik am Königtum, in: WOLFF, H.W. (Hg.), Probleme biblischer Theologie. Gerhard von Rad zum 70. Geburtstag, München 1971, 440–461

— DERS., Exodus 1–6, BK II/1, Neukirchen-Vluyn 1988

SCHMITT, A., Interpretation der Genesis aus hellenistischem Geist [1974], in: DERS., Gegenwart 76–102

— DERS., Wende des Lebens. Untersuchungen zu einem Situations-Motiv der Bibel, BZAW 237, Berlin u.a. 1996

— DERS., Übersetzung als Interpretation. Die Henochüberlieferung der Septuaginta (Gen 5,21–24) im Licht der hellenistischen Epoche [1998], in: DERS., Gegenwart 1–20

— DERS., Der Gegenwart verpflichtet. Studien zur biblischen Literatur des Frühjudentums, hg. v. C. WAGNER, BZAW 292, Berlin u.a. 2000

SCHMITT, H.-C., Arbeitsbuch zum Alten Testament. Grundzüge der Geschichte Israels und der alttestamentlichen Schriften, UTB 2146, Göttingen 2005

SCHMITT, R., Zelt und Lade als Thema alttestamentlicher Wissenschaft. Eine kritische forschungsgeschichtliche Darstellung, Gütersloh 1972

SCHOLEM, G., Offenbarung und Tradition als religiöse Kategorien [1970], in: DERS., Judaica 4, hg. v. R. TIEDEMANN, Bibliothek Suhrkamp 831, Frankfurt a.M. 1984, 189–228

SCHOTTROFF, W., Art. Gedächtnis (I) AT., in: NBL I, 1991, 753–755

SCHREINER, J., Sion–Jerusalem, Jahwes Königssitz. Theologie der Heiligen Stadt im Alten Testament, StANT 7, München 1963

— DERS., Jeremia 1–25,14, NEB 3, Würzburg 1981

— DERS., Wohnen der Weisung Gottes in Israel. Zur Entstehung eines Theologumenons, in: SEDLMEIER, F. (Hg.), Gottes Wege suchend. Beiträge zum Verständnis der Bibel und ihrer Botschaft, Würzburg 2003, 15–29

SCHROEDER, F. W. J., Das Deuteronomium oder das Fünfte Buch Mose, THBW 3, Bielefeld 1866

SCHUNCK, K.-D., Benjamin. Untersuchung zur Entstehung eines israelitischen Stammes, BZAW 86, Berlin 1963

— DERS., Art. Ai, TRE II, 1978, 130f.

SCHWALLY, F., Zur Quellenkritik der historischen Bücher, ZAW 12, 1892, 153–161

SCHWARZ, O. J. R., Der erste Teil der Damaskusschrift und das Alte Testament, Diest 1965

SCHWIENHORST, L., Die Eroberung Jerichos. Exegetische Untersuchung zu Josua 6, SBS 122, Stuttgart 1986

— SCHWIENHORST-SCHÖNBERGER, L., Artt. Jericho; Nasiräer, in: NBL II, 1995, 290–293; 901–902

SEEBASS, H., Numeri 10,11–22,1, BK IV/2, Neukirchen-Vluyn 2003

SEEBER, W., Der Weg der Tradition von der Lade Jahwes im AT, Diss.theol. Kiel 1956

SEELIGMANN, I. L., Menschliches Heldentum und göttliche Hilfe. Die doppelte Kausalität im alttestamentlichen Geschichtsdenken [1963], in: DERS., Studien, 137–160

— DERS., Kulttradition und Geschichtsschreibung in der Hebräischen Bibel [1965], in: DERS., Studien, 161–184 (= מסורת פולחנים ויצירה היסטוריוגראפית במקרא, in: קובץ הרצאות העמים. ובתולדות ישראל בתולדות וחברה דת בכנס התשיאי לעיון בהיסטוריה, חנוכה תשכ"ד, Jerusalem 1965, 41–61 [hebr.])

— DERS., Anfänge der Midraschexegese in der Chronik [1980], in: DERS., Studien, 31–54 (= ניצני מדרש בספר דברי הימים, Tarbiz 49, 1980, 14–32 [hebr.])

— DERS., Gesammelte Studien zur Hebräischen Bibel. Mite einem Beitrag von Rudolf Smend, hg. v. E. BLUM, FAT 41, Tübingen 2004

— DERS., The Septuagint Version of Isaiah and Cognate Studies, hg. v. R. HANHART und H. SPIECKERMANN, FAT 40, Tübingen 2004

SEGAL, M. H., A Grammar of Mishnaic Hebrew, Oxford 1927

SEGERT, S., Altaramäische Grammatik mit Bibliographie, Chrestomathie und Glossar, Leipzig ⁴1990

SEILER, S., Die Geschichte von der Thronnachfolge Davids (2 Sam 9–20; 1 Kön 1–2). Untersuchungen zur Literarkritik und Tendenz, BZAW 267, Berlin u. a. 1998

SELLIN, E., Geschichte des israelitisch-jüdischen Volkes, Bd. 1: Von den Anfängen bis zum babylonischen Exil, Leipzig 1924

SEOW, C. L., Myth, Drama, and the Politics of David's Dance, HSM 44, Harvard, MA 1989

SEVENSMA, T. P., Num 10,35 und 36, ZAW 29, 1909, 254–258

VAN SETERS, J., The Patriarchs and the Exodus. Bridging the gap between two origin traditions, in: ROUKEMA, R., u. a. (Hgg.), The Interpretation of Exodus. Studies in Honour of Cornelis Houtman, CBET 44, Leuven 2006, 1–16

SEYBOLD, K., Die Psalmen, HAT I,15, Tübingen 1996

SHINAN, A./ZAKOVITCH, Y., Midrash on Scripture and Midrash within Scripture, in: JAPHET, S. (Hg.), Studies in Bible, ScrHier 31, Jerusalem 1986, 257–277

SIMIAN-YOFRE, W., Art. עוד ʿwd, ThWAT V, 1986, 1107–1128

SKA, J. L., El relato del diluvio. Un relato sacerdotal y algunos fragmentos redaccionales posteriores, EstB 52, 1994, 37–62

SKEHAN, P. W., Structures in Poems on Wisdom. Proverbs 8 and Sirach 24, CBQ 41, 1979, 365–379

SMELIK, K. A. D., The Ark Narrative Reconsidered, in: VAN DER WOUDE, A. S. (Hg.), New Avenues in the Study of the Old Testament. A Collection of OT Studies Published on the Occasion of the 50th Anniversary of the Oudtestamentisch Werkgezelschap and the Retirement of Prof. M. J. Mulder, OTS 25, Leiden 1989, 128–144

— DERS., Hidden Messages in the Ark Narrative. An Analysis of I Samuel iv–vi and II Samuel vi, in: DERS., Converting the Past. Studies in Ancient Israelite and Moabite Historiography, OTS 28, Leiden u. a. 1992, 35–58

SMEND, R., Die Erzählung des Hexateuch auf ihre Quellen untersucht, Berlin 1912

— DERS., Lehrbuch der alttestamentlichen Religionsgeschichte, Freiburg i. Br. u. a. ²1899

SMEND, R., Das Gesetz und die Völker. Ein Beitrag zur deuteronomistischen Redaktionsgeschichte [1971], in: DERS., Mitte 124–137

— DERS., Wilhelm Martin Leberecht de Wettes Arbeit am Alten und am Neuen Testament, Basel 1958

— DERS., Zur ältesten Geschichte Israels. Gesammelte Studien Band 2, BEvTh 100, München 1987

— DERS., Art. Gesetz (I) AT., in: NBL I, 1991, 825–826.829

— DERS., Das uneroberte Land [1983], in: DERS., Geschichte 217–228

— DERS., Das Wort Jahwes an Elia. Erwägungen zur Komposition von 1 Kön 17–19 [1975], in: DERS., Die Mitte des Alten Testaments. Exegetische Aufsätze, Tübingen 2002, 203–218

— DERS., Die Entstehung des Alten Testaments, ThW 1, Stuttgart u. a. ⁴1989

— DERS., Die Mitte des Alten Testaments. Gesammelte Studien Band 1, BEvTh 99, München 1987

— DERS., Elemente alttestamentlichen Geschichtsdenkens [1968], in: DERS., Mitte 160–185

— DERS., Essen und Trinken – ein Stück Weltlichkeit des Alten Testaments, in: DERS., Die Mitte des Alten Testaments. Exegetische Aufsätze, Tübingen 2002, 250–261

— DERS., Jahwekrieg und Stämmebund. Erwägungen zur ältesten Geschichte Israels [1966], in: DERS., Geschichte 116–199

— DERS., Überlieferung und Geschichte. Aspekte ihres Verhältnisses [1978], in: DERS., Geschichte 13–27

SOGGIN, J. A., „Wacholderholz" 2 Sam VI₅a gleich „Schlaghölzer", „Klappern"?, VT 14, 1964, 374–377

— DERS., Joshua. A Commentary, OTL, London ²1982

— DERS., The Ark of the Covenant, Jeremiah 3.16, in: BOGAERT, P.-M. (Hg.), Le Livre de Jérémie. Le Prophète et son Milieu. Les Oracles et leur Transmission. Nouvelle Édition mise à jour, BEThL 54, Leuven 1997, 215–221

— DERS., Art. Krieg. II. Altes Testament, TRE XX, 1999, 19–25

SPEYER, H., Die biblischen Erzählungen im Qoran, Gräfenhainichen o. J., Nachdruck Hildesheim 1961

SPIECKERMANN, H., Juda unter Assur in der Sargonidenzeit, FRLANT 129, Göttingen 1982

— DERS., Heilsgegenwart. Eine Theologie der Psalmen, FRLANT 148, Göttingen 1989

— DERS., Mit der Liebe im Wort. Ein Beitrag zur Theologie des Deuteronomiums, in: KRATZ, R. G. / SPIECKERMANN, H. (Hgg.), Liebe und Gebot. Stu-

dien zum Deuteronomium. Festschrift zum 70. Geburtstag von Lothar Per-
litt, FRLANT 190, Göttingen 2000, 190–205
— DERS., „Die ganze Erde ist seiner Herrlichkeit voll." Pantheismus im Alten
Testament?, in: ders., Gottes Liebe zu Israel. Studien zur Theologie des Al-
ten Testaments, FAT 33, 2001, 62–83
SPIEGELBERG, W., Eine Vermutung über den Ursprung des Namens יהוה, ZDMG
53, 1899, 633–643
SPINA, F. A., A Prophet's „Pregnant Pause": Samuel's Silence in the Ark Narrative
(1 Sam. 4: 1–7: 2), HBT 13, 1991, 59–73
— DERS., Eli's Seat. The Transition from Priest to Prophet in 1 Sam 1–4, JSOT
62, 1994, 67–75
STADE, B., Der Text des Berichtes über Salomos Bauten 1 Kö. 5–7, ZAW 3, 1883,
129–177
— DERS./SCHWALLY, F., The Book of Kings. Critical Edition of the Hebrew
Text, SBOT 9, Leipzig 1904
STAGER, L. E., Biblical Philistines: A Hellenistic Literary Creation?, in: MAEIR, A.,
u. a. (Hgg.), „I will speak the riddles of ancient times". Archaeological and
Historical Studies in Honor of Amihai Mazar on the Occasion of his Six-
tieth Birthday, Bd. 1, Winona Lake, IN 2006, 375–384.
STÄHLI, H.-P., Solare Elemente im Jahweglauben des Alten Testaments, OBO 66,
Fribourg u. a. 1985
STARKE, C., Synopsis Bibliothecae Exegeticae in Vetus et Novum Testamentum.
Das ist Kurzgefaßter Auszug der gründlichsten und nutzbarsten Auslegun-
gen über alle Bücher der Heiligen Schrift; ein Handbuch für Lehrer in Kir-
chen, Schulen, und Häusern, sowie für alle Studirende und Liebhaber der
heiligen Schrift. Teil 3: Des Alten Testamentes III. Band: Das vierte und
fünfte Buch Mose, correct und vollst. neu hg. v. T. SIEGMUND, Berlin 1871
STAUBLI, T., Das Image der Nomaden im Alten Israel und in der Ikonographie sei-
ner sesshaften Nachbarn, OBO 107, Fribourg u. a. 1991
STECK, O. H., Der Wein unter den Schöpfungsgaben. Überlegungen zu Psalm 104
[1978], in: DERS., Wahrnehmungen 240–261
— DERS., Strömungen theologischer Tradition im alten Israel, in: DERS., Wahr-
nehmungen 291–317
— DERS., Wahrnehmungen Gottes im Alten Testament. Gesammelte Studien,
ThB 70, München 1982
STEGEMANN, H., Die Entstehung der Qumrangemeinde, Diss. masch. Bonn 1971
— DERS., Die Essener, Qumran, Johannes der Täufer und Jesus. Ein Sachbuch,
Herder Spektrum 4128, Freiburg i. Br. ³1994
— DERS., The Library of Qumran. On the Essenes, Qumran, John the Baptist,
and Jesus, Grand Rapids u. a. 1998
— DERS., Towards Physical Reconstructions of the Qumran Damascus Docu-
ment Scrolls, in: BAUMGARTEN, J. M., u. a. (Hgg.), Damascus Document
177–200
STEINS, G., „Sie sollen mir ein Heiligtum machen." Zur Struktur und Entstehung
von Ex 24,12–31,18, in: HOSSFELD, F.-L. (Hg.), Vom Sinai zum Horeb. Stationen alttestamentlicher Glaubensgeschichte. Festgabe für Erich Zenger,
Würzburg 1989, 145–167
— DERS., Die Chronik als kanonisches Abschlußphänomen. Studien zur Entstehung und Theologie von 1/2 Chronik, BBB 93, Weinheim 1995
— DERS., Die Bücher der Chronik, in: ZENGER, E., u. a. (Hgg.), Einleitung 249–
262

STEUERNAGEL, C., Übersetzung und Erklärung der Bücher Deuteronomium und Josua und Allgemeine Einleitung in den Hexateuch, HK I/3, Göttingen 1900 (Jos 1899, ²1923)
— DERS., Die Weissagung über die Eliden. (1. Sam. 2₂₇₋₃₆), in: ALT, A., u.a. (Hgg.), Alttestamentliche Studien. Rudolf Kittel dargebracht, BWAT 13, 1913, 204–221
STIRRUP, A., „Why has Yahweh defeated us today before the Philistines?". The Question of the Ark Narrative, TynB 51, 2000, 81–100
STOEBE, H.J., Das erste Buch Samuelis, KAT VIII/1, Gütersloh 1973 (= Samuelis 1)
— DERS., David und Uria. Überlegungen zur Überlieferung von 2 Sam 11, Bib. 67, 1986, 388–396
— DERS., Das zweite Buch Samuelis, KAT VIII/2, Gütersloh 1994 (= Samuelis 2)
STOLZ, F., Jahwes und Israels Kriege. Kriegstheorien und Kriegserfahrungen im Glauben des Alten Israels, AThANT 60, Zürich 1972
— DERS., Art. נשׂא nś' aufheben, tragen, in: THAT II, ²1979, 109–117
— DERS., Das erste und das zweite Buch Samuel, ZBK 9, Zürich 1980
STRANGE, J., The Book of Joshua. A Hasmonean Manifesto?, in: LEMAIRE, A., u.a. (Hgg.), History and Traditions of Early Israel. Studies presented to Eduard Nielsen May 8th 1993, VT.S 50, Leiden u.a. 1993, 136–141
STRUGNELL, J., Moses-Apocrypha at Qumran: 4Q375, 4Q376, and Similar Works, in: SCHIFFMAN, L.H. (Hg.), Archaeology and History in the Dead Sea Scrolls. The New York University Conference in Memory of Yigael Yadin, JSPE.S 8 (JSOT/ASOR 2), Sheffield 1990, 221–256
STRUPPE, U., Art. Herrlichkeit. (I) AT., in: NBL II, 1995, 131–135
— DIES., Die Herrlichkeit Jahwes in der Priesterschrift. Eine semantische Studie zu kebôd YHWH, ÖBS 9, Klosterneuburg 1988
DE TARRAGON, J.-M., David et l'arche: II Samuel, VI, RB 86, 1979, 514–523
THACKERAY, H. St. John, A Grammar of the Old Testament in Greek according to the Septuagint, Bd. 1, Cambridge 1909
THENIUS, O., Die Bücher Samuels, KEH 4, Leipzig ²1864 ³1898 (M. LÖHR)
THIEL, W., Die deuteronomistische Redaktion von Jeremia 1–25, WMANT 41, Neukirchen.Vluyn 1973
THOMPSON, J.A., Expansions of the ʿd Root, JSS 10, 1965, 222–240
TIMM, H., Die Ladeerzählung (1. Sam. 4–6; 2. Sam. 6) und das Kerygma des deuteronomistischen Geschichtswerks, EvTh 26, 1966, 509–526
TOMES, R., „Our Holy and Beautiful House": When and Why was 1 Kings 6–8 Written?, JSOT 21, 1996, 33–50
VAN DER TOORN, K./HOUTMAN, C., David and the Ark, JBL 113, 1994, 209–231
TORCZYNER, H., Die Bundeslade und die Anfänge der Religion Israels, Berlin ²1930
— TUR-SINAI, N.H., The Ark of God at Beit Shemesh (1 Sam. VI) and Peres ʿUzza (2 Sam. VI; 1 Chron. XIII), VT 1, 1951, 275–286
TOV, E., Midrash-Type Exegesis in the LXX of Joshua, RB 85, 1978, 50–61
— DERS., The Growth of the Book of Joshua in the Light of the Evidence of the LXX Translation, in: JAPHET, S. (Hg.), Studies in Bible. 1986, ScrHie 31, Jerusalem 1986, 321–339
— DERS., Textual Criticism of the Hebrew Bible, Minneapolis 1992
— DERS., Different Editions of the Song of Hannah and of Its Narrative Framework, in: COGAN, M., u.a. (Hgg.), Tehillah le-Moshe. Biblical and Judaic Studies in Honor of Moshe Greenberg, Winona Lake, IN 1997, 149–170

— DERS., The Text-Critical Use of the Septuagint in Biblical Research. Second Edition, JBS 8, Jerusalem 1997
— DERS., Der Text der Hebräischen Bibel. Handbuch der Textkritik, Stuttgart 1997
— DERS., The Rewritten Book of Joshua as Found at Qumran and Masada, in: STONE, M.E. u. CHAZON, E.G. (Hgg.), Biblical Perspectives. Early Use and Interpretation of the Bible in Light of the Dead Sea Scrolls. Proceedings of the First International Symposium of the Orion Center for the Study of the Dead Sea Scrolls and Associated Literature, 12–14 May 1996, StTDJ 28, Leiden 1998, 233–256
TSEVAT, M., The Death of the Sons of Eli, in: DERS., The Meaning of the Book of Job and Other Biblical Studies. Essays on the Literature and Religion of the Hebrew Bible, New York, NY 1980, 149–153
— DERS., Die Namensgebung Samuels und die Substitutionstheorie, ZAW 99, 1987, 250–254
TURKANIK, A.S., Of Kings and Reigns. A Study of Translation Techniques in the Gamma/Gamma Section of 3 Reigns (1 Kings), FAT II/30, Tübingen 2008
UEHLINGER, C., Art. Götterbild, in: NBL I, 1991, 871–892
— DERS., Israelite Aniconism in Context, in: Bib. 77, 1995, 540–549 (Rez. zu METTINGER, Image)
— DERS., Art. Mischwesen, in: NBL II, 1995, 817–821
ULRICH, E., 4QJoshuaᵃ and Joshua's First Altar in the Promised Land, in: BROOKE, J., u.a. (Hgg.), New Qumran Texts and Studies. Procdeedings of the First Meeting of the International Organization for Qumran Studies, Paris 1992, StTDJ 15, Leiden u.a. 1994, 89–104
— DERS., Deuteronomistically Inspired Scribal Insertions into the Developing Biblical Texts: 4QJudgᵃ and 4QJerᵃ, in: PAKKALA/NISSINEN, Houses 489–506
UTZSCHNEIDER, H., Das Heiligtum und das Gesetz. Studien zur Bedeutung der Sinaitischen Heiligtumstexte (Ex 25–40; Lev 8–9), OBO 77, Göttingen 1988
— DERS., Art. Ephod, RGG⁴ II, 1999, 1351–1352
VANDERKAM, J.C., Zadok and the SPR HTWRH HḤTWM in Dam.Doc. V, 2–5, RdQ 11, 1984, 561–570
VATKE, W., Die Religion des Alten Testamentes nach den kanonischen Büchern entwickelt. I, Berlin 1835.
DE VAUX, R., Les Chérubins et l'Arche d'Alliance, les Sphinx Gardiens et les Thrônes Divins dans l'Ancien Orient, MUSJ 37, 1961/1962, 91–124
— DERS., Das Alte Testament und seine Lebensordnungen, 2 Bde., Freiburg u.a. ²1964/²1966
— DERS., Les Philistins dans la Septante, in: SCHREINER, J. (Hg.), Wort, Lied und Gottesspruch. Festschrift für Joseph Ziegler, 2 Bde., Bd. 1. Beiträge zur Septuaginta, FzB 1/1, Würzburg 1972, 185–194
VEIJOLA, T., Die ewige Dynastie. David und die Entstehung seiner Dynastie nach der deuteronomistischen Darstellung, AASF.B 193, Helsinki 1975
— DERS., Das Königtum in der Beurteilung der deuteronomistischen Historiographie, AASF.B 198, Helsinki 1977
— DERS., Salomo–der Erstgeborene Bathsebas [1979], in: DERS., David. Gesammelte Studien zu den Davidüberlieferungen des Alten Testaments. SFEG 52, Helsinki 1990, 84–105
— DERS., Verheißung in der Krise. Studien zur Literatur und Theologie der Exilszeit anhand des 89. Psalms, AASF.B 220, Helsinki 1982
— DERS., Das Klagegebet in Literatur und Leben der Exilsgeneration am Beispiel einiger Prosatexte [1985], in: DERS., Erben 176–191

— DERS., Wahrheit und Intoleranz mach Deuteronomium 13 [1995], in: DERS., Erben 109–130
— DERS., Bundestheologische Redaktion im Deuteronomium [1996], in: DERS., Erben 153–175
— DERS., Das Heilshandeln und Welthandeln Gottes nach dem Zeugnis des Alten Testaments [1999], in: DERS., Offenbarung und Anfechtung. Hermeneutisch-theologische Studien zum Alten Testament, hg. v. W. DIETRICH in Zusammenarbeit mit M. MARTTILA, BThSt 89, Neukirchen-Vluyn 2007, 68–87
— DERS., Moses Erben. Studien zum Dekalog, zum Deuteronomismus und zum Schriftgelehrtentum, BWANT 149, Stuttgart u. a. 2000
— DERS., Das fünfte Buch Mose. Deuteronomium, Kapitel 1,1–16,17, ATD 8,1, Göttingen 2004
VERMES, G., Sectarian Matrimonial Halakha in the Damascus Rule, JJS 25, 1974, 197–202
VIELHAUER, R., Das Werden des Buches Hosea. Eine redaktionsgeschichtliche Untersuchung, BZAW 349, Berlin u. a. 2007
VÖLTER, D., Aegypten und die Bibel. Die Urgeschichte Israels im Licht der aegyptischen Mythologie, Leiden ²1904
VOGT, E., Die Erzählung vom Jordanübergang Josue 3–4, Bib. 46, 1965, 125–148
VOLKWEIN, B., Masoretisches 'ēdût, 'ēdwōt, 'ēdōt-Zeugnis oder „Bundesbestimmungen"?, BZ 13, 1969, 18–40
VOLZ, P. / RUDOLPH, K., Der Elohist als Erzähler. Ein Irrweg der Pentateuchkritik? An der Genesis erläutert, BZAW 63, Gießen 1938
WACHOLDER, B. Z., The Dawn of Qumran. The Sectarian Torah and the Teacher of Righteousness, Hebrew Union College Manuscripts 8, Cincinnati 1983
— DERS., The „Sealed" Torah versus the „Revealed" Torah: An Exegesis of Damascus Covenant V, 1–6 and Jeremiah 32, 10–14, RdQ 12, 1986, 351–368
— DERS., The New Damascus Document. The Midrash on the Eschatological Torah of the Dead Sea Scrolls: Reconstruction, Translation and Commentary, StTDJ 56, Leiden u. a. 2007
WANKE, G., Jeremia 1,1–25,14, ZBK 20,1, Zürich 1995
WASCHKE, E.-J., Der Gesalbte. Studien zur alttestamentlichen Theologie, BZAW 306, Berlin u. a. 2001
WATSON, W. G. E., The Structure of 1 Sam 3, BZ 29, 990–93
WEFING, S., Untersuchungen zum Entsühnungsritual am großen Versöhnungstag (Lev. 16), Bonn 1979
WEHRLE, J., Art. Angesicht, in: NBL I, 1991, 104–107
— DERS., Art. Hebe, in: NBL II, 1995, 63–64
WEIMAR, P., Untersuchungen zur priesterschriftlichen Exodusgeschichte, FzB 9, Würzburg 1973
— DERS., Struktur und Komposition der priesterschriftlichen Geschichtsdarstellung, I, BN 23, 1984, 81–134; II, BN 24, 1984, 138–162
— DERS., Die Meerwundererzählung. Eine redaktionskritische Analyse von Ex 13,17–14,31, ÄAT 9, Wiesbaden 1985
— DERS., Sinai und Schöpfung. Komposition und Theologie der Priesterschriftlichen Sinaigeschichte, RB 95, 1988, 337–385
— DERS., Art. Exodusbuch, in: NBL I, 1991, 636–648
— DERS., Art. Jahwist, in: NBL II, 1995, 268–271
— DERS., Artt. Pentateuch; Pentateuchforschung; Priesterschrift, in: NBL III, 2001, 106–110; 110–111; 168–171
— DERS., Struktur und Komposition der priesterschriftlichen Schöpfungserzählung (Gen 1,1–2,4a*), in: LORETZ, O., u. a. (Hgg.), Ex Mesopotamia et

Syria lux. Festschrift für Manfried Dietrich zu seinem 65. Geburtstag, AOAT 281, Münster 2002, 803–843

WEIPPERT, H., Rezension zu: STÄHLI, Elemente, ThRev 83, 1987, 456–459
— DIES., Palästina in vorhellenistischer Zeit. Mit einem Beitrag von L. Mildenberg, Handbuch der Archäologie Vorderasien II/1, München 1988
— DIES./WEIPPERT, M., Jericho in der Eisenzeit, ZDPV 92, 1976, 105–148

WEIPPERT, M., „Heiliger Krieg" in Israel und Assyrien. Kritische Bemerkungen zu G. von Rads Konzept des „Heiligen Krieges im alten Israel", ZAW 84, 1972, 460–495
— DERS., Zum Präskript der hebräischen Briefe von Arad, VT 25, 1975, 202–212
— DERS., Geschichte Israels am Scheideweg (H. Donner), ThR 58, 1993, 71–103
— DERS./WEIPPERT, H., Die Vorgeschichte Israels in neuem Licht, ThR 56, 1991, 341–390

WEISER, A., Das Buch des Propheten Jeremia. Kap. 1–25,14, ATD 20, Göttingen ⁴1960

WELLHAUSEN, J., Der Text der Bücher Samuelis, Göttingen 1871
— DERS., Die kleinen Propheten übersetzt. Mit Noten (übersetz und erklärt), Skizzen und Vorarbeiten, Heft 5, Berlin 1892 (³1898)
— DERS., Bemerkunden zu den Psalmen, Skizzen und Vorarbeiten, Heft 6, Berlin 1899, 163–187
— DERS., Die Composition des Hexateuchs und der historischen Bücher des Alten Testaments, Berlin ³1899
— DERS., Prolegomena zur Geschichte Israels, Berlin ⁶1926

WELTEN, P., Lade–Tempel–Jerusalem. Zur Theologie der Chronikbücher, in: GUNNEWEG, A.H.J. u.a. (Hgg.), Textgemäß. Aufsätze und Beiträge zur Hermeneutik des Alten Testaments. Festschrift für Ernst Würthwein, Göttingen 1979, 169–183
— DERS., Art. Chronikbücher/Chronist, in: NBL I, 1991, 369–372

WERNER, W., Art. Levi(t) , in: NBL II, 1995, 623–624
— DERS., Das Buch Jeremia, Kapitel 1–25, NSK 19/1, Stuttgart 1997

WESTERMANN, C., Art. כבד kbd schwer sein, in: THAT I, ³1978,794–812
— DERS., Genesis 37–50, BK I/3, Neukirchen-Vluyn 1982

DE WETTE, W.M.L., Beiträge zur Einleitung in das Alte Testament, 2 Bde., Halle 1806

WICKE, D.W., The Structure of 1 Sam 3. Another View, BZ 30, 1986, 256–258

WIGGINS S.A., Old Testament Dagan in the Light of Ugarit, VT 32, 1993, 270–271
— DERS., Jahwe: The God of Sun?, JSOT 71, 1996, 89–106

WILKINSON, J., The Philistine Epidemic of 1 Samuel 5 and 6, ET 88, 1977, 137–141

WILLI, T., Die Chronik als Auslegung. Untersuchungen zur literarischen Gestaltung der historischen Überlieferung Israels, FRLANT 106, Göttingen 1972
— DERS., Chronik, BK XXIV, Neukirchen-Vluyn 1991 (1. Lieferung); 1999 (2. Lieferung); 2006 (3. Lieferung)

WILLI-PLEIN, I., Opfer und Kult im alttestamentlichen Israel, SBS 153, Stuttgart 1993
— DIES., Frauen um David. Beobachtungen zur Davidshausgeschichte, in: WEIPPERT, M., u.a. (Hgg.), Meilenstein. Festgabe für Herbert Donner, ÄAT 30, Wiesbaden 1995, 349–361
— DIES., Michal und die Anfänge des Königtums in Israel, in: EMERTON, J.A. (Hg.), Congress Volume Cambridge 1995, VT.S 66, 1997, 401–419

WILLIAMSON, H. G. M., The Accession of Solomon in the Books of Chronicles [1976], in: DERS., Studies 141–149
— DERS., Eschatology in Chronicles [1977], in: DERS. Studies 162–195
— DERS., The Temple in the Books of Chronicles [1991], in: DERS., Studies 150–161
— DERS., Studies in Persian Period History and Historiography, FAT 38, Tübringen 2004
WILLIS, J. T., An Anti-Elide Narrative Tradition from a Prophetic Circle at the Ramah Sanctuary, JBL 90, 1971, 288–308
— DERS., Cultic Elements in the Story of Samuel's Birth and Dedication, StTh 26, 1972, 33–61
— DERS., Samuel versus Eli. I Sam 1–7, ThZ 35, 1979, 201–212
— DERS., QÛMĀH YHWH, JNWSL 16, 1990, 207–221
WINTER, P., Sadoqite Fragments IV 20,21 and the Exegesis of Genesis 1:27 in Late Judaism, ZAW 68, 71–84
WITTE, M., Die Gebeine Josephs, in: GERTZ, J., u. a. (Hgg.), Abschied vom Jahwisten. Die Komposition des Hexateuch in der jüngsten Diskussion, Berlin u. a. 2003, 139–156
WONNEBERGER, R., Redaktion. Studien zur Textfortschreibung im Alten Testament, entwickelt am Beispiel der Samuel-Überlieferung, FRLANT 156, Göttingen 1992
WÜRTHWEIN, E., Die Erzählung von der Thronfolge Davids – theologische oder politische Geschichtsschreibung? [1974], in: DERS., Studien 29–79
— DERS., Die Bücher der Könige. 1. Könige 17 – 2. Könige 25, ATD 11,2, Göttingen 1984 (= Könige I/II)
— DERS., Die Bücher der Könige. 1. Könige 1 – 16, ATD 11,1, Göttingen ²1985
— DERS., Der Text des Alten Testaments. Eine Einführung in die Biblia Hebraica, Stuttgart ⁵1988
— DERS., Erwägungen zum sogenannten deuteronomistischen Geschichtswerk. Eine Skizze [1994], in: DERS., Studien 1–11
— DERS., Studien zum Deuteronomistischen Geschichtswerk, BZAW 227, Berlin u. a. 1994
XELLA, P., ART. Reshep רשף, DDD², 700–703.
YADIN, Y., The Temple Scroll. The Hidden Law of the Dead Sea Sect, New York, NY 1985
ZENGER, E., Gottes Bogen in den Wolken. Untersuchungen zu Komposition und Theologie der priesterschriftlichen Urgeschichte, SBS 112, Stuttgart 1983
— DERS., Wie und wozu die Tora zum Sinai kam. Literarische und theologische Beobachtungen zu Exodus 19, 34, in: VERVENNE, M. (Hg.), Studies in the Book of Exodus. Redaction – Reception – Interpretation, BEThL 126, Leuven 1996, 265–288
— DERS., „Es segne dich JHWH vom Zion aus…" (Ps 134,3). Die Gottesmetaphorik in den Wallfahrtspsalmen Ps 120–134, in: WITTE, M. (Hg.), Gott und Mensch im Dialog. Festschrift für Otto Kaiser zum 80. Geburtstag, BZAW 345/II, Berlin 2004, 601–621
— DERS., Die Komposition der Wallfahrtspsalmen Ps 120–134. Zum Programm der Psalterexegese, in: EBNER, M., u. a., (Hgg.), Paradigmen auf dem Prüfstand. Exegese wieder den Strich. Festschrift für Karlheinz Müller, NTA.NF 47, Münster 2004, 173–198
— DERS., Zion – Ort des Segens. Beobachtungen zur Theologie des Wallfahrtspsalters Ps 120–134, in: SCHNABEL, N. C. (Hg.), Laetare Jerusalem. Fest-

schrift zum 100jährigen Ankommen der Benediktinermönche auf dem Jerusalemer Zionsberg, JThF 10, Münster 2006, 64–103

— DERS., u. a., Einleitung in das Alte Testament, KStTh 1,1, Stuttgart ⁶2006

ZIMMERLI, W., Ezechiel 1–24, BK XIII, Neukirchen-Vluyn 1979

ZGOLL, A., Königslauf und Götterrat. Struktur und Deutung des babylonischen Neujahrsfestes, in: BLUM, E., u. a. (Hgg.), Festtraditionen in Israel und im Alten Orient, VWGTh 28, Gütersloh 2006, 11–80

ZIEMER, B., Abram – Abraham. Kompositionsgeschichtliche Untersuchungen zu Gen 14, 15 und 17, BZAW 350, Berlin u. a. 2005

ZOBEL, H.-J., Art. אֲרוֹן, in: ThWAT I, 1973, 391–404

— DERS., Art. צְבָאוֹת ṣᵉbāôt, in: ThWAT VI, 1989, 876–892

— DERS., Art. Josua / Josuabuch, TRE XVII, 1988, 269–278

ZWICKEL, W., Dagons abgeschlagener Kopf (1 Samuel V 3–4), VT 44, 1994, 239–249

— DERS., David: Historische Gestalt und idealisiertes Vorbild. Überlegungen zu Entstehung und Theologie von 2 Sam 6, JNSL 20, 1994, 79–123 (= Gestalt)

— DERS., David als Vorbild für den Glauben, BN 79, 1995, 88–101

— DERS., Art. Leuchter / Menora, in: NBL II, 1995, 621–623

— DERS., Der salomonische Tempel, Kulturgeschichte der antiken Welt 83, Mainz 1999

— DERS., Art. Tempel, in: NBL III, 2001, 799–810

Stellenregister (in Auswahl)

Kursiv gesetzte Angaben beziehen sich auf den Anmerkungsteil.

Altes Testament

Qumran

Außerkanonische Schriften neben dem Alten Testament

Neues Testament

Rabbinisches Schrifttum

Epigraphik

Ugarit

Elephantine

Antike Schriftsteller